JN440863

ESSENTIALS

누구나 쉽게 배우는

OF **맨큐의 경제학**

입문

ECONOMICS

***Essentials of Economics*, Tenth Edition**

N. Gregory Mankiw

Original edition © 2024 South Western, a part of Cengage Learning.
Essentials of Economics, Tenth Edition by N. Gregory Mankiw
ISBN: 9780357723166

This edition is translated by license from South Western, a part of Cengage Learning, for sale in Korea only.

ISBN: 978-89-6218-599-7

Cengage Learning Korea Ltd.
14F YTN Newsquare 76 Sangamsan-ro
Mapo-gu Seoul 03926 Korea

Printed in Korea
Print Number: 01 Print Year: 2026

ESSENTIALS OF ECONOMICS

누구나 쉽게 배우는 맨큐의 경제학 입문

N. GREGORY MANKIW 지음 이병락 옮김

Cengage

Australia • Brazil • Canada • Mexico • Singapore • United Kingdom • United States

옮긴이 소개

이병락
고려대학교 경상대학 교수 역임

누구나 쉽게 배우는
맨큐의 경제학 입문 Essentials of Economics

제1판 1쇄 인쇄 | 2026년 1월 19일
제1판 1쇄 발행 | 2026년 1월 26일

지은이 | N. Gregory Mankiw
옮긴이 | 이병락
발행인 | 탄록민, 마이클조셉케이힐
발행처 | 센게이지러닝코리아㈜
등록번호 | 제313-2007-000074호(2007.3.19.)
이메일 | asia.infokorea@cengage.com
홈페이지 | www.cengage.co.kr

ISBN | 978-89-6218-599-7

공급처 | ㈜경문사
주　소 | 서울시 마포구 와우산로 174
도서안내 및 주문 | TEL 02) 332-2004 FAX 02) 336-5193
이메일 | kyungmoon@kyungmoon.com

정　가 | 33,000원

저자 소개

JORDI CABRÉ

N. Gregory Mankiw 교수는 하버드대학교 경제학과 Robert M. Beren 석좌교수이다. 학생으로서는 프린스턴대학교와 MIT에서 경제학을 공부했다. 교수로서는 거시경제학, 미시경제학, 통계학, 경제학 원론을 가르치고 있다. 오래전 어느 여름에 뉴저지주 롱비치 섬에서 요트 항해 강사로도 일했었다.

Mankiw 교수는 다작을 하는 저술가이며 학술 및 정책 토론에 정기적으로 참가하고 있다. 그의 논문은 「American Economic Review」, 「Journal of Political Economy」, 「Quarterly Journal of Economics」 같은 학술지에 발표되었으며, 그의 글은 「뉴욕타임스」, 「월 스트리트 저널」 같은 보다 대중적인 매체의 특별 기고란에 실렸다. 또한 베스트셀러인 중급 경제학 교과서 『Macroeconomics』(Worth 출판사 간행)를 저술했다.

강의, 연구, 저술활동 이외에도 Mankiw 교수는 National Bureau of Economic Research 연구원, Brookings Panel on Economic Activity 회원, Congressional Budget Office 고문, 보스턴 및 뉴욕 Federal Reserve Bank 고문, Urban Institute 이사, Economic Club of New York 이사, ETS의 경제학 분야 Advanced Placement(AP) 시험을 위한 시험문제개발위원회 위원으로 활동하고 있다. 2003년부터 2005년까지 President's Council of Economic Advisers의 의장으로 재임했다.

차례

Chapter 1

경제학의 열 가지 원리 1

Chapter 2

경제학자처럼 생각하기 21

부록 44

Chapter 3
상호의존과 거래를 통한 이익 55

Chapter 4
시장에서 작동하는 공급과 수요 75

Chapter 5
탄력성: 개념 및 응용 105

Chapter 11

국민소득의 측정 275

Chapter 12

생활비의 측정 301

Chapter 15

총수요 및 총공급 모형 383

Chapter 1

경제학의 열 가지 원리

경제를 의미하는 이코노미는 그리스어 '이코노모스'에서 유래했으며, '가계를 운영하는 사람'이란 뜻이다. 언뜻 생각하면, 가계와 경제는 연관이 없는 것처럼 보일 수도 있지만 실제로는 공통점이 많다.

현대의 가계를 어떻게 보는지에 상관없이 구성원들은 끊임없이 결정을 내려야 한다. 누가 어떤 일을 하고 대가로 무엇을 받을지 결정해야만 한다. 누가 저녁을 준비할 것인가? 누가 디저트를 더 먹을 것인가? 누가 화장실을 청소할 것인가? 누가 운전할 것인가? 가계소득이 높든 낮든 중간이든 관계없이, 각 가계는 보유한 자원(예를 들면 시간, 디저트, 자동차 주행거리)을 여러 가지 용도 중 하나에 배정해야 한다.

가계와 마찬가지로 사회도 수많은 결정을 내려야 한다. 어떤 일을 진행해야 하고 그 일을 누가 할지 결정하는 방법을 모색해야 한다. 사회는 곡물을 경작하고 의복을 만들며 소프트웨어를 설계할 사람들이 필요하다. (토지, 건물, 기계뿐만 아니라) 사람들을 다양

한 일자리에 배정하게 되면 이들이 생산한 재화 및 용역을 분배해야 한다. 사회는 누가 값싼 감자를 먹고, 누가 값비싼 캐비아를 먹으며, 누가 대저택에 살고, 누가 승강기가 없어 5층까지 계단으로 올라가야 하는 연립주택에 살아야 할지 결정해야 한다.

희소성
사회가 보유하고 있는 자원이 제한되어 있다는 특성

이런 일련의 결정은 중요하다. 왜냐하면 자원이 희소하기 때문이다. 여기서 희소성(scarcity)이란 사회의 자원이 한정되어 사람들이 원하는 모든 재화 및 용역을 생산할 수 없음을 뜻한다. 가계 구성원들이 자신들의 욕구를 항상 충족시킬 수 없는 것처럼, 사회 구성원들도 역시 자신들이 원하는 생활수준에 언제나 도달할 수 있는 것이 아니다.

경제학
사회가 희소한 자원을 어떻게 운영하는지에 관해 연구하는 학문 분야

경제학(economics)은 사회가 이러한 희소한 자원을 어떻게 운영해야 하는지에 관해 연구하는 학문이다. 대부분의 사회에서 자원은 수많은 가계와 기업의 선택을 모두 총합하여 분배된다. 경제학자들은 사람들이 이런 선택을 어떻게 하는지, 예를 들면 사람들은 얼마나 노동을 하고, 무엇을 구입하며, 얼마나 저축하여 이들 저축을 어떻게 투자하는지 등을 분석한다. 또한 경제학자들은 사람들이 어떻게 상호작용하는지도 연구한다. 예를 들어 매수인과 매도인이 판매가격과 판매량을 어떻게 함께 결정하는지 분석한다. 마지막으로 경제학자들은 평균소득의 증가, 일자리가 없는 인구의 비율, 물가 상승률과 같이 전체 경제에 영향을 미치는 요인과 추세도 분석한다.

경제학은 광범위한 주제를 다루고 다양한 분석방법을 채택하지만, 몇 개의 핵심적인 사고 방식으로 요약할 수 있다. 이 장에서는 **경제학의 열 가지 원리**에 대해 살펴볼 것이다. 처음에는 열 가지 원리를 완벽하게 이해하지 못하거나, 그 의미나 중요성을 완전하게 확신하지 못할 수도 있다. 이들 사고방식은 이후 각 장에서 자세하게 살펴볼 것이다. 열 가지 원리를 소개함으로써 경제학이 무엇을 다루는지 알려주고자 한다. 이 장에서는 앞으로 살펴볼 흥미로운 주제들을 미리 개략적으로 고찰해볼 것이다.

1-1 사람들은 어떻게 결정을 내리는가

경제란 무엇인가에 관해 특별히 신비로운 해석을 할 수는 없다. 경제가 서울이라는 도시, 미국이라는 국가, 지구라는 행성 전체를 포괄하든 그렇지 않든 간에, 그것은 삶을 영위하면서 서로를 상대하는 사람들의 집단일 뿐이다. 경제의 행태는 그 안에 있는 개인들의 행태를 반영하기 때문에, 앞선 네 개 원리는 개인들의 의사 결정과 관련된다.

1-1a 원리 1: 사람들은 상충적인 상황에 부딪히게 된다

"공짜 점심 같은 것은 없다." "공짜 점심은 없다." "공짜는 없다." 이와 같은 오래된 말에는 많은 진리가 담겨 있다. 원하는 것을 얻으려면, 보통 원하는 다른 것을 포기해야

한다. 결정을 내리려면 한 가지 목표를 다른 목표와 맞바꾸어야 한다.

한 예로, 자신이 가장 소중하게 여기는 자원인 시간을 어떻게 사용할지 결정해야 하는 학생 태희를 생각해보자. 태희는 주어진 시간을 경제학을 공부하는 데만 사용할 수 있고, 심리학을 공부하는 데만 사용할 수도 있으며, 두 과목에 배분할 수도 있다. 특정 과목에 할애한 각 시간에 대해, 다른 과목에 사용했을지도 모를 각 시간을 포기하게 된다. 그리고 공부하는 데 사용한 각 시간에 대해, 낮잠을 자거나 자전거를 타거나 비디오 게임을 하거나 용돈을 벌기 위해 일하는 데 사용했을 각 시간을 포기해야 한다.

가계소득을 어떻게 사용할지 결정해야 하는 태희의 부모님을 생각해보자. 이들은 소득을 식료품과 의류 구입비, 태희의 수업료로 사용할 수 있다. 아니면 소득 일부를 은퇴나 향후 가족 여행을 위해 저축할 수도 있다. 이런 항목 중 어느 하나에 소득을 배분하게 되면, 다른 것에 사용할 수 있는 소득의 몫은 줄게 된다.

사회적으로 보면, 사람들은 다른 상충적인 상황에 부딪히게 된다. 대표적인 예로 '총과 버터'의 상충적인 상황을 들 수 있다. 어떤 사회에서 군비 지출이 많아질수록, 소비재에 대한 지출은 적어지게 된다. 다른 중요한 예로는 깨끗한 환경과 소득수준의 상충적인 상황이 있다. 기업들에게 오염 저감을 요구하는 법률이 시행될 경우, 재화 및 용역을 생산하는 비용이 인상될 수 있다. 비용이 인상됨에 따라, 기업들은 더 적은 이윤을 얻거나, 더 낮은 임금을 지급하거나, 더 높은 가격을 책정하거나, 이들 세 가지를 혼합한 방식을 실행할지 모른다. 오염 규제로 환경이 더 깨끗해지고 이로 인해 국민 건강이 향상될지 모르지만, 규제를 받는 기업의 소유주, 근로자, 고객의 소득은 하락할 수 있다.

또 다른 사회적인 예로는 효율성과 형평성 사이의 상충적인 상황을 들 수 있다. **효율성**(efficiency)은 희소한 자원으로부터 최대한의 편익을 얻는 것을 의미한다. 반면에 **형평성**(equality)은 이러한 편익을 사회 구성원들 사이에 균등하게 분배하는 것을 의미한다. 다시 말해 효율성은 경제적 총액의 크기, 즉 경제규모에 관한 것인 반면에 형평성은 이런 총액을 얼마나 고르게 나누는지에 관한 것이다.

효율성
최소한의 자원으로부터 최대한을 얻으려는 사회의 특성

형평성
경제적 번영의 과실을 사회 구성원들 사이에 균등하게 분배하려는 특성

이런 두 가지 목표는 상충할 수 있다. 예를 들어 불평등을 해소하려는 정부정책을 생각해보자. 가령 복지나 실업보험 같은 일부 정책은 도움이 가장 절실한 사회 구성원을 도와줄 수 있다. 다른 예로 개인소득세 같은 정책은 금전적으로 풍족한 사람들에게 정부를 지원하는 데 더 많이 공헌하도록 요구하게 된다. 이런 정책들은 형평성을 증진시키기는 하지만 효율성은 떨어뜨릴 수 있다. 정부가 부유층에서 빈곤층으로 소득을 재분배할 경우, 모든 소득 계층의 사람들이 열심히 일한 것에 대한 보상을 적게 받게 된다. 결과적으로 사람들은 덜 일하게 돼서 재화 및 용역의 생산이 감소할 수 있다. 다시 말해 정부가 경제적 총액을 좀 더 균등하게 분배할 경우 이따금 총액 자체가 감소할 수 있다.

사람들이 상충적인 상황에 부딪히게 된다는 사실을 인식한다고 해서 어떤 결정이 최선인지 알 수 있는 것은 아니다. 심리학 공부를 포기할 경우, 경제학을 공부할 시간을 확보할 수 있다는 이유만으로 그렇게 해서는 안 된다. 환경을 규제할 경우, 물질적 생활수준을 떨어뜨릴 수 있다는 이유만으로 오염을 방관해서는 안 된다. 빈곤층을 도울 경우, 근로 의욕을 왜곡시킬 수 있다는 이유만으로 그들을 방치해서는 안 된다. 하지만 사람들은 자신들이 가용할 수 있는 여러 가지 방안을 이해하게 되면 더 나은 선택을 하게 된다. 이처럼 경제학에 대한 학습은 우리의 삶 속에 상충적인 상황이 존재한다는 사실을 인정하는 데서 시작된다.

1-1b 원리 2: 어떤 것의 비용은 그것을 얻기 위해서 포기해야 하는 것이다

사람들이 상충적인 상황에 부딪히게 되기 때문에, 여러 가지 대안적인 결정에 따른 비용과 편익을 비교해야 한다. 하지만 많은 경우에 비용은 처음에 생각했던 것처럼 명확하지 않다.

대학 진학에 관한 결정을 생각해보자. 대학 진학에 따른 편익은 지적 풍요로움을 얻을 수 있고 평생동안 더 나은 취업 기회를 갖게 된다는 것이다. 하지만 비용은 어떠한가? 여러분은 수업료, 책값, 기숙사비, 식비 등을 합산하고자 할 것이다. 하지만 이 총액은 대학을 1년 다니기 위해 포기해야 하는 것을 진정으로 나타내지는 못한다.

이런 계산에는 두 가지 문제가 있다. 첫째, 실제로 대학 다니는 데 드는 비용이 아닌 것이 포함되어 있다. 학교를 그만두더라도 잠잘 곳과 먹을 음식은 필요하다. 숙식비는 집이나 아파트에서 생활하고 식사하는 데 드는 비용을 초과하는 범위에서만 대학 다니는 비용에 포함된다. 둘째, 이 계산은 대학 다니는 데 수반되는 가장 큰 비용인 여러분의 시간을 간과하고 있다. 여러분은 강의를 듣고, 책을 읽으며, 과제물을 작성하느라 일해서 돈을 버는 데 시간을 사용할 수 없다. 대부분의 학생에게는 진학으로 인해 포기하게 될 수입이 교육을 받는 데 수반되는 가장 큰 비용이다.

기회비용
어떤 것을 얻기 위해 포기해야 하는 것

어떤 것의 기회비용(opportunity cost)은 그것을 얻기 위해 포기해야 하는 것이다. 결정을 내릴 때 기회비용을 고려하는 것이 현명하며, 사람들은 종종 그렇게 한다. 대학을 중퇴하고 프로 운동선수로 활동할 경우 수백만 달러를 벌 수 있는 재학 중인 운동선수들은 진학에 따른 기회비용이 높다는 사실을 잘 알고 있다. 물론 이들은 이따금 대학 교육에 따른 편익이 비용만큼 가치 있지 않다는 결정을 내리기도 한다.

1-1c 원리 3: 합리적인 사람들은 한계적으로 생각한다

합리적인 사람
자신의 목표를 달성하기 위해서 체계적이며 의도적으로 할 수 있는 최선을 다하는 사람

경제학자들은 종종 사람들이 합리적이라고 가정한다. 합리적인 사람(rational people)은 활용할 수 있는 기회가 주어지면 자신의 목표를 달성하기 위해 체계적이며 의도적으로

할 수 있는 최선을 다한다. 경제학을 공부하다 보면, 이윤을 극대화하기 위해 얼마나 많은 노동자를 고용하고 얼마나 많이 생산해서 판매해야 할지를 결정해야 하는 기업들을 접하게 된다. 다른 한편으로는 가능한 한 가장 높은 수준의 만족을 얻기 위해서 얼마나 많이 노동하고 어떤 재화 및 용역을 구입할지 결정해야 하는 사람들을 만나게 될 것이다. 분명히 인간의 행태는 복잡하며 이따금 합리성에서 벗어나기도 한다. 하지만 사람들이 할 수 있는 한 최선을 다한다는 가정은 사람들이 내리는 결정을 설명하는 데 좋은 출발점이 된다는 사실을 경제학자들은 알고 있다.

합리적인 의사 결정자들은 인생의 많은 문제들이 흑백이 아니라 회색 지대에 속한다는 사실을 알고 있다. 저녁 식사 시간에 '금식을 해야 할까, 아니면 게걸스럽게 먹어야 할까?'하고 자문하기보다는, '으깬 감자를 한 숟가락 더 먹어야 할까?'하고 스스로에게 물어볼 가능성이 높다. 시험이 다가오면 여러분은 아마도 완전히 시험을 포기하느냐 아니면 24시간 내내 공부하느냐를 결정하기보다는, 친구들과 어울리는 대신에 학습한 노트를 1시간 더 들여다볼지 여부를 결정해야 할 것이다. 경제학자들은 기존의 행동 계획에 대한 점진적인 조정을 설명하기 위해 **한계변화**(marginal change)라는 용어를 사용한다.

한계변화
행동 계획에 대한 점진적인 조정

한계는 '가장자리'를 의미한다. 따라서 한계변화란 현재 진행 중인 작업의 가장자리 주변에서 이루어지는 작은 조정이라는 점을 기억하도록 하자. 합리적인 사람은 **한계편익**과 **한계비용**을 비교하여 결정을 내린다.

예를 들면 오늘밤에 영화를 볼지 여부를 결정한다고 가정해보자. 영상자료원에 무제한 접근할 수 있는 연속적인 방영서비스를 이용하기 위해 월간 30달러를 지불하고 있으며, 일반적으로 월간 다섯 편의 영화를 본다. 다섯 편 외에 또 다른 영화를 볼지 여부를 결정할 때 어떤 비용을 고려해야 하는가? 영화 한 편의 **평균비용**, 즉 30달러/5 또는 6달러라고 답할지도 모른다. 하지만 또 다른 영화를 볼 경우 지불해야만 하는 추가적인 비용, 즉 **한계비용**이 결정을 내릴 때 더 관련된다. 여기서는 얼마나 많은 영화를 보느냐에 관계없이 30달러를 지불하기 때문에 한계비용은 0이 된다. 다시 말해, 한계에서 영화를 보는 것은 무료다. 오늘밤에 영화를 볼 경우 드는 유일한 비용은, 가령 직장에서 일을 하거나 (더 좋게는) 이 교재를 읽는 것처럼 다른 활동을 하지 못해 빼앗기게 되는 시간이다.

VANTAGE_DS/SHUTTERSTOCK.COM

넷플릭스처럼 많은 영화를 잇달아 방영하는 경우, 시청하려는 영화의 한계비용은 0이 된다.

한계적으로 생각할 경우, 이는 사업상의 결정을 내리는 데도 유용하다. 항공기 공석을 기다리는 승객에게 얼마나 많은 요금을 부과할지 결정해야 하는 항공사를 생각해보자. 200석 규모의 항공기를 미국 전역에 운항하는 데 드는 비용이 100,000달러라고 하자. 항공기 좌석당 평균비용은 500달러(100,000달러/200)가 된다. 항공사는 500달러 미만으로 항공권을 판매하지 말아야 된다고 생각할지 모른다. 하지만 항공기가 공석이 열 개인 상태로 이륙하려 하며, 공석 대기 중인 승객인 동하가 탑승구에서 한 좌석에 300달러를 지불할 의향이 있는 상황을 상상해보자. 항공사가 동하에게 항공권을 판매해야 하는가? 물론 그래야 한다. 항공기에 공석이 있는 경우, 승객 한 명을 추가적으로 탑승시키는 데 드는 비용은 거의 안 든다. 승객 한 명을 탑승시키는 데 드는 **평균비용**은 500달러이지만, **한계비용**은 동하가 마실 탄산음료와 그의 체중을 실어 나르는 데 필요한 약간의 항공유 비용이다. 동하가 한계비용보다 더 많이 지불한다면, 그에게 항공권을 판매하는 것은 수익성이 있다. 합리적인 항공사는 한계적으로 생각함으로써 편익을 얻을 수 있다.

한계분석을 통해 다른 방법으로는 이해하기 어려웠을 몇 가지 현상을 설명할 수 있다. 예를 들면 다이아몬드는 매우 비싼데 물이 그렇게 저렴한 이유는 무엇인가? 정반대가 되어야 한다고 생각할지 모른다. 인간은 생존하기 위해 물이 정말로 필요한 데 반해 다이아몬드는 단지 반짝거릴 뿐이다. 하지만 사람들은 물 한 컵보다 다이아몬드에 훨씬 더 많은 대가를 지불하고자 한다. 경제학자들은 이런 현상을 설명할 수 있다. 사람들이 어떤 재화에 지불하려고 하는 의지는 해당 재화의 추가적인 단위가 제공하게 될 한계편익에 기초한다. 그리고 한계편익은 사람들이 이미 얼마나 많은 단위를 보유하고 있는지에 달려 있다. 물은 반드시 필요하지만 풍부하기 때문에, 추가적으로 물을 한 컵 얻는 데 따른 한계편익이 작다. 반면에 아무도 생존하기 위해 다이아몬드가 필요하지는 않지만, 매우 희귀하기 때문에 추가적으로 다이아몬드를 얻는 데 따른 한계편익은 크다.

합리적인 의사 결정자는 행동하는 데 따른 한계편익이 한계비용을 초과할 경우에만 행동을 하게 된다. 이런 원칙에 기초하여, 사람들이 연속적으로 계속 제공되는 서비스를 할 수 있는 한 많이 사용하는 이유, 항공사가 평균비용보다 더 저렴하게 항공권을 판매하는 이유, 사람들이 물보다 다이아몬드에 더 많은 대가를 지불하는 이유 등을 설명할 수 있다. 한계적으로 생각하는 논리에 익숙해지는 데는 시간이 걸리겠지만, 경제학을 공부하다 보면 이를 접할 기회가 많이 생길 것이다.

1-1d 원리 4: 사람들은 유인에 반응한다

유인
사람들이 행동하도록 유도하는 것

유인(incentive)은 가령 처벌이나 보상을 받을 것이라 예상되는 것처럼 사람들이 행동하도록 유도하는 것이다. 사람들은 비용과 편익을 비교하여 결정을 내릴 때 유인에 반응한다. 유인은 경제학에서 핵심적인 역할을 한다. 어떤 경제학자는 전 분야가 다음과 같이 간략하게 요약될 수 있다고 말하기까지 했다. "사람들은 유인에 반응한다. 나머지는 해설에 불과하다."

유인은 시장이 어떻게 작동하는지 분석하는 데 중요한 역할을 한다. 예를 들어 사과 가격이 상승할 때 사람들은 사과를 덜 먹기로 결정한다. 동시에 사과 과수원 운영자들은 더 많은 근로자를 고용하여 더 많은 사과를 수확하기로 결정한다. 다시 말해, 사과 가격이 인상될 경우 매수인은 덜 소비하고 매도인은 더 많이 생산하도록 하는 유인이 제공된다. 앞으로 살펴보겠지만, 소비자와 생산자의 행태에 가격이 미치는 영향은 시장경제가 희소한 자원을 어떻게 분배하는지에 대해 중요한 역할을 한다.

공공정책 입안자들은 유인에 주의를 기울여야 한다. 많은 정책들은 사람들이 직면하는 비용이나 편익을 변경해서 결과적으로 이들의 행동을 변화시킨다. 예를 들어 휘발유에 조세를 부과할 경우, 사람들은 연비 효율이 더 높은 자동차를 운전하게 되고 전기 자동차를 이용하고자 한다. 이것이 바로 유류세가 높은 노르웨이에서 많은 사람들이 전기 자동차를 운전하는 데 비해, 유류세가 낮은 미국에서는 대형 SUV가 인기 있는 하나의 이유다. 또한 유류세가 높아지면 사람들은 자동차 합승, 대중교통, 자전거를 더욱 많이 이용하게 되고 직장 근처에 거주하려고 한다.

정책 입안자들이 유인을 고려하지 않을 경우, 자신들이 마련한 정책들은 의도하지 않은 결과를 초래할 수 있다. 예를 들어 자동차 안전을 생각해보자. 오늘날에는 모든 자동차에 안전벨트가 설치되지만, 60년 전에는 그렇지 않았다. 1965년 랄프 네이더가 저술한『어떠한 속도에서도 안전하지 않다』라는 책은 자동차 안전에 관한 대중의 관심을 끌었다. 이에 따라 의회는 신형 차에 안전벨트를 기본 장비로 장착하도록 하는 법률을 제정했다.

안전벨트법은 자동차 안전에 어떤 영향을 미치는가? 직접적인 효과는 명백하다. 운전자가 안전벨트를 착용할 경우, 자동차 사고 발생 시 생존할 가능성이 높아진다. 하지만 그것이 이야기의 끝이 아니다. 법은 또한 유인을 변화시켜서 운전자의 행태에 영향을 미친다. 이와 관련된 행태로는 운전자가 운전할 때의 속도와 기울이는 주의력을 들 수 있다. 운전자가 서행으로 조심스럽게 운전하려면 시간과 기력을 사용해야 하므로 높은 비용이 든다고 볼 수 있다. 합리적인 사람들이 어떻게 운전할지를 결정하려는 경우, 아마도 무의식적으로 안전 운전에 따른 한계편익과 한계비용을 비교할 것이다. 안전을 증대시켜 얻게 되는 편익이 클 경우, 운전자는 서행으로 안전하게 운전할 것이다. 예를 들어 도로가 빙판일 경우, 사람들은 도로 상황이 좋을 때보다 주의를 더 기울여 낮은 속도로 운전하게 된다.

안전벨트 착용 법규가 운전자의 비용-편익 계산을 어떻게 변화시켰는지 생각해보도록 하자. 안전벨트를 맬 경우 부상이나 사망 위험을 낮춰 사고로 인한 비용을 줄일 수 있다. 이 상황은 마치 도로 상황이 개선된 것과 같다. 도로 상황이 더 안전해지면, 사람들은 속도를 내고 덜 주의를 기울여 운전하게 된다. 이런 점은 안전벨트로 인해 사고에 따른 부상 위험이 낮아진 자동차 운전자에게는 좋을 수 있다. 하지만 속도를 내서 덜 주의를 기울여 운전하게 되어 사고가 더 많이 발생한다면, 안전벨트 법규는 오히려 보행자에게 악영향을 미칠 수 있다. 이들은 사고를 당할 가능성이 높아지지만, (운전자들과 달리) 추가된 보호조치의 혜택은 받지 못한다.

유인과 안전벨트에 대한 이런 논의는 근거 없이 단순히 추측에서 비롯된 것이 아니다. 1975년의 믿을 만한 연구에서 경제학자 샘 펠츠먼은 이론을 검정하고, 자동차 안전 법규가 시행되면서 여러 가지 영향을 미쳤다는 사실을 발견했다. 펠츠먼의 연구에 따르면, 이런 법률이 시행됨에 따라 자동차 사고당 사망 건수가 감소한 동시에 다른 한편으로는 사고가 더 많이 발생했다. 이에 기초하여 자동차 운전자 사망에는 변화가 거의 없으며 보행자 사망이 증가했다고 결론 내렸다.

자동차 안전에 관한 펠츠먼의 분석은 사람들이 유인에 반응한다는 원칙에 대해 논의할 여지가 있는 다소 색다른 사례이다. 정책을 분석할 때는 직접적인 영향뿐만 아니라 유인을 통해 작동하는 간접적인 영향도 고려하는 것이 중요하다. 정책으로 인해 유인이 변경된다면, 사람들은 자신들의 행태를 변화시킬 수 있다.

Quiz

1. 경제학은 __________에 관해 연구하는 학문 분야라고 할 때 가장 잘 정의된다.
   a. 사회가 희소한 자원을 어떻게 운영하는가
   b. 기업을 어떻게 하면 가장 수익성 있게 운영하는가
   c. 인플레이션, 실업, 주식가격을 어떻게 예측하는가
   d. 정부가 사람들을 통제되지 않은 사리 추구로부터 어떻게 보호할 수 있는가

2. 여러분이 영화 보러 가는 데 따른 기회비용은, __________이다.
   a. 입장권의 가격
   b. 입장권의 가격 그리고 극장에서 구입하게 될 청량음료와 팝콘의 비용
   c. 영화 보는 데 필요한 총 현금 지출액 그리고 여러분이 사용하게 될 시간의 가치
   d. 영화를 즐겁게 보고 시간과 금전을 사용할 만한 가치가 있다고 생각한다면, 0

3. 한계변화는 __________이다.
   a. 공공정책에서 중요하지 않은 것
   b. 기존 계획을 점진적으로 변화시키는 것
   c. 결과를 비효율적으로 만드는 것
   d. 유인에 영향을 미치지 않는 것

4. 사람들은 유인에 반응하기 때문에, __________.
   a. 정책 입안자들은 처벌이나 보상을 변경함으로써 결과를 변화시킬 수 있다.
   b. 정책으로 인해 의도하지 않은 결과가 발생할 수 있다.
   c. 사회는 효율성과 형평성 사이의 상충적인 상황에 직면하게 된다.
   d. 위의 모든 것이 해당한다.

해답은 이 장의 끝부분에 있다.

1-2 사람들은 어떻게 상호작용하는가

처음 네 개 원리에서는 개인들이 어떻게 결정을 내리는지에 관해 논의했다. 다음 세 개 원리에서는 사람들이 어떻게 상호작용하는지 살펴볼 것이다.

1-2a 원리 5: 거래를 통해 모든 사람의 형편이 나아질 수 있다

세계 경제에서 중국이 미국의 경쟁자라는 말을 뉴스에서 들었을지 모른다. 어떤 면에서 이 말은 사실이다. 중국 기업과 미국 기업은 의류, 장난감, 태양광 패널, 자동차 타이어, 그 밖에 많은 품목의 시장에서 고객을 확보하기 위해 경쟁한다.

하지만 국가들 간의 경쟁에 관해 생각할 때 오해하기 쉽다. 미국과 중국 간의 무역은 한쪽이 이기고 한쪽이 지는 운동경기와 다르다. 오히려 정반대이다. 두 국가 사이의 거래인 무역은 관계 국가들 모두의 형편을 나아지게 할 수 있다. 세계 경제에서 무역 경쟁이 치열할 때조차도, 무역을 통해 관계국들 모두에게 이익이 되는 결과를 얻을 수 있다.

그 이유를 알아보기 위해 국가 간의 무역에 해당하는 거래가 한 가족에 어떤 영향을 미치는지 생각해보자. 가족 구성원이 일자리를 구하려 할 때, 일자리를 구하고 있는 다른 가족의 구성원들과 경쟁을 하게 된다. 가족은 무언가를 구입할 때도 다른 가족들과 경쟁을 한다. 왜냐하면 모든 가족이 더 저렴한 가격에 최상의 물품을 구입하려 하기 때문이다. 어떤 의미에서 경제 내에 있는 각 가족은 다른 가족들과 모두 경쟁을 한다.

이런 경쟁에도 불구하고, 어떤 가족이 다른 가족들로부터 고립될 경우 형편이 나아질 수 없다. 만일 고립된다면, 해당 가족은 스스로 곡물을 재배하고 의복을 만들며 집도 자신이 지어야 할 것이다. 분명한 사실은 한 가족이 다른 가족들과 거래를 함으로써 더 많은 것을 얻을 수 있다는 것이다. 거래를 통해 모든 사람들은 농사, 바느질, 집 짓기 등처럼 자신이 가장 잘 할 수 있는 활동에 특화하게 된다. 거래를 통해 사람들은 더 저렴한 비용으로 더 다양한 재화 및 용역을 구입할 수 있다.

가족들과 마찬가지로, 국가들도 서로 간의 무역을 통해 혜택을 볼 수 있다. 무역을 통해 국가들은 가장 잘 할 수 있는 것에 특화하고 훨씬 더 다양한 재화 및 용역을 향유할 수 있다. 프랑스인, 브라질인, 나이지리아인뿐만 아니라 중국인도 세계 경제에서 미국의 경쟁자인 동시에 동반자이다.

"주당 5달러만 주시면, 잔디를 깎으라는 잔소리를 듣지 않으면서 야구경기를 시청하실 수 있습니다!"

FROM THE WALL STREET JOURNAL - PERMISSION, CARTOON FEATURES SYNDICATE

1-2b 원리 6: 시장은 일반적으로 경제활동을 조직화하는 좋은 방법이다

1980년대 말과 1990년대 초에 발생한 소련 및 동구권 공산주의의 몰락은 지난 세기에 일어난 변혁적인 사건들 중 하나였다. 구소연방 블록 내에 있던 국가들은 대부분의 경우 정부 관리들이 경제의 희소한 자원을 배분하는 데 가장 적합한 위치에 있다는 가정하에 운영되었다. 이들 중앙집권적 계획 입안자들이 어떤 재화와 용역을 생산할지, 이것들을 얼마나 생산할지, 누가 이것들을 생산하고 소비할지 결정했다. 자국 그리고 유사한 이념을 공유하는 국가들의 안녕을 확보하기 위해서는 정부가 경제활동을 조직화해야 한다는 이론이 중앙집권적 계획경제의 이면에 있었기 때문이다.

한때 중앙집권적 계획경제를 영위했던 대부분의 국가들은 이제 시장경제로 전환했다. 시장경제(market economy)에서는 중앙집권적 계획 입안자들이 내리던 결정을 수백만 개의 기업과 가계가 대신 내리게 된다. 기업들은 누구를 고용하여 무엇을 생산할지 결정해야 한다. 가계들은 어디서 일을 하고 자신들의 소득으로 무엇을 구매할지 결정해야 한다. 기업과 가계는 가격과 이기심에 기반하여 결정이 내려지는 시장에서 상호작용을 한다.

시장경제
많은 기업과 가계가 재화 및 용역 시장에서 상호작용을 하면서 내리는 분산된 결정을 통해 자원을 배분하는 경제

언뜻 보면 아무도 사회 전체의 복지를 돌보지 않는 것처럼 보이는 시장경제가 성공한 것은 의아하다. 경쟁시장에는 수많은 재화와 용역에 대해 많은 매수인과 매도인이 존재하는데, 이들 모두는 주로 자신들의 복지에만 관심을 둔다. 하지만 이런 분산된 의사 결정과 이기적인 의사 결정자들에도 불구하고, 시장은 경제적 번영이 촉진되도록 경제활동을 조직화하는 데 놀랍도록 성공적이라는 사실이 입증되었다.

애덤 스미스(Adam Smith)는 1776년 출간된 저서 『국부의 본질과 원인에 관한 연구』, 간단히 말해 『국부론』에서 경제학 서적을 통틀어 가장 유명한 말을 했다. 즉, 경쟁시장에 있는 기업과 가계는 바람직한 결과에 도달하도록 하는 '보이지 않는 손'에 인도되는 것처럼 행동한다는 것이다. 이 책의 주요 목표 하나는 보이지 않는 손이 어떻게 마술을 부리는지 이해하는 것이다.

경제학을 공부하다 보면, 보이지 않는 손이 경제활동을 지휘할 수 있도록 해주는 도구가 바로 가격이라는 사실을 알게 될 것이다. 경쟁시장에서 매도인은 공급량을 결정할 때 가격을 보고, 매수인은 수요량을 결정할 때 가격을 본다. 이렇게 결정이 내려지기 때문에, 가격은 매도인의 생산비와 매수인이 갖고 있는 상품의 가치를 둘 다 반영한다. 애덤 스미스가 발견한 위대한 통찰에 따르면 가격이 조정되어 시장 참여자들이 어떤 결과에 도달할 수 있도록 유도하며, 많은 경우에 이런 결과는 사회 전체의 복지를 극대화한다.

애덤 스미스의 통찰은 다음과 같은 점에서 중요한 추론적 의미가 있다. 가격이 공급과 수요에 의해 조정되는 것을 정부가 방해할 경우, 경제를 구성하는 기업과 가계의 결정을 조화시키는 보이지 않는 손의 능력을 저해하게 된다. 이런 함축적 의미를 통해 대부분의 조세가 자원 배분에 미치는 부정적 효과를 설명할 수 있다. 조세는 가격 그리고 기업 및 가계의 결정을 왜곡시킨다. 또한 이 점은 가령 임대료 관리처럼 가격을 통제하는 정책들로 인한 문제점들을 설명할 수 있다. 공산주의 국가에서는 가격이 시장에

FYI 애덤 스미스와 보이지 않는 손

미국의 혁명가들이 독립선언서에 서명한 1776년 바로 그 해에 애덤 스미스의 위대한 저서 『국부론』이 출간된 것은 우연의 일치라고 할 수 있다. 하지만 두 문서는 그 당시 만연했던 다음과 같은 관점을 공유한다. 즉 정부가 개인의 행동을 지시하는 엄격한 간섭 없이 개인이 원하는 것을 하도록 허용해야 한다는 것이다. 이런 철학이 시장경제, 나아가 자유사회의 지적 토대가 되었다.

분산된 시장경제가 합리적으로 잘 작동하는 이유는 무엇인가? 사람들이 사랑하며 친절하고도 관대하게 서로를 대할 것이라고 믿기 때문인가? 전혀 그렇지 않다. 애덤 스미스는 사람들이 시장경제에서 어떻게 상호작용하는지를 다음과 같이 설명한다.

LIBRARY OF CONGRESS PRINTS AND PHOTOGRAPHS DIVISION[LC-USZ62-17407]

애덤 스미스

> 사람이 동업자들에게 도움을 청할 기회는 거의 항상 존재하는데, 동업자들의 자비에만 기대어 도움을 기대한다면 헛수고가 될 것이다. 자신에게 유리하게 그들의 이기심에 관심을 표명하고 자신이 요구하는 것을 해주는 것이 그들에게도 이익이 된다는 것을 보여줄 수 있다면, 도움을 받을 가능성이 더 높아질 것이다. … 내가 원하는 것을 주면, 네가 원하는 것을 얻게 될 것이다. 이것이 이런 종류의 제안에 함축된 의미이다. 우리가 필요로 하는 선의를 서로에게서 훨씬 더 많이 얻어내는 방법은 바로 이런 것이다.
>
> 정육점 주인, 양조장 주인, 식빵 업자의 자비가 아니라 이들이 추구하는 이익을 존중함으로써 저녁식사를 할 수 있다. 이들의 자비심이 아니라 이기주의에 호소하고, 자신의 필요가 아니라 이들이 얻게 될 이익에 대해 말해야 한다. 걸인이 아니고는 어느 누구도 시민들의 자비심에 의존하려 하지 않는다. …
>
> 각 개인은 … 공익을 증진하려 하지 않았고, 공익을 얼마나 많이 증진하고 있는지 알지도 못한다. … 개인은 자신의 이익만을 추구하며 많은 경우 그랬듯이 이번에도 보이지 않는 손에 인도되어 의도하지 않은 결과를 이루게 된다. 의도하지 않았던 것이 사회에 언제나 더 나쁜 것은 아니다. 개인이 자신의 이익을 추구함으로써, 사회적 이익을 실제로 추구하려 했을 때보다도 종종 더 효과적으로 공익을 달성하게 된다.

위에서 애덤 스미스가 말하는 바는 다음과 같다. 즉, 경제에 참여하고 있는 사람들은 이기심에 의해 동기가 부여되지만, 시장의 '보이지 않는 손'이 좀 더 일반적인 경제적 복지를 달성할 수 있도록 인도한다는 것이다.

애덤 스미스의 통찰 중 많은 부분이 현대 경제학의 핵심 논리로 여전히 남아 있다. 앞으로 살펴볼 장들에서는 애덤 스미스의 몇 가지 결론을 더 정확하게 설명하고, 시장의 보이지 않는 손이 지닌 강점과 약점을 자세하게 분석할 것이다. ■

서 결정되지 않고 중앙집권적 계획 입안자에 의해 설정된다. 이들 계획 입안자는, 시장경제에서 가격에 반영되는 생산자 비용과 소비자 기호에 관한 복잡하면서도 계속 변화하는 압도적 규모의 정보량이 결여되어 있다. 중앙집권적인 계획경제는 시장의 보이지 않는 손을 등 뒤에 묶어 놓은 채 경제를 운영했기 때문에 실패했다.

사례연구 애덤 스미스는 우버를 좋아했을 것이다

여러분이 중앙집권적 계획경제 국가에서 살아보지는 않았겠지만, 대도시에서 택시를 잡으려 할 때 어쩌면 엄격하게 규제된 시장을 겪어보았을지 모른다. 대다수 도시의 지방정부가 택시시장을 엄격히 통제하곤 한다. 이런 규정은 대개 보험과 안전에 대한 규제보다 훨씬 더 엄격하다. 가령 지방정부가 일정한 수의 택시 영업 허가증을

RICHARD LEVINE/ALAMY STOCK PHOTO

기술이 발전하면서 택시를 더 편리하게 이용하게 될 것이다.

승인함으로써 택시시장 진입을 제한할 수 있다. 또 택시가 요구할 수 있는 요금을 결정할 수도 있다. 허가증이 없는 운전자를 거리에서 퇴출하고 허가받지 못한 요금을 청구하지 못하도록 하기 위해 경찰 권한으로 벌금이나 구금에 처할 수 있다고 위협할 수도 있다.

하지만 2009년에 이처럼 고도로 통제되는 시장에 파괴력 있는 업체가 밀고 들어왔다. 스마트폰 앱을 제공해서 승객과 운전자를 연결해주는 기업, 즉 우버였다. 우버 차량은 거리를 돌아다니면서 택시를 타려고 보도에 나와 있는 승객을 찾지 않기 때문에, 엄격히 말해 택시가 아니고 택시와 동일한 규제를 적용받지도 않는다. 하지만 택시와 유사한 서비스를 제공한다. 실제로 우버와 그 이후 여러 시장에 진입한 우버의 경쟁업체들이 제공하는 차량 서비스가 종종 더 편리했다. 비 오는 추운 날 빈 택시가 지나가길 길옆에서 기다릴 사람이 누가 있겠는가? 건물 안에서 스마트폰으로 차량 서비스를 예약하고, 차량이 도착할 때까지 비를 피해 따뜻한 곳에서 기다리는 것이 더 쾌적하다.

우버 차량의 요금은 항상은 아니지만 종종 더 저렴하다. 예를 들어 갑작스럽게 폭풍우가 몰아치는 날이나 얼근히 취한 많은 사람들이 파티를 끝내고 안전하게 귀가하길 원하는 새해 전야와 같이 수요가 급증할 때는 우버 요금이 큰 폭으로 상승한다. 반면에 규제를 받는 택시는 일반적으로 요금이 급등하지 않는다.

모든 사람이 우버를 좋아하는 것은 아니다. 기존의 택시 운전사들은 새로운 경쟁자 때문에 수입이 줄었다고 불평한다. 놀랄 것도 없다. 재화와 용역 공급자들에게는 종종 새로운 경쟁자가 달갑지 않다. 하지만 생산자들 간에 활발한 경쟁이 이루어질 때 시장은 소비자를 위해 잘 작동하게 된다.

이것이 경제학자가 우버의 시장 진입을 기꺼이 수용하는 이유이다. 저명한 경제학자 수십 명을 대상으로 실시한 2014년 설문조사에서 우버와 같은 차량 서비스가 소비자 후생을 증대시키는지 여부에 대해 물었다. 모든 경제학자들이 '그렇다'고 답했다. 급등하는 요금 책정 방식이 소비자 후생을 증대시키는지 여부에 대해서도 물어보았다. 경제학자들 중 85%가 '그렇다'고 답했다. 급등하는 요금 책정 방식으로 인해 소비자들이 이따금 요금을 더 많이 지불하지만, 우버 운전사들이 유인에 반응하기 때문에 이 방식은 가장 필요할 때 차량 서비스의 공급량 역시 증가시킨다. 이런 요금 책정 방식은 해당 차량 서비스에 가장 큰 가치를 두는 소비자들에게 이를 배분하는 데 도움이 되고, 차량을 찾아 대기하는 데 따른 비용을 줄인다.

애덤 스미스가 오늘날 살아 있었다면, 분명 자신의 스마트폰에 차량 공유 앱을 설치했을 것이다. ●

1-2c 원리 7: 정부는 때때로 시장에서 이루어진 결과를 개선할 수 있다

보이지 않는 손이 그렇게 대단하다면, 정부가 경제에서 할 수 있는 일은 무엇인가? 경제학을 공부하는 한 가지 목적은 정부정책의 적절한 역할과 범위에 관한 자신의 관점을 다듬는 것이다.

정부가 필요한 한 가지 이유는 정부가 규칙을 시행하고 시장경제의 핵심이 되는 제도를 유지할 경우에만 보이지 않는 손이 마술을 부릴 수 있기 때문이다. 가장 중요한 점은 시장경제는 개인이 희소한 자원을 소유하고 통제할 수 있도록 재산권(property right)을 집행할 제도가 필요하다는 사실이다. 농부가 수확한 농작물을 도둑맞을 것이라고 생각한다면 곡물을 재배하지 않으며, 많은 고객이 음식값을 지불하기 전에 자리를 뜬다면 식당은 식사를 제공하지 않고, 매우 많은 사람이 불법 복제를 한다면 영화사는 영화를 제작하지 않을 것이다. 시장에 참여하는 사람들은 정부가 세운 경찰과 법원에 의존해서 재산권을 행사한다. 법적 제도가 유지될 때만 보이지 않는 손이 잘 작동한다.

재산권
희소한 자원을 소유하고 통제할 수 있는 개인의 능력

정부가 필요한 또 다른 이유는 보이지 않는 손이 강력하기는 하지만 무엇이든 모두 할 수 있는 것은 아니기 때문이다. 정부가 경제에 개입하여 사람들이 선택한 자원 배분을 변경할 수 있는 근거는 크게 두 가지, 즉 효율성 촉진이거나 형평성 증진이다. 즉, 정책은 경제규모의 증대 또는 분배방식의 변경을 목표로 한다.

효율성이라는 목표에 대해 생각해보자. 보이지 않는 손은 일반적으로 시장을 통해 경제적 총액의 규모를 극대화할 수 있도록 자원을 배분한다. 하지만 언제나 그런 것은 아니다. 경제학자들은 시장실패(market failure)라는 용어를 사용하여, 시장이 자체적으로 효율적인 자원 배분을 하지 못하는 상황을 설명한다. 시장실패를 촉발하는 원인 하나가 외부효과(externality)인데, 이는 어떤 사람의 행위가 관계없는 제3자의 후생에 미치는 영향을 말한다. 외부효과의 대표적인 예로 오염을 들 수 있다. 어떤 물품의 생산으로 인해 공기가 오염되고 공장 근처에 사는 사람들에게 건강문제를 일으킬 경우, 시장은 이런 빈틈을 고려하지 않을 수 있다. 시장 지배력(market power)도 시장실패의 원인이 되는데, 이는 한 개인이나 기업(또는 이들의 소규모 집단)이 부당하게 시장가격에 영향을 미치는 능력이다. 예를 들어 마을의 모든 사람이 물이 필요하지만 우물이 단 한 개만 있는 경우, 해당 우물의 소유자는 일반적으로 이기심을 억제하는 엄격한 경쟁에 직면하지 않게 된다. 우물 소유자는 이 기회를 이용하기 위해 물의 생산량을 제한해서 더 높은 가격을 부과하려 한다. 외부효과나 시장 지배력이 존재하는 경우, 잘 짜인 공공정책이 시행되면 효율성을 높일 수 있다.

시장실패
시장만으로는 홀로 자원을 효율적으로 배분하지 못하는 상황

외부효과
한 사람의 행위가 관계없는 제3자의 후생에 미치는 영향

시장 지배력
시장가격에 상당한 영향을 미치는 단일 경제 행위자(또는 소규모 경제 행위자 집단)의 능력

이번에는 형평성이라는 목표에 대해 생각해보자. 보이지 않는 손에 의해 효율적인 결과가 나올 때조차도, 후생상에는 커다란 격차가 발생할 수 있다. 시장경제는 다른 사람들이 대가를 지불하고자 하는 물품을 생산할 수 있는 능력에 따라 사람들에게 보상을 한다. 세계 최고의 농구선수가 세계 최고의 체스선수보다 수입이 더 많다. 그 이유는 간단하다. 사람들이 체스보다 농구경기를 보는 데 더 많은 대가를 지불하려 하기 때

문이다. 보이지 않는 손을 통해, 모든 사람들이 충분한 식료품, 고급 의류, 적절한 의료 서비스를 향유하도록 보장할 수는 없다. 이런 불평등으로 인해 정부 개입을 요청하게 된다. 실제로, 소득세와 복지제도 같은 많은 공공정책은 평등한 복지 분배를 달성하고자 한다.

정부가 시장에서 이루어진 결과를 개선할 수 있다는 것이 언제나 개선한다는 것을 의미하지는 않는다. 공공정책은 천사가 아니라 불완전한 정치과정을 통해 만들어진다. 정책은 때로는 정치적 영향력이 있는 사람들에게 보상을 제공할 수 있도록 고안된다. 또 이따금 잘 알지 못하면서 좋은 의도를 갖고 있는 지도자들에 의해 마련되기도 한다. 경제학을 공부하다 보면, 정부정책이 효율성이나 형평성을 촉진하기 때문에 정당한 경우와 정당하지 못한 경우를 더 잘 판단하게 될 것이다.

Quiz

5. 국제무역은 ____________ 일국에 이익이 된다.
   a. 해외 판매로 인한 수입이 해외 구매로 인한 지출을 초과할 때
   b. 무역 상대국이 경제적 후생의 감소를 경험할 때
   c. 모든 국가들이 가장 잘 하는 것에 특화할 때
   d. 무역으로 인해 국내 일자리가 사라지지 않을 때

6. 애덤 스미스가 말한 '보이지 않는 손'은 ____________이다.
   a. 기업이 소비자를 희생시켜 이윤을 얻기 위해 사용하는 교묘하고 종종 드러나지 않는 방법
   b. 시장 참여자들이 이기심에 근거해 행동을 해도, 바람직한 결과에 도달할 수 있는 경쟁시장의 능력
   c. 소비자들이 규제를 인지하지 못하더라도, 소비자에게 이익이 되는 정부 규제의 능력
   d. 규제되지 않은 시장의 생산자나 소비자가 무고한 제3자에게 비용을 부과하는 방법

7. 정부는 ____________ 위해서 시장경제에 개입할 수 있다.
   a. 재산권을 보호하기
   b. 외부효과로 인한 시장실패를 바로잡기
   c. 보다 평등한 소득 분배를 달성하기
   d. 위의 것 모두를 달성하기

해답은 이 장의 끝부분에 있다.

1-3 경제 전체는 어떻게 작동하는가

개인이 결정을 어떻게 내리는지에 대한 논의로 시작해서, 사람들이 어떻게 상호작용하는지를 살펴보았다. 이런 모든 결정과 상호작용이 '경제'를 구성한다. 나머지 세 가지 원리는 경제의 전체적인 작동에 관한 것이다.

1-3a 원리 8: 일국의 생활수준은 재화 및 용역을 생산할 수 있는 능력에 달려 있다

전 세계의 생활수준 차이는 충격적이라고 할 수 있다. 2019년 미국의 평균소득은 약

65,000달러였다. 같은 해 독일의 평균소득은 약 56,000달러, 중국은 17,000달러였고, 나이지리아는 5,000달러에 불과했다. 평균소득상의 이런 차이는 삶의 질을 측정하는 데 반영된다. 고소득 국가에 사는 사람들은 저소득 국가에 사는 사람들보다 더 많은 컴퓨터와 자동차, 더 나은 영양섭취, 더 좋은 의료 서비스, 더 긴 기대수명을 향유한다.

시간의 흐름에 따른 생활수준의 변화도 크다. 미국의 경우, 역사적으로 볼 때 (생활비 변화를 조정한) 소득이 연간 약 2%씩 증가했다. 이런 비율로 증가한다면 평균소득은 35년마다 두 배가 된다. 지난 세기 동안 미국의 평균소득은 약 8배 증가했다.

국가들 사이에 그리고 시간의 흐름에 따라 발생하는 이 같은 큰 격차를 어떻게 설명할 수 있는가? 대답은 간단하다. 생활수준상의 거의 모든 격차는 국가들의 생산성(productivity) 차이, 즉 생산요소인 노동 단위당 재화 및 용역의 생산량 차이에서 비롯된다. 노동자들이 시간당 많은 양의 재화 및 용역을 생산할 수 있는 국가에서 대다수의 사람들은 높은 생활수준을 향유한다. 반면에 노동자들의 생산성이 낮은 국가에서 대다수의 사람들은 궁핍한 생활수준을 견디어 낸다. 이와 같이 일국의 생산성 증가율은 해당 국가의 평균소득 성장률을 결정하게 된다.

생산성
생산요소인 노동 단위당 재화와 용역의 생산량

생산성과 생활수준의 관계는 간단하지만, 그것이 갖는 의미는 광범위하다. 생산성이 생활수준을 결정하는 주요 요인이라면, 다른 설명은 덜 중요하다고 보아야 한다. 예를 들어 지난 세기 동안 미국 근로자들의 소득이 증가한 것은 관대한 고용주나 역동적인 노동조합 덕분이라고 말하고 싶을지 모른다. 하지만 미국 근로자들의 진짜 영웅은 생산성 증가이다. 다른 예를 들면 일부 해설가들은 격화된 국제경쟁으로 인해서 1970년대 중반부터 소득 증가의 둔화현상이 발생했다고 설명한다. 그러나 진짜 악당은 미국의 하락하는 생산성 증가였다.

생산성과 생활수준의 관계는 공공정책에 중대한 의미를 시사한다. 특정 정책이 생활수준에 어떤 영향을 미치는지 생각해볼 때 핵심 의문점은 그 정책이 재화와 용역을 생산하는 경제의 능력에 어떤 영향을 미치느냐에 관한 것이다. 생활수준을 높이기 위해서는 정책 입안자들이 생산성을 높여야 하며, 이를 위해 근로자들을 잘 훈련시키고 재화 및 용역을 생산하는 데 필요한 도구를 공급하며 최상의 기술에 접근할 수 있도록 해야 한다.

1-3b 원리 9: 정부가 너무 많은 통화를 발행할 경우 물가가 상승한다

1921년 1월에 독일 일간신문 가격은 0.30마르크였다. 2년이 채 지나지 않은 1922년 11월에 이 신문의 가격은 70,000,000마르크였다. 경제 내 다른 가격도 모두 동일한 폭으로 상승했다. 이 같은 폭등은 경제의 전반적인 물가수준이 상승하는 현상인 인플레이션(inflation)을 보여준 역사상 가장 놀라운 사례 중 하나이다.

인플레이션
경제의 전반적인 물가수준이 상승하는 현상

미국에서 인플레이션은 1920년대의 독일과 비슷한 수준으로 발생한 적이 없지만, 이따금 문제가 되었다. 1970년대에는 전반적인 물가수준이 두 배 이상 상승했으며, 제럴드 포드 대통령은 인플레이션을 '공공의 적 제1호'라고까지 했다. 반면에 21세기 처음 20년 동안 인플레이션은 연간 약 2%였으며, 이런 율이라면 물가가 두 배 오르는 데 35년이 걸릴 것이다. 인플레이션이 높아질 경우 사회에 다양한 비용이 발생하기 때문에, 인플레이션을 합리적인 수준으로 유지하는 것이 전 세계 경제정책 입안자들의 목표이다.

인플레이션을 일으키는 원인은 무엇인가? 규모가 크거나 계속 지속되는 거의 모든 인플레이션의 경우에 원인은 통화량 증가이다. 정부가 자국의 통화량을 대규모로 창출하면, 통화가치가 하락한다. 독일에서 물가가 매월 평균적으로 세 배씩 상승했던 1920년대 초에, 통화량도 매월 세 배씩 증가했다. 덜 극단적이긴 하지만, 미국의 역사도 유사한 결론에 도달한다. 1970년대의 높은 인플레이션은 빠른 통화량 증가와 관련이 있고, 1980년대 낮은 인플레이션으로의 복귀는 느린 통화량 증가와 관련된다.

"이런, 줄에 서 계셨을 때는 68센트였을지 모르지만, 그 사이에 가격이 올라 지금은 74센트가 되었습니다."

이 책이 출간되려 했던 2022년에 미국의 인플레이션은 급등하고 있었다. 그 해 2월 소비자 물가는 1년 전보다 7.9% 상승했는데, 이는 40년 만에 가장 높은 인플레이션율이었다. 2020년에 발생한 코로나 바이러스 감염증의 세계적 대유행으로 촉발된 경기 침체 동안, 미국 정부는 어려움을 완화하기 위해 지출을 대폭 늘렸고, 경제의 통화량도 크게 증가했다. 세계적 대유행으로 인한 공급 차질과 맞물려 이런 정책들은 인플레이션 상승에 일조했다. 핵심적인 질문은 인플레이션 급등이 많은 정부 관료들이 믿는 것처럼 일시적인 현상이 될지, 아니면 1970년대처럼 경제에 고착될지 여부에 관한 것이다. 결과는 향후 금융정책에 따라 크게 달라질 것이다.

1-3c 원리 10: 사회는 인플레이션과 실업 사이에 존재하는 단기적인 상충관계에 직면하게 된다

통화량이 증가할 경우 장기적으로 보면 물가가 주로 상승하지만, 단기적으로 보면 상황이 조금 더 복잡해진다. 대부분의 경제학자들은 통화 증가에 따른 단기적 효과를 다음과 같이 설명한다.

- 경제의 통화량이 증가할 경우 전반적인 지출수준이 높아져서, 재화 및 용역에 대한 수요가 증가한다.
- 수요가 증가하면 시간이 흐름에 따라 기업들이 가격을 인상하게 되지만, 그동안에는 기업들이 더 많은 노동자를 고용하여 더 많은 양의 재화와 용역을 생산한다.
- 노동자를 더 많이 고용한다는 것은 실업이 감소함을 의미한다.

이렇게 추론하다 보면 경제 전반에 걸친 최종적인 상충관계, 즉 인플레이션과 실업의 단기적인 상충관계로 연결된다.

일부 경제학자들은 여전히 이런 논리에 의문을 제기하지만 대부분은 사회가 인플레이션과 실업의 단기적인 상충관계에 직면하게 된다는 사실을 받아들인다. 이것이 의미하는 바는 간단히 말해 많은 정책이 1~2년 동안에는 인플레이션과 실업을 정반대방향으로 밀어낸다는 것이다. 정책 입안자들은 인플레이션과 실업이 둘 다 (1980년대 초처럼) 높은 수준이거나, (2010년대 말처럼) 낮은 수준이거나, 중간 수준에서 시작하든지에 관계없이 이런 상충관계에 직면한다. 이런 단기적인 상충관계는 재화 및 용역의 생산이나 고용된 인원수에 기반하여 측정되는, 경제활동의 불규칙적이며 대체로 예측할 수 없는 변동인 경기 순환(business cycle)을 분석하는 데 중요한 역할을 한다.

경기 순환
고용 및 생산과 같은 경제활동의 변동

정책 입안자들은 다양한 정책수단을 사용하여 인플레이션과 실업의 단기적인 상충관계를 활용할 수 있다. 정책 입안자들은 정부 지출총액, 부과되는 조세총액, 통화 발행량을 변화시켜 재화와 용역에 대한 총체적 수요에 영향을 미칠 수 있다. 이러한 수요의 변화는 다시 경제가 단기적으로 경험하는 인플레이션과 실업의 조합에 영향을 미친다. 이런 경제정책 수단들은 매우 강력하기 때문에, 정책 입안자들이 이를 어떻게 사용해야 하는지는 끊임없는 쟁점이 되고 있다.

Quiz

8. 일부 국가들이 다른 국가들보다 평균 생활수준이 더 높은 주된 이유는 ______________________.
   a. 부국이 빈국을 착취했기 때문이다.
   b. 일부 국가들의 정부가 통화를 더 많이 창출하기 때문이다.
   c. 일부 국가들이 노동자의 권리를 보호하는 보다 강력한 법률을 시행하기 때문이다.
   d. 일부 국가들이 더 높은 생산성 수준을 유지하기 때문이다.

9. 일국에서 높은 인플레이션이 지속되는 경우, 가장 그럴듯한 설명은 이 상황이 ______________________.
   a. 정부가 과도한 통화량을 창출한 데서 비롯된다는 것이다.
   b. 과도한 고임금을 요구하는 노조교섭에서 비롯된다는 것이다.
   c. 정부가 과도한 조세를 부과한 데서 비롯된다는 것이다.
   d. 기업들이 과도한 가격 인상을 단행할 수 있는 시장 지배력을 사용한 데서 비롯된다는 것이다.

10. 정부가 금융정책 수단들을 사용하여 재화와 용역에 대한 수요를 낮추려 한다면, 단기적으로 발생 가능한 결과는 __________ 인플레이션과 __________ 실업이다.
    a. 더 낮은; 더 낮은
    b. 더 낮은; 더 높은
    c. 더 높은; 더 높은
    d. 더 높은; 더 낮은

해답은 이 장의 끝부분에 있다.

표 1

경제학의 열 가지 원리

사람들은 어떻게 결정을 내리는가

1. 사람들은 상충적인 상황에 부딪히게 된다.
2. 어떤 것의 비용은 그것을 얻기 위해서 포기해야 하는 것이다.
3. 합리적인 사람들은 한계적으로 생각한다.
4. 사람들은 유인에 반응한다.

사람들은 어떻게 상호작용하는가

5. 거래를 통해 모든 사람의 형편이 나아질 수 있다.
6. 시장은 일반적으로 경제활동을 조직화하는 좋은 방법이다.
7. 정부는 때때로 시장에서 이루어진 결과를 개선할 수 있다.

경제 전체는 어떻게 작동하는가

8. 일국의 생활수준은 재화 및 용역을 생산할 수 있는 능력에 달려 있다.
9. 정부가 너무 많은 통화를 발행할 경우 물가가 상승한다.
10. 사회는 인플레이션과 실업 사이에 존재하는 단기적인 상충관계에 직면하게 된다.

1-4 결론

이제는 경제학이 무엇인지 조금은 이해했을 것으로 생각된다. 앞으로 살펴볼 장들에서 사람, 시장, 경제에 대한 구체적인 통찰을 많이 습득할 것이다. 이런 내용을 숙지하기 위해서는 약간의 노력이 필요하겠지만 압도될 정도는 아니다. 경제학 분야는 많은 상황에 적용할 수 있는 몇 가지 생각에 기반을 두고 있다.

이 장에서 소개하고 표 1에 요약한 **경제학의 열 가지 원리**를 이 책 곳곳에서 언급할 것이다. 이런 사고의 틀을 구성하는 요소들을 숙지하고 염두에 두어야 한다. 가장 복잡하고 정교한 경제분석도 이런 열 가지 원리에 기반을 둔다.

요약

- 개인의 의사 결정에 관해 학습하고 나서 얻은 근본적인 교훈은 다음과 같다. 사람들은 대안적인 목표들 사이에 존재하는 상충적인 상황에 부딪히게 된다. 어떤 행위의 비용은 그로 인해 포기한 기회의 측면에서 측정된다. 합리적인 사람들은 한계비용과 한계편익을 비교하여 결정한다. 사람들은 직면하게 되는 유인에 반응하여 자신들의 행태를 변화시킨다.
- 경제적 상호작용에 관해 얻은 근본적인 교훈은 다음과 같다. 거래와 상호의존을 통해 서로 이익을 얻을 수 있다. 시장은 일반적으로 경제행위를 조화시키는 좋은 방

법이다. 정부는 시장실패를 시정하거나 경제적 형평성을 증진하여 시장에서 이루어진 결과를 잠재적으로 개선할 수 있다.

- 전체적으로 작동되는 경제에 관해 얻은 근본적인 교훈은 다음과 같다. 생산성이 생활수준을 결정하는 궁극적인 원천이다. 통화량 증가가 인플레이션을 일으키는 결정적인 근본원인이다. 사회는 인플레이션과 실업 사이에 존재하는 단기적인 상충관계에 직면하게 된다.

주요 개념

복습용 질문

1. 생활에서 직면하는 중요한 상충적인 상황의 예를 세 가지 들어보시오.

2. 놀이공원 방문에 따른 기회비용을 계산할 때 어떤 항목을 포함시켜야 하는가?

3. 물은 생명을 유지하기 위해 필수적으로 필요하다. 물 한 잔의 한계편익은 큰가 아니면 작은가?

4. 정책 입안자들이 유인을 고려해야 하는 이유는 무엇인가?

5. 두 국가 사이의 무역이 한 국가가 이기고 다른 국가가 지는 게임과 같지 않은 것은 무엇 때문인가?

6. 시장에서 작동하는 '보이지 않는 손'이 하는 역할은 무엇인가?

7. 시장실패가 발생하는 주요한 이유 두 가지는 무엇인가? 각각의 예를 들어보시오.

8. 생산성이 중요한 이유는 무엇인가?

9. 인플레이션이란 무엇이며, 그것이 발생하는 원인은 무엇인가?

10. 인플레이션과 실업은 단기적으로 어떤 관계가 있는가?

문제와 응용

1. 다음의 각 경우에 직면하게 될 상충적인 상황을 설명하시오.

a. 자동차 구매 여부를 결정해야 하는 가족
b. 국립공원에 얼마나 지출할지를 결정해야 하는 국회의원
c. 새로운 공장을 설립해야 할지 여부를 결정해야 하는 회사 대표
d. 수업 준비를 얼마나 해야 할지 결정해야 하는 교수
e. 대학원 진학 여부를 결정해야 하는 최근의 대학 졸업생
f. 취업 여부를 결정해야 하는 어린 자녀를 키우는 편부모

2. 휴가 갈지 여부를 결정하려고 한다. 휴가 비용(항공료, 호텔, 받지 못하게 될 임금)은 대부분 화폐로 측정되지만, 휴가에 따른 편익은 심리적인 것이다. 편익과 비용을 어떻게 비교할 수 있는가?

3. 토요일에 아르바이트를 할 계획이었지만, 친구가 스키를 타러 가자고 한다. 스키를 타러 가는 데 드는 비용은 무엇인가? 이번에는 도서관에서 하루 종일 공부할 계획이었다고 가정해보자. 이 경우 스키를 타러 가는 데 드는 비용은 무엇인가? 설명하시오.

4. 내기 농구에서 100달러를 받았다. 지금 그 돈을 사용할지, 아니면 5% 이자를 지급하는 은행 계좌에 1년 동안 저축할지 선택할 수 있다. 지금 100달러를 사용할 경우 발생하는 기회비용은 무엇인가?

5. 여러분이 경영하는 회사는 신제품을 개발하기 위해 5백만 달러를 투자했지만, 개발이 아직 완료되지 않았다. 최근 회의에서 영업 담당자는 경쟁제품이 출시되어 신제품의 예상 매출액이 3백만 달러로 감소할 것이라고 보고했다. 개발을 완료하여 제품을 만드는 데 1백만 달러의 비용이 소요된다고 할 경우, 그렇게 해야 하는가? 개발을 완료하기 위해 지불해야 하는 최대 비용은 얼마가 되는가?

6. 미국 연방정부의 빈곤퇴치 프로그램을 개혁하려는 1996년 법안으로 인해, 많은 복지 프로그램 수혜자들이 단지 2년 동안만 혜택을 받을 수 있게 되었다.
   a. 이런 변화가 노동하려는 유인에 어떤 영향을 미치는가?
   b. 이런 변화가 형평성과 효율성 사이의 상충적 관계를 어떻게 설명할 수 있는가?

7. 다음의 각 정부활동이 형평성에 대한 우려에서 비롯된 것인지, 아니면 효율성에 대한 우려에서 비롯된 것인지 여부를 설명하시오. 효율성의 경우, 관련된 시장실패의 유형을 논의하시오.
   a. 케이블 TV 가격을 규제하기
   b. 일부 저소득층에게 식료품을 구입하는 데 사용할 수 있는 증표를 제공하기
   c. 공공장소에서 흡연을 실시하기
   d. (한때 미국 정유시설의 90%를 소유했던 기업) 스탠다드 오일을 소규모 기업 몇 개로 분할하기
   e. 소득이 더 높은 사람들에게 더 높은 개인 소득세율을 부과하기
   f. 음주 운전 금지법을 제정하기

8. 다음의 각 진술을 형평성과 효율성 관점에서 논의하시오.
   a. "사회 구성원 모두는 최상의 의료 서비스를 보장받아야 한다."
   b. "근로자가 해고되면, 새로운 일자리를 찾을 때까지 실업 수당을 받을 수 있어야 한다."

9. 여러분의 생활수준은 부모님이나 조부모님이 여러분 연령이었을 때 그분들의 생활수준과 어떤 면에서 상이한가? 이러한 변화가 발생한 이유는 무엇인가?

10. 미국인들이 자신들의 소득 중 더 많은 부분을 저축하기로 결정했다고 가상하자. 은행들이 이들 자금을 사용하여 새로운 공항을 지으려는 기업들에게 대출을 제공한다면, 이것은 생산성의 신속한 증가로 어떻게 이어질 수 있는가? 이런 생산성 증가의 혜택은 누구에게 돌아갈 것이라고 생각하는가? 사회는 공짜 점심을 얻을 수 있는가?

11. 독립전쟁 기간에 미국의 13개 식민지는 전비를 완전히 조달할 수 있을 정도의 충분한 세수를 확보하지 못했다. 차액을 메우기 위해 식민지들은 통화를 더 발행하기로 결정했다. 지출을 충당하기 위해 통화를 발행할 경우, 이를 이따금 '인플레이션 조세'라고 한다. 더 많은 통화가 발행될 때 누구에게 조세가 부과된다고 생각하는가? 그 이유는 무엇인가?

Quiz 해답

1. a　2. c　3. b　4. d　5. c　6. b　7. d　8. d　9. a　10. b

Chapter

2

경제학자처럼 생각하기

여러분이 경제학자처럼 생각할 수 있도록 도와주고자 이 책을 집필했다. 경제학자처럼 생각하기는 여러 면에서 유용하게 활용될 수 있다. 뉴스 기사를 이해하거나, 가계나 기업의 재무 상태를 관리하거나, 지역 교통 혼잡에서 지구 기후 변화에 이르는 다양한 문제에 대한 정치가들의 공약을 평가하려 할 때, 경제학적 지식이 있다면 좀 더 분별력 있고 체계적으로 생각할 수 있다. 이런 방식으로 생각하게 되면 더 좋은 결과를 이끌어낼 수 있다.

어느 학문 분야이든 전문가들은 자신들만의 용어와 사고 방식을 발전시키고 있다. 수학자들은 공리, 적분, 벡터공간에 대해 논의하고, 심리학자들은 자아, 원초아, 인지 부조화 등에 관해 이야기한다. 또한 법학자들은 범행지, 불법행위, 금반언의 원칙에 대해 말하곤 한다. 경제학자들도 다르지 않다. 경제학자들은 예를 들면 공급, 수요, 탄력성, 비교우위, 소비자 잉여, 사장된 손실 등의 용어를 사용하곤 한다. 앞으로 경제학자들이 전문적으로 사용하는 다수의 새로운 용어와 몇몇의 익숙한 단어를 접하게 될 것이다. 처음

에는 이런 용어와 전문적인 내용이 쓸데없이 난해해 보일 수 있고, 사실 일상생활에서는 이런 것들의 상당수가 그렇다. 하지만 이런 것들을 이해할 경우, 여러분이 살고 있는 세계를 이해하는 데 필요한 새롭고 유용한 시각을 갖게 될 것이다. 이 책은 여러분이 이런 과정을 무리 없이 헤쳐 나갈 수 있도록 도와줄 것이다.

경제학의 실체와 세부 사항을 알아보기 전에, 경제학자들이 세계를 어떻게 바라보는지에 관해 개괄적으로 살펴보는 것은 유용할 수 있다. 이 장에서는 경제학의 방법론에 관해 논의할 것이다. 경제학자들이 문제에 대처하는 방식은 어떤 특징이 있는가? 경제학자처럼 생각한다는 것은 무엇을 의미하는가?

2-1 과학자로서의 경제학자

경제학자들은 과학자의 객관성을 갖고 자신들의 연구 주제를 다루고자 한다. 물리학자가 물체를 연구하고 생물학자가 생명체를 연구하는 것처럼, 경제학자들은 경제에 관해 연구한다. 경제학자들은 이론을 정립하고 데이터를 수집하며, 그러고 나서 해당 데이터를 분석하여 자신들의 이론을 입증하든지 아니면 이를 반박하게 된다.

경제학이 과학이라는 주장은 이상하게 들릴 수 있다. 물론 경제학자들은 시험관이나 망원경을 갖고 작업을 하지 않으며, 흰색 실험복을 입지도 않는다. 그들은 여느 사회과학자들처럼 굳이 대학학위가 없어도 누구나 알고 있는 인간에 관해 연구한다. 하지만 과학의 핵심은 **과학적 방법**이며, 이 방법은 세계가 어떻게 작동하는지에 관한 이론을 냉정하게 발전시키고 검정하고자 한다. 이 방법이 지구의 중력이나 종의 진화에 관한 연구에 활용될 수 있는 것처럼, 일국의 경제를 연구하는 데도 활용될 수 있다. 알베르트 아인슈타인이 말했듯 "과학은 일상적인 사고를 세심하게 재구성한 것일 뿐이다."

아인슈타인의 이 말은 물리학만이 아니라 경제학에서도 타당하다. 하지만 대부분의 사람들은 과학적인 관점에서 사회를 보는 것에 익숙하지 못하다. 경제가 어떻게 작동하는지 살펴보기 위해서 경제학자들이 과학의 논리를 적용하는 방법을 생각해보자.

J.B. HANDELSMAN/THE NEW YORKER COLLECTION/THE CARTOON BANK

"얘야, 나는 사회과학자란다. 그래서 전기 같은 것에 대해 물어보면 설명해줄 수 없단다. 하지만 언젠가 사람들에 대해 알고자 한다면 내가 설명해줄 수 있지."

2-1a 과학적 방법: 관찰, 이론, 추가적인 관찰

17세기의 과학자이자 수학자인 아이작 뉴턴은 자신의 전기를 쓰던 작가에게 사과가 나무에서 떨어지는 것을 보고 영감을 얻었다고 말했다. 사과가 항상 땅으로 곧장 떨어지는 이유는 무엇인가? 뉴턴은 사색을 통해서 떨어지는 사과뿐만 아니라 우주의 모든 두 물체 사이에도 적용되는 중력 이론을 발견했다. 뉴턴의 이론은 후속 실험을 통해 (아인슈타인이 후일에 보여주었듯 모든 상황에 작동하지는 않지만) 많은 경우에 잘 작동한다는 사실을 알 수 있었다. 뉴턴의 이론은 관찰된 사실을 잘 설명할 수 있기에 지금까지도 물리학과 교육과정에서 가르치고 있다.

이와 유사한 이론과 관찰 사이의 상호작용은 경제학에서도 일어나고 있다. 물가가 급속히 상승하는 국가에서 생활하고 있는 경제학자는 이런 현상에 대한 관찰을 통해 인플레이션 이론을 발전시킬 수 있다. 그 이론에 따르면, 정부가 너무 많은 통화를 발행할 경우 고율의 인플레이션이 발생한다. 경제학자는 이 이론을 검증하기 위해 상이한 많은 국가에서 물가와 통화에 대한 데이터를 수집하여 분석할 수 있다. 통화량 증가가 물가 상승률과 관련이 없다면, 경제학자는 인플레이션 이론의 타당성에 의구심을 갖게 될 것이다. 통화량 증가와 인플레이션이 국제적인 데이터상에서 상관관계가 있다면, 실제로 종종 이런 사례가 있었던바 경제학자는 위에서 제시된 이론을 좀 더 신뢰하게 된다.

여느 과학자들과 마찬가지로 경제학자들도 이론과 관찰을 활용해야 하지만, 이런 일을 어렵게 만드는 장애물에 직면하게 된다. 즉, 경제학자들은 종종 실험을 진행하지 못한다. 물리학자들은 이론을 검증하기 위해서 자신의 실험실에서 물체를 낙하시킬 수 있다. 반면에 인플레이션에 관해 연구하는 경제학자들은 유용한 데이터를 얻겠다는 이유만으로 일국의 금융정책을 변화시킬 수 없다. 천문학자와 진화생물학자처럼 경제학자들은 통상적으로 자신에게 주어진 데이터가 무엇이든 간에 이를 활용해야 한다.

실험실에서 이루어지는 실험을 대신하여, 경제학자들은 역사를 통해 자연적으로 이루어진 실험에 세심한 주의를 기울인다. 예를 들면 중동에서 발생한 전쟁으로 인해 원유 공급이 중단되었을 때, 전 세계적으로 석유가격이 급등했다. 이로 인해 석유와 관련 제품을 소비하는 사람들의 생활비가 상승했고, 정책 입안자들은 최선의 대응책을 선택해야 하는 어려움에 직면하게 되었다. 하지만 이로 인해 과학적인 경제분석을 하려는 학자들은 주요한 천연자원이 세계 경제에 미치는 영향을 연구할 수 있는 기회를 갖게 되었다. 이 책 전반에 걸쳐 많은 역사적 사건을 살펴볼 것이다. 이에 대한 연구를 통해 과거의 경제에 대한 통찰력을 얻음과 동시에 현재의 경제 이론을 설명하고 평가할 수 있게 된다.

2-1b '가정'이 하는 역할

어린아이들이 갖고 노는 구슬을 10층 건물 꼭대기에서 밑으로 떨어뜨릴 경우 바닥에 도달하는 데 얼마나 오래 걸릴지를 물리학자에게 물어본다면, 아마도 진공상태에서 구슬이 떨어진다고 가정하고 답할 것이다. 건물은 공기로 둘러싸여 있기 때문에, 구슬이 떨어질 때 마찰이 발생하여 떨어지는 속도가 감소하게 된다. 실제 세계의 복잡한 상황을 무시하고 답하는 이유는 무엇인가? 이 경우 물리학자는 구슬에 대한 마찰이 작아서 그것이 미치는 영향은 무시해도 된다는 점을 지적할 것이다. 구슬이 진공상태에서 떨어진다고 가정하게 되면, 답하는 데 실질적인 영향을 미치지 않으면서 문제를 단순화시킬 수 있다. 하지만 물리학자는 더 정확한 답변을 하려면 위에서 한 가정을 수정하고 더 정교한 분석을 해야 된다는 사실을 알고 있다.

경제학자들도 동일한 이유로 가정을 하게 된다. 가정을 하게 되면 복잡한 세계를 단순화시켜서 더 쉽게 이해할 수 있다. 예를 들어 국제무역에 관해 연구할 경우, 세계가 단지 두 개 국가로 구성되고 각국이 두 개 상품만을 생산한다고 가정할 수 있다. 알다시피 이런 가정은 실제 세계를 정확히 반영하지 못한다. 실제 세계는 상이한 종류의 수많은 상품을 생산하는 많은 국가로 구성된다. 하지만 세계가 두 국가로만 구성되고 두 상품만 생산한다고 가정함으로써 문제의 본질에 초점을 맞출 수 있다. 단순화된 가상 세계에서 이루어지는 무역을 분석하고 나면, 우리가 실제로 살고 있는 복잡한 세계에서의 무역을 이해하는 데 큰 도움이 된다.

물리학이든, 생물학이든, 경제학이든 간에 과학적 사고를 할 때 필요한 사항은 어떠한 가정을 하느냐이다. 예를 들어 건물 꼭대기에서 밑으로 구슬을 떨어뜨리는 대신에 이번에는 중량이 같되 해변가에서 갖고 노는 큰 비닐공을 떨어뜨린다고 가정하자. 이런 경우 마찰이 없다는 가정은 대단히 부정확하다. 큰 비닐공이 구슬보다 훨씬 더 크기 때문에 마찰이 크게 작용한다. 진공상태에서 중력이 작용한다는 가정은 구슬 낙하를 연구할 때는 타당하지만, 큰 비닐공 낙하를 연구할 때는 큰 오차를 발생시킬 수 있다.

마찬가지로 경제학자도 상이한 물음에 답하기 위해 상이한 가정을 사용한다. 예를 들어 정부가 통화의 유통량을 변화시킬 경우 경제에 어떤 영향을 미치는지 알아보고자 한다고 가정하자. 이 분석에서 정작 중요한 점은 가격이 어떻게 반응하느냐이다. 경제에서 많은 가격은 드물게 변동한다. 예를 들면 신문 가판대에서 판매되는 잡지가격은 몇 년에 한 번 변동한다. 이런 사실을 고려할 때 분석기간이 달라지면 가정도 달리하게 된다. 정책이 미치는 단기간의 효과를 분석하려는 경우, 가격이 크게 변동하지 않는다고 가정할 수 있다. 모든 가격이 완전하게 고정된다는 극단적인 가정까지도 할 수 있다. 하지만 정책이 미치는 장기간의 효과를 분석하려는 경우, 모든 가격이 완전하게 탄력적이라고 가정할 수 있다. 물리학자가 떨어뜨린 구슬과 큰 비닐공을 연구할 때 가정을 달리했듯이, 경제학자들도 통화량의 변화가 미치는 단기간 및 장기간의 효과를 연구할 때 상이한 가정을 하게 된다.

2-1c 경제 모형

미국 고등학교에서 생물학을 가르치는 선생님들은 인체 플라스틱 복제물을 활용하여 기초 해부학을 가르친다. 이 플라스틱 모형물이 심장, 간, 신장 등 모든 주요 장기를 보여주므로 선생님들은 신체의 주요 부분들이 어떻게 연결되는지를 매우 간략하게 설명할 수 있다. 이들 플라스틱 모형은 틀에 박히게 양식화되어 있고 많은 세부 사항을 생략했기 때문에, 아무도 해당 모형을 실제 사람으로 착각하지는 않을 것이다. 이렇게 현실성이 결여되어 있음에도, 실제로는 이런 플라스틱 모형을 활용하여 학습하는 것이 인체가 어떻게 기능하는지를 학습하는 데 도움이 된다.

경제학자들도 모형을 활용하여 실제 세계를 이해하지만, 플라스틱 인체 해부 모형과 달리 경제 모형은 대부분 도해와 식으로 구성된다. 생물학 선생님이 활용하는 플라스틱 모형처럼, 경제 모형도 많은 세부 사항을 생략하고 정말로 중요한 것을 보여준다. 플라스틱 인체 해부 모형이 신체의 모든 근육과 혈관을 포함하고 있지 않은 것처럼, 경제 모형도 경제의 모든 특징이나 인간 행태의 모든 양상을 포함하지는 않는다.

이 책 전반에서 모형을 사용하여 다양한 문제를 분석하다 보면, 특정 가정하에서 모형이 설정된다는 사실을 알게 될 것이다. 물리학자가 떨어지는 구슬을 분석할 때 마찰이 존재하지 않는다고 가정하듯이, 경제학자도 당면한 문제와 무관한 다수의 경제 세부 사항이 존재하지 않는다고 가정한다. 물리학이든, 생물학이든, 경제학이든 간에 모든 모형은 현실을 단순화시켜 그에 대한 이해를 돕는다. 중요한 점은 적절할 때에 알맞은 모형을 찾아내야 한다는 것이다. 통계학자 조지 박스(George Box)가 말한 것처럼 "모든 모형이 틀리지만, 일부는 유용하다."

2-1d 첫 번째 모형: 순환경로 도해

경제는 매수, 매도, 노동, 임대차, 제조 등 다양한 활동에 종사하는 수많은 사람들로 구성된다. 경제가 어떻게 작동하는지 이해하기 위해, 우리는 이런 모든 활동들에 대한 생각을 단순화시켜야 한다. 다시 말해, 경제가 어떻게 구성되고 경제 참가자들이 어떻게 상호작용하는지 설명하는 모형이 필요하다.

그림 1은 경제를 시각적으로 보여주는 모형, 즉 순환경로 도해(circular-flow diagram)를 제시한다. 이 모형에서 경제는 두 가지 형태의 의사 결정자, 즉 기업과 가계만을 포함한다. 기업은 예를 들면 노동, 토지, 자본(건물과 기계) 같은 요소를 사용하여 재화 및 용역을 생산한다. 이들 요소를 **생산요소**라고 한다. 가계는 생산요소를 소유하고 기업이 생산한 모든 재화 및 용역을 소비한다.

순환경로 도해
가계와 기업 사이에 존재하는 시장을 통해 화폐가 어떻게 유통되는지 보여주는 시각적인 경제 모형

가계와 기업은 두 가지 형태의 시장에서 상호작용한다. **재화 및 용역시장**에서는 가계가 매수인이 되고 기업은 매도인이 된다. 특히 가계는 기업이 생산한 재화 및 용역을 매수한다. **생산요소시장**에서 가계는 매도인이 되고 기업은 매수인이 된다. 이 시장에서 가계는 재화 및 용역을 생산하기 위해 기업이 사용하는 요소를 공급한다. 순환경로 도해는 어떤 경제 내에 있는 가계와 기업 사이에 이루어지는 모든 거래를 체계적으로 정

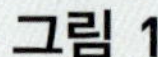

그림 1

순환경로

이 도해는 경제 조직을 개략적으로 보여준다. 가계와 기업에 의해 결정이 내려진다. 가계와 기업은 (가계가 매수인이고 기업이 매도인인) 재화 및 용역시장과 (기업이 매수인이고 가계가 매도인인) 생산요소시장에서 상호작용을 한다. 바깥쪽에 있는 일련의 화살표들은 화폐가 유통되는 경로를 보여주고, 안쪽에 있는 일련의 화살표들은 이에 상응하여 이루어지는 생산요소와 생산물의 유통 경로를 보여준다.

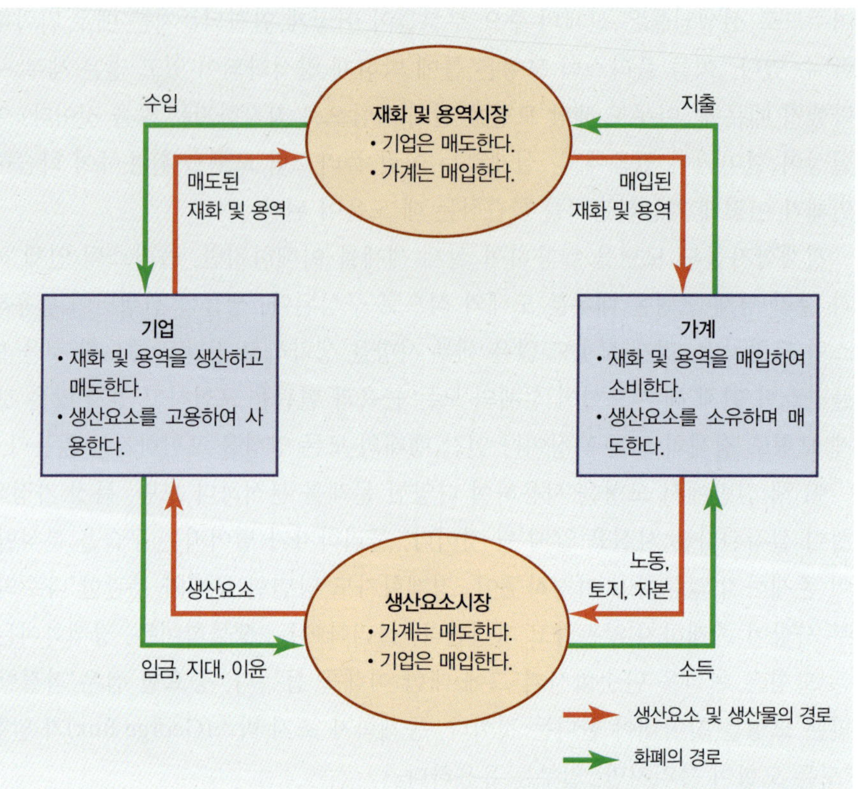

리하여 보여주는 간단한 방법이다.

이 순환경로 도해에 있는 두 개의 화살표 고리는 별개이기는 하지만 상호 연계되어 있다. 안쪽에 있는 화살표 고리는 요소와 생산물의 순환을 보여준다. 가계는 생산요소시장에서 자신들의 노동, 토지, 자본을 기업에게 매도한다. 그러면 기업은 이들 요소를 사용하여 재화 및 용역을 생산하고, 이는 다시 재화 및 용역시장에서 가계에 판매된다. 반면에, 바깥쪽에 있는 화살표 고리는 이에 상응하여 이루어지는 화폐의 흐름을 보여준다. 가계는 이들 화폐를 지출하여 기업으로부터 재화 및 용역을 매수한다. 기업은 이를 통해 얻은 수입 중 일부를 사용하여, 예를 들면 노동자에게 임금을 지급하고 노동을 고용하는 것처럼 생산요소를 매수하게 된다. 남은 것은 기업 소유주의 이윤이 되며, 기업 소유주 역시 가계의 구성원이다.

경제 내에서 사람으로부터 사람으로 이동하는 화폐를 추적하여 순환경로를 살펴보도록 하자. 화폐가 가계에서, 예를 들면 여러분의 지갑에서 이동하기 시작한 상황을 가상해보자. 여러분이 커피를 마시고 싶다면 (화폐처럼 기능하는 몇몇 것과 함께) 화폐를 가지고 커피시장으로 가는데, 커피시장은 많은 재화 및 용역시장 중 하나이다. 근처에 있는 커피 전문점에서 좋아하는 음료를 매수했을 때, 화폐는 해당 점포의 금전 등록기로 이동해서 해당 기업의 수입이 된다. 하지만 이 기업은 생산요소시장에서 요소를 매수하기 위해 이를 지출하기 때문에, 화폐는 이 기업에 오래 머무르지 않는다. 커피 전문점은 화폐를 사용하여 점유하고 있는 공간의 주인에게 임대료를 지불하거나 바리스타에게 보상을 해준다. 또는 화폐가 점포 소유주의 이윤으로 들어갈 수 있다. 여하튼 화폐는 어떤 가계의 소득이 되어 다시 한번 어떤 사람의 지갑으로 돌아오게 된다. 그때부터 경제의 순환경로를 다시 한번 더 밟게 된다.

그림 1의 순환경로 도해는 단순한 경제 모형이다. 예를 들어 좀 더 복잡하고 현실적인 순환경로 모형은 정부 및 국제무역의 역할을 포함한다.(즉, 여러분이 커피 전문점에서 지불한 화폐 중 일부는 조세를 납부하거나 케냐 농부로부터 커피 원두를 매수하기 위해 사용될 수도 있다) 하지만 이런 세부 사항들은 경제가 어떻게 구성되는지를 기본적으로 이해하는 데는 중요하지 않다. 이 순환경로 도해는 간단하기 때문에 경제의 각 부분이 어떻게 연계되는지 이해하고자 할 때 유용하게 활용될 수 있다.

2-1e 두 번째 모형: 생산가능곡선

순환경로 도해와 달리 대부분의 경제 모형은 수학을 활용하여 설정된다. 이제는 기본적인 경제 개념을 설명하기 위해, 가장 단순한 경제 모형의 하나인 생산가능곡선을 살펴보도록 하자.

실제 경제는 수많은 재화 및 용역을 생산하지만, 두 개 물품 즉 자동차와 컴퓨터만을 생산하는 경제를 생각해보자. 동시에 자동차 산업과 컴퓨터 산업이 해당 경제의 모든 생산요소를 사용한다고 하자. 생산가능곡선(production possibilities frontier)은 가용할 수 있는 생산요소와 해당 기업이 이들 요소를 생산물로 전환시키는 데 활용할 수 있는 생산기술이 주어진 경우, 해당 경제가 생산할 수 있는 생산물, 여기서는 자동차와 컴퓨터의 다양한 생산량 조합을 보여준다.

생산가능곡선
가용할 수 있는 생산요소와 생산기술하에서 해당 경제가 어떻게든 해서 생산할 수 있는 생산량의 조합을 보여주는 도해

그림 2는 해당 경제의 생산가능곡선을 보여준다. 해당 경제가 모든 자원을 자동차 산업에 투입할 경우, 1,000대의 자동차와 0대의 컴퓨터를 생산하게 된다. 반면에 모든 자원을 컴퓨터 산업에 투입할 경우, 3,000대의 컴퓨터와 0대의 자동차를 생산하게 된다. 생산가능곡선의 양단점은 이런 극단적인 가능성을 나타낸다.

가능성이 더 높은 경우는 자원을 두 개 산업에 배분해서 자동차와 컴퓨터를 둘 다 생산하는 것이다. 예를 들어 그림 2의 점 A에서 보는 것처럼 자동차 600대와 컴퓨터 2,200대를 생산하는 것이다. 아니면 생산요소의 일부를 컴퓨터 산업에서 자동차 산업으로 이동시켜 점 B에서 보는 것처럼 자동차 700대와 컴퓨터 2,000대를 생산하는 것이다.

자원이 희소하기 때문에, 생각할 수 있는 모든 생산량을 생산할 수는 없다. 예를 들어 자원이 두 산업에 어떻게 배분되든 간에 점 C상의 자동차와 컴퓨터를 생산할 수는

그림 2

생산가능곡선

생산가능곡선은 해당 경제가 생산할 수 있는 생산량의 조합, 즉 이 경우에는 자동차와 컴퓨터 생산량의 조합을 보여준다. 이 곡선상에 있거나 아래에 있는 어떠한 점도 이 경제에서 달성될 수 있는 생산량의 조합이다. 곡선 바깥에 위치한 점은 해당 경제에 현재 주어진 자원을 가지고는 달성될 수 없다. 생산가능곡선의 기울기는 컴퓨터 측면에서 본 자동차의 기회비용을 측정한 것이다. 해당 경제가 생산하는 두 재화를 얼마나 생산하느냐에 따라 기회비용은 변화한다.

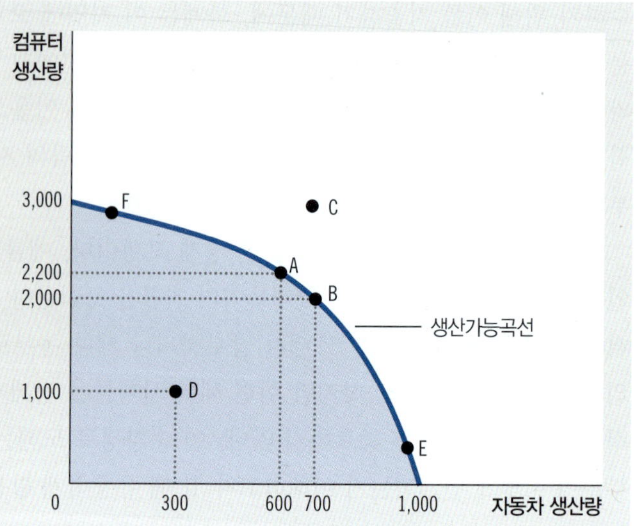

없다. 자동차와 컴퓨터를 생산하는 데 사용할 수 있는 기술이 주어진 경우, 점 C를 달성할 수 있는 생산요소가 충분하지 않다. 사용할 수 있는 자원이 주어진 경우 생산가능곡선상이나 안에 위치한 점들에서는 생산할 수 있지만, 바깥에 위치한 점들에서는 생산할 수 없다.

가용할 수 있는 희소한 자원을 갖고 달성할 수 있는 최대한을 얻게 될 경우 **효율적**이라고 한다. (생산가능곡선 안에 위치하지 않고) 그 곡선상에 있는 점들은 효율적인 생산수준을 보여준다. 예를 들면 점 A와 같은 점에서 생산이 이루어질 경우 다른 물품의 생산을 줄이지 않고는 어떤 물품의 생산을 증대시킬 수 없다. 점 D는 **비효율적**인 경우를 나타낸다. 어떤 이유 가령 실업이 만연하여 가용한 자원을 갖고 생산할 수 있는 것보다 더 적게 생산할 수도 있다. 예를 들면 자동차 300대와 컴퓨터 1,000대만을 생산할 수 있다. 비효율성이 발생한 원인을 제거할 경우 두 물품의 생산을 모두 증대시킬 수 있다. 예를 들어 점 D에서 점 A로 이동할 경우 자동차는 300대에서 600대로, 컴퓨터는 1,000대에서 2,200대로 각각 생산이 증가하게 된다.

제1장에서 살펴본 **경제학의 열 가지 원리** 중 하나는 사람들이 상충적인 상황에 부딪히게 된다는 사실이다. 생산가능곡선은 사회가 부딪히게 되는 상충적인 상황을 보여준다. 경제가 생산가능곡선상의 효율적인 점에 도달하게 되면, 어떤 물품의 생산을 증가시키는 유일한 방법은 다른 물품의 생산을 감소시키는 것이다. 예를 들어 점 A에서 점 B로 이동할 경우 컴퓨터 200대의 생산을 감소시키는 대가로 자동차 100대를 더 생산할 수 있다.

이런 상충적인 상황은 **경제학의 열 가지 원리** 중 또 다른 원리를 이해하는 데 도움이 된다. 어떤 것의 비용은 그것을 얻기 위해서 포기해야 하는 것이다. 이를 **기회비용**이라고 한다. 생산가능곡선은 다른 물품의 측면에서 측정한 어떤 물품의 기회비용을 보여준다. 점 A에서 점 B로 이동할 경우, 자동차 100대를 추가적으로 얻기 위해 컴퓨터 200대를 포기해야 한다. 즉 점 A에서 자동차 100대의 기회비용은 컴퓨터 200대이다. 이를 달리 표현하면 자동차 1대의 기회비용은 컴퓨터 2대이다. 자동차의 기회비용은 생산가능곡선의 기울기와 같다는 사실에 주목하자.(이 장 부록 '그래프 활용하기'에서 기울기에 대해 살펴볼 것이다)

컴퓨터의 대수 측면에서 본 자동차의 기회비용은 이 생산가능곡선에서 일정하지 않으며, 얼마나 많은 자동차와 컴퓨터를 생산하느냐에 달려 있다. 이런 사실은 생산가능곡선의 형태에도 반영된다. 그림 2의 생산가능곡선은 바깥쪽으로 볼록하기 때문에, 예를 들면 기울기가 가파른 점 E처럼 자동차를 많이 생산하고 컴퓨터를 적게 생산할 경우 자동차의 기회비용이 높아진다. 또한 기울기가 완만한 점 F처럼 자동차를 적게 생산하고 컴퓨터를 많이 생산할 경우 자동차의 기회비용은 낮아진다.

경제학자들은 생산가능곡선이 종종 바깥쪽으로 볼록한 형태가 된다고 생각한다. 컴퓨터를 생산하기 위해 자원의 대부분을 사용한 경우, 숙련된 자동차 생산 노동자처럼 자동차 생산에 가장 적합한 자원이 컴퓨터 산업에 투입될 것이다. 이들 노동자는 컴퓨터를 생산하는 데 그렇게 능숙하지 않기 때문에, 자동차 생산을 1대 증가시키더라도 컴퓨터의 생산 대수는 단지 약간만 감소하게 된다. 따라서 점 F에서 컴퓨터 측면에서 본 자동차의 기회비용은 작으며 생산가능곡선은 상대적으로 평평하다. 반면에, 예를 들면 점 E처럼 자동차를 생산하기 위해 자원의 대부분을 사용할 경우, 자동차 생산에 가장 적합한 자원들은 이미 자동차 산업에 투입되어 있다. 이제 자동차 생산을 증가시키려면, 우수한 컴퓨터 생산 기술자 일부를 컴퓨터 산업에서 빼내서 자동차 생산 노동자로 전환시켜야 한다. 따라서 자동차 생산을 1대 증가시키면 컴퓨터의 생산 대수는 상당히 감소하게 된다. 자동차의 기회비용은 높으며 생산가능곡선은 가파르다.

생산가능곡선은 일정 시점에서 상이한 물품들의 생산량 사이에 존재하는 상충적인 상황을 보여준다. 하지만 이런 상충적인 상황은 시간이 흐름에 따라 변화할 수 있다. 예를 들어 컴퓨터 산업에서의 기술진보로 인해 노동자 1인의 주당 컴퓨터 생산 대수가 증가할 수 있다. 이런 기술진보가 이루어지면 사회가 직면하는 일련의 기회들이 확장된다. 이제는 모든 주어진 자동차 생산 대수에 대해 더 많은 컴퓨터를 생산할 수 있다. 컴퓨터를 전혀 생산하지 않을 경우 여전히 자동차 1,000대를 생산한다. 따라서 생산가능곡선의 한쪽 끝점은 변하지 않고 동일하다. 하지만 자원의 일부를 컴퓨터 산업에 투입할 경우 이들 자원을 활용하여 이전보다 더 많은 컴퓨터를 생산할 수 있다. 따라서 그림 3에서 보는 것처럼 생산가능곡선은 바깥쪽으로 이동한다.

이 그림은 경제가 성장할 때 어떤 일이 발생하는지 보여준다. 즉, 이전의 생산가능곡선상의 점에서 새로운 생산가능곡선상의 점으로 생산이 이동한다. 어느 점으로 이동하

그림 3

생산가능곡선의 이동

컴퓨터 산업에서 기술진보가 이루어질 경우 해당 경제는 일정하게 주어진 자동차 생산 대수에 대해 더 많은 컴퓨터를 생산할 수 있다. 따라서 생산가능곡선은 바깥쪽으로 이동하게 된다. 해당 경제가 점 A에서 점 G로 이동할 경우 자동차와 컴퓨터 둘 다의 생산이 증가한다.

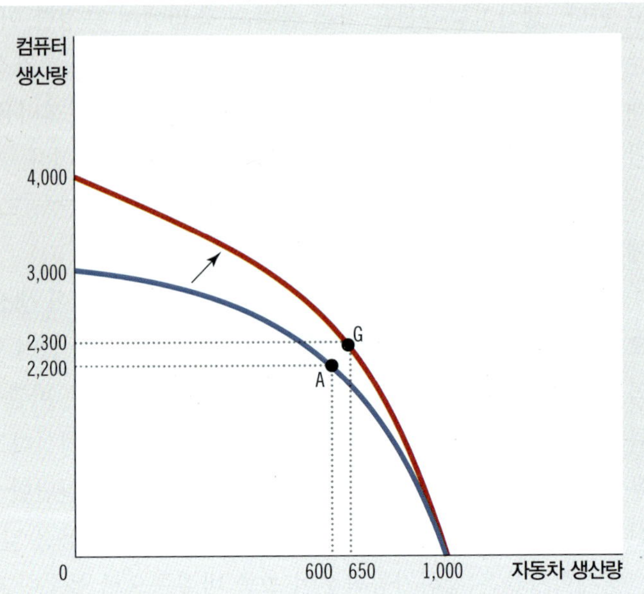

느냐는 두 물품에 대한 선호에 달려 있다. 이 예에서 생산은 점 A에서 점 G로 이동하여 더 많은 컴퓨터(2,200대가 아니라 2,300대)와 더 많은 자동차(600대가 아니라 650대)를 생산하게 된다.

생산가능곡선은 복잡한 현실 경제를 단순화하여 기본적이지만 핵심적인 개념, 즉 희소성, 효율성, 상충적인 상황, 기회비용, 경제 성장을 명확하게 설명해준다. 여러분은 경제학을 배우면서 이런 개념들을 다양한 형태로 그리고 반복적으로 접하게 될 것이다. 생산가능곡선은 이들 개념을 이해할 수 있는 간단한 방법이다.

2-1f 미시경제학 및 거시경제학

많은 주제에 대해 다양한 분야에서 연구가 이루어지고 있다. 예를 들어 생물학을 생각해보자. 분자생물학자들은 생물을 구성하는 화학적 화합물에 대해 연구한다. 세포생물학자들은 화학적 화합물로 이루어져 있으며 동시에 살아 있는 유기체들의 구성요소가 되는 세포를 연구한다. 진화생물학자들은 동물과 식물의 다양성과 종들이 수세기에 걸쳐 어떻게 점진적으로 변화하는지를 연구한다.

경제학에서도 다양한 분야에서 연구가 이루어지고 있다. 개별 가계와 기업의 결정을 분석하거나, 특정 재화 및 용역시장에서의 가계와 기업의 상호작용에 대해 살펴볼 수 있다. 또는 모든 시장에서의 모든 활동을 포괄하는 경제 전체의 운용에 대해 고찰할 수 있다.

경제학은 일반적으로 크게 두 분야로 분류된다. 미시경제학(microeconomics)은 가계와 기업이 의사 결정을 하는 방법 그리고 이들이 특정 시장에서 상호작용하는 방법을 살펴본다. 거시경제학(macroeconomics)은 전체 경제를 살펴본다. 미시경제학자는 임대료 통제가 뉴욕시 주택시장에 미치는 영향, 해외 경쟁이 미국 자동차 산업에 미치는 충격, 교육이 근로자 소득에 미치는 영향 등에 관해 연구한다. 거시경제학자는 연방정부 채무가 미치는 영향, 실업률의 장기적인 변화 추세, 국민의 생활수준을 향상시키기 위한 정책 등에 관해 연구한다.

미시경제학
가계와 기업이 어떻게 의사 결정을 하고 이들이 시장에서 어떻게 상호작용하는지를 연구하는 경제학 분야

거시경제학
인플레이션, 실업, 경제 성장을 포함하여 경제 전반에 걸친 현상을 연구하는 경제학 분야

미시경제학과 거시경제학은 밀접하게 상호 연계되어 있다. 전체 경제의 변화는 수많은 개인들의 결정에서 비롯되기 때문에, 근저를 이루는 미시경제적 결정을 고려하지 않고 거시경제적 현상을 이해하는 것은 불가능하다. 예를 들어 거시경제학자는 연방정부의 소득세 감면이 재화 및 용역의 전체 생산에 미치는 영향을 살펴보자고 할 수 있다. 하지만 이 문제를 분석하기 위해서는 이런 조세 감면이 재화 및 용역에 대한 가계의 지출 결정에 어떤 영향을 미치는지 고려해야 한다.

미시경제학과 거시경제학 사이에 존재하는 이런 타고난 연계성에도 불구하고, 두 분야는 독자적 특성을 지닌다. 이렇게 상이한 주제에 관해 연구하기 때문에, 각각 독자적인 모형을 활용한다. 따라서 이 두 분야는 종종 별개의 교과목으로 분리하여 가르치게 된다.

Quiz

1. 경제 모형은 ___________이다.
   a. 경제의 기능을 복제한 기계적인 틀
   b. 경제에 대한 완벽하게 상세하며 현실적인 설명
   c. 경제의 중요한 일부 측면이 두드러지도록 단순화한 설명
   d. 경제의 장래를 예측하는 컴퓨터 프로그램

2. 순환경로 도해에 따르면 생산요소시장에서 ___________.
   a. 가계는 매도인이고, 기업은 매수인이다.
   b. 가계는 매수인이고, 기업은 매도인이다.
   c. 가계와 기업은 둘 다 매수인이다.
   d. 가계와 기업은 둘 다 매도인이다.

3. 생산가능곡선 안쪽에 있는 점은 ___________.
   a. 효율적이지만 실현 가능하지 않다.
   b. 실현 가능하지만 효율적이지 않다.
   c. 효율적이며 실현 가능하다.
   d. 효율적이지도 실현 가능하지도 않다.

4. 미시경제학 연구 범주에 속하지 않는 것은 ___________이다.
   a. 담뱃세가 10대 청소년들의 흡연 행태에 미치는 영향
   b. 소프트웨어 가격책정 시 마이크로소프트 사의 시장 지배력이 하는 역할
   c. 노숙자를 줄이려 할 때 빈곤퇴치 프로그램의 효과
   d. 정부의 재정적자가 경제 성장에 미치는 영향

해답은 이 장의 끝부분에 있다.

2-2 정책 조언자로서의 경제학자

경제학자들은 경제 현상의 원인을 설명해 달라는 요청을 받곤 한다. 예를 들면 실업이 성인 근로자보다 10대 청소년 근로자에서 더 높은 이유는 무엇인가? 이것은 사실에 관한 질문이며 과학적으로 답변할 수 있다. 하지만 이따금 경제학자들은 경제적 성과를 높일 수 있는 정책을 제시해 달라는 요청도 받는다. 예를 들면 10대 청소년의 복지를 향상시키기 위해 정부는 무엇을 해야 하는가? 이에 답하기 위해서는, 무슨 일이 발생했는지에 대해 이해해야 할 뿐만 아니라 무엇이 시행되어야 하는지에 대한 가치 판단도 필요하다.

경제학자들이 현실 세계를 설명하려는 경우 그들은 과학자가 된다. 현실 세계를 개선하고 발전시키는 방법에 대한 지침을 제시하려는 경우 그들은 정책 조언자가 된다. 전문적인 경제학자가 아니더라도 일상생활에서 경제문제를 생각할 때는 뇌의 양면을 사용하게 된다. 즉 현실 세계 자체를 분석하는 측면과, 이를 더 좋게 만들 해결책을 마

첨단기술 기업이 경제학자를 고용하는 이유

많은 첨단기술 기업은 경제학 전문가들의 의견이 의사 결정을 하는 데 유용하다는 사실을 깨닫고 있다.

안녕히 계십시오, 상아탑.
안녕하세요, 실리콘 밸리 '사탕가게'

스티브 로어(Steve Lohr)

잭 콜스(Jack Coles)는 하버드 경영대학원에서 경제학자라면 꿈꾸는 자리를 8년 동안 재임했다. 그가 연구한 분야는 나날이 성장하고 있는 중요한 분야로 미국 재무성 증권 경매, 장기 이식자 선정 같은 의사 결정에 영향을 미치는 효율적인 시장의 설계였다. 그는 또 2012년 노벨 경제학상을 받은 알빈 로스(Alvin E. Roth)와 같이 일하기도 했다.

하지만 잭 콜스는 하버드에 근무하면서 얻는 명성에 만족하지 않았다. 그는 2013년에 샌프란시스코 베이지역으로 이주하여 현재는 온라인 숙박시장인 에어비앤비에서 근무한다. 에어비앤비는 대규모 데이터 세트와 높은 봉급을 약속하며 경제학자를 유혹하는 수많은 첨단 기업 중 한 곳이다.

실리콘 밸리는 오래된 시장에서 더 많은 돈을 짜내고 새로운 시장을 구축하기 위해 끝없이 탐색하면서 암울한 과학인 경제학에 눈을 돌리고 있다. 그러자 경제학자들은 시대를 불문하고 늘 있어왔던 경제문제, 이를테면 가격책정, 유인, 행태에 대한 참신한 통찰력을 얻기 위해 디지털 세계를 탐험하길 열망한다고 말한다.

잭 콜스의 말을 빌면 "이곳은 경제학자들에게 있어 의심할 여지가 없는 완벽한 '사탕가게'입니다"라고 한다.

기업들은 이전부터 경제학자들을 고용해왔다. 통상적으로 경제학자들은 경기 침체와 환율 같은 거시경제 동향을 분석하고 고용주들이 이런 문제를 해결할 수 있도록 자문해왔다.

하지만 첨단기술 기업에서 근무하는 경제학자들은 하는 일이 다르다. 국가 경제나 세계 경제 동향을 연구하는 대신, 소비자 행태에 관한 데이터를 추적하고 분석하여 디지털 기업이 광고, 영화, 여행, 숙박 등의 온라인 시장을 강화할 수 있는 현명한 결정을 내리도록 돕는다.

아마존, 페이스북, 구글, 마이크로소프트 같은 거대한 기업과 에어비앤비, 우버 같은 급성장한 기업을 비롯하여 첨단기술 기업은 효율성을 향상하여 더 많은 이윤을 창출하길 바란다.

넷플릭스에 근무하는 경제분석 연구자인 랜달 루이스(Randall Lewis)는 광고 효과를 면밀하게 측정하고, 경제 행태가 상관관계인지 아니면 인과관계인지 밝히고자 했다. 즉 어떤 소비자 행동이 광고를 본 후에 우연히 발생한 것인지 아니면 광고로 유발된 것인지를 알아내려 했다.

련하는 측면에서 생각해야 한다. 이런 양면을 고려한 접근법이 반드시 필요하지만 이들의 차이점을 이해하는 것도 중요하다.

2-2a 실증적 분석 대 규범적 분석

경제학자들이 하는 두 가지 역할을 명확히 하기 위해 어법에 대해 알아보도록 하자. 과학자와 정책 조언자는 목표가 서로 다르기 때문에 사용하는 어법도 다르다.

예를 들어 두 사람이 최저임금법에 대해 논의한다고 가정하자. 다음은 여러분이 들을지도 모르는 두 가지 진술이다.

태희: 최저임금법으로 인해 실업이 발생한다.

광재: 정부는 최저임금을 인상해야 한다.

여러분이 위의 두 가지 주장에 동의하는지 여부는 제쳐두고, 태희와 광재가 하고자 하는 바가 서로 다르다는 사실에 주목하자. 태희는 과학자처럼 말한다. 즉 현실 세계가

에어비앤비에 근무하는 경제학자 잭 콜스는 숙박업자와 고객 사이에 형성된 시장을 분석했으며, 이를 통해 신규 사업을 창출하고 소비자 행태를 이해하는 데 일조했다. 그가 시도한 연구 중 하나는 행태경제학자들의 주요 관심사로, 예약상황을 분석하여 질질 끌며 꾸물거리는 행태를 고찰한 것이었다. 고객은 막바지가 되어야 예약하는가? 아니면 몇 주나 몇 개월 전에 예약하는가? 예약 관행은 연령, 성별, 출신국에 따라 다른가?

미국 기업경제협회의 집행이사인 톰 비어스(Tom Beers)는 다음과 같이 말했다. "첨단기술 기업에 근무하는 사람들은 미시경제 전문가이며 데이터와 머신러닝, 알고리즘 같은 컴퓨터 분석도구를 많이 활용한다."

구글의 수석 경제학자 할 배리언(Hal Varian)은 디지털 시장이 어떻게 작동하는지에 대한 이해에 최근 많은 관심이 집중되고 있다면서 "나는 수년 전부터 그렇게 될 거라고 생각했다"고 덧붙였다.

69세인 할 배리언은 첨단기술 기업에 근무하는 경제학자들의 대부이다. 한때 캘리포니아 버클리 대학 교수로 잘 알려졌던 그는 2002년 처음에는 구글에서 시간제로 일하다가 곧 정식 직원이 되었다. 그는 광고주들이 자사 광고를 검색 페이지에 올려놓을 수 있도록 구글이 경매를 시행하는 애드워즈(AdWords) 시장의 개선에 도움을 주었다.

요즘 경제학자 채용에 가장 적극적인 기업은 아마존인 것 같다. 이 기업은 이력서 제출을 독려하기 위해 아마존 경제학자란 웹사이트도 운영한다. 이 웹사이트 비디오에서 아마존의 수석 경제학자인 패트릭 바야리(Patrick Bajari)는 회사에서 내린 수십 억 달러 규모의 의사 결정에 자신이 이끄는 경제팀이 기여했다고 말한다.

아마존과 마이크로소프트가 현재 직면한 시장 설계와 관련된 도전은 자사의 빅 클라우드 컴퓨팅 서비스에 대한 것이다. 가령 전기회사들과 마찬가지로 디지털 서비스도 최대 수요 부하 문제로 고전하고 있다.

고객 일부가 접속하지 못할 수 있는 위험이 있을 때는 서비스를 어떻게 판매해야 하는가? 고객이 중단될 수도 있는 서비스에 지불하고자 하는 것에 대한 경매를 해야 하는가? 아니면 위험수준을 차등화하여 할인을 제시해야 하는가? 아마존과 마이크로소프트 두 기업은 한결같이 이 문제를 두고 고심하고 있다.

이에 경제학자들은 컴퓨터 과학자들, 업계 종사자들과 팀을 이루어 이런 질문의 답을 찾고자 한다. 첨단기술 기업의 시장 설계에는 경제학뿐만 아니라 공학과 마케팅도 필요하다. 어떤 해법이 기술적으로 얼마나 어려운가? 고객에게 설명하는 것이 얼마나 쉬운가?

구글과 야후 근무 경력이 있는 마이크로소프트의 수석 경제학자 프레스턴 맥아피(Preston McAfee)는 이렇게 말했다. "경제학은 결정을 하는 것이 아니라 결정에 영향을 미치는 학문이다." ■

논의 사항

1. 종종 접하는 기업들에 대해 생각해보자. 경제학자들의 조언이 이 기업들의 발전에 어떻게 기여할 수 있다고 보는가?
2. 대학에서 경제학을 전공하고 난 후, 어떤 종류의 기업에서 일하는 것이 가장 흥미로울 거라고 생각하는가?

출처: Steve Lohr, "Goodbye, Ivory Tower. Hello, Silicon Valley Candy Store," New York Times, September 4, 2016.

어떻게 작동하는지 설명한다. 반면에 광재는 정책 조언자처럼 말한다. 즉 현실 세계를 어떻게 변화시키고 싶은지 설명한다.

실증적 진술
세계를 있는 그대로 설명하려고 주장

규범적 진술
세계가 어떻게 되어야만 하는지를 규정하는 주장

일반적으로 현실 세계에 대한 진술은 두 가지 방식으로 이루어진다. 하나는 태희가 한 것처럼 실증적인 방식이다. 실증적 진술(positive statement)이란 서술하거나 설명하는 진술을 말한다. 이런 진술은 세계가 실제로 어떠한지에 대해 주장한다. 다른 하나는 광재가 한 것처럼 규범적인 방식이다. 규범적 진술(normative statement)이란 규정하거나 지시하는 진술을 말한다. 이런 진술은 세계가 **어떻게 되어야만 하는지**에 대해 주장한다.

실증적 진술과 규범적 진술은 진술의 타당성을 판단하는 방식에서 중요한 차이가 있다. 실증적 진술은 원칙적으로 증거 자료를 검토함으로써 확인하거나 거부할 수 있다. 경제학자는 최저임금 변화와 실업에 관한 장기적인 데이터를 분석해서 태희의 진술을 평가할 수 있다. 나중에 논의하겠지만 인과관계를 입증하는 것은 어려울 수 있다. 하지만 기본적으로는 증거자료로 결정해야 한다. 반면에, 규범적 진술을 평가하려면 사실뿐만 아니라 가치도 고려해야 한다. 광재의 진술은 데이터만 갖고 판단할 수 없다. 좋은 정책인지 아니면 나쁜 정책인지를 결정하는 것은 단순히 과학의 문제가 아니다. 여기에는 가치가 포함되며 윤리, 종교, 정치 철학에 대한 견해도 고려된다.

실증적 진술과 규범적 진술은 서로 다르지만 종종 서로 뒤엉켜 있다. 특히, 세계가 어떻게 작동하는지에 대한 실증적 분석 결과는 어떤 정책이 바람직한지에 관한 규범적 판단에 쉽사리 영향을 미칠 수 있다. 최저임금으로 인해 실업이 발생한다는 태희의 주장이 참이라면, 그로 인해 정부가 최저임금을 인상해야 한다는 광재의 주장을 기각하게 된다. 반면에, 실증적 분석 결과에 따를 경우 실업에 미치는 영향이 작다고 한다면 광재의 정책방안을 수락하게 된다.

규범적 판단은 또한 연구자들이 고찰하고자 한 실증적 주장에 영향을 미칠 수 있다. 예를 들어 광재는 최저임금을 인상하고자 하기 때문에, 최저임금으로 인해 실업이 증가한다는 태희의 주장을 고찰해보고자 할 수 있다. 편견이 발생하지 않도록 하기 위해, 광재는 자신의 규범적 견해를 제쳐놓고 가능한 한 객관적으로 데이터를 분석해야 한다. 이렇게 되면 실증적 경제학은 연구자의 개인적 가치나 정책 의제와는 무관하게 적합한 상황에서 진척이 이루어진다.

경제학을 공부할 때 실증적 진술과 규범적 진술 사이에 존재하는 큰 차이를 염두에 두어야 한다. 왜냐하면 그렇게 해야 당면한 과제에 집중할 수 있기 때문이다. 경제학의 많은 부분이 실증적이다. 즉, 경제가 어떻게 작동하는지를 설명하고자 한다. 하지만 경제학을 활용하는 사람들은 종종 규범적 목표를 갖고 있다. 이들은 경제를 어떻게 개선하고 발전시킬 수 있는지를 알고 싶어한다. 경제학자들이 규범적 진술을 할 경우 그들은 과학자로서가 아니라 정책 조언자로서 말하고 있다는 사실을 알아야 한다.

2-2b 정부에서 활동하는 경제학자

미국의 해리 트루먼 대통령은 이전에 팔이 하나만 있는 경제학자가 있으면 좋겠다고 말한 적이 있다. 왜냐하면 경제 보좌진들에게 조언을 들을 때면 그들이 언제나 '한편으로는(on the one **hand**), …하다. 반면에 다른 한편으로는(on the other **hand**), … 하다' 라고 답했기 때문이다.

JAMES STEVENSON/ THE NEW YORKER COLLECTION/THE CARTOON BANK

"역할을 바꿔봅시다. 내가 정책을 입안하고, 당신이 시행하며, 이 사람이 설명하도록 합시다."

경제학자들의 조언이 항상 명확하지만은 않다는 트루먼 대통령의 말은 옳다. 이런 경향은 **경제학의 열 가지 원리** 중 하나인, '사람들은 상충적인 상황에 부딪히게 된다'는 원리에 뿌리를 둔다. 경제학자들은 상충적인 상황이 대부분의 정책 결정과 관련된다는 사실을 알고 있다. 어떤 정책은 형평성의 희생하에 효율성을 증대시킬 수 있다. 또한 장래 세대에는 도움이 되지만 현재 세대에는 고통을 줄 수 있다. 모든 정책 결정이 용이하다고 말하는 경제학자는 신뢰하기 어려운 경제학자이다.

트루먼 대통령만이 경제학자들의 조언을 들었던 것은 아니다. 1946년 이래로 미국 대통령은 경제자문위원회의 조언을 듣고 있다. 이 위원회는 세 명의 위원과 수십 명의 경제학자로 구성되며 백악관에서 불과 몇 걸음 거리에 위치한다. 이 위원회는 대통령에게 조언을 하며 최근의 경제 발전을 논의하고 현재 정책문제를 분석한『대통령 경제 보고서』를 매년 작성하여 발간한다.

또한 미국 대통령은 많은 행정부처에서 활동하는 경제학자들에게 정보와 조언을 듣는다. 관리예산실에서 일하는 경제학자들은 세출 계획과 규제 정책 수립에 관여한다. 재무성에서 일하는 경제학자들은 조세정책 수립을 돕는다. 노동성에서 일하는 경제학자들은 근로자와 구직자에 관한 데이터를 분석하여 노동시장 정책을 세우는 데 일조한다. 법무성에서 일하는 경제학자들은 미국 독점금지법의 집행을 돕는다.

미국 연방정부에서 일하는 경제학자들은 미국 행정부 밖에서도 근무한다. 제안된 정책을 독립적으로 평가하기 위해, 미국 의회는 경제학자들로 구성된 의회예산국의 조언에 귀를 기울인다. 미국의 통화정책을 수립하는 기관인 연방준비은행은 경제학자 수백 명을 고용하여 미국과 세계의 경제상황을 분석한다.

정책 수립에 미치는 경제학자들의 영향은 조언자의 역할을 넘어선다. 이들의 연구와 저작물은 정책 수립에 간접적으로 영향을 미칠 수 있다. 경제학자 존 메이너드 케인스(John Maynard Keynes)는 다음과 같이 기술했다.

> 경제학자들과 정치학자들의 생각은 이들이 옳을 때나 틀릴 때 모두 일반적으로 생각하는 것보다 더 영향력이 있다. 실제로 세상은 그 밖의 하찮은 사람들에 의해 통치되고 있다. 지적 영향력에서 벗어나 있다고 자신을 생각하는 실용적인 사람들도 보통은 어떤 사망한 경제학자의 노예가 되어 있다. 허공에서 목소리를 듣는 권위 있는 광인은 수년 전에 있었던 어떤 학구적인 잡문가로부터 광기를 증류하고 있는 것이다.

이 말은 1935년에 쓰였지만 오늘날에도 여전히 사실이다. 실제로 지금까지 공공정책에 영향을 미치고 있는 '학구적인 잡문가'는 케인스 본인이기도 하다.

2-2c 경제학자의 조언이 종종 받아들여지지 않는 이유

대통령과 그 밖의 선출직 지도자들에게 조언을 하는 경제학자들은 자신들의 권고안이 언제나 주목받지는 않는다는 사실을 알고 있다. 그 이유는 간단하다. 경제정책이 실제로 수립되는 과정이 교과서에서 가상하고 있는 이상적인 방법과 여러 면에서 다르기 때문이다.

이 책 전반에 걸쳐 정책에 관해 논의할 때는 언제나 다음과 같은 한 가지 문제에 집중한다. 정부가 추구해야 하는 최선의 정책은 무엇인가? 우리는 모든 정책이 자애롭고 전능한 왕에 의해 수립되는 것처럼 보고 행동한다. 왕이 올바른 정책을 찾아낸 후에 이를 시행하는 데는 어려움이 없다고 본다.

실제 세계에서는 올바른 정책을 도출하는 일이 지도자의 임무 중 일부분에 불과하며, 때로는 가장 수월한 부분이기도 하다. 여러분이 대통령이라고 생각해보자. 경제 담당 보좌관으로부터 어떤 정책이 최선의 방안인지를 들은 후에, 다른 보좌관들의 의견을 듣게 될 것이다. 소통 담당 보좌관은 일반 대중에게 해당 정책을 설명하는 최선의 방법을 설명할 것이다. 이들은 또한 상황을 더욱 어렵게 만들지도 모를 정책에 대한 오해를 예상해보려 할 것이다. 언론 담당 보좌관은 언론 매체가 해당 정책을 어떻게 보도하고, 사설에서는 어떤 의견들이 개진될 여지가 있으며, 소셜미디어는 어떤 내용을 전파할지 조언할 것이다. 입법 담당 보좌관은 의회가 해당 정책을 어떻게 바라보고, 의원들이 어떤 개정안을 제시할 것이며, 의회가 정책에 대한 수정안을 입법화할 가능성이 얼마나 높은지 설명할 것이다. 정치 담당 보좌관은 해당 정책을 지지하거나 반대하기 위해 어떤 단체가 조직화될 것이고, 다양한 유권자 집단 간의 입지에 관해 언급하고, 다른 정책 발의에 대한 지지 변경 여부에 대해서도 조언할 것이다. 이런 모든 조언과 설명을 고려하고 나서 해당 정책을 어떻게 진행할지 결정할 것이다.(이런 절차와 상황조차도 이상적이라고 할 수 있다. 최근에 직무를 수행한 모든 대통령이 이 같은 체계적인 방법으로 일을 진행한 것은 아니다)

대의민주주의하에서 경제정책을 수립하는 작업은 혼탁스러운 일이며, 대통령(그리고 다른 정치인)들이 경제학자가 제시하는 정책을 수용하지 못하는 그럴 만한 이유가 종종 있다. 경제학자들의 조언은 복잡한 정책 수립 과정 중 단지 한 부분에 불과하다.

Quiz

5. 다음 진술 중 어느 것이 규범적 진술이 아니라 실증적 진술인가?
   a. 법안 X로 인해 국민소득이 감소한다.
   b. 법안 X는 좋은 입법이다.
   c. 의회는 법안 X를 통과시켜야만 한다.
   d. 대통령은 법안 X에 대해 거부권을 행사해야만 한다.

6. 다음 미국 정부기관 중 어느 곳이 경제학자의 조언을 정기적으로 들어야 하는가?
   a. 재무성
   b. 관리예산실
   c. 법무성
   d. 위의 정부기관 모두

해답은 이 장의 끝부분에 있다.

2-3 경제학자의 의견이 일치하지 않는 이유

"모든 경제학자를 처음부터 끝까지 쭉 연결하게 되면, 그들은 결론에 도달하지 못할 것이다." 조지 버나드 쇼의 이 명언은 시사하는 바가 있다. 한 집단으로서의 경제학자들은 정책 입안자들에게 서로 상충되는 조언을 한다고 종종 비판을 받는다. 로널드 레이건 대통령은 일전에 다음과 같은 농담을 했다. 경제학자들과 문답식 게임을 하면 100개 질문에 3,000개의 답을 듣게 될 것이다.

경제학자들이 정책 입안자들에게 하는 조언이 종종 상충하는 것처럼 보이는 이유는 무엇인가? 기본적으로 다음과 같은 이유가 있다.

- 경제학자들은 세계가 어떻게 작동하는지에 관한 대안적인 실증적 이론의 타당성에 대해 의견이 다르다.
- 경제학자들은 가치관이 서로 상이할 수 있다. 따라서 정부정책이 달성해야 할 목표에 대한 규범적 견해가 다를 수 있다.

이 두 가지 이유를 좀 더 자세히 살펴보도록 하자.

2-3a 과학적 판단에서의 상이성

수세기 전에는 천문학자들이 태양계의 중심이 지구인지 아니면 태양인지를 두고 논란을 벌였다. 최근에는 기후학자들이 지구온난화를 겪고 있는지, 그렇다면 그 이유가 무엇인지에 대해 논쟁한다. 과학은 우리를 둘러싼 주변 세계를 이해하기 위해 지속적으로 탐구를 이어간다. 이런 탐구가 계속됨에 따라 과학자들이 진실의 향방에 대해 의견이 이따금 다른 것은 어쩌면 당연하다.

경제학자들도 이와 동일한 이유로 종종 서로 다른 의견을 갖게 된다. (이 책을 통해 알게 될) 경제학이란 분야는 세상의 다양한 문제에 답을 제시하기는 하지만 아직도 배

워야 할 것이 많다. 경제학자들은 때에 따라 대안적인 이론의 타당성에 대해 상이한 직감을 갖기 때문에 의견이 상이할 수 있다. 그런가 하면 경제변수가 어떻게 관련되는지를 측정한 모숫값의 크기에 대한 판단이 상이하여 의견이 갈리기도 한다.

예를 들면 경제학자들은 정부가 가계소득에 과세해야 할지, 아니면 가계소비(가계지출)에 과세해야 할지 여부에 대해 토론을 벌일 수 있다. 현행 소득세를 소비세로 전환하자고 주장하는 측은 저축된 소득이 과세되지 않기 때문에 가계저축을 촉진하게 된다고 생각한다. 저축이 증가하면 자본을 축적할 수 있는 재원이 확보되고, 이로 인해 생산성과 생활수준이 더 빨리 향상될 수 있다. 현행 소득세 체제를 유지하자고 주장하는 측은 세법의 변화에 따라 가계가 저축을 크게 변화시키지는 않을 것이라고 믿는다. 이들 두 진영의 경제학자들은 저축이 조세제도의 변화에 얼마나 반응하는지에 관해 상이한 실증적 견해를 갖고 있으며, 이로 인해 조세제도에 대해서도 상이한 규범적 견해를 갖게 된다.

2-3b 가치 판단에서의 상이성

철수와 영희가 마을의 공동 우물에서 동일한 양의 물을 사용한다고 가정하자. 마을 주민센터는 공동 우물을 유지하고 관리하기 위해 주민들에게 과세를 하려고 한다. 영희는 소득이 150,000달러이고 15,000달러를 과세했으니 세금이 소득의 10%에 해당한다. 철수는 소득이 40,000달러이고 6,000달러를 과세했으니 세금이 소득의 15%에 해당한다.

이 과세는 공평한가? 그렇지 않다면, 세금을 누가 너무 많이 내고 누가 너무 적게 낸 것인가? 철수의 소득이 낮은 이유가 중요한가? 예를 들면 소득이 낮은 것이 신체 장애 때문인지, 직업이 연극배우이기 때문인지를 고려해야 하는가? 영희의 소득이 높은 이유가 중요한가? 예를 들면 소득이 높은 것이 상속 때문인지, 지루하고 힘든 일을 장시간 했기 때문인지를 고려해야 하는가?

이런 사안은 의견이 일치하지 않을 가능성이 높은 어려운 질문이다. 주민센터에서 전문가 두 사람을 고용하여 주민에게 어떻게 과세해야 할지에 대해 분석을 요청할 경우, 이들이 서로 상충되는 조언을 하더라도 놀라울 것이 없다.

이런 간단한 예를 통해 경제학자들이 이따금 공공정책에 관해 의견의 일치를 보지 못하는 이유를 알 수 있다. 규범적 분석과 실증적 분석에 관한 논의에서 알 수 있었던 것처럼, 정책은 과학적 근거에만 기초하여 판단할 수 없다. 때때로 경제학자들은 가치 판단이나 정치 철학이 상이하여 서로 상충되는 조언을 하게 된다. 경제학을 완전하게 과학화하더라도 철수나 영희가 세금을 너무 많이 납부했는지 여부는 알지 못할 것이다.

2-3c 인식 대 현실

과학적 판단에서의 차이와 가치 판단에서의 차이로 인해 경제학자들 간에 의견 불일치가 빚어지는 현상은 불가피하다. 하지만 불일치 정도를 과장해서는 안 된다. 경제학자들은 생각하는 것보다 이따금 더 자주 상호 간에 의견이 일치한다.

'임대료를 통제할 경우, 가용한 주택의 수량과 품질이 하락한다'는 주장을 생각해보자. 경제학자들에게 이에 관해 의견을 물으면 93%가 동의한다. 집주인이 자신의 아파트에 부과할 수 있는 임대료의 법적 최고한도를 설정하는 정책인 임대료 통제가 주택 공급에 악영향을 미치고 사회에서 도움이 절실한 사람들을 돕는 데 비용이 많이 드는 방법이라고 경제학자들은 생각한다. 그럼에도 불구하고, 많은 시 당국이 경제학자들의 조언을 무시하고 집주인이 거주자에게 부과할 수 있는 임대료 상한을 설정하곤 한다.

마찬가지로 '관세 및 수입할당은 대개의 경우 일반적인 경제적 후생을 낮춘다'는 주장을 생각해보자. 다시 한번, 경제학자들의 93%가 이 주장에 동의한다. (수입품에 부과하는 조세인) 관세 및 (해외에서 수입하는 물량을 제한하는) 수입할당 같은 정책은 국내와 해외에서의 생활수준을 향상시켜줄 특화를 저해하기 때문에, 경제학자들은 이런 정책에 반대한다. 그럼에도 불구하고, 대통령과 의회는 종종 일부 품목의 수입을 수년에 걸쳐 제한한다.

전문가들이 반대 입장을 고수하는데도, 예를 들면 임대료 통제나 무역장벽 같은 정책이 지속적으로 시행되는 이유는 무엇인가? 정치 과정이란 현실이 움직일 수 없는 장애물로 작용하기 때문일 수도 있다. 하지만 경제학자들이 일반인들에게 이런 정책이 바람직하지 않다는 확신을 충분히 주지 못했기 때문일 수도 있다. 이 책의 목적 중 하나는 여러분이 이 문제를 비롯해 여러 문제에 대한 경제학자들의 견해를 이해하도록 돕고, 이 정책이 올바른 정책이라는 사실을 납득시키는 것이다.

이 책을 읽다 보면, '경제패널'이란 제목이 붙은 작은 글상자를 보게 될 것이다. 이것은 수십 명의 저명한 경제학자를 대상으로 진행한 설문조사인 IGM(Initiative on Global Markets) 경제 전문가 패널에 기초하여 작성되었다. 몇 주마다 전문가들에게 설문을 주고 동의하는지, 동의하지 않는지, 확신하지 못하는지 여부를 물었다. 여러분은 글상자에 실린 설문 결과를 통해 경제학자들의 의견이 일치하는 경우, 갈리는 경우, 확신하지 못하는 경우가 언제인지 알 수 있게 될 것이다.

이번에는 공연 및 운동경기 입장권의 재판매에 관한 예를 살펴보자. 입법자들은 이따금 입장권 재판매, 일명 '암표 판매'를 금

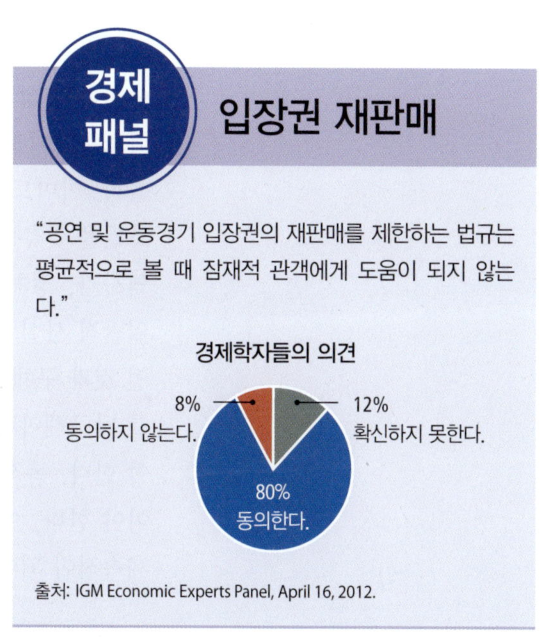

지시키려 한다. 하지만 설문조사 결과에 따르면 입법자들과 달리 많은 경제학자들이 암표상을 용인하는 것처럼 보인다.

Quiz

7. 경제학자들은 _______________ 의견의 일치를 볼 수 없다.
   a. 대안적인 이론의 타당성에 대해 직감이 상이하기 때문에
   b. 주요 모숫값들의 크기에 대해 판단이 상이하기 때문에
   c. 공공정책의 목표에 관해 정치철학이 상이하기 때문에
   d. 위의 사항 모두 때문에

8. 대부분의 경제학자들은 _______________ 생각한다.
   a. 관세가 국내 경제 성장을 촉진시키는 좋은 방법이라고
   b. 관세가 전반적인 경제 후생을 증진시키는 좋은 방법은 아니라고
   c. 관세가 외국 경쟁에 대응하기 위해 종종 필요한 조치라고
   d. 관세가 조세수입을 올리기 위한 정부의 효율적인 방법이라고

해답은 이 장의 끝부분에 있다.

2-4 시작하기

이 책의 제1장과 2장에서는 경제학적 사고 및 방법을 소개했다. 이제 경제학을 학습할 준비가 되었으니, 다음 장에서는 경제적 행태 및 정책의 원리에 관해 좀 더 자세히 살펴볼 것이다.

여러분은 이 책을 학습해 나가면서 많은 지적 능력을 활용해야 할 것이다. 위대한 경제학자 존 메이너드 케인스의 다음과 같은 충고를 기억해두면 도움이 될 것이다.

> 경제학을 공부하는 데 특별히 우수한 재능이 필요한 것 같지는 않다. 철학이나 순수과학의 상위 분야에 비하면 매우 쉬운 … 분야가 아닌가? 쉬운 분야인 동시에 극소수만이 탁월성을 보여줄 수 있는 분야이다. 이런 역설을 어떻게 설명할 수 있을까. 아마도 이 역설은 경제학 대가가 되려면 여러 가지 재능의 **조합**이라는 드문 조건을 갖추어야 한다는 사실로 설명할 수 있을 것이다. 즉, 일정 수준의 수학자, 역사가, 정치가, 철학자여야 가능하다. 기호를 이해하고 말로 표현해야만 한다. 일반적 사실 측면에서 특수한 사실을 숙고해내야 하며, 하나를 생각하면서 추상적인 것과 구체적인 것을 모두 보아야만 한다. 미래를 알기 위해 과거에 비추어 현재를 탐구해야만 한다. 인간의 본성이나 자신이 속한 제도를 관심 밖에 두지는 말아야 한다. 목적이 있어야만 하고, 동시에 어우러지는 분위기나 풍조에 휩싸이지 말아야 한다. 예술가처럼 현실에 대해 초연하고 맑아야 하지만 때로는 정치가처럼 세속적이 되어야 한다.

위의 모든 사항을 지키라는 것은 터무니없는 요구이다. 하지만 연습을 하다 보면, 여러분은 경제학자처럼 생각하는 데 점점 더 익숙해질 것이다.

요약

- 경제학자들은 과학자들이 활용하는 객관성을 가지고 자신들의 분야를 다루려고 한다. 과학자들처럼, 경제학자들은 적절한 가정을 하여 단순화된 모형을 만들고, 이를 통해 주변 세계를 이해하려 한다. 두 가지 단순경제 모형은 순환경로 도해와 생산가능곡선이다. 순환경로 도해는 가계와 기업이 재화 및 용역시장과 생산요소시장에서 어떻게 상호작용하는지 보여준다. 생산가능곡선은 생산하고자 하는 상이한 물품들 사이에 발생하는 상충 관계에 사회가 어떻게 직면하게 되는지 보여준다.
- 경제학은 두 개의 하위분야, 즉 미시경제학과 거시경제학으로 나뉜다. 미시경제학자들은 가계와 기업에 의한 의사 결정 그리고 시장에서 이루어지는 가계와 기업의 상호작용을 연구한다. 거시경제학자들은 경제 전체에 영향을 미치는 요인과 추세를 연구한다.
- 실증적 진술은 세상이 어떠한지에 대한 주장이다. 규범적 진술은 세상이 어떻게 되어야 하는지에 대한 주장이다. 실증적 진술은 사실과 과학적 방법에 기초하여 판단될 수 있는 반면에, 규범적 진술은 가치 판단도 필요로 한다. 경제학자들이 규범적 진술을 할 경우, 과학자라기보다는 정책 조언자로서 더 많은 역할을 한다.
- 정책 입안자들에게 조언하는 경제학자들은 과학적 판단이나 가치 판단의 상이성으로 인해 이따금 상충된 조언을 하게 된다. 하지만 어떤 경우 경제학자들이 일치된 조언을 해도, 정책 입안자들은 여러 요인과 정치 과정상 자신들에게 부과된 제약으로 인해 그런 조언을 무시하기도 한다.

주요 개념

순환경로 도해 25
생산가능곡선 27
미시경제학 31
거시경제학 31
실증적 진술 34
규범적 진술 34

복습용 질문

1. 경제학은 어떤 면에서 과학인가?
2. 경제학자들이 가정을 하는 이유는 무엇인가?
3. 경제 모형은 현실을 있는 그대로 정확하게 나타내야 하는가?
4. 여러분의 가족이 생산요소시장에서 상호작용하는 방법과 재화 및 용역시장에서 상호작용하는 방법에 대해 설명하시오.
5. 단순화한 순환경로 도해에 포함되지 않는 경제적 상호작용에 대해 설명하시오.
6. 우유와 쿠키를 생산하는 경제에 대한 생산가능곡선을 그리고 이를 설명하시오. 해당 경제에 있는 젖소의 절반이 질병으로 죽은 경우 이 생산가능곡선은 어떻게 변하는가?
7. 생산가능곡선을 활용하여 효율성의 개념을 설명하시오.

8. 경제학의 두 개 하위분야는 무엇인가? 각 하위분야의 학습 주제에 대해 설명하시오.

9. 실증적 진술과 규범적 진술의 차이가 무엇인가? 각각의 예를 드시오.

10. 경제학자들이 이따금 정책 입안자들에게 상충된 조언을 하는 이유가 무엇인가?

문제와 응용

1. 순환경로 도해를 그리시오. 그리고 각 활동이 재화 및 용역의 순환과 화폐의 순환에서 어디에 해당하는지 밝히시오.
   a. 수진이는 식료품 가게주인에게 우유 1쿼트(약 1.14리터)에 대한 대가로 1달러를 지불했다.
   b. 승규는 간이식당에서 일하면서 시간당 8달러를 받는다.
   c. 민경이는 머리를 자르는 데 40달러를 지불했다.
   d. 현준이는 애크미 인더스트리얼 회사의 지분 10%를 보유하고 있으며, 이로 인해 20,000달러를 받았다.

2. 군수용 물품과 소비용 물품을 생산하는 사회를 생각해보자. 여기서는 군수용 물품을 '총'이라고 하고, 소비용 물품을 '버터'라고 하자.
   a. 총과 버터에 대한 생산가능곡선을 그리시오. 기회비용이란 개념을 사용하여, 생산가능곡선이 활처럼 바깥쪽으로 볼록한 형태가 될 가능성이 높은 이유를 설명하시오.
   b. 이 경제에서 달성 불가능한 점 하나를 그래프상에 나타내시오. 달성 가능하지만 비효율적인 점 하나를 그래프상에 나타내시오.
   c. 어떤 사회에 두 개 정당, 즉 매파 정당(강력한 군대를 유지하자는 정당)과 비둘기파 정당(소규모 군대를 유지하자는 정당)이 존재한다. 생산가능곡선 상에 매파 정당이 선택할 점과 비둘기파 정당이 선택할 점을 나타내시오.
   d. 공격적인 이웃 국가가 군대규모를 축소시킨다고 가정하자. 따라서 매파 정당과 비둘기파 정당은 둘 다 바람직한 '총' 생산을 동일한 양만큼 감소시키려 한다. 어느 정당이 더 큰 '평화 배당금'을 얻게 되는가? 여기서 평화 배당금은 버터 생산 증가로 측정된다. 설명하시오.

3. 제1장에서 살펴본 경제학의 열 가지 원리 중 첫 번째 원리는 '사람들은 상충적인 상황에 부딪히게 된다'는 것이다. 생산가능곡선을 사용하여 두 가지 물품, 즉 깨끗한 환경과 산업 생산량 간에 존재하는 상충적인 상황을 설명하시오. 무엇이 생산가능곡선의 형태와 위치를 결정한다고 생각하는가? 기술자들이 더 적은 오염물질을 배출하면서 전기를 생산하는 새로운 방법을 개발할 경우, 생산가능곡선이 어떻게 변하는지 보이시오.

4. 어떤 경제가 세 명의 노동자, 즉 동하, 승준, 수진으로 구성된다. 각 노동자가 1일 10시간 노동하고 두 종류의 서비스, 즉 잔디 깎기와 세차를 생산해낼 수 있다. 1시간에 동하는 잔디밭 1개를 깎거나 또는 자동차 1대를 세차할 수 있고, 승준이는 잔디밭 1개를 깎거나 또는 자동차 2대를 세차할 수 있으며, 수진이는 잔디밭 2개를 깎거나 자동차 1대를 세차할 수 있다.
   a. 다음 시나리오에서 각 서비스가 얼마나 많이 생산되는지 계산하시오. 각 시나리오를 A, B, C, D로 표기할 것이다.
      - 세 명 모두 자신의 시간을 잔디 깎기에 사용한다. (A)
      - 세 명 모두 자신의 시간을 세차하는 데 사용한다. (B)
      - 세 명 모두 자신의 시간 중 절반을 각 서비스 생산에 사용한다. (C)
      - 동하는 자신의 시간 중 절반을 각 서비스 생산에 사용한다. 반면에 승준이는 자신의 시간 전부를 세차에 사용하고, 수진이는 자신의 시간 전부를 잔디 깎기에 사용한다. (D)
   b. 이 경제에 대한 생산가능곡선을 그리시오. (a)에서 구한 답을 기초로 하여, 생산가능곡선상에 점 A, B, C, D를 표기하시오.

c. 생산가능곡선이 이런 형태가 되는 이유를 설명하시오.

d. (a)에서 계산한 배분 중 어느 것이 비효율적인가? 그 이유를 설명하시오.

5. 다음의 각 주제가 미시경제학과 관련되는지 아니면 거시경제학과 관련되는지 분류하시오.

a. 소득 중 얼마나 많은 부분을 저축할지에 관한 가계의 결정

b. 정부 규제가 자동차 배기가스 배출에 미치는 영향

c. 총저축이 증가할 경우, 이것이 경제 성장에 미치는 영향

d. 얼마나 많은 근로자를 고용할지에 관한 기업의 결정

e. 인플레이션율과 통화량 변화 사이의 관계

6. 다음의 각 진술이 실증적 진술인지 아니면 규범적 진술인지 분류하시오. 그리고 그 이유를 설명하시오.

a. 사회는 인플레이션과 실업 사이에 존재하는 단기적인 상충관계에 직면하게 된다.

b. 통화 공급 증가율이 감소할 경우, 인플레이션율이 감소한다.

c. 연방준비은행(중앙은행)은 통화 공급 증가율을 감소시켜야만 한다.

d. 사회는 복지 수혜자들에게 일자리를 구하도록 요구해야만 한다.

e. 세율이 낮아질 경우 더 많이 노동하고 더 많이 저축하게 된다.

Quiz 해답

1. c   2. a   3. b   4. d   5. a   6. d   7. d   8. b

부록

그래프 활용하기: 간략한 복습

많은 경제적 개념을 숫자, 예를 들면 바나나 가격, 바나나 판매량, 바나나 재배 비용 등으로 나타낼 수 있다. 종종 이들 변수는 서로 연관된다. 바나나 가격이 상승할 경우, 사람들은 더 적은 수의 바나나를 매입하게 된다. 이들 관계를 표현하는 한 방법은 그래프를 활용하는 것이다.

그래프는 두 가지 목적으로 사용한다. 첫째, 이론을 발전시키려는 경우, 식이나 언어로 표현한다면 덜 명확해질 수 있는 생각을 시각적으로 표현할 수 있다. 둘째, 데이터를 분석하려는 경우, 경향을 찾고 해석하는 강력한 방법으로 사용할 수 있다. 두 경우 모두에서 그래프는 무성한 나무들 속에서 보이지 않던 숲을 알아볼 수 있게 해준다.

숫자로 나타낸 정보는 여러 종류의 그래프로 나타낼 수 있는데, 이는 생각을 언어로 표현하는 방법이 여러 가지인 것과 마찬가지다. 훌륭한 작가는 주장을 명확하게 하고, 설명을 완벽하게 하며, 장면을 극적으로 만드는 언어를 선택한다. 이처럼 훌륭한 경제학자도 현재의 목적에 가장 적합한 그래프를 선택한다.

부록에서는 경제학자들이 변수 사이에 존재하는 수학적 관계를 알기 위해 그래프를 어떻게 활용하는지에 대해 논의할 것이다. 또한 그래프를 활용할 경우 발생할 수 있는 생각지 못한 함정도 살펴볼 것이다.

변수가 한 개인 경우의 그래프

그림 A-1에는 일반적으로 활용되는 세 가지 그래프가 있다. (a)의 **원 그래프**는 미국의 총소득이 소득의 출처별로 어떻게 배분되는지 보여주며, 이런 출처에는 종업원의 보수, 기업 이윤 등이 포함된다. 이 원 그래프의 각 조각은 총소득에서 소득의 각 출처가 차지하는 비중을 나타낸다. (b)의 **막대 그래프**는 4개 국가의 소득을 비교하여 보여준다. 각 막대 그래프의 높이는 해당하는 각 국의 평균소득을 나타낸다. (c)의 **시계열 그래프**는 시간이 흐름에 따라 나타나는 미국 산업의 생산성 증가 추세를 보여준다. 이 그래프에서 높이는 각 연도의 시간당 생산량을 나타낸다. 여러분은 아마도 뉴스 보도를 보면서 이와 유사한 그래프들을 접했을 것이다.

그래프의 종류 **그림 A-1**

(a)의 원 그래프는 미국의 국민소득(2020년)이 어떻게 구성되는지 보여준다. (b)의 막대 그래프는 4개 국가의 평균소득을 비교해준다. (c)의 시계열 그래프는 시간이 흐름에 따라 나타나는 미국 산업의 노동 생산성을 보여준다.

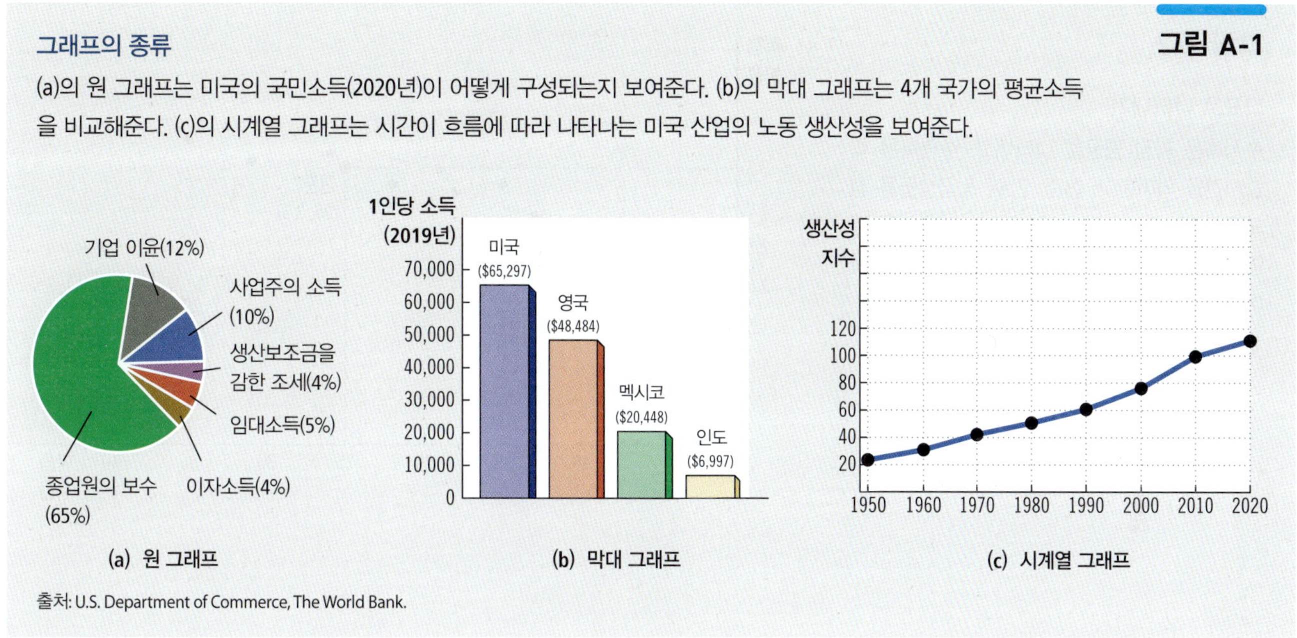

출처: U.S. Department of Commerce, The World Bank.

변수가 두 개인 경우의 그래프: 좌표체계

그림 A-1에 있는 세 가지 그래프는 유용하지만, 많은 정보를 알려주는 데는 한계가 있다. 이들 세 개 그래프는 단일 변수에 대한 정보만을 제공한다. 경제학자들이 변수들 사이의 관계를 알아보려는 경우, 하나의 그래프상에 두 개의 변수를 나타내고자 할 수 있다. **좌표체계**가 이를 가능하게 할 수 있다.

학습시간과 평점의 관계를 알아보고자 한다고 가상하자. 수강을 한 각 학생에 대해 한 쌍의 숫자, 즉 주당 학습시간 및 평점을 기록할 수 있다. 그러면 이들 숫자는 **정해진 순서에 따른 쌍**으로 괄호 안에 표기되며, 그래프상에 단일 점으로 표기된다. 예를 들면 현준이는 정해진 순서에 따른 쌍(주당 학습시간 25, 평점 3.5)으로 나타낼 수 있는 반면에, '만사에 걱정이 없는' 민수는 (주당 학습시간 5, 평점 2.0)으로 나타낼 수 있다.

이런 정해진 순서에 따른 쌍들을 2차원 모눈 위에 그래프로 나타낼 수 있다. 이들 각 쌍에서 첫 번째 숫자, 즉 ***x* 좌표**는 해당하는 점이 수평축에 놓인 위치를 알려준다. 두 번째 숫자, 즉 ***y* 좌표**는 수직축에 놓인 위치를 알려준다. *x* 좌표와 *y* 좌표가 둘 다 영인 점을 **원점**이라고 한다. 정해진 순서에 따른 쌍에서 두 개 좌표는 원점과 관련하여 해당하는 점이 위치한 지점을 알려준다. 즉, 해당하는 점은 원점의 오른쪽으로 숫자로 나타낸 *x*만큼 떨어지고 원점의 위쪽으로 *y*만큼 떨어진 지점에 위치한다.

그림 A-2는 현준, 민수, 동급생들의 학습시간과 평점을 그래프로 나타낸 것이다. 이런 종류의 그래프를 **산포도**라고 하는데, 왜냐하면 이 그래프가 흩어진 점들을 나타내기 때문이다. 그래프를 살펴보면, 오른쪽으로 더 멀리 위치하는(즉, 더 많은 학습시간을

그림 A-2

좌표로 나타내기

수직축은 학점 평균을 나타내고, 수평축은 학습시간을 의미한다. 현준, 민수, 동급생들을 점으로 나타내었다. 이 그래프는 더 오랜 시간 동안 학습한 학생들이 더 높은 학점을 받는 경향이 있다는 사실을 보여준다.

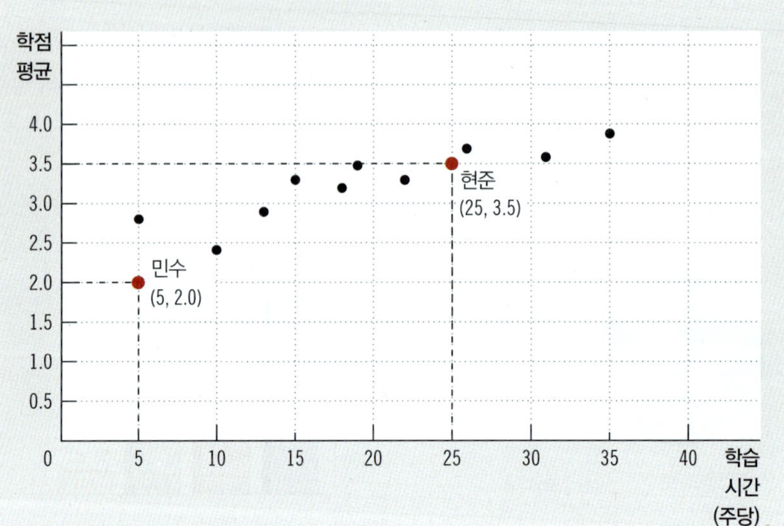

나타내는) 점들은 위쪽으로 더 멀리 위치하는(즉, 더 좋은 평점을 보여주는) 경향이 있다는 사실을 알 수 있다. 학습시간과 평점은 일반적으로 동일한 방향으로 움직이기 때문에, 이들 두 변수는 **양의 상관**을 갖는다. 반면에 즐거운 모임으로 보내는 시간이 많으면 이는 낮은 평점과 연계된다. 이들 두 변수는 일반적으로 반대방향으로 움직이기 때문에 **음의 상관**을 갖는다고 한다. 두 경우 모두에서 좌표체계를 활용하면 두 변수 사이의 상관을 쉽게 파악할 수 있다.

좌표체계에서의 곡선

더 많은 시간을 학습한 학생들이 더 높은 평점을 받는 경향이 있기는 하지만, 다른 요인들도 학생들의 평점에 영향을 미친다. 예를 들면 학생 각자의 재능, 교사들의 관심도, 좋은 아침식사처럼 이전의 학습준비 상태도 중요한 요인이 될 수 있다. 그림 A-2는 학습이 평점에 미치는 영향을 다른 변수들이 미치는 영향에서 분리시키려 하지는 않았다. 하지만 경제학자들은 예상할 수 있는 다른 모든 변수들이 일정하다고 보고, 한 변수가 다른 변수에 어떤 영향을 미치는지 알아보고자 한다.

이것이 어떻게 가능한지 알아보기 위해, 경제학에서 다루는 가장 중요한 그래프 중 하나인 **수요곡선**을 생각해보자. 수요곡선은 소비자들이 매수하고자 하는 수량에 해당 상품의 가격이 미치는 영향을 추적한 것이다. 하지만 수요곡선에 대해 살펴보기 전에 표 A-1을 생각해보자. 이 표는 채윤이가 매입하는 소설책의 권수가 자신의 소득과 소설책의 가격에 어떻게 의존하는지 보여준다. 소설책 가격이 저렴할 때 채윤이는 많은 소설책을 매입한다. 하지만 가격이 상승함에 따라, 도서관에서 소설책을 빌려보거나

가격	소득이 30,000달러인 경우	소득이 40,000달러인 경우	소득이 50,000달러인 경우
10달러	소설책 2권	소설책 5권	소설책 8권
9	6	9	12
8	10	13	16
7	14	17	20
6	18	21	24
5	22	25	28
	수요곡선, D_3	수요곡선, D_1	수요곡선, D_2

표 A-1

채윤이가 매입한 소설책

이 표는 다양한 소득 및 가격에서 채윤이가 매입하고자 하는 소설책의 권수를 보여준다. 일정하게 주어진 소득수준에 대해서 소설책의 가격 및 수요량에 관한 데이터를 사용하여 채윤이의 수요곡선을 구할 수 있다. 이 수요곡선이 그림 A-3과 그림 A-4이다.

또는 소설책을 읽지 않고 영화를 보러 간다. 이와 유사하게 소득이 증가함에 따라 더 많은 소설책을 매입하게 된다. 즉, 소득 증가에 따른 추가적인 소득 중 일부는 소설책을 매입하는 데 지출하고 또 다른 일부는 다른 물품들을 매입하는 데 지출한다.

이제 우리는 세 개 변수, 즉 소설책 가격, 소득, 매입한 소설책 권수를 갖게 되는데, 이는 2차원으로 보여줄 수 있는 것보다 개수가 많다. 표 A-1에 있는 정보를 그래프 형태로 나타내려면, 세 개 변수 중 한 개를 일정하다고 보고 다른 두 변수 사이의 관계를 추적해 나가야 한다. 수요곡선은 가격과 수요량 사이의 관계를 나타내기 때문에, 채윤이의 소득을 일정하다고 보고 그녀가 매입한 소설책 권수가 소설책 가격에 따라 어떻게 변화하는지 보여주어야 한다.

채윤이 소득이 연간 40,000달러라고 가상하자. 채윤이가 매입한 소설책 권수를 x축에 놓고 소설책 가격을 y축에 놓을 경우, 표 A-1의 가운데 열을 그래프로 나타낼 수 있다. 이 표에 기재된 사항, 즉 (소설책 5권, 10달러) (소설책 9권, 9달러) 등을 나타낸 점을 연결할 경우, 한 개의 선이 된다. 그림 A-3에 그려진 선을 소설책에 대한 채윤이의 수요곡선이라고 한다. 이 곡선은 소득이 일정할 경우 모든 가격수준에서 채윤이가 매입할 소설책 권수를 알려준다. 수요곡선의 기울기는 하향하는데 이것이 의미하는 바는 소설책 가격이 하락할 경우 수요량이 증가한다는 것이다. 소설책의 수요량과 가격이 서로 반대방향으로 움직이기 때문에, 두 변수가 **음으로 연계된다**고 본다.

이제 채윤이의 소득이 연간 50,000달러로 증가했다고 가상하자. 모든 가격수준에서, 채윤이는 이전 소득에서 매입했던 것보다 더 많은 소설책을 매입하게 된다. 표 A-1의 가운데 열에 기재된 사항을 활용하여 이전에 소설책에 대한 채윤이의 수요곡선을 그렸던 것처럼, 이번에는 오른쪽 열에 있는 기재 사항을 활용하여 새로운 수요곡선을 그릴 수 있다. 그림 A-4에서 새로운 수요곡선(곡선 D_2)은 이전의 수요곡선(곡선 D_1)과 나란히 위치한다. 새로운 수요곡선은 오른쪽으로 더 멀리 위치하여 유사하게 그려진 선이

그림 A-3

수요곡선

D_1은 채윤이의 소설책 매입이 소득이 일정할 경우 소설책의 가격에 어떻게 의존하는지 보여준다. 가격과 수요량은 음의 관계가 있기 때문에 수요곡선의 기울기는 하향한다.

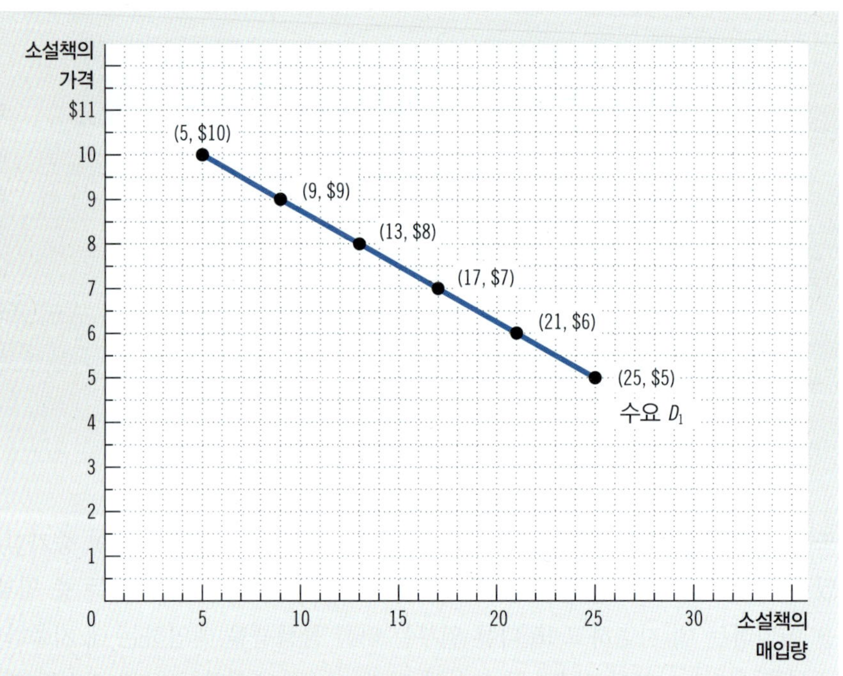

다. 따라서 채윤이의 소득이 증가할 경우, 소설책에 대한 채윤이의 수요곡선은 **오른쪽으로 이동한다**고 말할 수 있다. 이와 유사하게 채윤이의 소득이 연간 30,000달러로 하락할 경우, 모든 가격수준에서 더 적게 소설책을 매입하게 되어 그녀의 수요곡선은 왼쪽으로(즉, D_3로) 이동하게 된다.

경제학에서는 **곡선상에서의 이동**과 **곡선 자체의 이동**을 구별하는 것이 중요하다. 그림 A-3에서 보는 것처럼 채윤이의 소득이 연간 40,000달러이고 소설책 한 권의 가격이 8달러인 경우, 그녀는 연간 13권의 소설책을 매입한다. 소설책 한 권의 가격이 7달러로 하락할 경우, 채윤이는 연간 17권의 소설책을 매입하게 된다. 하지만 수요곡선은 동일한 곳에 계속 위치한다. 채윤이는 **각 가격수준**에서 동일한 권수의 소설책을 계속 매입하지만, 가격이 하락할 경우 수요곡선을 따라 왼쪽에서 오른쪽으로 이동하게 된다. 반면에 소설책 가격은 8달러로 고정되지만 소득이 50,000달러로 증가할 경우, 채윤이는 소설책의 매입을 연간 13권에서 16권으로 증대시키게 된다. 채윤이는 **각 가격수준**에서 더 많은 수의 소설책을 매입하기 때문에, 그림 A-4에서 보는 것처럼 수요곡선 자체가 바깥쪽으로 이동하게 된다.

어떤 경우에 곡선 자체가 이동하는지 알 수 있는 간단한 방법이 있다. 수평축이나 수직축 **어떤 축에도 명명되지 않은 관련 변수가 변화할 경우 곡선 자체가 이동하게 된다.** 소득은 x 축이나 y 축 어떤 축에도 명명되어 있지 않다. 따라서 채윤이의 소득이 변화하는 경우, 수요곡선 자체가 이동한다. 소설책 가격이 변화하는 경우를 제외하고, 채윤이의

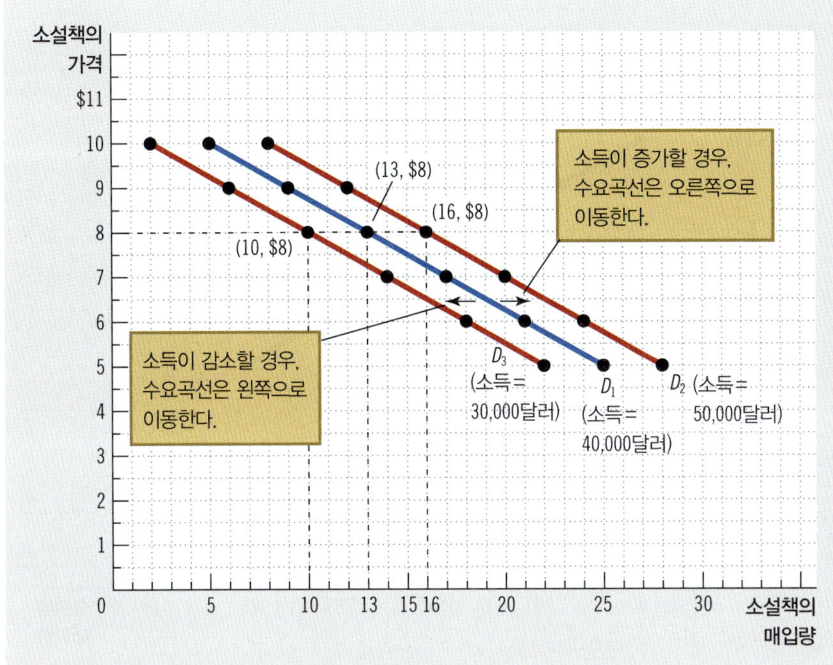

그림 A-4

수요곡선의 이동

소설책에 대한 채윤이의 수요곡선이 어디에 위치할지는 그녀의 소득이 얼마인지에 달려 있다. 소득이 높을수록 모든 가격수준에서 더 많은 소설책을 매입하게 되며, 이에 따라 수요곡선도 오른쪽으로 더 멀리 위치하게 된다. 수요곡선 D_1은 채윤이의 최초 수요곡선을 나타내며, 이는 연간 소득이 40,000달러일 경우이다. 연간 소득이 50,000달러로 증가할 경우, 수요곡선은 D_2로 이동한다. 또한 연간 소득이 30,000달러로 감소할 경우, 수요곡선은 D_3으로 이동한다.

매입 습관에 영향을 미치는 어떠한 변화에 대해서도 이런 사실이 적용된다. 예를 들어 공공도서관이 폐쇄되어 채윤이가 읽고자 하는 모든 소설책들을 매입해야 하는 경우, 각 가격수준에서 더 많은 수의 소설책을 수요하게 되어 수요곡선은 오른쪽으로 이동한다. 또는 영화관 입장권 가격이 하락하여 채윤이가 영화를 보는 데 더 많은 시간을 사용하고 소설책을 읽는 데 더 적은 시간을 할애할 경우, 각 가격수준에서 더 적은 수의 소설책을 수요하게 되어 수요곡선은 왼쪽으로 이동한다. 반면에 그래프상의 한 축에 명명된 변수가 변화할 경우, 곡선 자체가 이동하지 않는다. 이런 변화는 곡선상에서의 이동으로 나타난다.

기울기

채윤이에 관해 묻고 싶은 한 가지 질문은 그녀의 매입 행태가 가격 변화에 얼마나 많이 반응하느냐에 관한 것이다. 그림 A-5에 있는 수요곡선을 살펴보도록 하자. 이 수요곡선이 매우 가파른 경우, 소설책 가격이 저렴하든 비싸든 간에 채윤이는 거의 동일한 수의 소설책을 매입한다. 수요곡선이 훨씬 더 완만한 경우, 채윤이가 매입할 소설책 권수는 가격 변화에 더 민감하다. 어떤 변수가 다른 변수의 변화에 얼마나 많이 반응하는지에 관한 질문에 답하기 위해 기울기의 개념을 사용할 수 있다.

선의 기울기는 선을 따라 이동할 때 변화하는 수평축상 거리에 대한 수직축상 거리

그림 A-5

선분의 기울기 계산하기

수요곡선의 기울기를 계산하기 위해서 *x*축 및 *y*축의 변화를 살펴보도록 하자. 이 그림에서는 (소설책 13권, 8달러)인 점에서 (소설책 21권, 6달러)인 점으로 이동한다. 이 선분의 기울기는 *x*축 좌표 변화(+8)에 대한 *y*축 좌표 변화(−2)의 비율이며, 그 값은 −1/4이다.

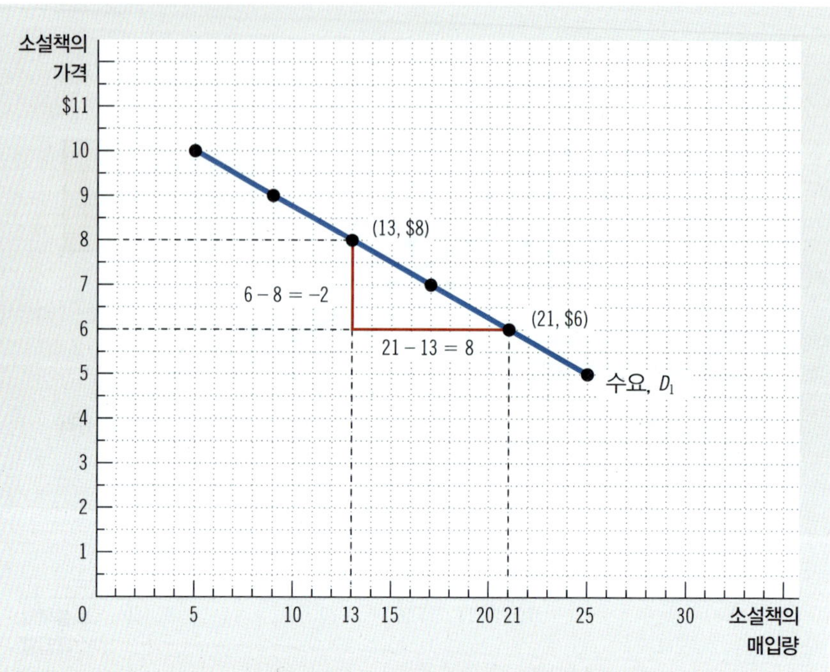

의 비율이다. 이 정의는 보통 수학적 부호를 사용하여 다음과 같이 나타낸다.

$$기울기 = \frac{\Delta y}{\Delta x}$$

여기서 그리스 문자 Δ(델타)는 변수의 변화를 의미한다. 다시 말하면, 선의 기울기는 '높이'(y의 변화)를 '밑변'(x의 변화)으로 나눈 것이다.

기울기가 상향하는 선의 경우, x의 변화와 y의 변화가 동일한 방향으로 움직이기 때문에 기울기는 양수가 된다. x가 증가하면 y도 증가하고, x가 감소하면 y도 감소한다. 기울기가 상향하지만 상당히 완만한 경우, 기울기는 작은 양수가 된다. 하지만 기울기가 상향하면서 가파른 경우, 기울기는 큰 양수가 된다.

기울기가 하향하는 선의 경우 x의 변화와 y의 변화가 반대방향으로 움직이기 때문에 기울기는 음수가 된다. x가 증가하면 y가 감소하고, x가 감소하면 y가 증가한다. 기울기가 하향하지만 상당히 완만한 경우, 기울기는 작은 음수가 된다. 하지만 기울기가 하향하면서 가파른 경우, 기울기는 큰 음수가 된다.

수평선인 경우, y 변수는 결코 변화하지 않기 때문에 기울기는 영이 된다. 수직선인 경우, x 변수가 전혀 변화하지 않더라도 y 변수는 모든 값을 취할 수 있기 때문에 기울기는 무한대가 된다.

소설책에 대한 채윤이의 수요곡선 기울기는 어떠한가? 무엇보다도 수요곡선의 기울기가 하향하기 때문에 기울기가 음수라는 사실을 알 수 있다. 기울기의 숫잣값을 구하기 위해 수요곡선상의 두 점을 선택해보자. 채윤이의 소득이 40,000달러인 경우, 소설책 가격 8달러에서 13권을 매입하거나 6달러에서 21권을 매입한다. 기울기 계산 공식을 적용하려면 이들 두 점 간의 변화에 관심을 가져야 한다. 다시 말해 두 점 사이의 차이에 관심을 가져야 하며, 이를 위해 어느 점의 값에서 다른 점의 값을 빼야 한다. 이는 다음과 같다.

$$\text{기울기} = \frac{\Delta y}{\Delta x} = \frac{\text{나중의 } y \text{좌표} - \text{최초의 } y \text{좌표}}{\text{나중의 } x \text{좌표} - \text{최초의 } x \text{좌표}} = \frac{6-8}{21-13} = \frac{-2}{8} = \frac{-1}{4}$$

그림 A-5는 이런 계산이 어떻게 이루어지는지 보여준다. 두 개의 상이한 점을 이용하여 채윤이의 수요곡선 기울기를 계산해보자. 위와 동일한 결과 −1/4을 얻을 수 있어야 한다. 직선이 갖는 특성 중 하나는 선상의 모든 점에서 기울기가 동일하다는 사실이다. 하지만 이런 특성은 어느 지점이 다른 지점보다 더 가파른 형태의 곡선에서는 준수되지 않는다.

채윤이의 수요곡선 기울기는 그녀의 매입 행태가 가격 변화에 어떻게 반응하는지 알려준다. 기울기가 작다면(즉, 영에 가까운 음수라면) 채윤이의 수요곡선은 상대적으로 완만하다. 이런 경우 채윤이는 소설책 가격 변화에 대해 매입하고자 하는 소설책 권수를 큰 폭으로 조정한다. 기울기가 크다면(즉, 영으로부터 멀리 떨어진 음수라면) 채윤이의 수요곡선은 상대적으로 가파르다. 이런 경우 채윤이는 소설책 가격 변화에 대해 매입하고자 하는 소설책 권수를 단지 소폭으로 조정할 뿐이다.

원인 및 결과

경제학자들은 종종 그래프를 사용하여 경제가 어떻게 작동하는지에 관한 자신의 주장을 펼치곤 한다. 다시 말해, 그래프를 활용하여 일련의 상황들이 다른 일련의 상황들을

COURTESY OF RANDALL MUNROE/XKCD.COM

어떻게 유발하는지 설명하곤 한다. 수요곡선 같은 그래프를 활용하면 원인과 결과를 분명하게 파악할 수 있다. 가격은 변화시키고 다른 모든 변수는 일정하다고 보았기 때문에, 소설책 가격 변화가 채윤이의 수요량 변화를 유발했다는 사실을 알고 있다. 하지만 이 수요곡선은 가상적인 예에서 비롯됐다는 것을 기억하자. 실제 세계의 데이터를 그래프로 나타낼 경우, 한 변수가 다른 변수에 어떤 영향을 미치는지 파악하기 어려울 때가 종종 있다.

첫 번째 문제는 두 변수 사이의 관계를 알아보려는 경우, 그 밖의 모든 것을 일정하게 유지하는 것이 어렵다는 점이다. 다른 변수들을 일정하게 유지할 수 없다면, 그래프상에 표기되지 않은 제3의 **누락변수**에 의해 실제로 유발된 변화에 대해서, 그래프상의 한 변수가 다른 변수의 변화를 유발했다고 결론 내릴 수도 있다. 살펴보고자 하는 두 개 변수를 올바르게 식별했더라도 두 번째 문제, 즉 **역 인과관계**에 부딪힐 수 있다. 다시 말해 실제로는 B가 A를 유발하는데 A가 B를 유발한다고 결론 내릴 수도 있다. 누락변수 문제와 역 인과관계 문제 같은 함정을 피하려면, 그래프를 사용하여 원인과 결과에 대해 결론을 내릴 경우 조심스럽게 진행해야 한다.

누락변수 변수를 누락할 경우 이것이 어떻게 사실을 오도하는 그래프로 이어질 수 있는지 알아보기 위해 예를 들어보도록 하자. 암으로 인한 다수의 사망자에 대한 대중의 우려 때문에, 정부는 통계분석 업체에게 철저한 연구를 의뢰했다. 이 통계분석 업체는 일반 가계에서 발견할 수 있는 많은 물품들을 면밀하게 조사하여, 이들 중 어느 것이 발암 위험과 연관되는지 살펴보았다. 이 업체는 두 개 변수, 즉 어떤 가계가 보유한 담배 라이터의 개수와 해당 가계 구성원 중 누군가가 암에 걸릴 확률 사이에 존재하는 강한 관계를 보고했다. 그림 A-6은 이런 관계를 보여준다.

이런 결과 보고로부터 어떤 결정을 내려야 하는가? 해당 통계분석 업체는 다음과 같이 신속한 정책 대응 방안을 제시했다. 정부는 담배 라이터 판매에 조세를 부과하여 담

그림 A-6

누락변수가 있는 그래프

기울기가 상향하는 곡선은 담배 라이터가 더 많은 가계 구성원들이 암에 걸릴 가능성이 더 높다는 것을 시사한다. 하지만 담배 라이터를 보유한다는 사실이 암을 유발한다고 결론 내려서는 안 된다. 왜냐하면 이 그래프는 실제로 흡연한 담배의 수를 고려하지 않았기 때문이다.

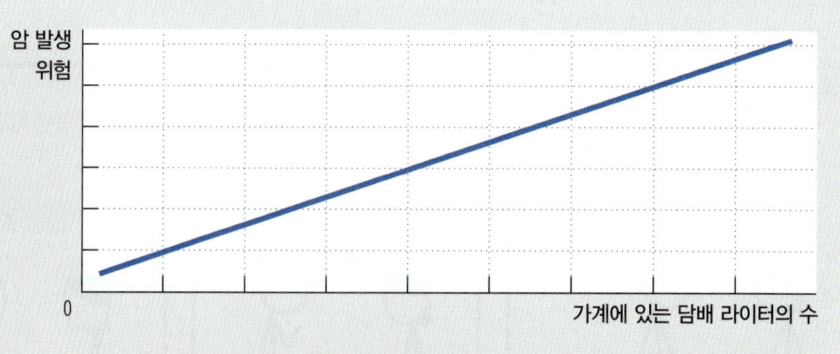

배 라이터의 보유를 억제해야 한다고 조언했다. 또한 정부는 다음과 같은 경고, 즉 '통계분석 결과에 따르면 담배 라이터가 여러분의 건강을 위태롭게 할 수 있습니다'라는 문구를 부착하도록 해야 한다고 제안했다.

해당 통계분석 업체가 실시한 분석이 타당한지 여부를 판단할 경우 다음 질문이 중요하다. 이 통계분석 업체는 고려 중인 변수를 제외한 모든 관련 변수를 일정하게 유지했는가? 이 물음에 대한 대답이 부정적이라면 분석 결과도 의심스럽다. 그림 A-6을 쉽게 설명하면, 담배 라이터를 더 많이 보유한 사람들이 흡연할 가능성이 더 높으며 라이터가 아니라 담배가 암을 유발한다는 것이다. 그림 A-6에서 흡연량이 일정하게 유지되지 않는다면(해당 통계분석 업체가 이 변수를 결코 고려하지 않았기 때문에 일정하게 유지하지 못했다면), 담배 라이터 보유에 따른 진정한 효과를 알려주지 못한다.

이런 사실은 다음과 같은 한 가지 중요한 원칙을 시사한다. 원인과 결과에 대한 주장을 펼치기 위해 사용한 그래프를 살펴볼 경우, 누락변수의 변화가 여러분이 얻은 분석 결과를 설명할 수 있는지 여부를 물어보는 것이 중요하다.

역 인과관계 경제학자들은 또한 인과관계의 방향을 잘못 이해해서 실수할 수도 있다. 이것이 어떻게 가능한지 알아보기 위해, 미국 무정부주의자협회가 미국에서 발생하는 범죄에 대한 연구를 의뢰하여 그림 A-7과 같은 결과에 도달했다고 가상하자. 그림 A-7은 인구 천 명당 경찰관 수에 대해 주요 도시에서 인구 천 명당 발생하는 폭력범죄 수를 도해로 나타낸 것이다. 무정부주의자들은 곡선의 기울기가 상향한다는 사실에 주목하여, 경찰은 도시 폭력범죄를 감소시키기보다는 증가시키기 때문에 법 집행을 폐지해야 한다고 주장한다.

하지만 그림 A-7은 무정부주의자들의 이런 주장을 입증하지 못한다. 그래프는 단순히 더 위험한 도시에 더 많은 경찰관이 있다는 사실을 보여줄 뿐이다. 더 위험한 도시가 더 많은 경찰관을 채용하고 있다고 설명할 수도 있다. 다시 말해 경찰관의 수가 폭력범죄의 발생을 유발하는 것이 아니라, 폭력범죄의 발생이 경찰관의 채용을 유발한다

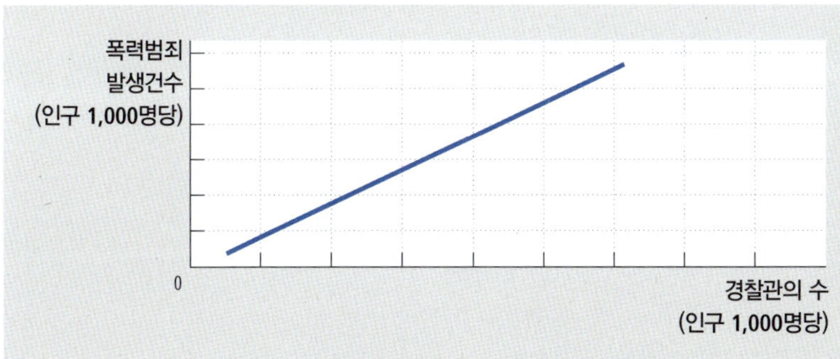

그림 A-7

역 인과관계를 시사하는 그래프

기울기가 상향하는 곡선은 경찰이 좀 더 집중적으로 근무하는 도시가 더 위험하다는 것을 시사한다. 하지만 이 그래프는 경찰이 범죄를 유발했는지 아니면 범죄에 시달리는 도시가 더 많은 경찰을 채용했는지 여부를 알려주지 않는다.

는 것이다. 우리가 통제된 실험을 한다면 이런 역 인과관계의 위험성을 피할 수도 있다. 이 경우 서로 다른 도시에 서로 다른 수의 경찰관을 무작위로 배정하고 나서 경찰관 수와 폭력범죄 수 사이의 상관을 살펴보게 된다. 이런 실험을 하지 않고는 아무리 잘해도 인과관계의 방향을 확립하는 것은 어렵다.

어떤 변수가 먼저 변화하는지 살펴봄으로써 인과관계의 방향을 결정할 수 있을 것이라 생각할 수도 있다. 범죄가 증가하고 그러고 나서 경찰력이 확장될 경우, 우리는 한 결론에 도달하게 된다. 하지만 경찰력이 확장되고 그러고 나서 범죄가 증가할 경우, 우리는 다른 결론에 도달하게 된다. 하지만 이런 방법도 결함이 있다. 사람들은 종종 현재 상황의 변화가 아니라 장래 상황에 대한 **기대**의 변화에 대응하여 자신의 행태를 변화시키곤 한다. 예를 들면 장래에 대규모로 범죄가 증가할 것이라고 예상하는 도시는 지금 더 많은 경찰관을 채용할 것이다. 이런 문제는 아기와 미니밴의 예시로 더 쉽게 이해할 수 있다. 부부는 종종 아기가 태어날 것이라는 기대에서 미니밴을 매입한다. 즉, 아기가 출생하기 전에 미니밴을 먼저 소유하게 된다. 하지만 우리는 미니밴의 판매가 인구 증가를 유발했다고 결론 내리고 싶지는 않다.

그래프를 이용하여 인과관계 방향에 대한 결론을 도출하는 것이 언제 적절한지 말해줄 완벽한 규칙은 존재하지 않는다. 하지만 담배 라이터가 암을 유발하지 않으며(누락변수 문제) 미니밴이 아기의 출생을 유발하지 않는다(역 인과관계 문제)는 사실을 명심하는 것만으로도 여러분이 많은 잘못된 경제적 주장에 빠지는 것을 방지할 수 있다.

Chapter

3

상호의존과 거래를 통한 이익

평범한 일상을 생각해보자. 여러분은 아침에 일어나서, 플로리다에서 재배한 오렌지로 만든 주스와 브라질에서 수확한 커피콩으로 만든 커피를 잔에 붓는다. 아침식사를 하면서, 뉴욕에서 편집한 뉴스기사를 중국에서 조립한 태블릿으로 읽는다. 조지아에서 재배한 면화로 만들고 태국 공장에서 바느질한 옷을 입는다. 전 세계 6개국에서 제조한 부품으로 만든 자전거를 타고 학교에 간다. 그러고 나서 매사추세츠에 거주하는 저자가 저술하고, 오하이오에 소재한 회사가 출판하며, 오리건에서 자라는 나무로 만든 종이에 인쇄한 경제학 교과서를 펼친다.

매일마다 여러분은 재화 및 용역을 제공해주는 많은 사람들에게 의존하지만, 이들 중 대부분은 만난 적도 없는 사람들이다. 이런 상호의존은 사람들이 서로 거래하기 때문에 가능하다. 여러분에게 이런 것들을 제공하는 사람들은 관대해서 그렇게 하는 것이 아니며, 어떤 정부기관이 그들에게 여러분의 욕구를 충족시키도록 지시하는 것도 아니다. 대신에 사람들은 대가로 그 무엇을 얻기 때문

에 여러분과 다른 소비자들에게 재화 및 용역을 제공한다.

이후의 장들에서 다양한 기호와 능력을 가진 수많은 사람들의 행태를 경제가 어떻게 조정하는지 살펴볼 것이다. 출발점으로 이 장에서는 경제적 상호의존이 발생하는 이유에 대해 알아볼 것이다. 제1장에서 살펴본 **경제학의 열 가지 원리** 중 하나는 거래를 통해 모든 사람의 형편이 나아질 수 있다는 것이다. 이제는 이 원리를 보다 자세하게 살펴볼 것이다. 사람들이 서로 거래를 할 때 정확히 무엇을 얻게 되는가? 사람들이 상호의존하게 되는 이유는 무엇인가?

이런 질문들에 대한 답변은 세계 경제를 이해하려면 알아야 할 핵심이다. 오늘날 대부분의 국가는 자국에서 소비하는 많은 재화 및 용역을 해외로부터 수입하고, 자국에서 생산하는 것들 중 많은 부분을 해외 고객에게 수출하고 있다. 이 장에서 살펴볼 분석을 통해 개인들뿐만 아니라 국가들 간의 상호의존을 설명할 수 있다. 앞으로 살펴보겠지만, 거래를 통한 이익은 동네 이발소에서 이발을 하든 또는 지구 반대편에서 생산한 티셔츠를 매입하든 거의 같다.

3-1 현대 경제에 관한 짧은 이야기

재화 및 용역을 얻으려고 사람들이 서로에게 의존하게 될 경우 어떻게 이익을 얻게 되는지 이해하기 위해, 단순한 경제를 살펴보도록 하자. 세계에는 단 두 개의 물품, 즉 고기와 감자만 있으며, 단 두 명의 사람, 즉 소를 사육하는 주혜와 감자를 재배하는 광재만이 있다. 주혜와 광재가 둘 다 고기와 감자 모두를 식사로 먹고 싶어한다.

주혜가 고기만을 생산하고 광재가 감자만을 생산할 경우, 거래를 통한 이익이 가장 명백하게 드러난다. 먼저 광재와 주혜는 서로 연관되지 않고 의존하지 않는 방법을 선택할 수도 있다. 하지만 주혜는 고기를 불에 굽거나 그을리는 등 다양한 방법으로 먹고 나서 자급자족만 전부는 아닌 것 같다고 결론 내릴 수 있다. 감자를 으깨거나 튀기는 등 다양한 방법으로 먹고 있는 광재도 주혜와 같은 결론에 도달할 가능성이 있다. 거래를 통해 이들은 둘 다 더 다양한 소비를 할 수 있다는 점을 쉽게 알 수 있다. 이들은 각각 구운 감자를 곁들인 스테이크나 감자튀김을 곁들인 햄버거를 먹을 수 있게 된다.

위의 상황은 거래를 통해 모든 사람이 어떻게 이익을 얻는지를 가장 간단하게 보여주기는 하지만, 광재와 주혜가 각자 두 가지 모두, 즉 소를 사육하고 감자를 재배하고 나서 거래를 해도 이익을 얻을 수는 있다. 그러나 이럴 경우 큰 비용이 동반될 수 있다. 예를 들어 주혜가 감자를 재배할 수는 있지만 그녀가 소유하고 있는 토지가 감자 재배에 적합하지 않다고 가상하자. 유사하게, 광재도 소를 사육하여 고기를 생산할 수 있기는 하지만 그 일에 익숙하지 않다고 가상하자. 이런 경우 광재와 주혜는 각자 가장 잘

할 수 있는 것에 특화하여 서로 거래를 하게 되면 이익을 보게 된다.

하지만 한 사람이 모든 것의 생산을 더 잘할 수 있다면 거래를 통한 이익은 덜 분명해진다. 예를 들어 주혜가 소를 사육하고 감자를 재배하는 일 **모두**에서 더 잘한다고 가상하자. 이 경우 주혜는 계속해서 자급자족해야 하는가? 아니면 광재와 거래해야 하는 이유가 여전히 존재하는가? 이런 결정을 내리려고 할 때 영향을 미치는 요소를 보다 자세히 살펴보도록 하자.

3-1a 생산가능곡선

광재와 주혜는 각각 하루에 8시간을 일하며, 이 시간을 사용하여 감자를 재배하거나, 소를 사육하거나, 이 두 가지 일을 모두 한다. 그림 1에 있는 표는 각 물품 1온스를 생

그림 1

생산가능곡선

(a)는 농장주 광재와 목장주 주혜에게 가능한 생산기회를 보여준다. (b)는 광재가 생산할 수 있는 고기와 감자의 조합을 보여준다. (c)는 주혜가 생산할 수 있는 고기와 감자의 조합을 보여준다. 두 개 생산가능곡선은 모두 광재와 주혜가 각각 하루에 8시간 노동을 한다고 가정한다. 둘 사이에 거래가 이루어지지 않는 경우, 이들 둘의 생산가능곡선은 또한 소비가능곡선이 된다.

	1온스 생산에 필요한 시간		8시간 동안 생산량	
	고기	감자	고기	감자
광재(농부)	60분/온스	15분/온스	8온스	32온스
주혜(목축업자)	20분/온스	10분/온스	24온스	48온스

(a) 생산기회

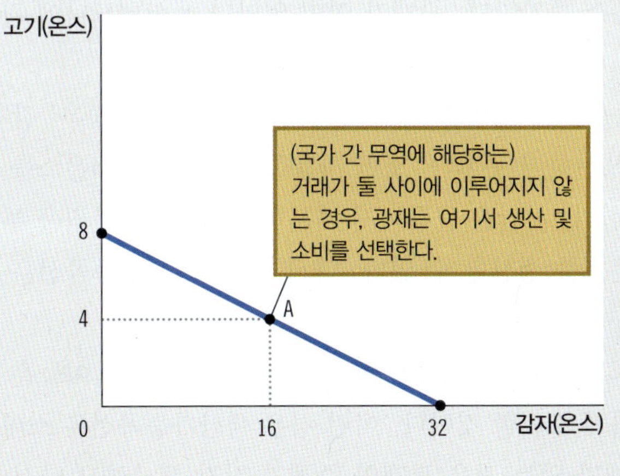

(b) 광재의 생산가능곡선

(c) 주혜의 생산가능곡선

산하는 데 이들이 각각 필요로 하는 시간의 규모를 알려준다. 광재는 감자 1온스를 생산하는 데 15분이 필요하며, 고기 1온스를 생산하는 데는 60분이 필요하다. 두 가지 물품 모두를 더 잘 생산하는 주혜는 감자 1온스를 생산하는 데 10분이 필요하며, 고기 1온스를 생산하는 데는 20분이 필요하다. 마지막 두 개 열은 이들이 8시간 전부를 투입하여 고기만 생산하거나 감자만 생산하는 경우 각각 얼마나 생산할 수 있는지 알려준다.

그림 1(b)는 광재가 생산할 수 있는 고기와 감자의 수량을 보여준다. 광재가 8시간을 모두 투입하여 감자를 재배할 경우, (수평축에 표시되어 있는) 감자 32온스를 생산하고 고기는 전혀 생산하지 못한다. 8시간을 모두 투입하여 소를 사육할 경우, (수직축에 표시되어 있는) 고기 8온스를 생산하고 감자는 전혀 생산하지 못한다. 광재가 시간을 균등하게 배분하여 각각 4시간씩을 투입할 경우, 감자 16온스와 고기 4온스를 생산할 수 있다. 이 그림은 이런 세 가지 생산 조합과 그 사이에 있는 모든 가능한 생산 조합을 보여준다.

이 그래프는 광재의 생산가능곡선이다. 제2장에서 논의한 것처럼 생산가능곡선은 어떤 경제가 생산할 수 있는 생산량의 조합을 보여준다. 이것은 제1장에서 살펴본 **경제학의 열 가지 원리** 중 하나, 즉 사람들은 상충적인 상황에 부딪히게 된다는 원리를 설명하고 있다. 여기서 광재는 고기 생산과 감자 생산 사이에 존재하는 상충적인 상황에 부딪히고 있다.

제2장에서 생산가능곡선을 바깥쪽으로 볼록하게 그렸던 것을 기억하자. 그 경우에 사회가 한 물품에 대해 다른 물품을 거래하고자 하는 비율은 생산이 이루어지고 있는 수량에 달렸었다. 하지만 지금 이 경우에 광재는 고기 생산과 감자 생산 사이에서 일정한 비율로 전환할 수 있다.(이는 그림 1에 요약되어 있다) 광재가 고기를 생산하는 데 1시간을 덜 투입하고 감자를 생산하는 데 1시간을 더 투입할 경우, 고기 생산량은 1온스 감소하고 감자 생산량은 4온스 증가한다. 광재가 이미 얼마나 생산했느냐에 관계없이, 이것이 동일하게 적용된다. 따라서 생산가능곡선은 직선이 된다.

그림 1(c)는 주혜의 생산가능곡선을 보여준다. 주혜가 감자만 재배할 경우, 감자 48온스를 생산하고 고기는 전혀 생산하지 못한다. 소만 사육할 경우, 고기 24온스를 생산하고 감자는 전혀 생산하지 못한다. 시간을 균등하게 배분하여 각각 4시간씩을 투입할 경우, 감자 24온스와 고기 12온스를 생산할 수 있다. 다시 한번, 생산가능곡선은 모든 가능한 생산 조합을 보여준다.

광재와 주혜가 서로 거래를 하는 대신에 계속해서 자급자족을 할 경우, 이들은 각각 자신들이 생산한 것만을 정확하게 소비할 것이다. 이런 경우 생산가능곡선은 소비가능곡선이 된다. 즉, 그림 1은 거래가 없는 경우 광재와 주혜가 각각 생산하고 나서 소비하는 고기와 감자의 가능한 조합을 보여준다.

이들 생산가능곡선은 광재와 주혜가 부딪히게 되는 상충적인 상황을 보여주는 데 유용하다. 하지만 이들이 각각 무엇을 선택할지를 알려주지는 않는다. 그러기 위해서는 이들의 식사에 대한 선호를 알아야 한다. 광재와 주혜가 그림 1에서 각각 점 A와 점 B로 표시된 조합을 선택했다고 가상하자. 광재는 자신이 선택할 수 있는 가능한 생산과 선호에 기초하여 감자 16온스와 고기 4온스를 생산하고 소비한다. 반면에 주혜는 감자 24온스와 고기 12온스를 생산하고 소비한다.

3-1b 특화 및 거래

주혜는 생산 조합 B에서 소비를 몇 년 하다가 친구인 광재를 방문하여 한 가지 제안을 했다.

주혜: 친구, 광재야! 내가 제안 하나 할게. 우리 둘 다의 삶을 향상시킬 수 있는 방법이야. 너는 함께 생산하고 있는 고기 생산을 멈추고, 감자만 재배해야 되지. 내 계산에 따르면 네가 하루에 8시간을 일할 경우 감자 32온스를 생산할 수 있지. 그러고 나서 나에게 32온스 중 15온스를 줘. 나는 그 대가로 고기 5온스를 너에게 줄게. 그럴싸하지? 너는 지금 감자 16온스와 고기 4온스를 소비하고 있지. 이제는 그 대신에 감자 17온스와 고기 5온스를 소비할 수 있게 되지. 내 제안을 받아들이면, 너는 감자와 고기 둘 다를 더 많이 소비할 수 있게 돼. [소비할 수 있는 점을 설명하기 위해 주혜는 광재에게 그림 2(a)를 보여준다.]

광재: (회의적으로 들린다는 듯) 나에게는 좋은 거래처럼 보이는데. 하지만 나에게 그런 제안을 하는 이유를 모르겠는데. 그 거래가 나에게 좋다면, 너에게도 역시 좋을 수는 없을 것 같은데.

주혜: 아니야. 나에게도 좋은 거래야. 내가 소를 사육하는 데 하루에 6시간을 투입하고 감자를 재배하는 데 2시간을 투입한다고 가상해보자. 그러면 나는 고기 18온스와 감자 12온스를 생산할 수 있지. 네가 생산한 감자 15온스를 나에게 주고 그 대가로 내가 생산한 고기 5온스를 너에게 주고 나면, 나는 고기 13온스와 감자 27온스를 소비할 수 있지. 나는 지금 고기 12온스와 감자 24온스를 소비할 수 있을 뿐이야. 따라서 나도 고기와 감자 둘 다를 현재보다 더 많이 소비할 수 있게 되지. [주혜는 그림 2(b)를 가리킨다.]

광재: 나는 잘 모르겠어…. 사실이라면 정말 좋겠는데.

주혜: 그렇게 복잡한 것은 아니야. 자 이것이 내 제안을 간단한 표로 나타낸 거야. [주혜는 그림 2 아래에 있는 표를 광재에게 보여준다.]

그림 2 **거래는 어떻게 소비기회의 조합을 확장시키는가**

이 그림은 제안된 거래가 이루어질 경우, 둘 사이에 거래가 이루어지지 않았다면 달성할 수 없었을 고기와 감자의 조합을 소비할 수 있다고 광재와 주혜에게 제시하고 있다. (a)에서 광재는 점 A가 아니라 점 A*를 소비할 수 있다. 또한 (b)에서 주혜는 점 B가 아니라 점 B*를 소비할 수 있다. 두 사람은 모두 각각 더 많은 고기와 더 많은 감자를 소비할 수 있다.

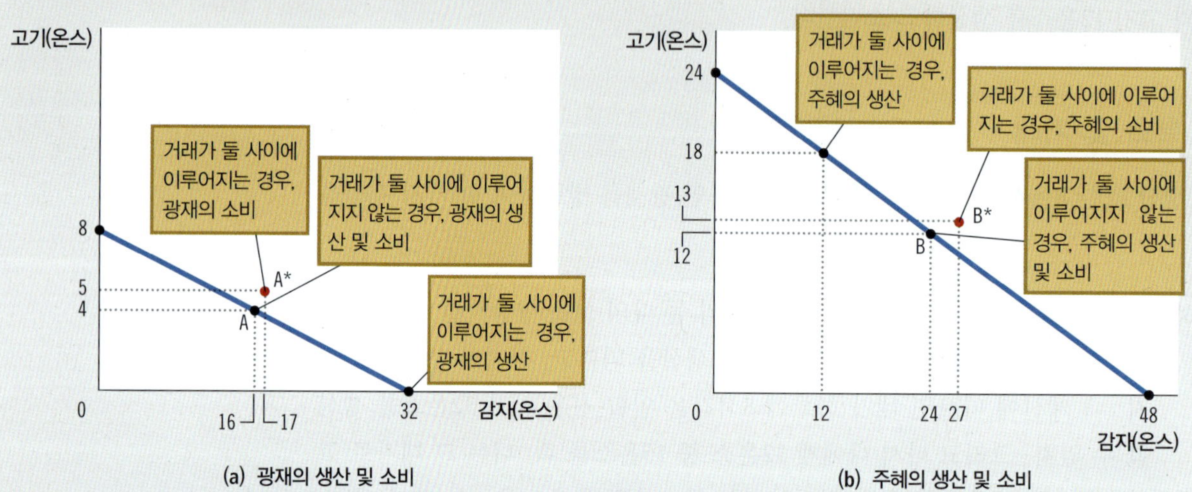

(a) 광재의 생산 및 소비

(b) 주혜의 생산 및 소비

	광재		주혜	
	고기	감자	고기	감자
거래가 둘 사이에 이루어지지 않는 경우				
생산 및 소비	4온스	16온스	12온스	24온스
거래가 둘 사이에 이루어지는 경우				
생산	0온스	32온스	18온스	12온스
거래	5온스를 받는다	15온스를 준다	5온스를 준다	15온스를 받는다
소비	5온스	17온스	13온스	27온스
거래를 통한 이익				
소비의 증가	+1온스	+1온스	+1온스	+3온스

(c) 거래를 통한 이익: 요약

광재: (잠시 멈춰서 주혜가 보여준 표를 훑어보고는) 이 계산들은 맞는 것 같은데, 아직도 의아하고 혼란스러워. 이 거래를 통해 우리 둘 다 어떻게 이익을 볼 수 있는 거지?

주혜: 거래를 할 수 있다면, 우리는 각자 가장 잘할 수 있는 것을 하면 되지. 너는 감자를 재배하는 데 더 많은 시간을 투입하고 소를 사육하는 데 더 적은 시간을 투입해야 되겠지. 나는 소를 사육하는 데 더 많은 시간을 투입하고 감

자를 재배하는 데 더 적은 시간을 투입해야지. 특화와 거래 덕분에 우리는 둘 다 더 많은 시간을 일하지 않고서도 더 많은 고기와 더 많은 감자를 소비할 수 있는 거야.

Quiz

1. 광재와 주혜가 거래를 하기 전에, 이들은 __________ 소비한다.
   a. 자신들의 생산가능곡선 안에 있는 점에서
   b. 자신들의 생산가능곡선상에 있는 점에서
   c. 자신들의 생산가능곡선 밖에 있는 점에서
   d. 다른 사람들과 같은 양의 고기와 감자를

2. 광재와 주혜가 거래를 한 후에, 이들은 __________ 소비한다.
   a. 자신들의 생산가능곡선 안에 있는 점에서
   b. 자신들의 생산가능곡선상에 있는 점에서
   c. 자신들의 생산가능곡선 밖에 있는 점에서
   d. 다른 사람들과 같은 양의 고기와 감자를

해답은 이 장의 끝부분에 있다.

3-2 비교우위: 특화의 원동력

거래를 통한 이익에 대한 주혜의 설명은 옳기는 하지만 다음과 같은 수수께끼를 제기하게 된다. 주혜가 소를 사육하고 감자를 재배하는 일 두 가지를 더 잘할 수 있다면, 광재가 어떻게 자신이 가장 잘하는 것에 특화할 수 있단 말인가? 광재는 자신이 가장 잘하는 것을 할 것처럼 보이지 않는다. 이 수수께끼를 풀기 위해서 **비교우위**의 원리를 살펴보아야 한다.

첫 번째 단계로, 다음과 같은 질문을 생각해보자. 위의 예에서, 누가 더 낮은 비용으로 감자를 생산할 수 있는가? 광재인가 아니면 주혜인가? 두 가지 가능한 대답이 있으며, 그 안에 거래를 통한 이익을 이해할 수 있는 열쇠가 있다.

3-2a 절대우위

감자 생산에 따른 비용을 묻는 질문에 답하는 한 방법은 각 생산자가 필요로 하는 생산요소를 비교하는 것이다. 경제학자들은 어떤 사람, 기업, 국가의 생산성을 다른 사람, 기업, 국가의 생산성과 비교할 때 절대우위(absolute advantage)란 용어를 사용한다. 어떤 물품을 생산하는 데 더 적은 양의 생산요소를 필요로 하는 생산자는 해당 물품을 생산하는 데 절대우위를 갖는다고 한다.

절대우위
다른 생산자보다 더 적은 생산요소를 사용하여 물품을 생산하는 능력

위에서 살펴본 간단한 예에서는 시간이 유일한 생산요소였다. 따라서 절대우위를 결정하기 위해서 우리가 살펴보아야 할 것은 시간뿐이다. 주혜는 고기나 감자 한 단위를 생산하는 데 광재보다 더 적은 시간을 필요로 하기 때문에 이들 두 물품을 생산하는 데

절대우위를 갖는다. 주혜는 고기 1온스를 생산하기 위해 단지 20분이 필요할 뿐인 데 반해, 광재는 60분이 필요하다. 이와 유사하게 주혜는 감자 1온스를 생산하기 위해 단지 10분이 필요할 뿐인 데 반해, 광재는 15분이 필요하다. 따라서 비용을 생산요소의 양적 측면에서 측정할 경우, 주혜는 더 낮은 비용으로 감자를 생산할 수 있다.

3-2b 기회비용과 비교우위

감자를 생산하는 비용을 살펴보는 다른 방법이 있다. 투입되는 생산요소에 초점을 맞추는 것이 아니라 기회비용을 검토하는 것이다. 제1장에서 살펴본 것처럼 어떤 물품의 기회비용(opportunity cost)은 해당 물품을 얻기 위해 포기해야 하는 것이다. 광재와 주혜는 각각 하루에 8시간 일을 한다고 가정했다. 감자를 생산하는 데 사용한 시간은 고기를 생산하는 데 사용할 수 있는 시간을 줄여서 투입한 것이다. 두 재화에 시간을 재배분하려는 경우, 주혜와 광재는 생산가능곡선상을 이동하면서 한 물품을 생산하기 위해 다른 물품을 포기하게 된다. 기회비용은 각 생산자가 직면하는 상충적인 상황을 측정한 것이다.

기회비용
어떤 것을 얻기 위해 포기해야 하는 것

먼저, 주혜의 기회비용에 대해 생각해보자. 그림 1(a)에 있는 표에 따르면, 감자 1온스를 생산하기 위해 주혜는 10분을 투입해야 하며, 이는 주혜가 고기를 생산하는 데 사용하지 못하게 되는 시간이다. 주혜가 고기 1온스를 생산하는 데는 20분이 필요하기 때문에, 10분을 투입할 경우 고기 1/2온스를 생산하게 된다. 따라서 감자 1온스를 생산하는 데 따른 주혜의 기회비용은 고기 1/2온스이다.

이제는 광재의 기회비용에 대해 생각해보자. 감자 1온스를 생산하기 위해 광재는 15분을 투입해야 한다. 고기 1온스를 생산하는 데 광재는 60분이 필요하기 때문에, 15분을 투입할 경우 고기 1/4온스를 생산할 수 있다. 따라서 감자 1온스를 생산하는 데 따른 광재의 기회비용은 고기 1/4온스이다.

표 1은 이들 두 사람 각각에 대한 고기와 감자의 기회비용을 보여준다. 고기의 기회비용은 감자의 기회비용의 역수라는 사실에 주목하자. 감자 1온스에 대해 주혜는 고기 1/2온스를 비용으로 지불하기 때문에, 고기 1온스에 대해 주혜가 감자 2온스를 지불한다는 것 또한 사실이다.

표 1

고기와 감자의 기회비용

	고기 1온스 생산에 따른 기회비용	감자 1온스 생산에 따른 기회비용
광재(농부)	감자 4온스	고기 1/4온스
주혜(목축업자)	감자 2온스	고기 1/2온스

비교우위
다른 물품보다 어떤 물품을 더 낮은 기회비용으로 생산하는 능력

경제학자들은 두 생산자가 직면하는 기회비용을 설명할 때 비교우위(comparative advantage)란 용어를 사용한다. 물품X를 생산하기 위해 다른 물품을 더 적게 포기하는 생산자는 물품X를 생산하는 데 따른 기회비용이 더 작아지며, 물품X를 생산하는 데 비교우위를 갖는다고 한다. 위의 예에서 광재는 감자를 생산하는 데 따른 기회비용이 주혜보다 더 낮다. 즉, 감자 1온스에 대한 비용으로 광재는 고기 1/4온스만을 지불하지만 주혜는 고기 1/2온스를 지불한다. 반대로, 주혜는 고기를 생산하는 데 따른 기회비용이 광재보다 더 낮다. 고기 1온스에 대한 비용으로 주혜는 감자 2온스를 지불하지만 광재는 감자 4온스를 지불한다. 따라서 광재는 감자를 생산하는 데 비교우위를 갖고, 주혜는 고기를 생산하는 데 비교우위를 갖는다.

어떤 사람이 두 물품 모두에 절대우위를 갖는 것이 가능하더라도(위의 예에서 주혜는 두 물품 모두에 절대우위를 갖는다), 두 물품 모두에 비교우위를 갖는 것은 불가능하다. 한 물품의 기회비용은 다른 물품의 기회비용의 역수이므로, 어떤 사람의 한 물품에 대한 기회비용이 상대적으로 높은 경우 다른 물품에 대한 기회비용은 상대적으로 낮아야만 한다. 두 사람은 기회비용이 동일하지 않는 한, 각자 서로 다른 물품에 비교우위를 갖는다.

3-2c 비교우위와 거래

특화와 거래를 통해 얻는 이익은 비교우위에 기반한다. 사람들이 비교우위를 갖는 물품을 생산할 때, 총생산은 증가한다. 사람들이 향유할 수 있는 경제규모는 더 커지게 된다. 이런 보상을 어떻게 배분하느냐에 따라 모든 사람의 형편이 나아질 수 있다.

일단 거래를 시작하게 되면, 광재는 감자를 생산하는 데 더 많은 시간을 투입하고 주혜는 고기를 생산하는 데 더 많은 시간을 투입한다. 감자의 총생산량은 40온스에서 44온스로 증가하며, 고기의 총생산은 16온스에서 18온스로 증가한다. 광재와 주혜는 증대된 생산에 따른 이익을 공유하게 된다.

이익은 거래 상대방이 서로에게 지불하는 묵시적 가격에 반영된다. 광재와 주혜는 기회비용이 서로 다르기 때문에 모두 물품을 싸게 얻을 수 있다. 즉, 이들은 각각 어떤 물품에 대한 자신의 기회비용보다 더 낮은 가격으로 해당 물품을 얻게 됨으로써 거래에 따른 이익을 얻게 된다.

광재의 관점에서 거래를 생각해보자. 그는 감자 15온스와 교환으로 고기 5온스를 받는다. 다시 말해, 그는 고기 1온스를 감자 3온스의 가격으로 매입한다. 이 고기가격은 고기 1온스에 대한 그의 기회비용인 감자 4온스보다 낮다. 광재는 좋은 가격에 고기를 매입하게 되므로 이 거래를 통해 이익을 얻게 된다.

이제는 주혜의 관점에서 생각해보자. 그녀는 고기 5온스와 교환으로 감자 15온스를

받는다. 즉, 감자 1온스의 가격은 고기 1/3온스이다. 이 감자가격은 감자 1온스에 대한 그녀의 기회비용인 고기 1/2온스보다 낮다. 주혜는 좋은 가격에 감자를 매입하게 되므로 이익을 얻게 된다.

목축업자인 주혜와 농부인 광재에 대한 위의 이야기는 단순하지만 명료한 사실을 알려준다. **거래를 할 수 있는 경우 사람들은 자신들이 비교우위를 갖는 분야에 특화할 수 있으므로, 이로 인해 거래는 모든 사람에게 이익을 줄 수 있다.**

3-2d 거래가 이루어지는 가격

비교우위 원리는 특화와 거래를 통해 얻게 되는 이익을 설명하는 데 도움이 되기는 하지만, 동시에 다음과 같은 몇 가지 관련 의문점이 제기된다. 거래가 이루어지는 가격을 무엇이 결정하는가? 이런 이익은 거래 당사자들 사이에 어떻게 공유되는가? 이들 물음에 대한 정확한 답은 이 장의 범위를 벗어나기는 하지만, 여기서는 다음과 같은 일반적인 규칙을 제시하고자 한다. **거래에서 두 당사자가 모두 이익을 얻으려면 거래가격이 두 당사자의 기회비용 사이에서 결정되어야 한다.**

위의 예에서 광재와 주혜는 고기 1온스당 감자 3온스의 비율로 거래하기로 합의했다. 이 가격은 주혜의 기회비용(고기 1온스당 감자 2온스)과 광재의 기회비용(고기 1온스당 감자 4온스) 사이에 위치한다. 두 당사자가 이익을 얻기 위해 가격이 정확히 중간에 위치할 필요는 없지만, 2온스와 4온스 사이 어딘가에 위치해야 한다.

이 범위를 벗어나서 가격이 결정될 경우 어떤 일이 발생하는지 생각해보자. 고기가격이 감자 2온스보다 낮게 결정될 경우, 광재와 주혜는 둘 다 고기를 매수하고자 한다. 왜냐하면 이 가격은 이들 두 사람 각각의 기회비용보다 더 낮기 때문이다. 이와 유사하게 고기가격이 감자 4온스보다 높게 결정될 경우, 광재와 주혜는 둘 다 고기를 매도하고자 한다. 왜냐하면 이 가격은 이들 두 사람 각각의 기회비용보다 더 높기 때문이다. 하지만 이들 두 사람이 모두 고기의 매수인이 될 수 없으며, 두 사람이 모두 고기의 매도인도 될 수 없다. 거래가 이루어지려면, 누군가는 매도인이 되고 누군가는 매수인이 되어야 한다. 따라서 이런 가격들에서는 거래가 성립될 수 없다.

2온스와 4온스 사이에서 가격이 결정될 때, 두 사람 모두에게 상호이익이 되는 거래가 이루어질 수 있다. 가격이 이 범위에 있을 때 주혜는 고기를 매도하고 감자를 매수하고자 하며, 광재는 감자를 매도하고 고기를 매수하고자 한다. 이들 두 사람은 어떤 물품에 대한 자신의 기회비용보다 낮게 결정된 가격에서 해당 물품을 매수하게 된다. 결국에 이들은 자신이 비교우위를 갖고 있는 물품에 특화하며, 결과적으로 둘 다 형편이 나아진다.

FYI 애덤 스미스와 데이비드 리카도의 유산

위대한 경제학자 애덤 스미스는 거래를 통한 이익에 관해 다음과 같이 주장을 펼친다.

> 가계를 운영해본 생각이 깊은 사람들은 다음과 같은 처세술을 갖는다. 구입하는 것보다 만드는 데 더 많은 비용이 드는 것을 집에서 만들려고 하지 마라. 재단사는 자신의 신발을 만들려 하지 않으며, 제화공으로부터 구입한다. 제화공은 자신의 의복을 만들려 하지 않으며, 재단사로부터 구입한다. 농부는 이것들 중 어느 것도 만들지 않고, 관련 장인들에게 의뢰한다. 이들 모두는 자신들의 이웃보다 우위를 갖는 분야에 집중하며, 그 생산물의 일부 또는 가격을 지불하고 기회가 되면 그 밖의 물품을 구입하는 것이 자신들에게 이익이 된다는 사실을 알고 있다.

BETTMANN/GETTY IMAGES

데이비드 리카도

이 인용문은 애덤 스미스가 1776년에 저술한 『국부론』에서 발췌했다. 이 책은 거래와 경제적 상호의존을 분석하는 데 이정표가 됐다.

애덤 스미스의 책은 백만장자 주식 중계인인 데이비드 리카도가 경제학자로 변신하는 데 영감을 주었다. 데이비드 리카도는 1817년에 자신이 저술한 『정치경제 및 조세의 원칙』에서 오늘날 우리가 비교우위라고 알고 있는 개념을 소개했다. 그는 두 개 물품(포도주와 의류), 두 개 국가(영국과 포르투갈)를 상정하는 예를 들었다. 거래를 하고 특화함으로써 두 국가는 모두 이익을 얻을 수 있다는 사실을 보여주었다.

리카도가 제시한 이론은 현대 국제경제학의 출발점이 되었다. 또한 자유무역을 옹호하는 그의 입장은 단순히 학문적인 것에 그치지 않았다. 그는 자신이 제시한 이론을 영국 국회의원으로 활동하면서 현실에 적용하여 그 당시에 곡물 수입을 제한하려는 곡물법에 반대했다.

거래를 통한 이익에 관해 스미스와 리카도가 내린 결론은 시간이 흐르는 오랜 기간 동안 잘 유지되어 왔다. 경제학자들은 정책문제에 관해 종종 의견이 불일치하지만 자유무역에 대해서는 거의 언제나 같은 입장을 취한다. 나아가 핵심적인 논리가 지난 2세기 동안 크게 변하지 않았다. 경제학 분야가 연구 범위를 넓히고 이론들을 다듬어 오기는 했지만, 무역제한에 대해 반대하는 경제학자들의 논리는 아직도 비교우위 원칙에 주로 기반을 둔다. ■

Quiz

3. 1시간 동안, 동현이는 자동차 2대를 세차하거나 잔디 1개를 깎을 수 있다. 반면에 수경이는 자동차 3대를 세차하거나 잔디 1개를 깎을 수 있다. 누가 자동차 세차에 대해 절대우위를 갖는가?
   a. 동현이가 자동차 세차에 절대우위를 갖는 반면에, 수경이는 잔디 깎기에 절대우위를 갖는다.
   b. 수경이가 자동차 세차에 절대우위를 갖는 반면에, 동현이는 잔디 깎기에 절대우위를 갖는다.
   c. 동현이가 자동차 세차에 절대우위를 갖는 반면에, 어느 누구도 잔디 깎기에 절대우위를 갖지 못한다.
   d. 수경이가 자동차 세차에 절대우위를 갖는 반면에, 어느 누구도 잔디 깎기에 절대우위를 갖지 못한다.

4. 동현이와 수경이 중 누가 자동차 세차에 대해 비교우위를 갖는가? 누가 잔디 깎기에 대해 비교우위를 갖는가?
   a. 동현이가 자동차 세차에 비교우위를 갖는 반면에, 수경이는 잔디 깎기에 비교우위를 갖는다.
   b. 수경이가 자동차 세차에 비교우위를 갖는 반면에, 동현이는 잔디 깎기에 비교우위를 갖는다.
   c. 동현이가 자동차 세차에 비교우위를 갖는 반면에, 어느 누구도 잔디 깎기에 비교우위를 갖지 못한다.
   d. 수경이가 자동차 세차에 비교우위를 갖는 반면에, 어느 누구도 잔디 깎기에 비교우위를 갖지 못한다.

5. 동현이와 수경이가 효율적으로 생산을 하고, 비교우위에 기반하여 상호이익이 되는 거래를 할 경우, ________________.
   a. 동현이는 잔디를 더 많이 깎게 되고, 수경이는 자동차 세차를 더 많이 하게 된다.
   b. 동현이는 자동차 세차를 더 많이 하게 되고, 수경이는 잔디를 더 많이 깎게 된다.
   c. 동현이와 수경이가 둘 다 자동차 세차를 더 많이 하게 된다.
   d. 동현이와 수경이가 둘 다 잔디를 더 많이 깎게 된다.

해답은 이 장의 끝부분에 있다.

3-3 비교우위의 적용

상호의존과 거래를 통한 이익을 비교우위 원리에 기반하여 설명했다. 상호의존은 널리 퍼져 있는 현상이기 때문에, 비교우위의 원리를 적용할 수 있는 예가 많이 있다. 여기서는 다소 가상적인 예와 실제로 매우 중요한 예를 살펴보도록 한다.

3-3a 나오미 오사카는 자기 집의 잔디를 직접 깎아야 하는가?

나오미 오사카는 훌륭한 운동선수이다. 당대에 최고의 테니스 선수 일인으로 꼽히는 그녀는 대부분의 사람보다 더 빨리 뛰고 더 강하게 테니스 공을 칠 수 있다. 아마 그녀는 테니스가 아닌 신체활동에도 재능이 있을 것이다. 예를 들어 그녀가 다른 누구보다 자기 집에 있는 잔디를 더 빠르게 **깎을 수 있다**고 가상해보자. 하지만 단지 그녀가 자기 집 잔디를 빠르게 깎을 수 있다는 이유만으로, 자신이 직접 잔디를 **깎아야만 한다**는 것인가? 그녀가 좋아하는 휴식의 하나로 잔디 깎기를 즐긴다면, 물론 그렇게 해야 한다. 그렇지 않다면, 기회비용과 비교우위 개념을 적용하여 더 나은 결과에 도달할 수 있다.

오사카가 자기 집 잔디를 2시간 안에 깎을 수 있다고 하자. 그 2시간 동안 그녀는 텔레비전 광고를 찍고 30,000달러를 벌 수 있다. 반면에 옆집에 사는 해리는 오사카네 집 잔디를 4시간 안에 깎을 수 있다. 그 4시간 동안 해리는 맥도날드에서 일하고 50달러를 벌 수 있다.

ADRIAN DENNIS/AFP/GETTY IMAGES

나오미 오사카는 잔디를 능숙하게 깎을 수 있겠지만, 그것이 그녀의 비교우위는 아니다.

오사카는 더 짧은 시간 안에 잔디를 깎을 수 있기 때문에 그 일에 절대우위를 갖고 있다. 하지만 잔디 깎는 데 수반되는 그녀의 기회비용은 30,000달러이고, 해리의 기회비용은 50달러에 불과하다. 해리는 잔디를 깎는 데 비교우위를 갖는다.

여기서 거래를 통한 이익은 엄청나게 크다. 오사카는 자신의 잔디를 깎지 말고 광고를 찍어야 하며, 해리를 고용해서 잔디를 깎게 해야 한다. 오사카가 해리에게 50달러보다 많이 그리고 30,000달러보다 적게 지불하는 한, 두 사람은 모두 형편이 나아질 수 있다.

3-3b 미국은 다른 나라들과 무역 거래를 해야 하는가?

수입품
해외에서 생산되어 국내에서 판매되는 물품

수출품
국내에서 생산되어 해외에서 판매되는 물품

개인이 특화와 서로 간의 거래를 통해 이익을 얻을 수 있는 것처럼, 국가도 그럴 수 있다. 미국인들이 소비하는 물품 중 많은 것이 해외에서 생산되고, 미국에서 생산되는 물품 중 많은 것이 해외에서 판매된다. 해외에서 생산되어 국내에서 판매되는 물품을 수입품(imports)이라고 한다. 반면에, 국내에서 생산되어 해외에서 판매되는 물품을 수출품(exports)이라고 한다.

식량과 자동차를 생산하는 두 국가, 즉 미국과 일본에 초점을 맞추어보자. 이들 두 국가가 똑같이 자동차를 잘 생산한다고 가상하자. 즉, 미국 노동자 한 명과 일본 노동자 한 명은 각각 한 달에 자동차 한 대를 생산한다. 반면에, 미국은 토지가 더 비옥해서 식량 생산을 더 잘할 수 있다. 즉, 미국 노동자 한 명은 한 달에 식량 2톤을 생산할 수 있는 반면에, 일본 노동자 한 명은 한 달에 식량 1톤을 생산할 수 있을 뿐이다.

비교우위 원리에 따르면, 각 물품은 해당 물품을 생산하는 기회비용이 더 낮은 국가에서 생산되어야 한다. 자동차 1대에 대한 기회비용은 미국에서 식량 2톤이지만 일본에서는 식량 1톤에 불과하기 때문에, 일본이 자동차 생산에서 비교우위를 갖는다. 일본은 자국에서 사용하기 위해 필요한 것보다 더 많은 자동차를 생산해서 그중 일부를 미국에 수출해야 한다. 이와 유사하게 식량 1톤에 대한 기회비용은 일본에서 자동차 1대이지만 미국에서는 자동차 1/2대에 불과하기 때문에, 미국은 식량 생산에서 비교우위를 갖는다. 미국은 자국에서 소비하고자 하는 것보다 더 많은 식량을 생산해서 그중 일부를 일본에 수출해야 한다. 특화와 무역 거래를 통해, 이들 두 국가는 더 많은 식량과 더 많은 자동차를 향유할 수 있다.

물론, 국가들 사이의 무역 거래와 관련된 문제들은 이런 간단한 예가 시사하는 것보다 더 복잡하다. 가장 중요한 점은 각국에는 많은 사람들이 있고 무역은 이들에게 서로 다르게 영향을 미친다는 것이다. 미국이 식량을 수출하고 자동차를 수입할 경우, 미국 농부들에게 미치는 영향은 미국 자동차 산업 노동자들에게 미치는 영향과 같지 않다. 따라서 국제무역으로 인해 국가가 전체적으로 형편이 나아질 때조차도, 일부 국민은 형편이 나빠질 수 있다. 하지만 이런 예는 다음과 같은 중요한 교훈을 알려준다. 정치가와 비평가가 이따금 하는 주장과 상반되게, 국제무역은 승자와 패자가 있는 전쟁과 다르다. 무역 거래를 통해 모든 국가가 더 큰 번영을 이룰 수 있다.

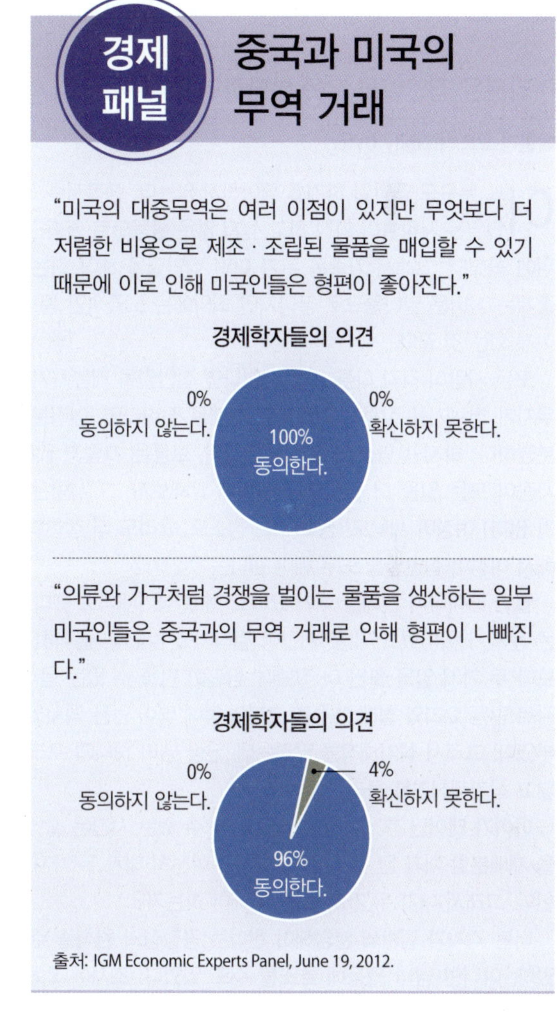

출처: IGM Economic Experts Panel, June 19, 2012.

3-4 결론

상호의존적 경제에서 생활하는 데 따른 이익은 대단히 크다. 미국인들이 중국에서 만

시사 경제 결혼생활에서의 경제학

이 경제학자의 주장에 따르면, 여러분이 배우자보다 더 잘한다는 이유만으로 세척이 끝난 후 항상 식기세척기에서 그릇을 꺼내 이를 정리하지는 말아야 한다. 다시 말해, 배우자보다 식기세척을 더 잘한다고 해서 항상 그 일을 해야 하는 것은 아니다.

여러분은 집안일을 잘못 분담하고 있다

에밀리 오스터(Emily Oster)

어느 누구도 집안일 하기를 좋아하지 않는다. 행복지수 조사에서 집안일은 사람들이 가장 하고 싶지 않은 활동으로 출퇴근과 함께 하위에 꼽혔다. 그래서 가족은 누가 어떤 집안일을 해야 하는지 가릴 때 좋게는 가벼운 말다툼으로 끝나지만 최악에는 노골적인 몸싸움까지 벌이게 되는 것 같다.

모든 사람이 각각 다른 일을 잘한다면 집안일을 배분하기는 쉽다. 배우자가 장보기를 잘하고 여러분이 빨래를 잘한다면, 여러분이 할 일은 분명하다. 하지만 항상 그렇지는 않으며, 보통은 그렇지 않다. 종종 한 사람이 모든 일을 더 잘한다.(솔직하게 말해보자. 그 사람은 여성일 때가 많다) 여성이 세탁도, 장보기도, 청소도, 요리도 더 잘한다. 그렇다고 해서 여성이 집안일을 모두 해야 한다는 것인가?

딸이 태어나기 전에는 내가 요리도 하고 식기세척도 했다. 이런 일은 큰 문제가 아니었고, 많은 시간이 걸리지도 않았다. 솔직히, 내가 남편보다 두 가지 일을 훨씬 더 잘했다. 남편이 만들 수 있는 음식이라곤 달걀로 만든 요리와 칠레 고추를 고기와 콩에 넣어 만든 멕시코 요리가 전부였다. 그래서 식기세척을 맡겼는데, 달랑 냄비 하나와 포크 여덟 개만 넣고 식기세척기를 돌리기 일쑤였다.

아이가 태어난 후, 할 일은 늘었고 할 수 있는 시간은 줄었다. 집안일을 재배분할 때가 된 것 같았다. 하지만 여전히 내가 두 가지 일을 더 잘한다. 그래서 내가 두 가지 일을 다 해야 하는가?

나는 각자가 절반씩 분담해야 한다는 공정성의 원칙을 주장할 수 있었다. 아니면 남녀 평등에 호소할 수도 있었다. 조사에 의하면 여성은 집안일에서 불리한 입장에 있다고 한다. 시간에 기반한 데이터에 따르면, 여성은 남성보다 집안일을 약 44분 더 많이 한다.(여성이 집안일을 하는 시간은 2시간 11분이고, 남성은 1시간 27분이다) 남성이 여성보다 더 많이 하는 일은 잔디 깎기와 주택 외관 보수 작업뿐이다. 엄마와 아빠는 평등하며 둘이 같이하면 집안일도 즐겁다는 것을 어린이 오락 프로그램 방식으로 딸에게 보여주어서, 남편이 집안일을 더 많이 하도록 하여 이런 불균형을 해소할 수도 있었다. 아니면 남편이 알아차리고 스스로 해주기를 희망하면서, 크게 한숨 쉬며 식기세척기 안에 냄비를 던져 넣어 큰 소리가 나게 할 수도 있었다.

하지만 우리 부부에게 천만다행인 것은 내가 경제학자란 것이다. 나는 수동적으로 공격성을 표출하는 것보다 더 효과적인 방법을 알고 있다. 요리와 식기세척을 가장 잘하는 사람이 둘 다 할 경우, 한마디로 말해 **효율적**이지 못하므로 집안일을 분담해야 한다. 여기에 적용되는 경제 원칙은 한계비용체증의 법칙이다. 기본적으로 사람은 피곤해지면 효율이 떨어지게 된다. 학생들에게 이 원칙을 가르칠 때는 자신이 고용한 직원을 관리하는 관점에서 설명하곤 한다. 효율적이며 능력이 우수한 직원과 그렇지 못한 직원이 있다고 가상하자. 능력이 우수한 직원이 말 그대로 모든 일을 수행하도록 해야 하는가?

일반적으로 이 물음에 대한 대답은 '아니오'이다. 왜 그런가? 능력이 우수한 직원이 하루 17시간 일하고 나서 오전 2시에 발휘하는 효율보다, 능력이 부족한 직원이 밤새 숙면을 취하고 오전 9시에 발휘하는 효율이 더 높다고 보기 때문이다. 따라서 능력이 부족한 직원에게도 최소한 몇 가지 업무를 부여하게 된다. 동일한 원칙이 여러분의 집안일에도 적용된다. 맞는 말이다. 부부 중에 한 사람이 모든 일을 더 잘할지도 모른다. 하지만 새벽 4시에 세탁하는 사람은 흰 티셔츠와 빨간 수건을 세탁기에 함께 집어넣고 돌릴 가능성이 있다. 작업 분담은 좋은 생각이다. 분담의 양은 사람의 작업 효율이 얼마나 빨리 소실되느냐에 따라 조절해야 한다.

(경제학자의 궁극의 목표이자 여러분의 목표이기도 한) 가족의 효율을 '최적화'하기 위해, 각 사람이 맡은 마지막 일을 할 때 내는 효율을 균등히 하고자 한다. 배우자가 설거지를 하고, 잔디를 깎으며, 장볼 물품의 목록을 작성한다. 여러분은 요리, 세탁, 장보기, 청소, 청구서 대금

든 뒤축이 없는 통양말을 구입할 때, 메인주 거주자들이 플로리다주에서 생산된 오렌지로 만든 주스를 마실 때, 집주인들이 동네 아이를 고용하여 자기 집 잔디를 깎도록 할 때, 이와 동일한 경제 원리가 작동한다. 비교우위 원리에 따르면 무역 거래를 통해

납부를 처리한다. 이런 분담이 한쪽으로 치우친 것처럼 보일 수도 있으나, 잘 들여다보면 그렇지도 않다. 배우자는 장볼 목록을 완료할 때쯤 피곤해서 졸기도 한다. 여러분에게 얼마나 많은 우유가 필요한지 알아보는 것까지가 배우자가 할 수 있는 전부일지 모른다. 실제로 이때 배우자가 내는 효율은 여러분이 청구서 대금 납부라는 마지막 일을 할 때 내는 효율 수준일 수도 있다.

공평하게 네 개씩 분담하기 위해 배우자에게 여러분의 넷째 작업인 청소도 맡긴다면, 집안이 엉망이 될 것이다. 여러분은 아직 괜찮지만 배우자는 이미 셋째 작업으로 효율성이 고갈되었기 때문이다. 이런 방식에서는 결국 한 사람이 집안일을 더 많이 할 수 있지만 한 사람이 모든 일을 할 가능성은 매우 낮다.

여러분이 집안일을 이런 식으로 분담하기로 정했다면, 누가 무슨 일을 할지 어떻게 결정해야 하는가? 한 방법은 집안일은 무작위적으로 배분하는 것이다. 또 다른 방법은 각 구성원이 모든 집안일을 조금씩 맡는 것이다. 내가 알고 있는 어떤 결혼생활 조언 웹사이트는 각자가 가장 좋아하는 일로 집안일을 분담하라고 제안한다. 이런 방법들 중 전적으로 옳은 방법은 없다.(마지막 방법의 경우, 누가 화장실 청소를 맡으려 하겠는가?)

누가 무슨 일을 할지 결정하려면, 경제학 이론을 좀 더 살펴보아야 하는데 특히 비교우위 원리를 참고할 필요가 있다. 경제학자들은 보통 무역 거래의 틀로 이 원리를 논한다. 가령 핀란드가 순록모자와 눈신발을 스웨덴보다 더 잘 만든다고 가상하자. 하지만 핀란드는 순록모자를 훨씬 더 잘 만들고 눈신발은 약간 더 잘 만들 뿐이다. 핀란드가 순록모자를 만들고 스웨덴이 눈신발을 만들 경우, 세계 총생산이 극대화된다.

핀란드는 두 물품 모두에 **절대우위**를 갖지만, **비교우위**는 순록모자에 대해서만 갖는다고 본다. 이 원리가 경제학자들이 자유 무역을 옹호하는 이유의 하나인데, 관련 내용은 다른 칼럼에서 (아마도 다른 저자가) 다룰 문제이다. 어쨌든 이 원리는 부부간에 집안일을 어떻게 분담할지 결정하는 지침이 된다. 여러분은 부부에게 각자 비교우위를 갖는 집안일을 배분하고자 한다. 여러분이 모든 일에 절대우위를 갖는다는 사실은 중요하지 않다. 여러분이 세탁을 훨씬 잘하고 화장실 청소를 약간 더 잘할 뿐이라면, 여러분은 세탁을 맡고 배우자는 수세미로 하는 화장실 청소를 맡아야 한다. 이것이 효율적이라고 설명하면 된다.

우리 집은 분담하기가 쉬웠다. 나는 요리를 훨씬 더 잘한다. 단, 당연히 남편의 영역이라고 인정한, 고기 굽는 데 필요한 그릴 다루는 일은 제외이다. 그리고 식기세척은 조금 더 잘할 뿐이었다. 그래서 남편이 식기세척기에 그릇을 넣는 방식은 주의 깊게 살펴보아야 하지만, 식사 후에 식기를 세척하는 일은 남편이 하기로 했다. 좋은 소식도 있다. 전혀 예상하지 못했던 또 다른 경제 원리, 즉 실행하면서 얻는 **학습효과**가 작동했다. 사람은 일에 익숙해지면, 그 일을 더 효율적으로 수행하게 된다. 집안일을 분담하고 18개월이 지나자, 식기세척기는 거의 예술작품이 되어 있었다. 접시가 가지런히 정리되고, 세척기 안에 식기류가 제대로 분류되어 모든 것이 주의 깊게 배열되었다. 어느새 나는 식기세척기 접근이 금지될 정도였다. 나로 인해 남편이 정리해놓은 배열이 망가질 우려가 있었기 때문이다. ■

DON EMMERT/AFP/GETTY IMAGES

에밀리 오스터

논의 사항

1. 여러분의 가정에서는 비교우위에 따라 가족 구성원들 간에 집안일이 분담되었는가? 만일 그렇지 않다면, 집안일 분담을 어떻게 개선할 수 있는가?
2. 경제학자와 결혼할 경우 가족의 화합을 촉진한다고 생각하는가, 아니면 그 반대라고 생각하는가?

에밀리 오스터는 브라운대학교 경제학 교수이다.

출처: *Slate*, November 21, 2012.

모든 사람의 형편이 나아질 수 있다.

상호의존하는 것이 바람직한 이유를 살펴보고 나면, 그것이 어떻게 가능할 수 있을지에 의문을 가질 수 있다. 자유로운 사회에서 경제에 관여하는 모든 사람의 다양한 활동을 어떻게 조화시킬 수 있을까? 재화 및 용역이 이를 생산하는 사람들에게서 소비하는 사람들에게로 전달되도록 보장하는 것은 무엇인가? 예를 들어 주혜와 광재처럼 두 사람만 있는 경제에서 이들 물음에 대한 답은 간단하다. 즉, 이들은 타협하여 자원을 직접 배분할 수 있다. 수십억 명이 있는 실제 세계에서는 이 작업이 훨씬 더 복잡하다. 다음 장에서 살펴볼 것처럼, 대부분의 경제는 시장에서 작동하는 공급과 수요를 활용하여 자원을 배분한다.

Quiz

6. 일국은 일반적으로 ____________ 물품을 수입한다.
   a. 자국이 절대우위를 갖는
   b. 자국이 비교우위를 갖는
   c. 상대국이 절대우위를 갖는
   d. 상대국이 비교우위를 갖는

7. 다음과 같다고 가상하자. 미국에서는 비행기 한 대 제작에 노동 10,000시간이 필요하며, 와이셔츠 한 장 생산에 노동 2시간이 필요하다. 중국에서는 비행기 한 대 제작에 노동 40,000시간이 필요하며, 와이셔츠 한 장 생산에 노동 4시간이 필요하다. 이들 국가는 어떤 물품을 무역으로 거래하게 될 것인가?
   a. 중국은 비행기를 수출하고, 미국은 와이셔츠를 수출할 것이다.
   b. 중국은 와이셔츠를 수출하고, 미국은 비행기를 수출할 것이다.
   c. 두 국가가 모두 와이셔츠를 수출한다.
   d. 이 상황에서 무역 거래를 통한 이익은 발생하지 않는다.

8. 현경이는 저녁식사를 요리하는 데 30분이 걸리며, 빨래를 하는 데는 20분이 걸린다. 그녀와 같이 생활하는 룸메이트는 이런 각 작업을 수행하는 데 두 배의 시간이 걸린다. 이들은 이런 작업들을 어떻게 배분해야 하는가?
   a. 현경이는 자신의 비교우위에 기반하여 저녁식사를 더 많이 요리해야 한다.
   b. 현경이는 자신의 비교우위에 기반하여 빨래를 더 많이 해야 한다.
   c. 현경이는 자신의 절대우위에 기반하여 빨래를 더 많이 해야 한다.
   d. 이 상황에서 무역 거래를 통한 이익은 발생하지 않는다.

해답은 이 장의 끝부분에 있다.

요약

- 사람들은 국내와 세계 각국에서 많은 사람들이 생산한 재화 및 용역을 소비한다. 상호의존 및 거래로 인해 모든 사람들이 더 많고 더 다양한 재화 및 용역을 향유할 수 있으므로, 이들 두 가지는 바람직하다.
- 어떤 물품을 생산하는 두 사람의 능력을 비교해 볼 수 있는 두 가지 방법이 있다. 더 적은 양의 생산요소로 해당 물품을 생산할 수 있는 사람은 해당 물품을 생산하는 데 **절대우위**를 갖고 있다고 본다. 해당 물품을 생산하는 데 더 낮은 기회비용을 갖는 사람은 **비교우위**를 갖고 있다고 본다. 거래를 통해 얻은 이익은 절대우위에 기반하지 않고 비교우위에 기반한다.
- 거래가 가능하면 모든 사람들이 비교우위를 갖는 분야에 특화할 수 있기 때문에, 이들 모두의 형편이 나아진다.
- 비교우위 원리는 개인들뿐만 아니라 국가 들에도 적용된다. 경제학자들은 비교우위의 원리를 사용하여 국가 간의 자유무역을 옹호한다.

주요 개념

절대우위 61
기회비용 62
비교우위 63
수입품 66
수출품 66

복습용 질문

1. 어떤 조건하에서 생산가능곡선은 바깥쪽으로 볼록하지 않고 직선이 되는가?
2. 절대우위와 비교우위가 어떻게 다른지 설명하시오.
3. 한 사람은 어떤 일을 하는 데 절대우위를 갖지만, 다른 사람은 그 일에 비교우위를 갖는 예를 들어보시오.
4. 거래를 하는 데 절대우위가 더 중요한가? 아니면 비교우위가 더 중요한가? 3번 문제에서 대답으로 제시한 예를 사용하여 여러분의 추론을 설명하시오.
5. 두 당사자가 비교우위에 기반하여 거래를 하고 둘 모두가 이익을 얻는 경우, 거래의 묵시적 가격은 어떤 범위에 위치해야 하는가?
6. 경제학자들이 국가 간의 무역 거래를 제한하는 정책에 반대하는 이유는 무엇인가?

문제와 응용

1. 지영이는 1시간에 경제학 교과서를 20페이지 읽을 수 있다. 또한 1시간에 사회학 교과서를 50페이지 읽을 수 있다. 그녀는 교과서를 읽으며 공부하는 데 하루에 5시간을 사용한다.
   a. 경제학 교과서와 사회학 교과서를 읽는 것에 대한 지영이의 생산가능곡선을 그리시오.
   b. 사회학 교과서 100페이지를 읽는 데 따른 지영이의 기회비용은 무엇인가?
2. 미국과 일본의 노동자들은 각각 연간 자동차 4대를 생산할 수 있다. 미국 노동자 한 명은 연간 곡물 10톤을 생산할 수 있는 반면에, 일본 노동자 한 명은 연간 곡물 5톤을 생산할 수 있다. 상황을 단순하게 만들기 위해 이들 각국에는 1억 명의 노동자가 있다고 가정하자.
   a. 이런 상황에 대해, 그림 1에 있는 표와 유사한 표를 작성하시오.
   b. 미국 경제와 일본 경제에 대한 생산가능곡선을 그리시오.
   c. 미국의 경우, 자동차의 기회비용은 무엇인가? 곡물의 기회비용은 무엇인가? 일본의 경우, 자동차의 기회비용은 무엇인가? 곡물의 기회비용은 무엇인가? 위의 정보들을 활용하여, 표 1과 유사한 표를 작성하시오.
   d. 어느 국가가 자동차 생산에 절대우위를 갖는가? 또한 어느 국가가 곡물 생산에 절대우위를 갖는가?
   e. 어느 국가가 자동차 생산에 비교우위를 갖는가? 또한 어느 국가가 곡물 생산에 비교우위를 갖는가?
   f. 무역 거래가 이루어지지 않는 경우, 각국 노동자들의 절반은 자동차를 생산하고 나머지 절반은 곡물을 생산한다. 각국의 자동차 및 곡물 생산량은 얼마인가?
   g. 무역 거래가 이루어지지 않는 상황을 출발점으로 하여, 무역을 통해 이들 각국의 형편이 나아지는 예를 들어보시오.
3. 승준이와 동현이는 룸메이트이다. 이들은 대부분의 시간을 (물론) 공부하는 데 사용하지만, 일부 시간은 피자 만들기와 (무알코올 탄산음료인) 루트비어 양조하기 같이 자신이 좋아하는 활동을 하는 데 사용한다. 승준이는 루트비어 1갤런을 양조하는 데 4시간이 필요하고 피자를 만드는 데 2시간이 필요하다. 동현이는 루트비어 1갤런을 만드는 데 6시간이 필요하고 피자를 만드는 데 4시간

이 필요하다.

a. 피자를 만드는 데 따른 이들 각각의 기회비용은 무엇인가? 누가 피자 만드는 데 절대우위를 갖는가? 누가 피자 만드는 데 비교우위를 갖는가?

b. 승준이와 동현이가 각자 만든 음식료를 서로 거래한다고 하면, 누가 루트비어를 대가로 하여 피자를 거래하게 되는가?

c. 피자가격을 루트비어 갤런의 측면에서 나타낼 수 있다. 룸메이트 두 명 모두의 형편이 나아지면서 피자가 거래될 수 있는 최고가격은 무엇인가? 최저가격은 무엇인가? 설명하시오.

4. 캐나다에 사는 1,000만 명의 노동자가 있고, 이들 노동자 각각은 일 년에 자동차 2대 또는 밀 30부셸을 생산할 수 있다고 가상하자.

a. 캐나다에서 자동차 1대를 생산하는 데 따른 기회비용은 무엇인가? 이들 두 물품의 기회비용 간에 존재하는 관계를 설명하시오.

b. 캐나다의 생산가능곡선을 그리시오. 캐나다가 자동차 1,000만 대를 소비하기로 선택한 경우, 무역 거래가 이루어지지 않는다면 밀을 얼마나 소비할 수 있는가?

c. 이제는 자동차 한 대당 밀 20부셸을 대가로 캐나다로부터 자동차 1,000만 대를 매수하겠다고 미국이 제안했다고 가상하자. 캐나다가 계속해서 자동차 1,000만 대를 소비할 경우, 이 거래로 인해 캐나다는 밀을 얼마나 소비할 수 있는가? 도해상에 이 점을 나타내시오. 캐나다는 이 거래를 수락해야 하는가?

5. 잉글랜드와 스코틀랜드는 둘 다 (작은 빵의 일종인) 스콘과 스웨터를 생산한다. 잉글랜드의 노동자는 시간당 스콘 50개를 생산하거나 시간당 스웨터 1개를 생산한다. 스코틀랜드의 노동자는 시간당 스콘 40개를 생산하거나 시간당 스웨터 2개를 생산할 수 있다고 가상하자.

a. 어느 국가가 이들 각 물품을 생산하는 데 절대우위를 갖는가? 어느 국가가 비교우위를 갖는가?

b. 잉글랜드와 스코틀랜드가 무역 거래를 하기로 결정한 경우, 스코틀랜드는 어느 물품을 잉글랜드로 수출하게 되는가? 설명하시오.

c. 스코틀랜드 노동자가 시간당 스웨터 1개만 생산할 수 있다면, 스코틀랜드는 아직도 무역 거래를 통해 이익을 얻을 수 있는가? 잉글랜드는 아직도 무역 거래를 통해 이익을 얻을 수 있는가? 설명하시오.

6. 다음 표는 베이스볼비아란 국가에 있는 두 도시의 생산능력을 보여준다.

	시간당, 노동자 1인당 생산가능한 빨간 양말	시간당, 노동자 1인당 생산가능한 하얀 양말
보스턴	3켤레	3켤레
시카고	2켤레	1켤레

a. 무역 거래가 이루어지지 않는 경우, 보스턴에서(빨간 양말 측면에서 본) 하얀 양말의 가격은 무엇인가? 시카고에서의 가격은 무엇인가?

b. 어느 도시가 각 색깔의 양말을 생산하는 데 절대우위를 갖는가? 어느 도시가 각 색깔의 양말을 생산하는 데 비교우위를 갖는가?

c. 두 도시가 서로 거래를 하는 경우, 각 도시는 어느 색깔의 양말을 수출하는가?

d. 상호간에 이익이 되는 거래가 발생할 수 있도록 하는 가격의 범위는 무엇인가?

7. 독일 노동자는 자동차 한 대를 생산하는 데 400시간이 필요하며, 포도주 한 상자를 생산하는 데 2시간이 필요하다. 프랑스 노동자는 자동차 한 대를 생산하는 데 600시간이 필요하며, 포도주 한 상자를 생산하는 데 *X*시간이 필요하다.

a. 어떤 *X*값에서 거래를 통한 이익이 발생할 수 있는가? 설명하시오.

b. 어떤 *X*값에서 독일은 자동차를 수출하고 포도주를 수입하게 되는가? 설명하시오.

8. 1년 동안 미국 노동자는 와이셔츠 100장을 생산하거나 컴퓨터 20대를 생산하며, 중국 노동자는 와이셔츠 100장을 생산하거나 컴퓨터 10대를 생산한다고 가상하자.

a. 각국에 대한 생산가능곡선을 그리시오. 무역 거래가 발생하지 않는다면 각국의 노동자는 각 물품을 생산하는 데 자신의 시간 절반을 사용한다. 여러분이 그린 생산가능곡선상에 해당하는 점을 표시하시오.

b. 이들 국가가 무역 거래를 하게 될 경우, 어느 국가가

와이셔츠를 수출하게 되는가? 구체적인 개수를 예로 들고 여러분이 그린 생산가능곡선상에 이를 나타내시오. 어느 국가가 무역을 통해 이익을 보게 되는가? 설명하시오.

c. (와이셔츠 측면에서 본) 어떤 컴퓨터 가격에서 두 국가가 무역 거래를 할 수 있는지 설명하시오.

d. 중국이 미국의 생산성을 따라잡아서 1년 동안 중국 노동자가 와이셔츠 100장 또는 컴퓨터 20대를 생산할 수 있다고 가상하자. 여러분은 이제 어떤 무역 형태를 예상할 수 있는가? 중국 생산성이 이렇게 향상될 경우, 이들 두 국가 국민들의 경제적 후생에는 어떤 영향을 미치는가?

9. 다음 진술은 옳은가 아니면 틀리는가? 각 경우에 대한 여러분의 대답을 설명하시오.

a. "두 국가 중 한 국가가 모든 물품을 생산하는 데 절대우위를 갖더라도, 두 국가는 모두 무역을 통한 이익을 얻을 수 있다."

b. "재능 있는 사람들은 자신들이 하는 모든 일에서 비교우위를 갖는다."

c. "어떤 거래가 한 사람에게 좋다면 그 거래는 다른 사람에게 좋지 않을 수 있다."

d. "어떤 거래가 한 사람에게 좋다면 그 거래는 다른 사람에게 언제나 좋다."

e. "무역 거래가 일국에 좋다면 그 거래는 해당 국가의 모든 사람에게 좋아야만 한다."

Quiz 해답

1. b 2. c 3. d 4. b 5. a 6. d 7. b 8. d

Chapter

4

시장에서 작동하는 공급과 수요

한파가 플로리다주를 강타하면, 오렌지 주스의 가격이 미국 전역에 있는 슈퍼마켓에서 상승한다. 미국 뉴잉글랜드 지역의 날씨가 매년 여름에 따뜻해지면, 카리브해에 있는 호텔의 객실 요금이 폭락한다. 중동에서 전쟁이 발발하면, 미국의 휘발유 가격이 상승하고 중고 SUV의 가격이 하락한다. 이런 현상들은 어떤 공통점이 있는가? 이것들은 모두 공급과 수요가 작동하고 있다는 사실을 보여준다.

공급과 **수요**는 경제학자들이 가장 자주 사용하는 두 단어이다. 이것들은 시장경제를 작동시키는 힘이며, 생산된 각 물품의 수량과 판매되는 가격을 결정한다. 사건과 정책이 경제에 어떤 영향을 미치는지 알아보고자 할 경우, 공급과 수요를 살펴보아야 한다.

이 장에서는 공급과 수요에 관한 이론을 소개할 것이다. 이를 위해 매수인과 매도인은 어떻게 행동하고 상호작용하는지, 공급과 수요는 가격을 어떻게 결정하는지, 가격은 희소한 자원을 어떻게 배분하는지 등에 대해 살펴볼 것이다.

4-1 시장 및 경쟁

공급과 **수요**란 용어는 사람들이 경쟁시장에서 상호작용할 때 보이는 그들의 행태를 가리킨다. 먼저 **시장**과 **경쟁**이란 용어의 의미에 대해 논의할 것이다.

4-1a 시장이란 무엇인가?

시장
재화 또는 용역의 매수인과 매도인으로 구성된 집합체

시장(market)은 재화 또는 용역의 매수인과 매도인으로 구성된다. 매수인이 해당 물품의 수요를 결정하며, 매도인이 공급을 결정한다.

시장에는 많은 유형이 있으며 일부 시장은 고도로 조직화되어 있다. 밀과 옥수수 시장에서 매수인과 매도인은 특정한 시간과 장소에서 만나며, 이들은 다양한 가격에서 매수하고 매도하고자 하는 농산물의 수량을 알고 있다. 경매인은 판매를 주선하며 (가장 중요한 업무인) 매수와 매도가 일치하는 가격을 찾아내서 이런 과정이 질서 있게 진행되도록 한다.

자주 접하는 시장은 이보다 덜 조직화되어 있다. 예를 들면 특정 지역에 있는 아이스크림 시장을 생각해보자. 아이스크림 매수인은 일정한 시간이나 장소에 모두 모이지 않는다. 매도인은 몇몇 장소에 위치해 있으며, 토핑과 맛이 살짝 다른 아이스크림을 판매한다. 경매인이 (시럽, 과일 등을 얹은) 아이스크림의 가격을 외치지도 않는다. 각 매도인은 아이스크림 콘의 가격을 제시하고, 각 매수인은 각 점포에서 구매할 수량을 결정한다. 그럼에도 불구하고 아이스크림 소비자와 생산자는 밀접하게 연계되어 있다. 매수인은 욕구를 충족시키기 위해 다양한 매도인 중에서 선택하며, 매도인은 사업을 번창시키기 위해 바로 그 매수인을 유치하려고 노력한다. 이들 매수인과 매도인이 조직화되어 있는 것처럼 보이지는 않지만, 아이스크림 매수인과 매도인은 시장을 형성하고 있다.

4-1b 경쟁이란 무엇인가?

경제 내에 있는 많은 시장처럼 아이스크림 시장도 경쟁이 치열하다. 매수인은 자신이 선택할 수 있는 매도인이 여러 명 있다는 것을 알고 있으며, 매도인도 자신이 판매하는 각 제품이 다른 매도인이 판매하는 제품과 유사하다는 것을 알고 있다. 따라서 아이스크림 가격과 판매량은 단일 매수인이나 단일 매도인에 의해 결정되는 것이 아니라, 시장에서 상호작용하는 모든 매수인과 매도인에 의해 결정된다.

경쟁시장
매수인과 매도인이 매우 많아서 각각의 단일 매수인과 단일 매도인은 시장가격에 무시할 정도의 영향만 미치는 시장

매수인과 매도인이 매우 많아서 이들 각각이 시장가격에 거의 영향을 미치지 못하는 시장을 설명하기 위해, 경제학자들은 경쟁시장(competitive market)이란 용어를 사용한다. 다른 많은 매도인이 유사한 제품을 판매하기 때문에 각 매도인은 가격에 대한 통제

력이 제한된다. 매도인이 현재의 시장가격보다 더 낮은 가격으로 판매할 이유가 거의 없으며, 더 높은 가격으로 판매하려는 경우 매수인은 다른 가게로 갈 것이다. 이와 유사하게, 각 매수인이 소량만을 구입하기 때문에 단일 매수인은 가격에 영향을 미칠 수 없다.

이 장에서는 상황을 단순하게 만들기 위해 시장이 **완전하게 경쟁적**이라고 가정한다. 이런 이상적인 형태의 경쟁 상태에서 시장은 다음과 같은 두 가지 특성을 갖는다. (1) 판매하려는 물품은 정확하게 동일하다. (2) 많은 수의 매수인과 매도인이 있어서, 단일 매수인이나 단일 매도인이 시장가격에 어떠한 영향도 미치지 못한다. 완전경쟁시장에서는 매수인과 매도인이 시장이 결정한 가격을 받아들여야만 하기 때문에, 이들을 **가격 순응자**라고 한다. 시장가격에서 매수인은 원하는 모든 것을 구입할 수 있으며, 매도인은 원하는 모든 것을 판매할 수 있다.

완전경쟁이란 가정이 완벽하게 적용될 수 있는 시장이 있다. 예를 들면 밀시장에는 밀을 판매하는 수천 명의 농부와 밀과 밀제품을 이용하는 수백만 명의 소비자가 있다. 단일 매수인이나 단일 매도인은 밀가격에 영향을 미칠 수 없기 때문에, 이들은 시장가격을 주어진 것으로 본다.

모든 재화 및 용역이 완전경쟁시장에서 판매되는 것은 아니다. 예를 들면 일부 시장에는 단 하나의 매도인이 있고, 이 매도인이 가격을 정한다. 이런 시장에 있는 매도인을 **독점기업**이라고 한다. 예를 들어 지역 거주민들이 케이블 서비스를 구입할 수 있는 기업이 한 개 있는 경우, 해당 지역 케이블 텔레비전 회사는 독점기업이 된다. 하지만 많은 기업들은 극단적인 완전경쟁과 독점 사이에 위치한다.

그러나 완전경쟁시장은 유용한 출발점이 될 수 있다. 완전경쟁시장에 참여한 모든 사람들이 가격을 시장상황에 의해 주어진 것으로 보기 때문에, 이 시장은 분석하기가 가장 쉬운 형태이다. 나아가 대부분의 시장에는 어느 정도의 경쟁이 존재하기 때문에, 완전경쟁하에서의 공급과 수요를 학습하여 얻게 되는 많은 교훈은 보다 복잡한 시장에도 역시 적용된다.

Quiz

1. 다음 중 시장을 가장 잘 정의한 것은 무엇인가?
   a. 시장은 다양한 재화 및 용역을 판매하는 상점이다.
   b. 시장은 매수인들이 만나고 경매인이 가격을 소리 내어 외치는 장소이다.
   c. 시장은 재화 또는 용역의 매수인들과 매도인들의 집합체이다.
   d. 시장은 어떤 물품의 단일 공급자가 해당 물품을 판매하는 장소이다.

2. 완전경쟁시장에서 ______________.
   a. 각 매도인은 경쟁자들보다 더 나은 물품을 판매함으로써 자신을 차별화하고자 한다.
   b. 각 매도인은 자신의 물품가격을 시장상황에 의해 결정된 것으로 본다.
   c. 각 매도인은 경쟁자들이 책정한 가격보다 더 싼 값으로 판매하려 한다.
   d. 한 명의 매도인이 경쟁자들과 경쟁하여 이김으로써, 다른 매도인들은 더 이상 존재하지 않게 된다.

3. 다음 중 어느 물품의 시장이 완전경쟁시장에 관한 정의에 가장 잘 부합하는가?
   a. 달걀
   b. 수돗물
   c. 영화
   d. 컴퓨터 운영체계

해답은 이 장의 끝부분에 있다.

4-2 수요

매수인, 특히 아이스크림을 좋아하는 사람들(아이스크림을 좋아하지 않는 사람도 있는지 모르겠지만)의 행태를 살펴봄으로써 시장에 관해 알아보도록 하자.

4-2a 수요곡선: 가격과 수요량의 관계

수요량
매수인들이 구입하겠다는 의사를 갖고 있으며 실제로 구입할 수 있는 능력을 갖춘 수량

수요법칙
다른 사정이 동일하다면, 어떤 물품의 가격이 상승할 경우 해당 물품의 수요량은 감소한다는 주장

수요 스케줄
어떤 물품의 가격과 수요량 사이의 관계를 보여주는 표

수요곡선
어떤 물품의 가격과 수요량 사이의 관계를 나타낸 그래프

어떤 물품의 수요량(quantity demanded)은 매수인이 구입하겠다는 의사를 갖고 있으며 실제로 구입할 수 있는 능력을 갖춘 수량을 말한다. 어떤 물품의 수요량은 많은 요인에 의해 결정되지만, 그중 결정적인 요인은 물품의 가격이다. 아이스크림 가격이 아이스크림 주걱당 20달러로 상승할 경우, 대부분의 사람은 더 적은 양을 구입하게 된다. 그 대신 냉동 요구르트를 구입할지 모른다. 아이스크림 가격이 주걱당 0.50달러로 하락할 경우, 사람들은 더 많은 양을 구입하게 될 것이다. 가격과 수요량 사이의 이런 관계는 대부분의 물품에 적용된다. 사실 이런 관계가 보편적이므로, 경제학자들은 이를 수요법칙(law of demand)이라고 한다. 가격 이외에 다른 사정이 동일하다면, 수요량은 어떤 물품의 가격이 상승할 경우 감소하며 하락할 경우 증가한다.

그림 1의 표는 태희가 상이한 가격에서 매달 얼마나 많은 아이스크림 콘을 구입하는지 보여준다. 아이스크림 콘이 무료인 경우 태희는 매달 12개의 콘을 구입한다. 콘이 개당 1달러인 경우 매달 10개를 구입한다. 콘가격이 점점 더 상승함에 따라 태희는 점점 더 적은 수의 콘을 구입하게 된다. 콘가격이 6달러가 되면 태희는 아이스크림 콘을 전혀 구입하지 않는다. 이런 표를 수요 스케줄(demand schedule)이라고 한다. 이 표는 소비자가 구입하고자 하는 어떤 물품의 수량에 영향을 미치는 가격 이외의 모든 것이 일정하다고 보고, 해당 물품의 가격과 수요량 사이의 관계를 보여준다.

그림 1의 그래프는 표에 있는 숫자들을 활용하여 수요법칙을 설명하고 있다. 관례에 따라, 아이스크림 가격은 수직축에 표시했으며 수요량은 수평축에 표시했다. 가격과 수요량 사이의 관계를 선으로 나타낸 것이 수요곡선(demand curve)이다. 다른 사정이 동일하다면, 가격이 낮아질 경우 수요량이 증가하기 때문에 수요곡선의 기울기는 하향한다.

그림 1

태희의 수요 스케줄과 수요곡선

수요 스케줄은 각 가격에서 수요되는 수량을 보여주는 표이다. 수요곡선은 이런 스케줄을 그래프로 나타낸 것이며, 가격 변화에 따라 수요량이 어떻게 변화하는지 알려준다. 가격이 하락할 경우 수요량이 증가하기 때문에, 수요곡선의 기울기는 하향하게 된다.

아이스크림 콘의 가격	아이스크림 콘의 수요량
0달러	12개
1	10
2	8
3	6
4	4
5	2
6	0

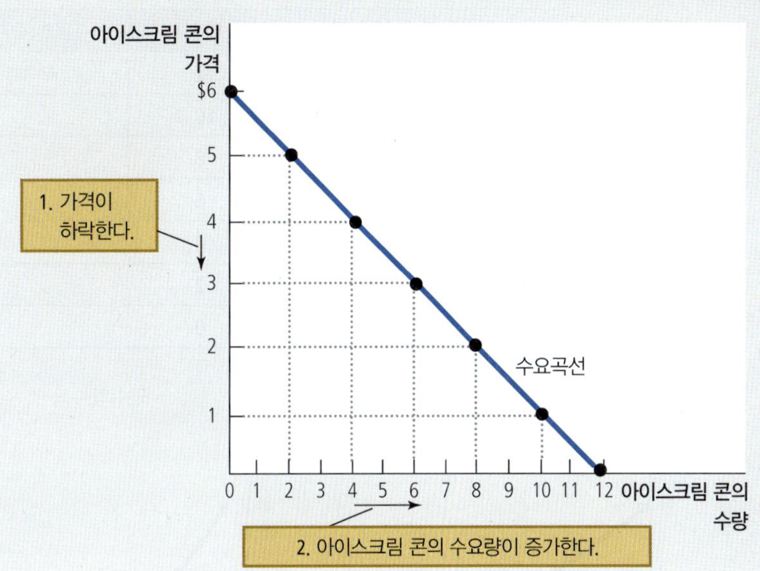

4-2b 시장 수요 대 개별 수요

그림 1의 수요곡선은 어떤 생산물에 대한 개별 수요를 보여준다. 하지만 시장이 어떻게 작동하는지 분석하기 위해서는 **시장 수요**에 대해 아는 것이 중요하며, 이 수요는 특정 재화 또는 용역에 대한 모든 개별 수요를 합하여 구할 수 있다.

그림 2의 표는 두 사람, 즉 태희와 민수의 아이스크림에 대한 수요 스케줄을 보여주고 있다. 태희의 수요 스케줄은 각 가격수준에서 그녀가 얼마나 많은 아이스크림 콘을 구입하는지 보여주며, 민수의 수요 스케줄도 이와 동일한 정보를 알려준다. 각 가격수준에서의 시장 수요는 이들 개별 수요를 합한 것이다.

그림 2의 그래프는 이들 수요 스케줄에 대한 수요곡선을 보여준다. 시장 수요곡선을 구하려면, 개별 수요곡선을 **수평으로** 합산하면 된다. 즉 각 가격에서 총수요량을 구하려면, 개별 수요곡선의 수평축상에 있는 개별 수요량을 합산하면 된다. 시장 수요곡선은 시장이 어떻게 작동하는지 분석하는 데 중요하다. 즉 시장 수요곡선은 가격 이외에 소비자 구매에 영향을 미치는 다른 요인들이 일정하다고 보고, 어떤 물품의 가격이 변화함에 따라 해당 물품의 총수요량이 어떻게 변하는지 보여준다.

그림 2

개별 수요의 합인 시장 수요

시장 수요량은 각 가격에서 모든 매수인들이 수요하는 양을 합산한 총량이다. 따라서 시장 수요곡선은 개별 수요곡선을 수평으로 합산하여 구할 수 있다. 가격 4달러에서 태희는 4개, 민수는 3개의 아이스크림을 수요한다. 그러므로 이 가격에서 시장의 수요량은 7개의 아이스크림 콘이다.

아이스크림 콘의 가격	태희		민수		시장
0달러	12	+	7	=	19개
1	10		6		16
2	8		5		13
3	6		4		10
4	4		3		7
5	2		2		4
6	0		1		1

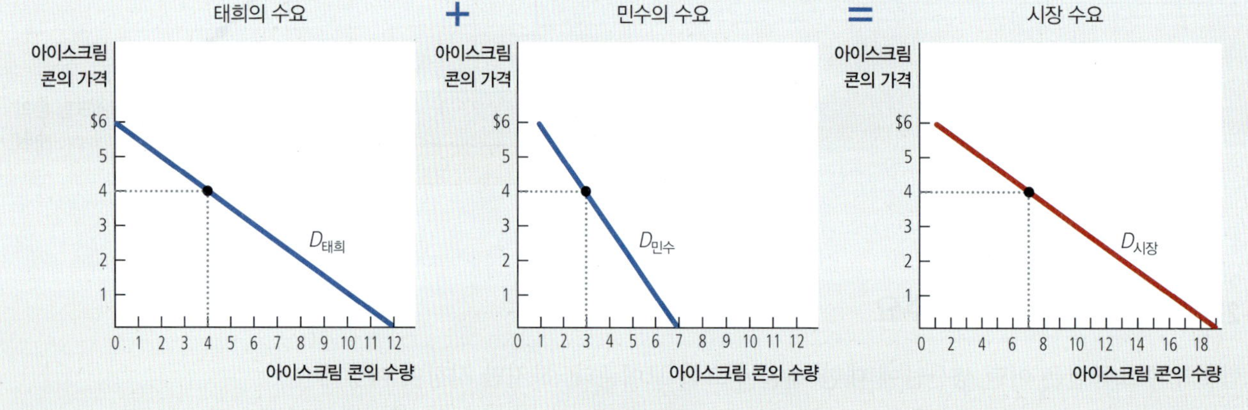

4-2c 수요곡선 자체의 이동

시장 수요곡선은 다른 것들이 변화하지 않고 일정하게 유지된다고 전제하기 때문에, 시간이 흐름에 따라 이런 것들이 변화할 경우 위치를 이동하게 된다. 즉 어떤 일이 발생하여 특정하게 주어진 각 가격수준에서 수요량이 변화한다면, 수요곡선 자체가 이동하게 된다.

예를 들면 아이스크림을 정기적으로 먹는 사람들이 더 오래 더 건강하게 산다는 사실을 의학협회에서 발견했다고 가상하자. 이런 놀라운 발견으로 인해 아이스크림에 대한 수요가 증가하게 되었다. 특정하게 주어진 각 가격수준에서 매수인은 이제 더 많은 아이스크림을 구입하게 되고, 아이스크림에 대한 수요곡선 자체가 이동한다.

그림 3은 수요곡선 자체가 이동하는 상황을 설명하고 있다. 예를 들면 위에서 살펴본 가상적이만 놀라운 발견처럼 각 가격수준에서 수요량을 증가시키는 변화로 인해 수

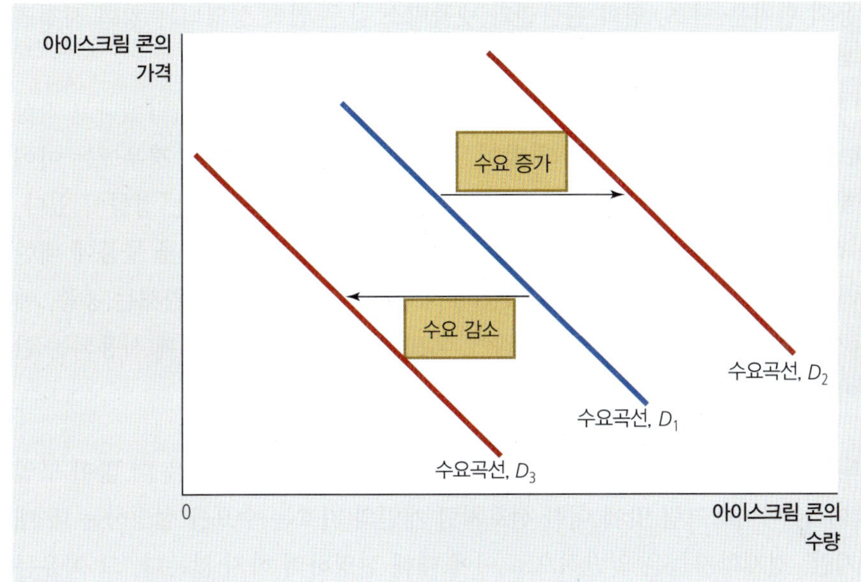

그림 3

수요곡선 자체의 이동

매수인이 각 가격에서 구입하고자 하는 수량을 증가시키는 변화가 발생하는 경우, 이는 수요곡선을 오른쪽으로 이동시킨다. 매수인이 각 가격에서 구입하고자 하는 수량을 감소시키는 변화가 발생하는 경우, 이는 수요곡선을 왼쪽으로 이동시킨다.

요곡선 자체가 오른쪽으로 이동하게 되며, 이를 **수요 증가**라고 한다. 반면에 각 가격수준에서 수요량을 감소시키는 변화로 인해 수요곡선 자체가 왼쪽으로 이동하게 되며, 이를 **수요 감소**라고 한다.

다음과 같은 변수를 포함하여 많은 변수가 변화할 경우 수요곡선 자체가 이동할 수 있다.

소득 여러분이 어느 여름에 직장을 잃었다면 아이스크림에 대한 수요는 어떻게 될 것인가? 아이스크림과 같은 것에 지출할 돈이 감소하기 때문에, 그에 대한 수요는 감소할 가능성이 매우 높다. 소득이 감소할 때 어떤 물품에 대한 수요가 감소한다면 해당 물품을 **정상재**(normal good)라고 한다.

정상재가 일반적이긴 하지만 그렇다고 모든 물품이 정상재인 것은 아니다. 소득이 감소할 때 어떤 물품에 대한 수요가 증가한다면 해당 물품을 **열등재**(inferior good)라고 한다. 열등재의 한 가지 예를 들면 버스 타기를 들 수 있다. 여러분은 소득이 감소하면 차를 구입하거나 택시를 타기보다는 버스를 탈 가능성이 높아진다.

정상재
다른 사정이 동일하다면, 소득이 증가할 경우 수요가 증가하는 물품

열등재
다른 사정이 동일하다면, 소득이 증가할 경우 수요가 감소하는 물품

연관 물품의 가격 냉동 요구르트의 가격이 하락했다고 가상하자. 수요법칙에 따르면 냉동 요구르트를 더 많이 구입하게 된다. 또한 동시에 아이스크림을 더 적게 구입하게 될 수 있다. 아이스크림과 냉동 요구르트 두 가지가 모두 차갑고 달콤하며 부드러운 디저트이기 때문에 유사한 욕구를 충족시킬 수 있다. 냉동 요구르트와 같은 어떤 물품의 가격이 하락할 경우 아이스크림과 같은 다른 물품에 대한 수요가 감소한다면, 이들 두 물품을 **대체재**(substitutes)라고 한다. 대체재는 종종, 예를 들면 핫도그와 햄버거, 스웨

대체재
어떤 물품의 가격이 상승할 경우 다른 물품에 대한 수요가 증가하는 이들 두 물품

터와 보온용의 헐거운 셔츠, 영화 관람권과 넷플릭스 같은 연속 상영되는 영화 시청권처럼 서로 대신 사용할 수 있는 한 쌍의 물품이다.

(초콜릿 등으로 만들어 아이스크림에 얹어 먹는) 핫 퍼지의 가격이 하락했다고 가상하자. 수요법칙에 따르면 핫 퍼지를 더 많이 구입하게 된다. 하지만 이 경우에는 아이스크림과 핫 퍼지를 함께 먹기 때문에, 아이스크림도 더 많이 구입하는 경향이 있다. 핫 퍼지와 같은 어떤 물품의 가격이 하락할 경우 아이스크림과 같은 다른 물품에 대한 수요가 증가한다면, 이들 두 물품을 보완재(complements)라고 한다. 보완재는 종종, 예를 들면 전기와 에어컨, 컴퓨터와 소프트웨어, 피넛 버터와 젤리처럼 함께 사용되는 한 쌍의 물품이다.

보완재
어떤 물품의 가격이 상승할 경우 다른 물품에 대한 수요가 감소하는 이들 두 물품

기호 여러분이 피스타치오 아이스크림을 좋아할 경우, 그 아이스크림을 더 많이 구입하게 될 것이다. 아이스크림 맛에 대한 선호처럼 개인의 기호는 수요를 설명하는 데 매우 중요하지만, 경제학자들은 일반적으로 이에 대해 설명하려 하지 않는다. 그 이유는 기호가 역사적인 경험과 심리적인 요인에 의해 영향을 받기는 하지만 각 사람마다 독특하기 때문이다. 하지만 경제학자들은 기호가 변할 때 어떤 일이 발생하는지 살펴본다.

기대 장래에 대한 여러분의 견해는 어떤 것에 대한 여러분의 현재 수요에 영향을 미칠 수 있다. 다음 달에 소득이 증가할 것으로 기대한다면, 여러분은 지금 더 적게 저축하고 오늘 아이스크림에 더 많이 지출하고자 할 수 있다. 아이스크림이 내일 더 저렴해질 것이라고 믿는다면, 아이스크림 콘을 오늘 가격으로 구입하는 데 주저할 수 있다.

매수인의 수 개별 매수인의 행태에 영향을 미치는 요인들 이외에, 시장 수요는 이들 매수인이 얼마나 많이 있는지에 달려 있다. 찬우가 아이스크림 소비자로서 현경과 동현에 합류할 경우, 각 가격에서 수요량이 더 많아져서 시장 수요가 증가한다.

요약 수요곡선은 매수인에게 영향을 미치는 가격 이외의 모든 변수를 일정하다고 보고, 가격 변화에 따라 해당 물품의 수요량에 어떤 일이 발생하는지 보여준다. 이런 변수 중 하나가 변화할 경우, 각 가격에서 수요량이 변하고 이에 따라 수요곡선 자체가 이동한다. 표 1은 소비자들이 해당 물품을 얼마나 많이 구입할지에 영향을 미치는 변수를 나열하고 있다.

수요곡선 자체의 이동인지 아니면 수요곡선상에서의 이동인지 여부를 기억하기가 어렵다면, 제2장 부록에서 학습한 내용을 상기해볼 경우 도움이 된다. 수직축이나 수평축 어느 축에서도 측정되지 않는 관련 변수가 변화할 때 곡선 자체가 이동한다. 가격은 수직축에서 측정되기 때문에, 가격이 변화할 경우 수요곡선상에서의 이동으로 이어진다. 반면에 소득, 연관 물품의 가격, 기호, 기대, 매수인의 수는 수직축이나 수평축

변수	해당 변수의 변화
해당 물품의 가격	수요곡선상에서의 이동
소득	수요곡선 자체의 이동
연관 물품의 가격	수요곡선 자체의 이동
기호	수요곡선 자체의 이동
기대	수요곡선 자체의 이동
매수인의 수	수요곡선 자체의 이동

표 1

매수인에게 영향을 미치는 변수

이 표는 소비자가 어떠한 물품을 얼마나 구입할지에 영향을 미치는 변수들을 보여준다. 해당 물품의 가격이 하는 특별한 역할에 주목하자. 해당 물품의 가격이 변화할 경우 수요곡선상에서 이동하게 된다. 반면에 표에 있는 가격 이외의 변수 중 한 개가 변화할 경우 수요곡선 자체가 이동하게 된다.

어느 축에서도 측정되지 않는다. 따라서 이들 변수 중 하나가 변화할 경우 수요곡선 자체가 이동한다.

흡연을 줄이는 두 가지 방법

정책 입안자들은 흡연이 자신과 주변 사람들에게 해롭기 때문에 종종 사람들의 흡연량을 줄이고자 한다. 이 목표를 달성할 수 있는 두 가지 방법이 있다.

PABLO DEL RIO SOTELO/SHUTTERSTOCK.COM

흡연을 줄이는 한 가지 방법은 담배와 관련 제품에 대한 수요곡선 자체를 이동시키는 것이다. 이는 공익광고, 담뱃갑에 건강 경고문 인쇄 의무화, 텔레비전의 담배광고 금지를 통해 달성될 수 있다. 이 모두는 각 가격에서 담배 수요량을 줄이는 것을 목표로 한다. 이런 정책들이 성공적으로 시행될 경우, 그림 4(a)에서 보는 것처럼 담배에 대한 수요곡선 자체가 왼쪽으로 이동한다.

흡연을 억제하는 다른 방법은 담배가격을 인상시키는 것이다. 정부가 담배에 과세할 경우, 담배를 제조하여 판매하는 기업은 더 높은 가격의 형태로 대부분의 세금을 소비자들에게 전가한다. 가격이 인상되면 사람들은 더 적게 구입하는 경향이 있으므로 이런 정책 역시 흡연을 낮출 수 있다. 하지만 이 방법은 수요곡선 자체를 이동시키지 않는다. 그 대신, 그림 4(b)에서 보는 것처럼 동일한 곡선상에서 더 높은 가격과 더 적은 수량을 나타내는 점으로 이동하게 된다.

담배가격이 변화하면 그에 따라 흡연량은 얼마나 변화하는가? 경제학자들은 담뱃세가 변화할 때 어떤 일이 발생하는지 살펴보았다. 이들에 따르면, 담배가격이 10% 상승할 경우 수요량이 4% 감소한다고 한다. 특히 10대 소비자들은 담배가격에 민감하여 가격이 10% 상승하면 10대의 흡연은 12% 감소한다.

관련된 문제는 담배가격이 예를 들면 마리화나와 같은 마약류에 대한 수요에 어떤 영향을 미치는가이다. 담뱃세에 반대하는 사람들은 이따금 다음과 같이 주장한다. 즉, 담배와 마

그림 4 **수요곡선 자체의 이동 대 수요곡선상에서의 이동**

담뱃갑에 인쇄된 경고 문구로 인해 흡연자들이 흡연을 덜 하게 될 경우, 담배에 대한 수요곡선은 왼쪽으로 이동하게 된다. (a)에서 수요곡선은 D_1에서 D_2로 이동한다. 담배 한 갑당 가격이 5달러라면, 수요량은 하루에 담배 20개비에서 10개비로 감소하고, (a) 점 A로부터 점 B로 이동한다. 반면에, 조세로 인해 담배가격이 인상될 경우 수요곡선은 이동하지 않는다. 대신에 해당 수요곡선상에서 다른 점으로 이동하게 된다. (b)에서 가격이 5달러에서 10달러로 인상되면, 수요량은 하루에 20개비에서 12개비로 감소하고, 점 A로부터 점 C로 이동한다.

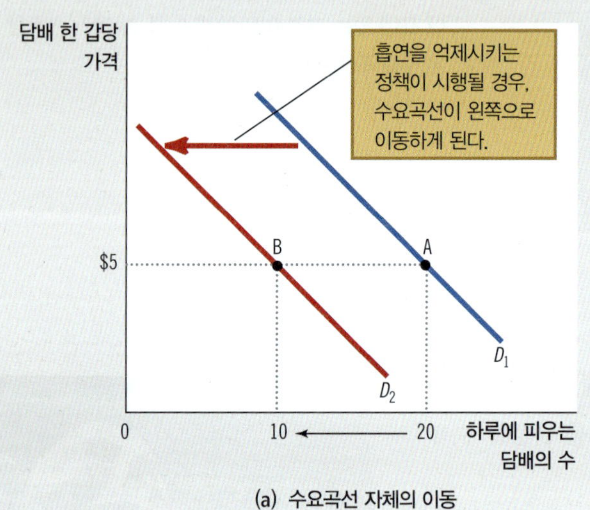

(a) 수요곡선 자체의 이동

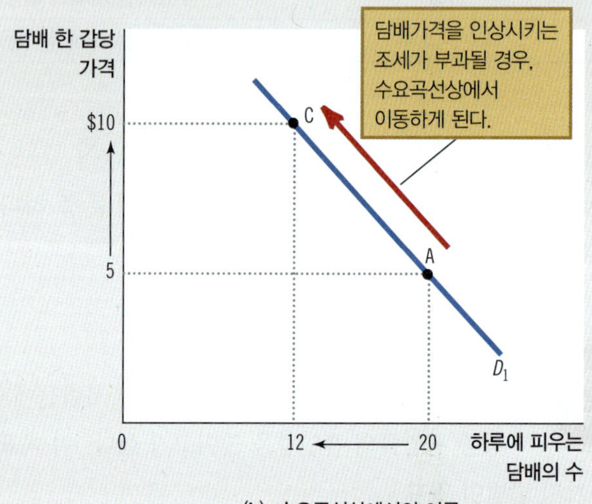

(b) 수요곡선상에서의 이동

리화나는 대체재이므로, 담배가격이 인상될 경우 마리화나의 사용을 촉진하게 된다고 본다. 반면에 많은 약물 남용 전문가들은 담배를 '약물에 손을 대게 하는 통로'로 보며, 젊은 사람들이 다른 해로운 약물을 시도해보도록 한다고 본다. 자료에 기반을 둔 대부분의 연구는 후자의 견해와 일치한다. 이들 연구에 따르면 낮은 담배가격은 마리화나의 사용 증가와 관련이 있다고 한다. 다시 말해 담배와 마리화나는 대체재가 아니라 보완재처럼 보인다. ●

Quiz

4. 다음 중 햄버거에 대한 수요곡선 자체를 이동시키지 않는 것은?
   a. 핫도그 가격의 변화
   b. 햄버거 가격의 변화
   c. 햄버거 빵 가격의 변화
   d. 햄버거 소비자들 소득의 변화

5. 다음 중 피자에 대한 수요곡선을 오른쪽으로 이동시키는 것은?
   a. 피자의 대체재인 햄버거 가격의 상승
   b. 피자의 보완재인 루트비어 가격의 상승
   c. 여름방학 동안 이루어지는 대학생들의 기숙사 퇴사
   d. 피자가격의 하락

6. 이탈리아 요리인 파스타가 열등재라면, ___________이 상승할 때(또는 증가할 때) 수요곡선이 ___________ 이동한다.
   a. 파스타 가격; 오른쪽으로
   b. 소비자들의 소득; 오른쪽으로
   c. 파스타 가격; 왼쪽으로
   d. 소비자들의 소득; 왼쪽으로

해답은 이 장의 끝부분에 있다.

4-3 공급

매수인은 시장이 어떻게 작동하는지에 관해 절반만을 담당할 뿐이다. 매도인이 다른 절반을 담당한다. 이제부터는 아이스크림의 매도인에 대해 살펴보도록 하자.

4-3a 공급곡선: 가격과 공급량의 관계

어떤 재화나 용역의 공급량(quantity supplied)은 매도인이 판매하겠다는 의사를 갖고 있으며 실제로 판매할 수 있는 능력을 갖춘 수량을 말한다. 공급량을 결정하는 요인이 많지만 그중 가격은 특별한 역할을 한다. 아이스크림 가격이 높을 경우, 아이스크림을 판매하면 매우 높은 수익을 올릴 수 있으므로 공급량이 많아진다. 매도인은 오랜 시간 일하며, 많은 아이스크림을 만드는 기계를 구입하고 많은 노동자들을 고용한다. 반면에 가격이 낮을 경우, 수익이 감소해서 매도인은 더 적게 생산한다. 일부 매도인은 심지어 사업을 종료하여 공급량을 영으로까지 낮춘다. 가격과 공급량 사이의 이런 관계를 공급법칙(law of supply)이라고 한다. 즉 다른 사정이 동일하다면, 어떤 물품의 가격

공급량
매도인이 판매하겠다는 의사를 갖고 있으며 실제로 판매할 수 있는 능력을 갖춘 수량

공급법칙
다른 사정이 동일하다면, 어떤 물품의 가격이 상승할 때 해당 물품의 공급량도 증가한다는 주장

승규의 공급 스케줄과 공급곡선 **그림 5**

공급 스케줄은 각 가격에서 공급되는 수량을 보여주는 표이다. 공급곡선은 공급 스케줄을 그래프로 나타낸 것이며, 가격이 변화함에 따라 공급량이 어떻게 변화하는지 알려준다. 가격이 상승할 경우 공급량이 증가하기 때문에, 공급곡선의 기울기는 상향한다.

아이스크림 콘의 가격	아이스크림 콘의 공급량
0달러	0개
1	0
2	1
3	2
4	3
5	4
6	5

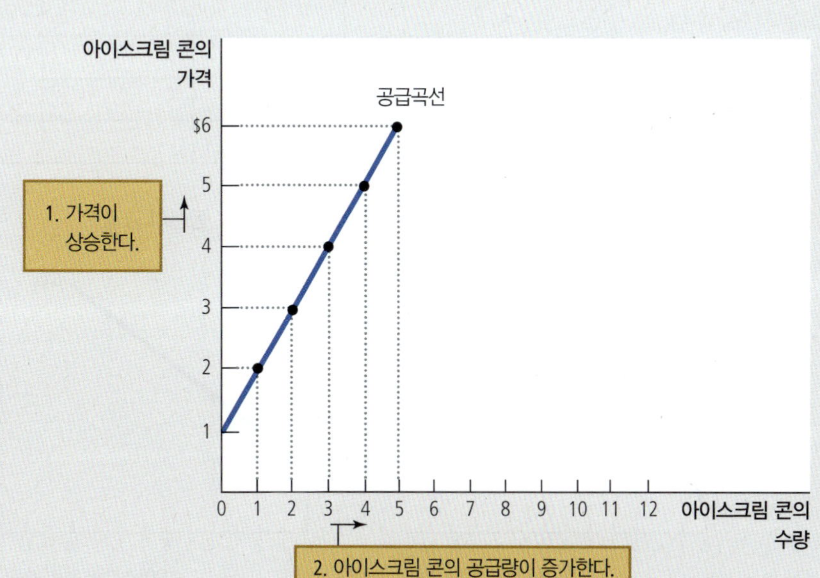

이 상승할 때 공급량도 증가하고 가격이 하락할 때 공급량도 역시 감소한다.

그림 5에 있는 표는 아이스크림 매도인 승규가 다양한 아이스크림 가격에서 매달 공급하는 아이스크림 콘의 수량을 보여준다. 2달러 미만인 가격에서 승규는 아이스크림을 전혀 공급하지 않는다. 가격이 상승함에 따라 승규는 점점 더 많은 양을 공급한다. 이 표를 공급 스케줄(supply schedule)이라고 한다. 이 표는 생산자가 판매하려는 수량에 영향을 미치는 가격 이외의 모든 요인이 일정하다고 보고, 가격과 공급량 사이의 관계를 보여준다.

공급 스케줄
가격과 공급량 사이의 관계를 보여주는 표

그림 5에 있는 그래프는 공급법칙을 설명한 표의 숫자들을 사용하고 있다. 가격과 공급량을 연계시킨 선은 공급곡선(supply curve)이 된다. 다른 사정이 동일하다면, 가격이 상승할 경우 공급량이 증가하기 때문에 공급곡선의 기울기는 상향한다.

공급곡선
어떤 물품의 가격과 공급량 사이의 관계를 나타낸 그래프

그림 6 **개별 공급의 합인 시장 공급**

시장 공급량은 각 가격에서 모든 매도인이 공급하는 양을 합산한 총량이다. 따라서 시장 공급곡선은 개별 공급곡선을 수평으로 합산하여 구할 수 있다. 가격 4달러에서 승규는 3개, 동현이는 4개의 아이스크림 콘을 공급한다. 그러므로 이 가격에서 시장의 공급량은 7개의 아이스크림 콘이다.

아이스크림 콘의 가격	승규의 공급		동현의 공급		시장 공급
0달러	0	+	0	=	0개
1	0		0		0
2	1		0		1
3	2		2		4
4	3		4		7
5	4		6		10
6	5		8		13

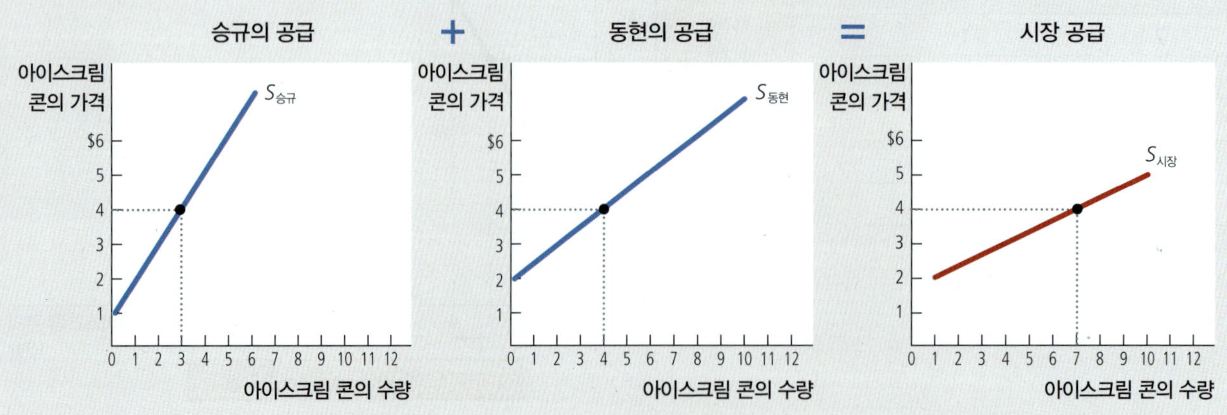

4-3b 시장 공급 대 개별 공급

시장 수요가 모든 매수인의 수요의 합인 것처럼, 시장 공급은 모든 매도인의 공급의 합이다. 그림 6의 표는 시장에 있는 두 명의 아이스크림 생산자인 승규와 동현이에 대한 공급 스케줄을 보여준다. 각 가격에서 승규의 공급 스케줄은 승규가 공급하려는 수량을 알려주며, 동현이의 공급 스케줄은 동현이가 얼마나 공급할지를 알려준다. 시장 공급은 이들 두 개별 공급을 합산한 것이다.

그림 6의 그래프는 공급 스케줄에 상응하는 공급곡선을 보여준다. 수요곡선과 마찬가지로, 시장 공급곡선은 개별 공급곡선들을 **수평으로** 합산하여 구할 수 있다. 즉, 각 가격에서의 총공급량을 구하기 위해 개별 공급곡선의 수평축에 위치한 개별 수량을 합산해야 한다. 시장 공급곡선은 얼마나 판매할 것인가에 관한 생산자들의 결정에 영향을 미치는 가격 이외의 모든 요인을 일정하다고 보고, 가격이 변화함에 따라 총공급량이 어떻게 변하는지 보여준다.

4-3c 공급곡선 자체의 이동

시장 공급곡선은 공급량에 영향을 미치는 가격 이외의 모든 변수를 일정하다고 보기 때문에 시간이 흐름에 따라 이동할 수 있다. 이런 변수 중 한 개가 변화할 때, 각 가격에서 생산자들이 판매하고자 하는 수량이 변화하며 이에 따라 공급곡선 자체가 이동한다.

예를 들어 설탕가격이 하락했다고 가상하자. 설탕은 아이스크림의 생산요소이기 때문에, 설탕가격이 하락할 경우 아이스크림을 판매하여 더 많은 이윤을 얻을 수 있다. 이로 인해 아이스크림 공급이 증가한다. 즉, 가격에서 매도인은 더 많이 생산하려 하며, 결과적으로 공급곡선 자체가 오른쪽으로 이동한다.

그림 7은 공급곡선 자체의 이동을 보여준다. 예를 들면 설탕가격의 하락처럼 각 가격에서의 공급량을 증가시키는 변화로 인해 공급곡선 자체가 오른쪽으로 이동하며, 이를 **공급 증가**라고 한다. 각 가격에서의 공급량을 감소시키는 변화로 인해 공급곡선 자체가 왼쪽으로 이동하며, 이를 **공급 감소**라고 한다.

많은 변수가 공급곡선 자체를 이동시킬 수 있으며, 가장 중요한 변수는 다음과 같다.

생산요소 가격 아이스크림 매도인은 크림, 설탕, 향료, 아이스크림 제조 기계, 아이스크림 만드는 건물, 원료를 혼합하고 기계를 작동하는 노동자들의 노동과 같은 다양한 생산요소를 사용하여 생산물을 만든다. 이들 생산요소 중 한 개 이상의 가격이 상승하면, 아이스크림을 만드는 사업의 수익이 감소하고 기업은 아이스크림을 더 적게 공급하게 된다. 생산요소 가격이 대폭 상승할 경우, 기업은 해당 사업을 중지하고 아이스크

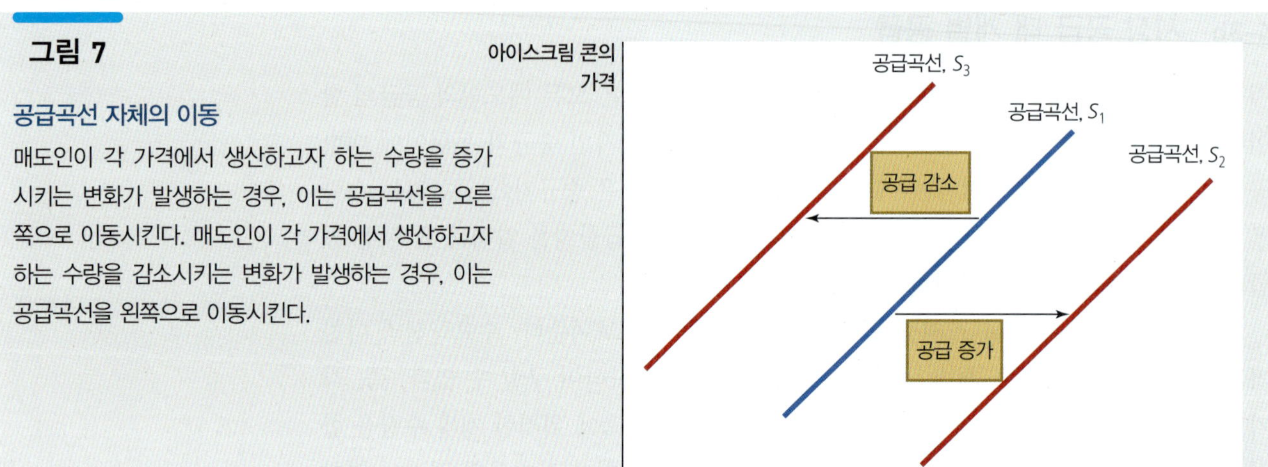

그림 7

공급곡선 자체의 이동

매도인이 각 가격에서 생산하고자 하는 수량을 증가시키는 변화가 발생하는 경우, 이는 공급곡선을 오른쪽으로 이동시킨다. 매도인이 각 가격에서 생산하고자 하는 수량을 감소시키는 변화가 발생하는 경우, 이는 공급곡선을 왼쪽으로 이동시킨다.

림을 전혀 공급하지 않을 수도 있다. 따라서 물품의 공급은 생산요소 가격과 반대방향으로 움직인다.

기술 생산요소를 생산물로 전환시키는 기술은 공급을 결정하는 또 다른 요인이다. 예를 들면 기계화가 이루어진 아이스크림 제조 기계가 발명되면 이는 아이스크림을 만드는 데 투입되어야 하는 노동을 감소시킨다. 이렇게 기술이 진보하면 생산자들의 비용이 낮아져서 공급이 증가한다. 장기적으로 보면 이런 기술의 변화가 시장에서 나타나는 결과에 영향을 주는 가장 강력한 힘이다.

기대 아이스크림 제조업자가 공급하는 양은 장래에 대한 자신의 기대에 달려 있을 수 있다. 예를 들어 아이스크림 가격이 인상될 것으로 기대한다면, 현재 생산된 것 중 일부를 보관하고 당장은 시장에 적게 공급할 수 있다.

매도인의 수 개별 매도인의 행태에 영향을 미치는 요소들 이외에, 시장 공급은 얼마나 많은 매도인이 시장에 있는지에 달려 있다. 승규나 동현이가 아이스크림 사업을 그만두면 시장 공급은 감소한다. 승범이가 아이스크림 사업을 새로 시작하게 되면 시장 공급은 증가한다.

요약 공급곡선은 매도인에게 영향을 주는 가격 이외의 모든 변수가 일정하다고 보고, 해당 물품의 가격이 변화할 때 공급량이 어떻게 되는지 보여준다. 이들 변수 중 한 개가 변화할 때, 각 가격에서 공급량이 변하여 공급곡선 자체가 이동한다. 표 2는 생산자들이 얼마나 많이 판매할지에 영향을 미치는 변수를 나열하고 있다.

변수	해당 변수의 변화
해당 물품의 가격	공급곡선상에서의 이동
생산요소 가격	공급곡선 자체의 이동
기술	공급곡선 자체의 이동
기대	공급곡선 자체의 이동
매도인의 수	공급곡선 자체의 이동

표 2

매도인에게 영향을 미치는 변수

이 표는 생산자가 어떠한 상품을 얼마나 판매할지에 영향을 미치는 변수들을 보여준다. 해당 물품의 가격이 하는 특별한 역할에 주목하자. 해당 물품의 가격이 변화할 경우 공급곡선상에서 이동을 하게 된다. 반면에 표에 있는 다른 변수 중 한 개가 변화할 경우 공급곡선 자체가 이동하게 된다.

다시 한번, 공급곡선 자체의 이동인지 공급곡선상에서의 이동인지 여부를 기억하려면 다음의 사실을 명심하자. 수평축이나 수직축 어느 축에도 명명되지 않은 관련 변수가 변화할 때만 곡선 자체가 이동한다. 가격은 수직축에 명명되어 있으므로, 가격이 변화할 경우 공급곡선상에서 이동하게 된다. 반면에 생산요소 가격, 기술, 기대, 매도인의 수는 어느 축에서도 측정되지 않기 때문에, 이들 변수 중 한 개가 변화할 경우 공급곡선 자체가 이동한다.

Quiz

7. 다음 중 어느 것이 주어진 공급곡선상에서 피자 공급자를 위로 이동시키는가?
   a. 피자가격의 상승
   b. 피자의 보완재인 루트비어 가격의 상승
   c. 피자를 생산하는 데 필요한 요소인 치즈가격의 하락
   d. 인기 있는 피자 레스토랑을 소실시킨 주방 화재
8. 다음 중 어느 것이 피자의 공급곡선을 오른쪽으로 이동시키는가?
   a. 피자가격의 상승
   b. 피자의 보완재인 루트비어 가격의 상승
   c. 피자를 생산하는 데 필요한 요소인 치즈가격의 하락
   d. 인기 있는 피자 레스토랑을 소실시킨 주방 화재
9. 영화 관람 그리고 넷플릭스처럼 연속 상영되는 영화 시청은 대체재이다. 연속 상영되는 영화 시청의 가격이 상승할 경우, 영화 관람 시장에는 어떤 일이 일어나는가?
   a. 공급곡선이 왼쪽으로 이동한다.
   b. 공급곡선이 오른쪽으로 이동한다.
   c. 수요곡선이 왼쪽으로 이동한다.
   d. 수요곡선이 오른쪽으로 이동한다.

해답은 이 장의 끝부분에 있다.

4-4 공급과 수요를 함께 살펴보기

이제는 공급과 수요를 결합시키고 이를 통해 시장에서 판매되는 물품의 가격과 수량이 어떻게 결정되는지 살펴보도록 하자.

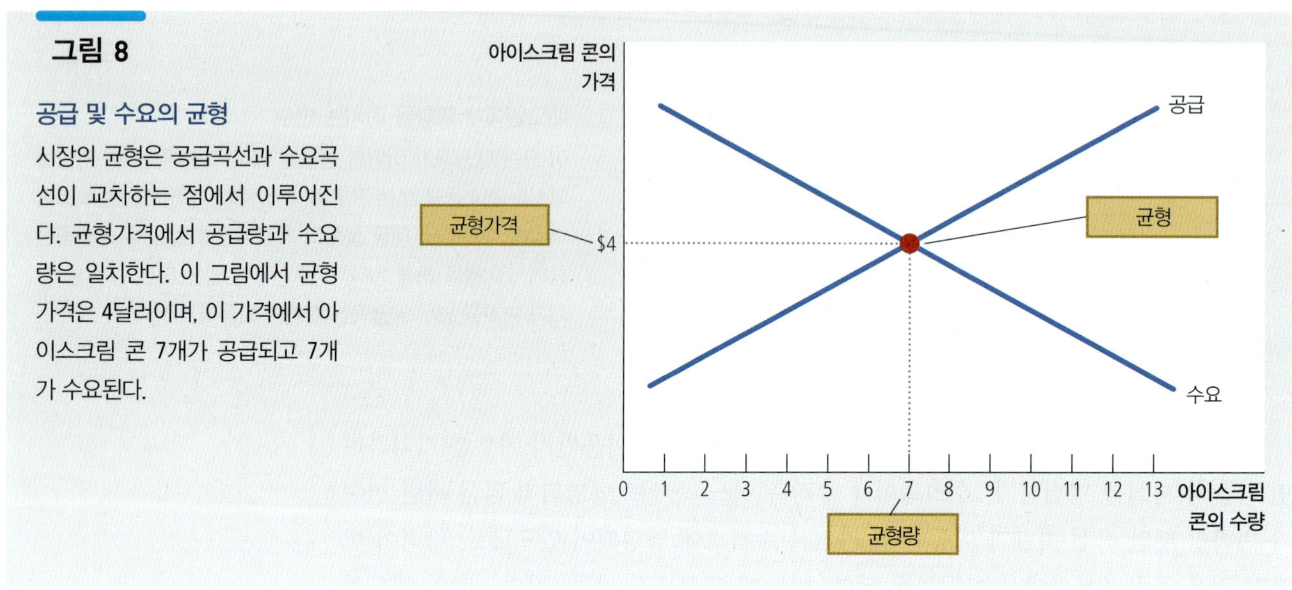

그림 8

공급 및 수요의 균형
시장의 균형은 공급곡선과 수요곡선이 교차하는 점에서 이루어진다. 균형가격에서 공급량과 수요량은 일치한다. 이 그림에서 균형가격은 4달러이며, 이 가격에서 아이스크림 콘 7개가 공급되고 7개가 수요된다.

4-4a 균형

그림 8은 시장 공급곡선과 시장 수요곡선을 함께 보여준다. 공급곡선과 수요곡선이 교차하는 하나의 점이 있다는 사실에 주목하자. 이 점에서 시장의 균형(equilibrium)이 이루어진다. 이 교차점에서의 가격을 균형가격(equilibrium price)이라고 하며, 수량을 균형량(equilibrium quantity)이라고 한다. 여기서 균형가격은 아이스크림 콘 한 개당 4달러이며, 균형량은 7개이다.

균형
시장가격이 공급량과 수요량이 같아지는 수준에서 결정되는 상황

균형가격
공급량과 수요량이 균형을 이루는 가격

균형량
균형가격에서의 공급량과 수요량

사전에서는 **균형**을 여러 힘이 평형을 이루는 상황이라고 정의한다. 평형을 이룬다는 생각이 시장균형이란 개념의 핵심이 된다. **균형가격에서는 매수인이 구입하겠다는 의사와 실제로 구입할 수 있는 능력을 갖고 있는 수량이, 매도인이 판매하겠다는 의사와 실제로 판매할 수 있는 능력을 갖고 있는 수량과 정확하게 평형을 이룬다.** 균형가격은 이 가격에서 시장에 있는 모든 사람들이 만족해하기 때문에, 다시 말해 매수인은 구입하고자 하는 모든 것을 구입하고 매도인도 판매하고자 하는 모든 것을 판매하기 때문에 **시장청산가격**이라고도 한다.

매수인과 매도인의 상호작용을 통해 시장은 공급과 수요가 균형을 이루도록 움직이게 된다. 그 이유를 알아보기 위해서 시장가격과 균형가격이 같지 않을 때 어떤 일이 발생하는지 생각해보자.

그림 9(a)처럼, 시장가격이 균형가격보다 더 높은 경우를 먼저 생각해보자. 아이스크림 콘 한 개당 가격이 5달러인 경우, 공급량(아이스크림 콘 10개)이 수요량(4개)을 초과한다. 따라서 해당 물품의 과잉(surplus)현상이 발생한다. 즉, 생산자들은 현재 가격에

과잉
공급량이 수요량보다 많은 상황

그림 9

균형이 이루어지지 않은 시장

(a)에서는 과잉현상이 발생한다. 시장가격 5달러는 균형가격보다 높기 때문에, 공급량(아이스크림 콘 10개)이 수요량(4개)을 초과하게 된다. 생산자들은 가격을 인하하여 판매를 증대시키려 하게 되고, 이를 통해 가격은 균형수준을 향해 이동하게 된다. (b)에서는 부족현상이 발생한다. 시장가격 3달러는 균형가격보다 낮기 때문에, 수요량(아이스크림 콘 10개)이 공급량(4개)을 초과하게 된다. 너무 많은 수의 매수인이 너무 적은 수의 물품을 구매하려는 상황이기 때문에, 생산자들은 가격을 인상하게 된다. 두 경우 모두에서 가격 조정이 이루어져, 시장은 공급과 수요가 균형을 이루는 점으로 향하게 된다.

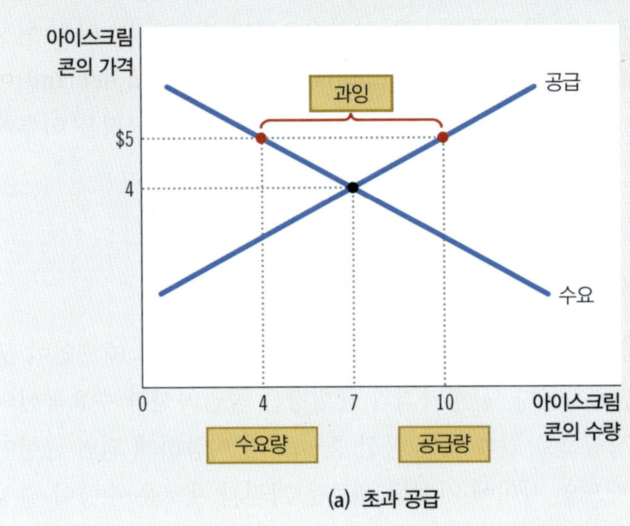

(a) 초과 공급

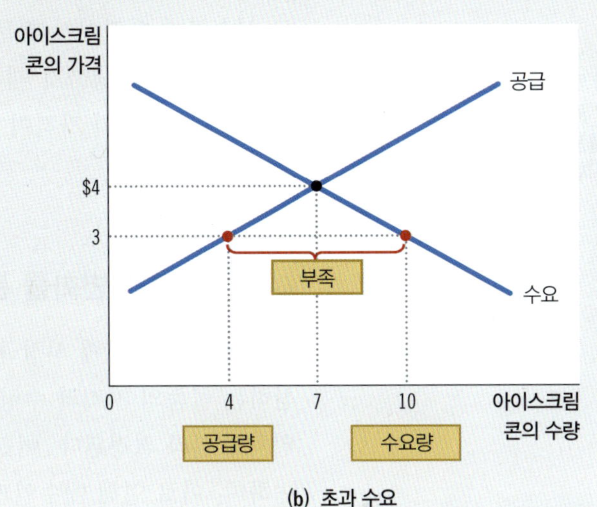

(b) 초과 수요

서 원하는 모든 물품을 판매할 수 없다. 이런 과잉현상을 **초과 공급** 상황이라고도 한다. 아이스크림 시장에서 과잉현상이 발생하는 경우, 매도인은 판매하려 했으나 하지 못한 아이스크림으로 냉동고가 점점 가득 채워진다는 사실을 깨닫게 된다. 이들은 이런 상황에 대응하기 위해 가격을 인하한다. 가격이 인하됨에 따라 수요량이 증가하고 공급량은 감소한다. 이런 변화들은 **공급곡선상에서의 이동**과 **수요곡선상에서의 이동**이며, 곡선 자체의 이동은 아니다. 가격이 계속 하락하여 시장은 균형에 도달하게 된다.

그림 9(b)처럼 시장가격이 균형가격보다 더 낮은 경우를 이제 생각해보자. 이 경우 아이스크림 콘 한 개당 가격은 3달러이며 수요량이 공급량을 초과한다. 따라서 해당 물품의 부족(shortage)현상이 발생한다. 즉, 소비자들은 현재 가격에서 원하는 모든 물품을 구입할 수 없다. 이런 부족현상을 **초과 수요** 상황이라고도 한다. 아이스크림 시장에서 부족현상이 발생하는 경우, 매수인은 구할 수 있는 적은 수의 콘 중 한 개를 구입하기 위해 긴 줄을 서서 기다려야만 한다. 너무 많은 수의 매수인이 너무 적은 수의 물품을 구입하려 하기 때문에, 매도인은 판매손실 없이 가격을 인상할 수 있다. 가격이 인상됨에 따라 수요량이 감소하고 공급량은 증가한다. 다시 한번 이런 변화는 **공급곡선상**

부족
수요량이 공급량보다 많은 상황

에서의 이동과 수요곡선상에서의 이동이며, 시장은 균형에 더욱 근접하게 된다.

가격이 어느 수준에서 시작하든 관계없이 매수인과 매도인의 상호작용을 통해 시장가격은 균형으로 움직이게 된다. 시장이 일단 균형에 도달하게 되면, 매수인과 매도인은 현재 가격에서 자신이 원하는 수량을 구입하고 판매할 수 있다는 의미에서 모두 만족하게 된다. 균형을 이루는 점에서 가격에 대한 추가적인 상승 또는 하락 압력은 존재하지 않는다. 균형에 얼마나 신속하게 도달하느냐는 가격이 얼마나 신속하게 조정되느냐에 따라 시장마다 다르다. 가장 잘 작동하는 시장에서 가격은 균형수준으로 신속하게 움직이기 때문에 과잉 및 부족현상은 일시적으로만 발생한다. 이런 현상은 널리 퍼져 발생하기 때문에, 이를 공급 및 수요법칙(law of supply and demand)이라고 한다. 물품의 가격이 조정되어서 해당 물품의 공급량과 수요량은 균형을 이루게 된다.

공급 및 수요법칙
어떤 물품의 가격이 조정되어서 해당 물품의 공급량과 수요량이 균형을 이루게 된다는 주장

4-4b 균형의 변화를 분석하는 세 단계

공급과 수요가 함께 시장균형을 결정하며, 이는 다시 매수인이 구매하고 매도인이 생산하는 물품의 가격과 수량을 결정한다. 균형가격과 균형량은 공급곡선과 수요곡선의 위치에 따라 결정된다. 어떤 상황으로 인해 이들 곡선 중 하나가 이동하게 되면 균형이 변하며, 이로 인해 매수인과 매도인 사이에 거래될 새로운 가격과 새로운 수량이 결정된다.

발생한 상황이 시장균형에 어떤 영향을 미치는지 분석하려 할 때, 다음과 같이 세 단계를 밟아 진행하게 된다. 첫째, 해당 상황이 공급곡선이나 수요곡선, 아니면 두 곡선 모두를 이동시키는지 여부를 결정한다. 둘째, 해당 곡선이 오른쪽 또는 왼쪽으로 이동하는지 여부를 결정한다. 셋째, 공급 및 수요 도해를 활용하여 최초 균형과 새로운 균형을 비교한다. 이를 통해 해당 상황이 균형가격과 균형량에 어떤 영향을 미쳤는지 알 수 있다. 표 3은 이런 세 단계를 요약해서 설명한다. 이것이 어떻게 작동하는지 알아보기

표 3

균형의 변화를 분석하는 세 단계

단계 1	해당 상황이 공급곡선 또는 수요곡선(또는 어쩌면 두 곡선 모두)을 이동시키는지 여부를 결정한다.
단계 2	해당 곡선이 어느 방향으로 이동하는지를 결정한다.
단계 3	공급 및 수요 도해를 활용하여 이런 이동이 균형가격 및 균형량을 어떻게 변화시키는지 살펴본다.

위해서 아이스크림 시장에 영향을 미칠 수 있는 몇 가지 상황을 생각해보자.

상황: 수요곡선 자체의 이동으로 인해 시장균형이 변화하는 경우 올 여름 날씨가 유난히 더웠다고 가상하자. 이는 아이스크림 시장에 어떤 영향을 미치는가? 이 물음에 답하기 위해 다음과 같은 세 단계를 밟아보도록 하자.

1. 날씨는 아이스크림에 대한 소비자들의 기호를 변화시키며, 이를 통해 수요곡선에 영향을 미친다. 즉 날씨는 사람들이 각 가격에서 구입하고자 하는 수량을 변화시킨다. 날씨는 아이스크림을 판매하는 기업에 직접적으로 영향을 미치지 않기 때문에, 공급곡선은 변화 없이 동일하다.
2. 더운 날씨로 인해 시원한 간식이 더 필요하기 때문에, 사람들은 더 많은 아이스

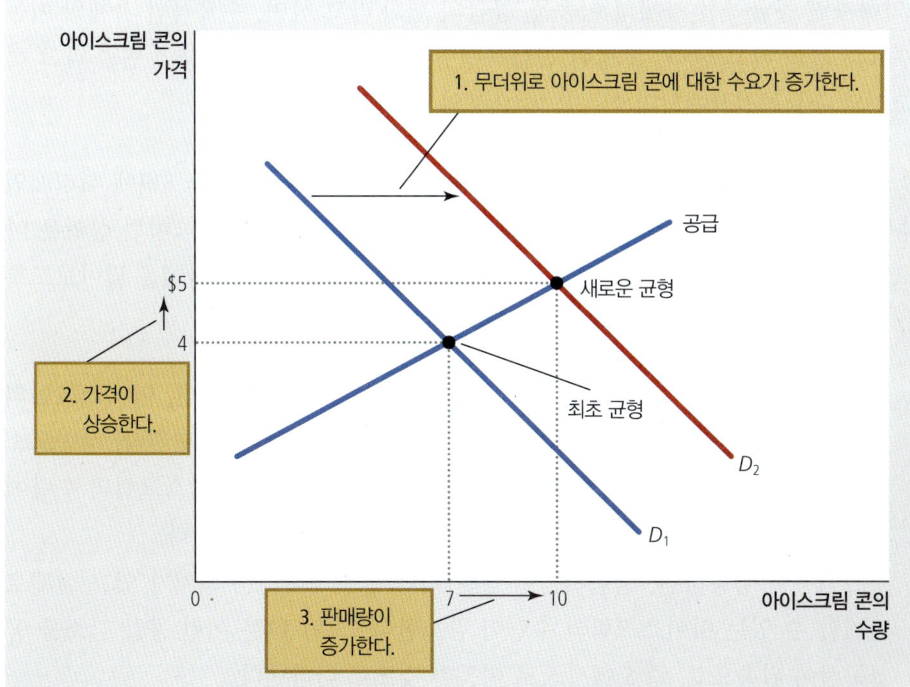

그림 10

수요의 증가는 균형에 어떤 영향을 미치는가

각 가격에서 수요량이 증가하는 상황이 발생하는 경우, 수요곡선은 오른쪽으로 이동한다. 이렇게 되면 균형가격과 균형량이 둘 다 증가하게 된다. 이 그림에서는 무더운 여름 날씨로 인해 매수인이 아이스크림 콘을 더 많이 수요한다. 수요곡선은 D_1에서 D_2로 이동하며, 균형가격은 4달러에서 5달러로 상승하고 균형량은 7개에서 10개로 증가한다.

크림을 원하게 된다. 그림 10은 이런 수요 증가를 수요곡선이 오른쪽으로, 즉 D_1에서 D_2로 이동한 것으로 나타내었다. 이런 이동은 각 가격에서 수요량이 증가함을 의미한다.

3. 최초의 균형가격 4달러에서, 이제는 아이스크림에 대한 초과 수요가 발생하며 이런 부족현상으로 인해 기업은 가격을 인상하게 된다. 그림 10이 보여주는 것처럼, 수요가 증가하면 균형가격은 4달러에서 5달러로 상승하며 균형량은 아이스크림 콘 7개에서 10개로 증가한다. 다시 말해 더운 날씨로 인해 아이스크림 가격과 판매량은 둘 다 증가한다.

곡선 자체의 이동 대 곡선상에서의 이동 더운 날씨로 인해 아이스크림에 대한 수요가 증가하고 가격이 상승할 경우, 공급곡선은 변하지 않고 그대로이지만 아이스크림 제조업자가 공급하는 수량이 증가하게 된다. 이럴 때 경제학자들은 공급량은 증가했지만 공급에는 변화가 없다고 한다.

공급은 공급곡선의 위치를 알려주며, **공급량**은 생산자들이 판매하고자 하는 수량을 알려준다. 여름 더위 속에서 날씨는 생산자들이 각 가격에서 판매하고자 하는 수량에 영향을 미치지 않기 때문에 공급은 변하지 않는다. 대신에 무더운 날씨로 인해 소비자들은 각 가격에서 더욱 아이스크림을 구입하려 하며, 이로 인해 수요곡선이 오른쪽으로 이동한다. 수요가 증가하게 되면 균형가격이 상승한다. 가격이 상승할 때 공급량이 증가한다. 공급량의 증가는 공급곡선상에서의 이동이다.

요약하자면 공급곡선 자체의 이동을 '공급의 변화'라고 하며, 수요곡선 자체의 이동을 '수요의 변화'라고 한다. 고정된 공급곡선상에서의 이동을 '공급량의 변화'라고 하며, 고정된 수요곡선상에서의 이동을 '수요량의 변화'라고 한다.

상황: 공급곡선 자체의 이동으로 인해 시장균형이 변화하는 경우 어느 8월에 허리케인이 발생하여 사탕수수 수확의 일부가 소실되고 설탕가격이 상승했다. 이런 상황은 아이스크림 시장에 어떤 영향을 미치는가? 다시 한번 다음과 같은 세 단계를 밟아보도록 하자.

1. 아이스크림을 생산하는 데 필요한 요소인 설탕가격이 상승하면, 아이스크림의 생산비용이 증가한다. 따라서 이런 상황은 공급곡선에 영향을 미친다. 생산요소 비용이 상승할 경우, 이것이 소비자들이 구입하고자 하는 아이스크림의 수량에 직접적으로 영향을 미치지 않기 때문에 수요곡선은 변하지 않는다.
2. 생산비용이 상승하면, 생산자들이 각 가격에서 판매하려는 의지가 있고 실제로 판매할 수 있는 아이스크림의 수량이 감소한다. 그림 11은 이런 공급 감소를 공급곡선이 왼쪽으로, 즉 S_1에서 S_2로 이동한 것으로 나타낸다.

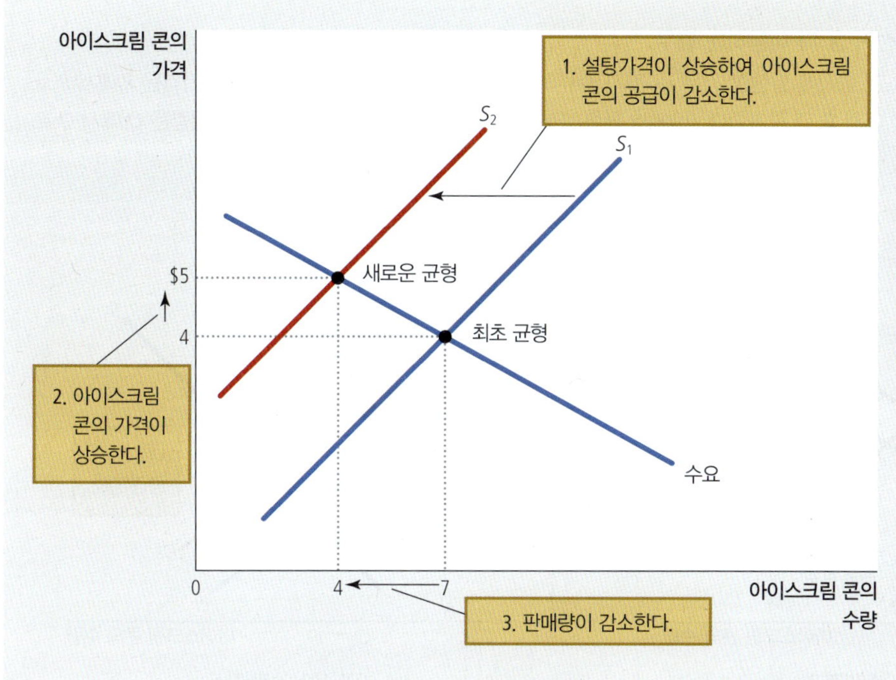

그림 11

공급의 감소는 균형에 어떤 영향을 미치는가

각 가격에서 공급량이 감소하는 상황이 발생하는 경우, 공급곡선은 왼쪽으로 이동한다. 이렇게 되면 균형가격은 상승하고 균형량은 감소한다. 이 그림에서는 (생산요소인) 설탕가격이 상승하여 매도인이 아이스크림 콘을 더 적게 공급하게 된다. 공급곡선은 S_1에서 S_2로 이동하며, 균형가격은 4달러에서 5달러로 상승하고 균형량은 7개에서 4개로 감소한다.

3. 최초의 균형가격 4달러에서, 이제는 아이스크림에 대한 초과 수요가 발생하며 이런 부족현상으로 인해 기업은 가격을 인상하게 된다. 그림 11이 보여주는 것처럼, 공급곡선 자체의 이동으로 인해 균형가격이 4달러에서 5달러로 상승하며 균형량은 아이스크림 콘 7개에서 4개로 감소한다. 설탕가격의 상승으로 인해 아이스크림 가격은 상승하고 판매량은 감소한다.

상황: 공급곡선과 수요곡선 자체가 두 개 모두 이동하는 경우 연속되는 불행한 사건, 즉 폭염과 허리케인이 같은 여름에 함께 발생했다. 이런 좋지 않은 조합을 분석하기 위해 다음과 같은 세 단계를 다시 한번 밟아보도록 하자.

1. 두 곡선은 모두 이동해야 한다. 폭염으로 인해 각 가격에서 소비자들이 구입하고자 하는 아이스크림의 수량이 변화하기 때문에, 이는 수요곡선에 영향을 미치게 된다. 동시에 허리케인으로 인해 아이스크림에 대한 공급곡선이 변화한다. 즉 설탕가격이 상승함에 따라, 이는 생산자들이 각 가격에서 판매하고자 하는 아이스크림의 수량을 변화시키게 된다.
2. 곡선은 이전 상황에서 이동한 방향과 동일한 방향으로 이동한다. 즉 그림 12처럼, 수요곡선은 오른쪽으로 이동하고 공급곡선은 왼쪽으로 이동한다.
3. 수요곡선과 공급곡선의 상대적인 이동규모, 즉 어느 곡선이 더 많이 이동했느냐

그림 12 **공급곡선 및 수요곡선이 둘 다 이동하는 경우**

수요증가와 공급 감소가 동시에 발생할 경우 두 가지 종류의 결과가 발생할 수 있다. (a)에서 균형가격은 P_1에서 P_2로 상승하고 균형량은 Q_1에서 Q_2로 증가한다. (b)에서 균형가격은 또다시 P_1에서 P_2로 상승하지만 균형량은 Q_1에서 Q_2로 감소한다.

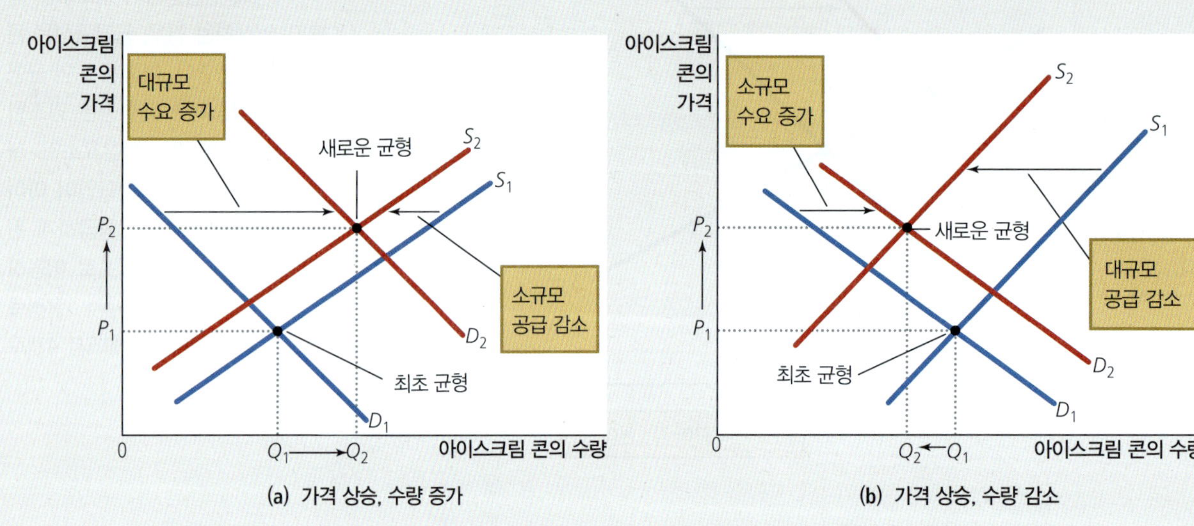

에 따라 두 가지 결과가 발생할 수 있다. 두 가지 결과 모두에서 균형가격은 상승한다. 수요가 대규모로 증가하는 반면 공급이 소규모로 감소하는 그림 12(a)에서는 균형량 역시 증가한다. 하지만 공급이 대규모로 감소하는 반면 수요가 소규모로 증가하는 그림 12(b)에서는 균형량이 감소한다. 따라서 이런 상황에서 아이스크림 가격은 확실히 상승하지만 아이스크림 판매량에 미치는 영향은 분명하지 않다.(즉 증가할 수도 있고 감소할 수도 있다)

요약 공급곡선과 수요곡선은 균형의 변화를 분석하는 데 도움이 된다. 어떤 상황으로

표 4

공급곡선 또는 수요곡선 자체가 이동하는 경우 가격 및 수량에 어떤 상황이 발생하는가?

간단한 퀴즈라 생각하고, 공급 및 수요 도해를 활용하여 이 표에 있는 항목을 최소한 몇 개 설명할 수 있는지 확인해보시오.

	공급의 불변	공급의 증가	공급의 감소
수요의 불변	*P* 불변 *Q* 불편	*P* 하락 *Q* 증가	*P* 상승 *Q* 감소
수요의 증가	*P* 상승 *Q* 증가	*P* 불분명 *Q* 증가	*P* 상승 *Q* 불분명
수요의 감소	*P* 하락 *Q* 감소	*P* 하락 *Q* 불분명	*P* 불분명 *Q* 감소

P: 가격, *Q*: 수량

인해 공급곡선이나 수요곡선 아니면 두 곡선 모두가 이동할 경우, 이들 분석방법을 활용하여 균형가격과 균형판매량이 어떻게 변화하는지 예측할 수 있다. 표 4는 두 곡선의 이동에 따른 모든 조합의 예측 결과를 보여준다. 공급과 수요의 분석방법을 이해했는지 확인해보기 위해, 표의 항목 중 몇 개를 선택하여 명시된 예측을 설명할 수 있는지 확인해보자.

Quiz

10. 새로운 대규모 원유 매장량을 발견한 경우, 이는 휘발유의 ________을 이동시켜 균형가격의 ________으로 이어진다.
    a. 공급곡선; 상승
    b. 공급곡선; 하락
    c. 수요곡선; 상승
    d. 수요곡선; 하락

11. 경제가 침체되고 소득이 감소할 경우, 열등재 시장에서 어떤 일이 발생하는가?
    a. 가격과 판매량이 둘 다 증가한다.
    b. 가격과 판매량이 둘 다 감소한다.
    c. 가격은 상승하고; 판매량은 감소한다.
    d. 가격은 하락하고; 판매량은 증가한다.

12. 다음 중 어느 상황이 젤리 균형가격의 상승과 균형판매량의 감소로 이어지는가?
    a. 젤리의 보완재인 땅콩버터 가격이 상승하는 경우
    b. 젤리의 대체재인 머시멜로 플러프 가격이 상승하는 경우
    c. 젤리 생산에 필요한 요소인 포도가격이 상승하는 경우
    d. 젤리가 정상재이며 소비자 소득이 증가하는 경우

13. ________의 증가는 주어진 공급곡선상에서의 이동을 유발하며, 이를 ________의 변화라고 한다.
    a. 공급; 수요
    b. 공급; 수요량
    c. 수요; 공급
    d. 수요; 공급량

해답은 이 장의 끝부분에 있다.

4-5 결론: 가격은 자원을 어떻게 배분하는가

이 장에서는 단일 시장에서의 공급과 수요를 분석했다. 논의는 아이스크림 시장에 중점을 두었지만, 학습한 원리들은 대부분의 다른 시장들에도 적용된다. 어떤 것을 구입하기 위해 상점에 가게 되면, 여러분은 해당 품목의 수요에 기여하여 수요를 증가시키게 된다. 일자리를 구하려 하면, 여러분은 노동력의 공급에 기여하여 공급을 증가시키게 된다. 공급과 수요는 시장경제에서 매우 널리 일반적으로 작동하기 때문에, 공급 및 수요 모형은 강력한 분석도구이다.

제1장에서 살펴본 **경제학의 열 가지 원리** 중 하나는 시장이 일반적으로 경제활동을 조직화하는 좋은 방법이라는 것이다. 시장에서 이루어진 결과가 좋은지 아니면 나쁜지 여부를 판단하기에는 아직 이르지만, 이 장에서는 시장이 어떻게 작동하는지 살펴보았다. 어떠한 경제체제에서도 희소한 자원들은 서로 경쟁적으로 필요로 하는 용도들 사

시사 경제 재난 후 이루어지는 가격 인상

재해가 발생하면 많은 물품에 대한 수요가 증가하거나 공급이 감소하여 가격에 인상 압박이 가해진다. 어느 누구도 이것이 공정하다고 생각하지 않는다.

공급 및 수요법칙은 공정하지 않다

리처드 탈러(Richard Thaler)

경제학자 입장에서 볼 때, 미국에서 코로나 바이러스 위기가 발생한 직후 몇 주 동안 매우 충격적이었던 광경은 슈퍼마켓의 선반이 텅 빈 모습이었다.

화장지나 손소독제가 소진되고 없었다. 사회적 거리두기가 시행된 첫 몇 주 동안, 많은 사람이 빵을 직접 굽기로 하면서 파스타, 밀가루, 심지어 효모도 구하기 어려운 실정이었다. 더 큰 우려는 병원이 코로나 바이러스 감염 환자들을 안전하게 치료할 때 필요한 마스크, 가운, 인공호흡기를 충분히 구할 수 없다는 사실이었다.

공급 및 수요법칙에 어떤 일이 발생했는가? 경제 모형이 예측한 것처럼, 가격이 시장을 청산할 정도로 충분히 상승하지 않은 이유는 무엇인가?

나는 심리학자 다니엘 카너먼(Daniel Kahneman), 경제학자 잭 크네치(Jack Knetsch)와 함께 쓴 논문에서 이 문제를 다뤘다. 질문의 답은 일반적인 공급 및 수요 모형에서는 찾을 수 없는 한 단어, 즉 공정성으로 축약할 수 있다. 기본적으로 긴급상황에서의 가격 인상은 사회적으로 용납되지 않는다.

가상 기업의 행태에 관해 사람들에게 물었다. 예를 들면 다음과 같다. "어떤 철물점이 눈삽을 15달러에 판매하는데 눈보라가 몰아친 다음 날 아침에 가격을 20달러로 인상했다."

응답자의 82%가 가격 인상이 불공정하다고 판단했다. 이 응답자들은 품위 있기로 정평 난 캐나다인이었지만, 이제는 세계 전역에서 실시된 연구를 통해 이 같은 일반적인 조사 결과가 반복적으로 나타나 확인되고 있다.

대부분의 기업은 공정성에 대한 사회 규범을 준수하는 것이 자사 사업 모형으로 실현되어야 한다고 암묵적으로 인정한다. 현재의 긴급상황에서 대규모 소매체인점은 가격 인상이 아니라 각 고객의 매입 수량을 제한함으로써 화장지 부족현상에 대응하고 있다. 아마존과 이베이는 자사 사이트에서 가격을 부당하게 책정하는 행위를 금지했다.

이와 유사한 행태를 허리케인 이후 나타나는 모습에서 관찰할 수 있다. 폭풍우가 끝난 직후에는 전형적으로 생수나 합판 같은 물품에 대규모 수요가 발생한다. 미국의 홈 디포나 월마트 같은 대형 소매업체는 이를 예상하고, 위험구역 인근으로 보급품을 실은 트럭을 보내 배포할 준비를 한다. 그러고 나서 안전해지면, 생수는 무료로 제공하고 합판은 '정가 이하'로 판매한다.

동일한 긴급상황에서 일부 '장사꾼'은 다르게 행동할 수 있다. 그들은 재난을 기회로 보고, 집 근처에서 트럭에 합판을 가득 싣고 재난 현장으로 트럭을 몰고가 받을 수만 있다면 어떤 가격이라도 받아내고 물품을 판매한다.

대형 소매업체가 본질적으로 '장사꾼'보다 더 윤리적이라는 말은 아니다. 단지 시간 영역이 다를 뿐이다. 대규모 업체는 장기전을 펼치며, '공정하게' 행동함으로써 재난 이후에도 고객 충성도를 유지하고자 한다. 반면에 장사꾼은 재빨리 돈을 버는 것에만 관심을 둔다.

공정성 규범은 코로나 바이러스 위기 상황에서 의료장비 공급망의 붕괴를 일부 설명할 수 있다. 병원은 보통 필수품을 공급하는 도매업체와 장기적으로 거래하는 구매조합을 이용한다. 도매업체는 일반적으로

이에 배분되어야만 한다. 시장경제는 공급과 수요의 힘을 이용하여 이런 목적을 충족시킨다. 공급과 수요는 함께 경제에서 거래되는 많은 재화 및 용역의 가격을 결정한다. 그러면 이번에는 가격이 자원 배분을 유도하는 신호가 된다.

예를 들면 해변가 토지의 배분에 대해 생각해보자. 이런 토지는 제한되기 때문에, 모든 사람이 해변가에서 거주하는 호사스러움을 누릴 수는 없다. 그렇다면 누가 이 희소자원을 갖게 되는가? 이 물음에 대한 답변은 해당되는 가격을 지불할 의지와 능력이 있는 누구라도 가능하다고 할 수 있다. 토지에 대한 수요량과 공급량이 균형을 이룰 때

이런 관계를 계속 유지하려 하며, 지금은 가격을 인상할 적절한 시기가 아니라는 점도 안다. 종종 이들은 수요가 급등하기 전에 협상한 가격으로 물품을 공급할 계약상의 의무가 있다.

현재의 한 사례는 N95 안면 마스크이다. 뉴욕 병원의 한 임원이 귀띔한 바에 의하면, 전염병이 시작되었을 때 병원은 개당 35센트에 구입하기로 장기계약을 맺고 있었다. 마스크에 대한 수요가 급증하자, 이들 공급업체는 가격을 인상하고 싶어했지만 허용되지 않았다.

하지만 공급망에 있는 다른 사람들은 판로를 바꿔 최고가를 지불하려는 사람들에게 마스크를 공급하고 큰 이익을 거뒀다. 이로 인해 병원은 곤궁에 빠지게 되었다. 코로나 바이러스가 뉴욕에 퍼지자 뉴욕 병원은 필사적으로 마스크를 찾아 나섰으며, 결국 마스크의 재고가 바닥에 떨어졌을 때 해외 공급자에게 수십만 장의 마스크에 개당 6달러를 지불했다.

누구라도 이 같은 긴급상황에서 큰 이익을 얻으려 한다면 추해 보일 것이다. 미국에서 코로나 바이러스 감염에 의한 사망자가 처음 발표된 3월 1일에 손소독제, 마스크, 기타 희소 물품을 매입하기 시작한 두 형제의 사례를 생각해보자. 이들은 아마존과 이베이 가격에 큰 가산액을 붙여 매장의 물품 일부를 판매한 후, 판매를 중단했다. 결국 형제는 상당히 좋지 않은 평판을 들은 후에야 물품을 기부하기로 결정했다.

형제가 저가에 매입해서 고가에 판매함으로써 시장을 더 '효율적'으로 만들었다는 사실에 주목하자. 이들이 코로나 바이러스 관련 보급품을 중개 거래하는 대신에, 항공사와 호텔업체의 주식을 팔고 넷플릭스와 줌의 주식을 샀다면 단순히 현명한 거래자로 간주되었을 것이다. 그러나 현명한 거래는 투자에 적합할 수 있지만, 전염병 대유행 기간에 필수적인 물품을 두고 하는 거래는 공정한 것으로 간주되지 않는다.

사회 규범은 시장이 부리는 마법을 방해한다는 점에서 해롭다고 할 수 있다. 예를 들어, 조지 메이슨 대학에 근무하는 경제학자 타일러 카웬(Tyler Cowen)은 코로나 바이러스 관련 필수품의 가격을 인상해도 괜찮으면 좋겠다고 하며 다음과 같이 말했다. "높은 가격은 사재기를 억제하고 정말 필요한 사람들이 특정 물품과 서비스를 구매할 가능성을 높인다."

하지만 어떤 사람들에게 N95 안면 마스크가 '정말 필요'한가? 자금이 풍부한 연구 중심 병원, 자금이 부족한 시립병원, 요양병원, 식품가공 공장에 마스크를 올바르게 배분하는 방법은 무엇인가? 공급과 수요에 따르면, 마스크는 가장 높은 가격을 지불할 의지와 능력이 있는 매수인에게 돌아가야 한다. 하지만 공정성을 따를 경우, 이것이 유일한 고려사항이 될 수는 없다.

대기업과 중소기업이 장기적으로 사업을 운영하길 원한다면, 공정성의 법칙을 준수하는 것이 합리적이다. 만약 다음에 부족한 것이 고기인데 정육점 주인이 돼지갈비 한 개 포장꾸러미밖에 없다는 사실을 알게 된다면, 경매에서 최고가를 제시한 입찰자에게 판매하는 것은 현명하지 못한 처사일 수 있다. ■

TAB62/SHUTTERSTOCK.COM

긴급상황시 손소독제에 얼마나 지불하시겠습니까?

논의 사항

1. 전염병 대유행이 시작되고 나서 매도인이 가격을 인상할 수 있다면, 손소독제를 구할 가능성이 높아진다고 생각하는가 아니면 낮아진다고 생각하는가? 그 이유는 무엇인가?
2. 희소 자원을 판매하는 사람이 재난 후 공급과 수요가 균형을 이루도록 가격을 인상할 수 없다면, 해당 자원을 사람들에게 어떻게 배분해야 한다고 생각하는가? 여러분이 한 제안은 어떤 이점이 있는가? 여러분의 제안은 실제로 어떤 문제를 야기할 수 있는가?

리처드 탈러는 시카고대학교 교수이며, 2017년 노벨 경제학상을 받았다.

출처: *New York Times*, March 24, 2020.

까지 해당 토지의 가격은 조정을 거친다. 시장경제에서 가격은 희소 자원을 배분하는 기능을 한다.

이와 유사하게, 가격은 각 물품을 누가 생산하고 이들 물품을 얼마나 생산할지 결정한다. 예를 들어 농업에 대해 생각해보자. 모든 사람이 살기 위해 식료품이 필요하기 때문에 어떤 사람들은 농업에 종사해야만 한다. 누가 농부가 되고 누가 농부가 되지 않는 것을 무엇이 결정하는가? 자유 사회에서는 적정한 식량 공급을 확보하기 위해 어떠한 정부기관도 이런 결정을 내리지 못한다. 대신에, 농업에 종사할 노동력의 배분은 수

백만 명의 노동자들이 일자리를 선택하여 내린 결정에 기초한다. 이런 결정이 가격에 달려 있기 때문에 이렇게 분권화된 체제는 잘 작동한다. 충분히 많은 사람들이 농부라는 일자리를 선택하도록 식료품 가격과 농부 임금(즉 노동력의 가격)이 조정을 거치게 된다.

실제로 작동하는 시장경제를 경험해보지 못했다면, 지금까지 논의한 논리가 터무니없어 보일 수도 있다. 경제는 수많은 상호의존적인 활동에 종사하는 사람들의 거대한 집합체이다. 분권화된 의사 결정이 혼돈에 빠지지 않게 하는 것은 무엇인가? 다양한 능력과 욕구를 갖고 있는 수백만 명의 행태를 조정하는 것은 무엇인가? 이루어져야만 하는 일이 실제로 이루어지도록 하는 것은 무엇인가? 한마디로 답하면, 바로 가격이다. 애덤 스미스가 남긴 유명한 말처럼, 보이지 않는 손이 시장경제를 인도할 경우 가격 체계는 보이지 않는 손이 경제라는 오케스트라를 지휘할 때 사용하는 지휘봉이 된다.

요약

- 경제학자들은 공급 및 수요 모형을 이용하여 경쟁시장을 분석한다. 이런 시장에는 많은 매수인과 매도인이 있으며, 각 매수인과 각 매도인은 시장가격에 거의 영향을 미치지 못하거나 전혀 영향을 미치지 못한다.
- 어떤 물품에 대한 수요곡선은 수요량이 가격에 어떻게 의존하는지 보여준다. 수요법칙에 따르면, 물품의 가격이 하락함에 따라 수요량이 증가한다. 이것이 수요곡선의 기울기가 하향하는 이유이다.
- 소비자들이 매수하고자 하는 수량을 결정하는 요인에는 가격 이외에 소득, 대체재 가격, 보완재 가격, 기호, 기대, 매수인 수가 포함된다. 이들 요인 중 하나가 변화할 경우, 각 가격에서 수요되는 수량이 변화하여 수요곡선 자체가 이동한다.
- 어떤 물품에 대한 공급곡선은 공급량이 가격에 어떻게 의존하는지 보여준다. 공급법칙에 따르면, 물품의 가격이 상승함에 따라 공급량이 증가한다. 이것이 공급곡선의 기울기가 상향하는 이유이다.
- 생산자들이 매도하고자 하는 수량을 결정하는 요인에는 가격 이외에 생산요소 가격, 기술, 기대, 매도인 수가 포함된다. 이들 요인 중 하나가 변화할 경우, 각 가격에서 공급되는 수량이 변화하여 공급곡선 자체가 이동한다.
- 공급곡선과 수요곡선이 교차하는 점에서 시장균형이 이루어진다. 균형가격에서 수요량은 공급량과 같아진다.
- 매수인과 매도인의 행태를 통해 시장은 자연스럽게 균형으로 유도된다. 시장가격이 균형가격보다 위에서 형성되는 경우, 해당 물품의 과잉현상이 발생하며 이로 인해 시장가격이 하락한다. 시장가격이 균형가격보다 아래에서 형성되는 경우, 해당 물품의 부족현상이 발생하며 이로 인해 시장가격이 상승한다.
- 어떤 상황이 시장에서 균형가격과 균형량에 어떤 영향을 미치는지 분석하기 위해, 공급 및 수요 도해를 활용하여 다음과 같은 세 가지 단계를 밟는다. 첫째, 해당 상황이 공급곡선 또는 수요곡선(또는 두 곡선 모두)을 이동시키는지 여부를 결정한다. 둘째, 해당 곡선이 어느 방향으로 이동하는지를 결정한다. 셋째, 새로운 균형과 최초의 균형을 비교한다.
- 시장경제에서 가격은 결정을 유도하는 신호이며 희소한 자원을 배분한다. 가격은 경제에 있는 모든 물품에 대해 공급과 수요가 균형을 이루도록 한다. 균형가격은 매수인이 소비하고자 하는 수량과 매도인이 생산하고자 하는 수량을 결정한다.

주요 개념

시장 76
경쟁시장 76
수요량 78
수요법칙 78
수요 스케줄 78
수요곡선 78
정상재 81
열등재 81
대체재 81
보완재 82
공급량 85
공급법칙 85
공급 스케줄 86
공급곡선 86
균형 90
균형가격 90
균형량 90
과잉 90
부족 91
공급 및 수요법칙 92

복습용 질문

1. 경쟁시장은 무엇인가? 완전경쟁이 아닌 시장의 형태를 간략하게 설명하시오.
2. 수요 스케줄과 수요곡선은 무엇이며, 이들은 어떻게 연계되는가? 수요곡선의 기울기가 하향하는 이유는 무엇인가?
3. 소비자 기호가 변화할 경우, 이는 수요곡선상에서의 이동으로 이어지는가 아니면 수요곡선 자체의 이동으로 이어지는가? 가격이 변화할 경우, 이는 수요곡선상에서의 이동으로 이어지는가 아니면 수요곡선 자체의 이동으로 이어지는가? 여러분의 대답을 설명하시오.
4. 현준이는 소득이 감소했으며, 이에 따라 호박 주스를 더 많이 구입했다. 호박 주스는 열등재인가 아니면 정상재인가? 호박 주스에 대한 현준이의 수요곡선에 어떤 일이 발생하는가?
5. 공급 스케줄과 공급곡선은 무엇이며, 이들은 어떻게 연계되는가? 공급곡선의 기울기가 상향하는 이유는 무엇인가?
6. 생산자의 기술이 변화할 경우, 이는 공급곡선상에서의 이동으로 이어지는가 아니면 공급곡선 자체의 이동으로 이어지는가? 가격이 변화할 경우, 이는 공급곡선상에서 이동으로 이어지는가 아니면 공급곡선 자체의 이동으로 이어지는가?
7. 시장균형을 정의하시오. 시장을 균형으로 유도하는 힘을 설명하시오.
8. 맥주와 피자는 종종 함께 먹기 때문에 보완재가 된다. 맥주가격이 상승할 경우, 피자시장에서의 공급, 수요, 공급량, 수요량, 가격에 어떤 일이 발생하는가?
9. 시장경제에서 가격이 하는 역할을 설명하시오.

문제와 응용

1. 공급 및 수요 도해를 활용하여 다음의 각 진술을 설명하시오.
   a. "한파가 플로리다를 강타할 경우, 미국 전역에 소재한 슈퍼마켓에서 판매되는 오렌지 주스의 가격이 상승한다."
   b. "미국 뉴잉글랜드 지역의 날씨가 따뜻해질 경우, 카리브해에 소재한 호텔의 객실 요금이 하락한다."
   c. "중동에서 전쟁이 발발할 경우, 휘발유 가격이 상승하고 중고 SUV의 가격이 하락한다."
2. "노트북에 대한 수요가 증가할 경우, 이는 노트북의 수요량을 증대시키지만 공급량을 증대시키지는 않는다." 이 진술은 참인가 아니면 거짓인가? 설명하시오.
3. 미니밴 시장에 대해 생각해보자. 아래에 나열된 각 상황에 대해, 수요 또는 공급의 어떤 결정요인이 영향을 받는지 설명하시오. 또한 수요 또는 공급이 증가하는지 아니면 감소하는지 여부를 밝히시오. 그러고 나서 공급 및 수요 도해를 그려 미니밴의 가격과 수량에 미치는 영향을 설명하시오.
   a. 사람들이 더 많은 자녀를 갖기로 했다.
   b. 철강산업 노동자들이 벌인 파업으로 철강가격이 상승했다.
   c. 엔지니어들이 미니밴 생산에 필요한 자동화 기계를 새로 개발했다.
   d. 스포츠 유틸리티 차량(SUV)의 가격이 상승했다.
   e. 주식시장 붕괴로 사람들의 재산이 감소했다.
4. 넷플릭스처럼 연속 상영되는 영화 시청, TV스크린, 영화 관람 시장을 생각해보자.
   a. 다음의 각 쌍이 보완재인지 아니면 대체재인지 설명하시오.
      - 연속 상영되는 영화 시청과 TV스크린
      - 연속 상영되는 영화 시청과 영화 관람
      - TV스크린과 영화 관람

b. 기술진보로 TV스크린 제작비용이 감소했다고 가상하자. 공급 및 수요 도해를 그려 TV스크린 시장에 어떤 일이 발생하는지 설명하시오.

c. 두 개의 추가적인 공급 및 수요 도해를 그리고 TV스크린 시장의 변화가 연속 상영되는 영화 시청과 영화 관람 시장에 어떤 영향을 미치는지 설명하시오.

5. 지난 40년 동안 기술진보로 컴퓨터 칩의 생산비용이 하락했다. 이로 인해 컴퓨터 시장에 어떤 영향을 미쳤다고 생각하는가? 컴퓨터 소프트웨어 시장은 어떠한가? 타자기 시장은 어떠한가?

6. 공급 및 수요 도해를 활용하여, 다음의 상황들이 스웨트셔츠(경기 전후에 입는 헐거운 스웨터) 시장에 미치는 영향을 설명하시오.

a. 사우스 캐롤라이나에 불어닥친 허리케인으로 인해 목화 수확이 피해를 입었다.

b. 가죽 재킷 가격이 하락했다.

c. 모든 대학들이 적절한 복장을 갖추고 아침 운동을 하도록 요구한다.

d. 새로운 편물 기계가 발명되었다.

7. 토마토 케첩은 핫도그의 (소스일 뿐만 아니라) 보완재이다. 핫도그 가격이 상승할 경우, 케첩시장에는 어떤 일이 발생하는가? 토마토 시장은 어떠한가? 토마토 주스 시장은 어떠한가? 오렌지 주스 시장은 어떠한가?

8. 피자시장의 수요 스케줄과 공급 스케줄은 다음과 같다.

가격	수요량	공급량
4달러	피자 135판	피자 26판
5	104	53
6	81	81
7	68	98
8	53	110
9	39	121

a. 수요곡선과 공급곡선을 그리시오. 이 시장에서 균형가격과 균형량은 무엇인가?

b. 이 시장에서 실제가격이 균형가격보다 높은 경우, 무엇이 이 시장을 균형으로 유도하는가?

c. 이 시장에서 실제가격이 균형가격보다 낮은 경우, 무엇이 이 시장을 균형으로 유도하는가?

9. 다음 상황을 생각해보자. 과학자들은 오렌지를 먹을 경우 당뇨병의 위험이 낮아진다고 밝혔다. 동시에 농부들은 오렌지 나무가 더 많은 오렌지를 산출하도록 해주는 새로운 비료를 사용했다. 이런 변화가 오렌지의 균형가격과 균형량에 어떤 영향을 미치는지 설명하시오.

10. 베이글과 크림치즈는 종종 함께 먹기 때문에 보완재이다.

a. 크림치즈의 균형가격과 베이글의 균형량이 둘 다 증가하는 상황이 관찰되었다. 이런 상황을 어떻게 설명할 수 있는가? 밀가루 가격이 하락했는가? 또는 우유 가격이 하락했는가?

b. 대신에 크림치즈의 균형가격은 상승했지만 베이글의 균형량은 감소했다고 가상하자. 이런 상황을 어떻게 설명할 수 있는가? 밀가루 가격이 상승했는가? 또는 우유가격이 상승했는가? 그래프를 활용하여 설명하시오.

11. 여러분이 다니는 대학에서 벌어지는 농구경기 입장권의 가격이 시장에서 작동되는 힘에 의해 결정된다고 가상하자. 현재 수요 스케줄과 공급 스케줄은 다음과 같다.

가격	수요량	공급량
4달러	입장권 10,000장	입장권 8,000장
8	8,000	8,000
12	6,000	8,000
16	4,000	8,000
20	2,000	8,000

a. 수요곡선과 공급곡선을 그리시오. 이 공급곡선의 특이한 점은 무엇인가? 이 공급곡선이 옳은 이유는 무엇인가?

b. 이 입장권의 균형가격과 균형량은 무엇인가?

c. 여러분이 다니는 대학이 내년에 등록된 총학생 수를 5,000명 증가시키려 한다. 추가적으로 등록할 학생들의 수요 스케줄은 다음과 같다.

가격	수요량
4달러	입장권 4,000장
8	3,000
12	2,000
16	1,000
20	0

이제는 이전의 수요 스케줄과 신규 등록할 학생들의 수요 스케줄을 합하여, 전체 대학에 대한 새로운 수요 스케줄을 작성하시오. 새로운 균형가격과 균형량은 무엇인가?

Quiz 해답

1. c 2. b 3. a 4. b 5. a 6. d 7. a 8. c 9. d 10. b 11. a 12. c 13. d

Chapter

5

탄력성: 개념 및 응용

어떤 사건으로 인해 미국의 휘발유 가격이 급등하는 경우를 가상해보자. 이런 사건에는 세계 석유 공급을 옥죌 수 있는 중동의 긴장상황, 세계 석유 수요를 끌어올릴 중국 경제의 호황, 미국 의회가 통과시킨 휘발유세의 인상 등이 포함된다. 미국 소비자들은 유가 상승에 어떻게 대응하는가?

폭넓게 뭉뚱그려 이 질문에 답하는 것은 용이하다. 즉, 사람들은 더 적은 휘발유를 구입하게 된다고 답할 수 있다. 이것은 앞 장에서 배운 수요법칙에 따른 것이다. 즉, 다른 사정이 동일하다면 어떤 물품의 가격이 상승할 때 해당 물품의 수요량은 감소한다. 하지만 여러분은 정확한 답을 원할지도 모른다. 휘발유 구매는 얼마나 감소할 것인가? 이 질문은 **탄력성**이란 개념을 사용하여 답할 수 있다.

탄력성은 매수인과 매도인이 시장상황의 변화에 얼마나 많이 반응하는지를 측정한 척도이다. 사건이나 정책이 시장에 어떤 영향을 미치는지 살펴볼 경우, 미치는 영향의 방향만이 아니라 그 크기도 논의할 수 있다.

휘발유 시장에 관한 연구에서 보면, 수요량이 단기보다는 장기에서 휘발유 가격에 더 많이 반응한다는 사실을 일반적으로 알 수 있다. 가격이 10% 상승할 경우 휘발유 소비는 1년 후에 약 2.5% 감소하지만, 5년 후에는 약 6% 감소한다. 장기적인 감소의 약 절반은 운전을 덜 하는 데서 비롯되며, 나머지 절반은 연비가 더 효율적인 자동차로 바꾸고 더 나아가 휘발유가 전혀 필요하지 않은 전기차로 바꾸는 데서 비롯된다. 이들 두 반응 모두가 수요곡선과 그 탄력성에 반영된다.

5-1 수요 탄력성

제4장에서는 어떤 물품의 가격이 하락하거나 소득이 증대하거나 대체재의 가격이 상승하거나 보완재의 가격이 하락하는 경우, 소비자들은 보통 해당 물품을 더 많이 구입하게 된다는 사실을 알게 되었다. 이런 논의는 질적 분석이지, 양적 분석은 아니다. 즉 수요량의 증가와 감소에 대해 논의했지만, 변화의 크기에 대해서는 알아보지 않았다. 소비자들이 이런 변수의 변화에 얼마나 반응하는지 알아보기 위해, 경제학자들은 탄력성(elasticity)이란 개념을 사용한다.

탄력성
결정요인 중 한 개가 변화하는 경우, 수요량 또는 공급량이 그 변화에 반응하는 정도를 측정하는 척도

5-1a 수요의 가격 탄력성과 결정요인

수요의 가격 탄력성
어떤 물품의 수요량이 그 물품의 가격 변화에 얼마나 반응하는지를 측정한 척도이며, 수요량의 백분율 변화를 가격의 백분율 변화로 나누어 계산한 값

수요법칙에 따르면, 어떤 물품의 가격이 하락하는 경우 그 수요량이 증가한다. 수요의 가격 탄력성(price elasticity of demand)은 가격 변화에 수요량이 얼마나 반응하는지를 측정한 것이다. 수요량이 가격 변화에 크게 반응하는 경우, 해당 품목에 대한 수요는 **탄력적**이라고 한다. 수요량이 가격 변화에 약간만 반응하는 경우, 수요는 **비탄력적**이라고 한다.

각 물품에 대한 수요의 가격 탄력성은, 가격이 상승함에 따라 소비자가 얼마나 덜 구입하려는 의향이 있는지를 측정한다. 수요곡선은 소비자 선호를 결정하는 경제적, 사회적, 심리적 요인을 반영하기 때문에, 무엇이 수요곡선의 탄력성을 결정하는지에 대한 간단하고 보편적인 규칙은 없다. 하지만 경험에 기반한 몇 가지 규칙이 있다.

밀접한 대체재의 존재 유무 밀접한 대체재가 있는 물품은, 소비자들이 해당 물품에서 다른 물품으로 더 쉽게 전환할 수 있기 때문에 보다 탄력적인 수요를 갖는 경향이 있다. 예를 들면 마가린은 버터의 일반적인 대체품이다. 버터가격을 조금만 인상해도 마가린 가격이 일정하다고 가정할 경우, 버터의 수요량은 크게 감소한다는 사실을 알게 될 것이다. 반면에 달걀은 밀접한 대체재가 없기 때문에, 그것의 수요는 덜 탄력적이다. 달걀가격이 조금 인상되더라도, 그것의 수요량이 크게 감소하지는 않는다.

필수품과 사치품 진정으로 필요한 물품은 가격이 조금 상승하더라도 구입량이 많이 감소하지는 않는다. 달리 표현하면, 필수품의 수요는 비탄력적인 경향이 있다. 예를 들면 의사를 내방하여 지불하는 진료비가 상승할 경우, 대부분의 사람은 약간 덜 자주 방문할 수는 있지만 방문 횟수를 급격히 줄이지는 않는다. 사치품은 또 다른 문제이다. 요트가격이 상승할 경우, 요트의 수요량은 크게 감소한다. 그 이유는 대부분의 사람이 요트를 사치품으로 간주하기 때문이다. 어떤 품목이 필수품인지, 사치품인지 여부는 해당 품목의 본질적 특성이 아니라 매수인의 선호에 달려 있다. 건강에는 거의 관심이 없으면서 열광적인 항해자인 경우, 요트는 수요가 비탄력적인 필수품이고 의사를 내방하여 진료받는 것은 수요가 탄력적인 사치품일 수 있다.

광범하게 정의된 시장인지 아니면 협소하게 정의된 시장인지 여부 수요의 탄력성은 시장의 경계를 어떻게 설정하느냐에 달려 있다. 좁게 정의된 시장은 폭넓게 정의된 시장보다 수요가 더 탄력적인 경향이 있다. 그 이유는 좁게 정의된 물품의 밀접한 대체재를 찾는 것이 더 용이하기 때문이다. 예를 들어 범주가 폭넓은 식료품의 경우, 적당한 대체재가 없기 때문에 수요가 상당히 비탄력적이다. 범주가 좁은 아이스크림의 경우, 다른 디저트로 쉽게 대체할 수 있기 때문에 수요가 좀 더 탄력적이다. 범주가 훨씬 더 좁은 바닐라 아이스크림의 경우, 예를 들면 달콤한 크림과 같은 다른 맛의 아이스크림이 바닐라 아이스크림의 거의 완벽한 대체재가 되기 때문에 수요가 매우 탄력적이다.

시간 영역 수요는 시간이 길수록 더 탄력적이 되는 경향이 있다. 휘발유 가격이 상승한 경우, 수요량은 처음 몇 달 동안에는 약간만 감소한다. 하지만 시간이 흐르면 사람들은 연비가 더 효율적인 자동차나 전기차를 구입하고, 카풀을 하고 대중교통으로 바꾸고 직장과 가까운 곳으로 이사를 한다. 몇 년에 걸쳐 휘발유 수요량은 더 많이 감소한다.

5-1b 숫자를 활용한 수요의 가격 탄력성

지금까지 수요의 가격 탄력성 개념을 전반적으로 살펴보았으므로, 이제는 이를 어떻게 측정하는지 구체적으로 살펴보도록 하자. 경제학자들은 수요의 가격 탄력성을 다음과 같이, 즉 수요량의 백분율 변화를 가격의 백분율 변화로 나누어 구한다.

$$\text{수요의 가격 탄력성} = \frac{\text{수요량의 백분율 변화(즉, 변화율)}}{\text{가격의 백분율 변화(즉, 변화율)}}$$

예를 들어 아이스크림 가격이 10% 상승하고 나서 20% 더 적게 구입했다고 가상하자. 이런 경우 수요의 가격 탄력성은 다음과 같이 계산된다.

$$\text{수요의 가격 탄력성} = \frac{20\%}{10\%} = 2$$

위의 예에서 탄력성은 2가 되는데, 이는 수요량 변화가 가격 변화에 비해 비율적으로 2배 크다는 의미이다.

어떤 물품의 수요량은 가격과 반대방향으로 변화하기 때문에, 수요량의 백분율 변화는 가격의 백분율 변화에 대해 반대 부호를 갖게 된다. 위의 예에서, 가격의 백분율 변화는 **양수** 10%(이는 상승을 의미한다)이고, 수요량의 백분율 변화는 **음수** 20%(이는 감소를 의미한다)이다. 이런 이유로, 수요의 가격 탄력성은 이따금 음수로 발표되지만, 일반적으로는 음수 부호를 떼고 모든 수요의 가격 탄력성이 양수로 발표된다.(수학에서는 이를 **절댓값**이라고 한다) 이 책에서는 관례에 따라, 가격 탄력성이 크다는 것은 가격 변화에 대한 수요량의 변화가 크다는 의미이다.

5-1c 중간점에 기반한 방법: 백분율 변화와 탄력성을 계산하는 방법

수요곡선상의 두 점 사이에 존재하는 수요의 가격 탄력성을 계산하려는 경우, 성가신 문제가 발생한다. 점 A로부터 점 B까지의 탄력성은 점 B로부터 점 A까지의 탄력성과 상이한 것처럼 보인다. 다음 예를 통해 살펴보자.

점 A: 가격 = 4달러, 수량 = 120
점 B: 가격 = 6달러, 수량 = 80

점 A에서 점 B로 살펴볼 경우, 가격은 50%만큼 상승하고 수량은 33%만큼 감소하는데 이는 수요의 가격 탄력성이 33/50 또는 0.66이 된다는 의미이다.

점 B에서 점 A로 살펴볼 경우, 가격은 33%만큼 하락하고 수량은 50%만큼 증가하는데 이는 수요의 가격 탄력성이 50/33 또는 1.5가 된다는 의미이다. 백분율 변화를 계산할 때 상이한 기본값에 기초하기 때문에 이런 차이가 발생한다. 하지만 분석하고자 하는 현실, 즉 점 A에서 점 B로 또는 점 B에서 점 A로 살펴보는지 여부에 관계없이 가격 변화에 대한 매수인의 반응은 동일하다.

탄력성을 계산하기 위해 **중간점 방법**을 사용할 경우 이런 혼란을 피할 수 있다. 백분율 변화를 계산하는 일반적인 절차에 따르면, 변화량을 최초수준 값으로 나눈다. 하지만 중간점 방법의 경우에는 그 대신에 변화량을 최초수준 값과 최종수준 값의 중간점(평균)으로 나눈다. 예를 들면 5달러는 4달러와 6달러의 중간이다. 따라서 중간점 방법에 따르면, 4달러에서 6달러로 변화할 경우 $(6-4)/5 \times 100 = 40$이기 때문에 40% 상승했다고 본다. 이와 유사하게 6달러에서 4달러로 변화할 경우 역시 40% 하락했다고 본다.

중간점 방법은 변화의 방향에 관계없이 동일한 값을 구할 수 있기 때문에, 두 점 사이 수요의 가격 탄력성을 계산할 때는 이 방법이 종종 사용된다. 위의 예에서 점 A와 점 B 사이의 중간점은 다음과 같다.

중간점: 가격 = 5달러, 수량 = 100

중간점 방법에 따르면, 점 A에서 점 B로 이동할 경우 가격은 40%만큼 상승하고 수량은 40%만큼 감소한다. 이와 유사하게 점 B에서 점 A로 이동할 경우, 가격은 40%만큼 하락하고 수량은 40%만큼 증가한다. 이들 두 이동방향 모두에서 수요의 가격 탄력성은 1이 된다.

아래 공식은 (Q_1, P_1) 및 (Q_2, P_2)로 나타낸 두 점 사이 수요의 가격 탄력성을 계산하는 중간점 방법이다.

$$\text{수요의 가격 탄력성} = \frac{(Q_2 - Q_1)/[(Q_2 + Q_1)/2]}{(P_2 - P_1)/[(P_2 + P_1)/2]}$$

분자는 중간점 방법을 사용하여 구한 수량의 백분율 변화이고, 분모는 중간점 방법을 사용하여 구한 가격의 백분율 변화이다. 탄력성을 계산해야 한다면 위의 공식을 사용하자.

이 책에서는 이런 계산을 거의 하지 않는다. 이 책에서 학습하는 대부분의 목적은 탄력성을 어떻게 계산하느냐보다 탄력성의 개념, 즉 가격 변화에 수요량이 반응한다는 개념을 이해하는 것이기 때문이다.

5-1d 다양한 형태의 수요곡선

경제학자들은 탄력성을 사용하여 수요곡선을 분류한다. 수량이 가격보다 비율적으로 더 많이 변화할 때, 탄력성이 1보다 크고 수요가 **탄력적**이라고 한다. 수량이 가격보다 비율적으로 더 적게 변화할 때, 탄력성이 1보다 작고 수요가 **비탄력적**이라고 한다. 마지막으로 수량의 백분율 변화가 가격의 백분율 변화와 같을 때, 탄력성이 정확히 1이 되고 수요가 **단위 탄력적**이라고 한다.

수요의 가격 탄력성은 가격 변화에 수요량이 얼마나 많이 반응하는지를 측정한 것이기 때문에 수요곡선의 기울기와 밀접하게 연계된다. 경험에 기반한 다음과 같은 유용한 규칙이 있다. 주어진 점에서 수요곡선이 완만할수록 수요의 가격 탄력성이 더 커진다. 주어진 점에서 수요곡선이 가파를수록 수요의 가격 탄력성이 더 작아진다.

그림 1은 다섯 가지 경우를 보여준다. 그림 1(a)에서 보는 것처럼 탄력성이 영인 극단적인 경우에 수요는 **완전 비탄력적**이고 수요곡선은 수직선이 된다. 이 경우, 가격에 관계없이 수요량은 동일하다. 탄력성이 증가함에 따라, 그림 1(b), (c), (d)에서 보는 것

그림 1 수요의 가격 탄력성

수요의 가격 탄력성은 수요곡선이 가파른지 아니면 완만한지 여부를 결정한다. 모든 백분율 변화는 중간점 방법을 활용하여 계산되었다는 사실에 주목하자.

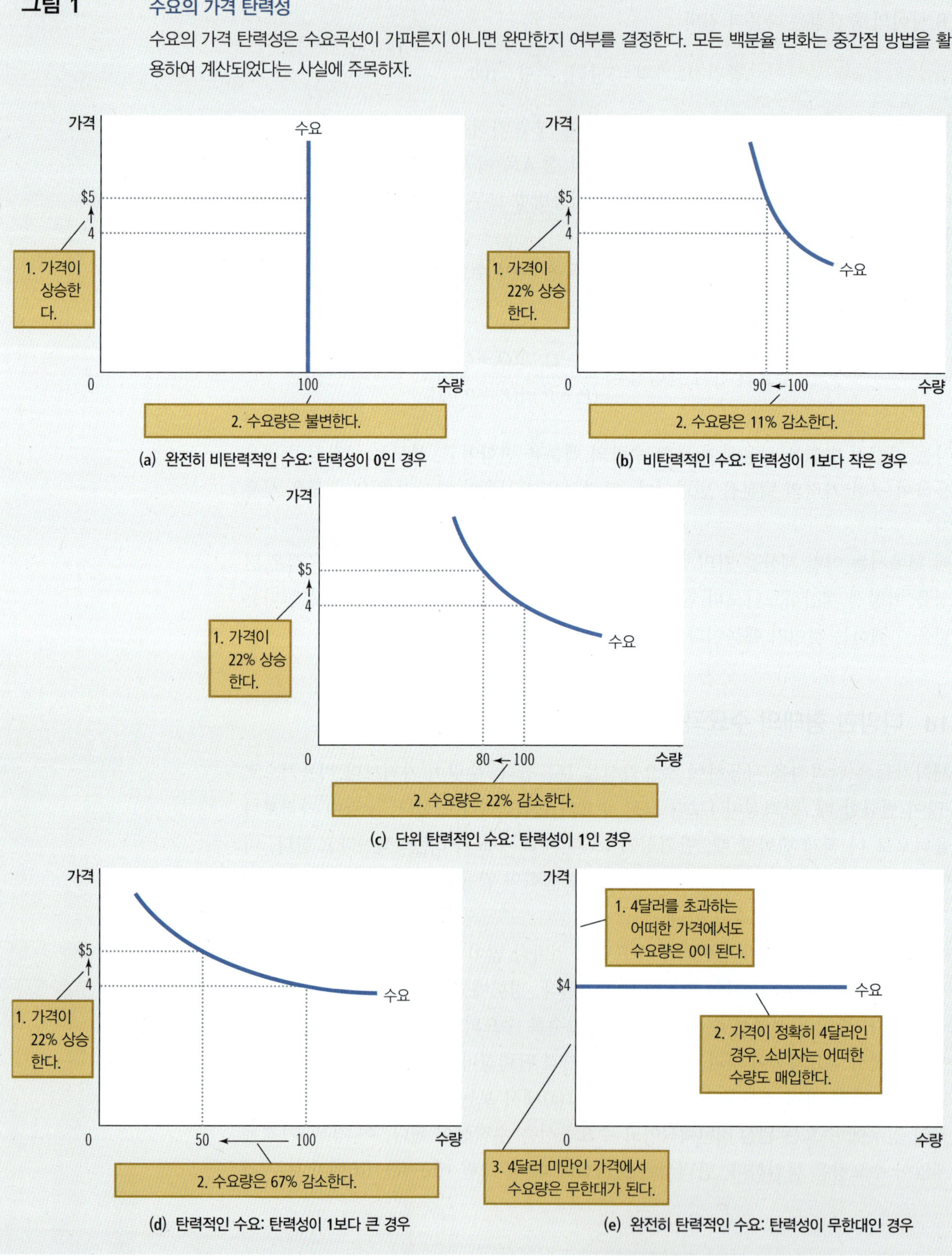

처럼 수요곡선은 서서히 완만해진다. 정반대의 극단적인 경우인 그림 1(e)에서 수요는 **완전 탄력적**이다. 수요의 가격 탄력성이 매우 커서 무한대로 근접함에 따라 이런 상황이 발생한다. 수요곡선은 수평선이 되며, 이는 가격의 조그마한 변화가 수요량의 큰 변화로 이어진다는 사실을 보여준다.

어떤 곡선이 탄력적이고 어떤 곡선이 비탄력적인지가 바로 기억나지 않을 때 효과적인 요령이 있다. Inelastic이란 비탄력적이라는 의미이며 맨 앞글자가 I이다. 예를 들면 그림 1(a)처럼 비탄력적인 곡선은 문자 I처럼 보인다.(경제학자들은 곡선이라고 하지만, 수요곡선이 완전 비탄력적인 경우 실제로는 수직선이 된다) 요령에 깊은 뜻이 있지는 않지만, 시험 볼 때 도움이 될지도 모른다.

5-1e 총수입과 수요의 가격 탄력성

어떤 시장에서 공급 또는 수요의 변화를 고찰할 경우 종종 살펴보고자 하는 한 가지 변수는 총수입(total revenue)이며, 이는 해당 물품의 매수인이 지급하고 매도인이 수령하는 금액이다. 수학으로 나타내면, 총수입은 $P \times Q$이며 해당 물품의 가격에 판매량을 곱한 것이다. 그림 2는 총수입을 그래프로 보여준다. 수요곡선 아래에 있는 사각형의 높이는 P이고 폭은 Q이다. 이 사각형의 면적은 $P \times Q$이고, 이것은 이 시장에서의

총수입
어떤 물품의 매수인이 지급하고 매도인이 수령한 금액으로 해당 물품의 가격에 판매량을 곱하여 계산한 값

FYI 실제 세계의 몇 가지 탄력성

탄력성이 무엇을 의미하고, 탄력성을 결정하는 것이 무엇이며, 탄력성이 어떻게 계산되는지에 관해 살펴보았다. 이런 일반적인 논의를 넘어서, 탄력성의 특정 숫잣값에도 관심을 가질 수 있다. 어떤 물품의 가격이 해당 물품의 수요량에 정확하게 얼마나 영향을 미치는가?

이런 물음에 답하기 위해, 경제학자들은 시장 데이터를 수집하고 통계적 방법을 사용하여 수요의 가격 탄력성을 추정한다. 다음은 여러 연구 결과에서 수집한 다양한 물품에 대한 수요의 가격 탄력성이다.

이들 숫자는 생각해보면 재미있고 시장들을 비교할 때 유용하게 사용될 수는 있지만, 주의를 기울여 해석해야 한다. 그 이유 중 하나는 추정값을 구하기 위해 사용하는 통계적 방법은 실제 세계에 관해 가정을 하는데, 이들 가정이 실제에서 타당하지 않을 수 있기 때문이다.(계량경제학이라는 경제학의 한 분야는 이런 통계적 방법에 관해 논의한다) 또 다른 이유는 수요의 가격 탄력성이 수요곡선상의 모든 점에서 같을 필요가 없기 때문이다. 이런 두 가지 이유로 인해 서로 다른 연구들이 동일한 물품에 대해 상이한 가격 탄력성을 발표하더라도 놀랄 필요가 없다. ■

물품	탄력성	
달걀	0.1	↑ 매우 비탄력적 (수요량은 가격 변화에 거의 반응하지 않는다)
보건의료	0.2	
담배	0.4	
쌀	0.5	
주택	0.7	
쇠고기	1.6	
땅콩버터	1.7	
외식	2.3	매우 탄력적 (수요량은 가격 변화에 매우 크게 반응한다) ↓
(아침식사용 시리얼인) 치리오스	3.7	
(청량음료인) 마운틴 듀	4.4	

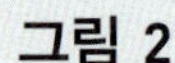

그림 2

총수입

수요곡선 아래의 사각형 면적, 즉 $P \times Q$는 매도인이 수령한 총수입 그리고 매수인이 지급한 총액과 같다. 이 그림에서 가격은 4달러이고 수요량은 100이므로 총수입은 400달러이다.

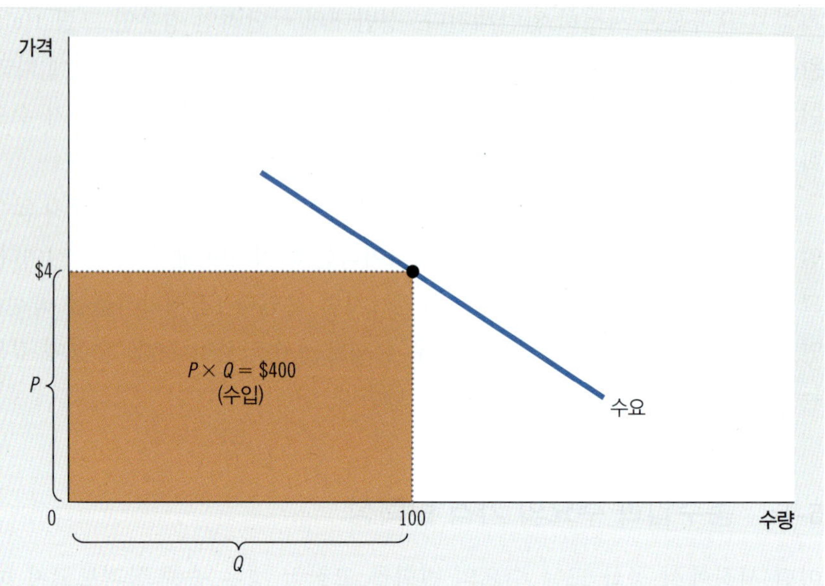

총수입이다. 그림 2에서 $P=4$달러이고 $Q=100$이며, 총수입은 4달러×100 또는 400달러이다.

수요곡선을 따라 이동할 경우, 총수입은 어떻게 변화하는가? 이 물음에 대한 대답은 수요의 가격 탄력성에 달려 있다. 그림 3(a)에서 보는 것처럼, 수요가 비탄력적이라면 가격이 상승할 경우 총수입이 증가한다. 이 그림에서 가격이 4달러에서 5달러로 상승하면 수요량은 100에서 90으로 감소하며, 이에 따라 총수입이 400달러에서 450달러로 증가한다. 가격이 상승할 경우 $P \times Q$가 증가하는데, 그 이유는 Q의 감소가 P의 상승보다 비율적으로 더 작기 때문이다.

수요가 탄력적이면 정반대의 결과가 발생한다. 가격이 상승할 경우 총수입이 감소한다. 예를 들면 그림 3(b)에서 가격이 4달러에서 5달러로 상승하면 수요량은 100에서 70으로 감소하며, 이에 따라 총수입은 400달러에서 350달러로 감소한다. 수요가 탄력적이기 때문에, 수요량의 감소가 매우 커서 가격 상승을 상쇄하고도 남는다. 즉, 가격이 상승할 경우 $P \times Q$가 감소하는데, 그 이유는 Q의 감소가 P의 상승보다 비율적으로 더 크기 때문이다. 이 경우, 인상된 가격에서 물품을 판매함에 따른 수입 증가액(면적 A)이 더 적은 수량의 물품을 판매함에 따른 수입 감소액(면적 B)보다 더 작다.

위의 그림에서 살펴본 예를 통해 다음과 같은 일반적인 규칙을 도출할 수 있다.

- 수요가 비탄력적인 경우(가격 탄력성이 1 미만인 경우), 가격과 총수입은 같은 방향으로 변화한다. 즉, 가격이 상승하면 총수입도 증가한다.
- 수요가 탄력적인 경우(가격 탄력성이 1을 초과한 경우), 가격과 총수입은 반대방

그림 3

가격이 변화할 경우 총수입은 어떻게 변화하는가

가격 변화가 (가격에 수량을 곱하여 구한) 총수입에 미치는 영향은 수요 탄력성에 달려 있다. (a)에서 수요곡선은 비탄력적이다. 이때 가격이 상승할 경우 비율적으로 볼 때 더 적게 수요량이 감소하므로, 총수입이 증가하게 된다. 이 그림에서 가격은 4달러에서 5달러로 상승하고 수요량은 100에서 90으로 감소하므로, 총수입은 400달러에서 450달러로 증가한다. (b)에서 수요곡선은 탄력적이다. 이때 가격이 상승할 경우 비율적으로 볼 때 더 많게 수요량이 감소하므로, 총수입이 감소하게 된다. 이 그림에서 가격은 4달러에서 5달러로 상승하고 수요량은 100에서 70으로 감소하므로, 총수입은 400달러에서 350달러로 감소한다.

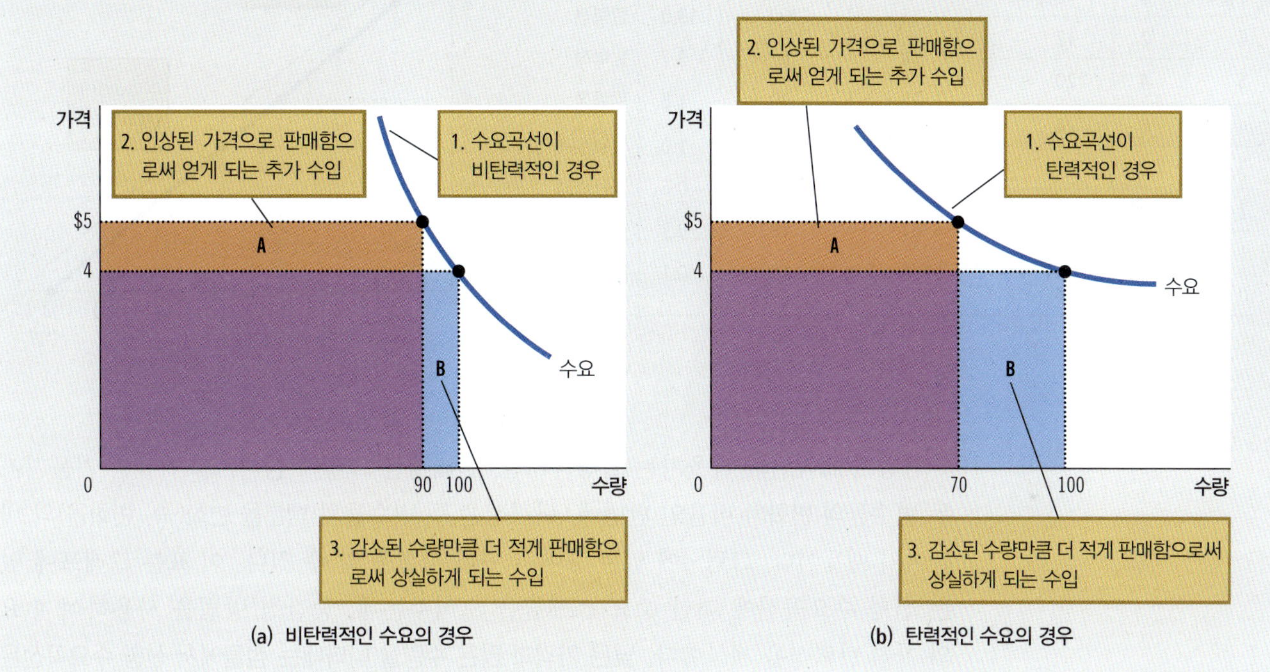

(a) 비탄력적인 수요의 경우

(b) 탄력적인 수요의 경우

향으로 변화한다. 즉, 가격이 상승하면 총수입이 감소한다.

- 수요가 단위 탄력적인 경우(가격 탄력성이 정확하게 1인 경우), 가격이 변화해도 총수입은 일정하다.

5-1f 선형 수요곡선인 경우 탄력성과 총수입

그림 4에서 보는 것처럼, 탄력성이 선형 수요곡선상에서 어떻게 변화하는지 살펴보도록 하자. 수요곡선이 직선이기 때문에 기울기는 일정하다. 기울기는 '수평방향의 변화량에 대한 수직방향의 변화량'으로 정의되며, 여기서는 수량(수평방향) 변화에 대한 가격(수직방향) 변화의 비율이 된다. 이 경우 가격이 1달러 증가하면 수요량이 동일하게 2단위 감소하기 때문에, 수요곡선의 기울기는 일정하다.

그림 4 **선형 수요곡선상에서의 탄력성**

선형 수요곡선의 기울기는 일정하지만 탄력성은 그렇지 않다. 수요 스케줄과 중간점 방법을 사용하여 수요의 가격 탄력성을 계산해보자. 낮은 가격과 많은 수량을 나타내는 점들에서 수요는 비탄력적이다. 반면에 높은 가격과 적은 수량을 나타내는 점들에서 수요는 탄력적이다.

가격	수량	총수입 (가격×수량)	가격의 백분율 변화	수량의 백분율 변화	탄력성	설명
7달러	0	0달러				
			15	200	13.0	탄력적
6	2	12				
			18	67	3.7	탄력적
5	4	20				
			22	40	1.8	탄력적
4	6	24				
			29	29	1.0	단위 탄력적
3	8	24				
			40	22	0.6	비탄력적
2	10	20				
			67	18	0.3	비탄력적
1	12	12				
			200	15	0.1	비탄력적
0	14	0				

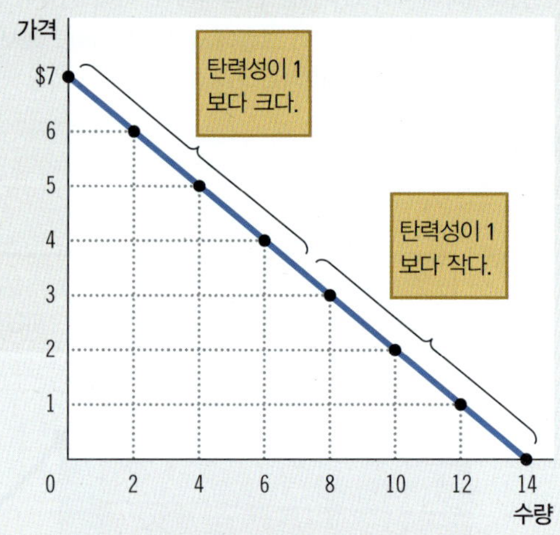

선형 수요곡선의 기울기는 일정하지만, 탄력성은 그렇지 않다. 그 이유는 기울기가 두 변수들의 **변화**의 비율인 반면에, 탄력성은 두 변수들의 **백분율 변화**(즉, **변화율**)의 비율이기 때문이다. 그림 4에 있는 표에서 이런 사실을 알 수 있다. 이 표는 그래프에 있는 선형 수요곡선에 대한 수요 스케줄을 보여주는데, 중간점 방법을 사용하여 수요의 가격 탄력성을 계산했다. **낮은 가격과 많은 수량을 나타내는 점들에서 선형 수요곡선은 비탄력적이다. 반면에 높은 가격과 적은 수량을 나타내는 점들에서 선형 수요곡선은 탄력적이다.**

이런 사실은 백분율 변화의 산술 계산을 통해 설명할 수 있다. 가격이 낮고 소비자들이 많이 구입할 때, 가격이 1달러 상승하고 수요량이 2단위 감소하면 가격의 백분율 증가는 커지고 수요량의 백분율 감소는 작아지게 된다. 이에 따라 탄력성이 작아진다. 가격이 높고 소비자들이 많이 구입하지 않을 때, 가격이 1달러 상승하고 수요량이 2단위 감소하면 가격의 백분율 증가는 작아지고 수요량의 백분율 감소는 커지게 된다. 이에 따라 탄력성이 커진다.

표는 수요곡선상의 각 점에서 얻게 되는 총수입을 제시하고 있다. 이들 숫자는 총수입과 탄력성 사이의 관계를 설명한다. 예를 들어 가격이 1달러일 때 수요는 비탄력적이고, 가격이 2달러로 상승하면 총수입이 증가한다. 가격이 5달러일 때 수요는 탄력적이고, 가격이 6달러로 상승하면 총수입이 감소한다. 가격이 3달러와 4달러 사이일 때 수요는 정확하게 단위 탄력적이고, 총수입이 이들 두 가격에서 동일하다.

요컨대, 수요의 가격 탄력성이 수요곡선상의 모든 점에서 같을 필요는 없다. 일정한 탄력성을 갖는 수요곡선은 존재하지만 특별한 경우이다. 선형 수요곡선은 결코 일정한 탄력성을 갖지 않는다.

5-1g 기타 수요 탄력성

경제학자들은 수요의 가격 탄력성 이외에 시장에서 일어나는 매수인의 행태를 설명하기 위해 다른 탄력성을 사용한다.

수요의 소득 탄력성 수요의 소득 탄력성(income elasticity of demand)은 소비자 소득이 변화함에 따라 수요량이 얼마나 변화하는지를 측정한 값이다. 이는 수요량의 백분율 변화를 소득의 백분율 변화로 나누어서 다음과 같이 계산된다.

수요의 소득 탄력성
어떤 물품의 수요량이 소비자의 소득 변화에 얼마나 반응하는지를 측정한 척도이며, 수요량의 백분율 변화를 소득의 백분율 변화로 나누어 계산한 값

$$\text{수요의 소득 탄력성} = \frac{\text{수요량의 백분율 변화(즉, 변화율)}}{\text{소득의 백분율 변화(즉, 변화율)}}$$

제4장에서 논의했던 것처럼, 대부분의 물품은 **정상재**이다. 즉, 소득이 증가함에 따라 수요량이 증가한다. 수요량과 소득은 같은 방향으로 변화하기 때문에 정상재의 소득 탄력성은 양수이다. 예를 들면 대중교통과 같은 일부 물품들은 **열등재**이다. 이것이 의미하는 바는 이들 물품이 뭔가 문제가 있다는 것이 아니며, 소득이 증가함에 따라 수요량이 단지 감소할 뿐이라는 것이다. 수요량과 소득은 서로 반대방향으로 변화하기 때문에, 열등재의 소득 탄력성은 음수이다.

정상재들 사이에서도 소득 탄력성은 크기에서 커다란 차이가 있다. 소비자들은 자신의 소득이 낮을 때도 가령 식료품과 같은 필수품을 어느 정도는 구입하기 때문에 이들 물품의 소득 탄력성은 작은 경향이 있다.(이를 발견한 19세기 통계학자의 이름을 따서 명명된 **엥겔의 법칙**에 따르면, 가계 소득이 증가함에 따라 식료품에 지출된 소득의 백분율은 감소하며, 이로 인해 소득 탄력성이 1보다 작아진다) 반면에 대부분의 소비자들은 자신의 소득이 낮을 때, 가령 다이아몬드 보석류와 요트 같은 사치품이 없더라도 지낼 수 있다고 생각하기 때문에 이들 물품의 소득 탄력성은 큰 경향이 있다.

수요의 교차가격 탄력성 수요의 교차가격 탄력성(cross-price elasticity of demand)은 어떤 물품의 수요량이 다른 물품의 가격 변화에 얼마나 반응하는지를 측정한 값이다. 이는 다음과 같이 물품 1 수요량의 백분율 변화를 물품 2 가격의 백분율 변화로 나누어 계산할 수 있다.

수요의 교차가격 탄력성
어떤 물품의 수요량이 다른 물품의 가격 변화에 얼마나 반응하는지를 측정한 값이며, 물품 1 수요량의 백분율 변화를 물품 2 가격의 백분율 변화로 나누어 계산한 값

$$\text{수요의 교차가격 탄력성} = \frac{\text{물품 1 수요량의 백분율 변화(즉, 변화율)}}{\text{물품 2 가격의 백분율 변화(즉, 변화율)}}$$

교차가격 탄력성이 양수인지 아니면 음수인지 여부는 두 물품이 대체재인지 아니면 보완재인지 여부에 달려 있다. 제4장에서 논의했던 것처럼, **대체재**의 예를 들면 햄버거와 핫도그처럼 일반적으로 대신 사용되는 물품이다. 핫도그 가격이 상승하면 사람들은 핫도그 대신에 햄버거를 더 많이 먹게 된다. 핫도그 가격과 햄버거 수요량은 같은 방향으로 변화하기 때문에, 교차가격 탄력성은 양수가 된다. 반대로 **보완재**는 가령 컴퓨터와 소프트웨어처럼 일반적으로 함께 사용되는 물품이다. 이 경우 교차가격 탄력성은 음수가 되는데, 이는 컴퓨터 가격이 상승하면 소프트웨어의 수요량이 감소한다는 의미이다.

Quiz

1. ______________, 해당 물품에 대한 수요의 가격 탄력성은 작은 경향이 있다.
   a. 어떤 물품이 필수품인 경우
   b. 밀접한 대체재가 많은 경우
   c. 시장을 협소하게 정의한 경우
   d. 어떤 물품의 장기적인 반응을 측정한 경우

2. 수요의 ______ 탄력성이 1보다 ______ 경우, 해당 물품의 가격이 상승하면 소비자가 그 물품에 지출하는 총액이 감소한다.
   a. 소득; 작은
   b. 소득; 큰
   c. 가격; 작은
   d. 가격; 큰

3. 기울기가 하락하는 선형 수요곡선은 ______________이다.
   a. 비탄력적
   b. 단위 탄력적
   c. 탄력적
   d. 직선상의 일부분에서는 비탄력적이고 다른 부분에서는 탄력적

4. 로한국의 국민은 곤도르국의 국민보다 소득 중 더 많은 부분을 식료품에 지출한다. 그 이유는 ______________.
   a. 로한국의 식료품 가격이 더 낮고, 수요의 가격 탄력성이 0이기 때문일 수 있다.
   b. 로한국의 식료품 가격이 더 낮고, 수요의 가격 탄력성이 0.5이기 때문일 수 있다.
   c. 로한국의 소득이 더 낮고, 수요의 소득 탄력성이 0.5이기 때문일 수 있다.
   d. 로한국의 소득이 더 낮고, 수요의 소득 탄력성이 1.5이기 때문일 수 있다.

해답은 이 장의 끝부분에 있다.

5-2 공급 탄력성

제4장에서 공급에 관해 논의하면서, 어떤 물품의 생산자들은 해당 물품의 가격이 상승할 때 이를 더 많이 판매하고자 한다는 사실을 알게 되었다. 공급량에 관한 질적 분석에서 양적 분석으로 전환하기 위해, 경제학자들은 탄력성이라는 개념을 다시 사용한다.

5-2a 공급의 가격 탄력성과 결정요인

공급법칙에 따르면 가격이 상승할 경우 공급량이 증가한다. 공급의 가격 탄력성(price elasticity of supply)은 공급량이 가격 변화에 얼마나 반응하는지를 측정한 척도이다. 공급량이 가격 변화에 크게 반응할 경우 공급이 **탄력적**이라고 하며, 공급량이 약간만 반응할 경우 **비탄력적**이라고 한다.

공급의 가격 탄력성
어떤 물품의 공급량이 해당 물품의 가격 변화에 얼마나 반응하는지를 측정한 척도이며, 공급량의 백분율 변화를 가격의 백분율 변화로 나누어 계산한 값

공급의 가격 탄력성은 매도인이 생산량을 변화시킬 수 있는 신축성에 달려 있다. 해변가 토지의 공급은 비탄력적이다. 그 이유는 소설가 마크 트웨인이 이전에 조언했던 "토지를 구입하시오. 토지는 더 이상 만들 수 없습니다"라는 말로 설명할 수 있다. 반면에 가령 책, 자동차, 텔레비전과 같은 제조물품의 공급은 탄력적이다. 그 이유는 이를 생산하는 기업들이 가격이 상승할 경우 공장을 더 연장하여 가동할 수 있기 때문이다.

대부분의 시장에서 공급은 단기보다 장기에서 더 탄력적이다. 그 이유는 간단하다. 즉 짧은 기간 동안에 기업은 더 긴 근무교대를 시행함으로써 더 많이 생산할 수 있지만, 공장규모를 손쉽게 변경할 수는 없다. 따라서 단기적으로는 공급량이 가격 변화에 잘 반응하지 못한다. 장기간 동안에 기업은 새로운 공장을 건설하거나 오래된 공장을 폐쇄할 수 있다. 이 밖에 새로운 기업이 시장에 진입하고 기존의 오래된 기업이 퇴출할 수도 있다. 따라서 장기적으로는 공급량이 가격 변화에 크게 반응하게 된다.

5-2b 숫자를 활용한 공급의 가격 탄력성

지금까지 공급의 가격 탄력성이 어떻게 작동하는지에 대해 전반적으로 살펴보았는데, 이제는 구체적으로 살펴보도록 하자. 경제학자들은 이를 다음과 같이 공급량의 백분율 변화를 가격의 백분율 변화로 나누어 구한다.

$$\text{공급의 가격 탄력성} = \frac{\text{공급량의 백분율 변화(즉, 변화율)}}{\text{가격의 백분율 변화(즉, 변화율)}}$$

예를 들어 우유가격이 갤런당 2.85달러에서 3.15달러로 상승했고 낙농업자는 월간 9,000갤런에서 11,000갤런으로 생산량이 증가했다고 가정하자. 중간점 방법을 사용하여 가격의 백분율 변화를 계산하면 다음과 같다.

$$\text{가격의 백분율 변화} = (3.15-2.85)/3.00 \times 100 = 10\%$$

이와 유사하게 공급량의 백분율 변화를 계산하면 다음과 같다.

$$\text{공급량의 백분율 변화} = (11{,}000-9{,}000)/10{,}000 \times 100 = 20\%$$

이 경우 공급의 가격 탄력성은 다음과 같다.

$$\text{공급의 가격 탄력성} = \frac{20\%}{10\%} = 2$$

위의 예에서 탄력성은 2가 되는데, 이는 공급량이 가격에 비율적으로 2배로 변화한다는 의미이다.

5-2c 다양한 형태의 공급곡선

공급곡선의 형태는 공급의 가격 탄력성에 시사하는 바가 있으며, 그림 5는 다섯 가지 경우를 보여준다. 그림 5(a)는 탄력성이 0인 극단적인 경우로, 공급이 **완전 비탄력적**이며 공급곡선은 수직선이 된다. 이 경우 공급량은 가격에 상관없이 동일하다. 탄력성이 증가함에 따라 공급곡선은 완만해지는데, 이는 공급량이 가격 변화에 더 반응하게 된다는 의미이다. 그림 5(e)는 정반대의 극단적인 경우로, 공급이 **완전 탄력적**이다. 이는 공급의 가격 탄력성이 무한대로 근접하고 공급곡선이 수평선이 되는 상황이다. 이는 조그마한 가격 변화가 공급량의 큰 변화로 이어진다는 의미이다.

일부 시장에서 공급 탄력성은 일정하지 않으며, 공급곡선상의 위치에 따라 변화한다. 그림 6은 생산능력이 제한된 공장을 보유한 기업들로 구성된 산업의 일반적인 경우이다. 공급량 수준이 낮을 때 공급 탄력성은 높은데, 이는 기업들이 가격 변화에 크게 반응한다는 의미이다. 공급곡선상의 이 영역에서 기업은 가령 하루 중 일정 시간 동안 사용되지 않는 공장과 설비처럼 추가적인 생산능력을 갖추고 있다. 가격이 조금이라도 상승할 때, 기업이 유휴 생산능력을 사용하게 되면 수익이 발생한다. 하지만 공급량이 증가함에 따라, 기업은 현재 생산능력의 한계점에 근접하게 된다. 생산이 증가할 때마다 새로운 공장 건설이 필요할 수 있다. 하지만 추가적인 비용을 정당화하기 위해서는 가격이 대폭 상승해야 한다. 따라서 이 영역에서는 공급이 덜 탄력적이 된다.

그림 6은 위의 내용이 어떻게 작동하는지 보여준다. 가격이 3달러에서 4달러로 증가(중간점 방법을 사용하여 계산하면 29% 증가)하는 경우, 공급량은 100에서 200으로 증가(67% 증가)한다. 공급량이 가격보다 비율적으로 더 많이 변화하기 때문에, 공급곡선은 1보다 더 큰 탄력성을 갖는다. 반면에 가격이 12달러에서 15달러로 증가(22% 증가)하는 경우, 공급량은 500에서 525로 증가(5% 증가)한다. 이 경우 공급량이 가격보다 비율적으로 더 적게 변화하기 때문에, 탄력성은 1보다 작다.

그림 5

공급의 가격 탄력성

공급의 가격 탄력성은 공급곡선이 가파른지 아니면 완만한지 여부를 결정한다. 모든 백분율 변화는 중간점 방법을 활용하여 계산되었다는 사실에 주목하자.

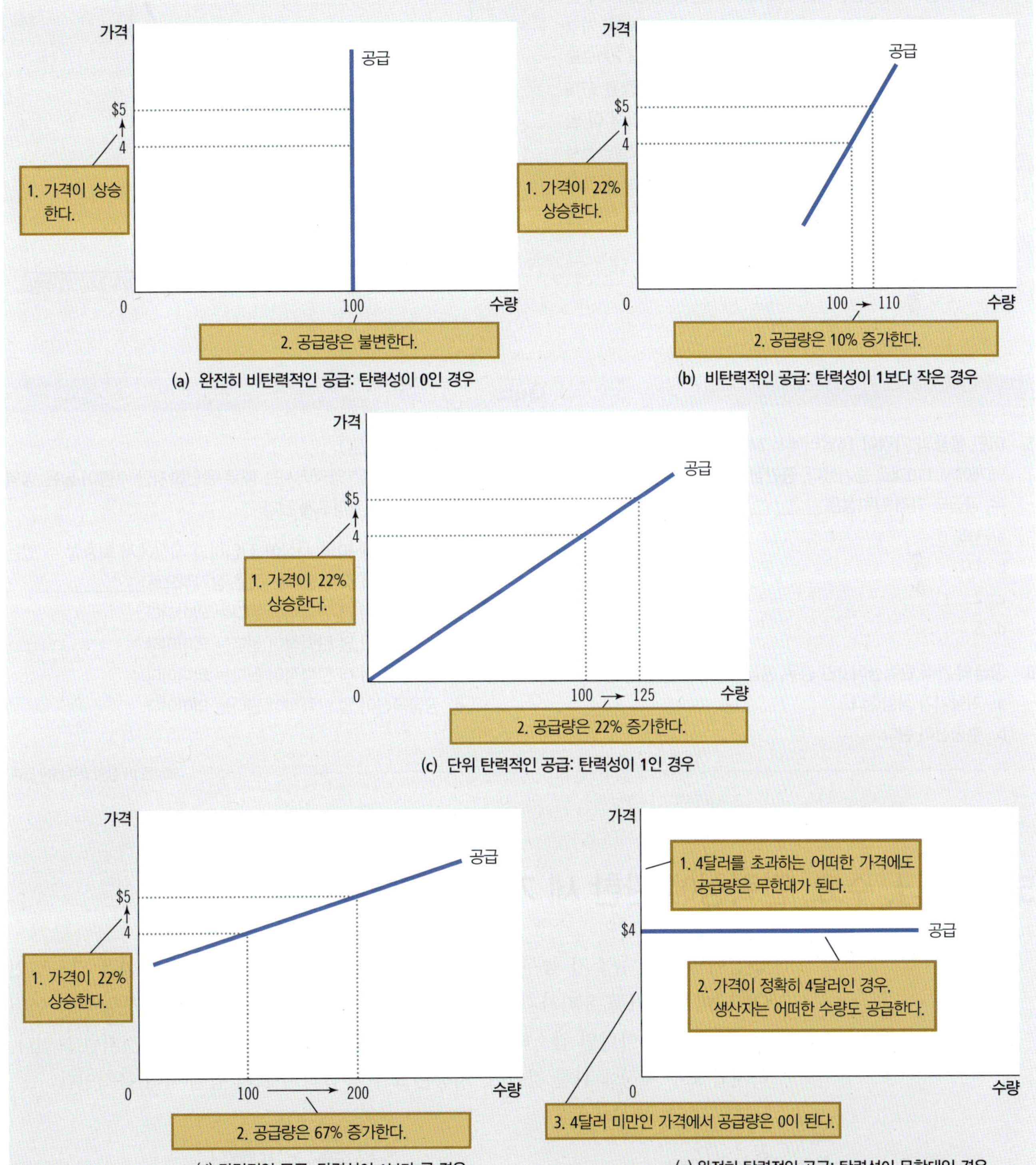

그림 6

공급의 가격 탄력성은 어떻게 변화하는가

기업은 종종 최대 생산능력을 갖고 있기 때문에, 공급량이 낮은 수준일 때 공급 탄력성이 매우 높을 수 있다. 이 그림에서 가격이 3달러에서 4달러로 인상될 경우, 공급량은 100에서 200으로 증가한다. (중간점 방법을 사용하여 계산하면) 공급량은 67% 증가하기 때문에, 가격의 29% 인상보다 더 크다. 따라서 이 범위에서 공급곡선은 탄력적이 된다. 반면에 가격이 12달러에서 15달러로 상승할 경우, 공급량은 겨우 500에서 525로 증가할 뿐이다. 공급량의 5% 증가는 가격의 22% 인상보다 더 작기 때문에, 이 범위에서 공급곡선은 비탄력적이 된다.

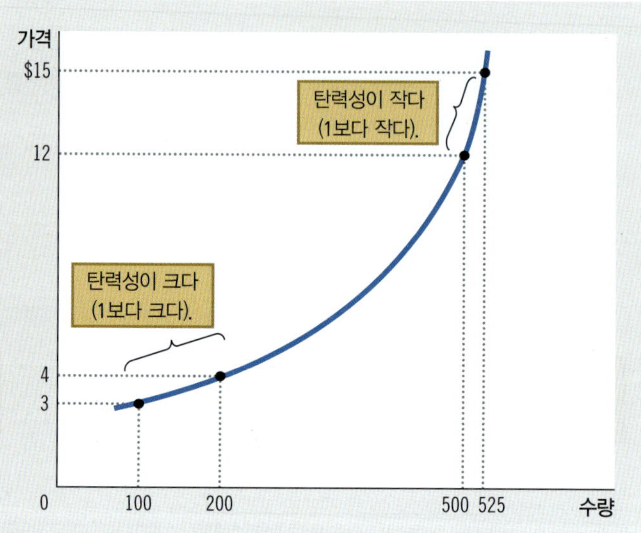

Quiz

5. 어떤 물품의 가격이 16달러에서 24달러로 상승했고, 공급량은 90개에서 110개로 증가했다. 중간점 방법을 이용해서 계산할 경우, 공급의 가격 탄력성은 ___________이다.
   a. 1/5
   b. 1/2
   c. 2
   d. 5

6. 공급의 가격 탄력성이 0인 경우, 공급곡선은 ___________.
   a. 기울기가 상향한다.
   b. 수평선이 된다.
   c. 수직선이 된다.
   d. 수량이 적은 영역에서는 매우 완만하지만 수량이 많은 영역에서는 더 가파르게 된다.

7. 시간이 흐름에 따라 시장에 진입하고 시장에서 퇴출할 수 있는 능력을 기업이 갖게 된다는 것은 장기적으로 ___________.
   a. 수요곡선이 더 탄력적이 된다는 의미이다.
   b. 수요곡선이 덜 탄력적이 된다는 의미이다.
   c. 공급곡선이 더 탄력적이 된다는 의미이다.
   d. 공급곡선이 덜 탄력적이 된다는 의미이다.

해답은 이 장의 끝부분에 있다.

5-3 공급, 수요, 탄력성에 관한 세 가지 응용 사례

농업에는 좋은 뉴스가 농부에게는 나쁜 뉴스가 될 수 있는가? 국제 석유 카르텔인 OPEC이 고유가를 유지하지 못하는 이유는 무엇인가? 마약을 금지할 경우 마약 범죄는 증가하는가 아니면 감소하는가? 이런 질문들은 공통점이 거의 없는 것처럼 보인다. 하지만 모두 시장에 관한 것이며, 시장은 모두 공급과 수요의 힘에 따라 움직인다.

5-3a 농업에는 좋은 뉴스가 농부에게는 나쁜 뉴스가 될 수 있는가?

여러분이 미국 캔자스에서 밀을 경작하는 농부라고 가상하자. 여러분은 소득의 전부를 밀 판매에서 얻기 때문에 가능한 한 토지의 생산력을 높게 유지하려 한다. 이를 위해 날씨와 토양 상태를 점검하고, 경작지에 해충과 질병이 있는지 확인해보며, 발전된 최신 영농기술을 배운다. 밀을 많이 경작할수록 밀 수확이 증가하며, 이에 따라 밀 판매액과 생활수준도 높아질 것이라 생각한다.

어느 날 농업부문 연구에 우위를 갖고 있는 캔자스 주립대학교가 주요한 발견을 했다고 발표를 한다. 즉, 연구자들이 에이커당 생산을 20% 증가시키는 새로운 품종을 개발했다고 밝혔다. 이에 대해 어떻게 대응해야 하는가? 이 신품종을 경작해야 하는가? 이 발견으로 인해 농부인 여러분은 이전보다 형편이 더 나아지는가 아니면 나빠지는가?

제4장에서 살펴본 세 가지 단계를 설명해보자. 첫째, 공급곡선 또는 수요곡선 자체가 이동하는지 여부를 검토한다. 둘째, 어느 쪽인지 이동방향을 생각한다. 셋째, 공급 및 수요 도해를 활용하여 시장균형이 어떻게 변화하는지 살펴본다.

이 경우, 신품종이 개발되면 이는 공급곡선에 영향을 미친다. 신품종은 에이커당 생산을 증가시키기 때문에, 농부들은 각 가격에서 더 많은 공급을 하려 한다. 다시 말해 공급곡선 자체가 오른쪽으로 이동한다. 하지만 각 가정에서 밀제품을 구입하려는 소비자들의 욕구는 신품종 개발의 영향을 받지 않기 때문에, 수요곡선은 그대로 남아 있다. 그림 7은 이런 변화를 보여준다. 공급곡선이 S_1에서 S_2로 이동할 경우, 밀 판매량은 100

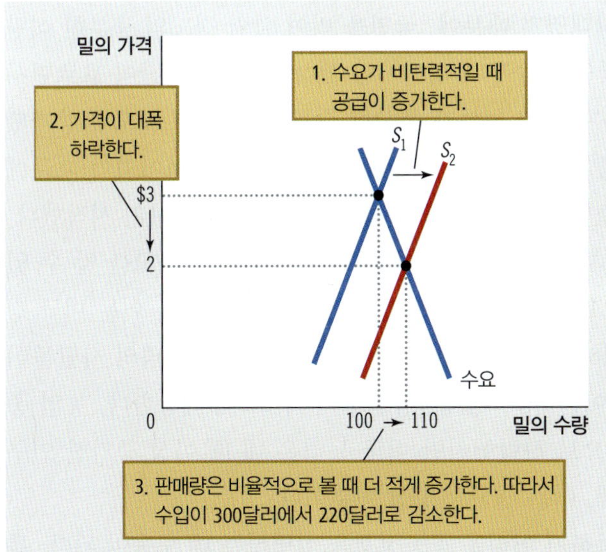

그림 7

밀시장에서의 공급 증가

기술진보, 즉 신품종으로 인해 밀의 공급이 S_1에서 S_2로 증가하고 가격은 하락한다. 밀에 대한 수요가 비탄력적이기 때문에, 100에서 110으로의 수량 증가는 3달러에서 2달러로의 가격 하락보다 비율적으로 볼 때 더 작다. 따라서 농부의 총수입은 300달러(3달러×100)에서 220달러(2달러×110)로 감소한다.

에서 110으로 증가하고 가격은 3달러에서 2달러로 하락한다.

이런 신품종 발명으로 인해 농부들의 형편은 나아지는가? 농부들이 받는 총수입에 어떤 일이 발생하는지 생각해보자. 이 총수입은 밀가격에 판매량을 곱하여, 즉 $P \times Q$로 나타낼 수 있다. 이런 신품종의 발명은 농부들에게 상충되는 방식으로 영향을 미친다. 이런 신품종으로 인해 농부들은 밀을 더 많이 생산하지만(즉 Q가 증가하지만), 밀을 부셸당 더 싸게 판매하게 된다(즉 P가 하락한다).

수요의 가격 탄력성은 총수입이 증가하는지 아니면 감소하는지 여부를 결정한다. 미국에서 밀은 많은 사람들의 식단에서 핵심적인 곡물이다. 이런 기본 식료품은 상대적으로 저렴하고 좋은 대체품이 거의 없기 때문에, 이에 대한 수요는 대개 비탄력적이다. 그림 7에서처럼 수요곡선이 비탄력적일 때, 가격이 하락하면 총수입이 감소한다. 그림에서 이를 알 수 있다. 밀가격이 대폭 하락한 반면에, 판매량은 단지 소폭만 증가한다. 따라서 총수입은 300달러에서 220달러로 감소한다. 요컨대, 신품종이 개발되어 경작한 결과 농부의 총수입이 감소한다.

신품종 개발로 인해 농부들의 형편이 나빠진다면, 이들이 이를 채택하는 이유는 무엇인가? 이 물음에 대한 대답은 경쟁시장이 어떻게 작동하는지에 관한 본질적인 문제로 귀착된다. 개별 농부는 밀시장에서 매우 작은 부분만을 담당하기 때문에 가격을 주어진 것으로 간주한다. 주어진 각 가격에 대해 밀을 더 많이 생산하여 판매할 때 개별 농부의 형편이 나아지며, 이것은 신품종을 경작하여 달성될 수 있다. 하지만 모든 농부들이 이렇게 할 경우, 밀 공급은 증가하고 가격은 하락하며 농부들의 형편은 나빠진다.

이 사례연구는 가상적인 것처럼 보이지만 미국 경제에서 일어났던 커다란 변화를 설명하는 데 도움이 된다. 200년 전에는 대부분의 미국인이 농장에 거주했다. 영농방법에 관한 지식이 발전하지 못한 상태였기 때문에, 국민을 먹여 살릴 정도의 충분한 식량을 생산하기 위해 대부분의 미국인은 농부가 되어야만 했다. 하지만 시간이 흐르면서 영농기술이 발전하자 개별 농부가 생산할 수 있는 식량의 규모가 증가했다. 식량 공급이 증가했지만, 이에 대한 수요가 비탄력적이었기 때문에 농부의 수입이 감소했으며, 이에 따라 사람들은 농장을 떠나기 시작했다.

"화단만으로는 충분하지 않습니다. 농장을 소유하고 있으셔야만 경작되지 않은 농지에 대해 대가를 지급해 드릴 수 있습니다."

몇 개의 통계 수치들을 통해 미국에서 발생한 변화의 규모를 알 수 있다. 1900년에는 약 1,200만 명의 사람들이 농업에 종사했다. 이는 미국 경제활동인구의 약 40%에 해당했다. 2020년에는 약 300만 명의 사람들이 농업에 종사했다. 이는 미국 경제활동인구의 약 2%에 해당한다. 농업 종사자의 수가 큰 폭으로 하락했지만 미국 농업은 네 배 이상 증가한 인구를 부양하고 있는데, 이는 생산성 향상 덕분이다.

이런 분석은 납득하기 어려운 공공정책을 설명하는 데 도움이 된다. 특정 정부 프로그램은 농부들이 경작을 하지 않도록 하여 이들을 돕고자 한다. 그 목적은 농산물 총량을 감소시키고 이를 통해 가격을 인상하는 데 있다. 이런 물품에 대한 수요가 비탄력적이라면, 농부들이 더 적은 양의 수확물을 시장에 공급할 경우 집단으로서의 농부들은 더 많은 총수입을 받게 된다. 정부 개입이 없는 경우 개별 농부는 시장가격을 주어진 것으로 보기 때문에 어느 누구도 경작지를 휴경하려 하지 않는다. 이럴 때 경작을 축소시킬 경우, 이는 바로 벌어들이는 소득의 감소로 이어진다. 하지만 모든 농부들을 설득하여 함께 덜 경작하게 할 수 있다면, 농부들의 시장가격이 상승하고 농부들의 형편이 나아질 수 있다. 납세자가 납부한 자금으로 제공되는 보조금은 이런 설득을 하도록 도울 수 있다.

하지만 농부들에 대한 이익은 사회 전체에 대한 이익과 일치하지 않을 수 있다. 영농기술이 발전할 경우 농부들이 점점 불필요해지기 때문에 이는 농부들에게는 나쁠 수 있지만 식료품 가격을 덜 지불하게 되는 소비자들에게는 좋을 수 있다. 이에 유사하게 농산물 공급을 감소시키려는 정부정책은 농부의 소득을 증대시킬 수 있지만, 이것은 더 높은 가격을 지불하는 소비자들과 보조금 지급에 따른 비용을 부담하는 납세자들이 그 대가를 치러야 가능하다.

5-3b OPEC이 고유가를 유지하지 못하는 이유는 무엇인가?

세계 경제를 가장 크게 붕괴시킨 많은 사건들은 세계 석유시장에서 비롯되었다. 1970년대에 석유수출국기구(OPEC) 회원국은 자국의 수입을 증대시키기 위해 세계 유가를 인상하려 했다. 이들 국가는 자국의 석유 생산량을 공동으로 감소시키기로 합의하여 이 목표를 달성했다. 따라서 (전반적인 인플레이션으로 조정된) 유가는 1973년부터 1974년까지 50% 이상 상승했다. 몇 년이 지난 후 OPEC은 다시 동일한 결정을 내렸다. 1979년부터 1981년 사이에 유가는 대략 두 배가 되었다.

하지만 OPEC은 이렇게 높은 유가를 유지하는 것이 어렵다는 사실을 깨달았다. 1982년부터 1985년까지 유가는 매년 약 10%씩 꾸준히 하락했다. OPEC 회원국 사이에 불만과 혼란이 곧 만연했다. 1986년에 OPEC 회원국 사이의 협력은 완전히 붕괴되었고, 유가는 45% 떨어졌다. 1990년에 (전반적인 인플레이션으로 조정된) 유가는 1970년 수준으로 돌아갔고, 1990년대 대부분은 이 낮은 수준을 유지했다.

1970년대와 1980년대에 OPEC이 경험한 상황은 공급과 수요가 단기 및 장기에서 어떻게 서로 다르게 작동할 수 있는지 보여준다. 단기적으로, 석유의 공급과 수요는 둘 다 상대적으로 비탄력적이다. 알려진 석유 매장량과 석유 채굴 능력이 신속하게 변화할 수 없으므로, 공급은 비탄력적이다. 소비자들의 구매 습관 역시 가격 변화에 신속하게 반응하지 못하기 때문에, 수요도 비탄력적이다. 그림 8(a)에서 보는 것처럼, 단기 공급곡선 및 수요곡선의 기울기가 가파른 이유는 바로 이 때문이다. 석유 공급이 S_1에서

그림 8 세계 석유시장에서의 공급 감소

석유 공급이 감소할 경우, 이에 대한 반응은 시간 영역에 달려 있다. (a)에서 보는 것처럼 공급과 수요는 단기적으로 볼 때 상대적으로 비탄력적이다. 공급곡선이 S_1에서 S_2로 이동할 경우 가격은 대폭 상승하게 된다. 하지만, (b)에서 보는 것처럼 공급과 수요는 장기적으로 볼 때 상대적으로 탄력적이다. 이런 경우에 공급곡선이 (S_1에서 S_2로) 동일한 규모로 이동하더라도 가격은 소폭 상승할 뿐이다.

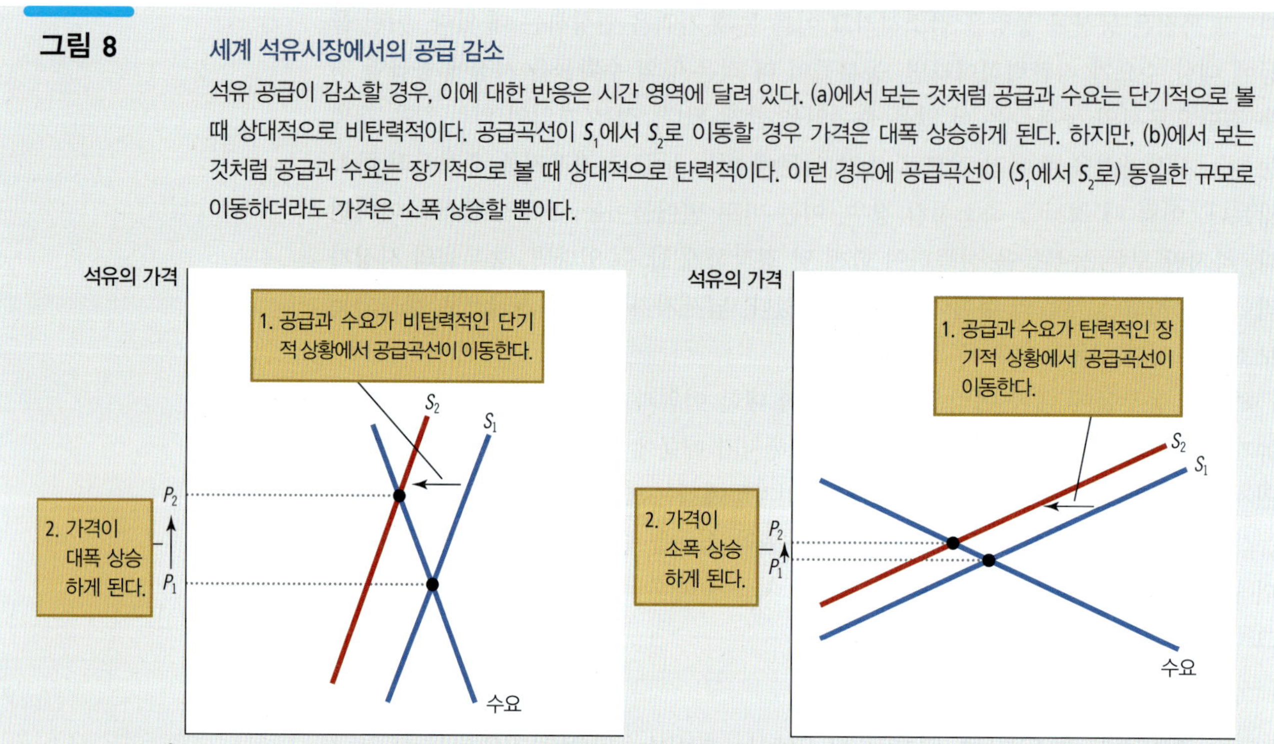

S_2로 이동할 때 가격은 P_1에서 P_2로 대폭 상승한다.

장기적으로는 상황이 매우 다르다. OPEC 비회원 산유국은 장기간에 걸쳐 석유 탐사를 늘리고 새로운 석유 채굴 능력을 구현하여 높은 유가에 대응한다. 소비자들은, 가령 비효율적인 구형 차를 효율적인 신형 차로 교체하는 것처럼 에너지를 더 많이 보존하며 대응한다. 그림 8(b)가 보여주는 것처럼, 장기 공급곡선과 수요곡선은 둘 다 더 탄력적이다. 장기적으로, 공급곡선은 S_1에서 S_2로 이동하며 가격은 소폭 상승한다.

이것이 바로 OPEC이 고유가를 단기적으로만 유지할 수 있는 이유이다. OPEC 회원국이 감산에 합의하면, 공급곡선은 왼쪽으로 이동한다. 각 OPEC 회원국이 석유를 덜 판매하더라도, 유가가 단기적으로 많이 상승하여 OPEC 수입은 증가한다. 하지만 장기적으로 공급과 수요는 더 탄력적이다. 따라서 공급곡선의 수평이동으로 측정된 공급 감소가 동일하더라도 가격은 더 적게 상승한다. OPEC은 유가 인상이 장기보다는 단기에 용이하다는 사실을 깨닫게 된다.

21세기 첫 20년 동안 유가는 다시 한번 큰 폭으로 변동했지만, 이러한 변동의 주된 동력은 OPEC의 공급 제약이 아니었다. 대신에 세계 경제의 호황 및 불황으로 석유 수요가 요동쳤고, 파쇄 기술의 발전으로 공급은 대폭 증가했다. 이야기를 더 하자면, 석유시장에서 작동하는 주된 동력은 지구 기후 변화에 대한 우려에서 촉발되었는데, 바로 화석 연료로부터의 이탈 움직임이다.

5-3c 마약을 금지할 경우 마약 관련 범죄는 증가하는가 아니면 감소하는가?

예를 들면 헤로인, 펜타닐, 코카인, 엑스터시, 메스암페타민과 같은 불법 마약이 유통되고 투여됨에 따라 미국은 수십 년 동안 어려움을 겪고 있다. 마약이 투여될 경우 몇몇 유해한 결과가 발생한다. 마약에 중독될 경우 마약자 자신과 가족의 생활을 파괴시킬 수 있다. 중독자들은 중독 습성을 유지하기 위해 강도와 기타 폭력범죄를 종종 저지르며, 체포됐을 때는 감옥에서 오랜 시간을 보내게 된다. 확산되는 불법 마약에 대응하기 위해, 미국 정부는 매년 수십억 달러를 들여 자국으로 유입되는 마약을 줄이려고 한다. 마약 금지 조치로 발생하는 영향을 검토하기 위해, 공급과 수요에 기반한 분석방법을 유용하게 사용할 수 있다.

그림 9

불법 마약 투여를 줄이기 위한 정책

(a)에서 보는 것처럼, 마약 금지 조치로 인해 마약 공급이 S_1에서 S_2로 감소한다. 마약에 대한 수요가 비탄력적이라면, 마약 투여 총량이 감소했을 때도 마약 투여자가 지불하는 총액은 증가할 수 있다. 반면에 (b)에서 보는 것처럼 마약 예방 교육으로 인해 마약 수요가 D_1에서 D_2로 감소한다. 가격과 수량이 둘 다 감소하기 때문에 마약 사용자가 지불하는 총액은 감소하게 된다.

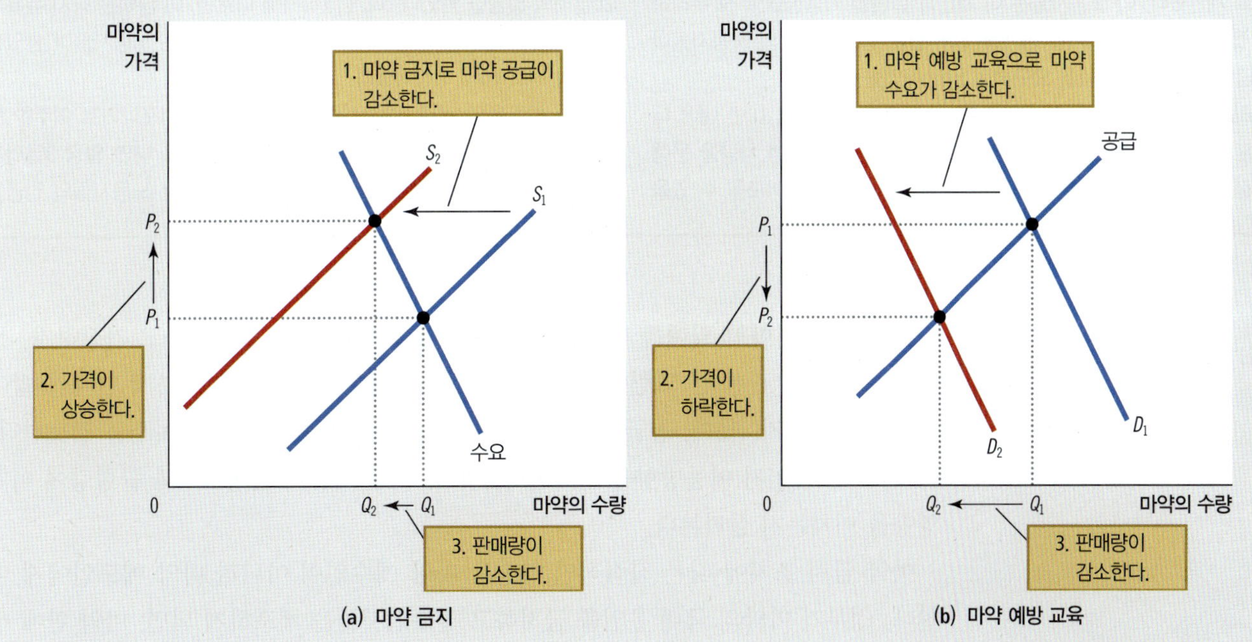

차량 공유 시장에서 공급 및 수요의 탄력성

이 칼럼을 쓴 경제학자 오스턴 굴즈비에 따르면 차량 공유는 공급이 수요보다 더 탄력적인데, 바로 이 사실에 이 시장의 미래가 달려 있다고 한다.

승객은 훨씬 더 많이 지불할 수 있다. 운전사는 훨씬 더 적게는 받아들이지 않을 것이다.

오스턴 굴즈비(Austan Goolsbee)

차량 공유 선도 회사인 우버와 리프트는 막대한 손실을 입었고, 조만간 수익을 내지 못할 것 같다.

하지만 두 기업은 모두 공개 시장에서 거래를 하며, 합산한 총가치가 800억 달러를 넘어섰다. 투자자들은 이 기업들이 언젠가는 수익을 낼 방법을 강구할 것이라 기대하는데, 여기서 다음과 같은 근본적인 의문이 제기된다. 추가적인 수익을 내기 위해 소비자가 지불하는 가격을 인상해야 하는가? 아니면 운전사에게 지급하는 임금을 낮추어야 하는가?

진부한 경제학은 다음 답변을 제시한다. 적어도 향후 몇 년 내에 재무 상태를 개선할 수 있는 주요 원천은 운전사가 아니라 승객일 가능성이 높다. 바로 '상대적인 가격 민감도' 때문이다.

이 결론이 대중의 통념에 어긋나는 것처럼 보일 수 있다. 월스트리트 분석가들은 우버와 리프트가 운전사에게 압박을 가해 비용을 줄여야 한다고 제안했다. 이 노동자들은 이 제안이 실현될 가능성을 무척 우려하고 있다. 5월 우버의 기업 공개를 하루 앞둔 날, 수천 명의 노동자들이 임금 인상과 추가 혜택을 요구하며 일일 파업을 했다.

리프트는 자체 기업 공개와 관련하여 제출한 문서에서 10년 내에 대부분의 차량 운행에 임금을 지불할 필요가 없는 자율주행 차량을 운행하길 희망한다고 밝혔다. 10년 만에 자율주행 차량을 긁어모을 수 있을지에 대한 타당성이나 비용에 관한 논의보다는, 단기적으로 가능한 것이 무엇인지 생각해보자.

경제 이론에 따르면, 누가 더 많이 지불할지를 결정하는 것은 가격 변화에 대한 민감도이다. 그리고 승객은 가격에 별로 민감하지 않은 반면, 운전사는 가격에 민감하다는 사실이 밝혀졌다.

그렇다. 수요가 많을 때 가격을 인상하는 관행, 즉 가격을 대폭 인상하면 많은 사람이 성난 감정을 느낀다. 하지만 행동을 실행하는 것이 중요하다. 시장에서의 승객 행태에 관한 매우 광범위한 연구에 따르면, 승객은 가격이 급등할 때 행태를 크게 변화시키지 않는다.(우버에 관한 대부분의 주요한 정량적 연구들과 마찬가지로, 이 연구는 회사의 데이터에 의존했으며 우버 직원을 참여시켰다)

경제학자들은 승객이 '비탄력적'이라고 말했는데, 이는 승차 수요가 가격 상승보다 더 적게 감소한다는 의미이다. 가격이 10% 상승할 때마다 수요는 약 5%가 감소할 뿐이다.

반면에 운전사는 가격, 즉 자신이 받는 임금에 매우 민감한데, 이는 언제든 운전할 준비가 되어 있는 사람이 많기 때문이다. 가격이 바뀔 경우 사람들은 시장에 진입하거나 시장에서 퇴출하며, 평균임금이 '시장임금'과 같아지도록 압박하게 된다.

이것은 시장에 진입장벽이 없을 때 늘 벌어지는 현상이다. 예를 들면, 캘리포니아 골드러시가 시작된 1848년 최초의 광부들은 평균적으로 약 20달러의 일당을 받았다. 과거 데이터에 따르면, 이 금액은 당시 뉴욕에서 유사한 작업, 즉 석재 절단과 벽돌 쌓기를 하는 노동자들이 받았던 임금의 최소 10배 이상이었다.

이후 8년 동안 너무 많은 사람이 금을 찾아 캘리포니아로 이주한 탓에 광부들의 평균 수입이 하락하여 경비를 제하고 나면 일당 3달러가 되었다. 이 금액은 뉴욕에서 석재 절단 작업을 하는 노동자들의 임금을

미국 정부가 마약 밀매를 막기 위해 연방정부 요원의 수를 증원했다고 가상하자. 불법 마약시장에 관한 큰 그림은 무엇인가? 평소처럼 다음과 같은 세 가지 단계를 밟아 답을 도출해보자. 첫째, 공급곡선 또는 수요곡선 자체가 이동하는지 여부를 검토한다. 둘째, 어느 쪽인지 이동방향을 생각한다. 셋째, 이런 이동이 균형가격과 균형량에 어떤 영향을 미치는지 살펴본다.

마약 금지 조치에 따른 직접적인 영향은 마약 매수인이 아니라 마약 매도인에게 미친다. 정부가 마약의 국내 유입을 금지하고 밀수업자들을 체포하게 되면, 마약 판매 비

약간 상회하는 수준이었다.

골드러시가 소멸한 것은 금이 부족했기 때문이 아니었다. 해당 기간에 생산은 3배로 늘었다. 평균 수입이 낮은 수준으로 하락하여 대부분의 노동자가 해당 업종에서 근근이 일할 수 있도록 벌이를 낮춘 것은, 수많은 광부들의 진입에서 비롯된 경쟁이었다.

오늘날 차량 공유 운전사도 마찬가지이다. 뉴욕대학교 교수와 우버 근로자 두 사람이 수행한 연구에 따르면, 동일한 동태적 상황이 발생했다고 한다. 즉 급여가 상승함에 따라 운전사 소득이 증가했지만, 단 몇 주만 그랬다.

높은 임금에 이끌린 신입 운전사들이 시장에 진입하면서, 평균적인 운전사는 요금을 벌기 위해 더 많은 시간을 기다리는 데 쓰게 되었다. 평균 급여는 경제학자들이 '외부 옵션'이라고 하는 수준으로 떨어지게 되는데, 이는 운전사가 우버나 리프트에서 운전하는 대신 할 수 있는 그 밖의 모든 일에서 받게 될 급여 수준이었다.

도미노 피자 같은 매장에서 배달하거나 패스트푸드점에서 근무하는 것이 많은 공유 차량 운전사의 차선책이라면, 운전사의 평균 급여 역시 최저임금 언저리로 끝나게 될지 모른다.

이 내용 일부는 추측일 뿐이다. 운전사의 평균임금과 그 민감도를 측정하기는 생각처럼 쉽지 않다. 운전사는 연료비와 감가상각비를 지불하기 때문에, 이 경비를 급여에서 감해야 하지만 적절한 데이터를 갖고 있지 못하다.

그럼에도, 분석 기업인 라이드스터가 지난해에 시행한 운전사에 관한 주요 조사에 따르면, 우버엑스 운전사의 평균 원초 수입은 시간당 약 8달러라는 공제금을 감하기 전 금액으로 시간당 약 15달러였다.

그런데 운전사에게 나쁜 뉴스는 평균 급여가 낮아진다는 것이다. 그리고 운전사가 받을 몫을 인상하고 혜택을 증가시켜야 한다고 차량 공유 회사를 설득해도, 이런 수입의 증가가 한시적일 가능성이 있다는 것이다. 수천 명의 신규 운전사들이 수입이 좋은 시장으로 진입할 것이며, 이로 인해 평균 급여는 다시 시장임금 수준으로 하락할 것이다.

반면에, 운전사에게 좋은 뉴스는 차량 공유 회사들이 임금을 매우 낮은 수준으로 삭감하기가 쉽지 않다는 점이다. 임금이 낮아질 경우 많은 운전사가 그냥 운전을 멈추고 일하지 않을 것이다.

(예일대학교 및 UCLA 대학교의 교수들과 우버 근로자가 실시한) 운전자 행태에 관한 매우 중요한 연구에서는 급여 변화에 대한 운전사의 민감도를 확인했다. 운전사는 평균적으로 임금이 10% 인상될 경우 이에 반응하여 근로시간을 20% 증가시킨다. 이것은 승차 요금 변화에 대한 승객의 반응보다 약 4배 더 크다.

경제학 이론에 따르면, 어떤 사람이 이윤율 증가에 따른 부담을 떠안을 가능성은 가격 민감도에 반비례한다. 다시 말해 운전사는 승객보다 4배 더 가격에 민감하기 때문에, 합리적으로 추론해보면 요금 인상에 따른 부담의 80%는 승객이 떠안고 20%는 운전사가 떠안게 된다. 우버와 리프트는 계속해서 네트워크를 구축하여 시장 점유율을 높이고 있는데, 이것이 문제를 복잡하게 만든다. 이로 인해 가격 인상이 늦어질 수 있다.

그럼에도, 승객인 여러분은 요금이 상대적으로 저렴하다면 우버와 리프트를 이용해야 한다고 생각한다. 그리고 여러분이 우버와 리프트가 이윤을 얻도록 임금 삭감과 로봇을 염두에 두는 투자자라면, 시간이 필요할 수도 있다. ■

논의 사항

1. 차량 공유 서비스 요금이 10% 상승할 경우, 여러분의 이용도는 얼마나 감소할 것인가? 여러분의 수요의 가격 탄력성은 얼마인가?
2. 이 시장에서 공급이 수요보다 더 탄력적인 이유가 무엇이라고 생각하는가?

오스턴 굴즈비는 시카고대학교 부스 경영대학원 경제학 교수이다.

출처: *New York Times*, June 2, 2019.

용은 증가시키고 다른 사정이 동일하다면 각 가격에서의 마약 공급량을 감소시킨다. 마약에 대한 수요, 즉 매수인이 각 가격에서 원하는 마약의 수량은 그대로이다. 그림 9(a)에서처럼, 마약 금지 조치로 인해 공급곡선은 왼쪽으로 즉 S_1에서 S_2로 이동하지만, 수요곡선은 이동하지 않는다. 균형가격은 P_1에서 P_2로 상승하며 균형량은 Q_1에서 Q_2로 감소한다. 균형량이 감소한다는 사실은 마약 금지 조치로 인해 마약의 유통과 투여가 감소했다는 점을 시사한다.

그런데 마약 관련 범죄와 연관된 금전적 규모에는 어떤 영향을 미치는가? 마약 투여자들이 구입하는 마약에 지불하는 총액을 생각해보자. 마약가격이 상승한다고 마약을 끊을 중독자는 거의 없기 때문에, 그림에서 보는 것처럼 마약에 대한 수요는 비탄력적일 가능성이 높다. 수요가 비탄력적이라면, 가격이 상승할 경우 마약시장에서의 총수입은 증가하게 된다. 즉, 마약 금지 조치로 인한 마약가격의 상승이 마약 투여의 감소보다 비율적으로 더 크기 때문에, 마약에 지불하는 총액은 증가하게 된다. 마약 중독자들은 이제 당장 쓸 현금이 훨씬 더 필요해진다. 즉, 마약 금지 조치로 마약 관련 범죄는 증가할 수 있다.(여기서 특정 지역사회, 특히 유색인종 사회에서 마약법을 집행함으로써 발생하는, 문서로 충분히 입증된 경제적 및 사회적 피해는 고려하지도 않았다)

마약 금지 조치에 따른 역효과로 인해, 일부 분석가들은 대안적인 접근법을 주장한다. 그중 하나가 마리화나처럼 덜 위험한 마약을 합법화하는 것이다. 여전히 불법 마약인 경우, 정책 입안자들은 공급을 감소시키려 하기보다 마약 예방 교육을 통해 수요를 감소시키려 할 수 있다. 마약 예방 교육이 성공할 경우, 그 효과는 그림 9(b)와 같아진다. 수요곡선이 왼쪽으로, 즉 D_1에서 D_2로 이동한다. 따라서 균형량은 Q_1에서 Q_2로 감소하고, 균형가격은 P_1에서 P_2로 하락한다. 또한 총수입 $P \times Q$가 감소한다. 마약 금지 조치와 대조적으로, 마약 예방 교육은 마약 투약과 마약 관련 범죄를 둘 다 감소시킨다.

마약 금지 조치를 옹호하는 사람들은, 수요 탄력성이 시간의 범위에 좌우되기 때문에 이런 조치의 장기적 효과와 단기적 효과가 상이하다고 본다. 마약에 대한 수요는 단기적으론 어쩌면 비탄력적일 수 있다. 왜냐하면 마약가격이 상승해도 기존 마약 중독자의 마약 투여에는 실제로 영향을 미치지 못하기 때문이다. 하지만 장기적으론 보다 탄력적일 수 있다. 왜냐하면 마약가격이 높아질 경우 젊은이들 사이에서 마약을 시도해보는 것 자체가 억제되어 장기적으로 마약 중독자의 수가 감소하기 때문이다. 이런 경우, 마약 금지 조치로 인해 단기적으론 마약 관련 범죄가 증가할 수 있지만 장기적으론 감소하게 된다.

Quiz

8. ______________, 곡물 공급이 증가할 경우 곡물 생산자가 받을 총수입이 감소한다.
   a. 공급곡선이 비탄력적이라면
   b. 공급곡선이 탄력적이라면
   c. 수요곡선이 비탄력적이라면
   d. 수요곡선이 탄력적이라면

9. 경쟁시장에서는 ______________, 농부들은 궁극적으로 자신의 수입을 낮추게 될 신기술을 채택한다.
   a. 각 농부가 가격 순응자이기 때문에
   b. 농부들이 근시안적이기 때문에
   c. 규제로 인해 최신 영농기술을 사용해야 하기 때문에
   d. 소비자들이 농부들에게 가격을 인하하도록 압력을 가하기 때문에

10. 석유에 대한 수요곡선은 장기에서 _______ 탄력적이기 때문에, OPEC이 석유 공급을 감소시킬 경우 단기보다 장기에서 석유가격에 _______ 영향을 미친다.
    a. 덜; 더 작은
    b. 덜; 더 큰
    c. 더; 더 작은
    d. 더; 더 큰

11. 시간이 흐름에 따라, 기술진보로 소비자 소득은 증가하고 스마트폰 가격은 하락한다. 이런 요인들로 인해, 수요의 소득 탄력성이 _______보다 크고 수요의 가격 탄력성이 _______보다 크다면, 소비자가 스마트폰에 지출하는 총액은 증가하게 된다.
    a. 0; 0
    b. 0; 1
    c. 1; 0
    d. 1; 1

해답은 이 장의 끝부분에 있다.

5-4 결론

앵무새라도 '공급 및 수요'라고 말할 수만 있다면 경제학자가 될 수 있다. 이 말은 오래전부터 회자되는 농담이지만, 제4장과 5장을 학습하고 나면 이 말이 어느 정도 사실이라고 확신하게 될 것이다. 공급 및 수요에 기반한 분석방법들은 경제에 영향을 미치는 상황과 정책을 분석하는 데 유용하다. 여러분은 이제 경제학자(아니면 최소한 충분히 교육받은 앵무새)가 되는 길에 잘 진입했다고 볼 수 있다.

요약

- 수요의 가격 탄력성은 수요량이 가격 변화에 대해 얼마나 반응하는지를 측정한다. 밀접한 대체재가 존재하는 경우, 필수품이 아니라 사치품인 경우, 시장을 좁게 정의하는 경우, 매수인이 가격 변화에 대응할 수 있도록 시간이 충분히 많은 경우, 수요는 더 탄력적인 경향이 있다.
- 수요의 가격 탄력성은 수요량의 백분율 변화를 가격의 백분율 변화로 나누어 계산한 값이다. 수요량이 가격보다 비율적으로 더 적게 변화하면, 탄력성은 1보다 작으며, 수요가 비탄력적이다. 수요량이 가격보다 비율적으로 더 많이 변화하면, 탄력성은 1보다 크며, 수요가 탄력적이다.
- 어떤 물품에 지급된 총액인 총수입은 가격에 판매량을 곱하여 구할 수 있다. 비탄력적인 수요곡선의 경우, 총수입은 가격과 같은 방향으로 변화한다. 탄력적인 수요곡선의 경우, 총수입은 반대방향으로 변화한다.
- 수요의 소득 탄력성은 수요량이 소비자의 소득 변화에 얼마나 반응하는지 측정한다. 수요의 교차가격 탄력성은 어떤 물품의 수요량이 다른 물품의 가격 변화에 얼마나 반응하는지를 측정한다.
- 공급의 가격 탄력성은 공급량이 가격 변화에 얼마나 반응하는지를 측정한다. 탄력성은 종종 시간 영역에 달려 있다. 대부분의 시장에서, 공급은 단기에서보다 장기에서 더 탄력적이다.
- 공급의 가격 탄력성은 공급량의 백분율 변화를 가격의 백분율 변화로 나누어 계산한 값이다. 공급량이 가격보다 비율적으로 더 적게 변화한다면, 탄력성은 1보다 작

고 공급은 비탄력적이다. 공급량이 가격보다 비율적으로 더 많이 변화하면, 탄력성은 1보다 크고, 공급이 탄력적이다.

- 공급 및 수요에 기반한 분석방법은 많은 상이한 시장들에 적용될 수 있다. 이 장에서는 이런 분석방법들을 활용하여 밀시장, 석유시장, 불법 마약시장에 대해 분석했다.

주요 개념

탄력성 106
수요의 가격 탄력성 106
총수입 111
수요의 소득 탄력성 115
수요의 교차가격 탄력성 115
공급의 가격 탄력성 117

복습용 질문

1. 수요의 가격 탄력성과 수요의 소득 탄력성을 정의하시오.
2. 이 장에서 논의한 수요의 가격 탄력성을 결정하는 네 가지 요인의 목록을 작성하고 설명하시오.
3. 탄력성이 1보다 크다면, 수요는 탄력적인가 아니면 비탄력적인가? 탄력성이 0이라면, 수요는 완전 탄력적인가 아니면 완전 비탄력적인가?
4. 공급 및 수요 도해를 활용하여, 균형가격, 균형량, 생산자가 받는 총수입을 설명하시오.
5. 수요가 탄력적인 경우, 가격 상승은 총수입에 어떤 영향을 미치는가? 설명하시오.
6. 소득 탄력성이 영보다 작은 물품은 무엇이라고 하는가?
7. 공급의 가격 탄력성은 어떻게 계산하는가? 이것이 무엇을 측정하는지 설명하시오.
8. 물품의 수량이 고정되어 있고 더 이상 제조할 수도 없다면, 공급의 가격 탄력성은 얼마인가?
9. 폭풍우로 인해 잠두 수확의 절반이 소실되었다. 이런 상황으로 인해 잠두에 대한 수요가 매우 탄력적이거나 매우 비탄력적이라면, 잠두를 경작하는 농민들에게 피해를 입힐 가능성이 높아지는가? 설명하시오.

문제와 응용

1. 다음 물품의 각 쌍에서 어느 물품에 대한 수요가 더 탄력적이라고 생각하는가? 그 이유를 설명하시오.
   a. 필수 교과서 대 추리 소설
   b. (미국의 싱어송라이터인) 빌리 아일리시의 음반 대 일반적인 대중음악 음반
   c. 향후 6개월 동안의 지하철 이용 대 향후 5년 동안의 지하철 이용
   d. (무알코올 탄산음료인) 루트비어 대 물
2. 사업 목적 여행객과 휴가 목적 여행객이 시카고에서 마이애미까지 가는 항공권에 대한 수요가 다음과 같다.

가격	수요량 (사업 목적 여행객)	수요량 (휴가 목적 여행객)
150달러	항공권 2,100매	항공권 1,000매
200	2,000	800
250	1,900	600
300	1,800	400

a. 항공권 가격이 200달러에서 250달러로 상승할 경우 (i) 사업 목적 여행객과 (ii) 휴가 목적 여행객에 대한 수요의 가격 탄력성은 얼마인가? (중간점 방법을 활용하여 계산하시오)
b. 이들의 탄력성이 상이한 이유는 무엇인가?

3. 난방유에 대한 수요의 가격 탄력성은 단기적으로 0.2이고, 장기적으로 0.7이라고 가상하라.
a. 난방유의 가격이 갤런당 1.80달러에서 2.20달러로 상승할 경우, 단기적으로 난방유의 수요량에 어떤 일이 발생하는가? 장기적으로는 어떠한가? (중간점 방법을 사용하여 계산하시오)
b. 이 탄력성이 시간 범위에 따라 달라지는 이유는 무엇인가?

4. 가격 변화로 인해 어떤 물품의 수요량이 30%만큼 감소한 반면에, 해당 물품의 총수입은 15%만큼 증가했다. 이 수요곡선은 탄력적인가 아니면 비탄력적인가? 설명하시오.

5. 커피와 도너츠는 보완재이다. 이들 두 물품의 수요는 비탄력적이다. 폭풍우로 인해 커피콩 수확의 절반이 손상되었다. 적절하게 표기한 그래프를 사용하여 다음 물음에 답하시오.
a. 커피콩 가격에는 어떤 변화가 발생하는가?
b. 커피가격에는 어떤 변화가 발생하는가? 커피에 대한 총지출에는 어떤 변화가 발생하는가?
c. 도너츠 가격에는 어떤 변화가 발생하는가? 도너츠에 대한 총지출에는 어떤 변화가 발생하는가?

6. 아스피린 가격이 지난 달에 급격히 상승한 반면에, 판매량은 그대로이다. 아래 다섯 명은 이런 상황에 대해 다음과 같이 다양한 분석을 했다.

대희: 수요는 증가했지만, 공급이 완전히 비탄력적이었다.
승규: 수요는 증가했지만, 완전히 비탄력적이었다.
기령: 수요는 증가했지만, 공급이 동시에 감소했다.
동현: 공급은 감소했지만, 수요가 단위 탄력적이었다.
유나: 공급은 감소했지만, 수요가 완전히 비탄력적이었다.

누구의 분석이 옳을 것 같은가? 그래프를 사용하여 여러분의 답을 설명하시오.

7. 여러분의 피자에 대한 수요 스케줄이 다음과 같다고 가상하자.

가격	수요량 (소득=20,000달러)	수요량 (소득=24,000달러)
8달러	피자 40판	피자 50판
10	32	45
12	24	30
14	16	20
16	8	12

a. 여러분의 소득이 (i) 20,000달러이고 (ii) 25,000달러일 때 피자가격이 8달러에서 10달러로 상승할 경우, 중간점 방법을 사용하여 수요의 가격 탄력성을 계산하시오.
b. 가격이 (i) 12달러이고, (ii) 16달러일 때 여러분의 소득이 20,000달러에서 24,000달러로 증가할 경우, 수요의 소득 탄력성을 계산하시오.

8. 「뉴욕타임스」(1996년 2월 17일)는 지하철 요금이 인상되고 나면 지하철 이용자 수가 감소한다고 다음과 같이 보도했다. "지하철 토큰가격이 지난 12월 말보다 25센트 인상된 1.50달러가 된 후 첫 달인 1995년 12월에 지하철 승객 수가 거의 400만 명 감소했는데 이는 4.3%가 감소한 수치이다."
a. 이 데이터를 사용하여 지하철 이용에 관한 수요의 가격 탄력성을 구하시오.
b. 여러분이 추정한 탄력성에 따르면, 요금이 인상될 때 뉴욕시 공공여객 운송기구의 수입에는 어떤 변화가 발생하는가?
c. 여러분의 탄력성 추정값을 신뢰하지 못할 수도 있는 이유는 무엇인가?

9. 두 명의 운전자 태수와 승규는 각각 주유소까지 운전을 한다. 이들은 휘발유 가격을 보기 전에 다음과 같이 주문한다. 태수는 "휘발유 5갤런을 주세요"라고 말한다. 승규는 "20달러 상당의 휘발유를 주세요"라고 말한다. 각 운전자에 대한 수요의 가격 탄력성은 무엇인가?

10. 흡연에 대한 다음과 같은 공공정책을 생각해보자.

a. 연구에 따르면 담배에 대한 수요의 가격 탄력성은 약 0.4이다. 담배 한 갑이 현재 5달러인데, 정부가 흡연을 20%만큼 감소시키려 한다면, 가격을 얼마만큼 인상해야 하는가?

b. 정부가 영구적으로 담배가격을 인상할 경우, 이는 지금부터 1년 뒤에 흡연에 더 큰 영향을 미치는가 아니면 5년 뒤에 더 큰 영향을 미치는가?

c. 연구에 따르면, 십대들이 성인들보다 수요의 가격 탄력성이 더 높다. 이것이 참일 수 있는 이유는 무엇인가?

11. 여러분은 어떤 박물관의 관장이다. 자금이 부족하여 수입을 증대시키고자 한다. 입장료를 인상해야 하는가 아니면 인하해야 하는가? 설명하시오.

12. 다음 문구가 참일 수 있는 이유를 설명하시오. 전 세계적으로 가뭄이 발생할 경우, 곡물을 판매하여 농부들이 받을 총수입이 증가할 수 있다. 하지만 (미국 곡물의 주 생산지인) 캔자스에만 가뭄이 발생할 경우, 캔자스의 농부들이 받을 총수입은 감소한다.

Quiz 해답

1. a 2. d 3. d 4. c 5. b 6. c 7. c 8. c 9. a 10. c 11. b

Chapter

6

공급, 수요, 정부정책

경제학자들은 많은 역할을 수행한다. 과학자로서 이론을 개발하고 검증하여 우리 주변의 세계를 설명한다. 또 정책 분석가와 조언자로서 이들 이론을 활용하여 세상을 변화시키고자 한다. 앞의 두 장은 과학적인 내용에 초점을 맞추었다. 공급 및 수요 이론은 가격과 판매량의 관계를 설명한다. 다양한 상황이 발생하여 공급 및 수요가 변화할 때 균형가격과 균형량이 변화한다. 이런 변화의 크기는 탄력성 개념을 이용하여 가늠하게 된다. 이 이론은 대부분의 경제학에서 기초가 된다.

이 장에서는 정책에 관해 논의할 것이다. 놀라운 통찰력으로 공급과 수요라는 분석도구를 활용하여 여러 유형의 정부정책을 분석할 것이다. 시행되는 정책들은 종종 제안자들이 예상하지 못했던 효과가 있다.

가격을 통제하려는 노력은 면밀히 고려할 만한 가치가 있다. 이 분야에서 우리는 집주인이 세입자에게 부과할 수 있는 최대 임대료를 설정해놓은 임대료 통제법, 그리고 그 이하로 내려서는 안 되

는 급여기준을 설정해놓은 최저임금법에 대해 살펴볼 것이다. 정책 입안자들은 어떤 물품 또는 서비스의 시장가격이 너무 높거나 아니면 너무 낮다고 판단할 경우 종종 가격 통제를 규정하게 된다. 하지만 이런 정책들은 그 자체가 문제를 야기할 수 있다.

가격 통제를 살펴본 후에, 조세가 미치는 영향을 알아볼 것이다. 정책 입안자들은 조세를 사용하여 수입을 올릴 수 있고 시장 결과에 영향을 미칠 수 있다. 경제에서 조세가 널리 부과되고 있다는 사실은 분명하지만, 이것이 미치는 영향은 명백하지 않다. 예를 들어 기업들이 근로자들에게 지급하는 임금에 정부가 과세할 경우, 조세부담을 지는 쪽은 기업인가 아니면 근로자인가? 이에 대한 대답은 공급과 수요에 기반한 분석을 하고 나서야 분명해진다.

6-1 가격 통제가 미치는 놀라운 영향

가격 통제가 시장에서 이루어진 결과에 어떤 영향을 미치는지 알아보기 위해 아이스크림 시장을 다시 한번 분석해보자. 제4장에서 살펴본 것처럼, 아이스크림이 경쟁시장에서 판매된다면, 가격은 보통 조정이 이루어져 공급과 수요가 균형을 이루게 된다. 균형가격에서 매수인이 구입하고자 하는 아이스크림의 수량은 매도인이 판매하고자 하는 수량과 정확하게 일치한다. 구체적으로 살펴보기 위해 균형가격이 아이스크림 콘 1개당 3달러라고 가상하자.

일부 사람은 시장에서 결정된 이런 결과를 좋아하지 않을 수도 있다. 미국 아이스크림 소비자 협회는 3달러라는 가격이 너무 높아서 누구나 하루에 한 개의 아이스크림 콘(하루 권장량에 해당)을 먹을 수 없다고 불만을 제기한다. 반면에, 전국 아이스크림 생산자 협회는 치열한 경쟁을 통해 결정된 3달러라는 가격이 너무 낮아서 협회 회원사들의 수입이 줄고 있다고 말한다. 이들 협회는 각각 아이스크림 콘 가격을 통제하는 법안을 통과시켜 시장에서 이루어진 결과를 변경하기 위해 정부에 로비를 할 수 있다.

보통 매수인이 더 낮은 가격을 원하는 반면에 매도인이 더 높은 가격을 원한다면, 이들 두 집단의 이해는 충돌하게 된다. 아이스크림 소비자들이 로비에 성공할 경우, 정부는 아이스크림 콘이 판매될 수 있는 가격에 법적 최대치를 부과한다. 가격이 이 최대치 수준 이상으로 상승하는 것은 허용되지 않기 때문에 이런 법적 최대치를 가격상한(price ceiling)이라고 한다. 반면에 아이스크림 생산업자들이 로비에 성공할 경우, 정부는 판매가격에 법적 최소치를 부과한다. 가격이 이 최소치 수준 이하로 하락할 수 없기 때문에 이런 법적 최소치를 가격하한(price floor)이라고 한다.

가격상한
어떤 물품이 판매될 수 있는 가격에 부과되는 법적 최대치

가격하한
어떤 물품이 판매될 수 있는 가격에 부과되는 법적 최소치

그림 1

가격상한제가 시행되는 시장

(a)에서 정부는 가격상한으로 4달러를 설정한다. 이 가격이 균형가격 3달러를 초과하기 때문에, 가격상한은 효과가 없으며 시장은 공급과 수요의 균형에 도달할 수 있다. 이 균형점에서 공급량과 수요량은 둘 다 100개이다. (b)에서 정부는 가격상한으로 2달러를 설정한다. 이 가격이 균형가격 3달러에 미치지 못하기 때문에, 시장가격은 2달러가 된다. 이 가격수준에서는 125개가 수요되는 반면에 겨우 75개가 공급될 뿐이다. 따라서 50개가 부족하다.

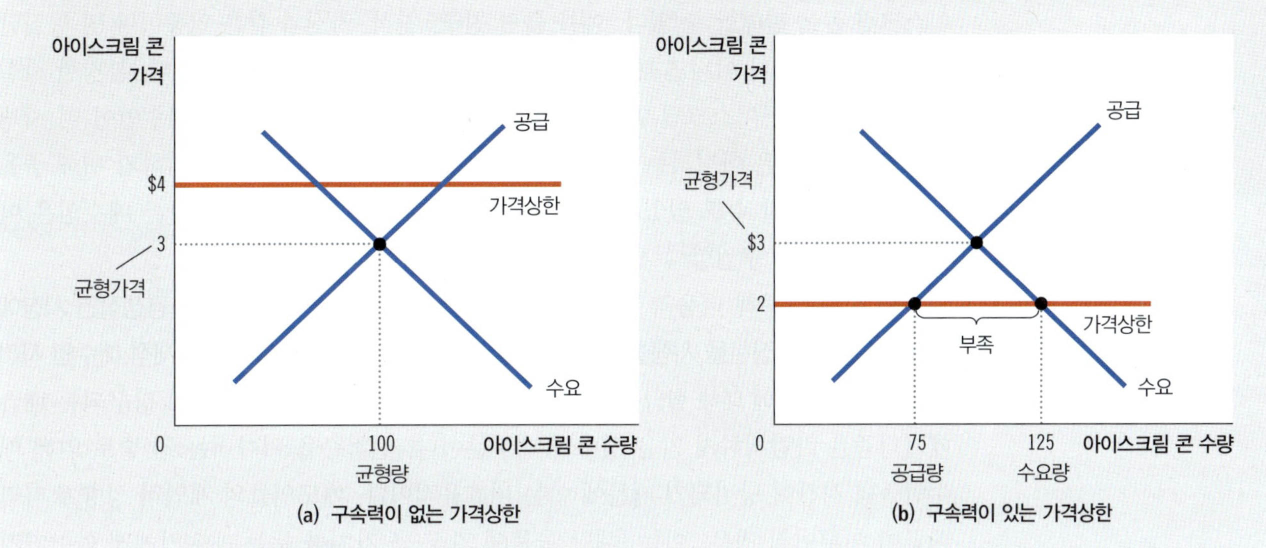

(a) 구속력이 없는 가격상한

(b) 구속력이 있는 가격상한

6-1a 가격상한은 시장에서 이루어진 결과에 어떤 영향을 미치는가

아이스크림 소비자들의 고충 호소와 선거운동 기부금으로 영향을 받은 정부가 아이스크림 시장에 가격상한을 실시할 경우, 다음과 같은 두 가지 상황이 발생할 수 있다. 그림 1(a)에서 정부는 콘 한 개당 4달러인 가격상한을 부과한다. 이 경우, 공급과 수요가 같아지도록 하는 가격(3달러)이 가격상한에 미치지 못하기 때문에 가격상한은 **구속력이 없다**. 시장에서 작동하는 힘은 경제가 균형에 도달하도록 하며, 가격상한은 판매가격 또는 판매량에 영향을 미치지 못한다.

그림 1(b)는 흥미로운 가능성을 보여준다. 이 경우, 정부는 콘 한 개당 2달러인 가격상한을 부과한다. 균형가격 3달러는 가격상한을 초과하기 때문에, 가격상한은 시장에서 **구속력이 있다**. 공급과 수요에 의해 가격이 균형을 향해 이동하는 경향이 있지만, 가격상한으로 인해 시장가격은 균형에 이르지 못한다. 대신에 시장가격은 가격상한에서 성립된다. 이 가격에서, 아이스크림 수요량(그림에서 콘 125개)은 공급량(콘 75개)을 초과한다. 이렇게 발생된 초과 수요 50개로 인해, 현재 가격에서 아이스크림을 원하는 일부 사람들이 이를 구입하지 못하게 된다. 가격상한이 실시됨에 따라 아이스크림이 부족한 상황이 발생했다.

이런 부족한 현상에 대응하기 위해 아이스크림 배급 메커니즘이 자연적으로 발생했다. 그것은 선착순을 기다리는 긴 줄이 될 수도 있다. 즉, 일찍 도착해서 줄을 서서 기다리는(아니면 다른 사람이 그렇게 하도록 하는 대가를 지불하는) 매수인들은 아이스크림 콘을 구입하는 반면에, 그렇게 할 수 없거나 하지 않는 매수인들은 구입하지 못한다. 다른 메커니즘이 나타날 가능성도 있다. 매도인은 자신의 개인적인 성향에 따라 아이스크림 콘을 판매할 수 있다. 예를 들면 친구, 친척, 자신과 같은 인종이나 민족 집단에게만 판매하거나 아니면 대가로 호의를 베푸는 사람들에게만 판매한다. 분명한 사실은 가격상한이 아이스크림 매수인을 돕기 위해 시행되었지만, 모든 매수인이 이 시책의 혜택을 본 것은 아니라는 점이다. 일부 매수인은 아이스크림을 구입하기 위해 줄을 서서 기다려야 할 수도 있었지만, 낮은 가격을 지불한다. 하지만 또 다른 매수인은 아이스크림을 전혀 구입할 수 없다.

위의 설명을 통해 다음과 같은 일반적인 결과를 알 수 있다. **정부가 경쟁적인 시장에 구속력 있는 가격상한을 시행할 경우, 부족한 상황이 발생하고 매도인은 잠재적 매수인 사이에서 희소한 물품에 대해 할당 또는 배급을 시행해야 한다.** 가격상한하에서 강구되는 배급 메커니즘은 바람직하지 않은 경우가 대부분이다. 선착순을 기다리는 긴 줄로 인해 매수인들의 시간이 낭비되기 때문에 이는 비효율적이다. 매도인들의 개인적 성향에 따라 배급이 이루어질 경우, 이는 (해당 물품에 가장 큰 가치를 두는 매수인에게 돌아가지 않을 수 있기 때문에) 비효율적이며 불공정하다. 반면에 자유로운 경쟁시장에서 배급 메커니즘이 작동할 경우, 이는 간단하다. 시장이 균형에 도달할 때, 시장가격을 지불하고자 하는 사람들은 해당 물품을 구입할 수 있다. 가격이 높을 때 이것은 일부 매수인들에게 불공정한 것처럼 보일 수 있지만, 효율적이며 개인적인 편향이 개입하지 않는다. 아이스크림 콘을 구입하기 위해 아이스크림 생산업자의 친구나 친척이 될 필요는 없다. 3달러라는 가격을 지불할 수 있고, 지불할 의향만 있으면 된다.

사례 연구

주유소에서 선착순을 기다리는 긴 줄이 어떻게 생기게 되었는가

제5장에서는 1973년에 석유수출국기구(OPEC)가 어떻게 원유 생산을 감축하고 가격을 상승시켰는지에 대해 논의했다. 원유를 사용하여 휘발유를 생산하기 때문에, 유가가 상승하면 휘발유 생산이 감소했다. 주유소에 긴 행렬이 이어져, 운전자들은 휘발유 몇 갤런을 구입하기 위해 종종 몇 시간을 기다려야 했다.

어떤 이유 때문에 주유소에 긴 줄이 생기게 되었는가? 대부분의 사람들은 OPEC 때문이라고 생각했다. OPEC이 원유를 감산하지 않았다면 석유가 부족한 상황은 분명 발생하지 않았을 것이다. 하지만 경제학자들은 또 다른 발생 원인을 찾아내었다. 그것은 바로 휘발유 가격에 상한을 둔 미국 정부의 규제였다.

그림 2는 어떤 일이 발생했는지 보여준다. 그림 2(a)에서 보듯, OPEC이 유가를 인상하기

그림 2

가격상한이 시행되는 휘발유 시장

(a)는 균형가격 P_1이 상한가격에 미치지 못하기 때문에 가격상한이 구속력이 없는 경우의 휘발유 시장을 보여준다. (b)는 (휘발유를 생산하는 데 사용되는 생산요소인) 원유의 가격이 상승함으로써 공급곡선이 왼쪽으로, 즉 S_1에서 S_2로 이동한 후의 휘발유 시장을 보여준다. 규제되지 않은 시장이라면 가격은 P_1에서 P_2로 상승하지만, 가격상한이 시행되는 경우 이런 일이 발생하지 않는다. 구속력이 있는 가격상한하에서 소비자는 Q_D를 구입하려 하지만, 휘발유 생산자는 겨우 Q_S만을 판매하려 한다. 수요량과 공급량 사이의 차이, 즉 $Q_D - Q_S$가 휘발유 부족분을 나타낸다.

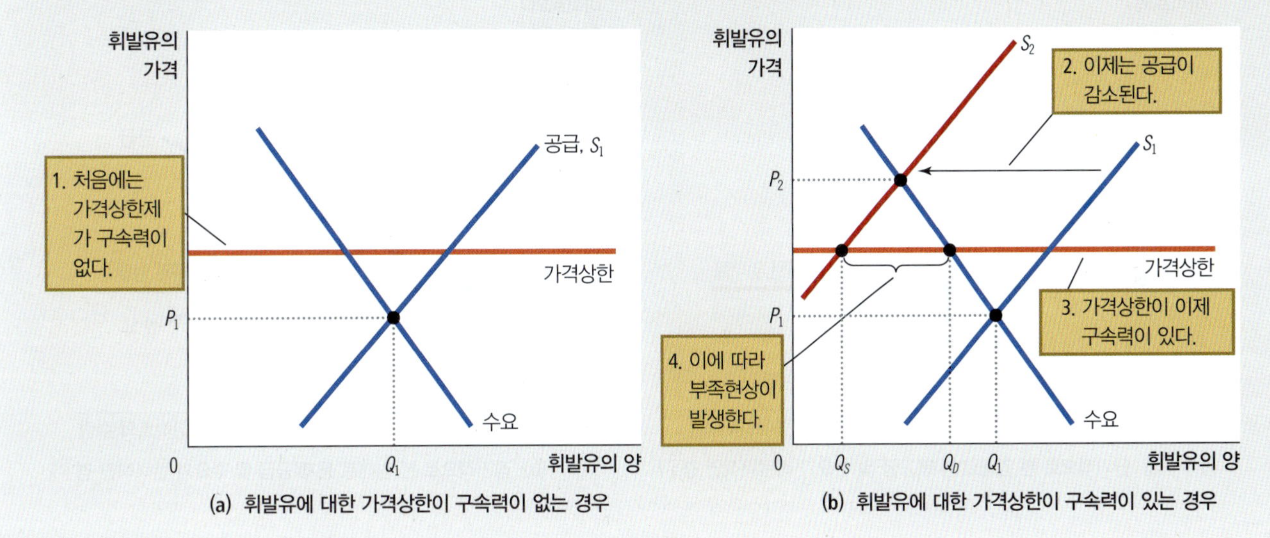

(a) 휘발유에 대한 가격상한이 구속력이 없는 경우

(b) 휘발유에 대한 가격상한이 구속력이 있는 경우

전에는 휘발유의 균형가격 P_1이 가격상한에 미치지 못했다. 따라서 가격 규제는 영향을 미치지 못했다. 하지만 유가가 상승하자 상황이 변했다. 유가 인상으로 휘발유의 생산비가 상승하며, 이로 인해 휘발유 공급이 감소했다. 그림 2(b)에서 보듯 공급곡선이 왼쪽으로, 즉 S_1에서 S_2로 이동했다. 규제되지 않은 시장에서 공급이 이렇게 변하게 되면, 휘발유의 균형가격은 P_1에서 P_2로 상승하고 부족현상은 발생하지 않았을 것이다. 대신에 가격상한이 시행되면 가격이 균형수준으로 상승하지 못하게 된다. 가격상한하에서 생산자들은 Q_S를 판매하고자 하지만, 소비자들은 Q_D를 구입하고자 한다. 공급이 변화함에 따라 규제된 가격수준에서 심각한 부족현상이 발생했다.

결국에는 휘발유의 가격을 규제하는 법률들이 폐지되었다. 미국인들이 휘발유를 구입하기 위해 줄을 서느라 잃어버린 시간에 대해 일부 책임이 있다는 사실을, 입법자들이 깨달은 것이다. 오늘날에는 유가가 변할 경우 공급과 수요가 균형을 이루도록 휘발유의 가격이 자유롭게 조정된다. ●

임대료 통제로 인해 특히 장기적으로 주택 부족현상이 발생하는 이유는 무엇인가

많은 도시에서 지방정부는 집주인이 세입자에게 청구할 수 있는 상한을 설정

그림 3 **단기적 및 장기적으로 본 임대료 통제**

(a)는 임대료 통제에 따른 단기적인 영향을 보여준다. 즉, 아파트의 공급곡선 및 수요곡선이 상대적으로 비탄력적이기 때문에, 임대료 통제법에 따라 부과된 가격상한으로 인해 소규모의 주택 부족현상만 발생할 뿐이다. (b)는 임대료 통제에 따른 장기적인 영향을 보여준다. 즉, 아파트의 공급곡선 및 수요곡선이 더 탄력적이기 때문에, 임대료 통제로 인해 더 대규모의 주택 부족현상이 생기게 된다.

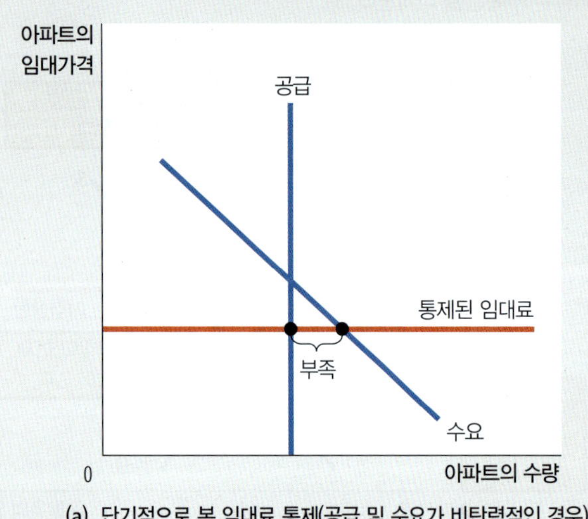

(a) 단기적으로 본 임대료 통제(공급 및 수요가 비탄력적인 경우)

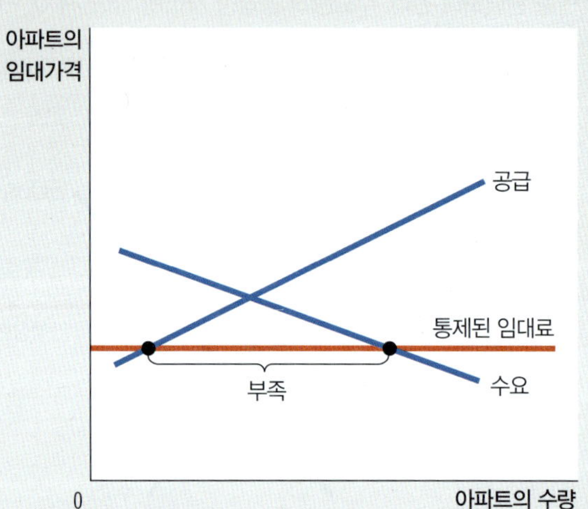

(b) 장기적으로 본 임대료 통제(공급 및 수요가 탄력적인 경우)

해놓고 있다. 이를 임대료 통제라 하는데, 이는 주거비용을 낮게 유지하여 저소득층을 돕고자 하는 정책이다. 하지만 경제학자들은 임대료 통제가 저소득층을 도와주는 매우 비효율적인 방법이라 주장하면서 이를 종종 비판하곤 한다. 어떤 경제학자는 임대료 통제를 "폭격을 제외하고, 한 도시를 파괴할 수 있는 가장 좋은 방법"이라고까지 했다.

임대료 통제에 따른 부작용은 장기간에 걸쳐 발생하기 때문에, 이런 효과가 명백하지 않을 수 있다. 단기적으로, 집주인들은 임대할 수 있는 아파트의 수가 고정되어 있으며, 시장 상황이 변화할 때 이 수량을 신속하게 조정할 수 없다. 더구나 아파트를 임차하려는 사람들이 주거방식을 조정하는 데는 시간이 필요하기 때문에, 단기적으로 임대료에 민감하지 않을 수 있다. 다시 말해, 주택에 대한 단기적인 공급과 수요는 둘 다 상대적으로 비탄력적이다.

그림 3(a)는 주택시장에 대한 임대료 통제로 인해 발생하는 단기적인 효과를 보여준다. 구속력 있는 가격상한과 마찬가지로, 임대료 통제로 인해 부족현상이 발생한다. 하지만 단기적으로 공급과 수요가 비탄력적이기 때문에, 최초의 주택 부족분은 규모가 작다. 단기적으로 발생하는 주요한 결과는 임대료 하락이므로 세입자들 사이에 인기가 있다.

임대주택의 매수인과 매도인은 시간이 흐름에 따라 시장 형편에 더 잘 반응하기 때문에 장기적인 상황은 매우 다르다. 공급 측면에서 집주인들은 새로운 아파트를 건설하지 않고 기존 아파트를 유지 보수하지 않음으로써 낮은 임대료에 대응하게 된다. 수요 측면에서 사람들은 낮은 임대료로 인해 (룸메이트나 부모와 함께 살지 않고) 자신의 아파트를 구하고 도시로 이주하고자 한다. 따라서 공급과 수요는 둘 다 장기적으로 더 탄력적이 된다.

그림 3(b)는 장기적인 주택시장 상황을 보여준다. 임대료 통제로 인해 임대료가 균형수준에 미치지 못할 때, 아파트 공급량이 큰 폭으로 감소하고 수요량은 큰 폭으로 증가한다. 따라서 대규모 주택 부족현상이 발생한다.

임대료가 통제되는 도시에서 집주인들과 건물 관리자들은 다양한 메커니즘을 활용하여 주택을 배분한다. 그들 중 일부는 긴 대기자 명단을 갖고 있고, 다른 일부는 자녀가 없는 임차인에게 우선권을 준다. 또 다른 일부는 아직도 인종을 기준으로 차별한다. 이따금 아파트는 부당한 거래금을 제의하는 세입자에게 배분된다. 이런 뇌물로 인해 아파트의 총가격은 균형가격에 더 근접하게 된다.

제1장에서 살펴본 **경제학의 열 가지 원리** 중 하나인, '사람들은 유인에 반응한다'라는 원리를 기억해보자. 잘 작동하는 시장에서 집주인들은 주택을 청결하고 안전하게 유지할 경우 더 높은 임대료를 받을 수 있다. 하지만 임대료 통제로 인해 부족현상이 발생하고 대기자 명단이 존재하게 된다면 집주인은 그런 동기를 상실하게 된다. 현재 상태 그대로 입주하겠다는 사람들이 기다리고 있을 때, 주택을 유지 보수하고 환경을 개선하기 위해 금전을 왜 지출하겠는가? 결국 임대료 통제로 세입자가 지급해야 할 금액을 낮출 수는 있었지만, 이것은 또한 해당 도시 주택 재고수량과 질을 낮추었다.

이런 부작용들이 명백하게 드러나게 되면, 정책 입안자들은 종종 추가적 규제를 시행하여 대응한다. 예를 들어 다양한 입법을 통해 주택 배분상의 인종차별을 불법화하고, 집주인들이 최소한의 적절한 생활환경을 제공하도록 규정하게 된다. 하지만 이런 법률들은 시행하는 데 어려움이 있고 비용이 많이 든다. 반면에 임대료가 통제되지 않을 경우, 주택시장은 경쟁에 의해 규제되기 때문에 이런 법률들이 덜 필요하다. 주택가격이 균형수준으로 상승할 수 있다면, 집주인들의 바람직하지 않은 행태를 유발했던 주택 부족현상은 대부분 사라지게 된다. ●

경제 패널 임대료 통제

"예를 들면 뉴욕과 샌프란시스코에서 시행된 것처럼, 일부 임대주택의 임대료 인상을 제한하는 지역 조례는 이를 시행한 도시들에서 지난 30년 동안 저렴한 임대주택의 공급과 질에 긍정적인 영향을 미쳤다."

경제학자들의 의견

4% 확신하지 못한다.
1% 동의한다.
95% 동의하지 않는다.

출처: IGM Economic Experts Panel, February 7, 2012.

6-1b 가격하한은 시장에서 이루어진 결과에 어떤 영향을 미치는가

정부가 시행하는 또 다른 종류의 가격 통제가 미치는 영향을 분석하기 위해 아이스크림 시장을 다시 한번 살펴보도록 하자. 이제는 전국 아이스크림 생산자 협회가 균형가격 3달러가 너무 낮다고 주장하며 정부를 설득했다고 가상하자. 이 경우 정부는 가격하한을 설정할 수도 있다. 가격하한은 가격상한처럼 균형이 아닌 수준에서 가격을 유지하려는 정부의 시책이다. 가격상한으로 인해 가격에 법적 최대치가 설정되는 반면에, 가격하한은 법적 최소치가 설정된다.

정부가 아이스크림에 가격하한을 시행할 경우 두 가지 결과가 발생할 수 있다. 가격하한이 아이스크림 콘 한 개당 2달러인데 균형가격이 3달러라면, 어떤 일도 발생하지 않는다. 균형가격이 가격하한을 초과하기 때문에 가격하한은 구속력이 없다. 시장에서 작동하는 힘으로 인해 경제는 균형으로 이동하게 되며, 가격하한은 영향을 미치지 못한다. 그림 4(a)는 이런 상황을 보여준다.

그림 4(b)는 콘 한 개당 균형가격인 3달러보다 높은 4달러를 가격하한으로 설정할 때 어떤 일이 발생하는지 보여준다. 이 경우 가격하한은 시장에서 구속력이 있다. 공급과 수요가 상호작용하여 가격이 균형가격으로 이동하려 하지만, 가격은 가격하한 아래로 내려갈 수 없다. 따라서 가격하한이 시장가격이 된다. 이 가격수준에서 아이스크림 공급량(콘 120개)은 수요량(콘 80개)을 초과하여 40개의 초과 공급이 발생한다. 다시 말해 현재 가격에서 아이스크림을 판매하고자 하는 사람들 중 일부가 매수인을 구할 수 없다. 구속력 있는 가격하한으로 인해 과잉현상이 발생한다.

그림 4 가격하한이 시행되는 시장

(a)에서 정부는 가격하한으로 2달러를 설정한다. 이것은 균형가격 3달러보다 낮기 때문에, 가격하한은 효과가 없으며 시장은 공급과 수요의 균형에 도달할 수 있다. 이 균형점에서 공급량과 수요량은 둘 다 100이다. (b)에서 정부는 가격하한으로 4달러를 설정한다. 이것은 균형가격 3달러보다 높기 때문에, 시장가격은 4달러가 된다. 이 가격수준에서는 120개가 공급되는 반면에 겨우 80개가 수요가 이루어져 40개의 과잉이 발생한다.

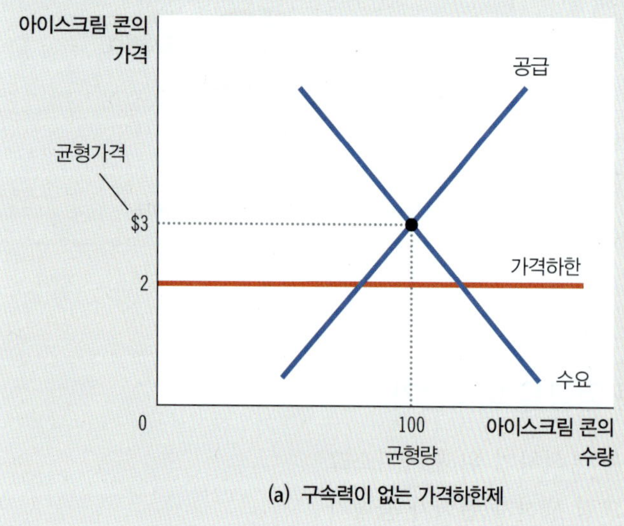

(a) 구속력이 없는 가격하한제

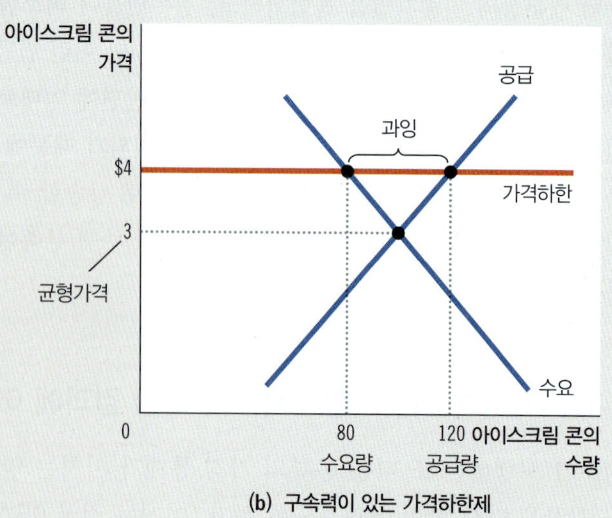

(b) 구속력이 있는 가격하한제

가격상한으로 인해 발생한 부족현상이 바람직하지 못한 배분 메커니즘으로 이어졌던 것처럼, 가격하한으로 인해 발생한 과잉현상도 그렇게 될 수 있다. 매수인들의 개인적인 선호에 호소하는 매도인들은 그렇지 않은 매도인들보다 물품을 더 잘 판매할 수 있다. 반면에 자유 시장에서는 가격이 배분 메커니즘의 역할을 수행한다. 이때 매도인들은 균형가격에서 받은 금액에 만족하지 못할 수는 있지만, 자신들이 원하는 모든 것을 판매할 수는 있다.

사례 연구

최저임금에 대한 논쟁

최저임금은 가격하한제 시행에 관한 중요하면서도 논쟁의 여지가 있는 사례가 되고 있다. 최저임금법에 따라 고용주는 노동에 대해 지불해야 하는 최저 수준을 정한다. 근로자들에 대해 최소한의 적절한 생활수준을 보장해주기 위해 미국 의회는 1938년 제정된 공정근로기준법에 따라 처음으로 최저임금을 실시하게 되었다.

2021년에 미국 연방법에 따른 최저임금은 시간당 7.25달러였다. 이 밖에 많은 주와 시는 연방수준보다 높게 최저임금을 정하고 있다. 예를 들어 2021년에 미국 시애틀의 최저임금은 대규모 고용주인 경우 시간당 16.69달러였다.

대부분의 유럽 국가들은 미국보다 종종 훨씬 더 높은 최저임금을 규정한 법률을 제정해 놓고 있다. 예를 들어 프랑스의 평균임금은 미국보다 거의 30% 더 낮지만, 프랑스의 최저임

그림 5

최저임금은 경쟁적인 노동시장에 어떤 영향을 미치는가

(a)는 임금이 조정되어 노동 공급과 노동 수요가 균형을 이루는 노동시장을 보여준다. (b)는 구속력 있는 최저임금이 시행되는 경우 미치는 영향을 보여준다. 최저임금은 설정된 가격하한이므로 과잉현상이 발생하게 된다. 노동 공급량이 노동 수요량을 초과하여 실업이 발생한다.

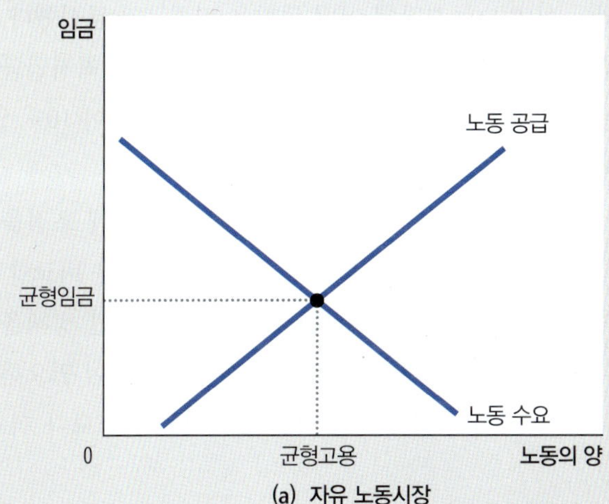

(a) 자유 노동시장

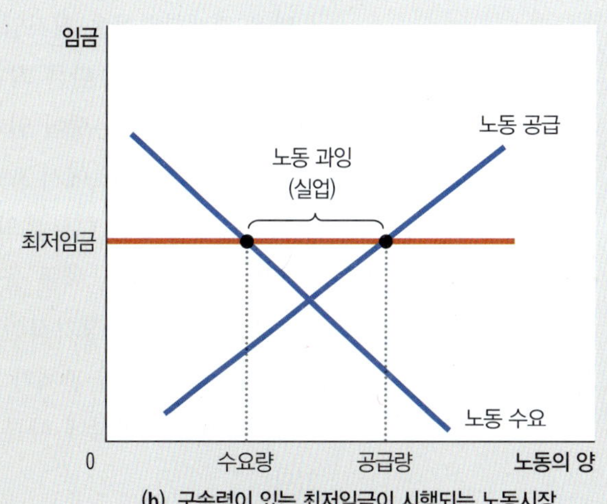

(b) 구속력이 있는 최저임금이 시행되는 노동시장

금은 50% 이상 더 높다.

공급 및 수요 이론에 따를 경우 최저임금이 미치는 영향에 대해 어떤 예측을 하는지 알아보기 위해 노동시장을 생각해보자. 그림 5(a)는 경쟁적인 노동시장을 보여주고 있으며, 이 시장은 모든 경쟁시장과 마찬가지로 공급과 수요의 상호작용에 따른다. 노동자들은 노동을 공급하고, 기업들은 노동을 수요한다. 정부가 개입을 하지 않는다면, 임금이 조정되어 노동의 공급과 수요가 균형을 이루게 된다.

그림 5(b)는 최저임금이 시행되는 노동시장을 보여준다. 그림에서 보는 것처럼 최저임금이 균형임금 수준보다 높은 경우, 노동 공급량이 노동 수요량을 초과한다. 따라서 노동 과잉현상이 발생했고, 실업이 존재하게 된다. 최저임금이 시행될 경우, 현재 일자리가 있는 노동자들의 소득은 증가하는 반면에, 현재 일자리를 구할 수 없는 예비 근로자들의 소득은 감소한다.

최저임금을 완전히 이해하기 위해, 경제에는 단일 노동시장이 아니라 다양한 유형의 근로자들에 대한 많은 노동시장이 존재한다는 사실에 유의하자. 최저임금이 미치는 영향은 노동자의 기술과 경험에 달려 있다. 고도로 숙련되고 경험이 풍부한 근로자들의 경우, 이들은 균형임금이 최저임금보다 훨씬 높기 때문에 영향을 받지 않는다. 즉 이들에게 최저임금은 구속력이 없다.

최저임금은 십대 노동시장에 가장 큰 영향을 미친다. 십대 청소년들은 노동력 구성원 중에서 기술이 가장 낮고 경험도 가장 적기 때문에, 균형임금이 낮다. 이 밖에 이들은 직업 교육을 대가로 더 낮은 임금을 종종 받아들인다.(일부 십대 청소년들은 전혀 급여를 받지 않고 인턴으로 근무하기도 한다. 많은 인턴십들이 급여를 전혀 지불하지 않기 때문에, 최저임금법이 종종 적용되지 않는다. 급여를 지불할 경우, 이들 인턴십 기회 중 일부가 사라져버릴 것이다) 따라서 종종 최저임금은 노동력을 구성하는 다른 계층보다 십대 청소년들에게 더 구속력이 있다.

많은 경제학자들은 최저임금법이 십대 노동시장에 어떤 영향을 미치는지 분석했다. 연구자들은 시간 경과에 따른 최저임금의 변화와 십대 고용의 변화를 비교했다. 최저임금이 미치는 영향에 관한 논쟁이 있기는 하지만, 일반적인 연구에 따르면 최저임금이 10% 상승할 경우 십대 고용은 1%에서 3%까지 감소한다고 본다.

최저임금에 관한 대부분의 연구들이 갖는 한 가지 단점은 단기적인 영향에 초점을 맞추고 있다는 사실이다. 예를 들면 최저임금 변경 전 1년과 변경 후 1년의 고용을 비교할 수 있다. 고용에 미치는 장기적인 영향은 신뢰성 있게 추정하는 것이 더 어렵지만 정책을 평가하는 데는 더 밀접한 관계가 있다. 기업들이 작업장을 재편성하는 데는 시간이 필요하기 때문에, 최저임금 인상에 따른 고용의 장기적인 감소는 추정된 단기적인 감소보다 더 클 수 있다.

최저임금으로 인해 노동 수요량이 변화할 뿐만 아니라 노동 공급량도 변화한다. 최저임금이 시행되면 십대 청소년이 받을 수 있는 임금이 상승하게 되며, 이로 인해 일자리를 찾기로 선택하는 청소년의 수도 증가한다. 일부 연구에 따르면, 최저임금이 인상될 경우 어떤 청소년들이 고용될지에도 역시 영향을 미친다고 한다. 최저임금이 인상되면, 고등학교 재학 중인 일부 청소년들이 자퇴하고 취직하려 할 수 있다. 더 많은 사람들이 가용할 수 있는 일자리를 놓고 경쟁을 함에 따라 새로운 자퇴자들 중 일부가, 자퇴하여 이미 취직한 청소년들을 대신하게 되어 기존의 자퇴자들은 일자리를 잃게 된다.

최저임금은 종종 논쟁의 대상이 되고 있다. 최저임금 인상을 옹호하는 사람들은 이런 정책이 가난한 노동자들의 소득을 높일 수 있는 인간적인 방법이라고 본다. 이들은 최저임금을 받는 노동자들이 겨우 빈약한 생활수준을 감당할 뿐이라는 사실을 정확하게 지적했다. 예를 들면 시간당 최저임금이 7.25달러였던 2021년에, 연중 매주마다 주당 40시간을 근무하는 두 명의 성인이 최저임금 일자리에서 받은 합계 연간소득은 30,160달러에 불과했다. 이 금액은 미국 중위 가계소득의 약 40%에 불과했다. 최저임금 인상에 찬성하는 일부 사람들은 다음과 같이 주장한다. 즉 노동시장은 경쟁시장에서의 공급 및 수요 이론에 기반해서는 잘 설명되지 않으며, 따라서 이들 이론에 기반하여 이루어진 실업에 관한 예측에 대해 의구심을 갖게 된다고 한다. 다른 일부 사람들은 최저임금 인상 정책이 일자리 상실을 포함하여 일부 부작용이 있다는 점은 인정하지만, 이런 효과는 작으며 모든 상황을 고려할 경우 최저임금 인상으로 인해 가난한 사람들의 형편이 나아진다고 본다.

최저임금 인상에 반대하는 사람들은 이것이 빈곤을 퇴치하는 최선의 시책이 아니라고 주장한다. 이들에 따르면 최저임금이 인상될 경우 실업이 발생하고, 십대 청소년들이 자퇴하여 직업훈련을 받지 않은 미숙련 노동자가 된다고 본다. 게다가 반대론자들은 최저임금 인상은 목표가 잘못 설정된 정책이라고 생각한다. 최저임금을 받는 사람들 중 3분의 1 이하가 빈곤선 아래의 소득을 받는 가계에 속한다. 최저임금 수혜자의 대다수는 추가로 지출할 돈을 벌기 위해 파트타임으로 일하는 중산층 가계의 십대 청소년들이다.

2021년에 바이든 대통령은 2025년까지 시간당 최저임금을 15달러로 인상하겠다고 제안하면서 "아무도 주당 40시간 일하면서 빈곤하게 살아서는 안 된다"고 말했다. 2021년 2월에 무당파 정책분석 담당 직원들로 구성된 정부기관인 미국 의회예산국은 이 제안에 관한 연구를 발표했다. 이들의 추정에 따르면, 최저임금이 인상될 경우 1,700만 명의 임금을 증가시키고, 90만 명을 빈곤에서 구하며, 140만 명을 해고시키게 된다고 한다. 이 책이 출간된 때는 미국 의회가 바이든 대통령의 제안을 입법화하기 전이었다. ●

최저임금

"현재 미국 연방정부의 최저임금은 시간당 7.25달러이다. 주정부는 이보다 높은 최저임금을 선택할 수 있으며, 많은 주가 그렇게 하고 있다. 연방정부의 최저임금이 시간당 15달러가 될 경우, 많은 주에서 저임금 근로자의 고통이 감소하게 될 것이다."

경제학자들의 의견

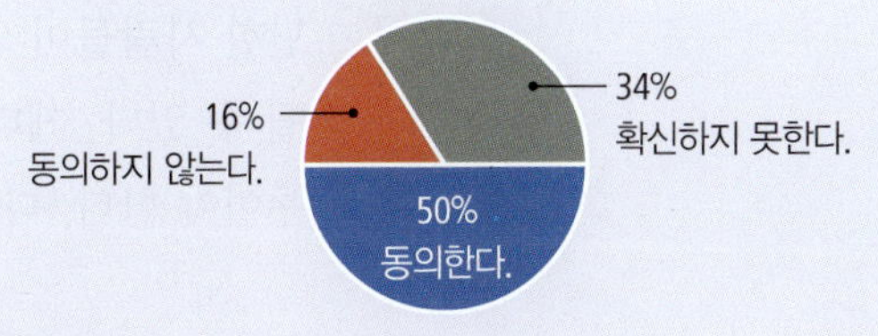

출처: IGM Economic Experts Panel, February 2, 2021.

6-1c 가격 통제에 대한 평가

제1장에서 살펴본 **경제학의 열 가지 원리** 중 하나가 '시장은 일반적으로 경제활동을 조직화하는 좋은 방법'이라는 것이다. 이것이 경제학자들이 종종 가격상한과 가격하한에 반대하는 이유이다. 경제학자들의 관점에서 보면, 가격은 우연한 과정의 결과가 아니다. 그들에게 있어 가격은 공급곡선과 수요곡선의 이면에서 이루어진 수많은 결정의 결과이다. 가격은 공급과 수요를 일치시키며, 이를 통해 경제활동을 조정하는 중요한 역할을 수행한다. 정부가 하는 가격설정은, 그렇지 않았다면 사회자원의 배분을 이끌어 나갔을 신호를 모호하게 만든다.

이것은 전개된 상황의 한쪽만을 살펴본 것이다. **경제학의 열 가지 원리** 중 또 다른 하나가 '정부는 때때로 시장에서 이루어진 결과를 개선할 수 있다'라는 것이다. 실제로 정책 입안자들은 시장에서 이루어진 결과를 불공정한 것으로 보기 때문에 종종 가격을 통제하려는 동기를 갖게 된다. 가격 통제는 가난한 사람들을 돕는 것을 목표로 하는 경우가 많다. 예를 들어 임대료 통제법은 모든 사람들에게 저렴한 주택을 제공하고자 하며, 최저임금법은 사람들이 가난에서 벗어나도록 도와주고자 한다.

하지만 가격 통제로 인해 자신들이 도우려 했던 사람들에게 피해를 입힐 수 있다. 임대료 통제로 인해 임대료는 낮게 유지되지만, 집주인들이 자신들의 건물에 대한 유지보수를 하지 않게 되고 주택을 구하는 것이 어려워진다. 최저임금법은 일부 근로자들의 소득을 증대시키지만 일부 근로자들이 실직하게 만들 수 있다.

도움이 필요한 사람들을 돕는 것은 가격 통제 이외의 방법으로도 할 수 있다. 예를 들면 정부는 가난한 가족들 대신에 임대료의 일부를 지불하거나 현금 이체를 해서 이들 자신이 임대료를 지불하게 하여 주택을 저렴하게 공급해줄 수 있다. 임대료 통제와 달리, 이런 보조금들은 주택 공급량을 감소시키지 않아서 주택이 부족한 상황으로 이어지지 않는다. 이와 유사하게, 임금 보조금을 시행할 경우 가난한 노동자의 생활수준은 높이지만 기업들이 이들을 고용하는 것을 축소시키지는 않는다. 임금 보조금의 한 예로 저임금 근로자들의 소득을 보충해주는 정부 프로그램인 **근로소득 세액공제**를 들 수 있다.

이들 대안적인 정책은 종종 가격 규제보다 더 나을 수 있지만 완벽하지는 않다. 가난한 사람들이 임대료 보조금이나 임금 보조금을 신청하는 것 자체가 이들에게 부담이 될 수 있다. 게다가 이들 보조금은 정부 예산에서 충당하며, 따라서 더 높은 세금을 거두어야 한다. 다음 절에서 살펴보는 것처럼, 과세할 경우 그 자체의 비용이 수반된다.

Quiz

1. 정부가 구속력 있는 가격하한을 설정할 경우, 이로 인해 ___________.
   a. 공급곡선이 왼쪽으로 이동한다.
   b. 수요곡선이 오른쪽으로 이동한다.
   c. 해당 물품의 부족현상이 발생한다.
   d. 해당 물품의 과잉현상이 발생한다.
2. 구속력 있는 가격상한이 설정된 시장에서 상한가격이 상승할 경우, ___________.
   a. 해당 물품의 과잉이 증대된다.
   b. 해당 물품의 부족이 증대된다.
   c. 해당 물품의 과잉이 감소된다.
   d. 해당 물품의 부족이 감소된다.
3. 임대료 통제로 인해 ___________ 부족현상이 더욱 확대된다. 그 이유는 시간이 흐름에 따라 공급과 수요가 ___________ 탄력적으로 되기 때문이다.
   a. 장기적으로; 더
   b. 장기적으로; 덜
   c. 단기적으로; 더
   d. 단기적으로; 덜
4. 최저임금이 인상될 경우, ___________의 가격 탄력성이 1보다 ___________, 이로 인해 영향을 받는 전체 근로자에게 지불될 총액은 감소한다.
   a. 공급; 크다면
   b. 공급; 작다면
   c. 수요; 크다면
   d. 수요; 작다면

해답은 이 장의 끝부분에 있다.

6-2 조세귀착에 대해 주목할 사실

전 세계 각국 정부부터 소도시의 지방정부까지 모든 정부들은 조세를 활용하여 도로, 학교, 국가방위와 같은 공공 프로젝트를 수행하는 데 필요한 수입을 거두어 들인다. 조세는 중요한 정책도구이고 여러 가지 면에서 우리의 생활에 영향을 미치기 때문에 이 책 전반에 걸쳐 살펴볼 것이다. 먼저 조세가 경제에 어떤 영향을 미치는지 살펴보자.

분석하기 위한 상황을 만들기 위해, 지방정부가 연례 아이스크림 축하행사로 축제, 불꽃놀이, 마을 유지들의 연설을 마련하기로 결정했다고 가상하자. 이 행사를 개최하기 위한 수입을 거두기 위해, 해당 도시는 판매되는 아이스크림 콘 한 개당 0.50달러의 조세를 부과하기로 했다. 이런 계획이 발표되자 두 개의 로비단체가 행동에 나섰다. 전국 아이스크림 소비자 협회는 다음과 같이 주장했다. 아이스크림 소비자들은 생계를 꾸리는 데 어려움을 겪고 있기 때문에, 아이스크림 **매도인**들이 조세를 납부해야 한다고 본다. 반면에 전국 아이스크림 생산자 협회는 다음과 같이 말을 한다. 회원사들이 경쟁시장에서 생존하기 위해서 분투를 하고 있으므로 아이스크림 **매수인**들이 조세를 납부해야 한다고 본다. 시장은 타협이 이루어지길 희망하면서 매수인과 매도인이 각각 조세의 절반을 납부하도록 제의했다.

이 제의를 평가하기 위해 다음과 같은 간략하지만 미묘한 질문을 해보도록 하자. 정

최저임금을 시간당 15달러로 해야 하는가?

2021년에 바이든 대통령은 최저임금을 시간당 15달러로 제의했는데, 이 제안은 정치인과 경제학자 모두에게 논쟁을 불러일으켰다.

최저임금을 인상할 경우 이는 분명히 일자리 감소로 이어질 것이다

데이비드 뉴마크(David Newmark)

최근의 미국 의회예산국 보고서에 따르면, 연방정부의 새로운 최저임금인 15달러가 입법화될 경우 140만 개의 일자리가 사라지게 될 것이라고 추정했다. 반면에 새로운 최저임금을 옹호하는 사람들은 의회예산국의 이런 결론을 재빨리 일축했다. 미국 워싱턴 D.C.에 소재한 경제정책연구소의 하이디 셔올즈(Heidi Shierholz)는 다음과 같이 말했다. "최저임금 인상이 대량의 일자리 상실 없이 임금을 상승시키게 될 것이라는 새로운 의견 일치가 경제학자들 사이에 이루어졌다고 해도 과언이 아니다." 또한 그는 이와 동일한 주장을 하는 노벨 경제학상 수상자들과 다른 경제학자들이 서명한 편지를 배포했다.

미국에서의 최저임금과 일자리 상실에 관해 이루어진 연구에 대한 최근의 광범위한 조사에서 내가 밝힌 것처럼, 이는 간략히 말해 사실이 아니다. 대부분의 연구에 따르면, 최저임금은 저숙련 근로자들의 고용을 축소시키며 특히 최저임금을 인상하면 최저 소득자들이 가장 직접적으로 영향을 받는다.

최저임금이 고용에 대해 미치는 영향에 관해서 이루어진 개별 연구들의 결과는 서로 상충된다. 이런 불일치하는 상황은 놀라운 것이 아니다. 경제학은 사회과학이지 자연과학이 아니다. 최저임금과 일자리 상실에 관한 연구는 실험실에서 이루어지는 실험이 아니다. 이들은 복제되어 반복적으로 이루어질 수 없으며, 따라서 정확히 동일한 결과를 얻을 수는 없을 것으로 보인다.

그래도 놀라운 사실은, 연구문헌 요약들이 전반적인 증거가 말하는 것에 대해 상반되는 주장을 한다는 것이다. 앵거스 디턴(Angus Deaton)과 피터 다이아몬드(Peter Diamond)와 같은 저명한 경제학자들이, 연구결과가 일자리 상실에 관해 증거가 거의 없거나 없다는 사실을 보여준다고 주장하면서 위에서 언급한 편지에 서명했다. 반면에 다른 경제학자들은 연구 결과를 보고 일자리 상실을 의미한다고 결론 내렸다. 어떻게 이럴 수가 있는가? 누가 옳은가?

대부분의 경제학자들은 어떤 식으로든 최저임금에 대해 강경한 입장을 취한다. 어쩌면 이로 인해 이들이 증거들을 보고 해석하는 방식에 영향을 미치게 된다. 또는 최저임금이 고용에 미치는 효과에 관한 연구가 매우 많아서 전체 증거가 의미하는 바에 관한 일종의 '채점표'를 유지하는 것이 어려울 수 있다.

연구를 정확하게 이해하기 위해 피터 셜리(Peter Shirley)와 나는 지난 30년간 발간된 최저임금이 고용에 미치는 영향을 추정했던 거의 모든 미국의 연구 저자들을 조사했다. 우리는 저자들에게 '탄력성' 또는 최저임금 1% 변화에 대한 고용의 백분율 변화로 측정한, 고용에 미치는 효과에 관한 최선의 추정치를 알려달라고 요청했다. 대부분의 저자들이 답변했으며, 응답하지 않은 소수의 경우에 이들의 연구에서 추정값을 뽑았다.

그 결과는 참담했다. 모든 연구에 걸쳐 볼 때 79%가 최저임금으로 인해 고용이 축소된다고 밝혔다. 연구 중 46%에서 이런 음의 효과가 통계적으로 유의했다. 반면에 연구 중 21%만이 최저임금이 고용에 소규모의 양의 효과가 있다고 밝혔으며, 이 중 매우 작은 비율(4%)만이 통계적으로 유의했다. 간단하지만 통상적인 계산에 따르면, 실제 효과가 영인

부가 어떤 물품에 조세를 부과할 경우, 누가 실제로 조세부담을 지는가? 매수인인가? 매도인인가? 그렇지 않고 매수인과 매도인이 조세부담을 분담할 경우, 조세부담이 어떻게 배분될지를 무엇이 결정하는가? 위에서 시장이 제의했던 것처럼, 정부가 이런 결정을 내릴 수 있는가? 아니면 시장에서 작동되는 힘이 개입하는가? 이런 질문에는 조세귀착(tax incidence) 문제가 내포되어 있다. 즉, 조세부담이 경제의 다양한 사람들 사이에 어떻게 배분되는지 살펴보아야 한다. 공급과 수요란 도구를 사용할 경우 조세귀착에 관한 놀라운 교훈들을 알 수 있게 된다.

조세귀착
조세부담이 시장 참여자들 사이에 배분되는 방식

경우 거의 80%의 연구에서 음의 고용효과를 발견할 확률은 백만분의 1 미만이다.

모든 연구를 살펴보면 평균 고용 탄력성은 약 –0.15인데, 이는 가령 최저임금이 10% 상승할 경우 미숙련 노동의 고용은 1.5% 감소한다는 것을 의미한다. 이를 최저임금 15달러에 외삽하여 추정하면, 연방정부 최저임금 7.25달러가 현재 널리 행해지고 있는 주에서 이렇게 최저임금이 107% 증가할 경우 미숙련 노동의 고용은 16% 감소할 수 있다는 의미이다.(이는 미국 의회예산국의 최근 연구와 대체로 일치한다) 이는 상당한 일자리 감소처럼 보인다.

일부 근로자들이 더 높은 소득을 경험하고 저임금 근로자들의 순소득이 어쩌면 증가할 수 있다는 것은 사실이다. 하지만 최저임금 인상으로 인한 소득 증가의 상당 부분이 소득이 더 높은 가계로 돌아간다는 연구 결과처럼, 이것은 최저임금이 저임금 근로자나 저소득 가계를 도울 수 있는 최선의 방법이라는 것을 의미하지는 않는다. 대안적 정책인 근로소득 세액공제는 훨씬 더 효과적으로 혜택이 저소득층에게 돌아가도록 한다. 이 방법이 빈곤을 낮추고, 일자리를 파괴하지 않고 창출할 수 있다는 사실이 입증되었다.

우리가 한 조사에서 또 다른 중요한 결과들을 얻을 수 있었다. 첫째, 이따금 주장하는 것과는 상반되게, 가장 최근의 연구에서 일자리 상실의 증거가 적어지는 추세는 발견하지 못했다. 둘째, 최저임금에 의해 직접적으로 영향을 받는 근로자들에 대해 더 정밀하게 초점을 맞추어 연구가 이루어질수록, 일자리 상실에 관한 증거가 더욱 분명해진다. 예를 들어 많아야 고등학교 교육을 받은 근로자들에 대한 평균 고용 탄력성은 –0.24인데, 이는 최저임금이 10% 상승할 경우 이들의 고용이 2.4% 만큼 감소한다는 의미이다. 여러 증거가 뒤섞인 유일한 연구들은 소매업이나 레스토랑 같은 저임금 업종에 관한 것이다. 특히 이들 연구에서 최저임금에 의해 가장 크게 영향받는 노동자들 사이의 일자리 상실이, 저숙련 근로자를 고숙련 근로자로 대체하는 고용주들에 의해 가려질 수 있다.

맞다. 일부 연구들은 일자리 상실의 증거를 발견하지 못한다. 하지만 최저임금 인상에 찬성하는 사람들은 연구 증거의 대부분을 무시해야만, 전반적인 연구에서 지지를 받고 있다고 주장할 수 있다. 최저임금이 미치는 영향에 관한 연구자들의 합의된 견해에 따르면, 이는 분명히 일자리 상실로 이어진다. 정책 입안자들은 최저임금의 급격한 인상에 따른 잠재적 비용과 편익을 따져볼 때, 이런 일자리 상실을 고려해야만 한다. ■

AP IMAGES/LYNNE SLADKY

논의 사항

1. 저임금 근로자들을 도와줄 정책을 설계하는 경제학자라고 가상하자. 여러분은 최저임금을 선호하는가? 또는 근로소득 세액공제를 선호하는가? 그 이유를 설명하시오.
2. 여러분이 이제는 출마한 정치인이라고 가상하자. 최저임금 인상을 강령으로 하는 선거운동을 하는 것이 더 용이한가? 또는 더 관대한 근로소득 세액공제를 강령으로 하는 선거운동을 하는 것이 더 용이한가? 그 이유를 설명하시오.

데이비드 뉴마크는 어바인 소재 캘리포니아대학교(UC Irvine)의 경제학 교수이다.

출처: *The Wall Street Journal*, March 19, 2021.

6-2a 매도인에게 부과된 조세는 시장에서 이루어진 결과에 어떤 영향을 미치는가

매도인에게 부과된 조세부터 살펴보도록 하자. 아이스크림 콘의 매도인들이 자신들이 판매하는 각 아이스크림 콘에 대한 세금으로 지방정부에 0.50달러를 납부해야 한다고 가상하자. 이런 경우 아이스크림의 매수인과 매도인에게 어떤 영향을 미치는가? 이 물음에 답하기 위해, 제4장에서 공급과 수요를 분석하기 위해 살펴본 세 가지 단계를 밟아가도록 하자. (1) 해당 상황이 공급곡선 아니면 수요곡선에 영향을 미치는지 여부를 결정한다. (2) 해당 곡선이 오른쪽 아니면 왼쪽으로 이동하는지 여부를 결정한다. (3) 이런 이동이 균형가격과 균형량에 어떤 영향을 미치는지 검토한다.

1단계 조세는 매도인에게 즉각적인 영향을 미친다. 조세가 매수인에게는 부과되지 않기 때문에, 각 가격에서 수요량은 동일하다. 따라서 수요곡선은 변화하지 않는다. 반면에 매도인에게 부과된 조세로 인해 아이스크림 사업은 각 가격에서 수익성이 감소하여 공급곡선이 이동한다.

2단계 매도인에게 부과된 조세로 인해 아이스크림 생산비와 판매비가 상승하기 때문에, 각 가격에서 공급량이 감소한다. 공급곡선은 왼쪽으로 (달리 표현하면 위쪽으로) 이동한다.

이동규모를 정확히 알아보도록 하자. 각 아이스크림 시장가격에 대해 매도인의 실효가격, 즉 조세를 납부한 후 받게 될 가격은 0.50달러 낮아진다. 예를 들어 아이스크림 콘의 시장가격이 2달러라면 매도인이 받게 될 실효가격은 1.50달러가 된다. 시장가격이 얼마이든지 간에 매도인에 대한 실효가격은 0.50달러 낮아지며, 매도인은 낮아진 가격에 합당한 아이스크림 수량을 공급한다. 다시 말해 매도인이 각 특정 수량을 공급하도록 유도하기 위해, 시장가격은 조세가 미친 영향을 보상할 수 있도록 이제 0.50달러가 더 높아야 한다. 그림 6에서 보는 것처럼, 공급곡선은 조세와 정확하게 동일한 규모(0.50달러)만큼 위쪽으로, 즉 S_1에서 S_2로 이동한다.

그림 6

매도인에게 부과되는 조세

조세 0.50달러가 매도인에게 부과될 경우, 공급곡선은 0.50달러만큼 위로, 즉 S_1에서 S_2로 이동한다. 균형량은 100에서 90으로 감소한다. 매수인이 지불하는 가격은 3.00달러에서 3.30달러로 상승하며, 매도인이 (조세 납부 후) 수령하는 가격은 3.00달러에서 2.80달러로 하락한다. 매도인이 법적으로 조세를 납부할 의무가 있지만, 매수인과 매도인이 그 부담을 분담한다.

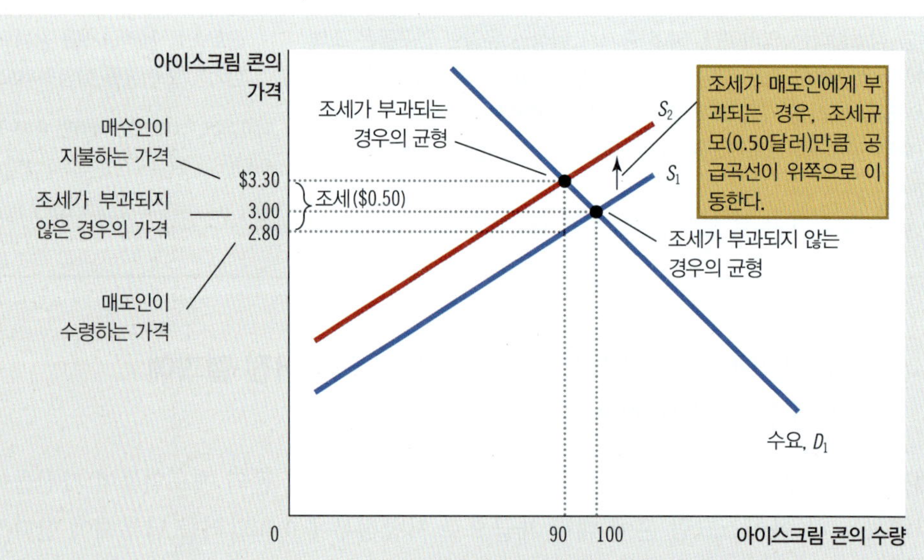

3단계 공급곡선이 어떻게 이동하는지를 결정하고 나서 이제는 최초 균형과 새로운 균형을 비교해보자. 그림 6에서 아이스크림의 균형가격은 3달러에서 3.30달러로 상승했으며, 균형량은 100개에서 90개로 감소했다. 매도인은 이제 더 적게 판매하고 매수인은 더 적게 구입하기 때문에, 조세로 인해 아이스크림 시장의 규모가 축소된다.

의미 이제는 조세귀착에 대한 질문, 즉 누가 조세를 부담하는가에 관해 생각해보자. 매수인이 아니라 매도인이 정부에 세금을 납부하지만, 매수인과 매도인이 조세부담을 분담한다. 조세로 인해 시장가격이 3달러에서 3.30달러로 상승하기 때문에, 매수인은 아이스크림 콘에 대해 0.30달러를 더 지불하게 된다. 매도인은 더 높은 가격(3.30달러)을 수령하지만, 조세를 납부하고 나면 단지 2.80달러(3.30달러－0.50달러＝2.80달러)만을 받게 되어 전보다 0.2달러가 적어진다. 조세가 부과될 경우, 매수인과 매도인은 둘 다 형편이 나빠진다.

요약하자면, 이 분석을 통해 다음과 같은 두 가지 교훈을 얻을 수 있다.

- 조세가 부과될 경우 시장활동이 위축된다. 어떤 물품에 조세가 부과되면, 새로운 균형에서 판매량이 감소한다.
- 매수인과 매도인은 조세부담을 분담한다. 새로운 균형에서, 매수인은 더 많이 지불하고 매도인은 더 적게 수령한다.

6-2b 매수인에게 부과된 조세는 시장에서 이루어진 결과에 어떤 영향을 미치는가

이제는 매수인에게 부과되는 조세를 생각해보자. 아이스크림을 애호하는 소비자들은 자신들이 구입한 각 아이스크림 콘에 대한 세금으로 지방정부에 0.50달러를 납부해야 한다. 이런 경우 어떤 영향을 미치는가? 다시 한번 다음과 같은 세 가지 단계를 밟아보도록 하자.

1단계 아이스크림에 대한 수요에 즉각적인 영향을 미치게 된다. 각 가격에서 매도인이 시장에 아이스크림을 공급할 유인은 이전과 동일하기 때문에, 공급곡선은 변화하지 않는다. 하지만 매수인은 이제 (매도인이 지급하는 가격 이외에) 정부에 조세를 납부해야 하며, 따라서 이런 조세로 인해 아이스크림에 대한 수요곡선이 이동한다.

2단계 이제는 이동하는 방향을 결정해보자. 조세부과로 인해 아이스크림을 구입하는 것이 사람의 마음을 덜 끌게 되었으므로 매수인은 각 가격에서 더 적은 양의 아이스크림을 수요하게 된다. 따라서 그림 7에서 보는 것처럼, 수요곡선은 왼쪽으로(달리 표현하면 아래쪽으로) 이동한다.

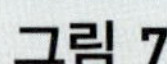

그림 7

매수인에게 부과되는 조세

조세 0.50달러가 매수인에게 부과될 경우, 수요곡선은 0.50달러만큼 아래로, 즉 D_1에서 D_2로 이동한다. 균형량은 100개에서 90개로 감소한다. 매도인이 수령하는 가격은 3.00달러에서 2.80달러로 하락하며, 매수인이 (조세를 포함해서) 지불하는 가격은 3.00달러에서 3.30달러로 상승한다. 매수인이 법적으로 조세를 납부할 의무가 있지만, 매수인과 매도인이 그 부담을 분담한다.

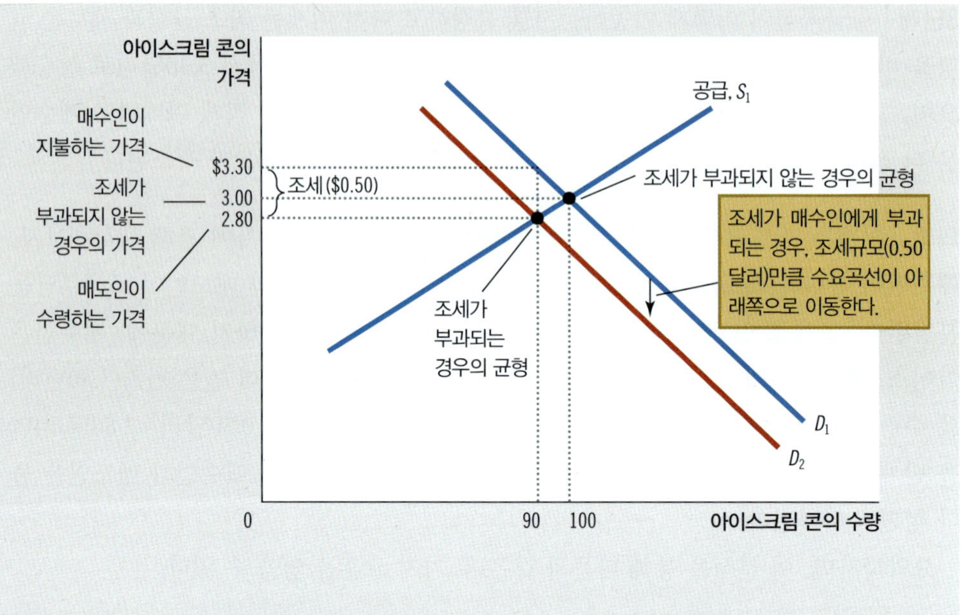

다시 한번 이동규모를 정확히 알아보도록 하자. 매수인에게 조세 0.50달러가 부과되었기 때문에, 이들의 실효가격은 이제 시장가격이 어떻게 되었든 간에 이것보다 0.50달러가 더 높아지게 된다. 예를 들어 아이스크림 콘의 시장가격이 2달러라면, 매수인은 자신에 대한 실효가격 2.50달러에 직면하게 된다. 매수인은 조세를 포함해 자신이 부담해야 하는 총비용을 고려하기 때문에, 시장가격이 실제보다 0.50달러가 더 높은 것처럼 생각하고 아이스크림 수량을 수요한다. 다시 말해 매수인이 각 특정 수량을 수요하도록 유도하기 위해, 시장가격은 조세가 미친 영향을 보상할 수 있도록 이제 0.50달러가 더 낮아야 한다. 조세부과로 인해 수요곡선은 조세와 정확하게 동일한 규모(0.50달러)만큼 **아래쪽으로**, 즉 D_1에서 D_2로 이동한다.

3단계 이제는 최초 균형과 새로운 균형을 비교해서 보고 조세가 미치는 영향을 평가해보자. 그림 7에서 아이스크림 균형가격은 3달러에서 2.80달러로 하락하고 균형량은 아이스크림 콘 100개에서 90개로 감소한다. 다시 한번, 조세부과로 인해 아이스크림 시장의 규모가 축소된다. 그리고 또 한 번 매수인과 매도인이 조세부담을 분담한다. 매도인은 자신의 생산물에 대해 더 낮은 가격을 수령하고, 매수인은 이전보다도 더 낮아진 시장가격을 매도인에게 지불한다. 하지만 (조세를 포함한) 실효가격은 3달러에서 3.30달러로 상승한다.

의미 그림 6과 그림 7을 비교해보면, 다음과 같은 주목할 만한 결론을 깨닫게 된다.

매도인에게 부과된 조세와 매수인에게 부과된 조세는 효과면에서 동등하다. 두 경우는 모두 조세로 인해 매수인이 지불하는 가격과 매도인이 수령하는 가격 사이에 차이가 발생한다. 조세가 매수인과 매도인 중 어느 쪽에 부과되었는지에 관계없이, 그 차이는 동일하다. 두 경우 모두에서 공급곡선과 수요곡선의 상대적인 위치가 이동한다. 새로운 균형에서 매수인과 매도인은 조세부담을 분담한다. 매도인에게 부과된 조세와 매수인에게 부과된 조세의 유일한 차이점은 누가 조세를 정부에 납부하느냐 하는 것이다.

이들 두 개 조세의 동등성을 보다 잘 이해하기 위해, 정부는 아이스크림 가게의 카운터에 있는 용기에 세금을 내도록 하여 아이스크림에 대한 조세 0.50달러를 징수한다고 가상하자. 조세가 매도인에게 부과될 경우, 매도인은 아이스크림 콘을 판매할 때마다 용기에 0.50달러를 놓아야 한다. 조세가 매수인에게 부과될 경우, 매수인은 아이스크림 콘을 구입할 때마다 역시 용기에 0.50달러를 놓아야 한다. 0.50달러가 매수인 지갑에서 용기로 직접적으로 나가든지 아니면 매수인 지갑에서 매도인 손을 거쳐 용기로 간접적으로 나가든지 여부는 중요하지 않다. 일단 시장이 새로운 균형에 도달하게 되면, 조세가 어떻게 부과되는지에 관계없이 매수인과 매도인은 조세부담을 분담하게 된다.

의회는 급여세 부담을 배분할 수 있는가?

여러분이 월급을 받아본 적이 있다면, 일해서 번 금액에서 몇몇 세금이 공제되었다는 사실을 아마도 알아챘을 것이다. 이들 세금 중 하나가 연방보험기여금법, 즉 Federal Insurance Contributions Act의 머리글자를 딴 FICA이다. 미국 연방정부는 FICA 조세를 통해 거두어 들인 수입을 사용하여, 소득 지원과 노인 건강관리 프로그램인 사회보장과 메디케어에 지출을 한다. FICA는 기업이 근로자에게 지급한 임금에 부과하는 조세인 근로소득세, 즉 **급여세**이다. 2021년에 일반적인 근로자에 대한 FICA 조세 총액은 근로자들이 번 급여의 15.3%에 해당했다.

누가 급여세를 부담해야 하는가? 기업인가? 아니면 근로자인가? 의회는 이 법안을 통과시킬 때 조세부담을 배분하려 했다. 법에 의하면, 조세의 절반은 기업이 납부하고 나머지 절반은 근로자가 납부한다. 즉, 조세의 절반은 기업의 수입에서 지급되고, 나머지 절반은 근로자의 월급에서 공제된다. 급여명세서에 공제액으로 표시된 금액은 근로자가 부담한 기여금이다.(자영업자들은 일반적으로 세금 총액을 자신들이 전부 부담한다)

하지만 조세귀착에 대한 분석에 따르면, 입법자들이 조세부담의 배분을 그렇게 쉽게 지시할 수는 없다. 급여세는 아이스크림과 같은 물품에 대한 조세와 거의 같게 분석된다. 이 경우 물품은 노동이고 가격은 임금이다. 다시 한번, 조세로 인해 기업이 지불하는 임금과 근로자가 수령하는 임금(이는 '집에 가져가는 급여'라고도 한다) 사이에 차이가 있다. 그림 8은 이런 결과를 보여준다. 급여세가 제정되면, 근로자가 수령하는 임금은 하락하고 기업이

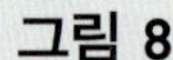

그림 8

급여세

급여세로 인해 기업이 지불하는 금액과 근로자가 수령하는 금액 사이에 차이가 발생한다. 급여세가 부과되는 경우의 임금과 부과되지 않는 경우의 임금을 비교해보면, 근로자와 기업 사이의 급여세 분담을 명확히 알 수 있다. 이런 급여세의 분담은 정부가 급여세를 근로자에게 전부 부과했거나 기업에 전부 부과했거나 또는 이들 둘 사이에 균등하게 배분했는지 여부에 달려 있지 않다.

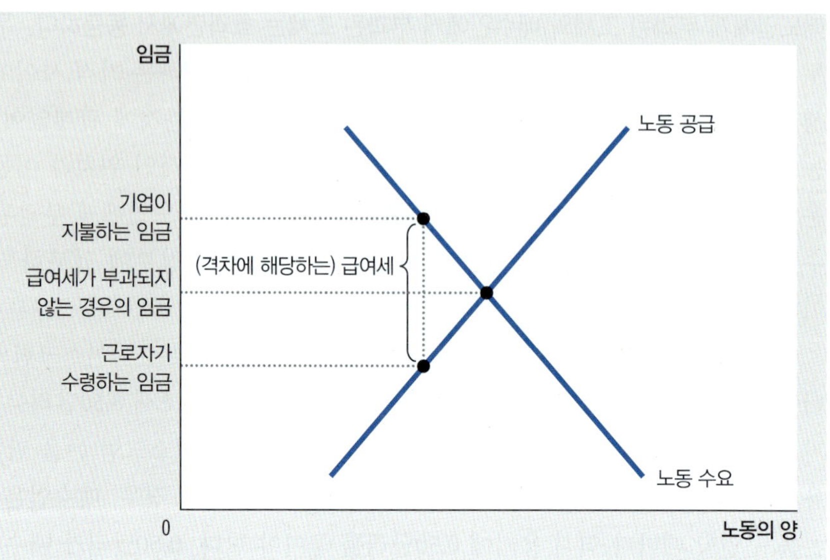

지불하는 임금은 상승한다. 결국, 근로자와 기업은 법률이 요구하는 만큼 조세부담을 분담하게 된다. 하지만 이런 경제적인 배분은 법률적인 배분과 아무 관련이 없다. 그림 8에서 조세부담의 배분이 반드시 50−50일 필요는 없으며, 법률에 따라 조세 전부를 근로자에게 부과하거나 아니면 기업에 부과할 경우에도 동일한 결과가 나올 것이다.

이 사례연구는 종종 간과되고 있는 교훈을 강조한다. 입법자들은 조세가 매수인의 지갑에서 나올지 아니면 매도인의 지갑에서 나올지 여부를 결정할 수는 있지만, 조세의 진정한 부담을 입법화할 수는 없다. 오히려 조세귀착은 공급과 수요의 힘에 따라 결정된다. ●

6-2c 탄력성과 조세귀착

매수인과 매도인 사이에 조세부담이 얼마나 정확하게 분배되는가? 아주 드물게만 공평하게 분배된다. 이에 대해 알아보기 위해 그림 9의 두 개 시장에서 조세부과가 미치는 영향을 생각해보자. 두 경우 모두에서 조세로 인해 최초의 공급곡선과 수요곡선, 그리고 매수인이 지불하는 가격과 매도인이 수령하는 가격 사이에 차이가 발생했다.(어느 그림에도 새로운 공급곡선과 수요곡선이 그려져 있지 않다. 어떤 곡선이 이동하느냐 여부는 조세가 매수인에게 부과되느냐 아니면 매도인에게 부과되느냐 여부에 달려 있다. 이는 조세귀착을 판단하는 것과 무관하다) 이들 두 그림의 차이는 공급과 수요의 상대적인 탄력성이다.

그림 9(a)는 매우 탄력적인 공급과 상대적으로 비탄력적인 수요를 갖는 시장에 조세가 부과된 경우를 보여준다. 이것이 의미하는 바는 매도인이 가격 변화에 매우 민감하게 반응하는(따라서 공급곡선이 상대적으로 완만하다) 반면에, 매수인은 그다 민감하

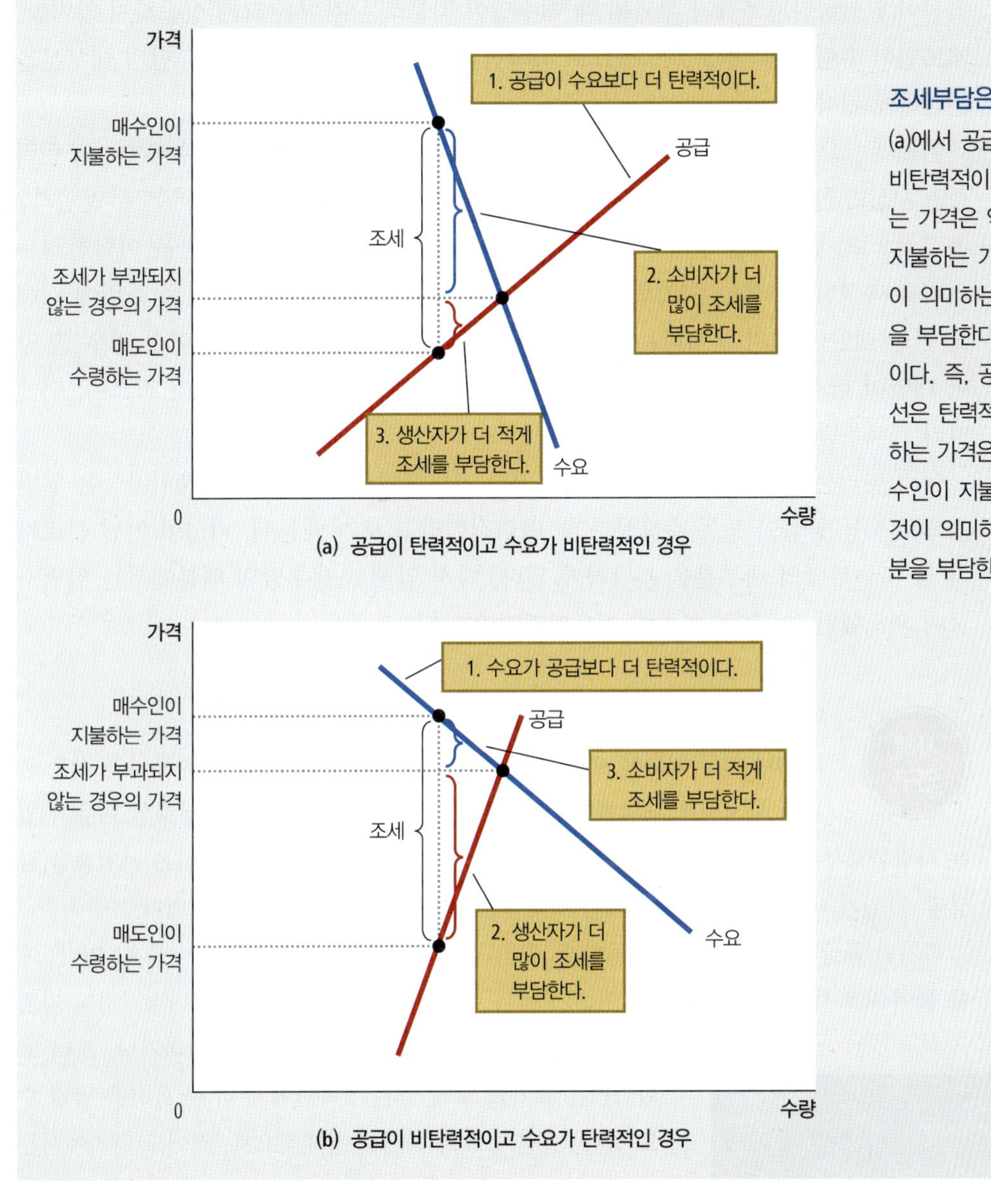

(a) 공급이 탄력적이고 수요가 비탄력적인 경우

(b) 공급이 비탄력적이고 수요가 탄력적인 경우

그림 9

조세부담은 어떻게 배분되는가

(a)에서 공급곡선이 탄력적이고 수요곡선은 비탄력적이다. 이 경우에 매도인이 수령하는 가격은 약간 하락하는 반면에, 매수인이 지불하는 가격은 큰 폭으로 상승한다. 이것이 의미하는 바는 매수인이 조세의 대부분을 부담한다는 것이다. (b)에서 상황은 반대이다. 즉, 공급곡선이 비탄력적이고 수요곡선은 탄력적이다. 이 경우에 매도인이 수령하는 가격은 큰 폭으로 하락하는 반면에, 매수인이 지불하는 가격은 약간 상승한다. 이것이 의미하는 바는 매도인이 조세의 대부분을 부담한다는 것이다.

게 반응하지는 않는다(따라서 수요곡선이 상대적으로 가파르다). 조세가 이와 같은 시장에 부과될 때 매도인이 수령하는 가격은 크게 하락하지 않으며, 따라서 매도인은 조세부담을 단지 적게 분담할 뿐이다. 하지만 매수인이 지급하는 가격은 큰 폭으로 상승하는데 이는 조세부담의 대부분을 분담한다는 의미이다.

그림 9(b)는 상당히 비탄력적인 공급과 매우 탄력적인 수요를 갖는 시장에 조세가 부과된 경우를 보여준다. 이 경우, 매도인은 가격 변화에 그닥 민감하게 반응하지는 않는(따라서 공급곡선이 가파르다) 반면에, 매수인은 매우 민감하게 반응한다(따라서 수요

곡선이 완만하다). 조세가 부과될 때 매수인이 지불하는 가격은 크게 상승하지 않지만, 매도인이 수령하는 가격은 큰 폭으로 하락한다. 따라서 매도인이 조세부담의 대부분을 분담하게 된다.

이들 두 그림을 함께 살펴보면, 다음과 같은 일반적인 교훈을 얻을 수 있다. **덜 탄력적인 시장의 한쪽 측에 조세부담이 더 많이 가해진다.** 이 교훈이 참인 이유는 무엇인가? 본질적으로, 탄력성은 상황이 악화될 때 매수인 아니면 매도인이 시장을 이탈하려는 의지를 측정한 것이다. 수요 탄력성이 작다는 의미는 매수인이 특정 물품 소비에 대해 쓸 만한 대안이 있지 못하다는 것이다. 어떤 물품에 대해 과세가 이루어질 경우 쓸 만한 대안이 더 적은 시장의 한쪽 측이 해당 시장을 이탈하려는 의지가 더 적으며, 이에 따라 조세부담을 더 많이 분담하게 된다.

이런 논리는 이전의 사례연구에서 논의한 급여세에도 적용된다. 경제학자들은 일반적으로 노동 공급이 노동 수요보다 덜 탄력적이라고 보기 때문에, 기업이 아닌 근로자가 급여세 부담의 대부분을 분담하게 된다. 다시 말해 조세부담의 배분에서는 입법자들이 의도했던 50-50의 분할이 이루어지지 않는다.

사례연구

누가 사치세를 부담하게 되는가?

1990년 미국 의회는 요트, 개인 비행기, 모피, 보석류, 고급 자동차와 같은 품목에 사치세를 도입했다. 도입한 목적은 가장 쉽게 조세를 납부할 여유가 있는 사람들로부터 조세수입을 올리는 데 있었다. 부유한 사람들만이 이와 같은 사치품을 감당할 수 있기 때문에 사치품에 조세를 부과하는 것은 논리적인 방법처럼 보였다.

하지만 공급과 수요의 힘이 작동하게 되면, 결과는 의회가 의도한 것과 다를 수 있다. 예를 들어 요트시장을 생각해보자. 이 시장에서 수요는 매우 탄력적이다. 억만장자라도 가볍게 요트 구입을 결정할 수는 없다. 섬을 구입하거나, 보다 호화스러운 휴가를 보내거나, 상속인에게 더 큰 유산을 남길 수도 있다. 반면에 요트 공급은 상대적으로, 적어도 단기에서는 비탄력적이다. 요트를 생산하는 조선소는 쉽게 다른 용도로 전환할 수 없으며, 조선소 근로자들은 시장상황의 변화에 대응하여 일자리를 바꿀 마음도 별로 없다.

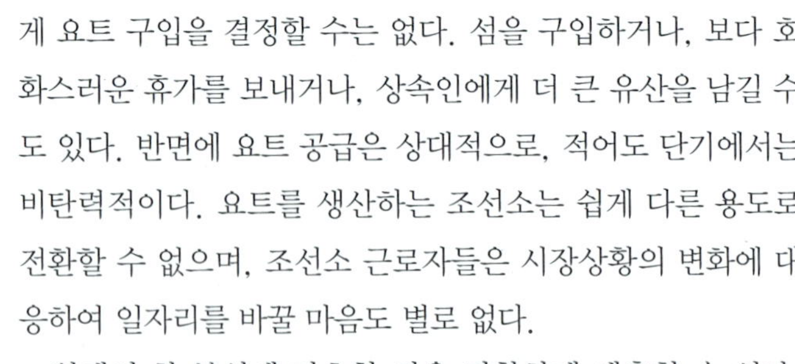

VANTAGE_DS/SHUTTERSTOCK.COM

"이 요트가 조금이라도 더 비싸다면 골프를 칠 것이다."

위에서 한 분석에 기초할 경우 명확하게 예측할 수 있다. 수요가 탄력적이고 공급이 비탄력적이라면, 조세부담은 주로 공급자에게 가해진다. 이 경우 요트를 건조한 기업과 근로자가 결국에는 해당 요트에 대해 훨씬 더 적은 금액을 받게 되기 때문에, 부과된 조세의 부담이 주로 이들에게 돌아가게 된다. 요트를 건조하는 기업의 소유주 중 일부는 부유할 수 있지만, 근로자들은 부유하지 않다. 결국 사치세의 부담은 부유한 고객이 아니라 중산층 근로자가 더 많이 분담하게 될 수 있다.

사치세의 귀착에 관한 가정이 잘못됐다는 것은 시행되자 곧 분명해졌다. 이에 사치품을 공급하는 업체들은 선출된 대표자들이 자신들의 문제를 잘 인식하도록 했으며, 의회는 1993년에 사치세 대부분을 폐지했다. ●

Quiz

5. 어떤 물품의 소비자들에게 부과되는 개당 1달러의 조세는 ________________와(과) 동일하다.
   a. 해당 물품의 생산자들에게 부과되는 개당 1달러의 조세
   b. 해당 물품의 생산자들에게 지불되는 개당 1달러의 보조금
   c. 해당 물품의 가격을 개당 1달러만큼 상승시키는 가격하한
   d. 해당 물품의 가격을 개당 1달러만큼 상승시키는 가격상한

6. 어떤 물품에 조세가 부담될 때, ________________ 조세부담은 주로 소비자에게 귀착된다.
   a. 조세가 소비자에게 부과되면
   b. 조세가 생산자에게 부과되면
   c. 공급이 비탄력적이고 수요가 탄력적이면
   d. 공급이 탄력적이고 수요가 비탄력적이면

7. 다음 중 어느 것이 공급량을 증가시키고, 수요량을 감소시키며, 소비자가 지불하는 가격을 상승시키는가?
   a. 어떤 물품에 조세가 부과되는 경우
   b. 어떤 물품에 대한 조세가 폐지되는 경우
   c. 구속력 있는 가격하한이 설정되는 경우
   d. 구속력 있는 가격하한이 폐지되는 경우

8. 다음 중 어느 것이 공급량을 증가시키고, 수요량을 증대시키며, 소비자가 지불하는 가격을 하락시키는가?
   a. 어떤 물품에 조세가 부과되는 경우
   b. 어떤 물품에 대한 조세가 폐지되는 경우
   c. 구속력 있는 가격하한이 설정되는 경우
   d. 구속력 있는 가격하한이 폐지되는 경우

해답은 이 장의 끝부분에 있다.

6-3 결론

경제는 두 가지 종류의 법, 즉 공급 및 수요의 법칙 그리고 정부가 제정한 법률에 의해 운용된다. 이 장에서는 이것들이 어떻게 상호작용하는지를 살펴보았다. 가격 통제와 조세는 다양한 시장에서 흔히 접할 수 있으며, 이들이 미치는 영향에 대해 자주 논의가 이루어졌다. 약간의 경제지식만 있더라도 이런 정책들을 이해하고 평가하는 데 큰 도움이 될 수 있다.

이후의 장들에서는 정부정책들을 좀 더 자세히 분석할 것이다. 조세부과가 미치는 영향을 좀 더 완벽하게 검토하고, 좀 더 폭넓은 정책들을 살펴볼 것이다. 하지만 기본적인 교훈, 즉 정부정책들을 분석할 경우 공급 및 수요가 제일 먼저 고려해야 하는 가장 유용한 분석도구라는 사실은 변하지 않을 것이다.

요약

- 가격상한은 물품 또는 서비스 가격에 부과되는 법적 최대치이다. 임대료 통제가 한 예이다. 가격상한이 균형가격에 미치지 못하는 경우, 이는 구속력이 있으며 수요량이 공급량을 초과하게 된다. 이에 따라 발생하는 부족현상으로 인해, 매도인은 어떻게든 매수인 사이에 물품 또는 서비스를 배분해야 한다.
- 가격하한은 물품 또는 서비스 가격에 부과되는 법적 최소치이다. 최저임금이 한 예이다. 가격하한이 균형가격을 상회하는 경우, 이는 구속력이 있으며 공급량이 수요량을 초과하게 된다. 이에 따라 발생하는 과잉현상으로 인해, 매수인의 물품 또는 서비스에 대한 수요가 어떻게든 매도인 사이에 배분되어야 한다.
- 정부가 어떤 물품에 조세를 부과하면, 해당 물품의 균형량이 감소한다. 즉 시장에서 조세가 부과될 경우 시장규모가 축소된다.
- 어떤 물품에 조세가 부과되면, 매수인이 지불하는 가격과 매도인이 수령하는 가격 사이에 차이가 발생한다. 시장이 새로운 균형으로 이동할 경우, 매수인은 해당 물품에 더 많이 지불하고 매도인은 더 적게 수령하게 된다. 이런 의미에서 매수인과 매도인은 조세부담을 분담한다. 조세귀착(즉 조세부담의 배분)은 조세가 매수인에게 부과되는지 아니면 매도인에게 부과되는지 여부에 달려 있지 않다.
- 조세귀착은 공급과 수요의 가격 탄력성에 달려 있다. 조세부담의 대부분은 덜 탄력적인 시장의 한쪽 측에 귀착되는데, 그 이유는 이들이 구입량 또는 판매량을 변화시켜 조세부과에 쉽게 대응할 수 없기 때문이다.

주요 개념

가격상한 134

가격하한 134

조세귀착 146

복습용 질문

1. 가격상한과 가격하한의 예를 각각 들어보시오.
2. 가격상한 또는 가격하한 중 어느 것이 시행될 경우, 물품 부족현상이 발생하는가? 그래프를 사용하여 설명하시오.
3. 물품의 가격이 공급과 수요의 균형을 도출하지 못할 경우 어떤 메커니즘을 통해 자원을 배분하게 되는가?
4. 경제학자들이 종종 가격 통제에 반대하는 이유가 무엇인지 설명하시오.
5. 정부가 어떤 물품의 매수인에게 부과된 조세를 폐지하고, 매도인에게 동일한 규모의 조세를 부과한다고 가상하자. 이런 정책 변화는 매수인이 이 물품에 대해 매도인에게 지불한 가격, (자신이 납부한 조세를 포함하여) 매수인이 자신의 지갑에서 낸 금액, (자신이 납부한 조세를 제외하고) 매도인이 수령한 금액, 해당 물품의 판매량에 어떤 영향을 미치는가?
6. 어떤 물품에 조세가 부과된 경우, 이는 매수인이 지불하는 가격, 매도인이 수령하는 가격, 판매량에 어떤 영향을 미치는가?
7. 조세부담이 매수인과 매도인 사이에 어떻게 배분되는지를 무엇이 결정하는가? 그 이유를 설명하시오.

문제와 응용

1. 코미디 애호가들은 의회를 설득하여 라이브 코미디 공연 티켓당 가격상한 50달러를 설정하도록 했다. 이 정책이 시행된 결과, 더 많은 사람들이 코미디 공연을 관람할 수 있는가? 아니면 더 적은 사람들이 관람할 수 있는가? 설명하시오.

2. 정부는 치즈의 자유시장 가격이 너무 낮다고 결정했다.
   a. 정부가 치즈시장에 구속력 있는 가격하한을 설정했다고 가상하자. 공급 및 수요 그래프를 그리고, 이 정책이 치즈의 가격과 판매량에 미친 영향을 설명하시오. 치즈 부족현상이 발생하는가? 치즈 과잉현상이 발생하는가?
   b. 치즈 생산업체들은 가격하한으로 인해 총수입이 감소했다고 불평한다. 이것은 가능한 일인가? 설명하시오.
   c. 치즈 생산업체의 이런 불평에 대응하여, 정부는 가격하한에서 치즈 과잉분 모두를 구입하기로 했다. 최초의 가격하한과 비교해볼 때 이런 새로운 정책으로 인해 누가 이익을 보는가? 누가 손실을 보는가?

3. 최근의 연구 결과에 따르면, (원반던지기 놀이용 플라스틱 원반인) 프리스비에 대한 수요 및 공급 스케줄은 다음과 같다.

개당 가격	수요량	공급량
11달러	1(백만 개)	15(백만 개)
10	2	12
9	4	9
8	6	6
7	8	3
6	10	1

   a. 프리스비의 균형가격과 균형량은 얼마인가?
   b. 프리스비 제조업체들은 프리스비가 생산되면 공기역학에 관한 과학자들의 이해를 향상시켜 국가안보에 기여한다고 정부를 설득했다. 이를 우려한 의회는 균형가격보다 2달러 높게 가격하한을 설정하기로 의결했다. 새로운 시장가격은 얼마인가? 프리스비는 얼마나 많이 판매되는가?
   c. 성난 대학생들은 워싱턴에서 행진을 하며 프리스비의 가격인하를 요구했다. 훨씬 더 우려하게 된 의회는 가격하한을 폐지하고 이전 가격하한보다 1달러 낮은 가격상한을 설정하기로 의결했다. 새로운 시장가격은 얼마인가? 프리스비는 얼마나 많이 판매되는가?

4. 연방정부가 맥주 소비자들에게 구입한 맥주 한 상자당 조세 2달러를 부과한다고 가상하자.(사실 연방정부와 주정부는 둘 다 몇 가지 종류의 맥주세를 부과하고 있다)
   a. 조세가 부과되지 않은 경우 맥주시장의 공급 및 수요 그래프를 그리시오. 소비자가 지불하는 가격, 생산자가 수령하는 가격, 맥주 판매량을 표시하시오. 소비자가 지불하는 가격과 생산자가 수령하는 가격 사이의 차이는 무엇인가?
   b. 이제는 조세가 부과된 경우 맥주시장의 공급 및 수요 그래프를 그리시오. 소비자가 지불하는 가격, 생산자가 수령하는 가격, 맥주 판매량을 표시하시오. 소비자가 지불하는 가격과 생산자가 수령하는 가격 사이의 차이는 무엇인가? 맥주 판매량은 증가하는가 아니면 감소하는가?

5. 상원의원은 조세수입을 증가시키고 근로자들의 형편을 나아지게 하고자 한다. 보좌진은 기업들이 지불하는 급여세를 인상하고 근로자들이 지불하는 급여세를 낮추기 위해 추가적인 조세수입의 일부를 사용할 것을 제안했다. 이 제안은 상원의원이 이루고자 하는 목적을 달성할 수 있는가? 설명하시오.

6. 정부가 고급자동차에 조세 500달러를 부과할 경우, 소비자가 지불하는 가격은 500달러보다 더 많이 상승하는가, 더 적게 상승하는가, 아니면 500달러만큼 상승하는가? 설명하시오.

7. 의회와 대통령은 미국이 휘발유 사용을 줄여서 대기오염을 낮추어야 한다고 결정을 내렸다. 이에 따라 판매되는 휘발유 1갤런당 조세 0.50달러를 부과했다.
   a. 이 조세를 생산자에게, 아니면 소비자에게 부과해야

하는가? 공급 및 수요 그래프를 활용하여 주의 깊게 설명하시오.

b. 휘발유에 대한 수요가 더 탄력적이라면, 이 조세는 휘발유 소비량을 줄이는 데 더 효과적인가 아니면 덜 효과적인가? 언어와 그래프를 둘 다 사용하여 설명하시오.

c. 휘발유 소비자들은 이 조세로 인해 이득을 보는가 아니면 손해를 보는가? 그 이유는 무엇인가?

d. 석유산업에 종사하는 근로자들은 이 조세로 인해 이익을 보는가 아니면 손해를 보는가? 그 이유는 무엇인가?

8. 이 장에서 살펴본 사례연구에서는 연방정부가 제정한 최저임금법에 대해 논의했다.

a. 최저임금이 미숙련 노동시장에서 균형임금을 초과하여 설정된다고 가상하자. 미숙련 노동시장의 공급 및 수요 그래프를 사용하여, 시장에서 결정되는 임금, 고용상태에 있는 노동자의 수, 실업상태에 있는 노동자의 수를 나타내시오. 또한 미숙련 노동자들에게 지불되는 임금 총액을 나타내시오.

b. 이제는 노동부 장관이 최저임금 인상을 제안했다고 가상하자. 이런 인상은 고용에 어떤 영향을 미치는가? 고용의 변화는 수요 탄력성에 달려 있는가 아니면 공급 탄력성에 달려 있는가? 두 탄력성 모두에 달려 있는가? 어느 것에도 의존하지 않는가?

c. 최저임금 인상은 실업에 어떤 영향을 미치는가? 실업의 변화는 수요 탄력성에 달려 있는가 아니면 공급 탄력성에 달려 있는가? 두 탄력성 모두에 달려 있는가? 어느 것에도 의존하지 않는가?

d. 미숙련 노동에 대한 수요가 비탄력적인 경우, 앞에서 제의된 최저임금의 인상으로 인해 미숙련 노동자들에게 지불된 임금 총액은 증가하는가 아니면 감소하는가? 미숙련 노동에 대한 수요가 탄력적인 경우, 위의 질문에 대한 답변은 달라지는가?

9. 보스턴 레드 삭스 야구팀의 홈구장인 펜웨이 파크의 좌석은 38,000석으로 제한되어 있다. 따라서 발행되는 입장권의 수는 이 좌석 수에 고정된다. 조세수입을 올릴 수 있는 절호의 기회라고 판단한 보스턴 시는 입장권 1장당 조세 5달러를 부과했다. 시민의식을 갖고 있는 것으로 유명한 보스턴 시의 스포츠 팬들은 입장권 1장당 5달러를 성실하게 납부한다. 라벨이 제대로 표기된 그래프를 그려서 이 조세가 미치는 영향을 설명하시오. 조세부담은 누구에게로 돌아가는가? 레드 삭스 야구팀의 소유주인가? 보스턴 시의 스포츠 팬들인가? 이들 둘 다인가? 그 이유는 무엇인가?

10. 어떤 시장을 다음과 같은 공급곡선과 수요곡선으로 설명할 수 있다.

$$Q^S = 2P$$
$$Q^D = 300 - P$$

a. 균형가격과 균형량을 구하시오.

b. 정부가 가격상한 90달러를 설정할 경우, 부족현상 아니면 과잉현상이 발생하는가(두 가지 중 어느 현상도 발생하지 않는가)? 가격, 공급량, 수요량, 부족한 규모 또는 과잉인 규모는 얼마인가?

c. 정부가 가격하한 90달러를 설정할 경우, 부족현상 아니면 과잉현상이 발생하는가(두 가지 중 어느 현상도 발생하지 않는가)?

d. 가격 통제 대신에, 정부는 생산자에게 조세 30달러를 부과했다. 따라서 새로운 공급곡선은 다음과 같다.

$$Q^S = 2(P - 30)$$

부족현상 아니면 과잉현상이 발생하는가(두 가지 중 어느 현상도 발생하지 않는가)? 가격, 공급량, 수요량, 부족한 규모 또는 과잉인 규모는 얼마인가?

Quiz 해답

1. d 2. d 3. a 4. c 5. a 6. d 7. c 8. b

Chapter

7

소비자, 생산자, 시장 효율성

소비자들은 거주지 내에 있는 농민 시장을 방문할 때, 빨갛게 익어 즙이 풍부한 토마토를 보고 기쁘겠지만 가격이 비싸 놀랄지 모른다. 동시에, 농민들은 손수 재배한 토마토를 시장에 내다 팔 때 가격이 훨씬 더 높기를 바랄지 모른다. 이런 생각은 놀라울 게 없다. 다른 사정이 동일하다면, 보통 매수인은 더 적게 지불하고 매도인은 더 많이 수령하기를 원한다. 하지만 사회 전체의 관점에서 볼 때 토마토의 '적정한 가격'이 존재하는가?

앞 장들에서는 경쟁시장에서 공급과 수요가 작용하여 물품과 서비스의 가격과 판매량을 어떻게 결정하는지 살펴보았다. 하지만 지금까지는 시장에 의한 이런 배분들이 바람직한지 여부에 대한 고려 없이, 시장이 희소한 자원을 어떻게 배분하는지에 관해 설명했다. 토마토 가격이 조정되어 토마토 공급량과 수요량이 같아진다는 사실을 알고 있다. 하지만 이 균형에서 토마토 생산량과 소비량은 너무 적은가, 너무 많은가, 아니면 딱 적당한가?

후생경제학
자원 배분이 경제적 후생에 어떤 영향을 미치는지에 대해 분석하는 경제학의 한 분야

이 장에서는 후생경제학(welfare economics)에 대해 살펴볼 것인데, 이는 자원 배분이 경제적 후생에 어떤 영향을 미치는지 분석하는 경제학의 한 분야이다. 매수인과 매도인이 시장거래에 참여하여 얻게 되는 편익을 검토하는 데서부터 시작할 것이다. 그러고 나서 사회가 이런 편익을 어떻게 가능한 한 크게 만들 수 있는지 알아볼 것이다. 이런 분석을 통해 다음과 같은 심오한 결론에 도달할 수 있다. 즉, 경쟁시장에서 이루어지는 공급과 수요의 균형에서 모든 매수인과 매도인이 받는 편익의 총합이 극대화된다.

제1장에서 살펴본 것처럼, **경제학의 열 가지 원리** 중 하나는 '시장이 일반적으로 경제활동을 조직화하는 좋은 방법'이라는 것이다. 후생경제학은 이 원리를 보다 완벽하게 설명한다. 또한 후생경제학은 토마토의 적정가에 관한 질문에 답변을 제시한다. 토마토의 공급과 수요가 균형을 이루는 가격이 소비자와 생산자의 총후생을 극대화하기 때문에, 바로 이런 점에서 균형가격은 최선의 가격이 된다. 토마토의 소비자나 생산자는 어느 누구도 총후생의 극대화를 목표로 삼을 필요가 없지만, 시장가격에 따른 공동 행동을 통해 보이지 않는 손에 이끌리듯 후생을 극대화하는 결과를 향해 나아가게 된다.

7-1 소비자 잉여

시장에 참여하여 매수인들이 얻게 되는 편익을 살펴봄으로써 후생경제학에 대한 학습을 시작해보자.

7-1a 지불하려는 의지

여러분이 이모 할머니로부터 엘비스 프레슬리의 새것이나 다름없는 희귀한 첫 번째 앨범을 물려받았다고 가정하자. 여러분은 엘비스 음악에 관심이 없기 때문에, 해당 앨범을 경매에 붙여 판매하기로 결정했다.

네 명의 엘비스 팬 즉 유림, 지영, 주혜, 수경이가 경매에 참여했다. 이들 모두는 앨

표 1

4명 매수인 후보자들의 지불하려는 의지

매수인	지불하려는 의지
유림	1,000달러
지영	800
주혜	700
수경	500

범을 원하지만, 자신이 지불하려는 금액에 대해 한계를 정해놓고 있다. 표 1은 이들 네 명의 잠재적 매수인 각각이 지불하고자 하는 최대 가격을 보여준다. 이런 매수인의 최대치를 이들의 지불하려는 의지(willingness to pay)라 하는데 이는 얼마나 많은 가치를 두는지를 나타낸다. 각 매수인은 자신이 지불하려는 의지보다 더 낮은 가격에서 해당 앨범을 구입하려 하며, 더 높은 가격에서는 구입하려 하지 않는다. 지불하려는 의지와 동일한 가격에서, 매수인은 해당 물품의 구입 여부에 관해 무관심하다. 즉, 가격이 해당 앨범에 둔 가치와 정확하게 같은 경우, 앨범을 구입하는 것과 자신의 돈을 그대로 갖고 있는 것은 마찬가지라는 생각을 한다.

지불하려는 의지
매수인이 어떤 물품에 대해 지불하게 될 최대 금액

여러분은 앨범을 판매하기 위해서 낮은 가격, 가령 100달러에서 입찰 과정을 시작한다. 네 명의 매수인은 모두 훨씬 더 많이 지불하려 하기 때문에, 가격이 신속하게 상승하게 된다. 유림이가 800달러로 (또는 약간 더 높은 가격으로) 입찰을 할 때 입찰이 종료된다. 지영, 주혜, 수경이는 800달러를 초과하여 입찰하려 하지 않기 때문에 이 시점에는 입찰에 참여하지 않는다. 유림이는 800달러를 지불하고 앨범을 구매하게 된다. 앨범에 가장 큰 가치를 두는 매수인에게 돌아간다는 사실에 주목하자.

유림이는 엘비스 프레슬리 앨범을 구매하여 어떤 편익을 얻는가? 어떤 의미에서 유림이는 거래를 하게 되었다. 즉, 해당 앨범에 1,000달러를 지불할 의지가 있지만 800달러만을 건넨다. 경제학자들은 유림이가 200달러 상당의 소비자 잉여(consumer surplus)를 얻는다고 말한다. 소비자 잉여는 매수인이 어떤 물품에 대해 기꺼이 지불하려는 금액에서 매수인이 실제로 지불한 금액을 감하여 구할 수 있다.

소비자 잉여
매수인이 어떤 물품에 대해 기꺼이 지불하려는 금액에서 매수인이 실제로 지불한 금액을 감한 것

소비자 잉여는 매수인이 시장에 참여해서 얻게 되는 편익을 나타낸다. 이 예에서 유림이는 자신이 1,000달러의 가치를 두는 물품에 단지 800달러만을 지불하기 때문에 200달러 상당의 편익을 얻게 된다. 지영, 주혜, 수경이는 앨범을 구입하지 않고 어떤 것도 지불하지 않은 채로 경매를 종료하기 때문에 어떠한 소비자 잉여도 얻지 못한다.

이제는 다소 다른 예를 생각해보자. 여러분이 판매할 두 개의 동일한 엘비스 프레슬리 앨범을 갖고 있다고 가상하자. 다시 한번, 여러분은 네 명의 잠재적 매수인에게 경매로 이를 판매하려고 한다. 간단하게 하기 위해, 두 개의 앨범이 동일한 가격에 판매되며, 어느 매수인도 앨범을 두 개 이상 사려고 하지 않는다고 가정하자. 따라서 두 명의 매수인이 남을 때까지 가격이 상승한다.

이 경우, 유림이와 지영이가 각각 약 700달러(또는 약간 더 높은 가격)로 입찰할 때 입찰이 종료된다. 이 가격에서 유림이와 지영이는 앨범을 기꺼이 구입하며, 주혜와 수경이는 더 높게 입찰하려 하지 않는다. 유림이와 지영이는 각각 지불하려는 의지에서 가격을 감한 것에 상당하는 소비자 잉여를 얻게 된다. 유림이의 소비자 잉여는 300달러이고 지영이는 100달러이다. 유림이는 동일한 앨범에 대해 이전의 예보다 더 적게 지불하기 때문에 소비자 잉여가 이전보다 더 커진다. 시장의 총 소비자 잉여는 400달러이다.

7-1b 수요곡선을 이용하여 소비자 잉여 측정하기

소비자 잉여는 어떤 생산물에 대한 수요곡선과 밀접히 연관된다. 이에 대해 알아보기 위해 희귀한 엘비스 프레슬리 앨범에 대한 수요곡선을 생각해보자.

네 명의 잠재적 매수인이 지불하려는 의지를 이용하여, 앨범의 시장 수요 스케줄을 구하는 것부터 시작해보자. 그림 1의 표는 표 1의 가치평가에 상응하는 수요 스케줄이다. 가격이 1,000달러를 초과하는 경우, 어떠한 매수인도 그만큼 지불하려 하지 않기 때문에 수요량은 0이 된다. 가격이 800달러와 1,000달러 사이인 경우, 수요량은 1이 된다. 유림이만이 이런 높은 가격을 지불하려 한다. 가격이 700달러에서 800달러 사이인 경우, 유림이와 지영이가 이 가격을 지불하려 하기 때문에 수요량은 2가 된다. 다른 가격들에 대해서도 이런 분석을 계속 진행할 수 있다. 이런 식으로 네 명의 잠재적 매수인의 지불하려는 의지에서 수요 스케줄을 도출할 수 있다.

그림 1의 그래프는 이 수요 스케줄에 상응하는 수요곡선을 보여준다. 수요곡선의 높이와 매수인의 지불하려는 의지의 관계에 주목하자. 각 수량에서 수요곡선이 제시하는 가격은, 가격이 조금 더 높아지면 첫 번째로 시장을 떠날 매수인 즉 **한계 매수인**의 지불하려는 의지를 보여준다. 예를 들어 네 번째 앨범에서 수요곡선의 높이는 500달러이며, 이는 수경(한계 매수인)이가 지불하려는 가격이다. 세 번째 앨범에서 수요곡선의 높이는 700달러이며, 이는 주혜(이 경우의 한계 매수인)가 지불하려는 가격이다.

그림 1 수요 스케줄과 수요곡선

표는 엘비스 프레슬리의 새것이나 다름없는 첫 번째 앨범에 대한 (표 1에 나열된) 매수인의 수요 스케줄을 보여준다. 그래프는 이에 상응하는 수요곡선이며, 이 수요곡선의 높이는 매수인이 지불하려는 의지를 나타낸다.

가격	매수인	수요량
1,000달러 초과	없음	0
800~1,000달러	유림	1
700~800달러	유림, 지영	2
500~700달러	유림, 지영, 주혜	3
500달러 이하	유림, 지영, 주혜, 수경	4

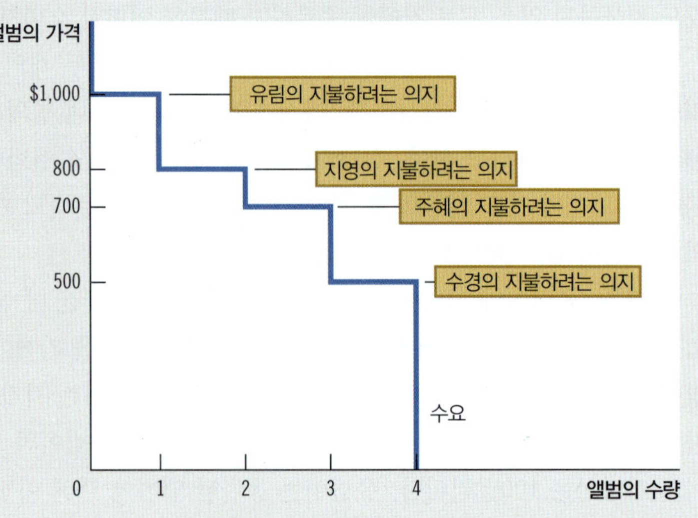

수요곡선은 매수인의 지불하려는 의지를 나타내기 때문에 소비자 잉여를 측정하는 데 사용할 수 있다. 그림 2에서는 두 가지 예에서의 소비자 잉여를 측정한다. 그림 2(a)에서 가격이 800달러이고(또는 약간 더 높을 수 있고) 수요량은 1이다. 가격 위 그리고 수요곡선 아래의 면적은 200달러라는 사실에 주목하자. 이 금액은 앞서 앨범이 한 개만 판매되었을 때 계산한 소비자 잉여이다.

그림 2(b)는 가격이 700달러일 때(또는 약간 더 높을 때)의 소비자 잉여를 보여준다. 이 경우, 가격 위 그리고 수요곡선 아래의 면적은 두 개 직사각형을 합한 면적과 같다. 즉 이 가격에서 유림이의 소비자 잉여는 300달러이고, 지영이의 소비자 잉여는 100달러이다. 이 면적은 총 400달러이다. 다시 한번, 이 금액은 앞에서 계산한 소비자 잉여가 된다.

이 예를 통해 얻은 교훈은 모든 수요곡선에 대해서도 적용된다. 즉 **수요곡선 아래 그리고 가격 위의 면적은 시장의 소비자 잉여를 나타낸다.** 수요곡선의 높이는 매수인이 해당 물품에 대해 두는 가치이며, 이는 그것에 대해 지불하고자 하는 의지로 측정된다. 지불하고자 하는 의지와 시장가격 사이의 차이가 각 매수인의 소비자 잉여이다. 수요곡선과 가격에서 그은 선 사이의 면적은 어떤 물품 또는 서비스에 대한 시장에서 모든 매수인의 소비자 잉여를 합산한 것이다.

그림 2

수요곡선을 이용하여 소비자 잉여 측정하기

(a)에서 해당 상품의 가격은 800달러이고 소비자 잉여는 200달러이다. (b)에서 가격은 700달러이고 소비자 잉여는 400달러이다.

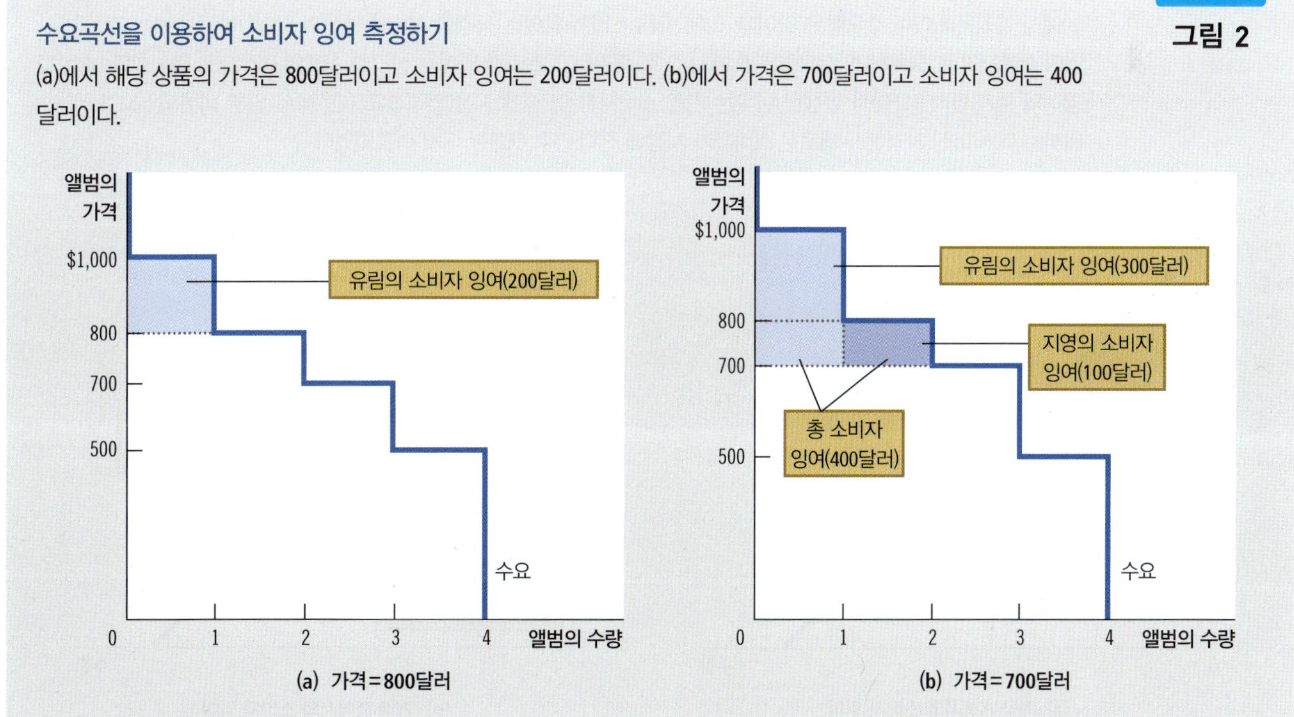

7-1c 가격이 하락할 경우 소비자 잉여는 어떻게 증대하는가

매수인은 자신이 구입한 물품에 대해 더 적게 지불하고자 하기 때문에, 가격이 하락하면 해당 물품 매수인의 형편이 나아지게 된다. 하지만 가격 인하에 따라 매수인의 후생은 얼마나 증대되는가? 소비자 잉여란 개념을 이용하면 이런 물음에 정확한 대답을 제시할 수 있다.

그림 3은 일반적인 수요곡선을 보여준다. 그림 1, 2의 불연속적인 계단 형태 대신에, 기울기가 점진적으로 하강하는 형태를 취한다. 매수인이 많은 시장에서는 각 매수인의 한 명 감소에 따른 각 계단 한 개의 길이가 매우 작아서 부드러운 형태의 수요곡선을 갖게 된다. 이 수요곡선은 이전 곡선과 형태가 다르지만, 바로 위에서 도출한 방법을 계속해서 적용할 수 있다. 즉, 소비자 잉여는 가격에서 그은 선 위 그리고 수요곡선 아래의 면적이 된다. 그림 3(a)에서 가격은 P_1이고 소비자 잉여는 삼각형 ABC의 면적이다.

이제는 그림 3(b)에서 보는 것처럼 가격이 P_1에서 P_2로 하락했다고 가상하자. 소비자 잉여는 면적 ADF가 된다. 가격이 하락함에 따라 소비자 잉여는 면적 BCFD만큼 증가한다.

그림 3 **가격은 소비자 잉여에 어떤 영향을 미치는가**

(a)에서 가격은 P_1이며 수요량은 Q_1이다. 이에 따른 소비자 잉여는 삼각형 ABC의 면적과 같다. (b)에서 보는 것처럼 가격이 P_1에서 P_2로 하락하면, 수요량은 Q_1에서 Q_2로 증가하고 소비자 잉여는 삼각형 ADF의 면적으로 증가한다. 소비자 잉여의 증가(면적 BCFD)가 발생한 이유는 기존 소비자가 더 적게 지불(면적 BCED)한 데서 일부 비롯되었고, 또 다른 일부는 더 낮아진 가격에서 새로운 소비자가 시장에 진입(면적 CEF)한 데서 비롯되었다.

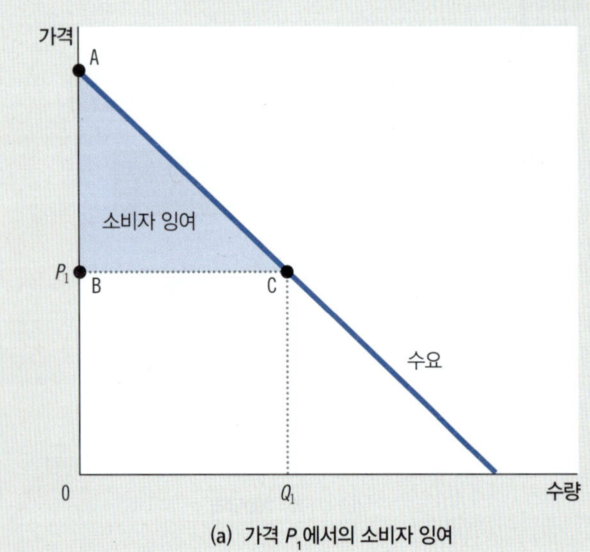

(a) 가격 P_1에서의 소비자 잉여

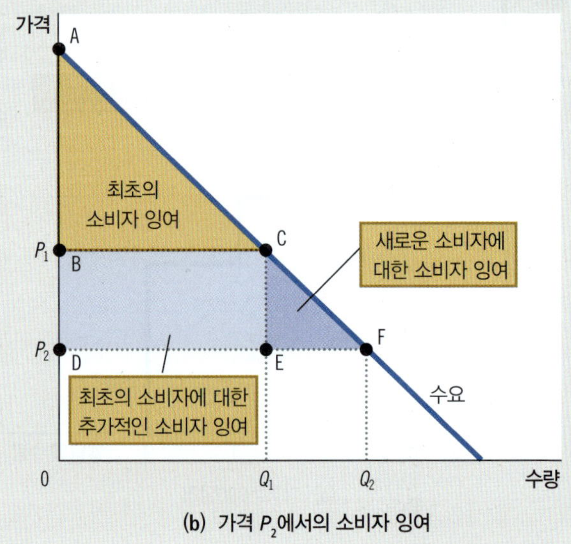

(b) 가격 P_2에서의 소비자 잉여

소비자 잉여의 이런 증가는 두 부분으로 나누어진다. 첫째, 더 높은 P_1에서 해당 물품 Q_1을 이미 구입했던 매수인은 이제 더 적게 지불하기 때문에 형편이 나아진다. 기존 매수인의 소비자 잉여 증가분은 이들이 지불한 금액의 감소분과 같으며 이는 직사각형 BCED의 면적이다. 둘째, 새로운 매수인은 낮아진 가격에서 해당 물품을 매입하려 하기 때문에 해당 시장에 진입하게 된다. 이로 인해 수요량은 Q_1에서 Q_2로 증가한다. 새로운 매수인에 대한 소비자 잉여는 삼각형 CEF의 면적이다.

7-1d 소비자 잉여는 무엇을 측정하는가?

소비자 잉여란 개념은 시장에서 이루어진 결과의 바람직성에 대한 판단을 내리는 데 도움이 될 수 있다. 소비자 잉여가 무엇인지를 살펴보고 나서, 이것이 경제적 후생을 측정할 수 있는 좋은 척도인지 여부에 대해 생각해보자.

여러분이 경제제도를 설계하는 정책 입안자라고 가상하자. 여러분은 소비자 잉여에 관심을 갖고 있는가? 소비자 잉여는 매수자가 어떤 물품에 대해 지불하고자 하는 금액에서 실제로 지불한 금액을 감한 것이므로, 이는 **매수인 스스로가 인식하는 대로** 시장에서 얻은 편익을 측정한 것이다. 정책 입안자가 매수인의 선호를 충족시키고자 한다면 소비자 잉여는 경제적 후생을 측정하는 좋은 척도가 된다.

어떤 상황에서 정책 입안자들은 매수인의 행태를 유도하는 선호를 존중하지 않기 때문에 소비자 잉여를 무시하는 선택을 할 수도 있다. 예를 들어 중독자들은 자신이 선택한 마약에 높은 가격을 지불하려 한다. 하지만 정책 입안자들은 중독자들이 낮은 가격에 마약을 구입할 수 있어서 큰 편익을 얻었다고 말하지는 않을 것이다.(중독자들은 자신들이 큰 편익을 얻었다고 말하지도 모른다) 사회의 입장에서 본다면, 이 경우에 지불하려는 의지는 매수인의 편익을 측정하는 좋은 척도가 아니며, 소비자 잉여도 경제적 후생을 측정하는 좋은 척도가 되지 못한다. 왜냐하면 중독자들은 자신들의 최선의 이익에 관심을 기울이지 않기 때문이다.

하지만 대부분의 시장에서 소비자 잉여는 경제적 후생을 반영한다. 경제학자들은 일반적으로 매수인이 결정을 내릴 때 합리적이라고 가정한다. 합리적인 사람들은 기회가 주어진 경우 목적을 달성하기 위해 최선을 다한다. 경제학자들은 또한 보통 사람들의 선호가 존중되어야 한다고 당연히 생각한다. 이 경우, 소비자들은 자신들이 구입한 물품에서 얼마나 많은 편익을 얻을 수 있는지 가장 잘 판단한다.

Quiz

1. 광재, 대희, 현경이는 각각 아이스크림 콘을 원한다. 광재는 12달러를 지불하려 하고, 대희는 8달러를 지불하려 하며, 현경이는 4달러를 지불하려 한다. 시장가격은 6달러이다. 이들의 소비자 잉여는 _______이다.
   a. 6달러
   b. 8달러
   c. 14달러
   d. 18달러

2. 아이스크림 콘의 가격이 3달러로 하락할 경우, 광재, 대희, 현경이의 소비자 잉여는 _______만큼 증가한다.
   a. 6달러
   b. 7달러
   c. 8달러
   d. 9달러

3. 과자에 대한 수요곡선의 기울기는 하향한다. 과자 1개당 가격이 3달러인 경우, 수요량은 100개이다. 가격이 2달러로 하락하는 경우, 소비자 잉여에 어떤 일이 발생하는가?
   a. 소비자 잉여는 100달러만큼 감소한다.
   b. 소비자 잉여는 100달러를 초과하는 만큼 감소한다.
   c. 소비자 잉여는 100달러 미만만큼 증가한다.
   d. 소비자 잉여는 100달러를 초과하는 만큼 증가한다.

해답은 이 장의 끝부분에 있다.

7-2 생산자 잉여

이제는 시장의 반대편으로 가서 매도인이 시장에 참여하여 얻게 되는 편익을 생각해보자. 매도인의 후생에 관한 분석은 매수인의 후생에 관한 분석과 유사하다.

7-2a 비용과 판매하려는 의지

여러분이 집주인이고 집에 페인트칠을 하려 한다고 가상하자. 여러분은 페인트칠을 해줄 네 명의 페인트공, 다시 말해 네 명의 매도인 즉 동하, 현준, 민수, 광재에게 의뢰를 하려 한다. 각 페인트공은 가격이 적정하다면 여러분을 위해 페인트칠을 해주려 한다. 여러분은 페인트공들에게 입찰을 받으려 한다.

각 페인트공은 가격이 해당 작업을 하는 데 따른 비용을 초과할 경우 그 일을 하려

표 2

4명 잠재적 매도인들의 비용

매도인	비용
동하	3,600달러
현준	3,200
민수	2,400
광재	2,000

한다. 여기서 비용(cost)이란 용어는 페인트공의 기회비용으로 해석되어야 한다. 즉, 거기에는 자기 지갑에서 나가는 비용(페인트, 페인트칠하는 솔 등) 그리고 가장 중요하게 자신의 시간에 두는 가치가 포함된다. 표 2는 각 페인트공의 비용을 보여준다. 페인트공의 비용은 자신의 작업에 대한 대가로 받아들일 수 있는 가장 낮은 가격이므로, 자신의 서비스를 판매하려는 의지를 나타낸다. 각 페인트공은 자신이 부담하는 비용보다 더 높은 가격으로 자신의 서비스를 판매하려 하며, 비용보다 더 낮은 가격으로는 서비스를 판매하려 하지 않는다. 부담하는 비용과 정확히 같은 가격에서는 서비스를 판매하는 것에 무관심하게 된다. 즉, 해당하는 작업을 하거나 아니면 시간과 에너지를 다른 곳에 사용하는 데 대해 동일하게 만족한다.

비용
물품을 생산하기 위해서 매도인이 포기해야만 하는 모든 것의 가치

여러분이 입찰을 받을 때, 가격이 높은 데서 시작할 수 있지만 페인트공들이 경쟁을 하므로 신속하게 하락한다. 일단 광재가 2,400달러(또는 약간 더 낮게)에 입찰을 하게 되면, 광재만이 남아 있는 유일한 입찰자가 된다. 광재가 일을 할 경우 수반되는 비용은 2,000달러에 불과하기 때문에, 이 가격으로 해당 작업을 하고자 한다. 동하, 현준, 민수는 2,400달러 미만으로는 이 작업을 하려고 하지 않는다. 가장 낮은 비용으로 해당 작업을 할 수 있는 페인트공에게 이 일이 돌아간다는 사실에 주목하자.

광재는 이 일을 함으로써 어떤 편익을 얻게 되는가? 광재는 2,000달러를 받고도 해당 작업을 하려 하지만 2,400달러를 받기 때문에, 경제학자들은 광재가 생산자 잉여(producer surplus)를 얻게 된다고 말한다. 생산자 잉여는 매도인이 받은 금액에서 생산에 수반되는 비용을 감한 것이다. 이것은 매도인이 시장에 참여하여 얼마나 많은 편익을 얻게 되는지를 측정한다.

생산자 잉여
매도인이 어떤 물품에 대해 지급받은 금액에서 이를 생산하는 데 소요된 비용을 감한 것

이제는 다른 예를 생각해보자. 주택 두 채에 페인트칠을 해야 한다고 가상하자. 다시 한번, 여러분은 이 작업을 네 명의 페인트공에게 경매에 부친다. 간단히 하기 위해, 어떤 페인트공도 두 채 모두에 페인트칠을 할 수 없으며, 여러분은 각 주택에 동일한 금액을 지불한다고 가정하자. 따라서 두 명의 페인트공이 남을 때까지 가격은 하락한다.

이 경우, 광재와 민수가 각각 3,200달러에(또는 약간 더 낮게) 입찰을 하게 되면 경매는 종료된다. 이들은 이 가격에 해당 작업을 하려고 하는 반면에, 동하와 현준이는 그렇게 낮은 가격에서는 작업을 하지 않는다. 3,200달러에서 광재의 생산자 잉여는 1,200달러이고, 민수의 생산자 잉여는 800달러가 된다. 이 시장에서 총 생산자 잉여는 2,000달러이다.

7-2b 공급곡선을 이용하여 생산자 잉여 측정하기

소비자 잉여가 수요곡선과 밀접히 연계되는 것처럼, 생산자 잉여는 공급곡선과 밀접히 연계된다. 어떻게 그런지 알아보기 위해 페인트칠 서비스에 대한 공급곡선을 도출

그림 4 **공급 스케줄과 공급곡선**

표는 페인트칠 서비스를 제공하는 (표 2에 나열된) 매도인의 공급 스케줄을 보여준다. 그래프는 이에 상응하는 공급곡선을 보여주며, 공급곡선의 높이는 매도인의 비용을 나타낸다

가격	매도인	공급량
3,600달러 이상	동하, 형준, 민수, 광재	4
3,200~3,600달러	형준, 민수, 광재	3
2,400~3,200달러	민수, 광재	2
2,000~2,400달러	광재	1
2,000달러 미만	없음	0

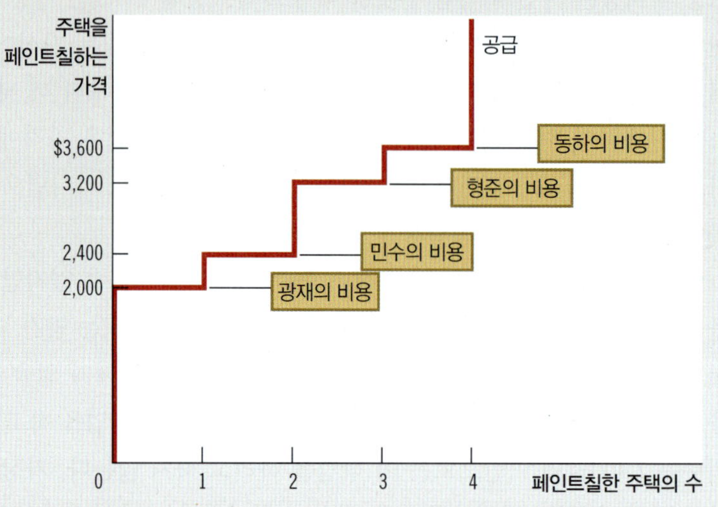

해보자.

네 명 페인트공의 비용을 활용하여 공급 스케줄을 구하는 일부터 시작해보자. 그림 4의 표는 표 2의 비용에 상응하는 스케줄을 보여준다. 가격이 2,000달러 미만인 경우, 어떤 페인트공도 해당 직업을 하지 않을 것이므로 공급량은 0이 된다. 가격이 2,000달러와 2,400달러 사이인 경우, 광재만이 해당 작업을 하므로 공급량은 1이 된다. 가격이 2,400달러와 3,200달러 사이인 경우, 광재와 민수가 해당 작업을 하므로 공급량은 2가 되며 이런 과정을 계속 밟아 나갈 수 있다. 이처럼 공급 스케줄은 네 명 페인트공의 비용에서 도출된다.

그림 4의 그래프는 공급 스케줄에 상응하는 공급곡선을 나타낸다. 공급곡선의 높이는 매도인의 비용과 관련된다는 사실에 주목하자. 각 수량에 대해 공급곡선이 나타내는 가격은, 가격이 더 낮아질 경우 제일 먼저 시장을 떠날 매도인 즉 **한계 매도인**의 비용에 해당한다. 예를 들어 주택 수량이 4채인 경우 공급곡선의 높이는 3,600달러이며, 이는 동하(한계 매도인)가 페인트칠 서비스를 제공하기 위해 부담하는 비용이다. 주택 수량이 3채인 경우 공급곡선의 높이는 3,200달러이며, 이는 현준(이 경우의 한계 매도인)이가 부담하게 되는 비용이다.

공급곡선은 매도인의 비용을 반영하기 때문에 이를 이용하여 생산자 잉여를 측정할 수 있다. 그림 5에서는 두 가지 예에서의 생산자 잉여를 계산한다. 그림 5(a)에서 가격은 2,400달러이고(또는 약간 더 낮을 수 있고) 공급량은 1이다. 가격 아래 그리고 공급

공급곡선을 이용하여 생산자 잉여 측정하기 **그림 5**

(a)에서 해당 상품의 가격은 2,400달러이며 생산자 잉여는 400달러가 된다. (b)에서는 가격이 3,200달러이며 생산자 잉여는 2,000달러가 된다.

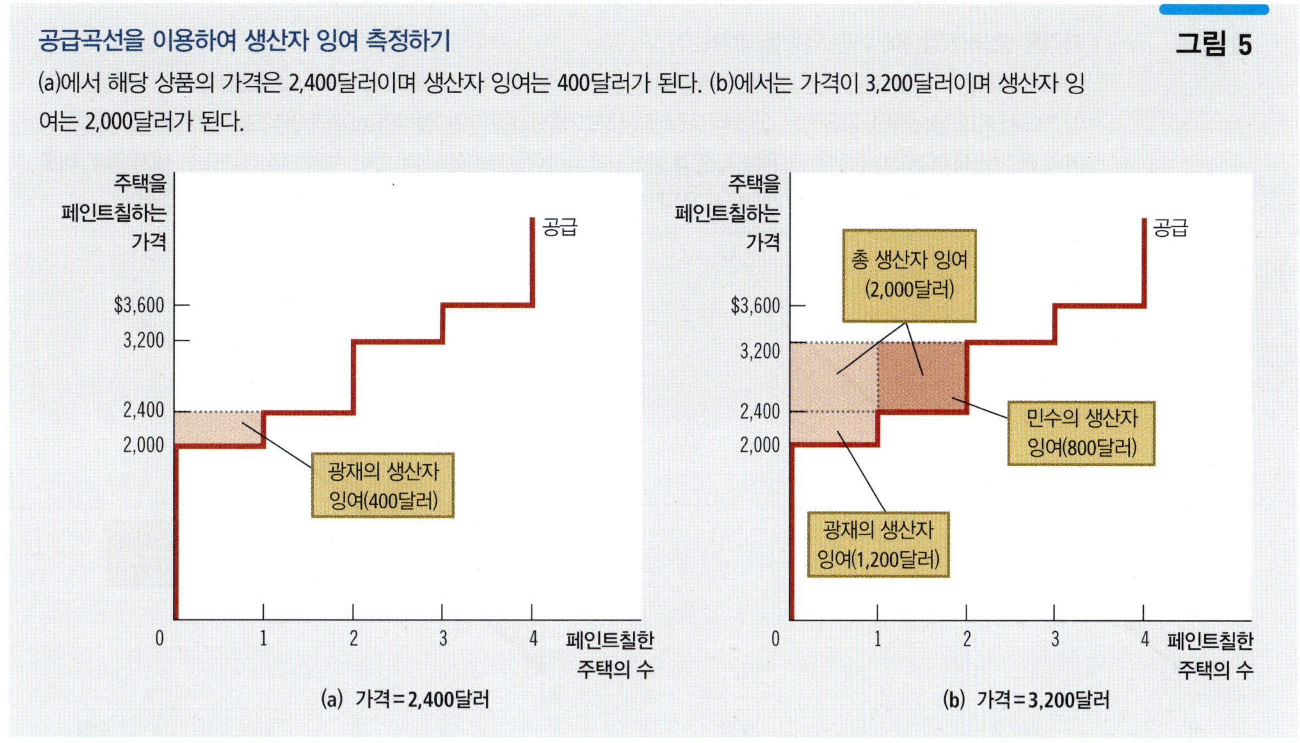

곡선 위의 면적은 400달러가 된다. 이는 광재에 대해 앞에서 계산한 생산자 잉여이다.

그림 5(b)는 가격이 3,200달러일(또는 약간 더 낮은) 경우의 생산자 잉여를 보여준다. 이 경우, 가격 아래 그리고 공급곡선 위의 면적은 두 개 직사각형을 합한 총면적과 같다. 이 면적은 2,000달러이며, 이는 주택 두 채에 페인트칠을 할 때 광재와 민수에 대해 앞에서 계산한 생산자 잉여이다.

이 사례를 통해 배운 교훈은 모든 공급곡선에 적용된다. **가격 아래 그리고 공급곡선 위의 면적은 시장의 생산자 잉여를 나타낸다.** 논리는 간단하다. 공급곡선의 높이는 매도인의 비용이며, 가격과 생산비 사이의 차이는 각 매도인의 생산자 잉여이다. 이처럼 가격에서 그은 선과 공급곡선 사이의 면적은 모든 매도인들의 생산자 잉여를 합산한 것이다.

7-2c 가격이 상승할 경우 생산자 잉여는 어떻게 증대하는가

매도인이 판매하는 물품에 대한 가격 인상을 일반적으로 선호한다는 말을 듣는다 해도 그다지 놀랄 것은 없다. 하지만 가격 인상에 따라 매도인의 후생은 얼마나 증대될까? 생산자 잉여란 개념을 이용하면 이 물음에 답할 수 있다.

그림 6은 매도인이 많은 시장에서 접하게 되는, 기울기가 상향하는 공급곡선을 보여

그림 6 **가격은 생산자 잉여에 어떤 영향을 미치는가**

(a)에서 가격은 P_1이며, 공급량은 Q_1이다. 이에 따른 생산자 잉여는 삼각형 ABC의 면적이다. (b)에서 보는 것처럼 가격이 P_1에서 P_2로 상승하면, 공급량은 Q_1에서 Q_2로 증가하고 생산자 잉여는 삼각형 ADF의 면적으로 증가한다. 생산자 잉여의 증가(면적 BCFD)가 발생한 이유는 기존의 생산자가 더 높은 가격에서 더 많이 수령(면적 BCED)한 데서 일부 비롯되었고, 또 다른 일부는 더 높아진 가격으로 인해 새로운 생산자가 시장에 진입(면접 CEF)한 데서 비롯되었다.

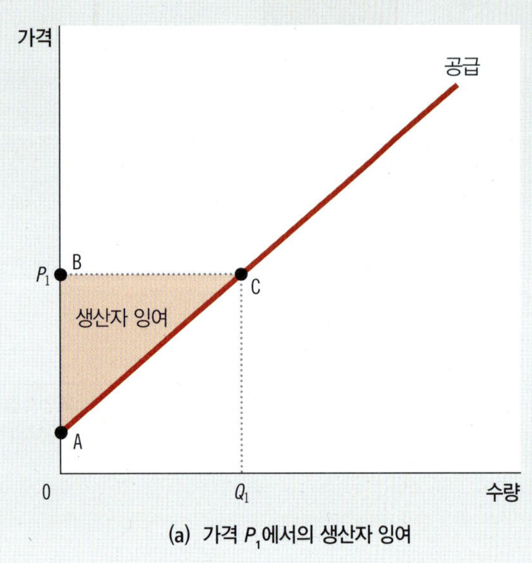

(a) 가격 P_1에서의 생산자 잉여

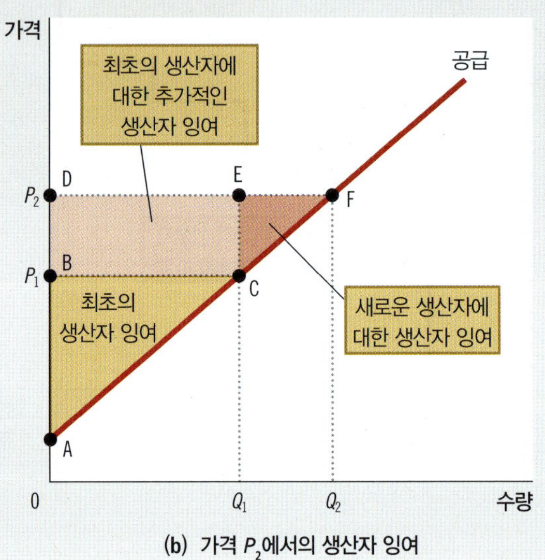

(b) 가격 P_2에서의 생산자 잉여

준다. 이 공급곡선은 이전의 공급곡선과 형태면에서 상이하기는 하지만, 생산자 잉여는 동일한 방법으로 측정된다. 즉 생산자 잉여는 가격 아래 그리고 공급곡선 위의 면적에 해당한다. 그림 6(a)에서 가격은 P_1이고 생산자 잉여는 삼각형 ABC의 면적이다.

그림 6(b)는 가격이 P_1에서 P_2로 상승할 경우 어떤 일이 발생하는지 보여준다. 이제 생산자 잉여는 면적 ADF가 된다. 이런 생산자 잉여의 증대는 두 가지 부분으로 구성된다. 첫째, 낮은 가격 P_1에서 해당 물품 Q_1을 이미 판매했던 매도인은 자신이 판매한 물품에 대해 더 많이 받게 된다. 이런 기존 매도인에 대한 생산자 잉여의 증대는 직사각형 BCED의 면적에 해당한다. 둘째, 새로운 매도인이 더 높은 가격에서 시장에 진입하며, 이에 따라 공급량은 Q_1에서 Q_2로 증가한다. 신규 진입자의 생산자 잉여는 삼각형 CEF의 면적에 해당한다.

이 분석이 보여주는 것처럼, 생산자 잉여는 소비자 잉여가 매수인의 후생을 측정했던 것과 거의 같은 방식으로 매도인의 후생을 측정한다. 경제적 후생에 대한 이 두 가지의 측정 방식이 매우 유사하기 때문에, 다음 절에서 하는 것처럼 이 둘을 함께 고려하는 것은 자연스럽다.

Quiz

4. 동현, 기령, 지인이는 학기동안 학습조교로 근무할 수 있다. 학습조교로 근무하는 데 따르는 기회비용은 동현이는 400달러이고, 기령이는 200달러이며, 지인이는 100달러이다. 대학 당국은 급여로 300달러를 지급하고 학습조교를 채용하려 한다. 이 시장에서 생산자 잉여는 _________이다.
   a. 100달러
   b. 200달러
   c. 300달러
   d. 400달러

5. 승규는 주당 300달러를 받고 풀타임 정원사로 일하고 있다. 시장가격이 400달러로 상승할 경우, 현준이도 정원사가 된다. 이런 가격 상승으로 인해 생산자 잉여는 얼마나 많이 증가하는가?
   a. 100달러 미만만큼 증가한다.
   b. 100달러와 200달러 사이만큼 증가한다.
   c. 200달러와 300달러 사이만큼 증가한다.
   d. 300달러 초과만큼 증가한다.

6. 어떤 물품의 공급곡선은 $Q^S = 2P$이고, 시장가격은 10달러이다. 이 시장에서 생산자 잉여는 얼마인가?(요령: 공급곡선을 그래프로 그려서 삼각형 면적을 구하는 공식을 기억해보자)
   a. 5달러
   b. 20달러
   c. 100달러
   d. 200달러

해답은 이 장의 끝부분에 있다.

7-3 시장 효율성

소비자 잉여와 생산자 잉여는 시장에서 매수인과 매도인의 후생을 분석하기 위해 경제학자들이 사용하는 기본도구이다. 이 도구는 다음과 같은 근본적 질문, 즉 경쟁시장을 통해 자원을 바람직하게 배분할 수 있는가와 같은 물음을 해결하는 데 도움이 될 수 있다.

7-3a 선의의 사회 계획 입안자

시장에서 이루어진 결과를 평가하기 위해 새로운 가상집단 즉 선의의 사회 계획 입안자 위원회를 소개할 것이다. 선의의 사회 계획 입안자들은 전지전능하며 선한 의도를 갖고 있다. 이들은 사회 구성원 모두의 경제적 후생을 극대화하고자 한다. 이들은 무엇을 해야 하는가? 매수인과 매도인이 스스로 균형에 도달하도록 놔두어야 하는가? 아니면 계획 입안자들이 시장에서 이루어진 결과를 어떻게든 변화시켜 후생을 향상시킬 수 있는가?

이 물음에 답하기 위해, 사회 계획 입안자는 먼저 사회적 후생을 어떻게 측정할지를 결정해야 한다. 사회적 후생을 측정하기 위해 고려해야 하는 한 가지 요소는 소비자 잉여와 생산자 잉여를 합산한 것, 즉 **총잉여**(total surplus)이다. 소비자 잉여는 매수인이 시장에 참여하여 얻게 되는 편익이며, 생산자 잉여는 매도인이 얻게 되는 편익이다. 따라서 총잉여는 시장의 자원 배분을 판단할 때 사회 계획 입안자가 당연히 고려해야 하는 변수이다.

이 측정치를 더 잘 이해하기 위해 소비자 잉여와 생산자 잉여의 정의를 기억해보자. 소비자 잉여는 다음과 같다.

소비자 잉여 = 매수인이 수령하는 가치 − 매수인이 지불하는 금액

이와 유사하게 생산자 잉여는 다음과 같다.

생산자 잉여 = 매도인이 수령하는 금액 − 매도인이 부담하는 비용

소비자 잉여와 생산자 잉여를 합산하면 다음과 같다.

총잉여 = (매수인이 수령하는 가치 − 매수인이 지불하는 금액) +
(매도인이 수령하는 금액 − 매도인이 부담하는 비용)

여기서 매수인이 지불하는 금액은 매도인이 수령하는 금액과 동일하다. 따라서 중간에 있는 두 항을 서로 상쇄하면 다음과 같다.

총잉여 = 매수인이 수령하는 가치 − 매도인이 부담하는 비용

시장에서 총잉여는 해당 물품의 매수인이 수령하는 총가치(이것은 지불하려는 의지로 측정된다)에서 해당 물품을 공급한 매도인이 부담하는 총비용을 감한 것이다.

효율성
사회의 모든 구성원이 수령하는 총잉여가 극대화되도록 자원 배분이 이루어질 경우 갖게 되는 특성

자원 배분이 총잉여를 극대화할 경우, 경제학자들은 해당 배분이 **효율성**(efficiency)을 보여준다고 한다. 배분이 효율적이지 않다면 매수인과 매도인 사이의 거래를 통해 얻을 수 있는 잠재적 이득의 일부를 실현하지 못하게 된다. 예를 들어 물품이 생산 비용이 가장 낮은 매도인에 의해 생산되지 않는다면, 배분은 비효율적이다. 이런 경우 고비용 생산자에서 저비용 생산자로 생산이 변경되면, 매도인이 부담하는 총비용은 감소하여 총잉여가 증가하게 된다. 이와 유사하게 어떤 물품에 대해 가장 많이 지불하려는 매수인에 의해 해당 물품이 소비되지 않는다면, 배분은 비효율적이 된다. 이런 경우 해당 물품에 대해 낮은 가치를 부여하는 매수인에서 더 높은 가치를 부여하는 매수인으로 소비가 변경되면, 총잉여가 증가하게 된다.

형평성
경제적 번영에 따른 과실이 사회 구성원들 사이에 균등하게 배분되는 특성

효율성 이외에 사회 계획 입안자들은 또한 **형평성**(equality), 즉 시장에서 다양한 매수인과 매도인이 유사한 수준의 경제적 후생을 누리는지 여부에도 관심을 갖는다. 본질적으로, 시장에서 거래를 통해 얻은 이익은 시장 참여자들 사이에 나누어야 하는 파이와 같다. 효율성에 대한 질문은 파이가 가능한 한 큰지 여부에 관한 것이다. 형평성

에 대한 질문은 파이를 잘라서 사회 구성원들 사이에 어떻게 배분하느냐에 관한 것이다. 이 장에서는 사회 계획 입안자들의 기준으로서 효율성에 초점을 맞추고 있다. 하지만 실제 정책 입안자들은 종종 형평성에도 관심을 갖는다는 사실에 주목하자.

7-3b 시장에서 이루어진 균형을 평가하기

그림 7은 공급과 수요가 시장에서 균형에 도달했을 때 측정된 후생을 보여준다. 소비자 잉여는 가격 위 그리고 수요곡선 아래의 면적에 해당하며, 생산자 잉여는 가격 아래 그리고 공급곡선 위의 면적에 해당한다. 균형점까지의 공급곡선과 수요곡선 사이의 면적은 이 시장에서의 총잉여를 나타낸다.

균형에서의 이런 자원 배분은 효율적인가? 즉 총잉여를 극대화하는가? 시장이 균형 상태에 있을 때 가격은 잠재적 매수인과 매도인 중 누가 시장에 참여할지를 결정한다. 가격보다 해당 물품에 더 많은 가치를 두는 매수인(이는 수요곡선상에서 선분 AE로 표시)은 구입하기로 하며, 가격보다 더 낮은 가치를 두는 매수인(이는 선분 EB로 표시)은 구입하지 않기로 한다. 가격보다 비용이 더 적게 소요되는 매도인(이는 공급곡선상에서 선분 CE로 표시)은 해당 물품을 생산하여 판매하기로 하며, 가격보다 비용이 더 많이 드는 매도인(이는 선분 ED로 표시)은 그렇게 하지 않는다.

이런 관찰을 통해 시장에서 이루어진 결과에 대해 다음과 같은 두 가지 통찰을 할 수 있다.

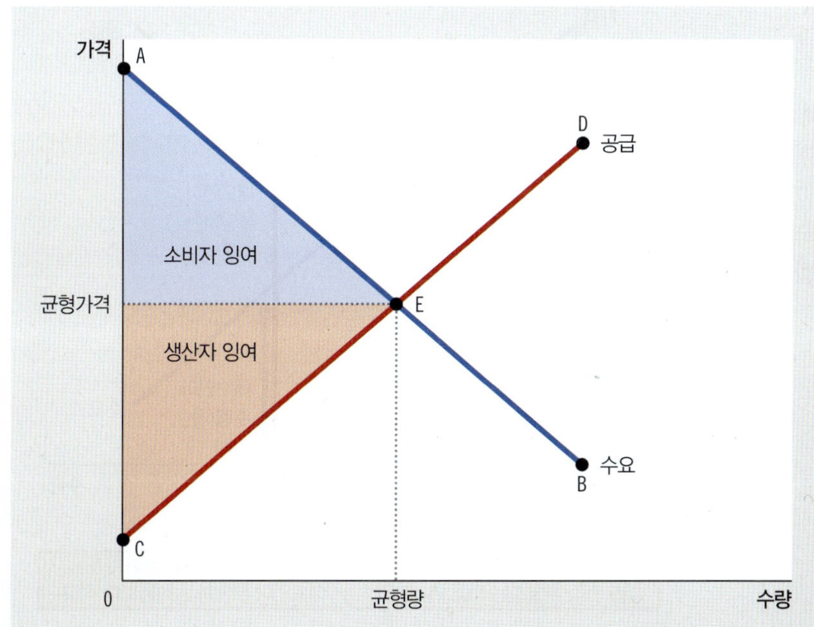

그림 7

시장균형에서의 소비자 잉여 및 생산자 잉여

소비자 잉여와 생산자 잉여의 합인 총잉여는 균형량까지의 공급곡선과 수요곡선 사이의 면적이다.

1. 경쟁시장은 해당 물품에 가장 큰 가치(이는 지불하려는 의지로 측정된다)를 두는 매수인에게 공급된 물품을 배분한다.
2. 경쟁시장은 해당 물품을 가장 낮은 비용으로 생산할 수 있는 매도인에게 수요되는 물품을 배분한다.

따라서 시장의 균형상태에서 생산되어 판매되는 수량이 주어진 경우, 사회 계획 입안자들은 매수인 사이에 이루어지는 소비의 배분 또는 매도인 사이에 이루어지는 생산의 배분을 변화시켜서는 경제적 후생을 증대시킬 수 없다.

그러나 사회 계획 입안자는 해당 물품의 수량을 증가시키거나 감소시킴으로써 후생을 증대시킬 수 있는가? 시장에서 이루어진 결과에 대한 다음 통찰에서 밝히는 것처럼, 이에 대한 답변은 '아니다'이다.

3. 경쟁시장은 소비자 잉여와 생산자 잉여의 합을 극대화하는 물품의 수량을 생산한다.

그림 8은 셋째 통찰이 참인 이유를 보여주고 있다. 이 그림을 설명하기 위해, 수요곡선은 매수인이 수령하는 가치를 반영하고 공급곡선은 매도인이 부담하는 비용을 반영한다는 사실을 기억하자. 예를 들면 Q_1처럼 균형수준에 미치지 못하는 각 수량에서, 한계 매수인이 수령하는 가치는 한계 매도인이 부담하는 비용을 상회한다. 따라서 생산량과 소비량을 증가시킬 경우 총잉여가 증대된다. 이것은 수량이 균형수준에 도달할 때까지

그림 8

균형량의 효율성

예를 들면 Q_1처럼 균형량보다 더 적은 수량에서는 매수인이 수령하는 가치가 매도인이 부담하는 비용을 상회한다. 예를 들면 Q_2처럼 균형량보다 더 많은 수량에서는 매도인이 부담하는 비용이 매수인이 수령하는 가치를 상회한다. 따라서 시장균형에서 생산자 잉여와 소비자 잉여의 합이 극대화된다.

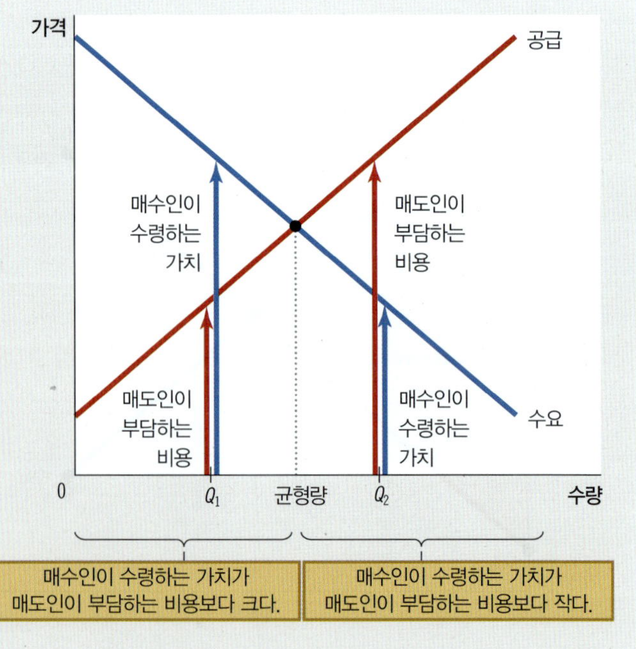

계속해서 참이다. 반대로, 예를 들면 Q_2처럼 균형수준을 초과하는 각 수량에서, 한계 매수인이 수령하는 가치는 한계 매도인이 부담하는 비용보다 작다. 그러므로 수량을 감소시킬 경우 총잉여가 증대되며, 이것은 수량이 균형수준으로 감소할 때까지 계속해서 참이다. 총잉여를 극대화하기 위해, 사회 계획 입안자는 공급곡선과 수요곡선이 교차하는 점에서의 수량을 선택하게 된다.

이 세 가지 통찰을 함께 고찰해보면, 시장에서 이루어진 결과가 소비자 잉여와 생산자 잉여의 합을 극대화한다고 본다. 다시 말해 균형에서 이루어진 결과는 효율적인 자원 배분이다. 따라서 효율성에 관심이 있는 사회 계획 입안자는 시장에서 이루어진 결과를 관찰된 그대로 놔둘 수 있게 된다. 아주 충분히 그냥 놔두는 이런 정책은 자유방임을 의미하는 프랑스어 표현인 **레세페르**라고 한다. 이것이 의미하는 바를 말 그대로 번역하면 '하도록 내버려두시오'이지만, 좀 더 넓게 해석하면 '사람들이 하고자 하는 대로 하도록 놔두시오'라고 할 수 있다.

사회 계획 입안자가 개입할 필요가 없다는 게 사회에는 행운이다. 전지전능하며 선의를 갖고 있는 계획 입안자가 하려는 것을 가상해보는 것은 유용한 실질적인 연습이 될 수 있다. 하지만 현실을 직시하자. 이런 인물이 나오기는 힘들다. 일부 독재자들이 거의 전능적으로 행동할 수는 있지만, 선의를 갖는 경우는 드물다. 어떤 사람들이 매우 유덕하다는 사실을 알게 되더라도, 이들은 중대한 정보를 알지 못할 수 있다.

사회 계획 입안자가 시장에서 작동하는 힘에 의존하는 대신에, 자의적으로 효율적인 자원 배분을 선택하려 한다고 가상하자. 그렇게 하기 위해서는, 모든 잠재적 소비자들이 수령할 특정 물품의 가치와 모든 잠재적 생산자들이 부담할 비용에 대해 알아야 한다. 그리고 해당 시장뿐만 아니라 경제 내에 있는 수천 개의 시장 각각에 대해 이런 정보를 갖고 있어야 한다. 이런 일을 수행하기란 실제로 불가능하며, 이를 통해 실질적으로 중앙 계획을 수립하여 실시하는 경제들이 비효율성으로 가득 찬 이유를 설명할 수 있다.

하지만 일단 계획 입안자들이 파트너, 즉 애덤 스미스의 '시장에서 작동하는 보이지 않는 손'을 채용하게 되면, 이들의 임무는 용이해진다. 보이지 않는 손은 매수인과 매도인에 관한 모든 정보를 고려하여 시장에 있는 모든 사람들이 경제적 효율성의 기준에서 볼 때 최선의 결과를 얻도록 인도한다. 이것은 놀라운 업적이다. 그리고 바로 이것이 경제학자들이 속박되지 않은 경쟁시장이 경제활동을 조직화하는 최선의 방법이라고 그렇게 자주 주장하는 이유이다.

사례 연구

신체 장기 시장이 존재해야만 하는가?

몇 년 전에 「보스턴 글로브」는 '어머니의 사랑이 두 생명을 구하는 데 어떻게 도움이 되었는가'란 기사를 게재했다. 이 기사는 신장 이식이 필요한 아들을 둔 어머니 수잔 스티븐스에 관한 이야기이다. 의사는 스티븐스의 신장이 아들에게 이식될 수 없다는 사실을 알고 다음과 같은 새로운 해법을 제시했다. 즉, 스티븐스가 신장 하나를 낯선 사람에게 기증하면, 그녀의 아들 이름이 신장 이식 대기자 명단의 맨 꼭대기로 올라가게 된다고 했다. 스티븐스는 이 거래를 수락했고, 곧 두 명의 환자가 그렇게도 고대하던 이식을 받게 되었다.

의사의 정교한 제안과 어머니의 숭고한 행동에 의문을 제기할 수는 없다. 하지만 이 이야기는 호기심을 자아내는 질문을 제기할 수 있다. 신장을 신장으로 거래할 수 있다면, 신장을 감당할 수 없는 고가의 시험적인 암치료와도 거래할 수 있도록 허용해야 하는가? 어머니가 신장을 해당 병원 의과대학에 다니는 아들의 등록금 면제와 교환할 수 있도록 허용해야 하는가? 신장을 판매하고 그 대금으로 낡고 오래된 차를 고가의 새 차로 교환할 수 있도록 허용해야 하는가?

공공정책의 관점에서 볼 때 사람들이 자신의 신체 장기를 판매하는 것은 불법이다. 인간의 장기를 판매하는 것은 불법이다. 인간의 장기를 사고파는 행위는 신성한 생명에 대한 문화적, 종교적 기준을 위배하는 것이기 때문에, 많은 사람들은 이런 생각 자체를 논의하고 싶어하지 않는다. 하지만 잠시 이런 반응은 제쳐두고, 신장을 시장에서 작동하는 힘에 따르는 물품으로 생각하자. 본질적으로 신장 시장에서 정부는 가격상한으로 0을 설정하고 있다. 모든 구속력 있는 가격상한과 마찬가지로 부족현상이 발생하게 된다. 스티븐스 경우의 거래는 현금이 직접 오가지 않았기 때문에 이런 금지 사항에 해당하지 않는다. 법적 의미에서 스티븐스의 거래는 시장 거래가 아니다.

하지만 많은 경제학자들은 이런 금지 사항을 폐지하고 인간 장기를 거래하는 공개된 시장을 허용할 경우 큰 편익이 생긴다고 말한다. 사람들은 두 개의 신장을 갖고 태어나지만, 보통 한 개만 필요하다. 동시에 일부 사람들은 두 개 신장 모두가 작동하지 않는 질병으로 고통을 받는다. 거래를 통한 명백한 이득이 존재함에도 불구하고, 현재 상황은 어떤 면에서 처참하다고 할 수 있다. 즉, 일반적인 환자는 신장 이식을 받기 위해 수년 동안 대기해야 하며, 신장을 구할 수 없어서 매년 수천 명이 사망한다. 시장에 기반한 해법을 제안하는 사람들은, 신장이 필요한 사람이 건강한 신장을 두 개 갖고 있는 사람에게서 한 개를 구입할 경우, 가격은 공급과 수요가 균형을 이루도록 상승하게 된다고 말한다. 신장을 공여하는 사람은 주머니에 여분의 현금을 갖게 되어 형편이 나아지게 된다. 신장을 공여받는 사람은 생명을 구하기 위해 필요한 장기를 얻게 되어 혜택을 보게 된다. 시장의 부족현상은 사라지게 된다.

이런 시장은 효율적인 자원 배분으로 이어질 것이지만, 그럼에도 불구하고 이런 방안은 비판을 받고 있다. 이에 대해 반감을 갖는다

경제 패널 **신장의 공여**

"신장병을 앓는 환자들의 생명 연장을 돕기 위해 신장 공여에 대해 대가를 치르는 시장이 시험적으로 운영돼야 한다."

경제학자들의 의견

16% 동의하지 않는다.
27% 확신하지 못한다.
57% 동의한다.

출처: IGM Economic Experts Panel, March 11, 2014.

는 문제 이외에도, 일부 사람들은 공평성에 관해 우려를 표한다. 그들의 주장에 따르면, 신체 장기는 지불하려는 의지와 능력이 가장 큰 사람들에게 배분되기 때문에 신체 장기 시장은 가난한 사람들을 희생시키면서 부유한 사람들에게 이익을 주게 된다고 한다. 그러나 여러분은 현행 제도의 공평성에 대해서도 의문점을 가질 수 있다. 지금 대부분의 사람들은 정말로 필요하지는 않은 여분의 장기를 갖고서 멀쩡하게 걸어다니는 반면에, 우리 국민들 중 일부는 한 개를 구하지 못해서 죽어가고 있다. 이것을 공평하다고 할 수 있는가? ●

Quiz

7. 태희는 자신의 시간에 대해 시간당 60달러의 가치를 두며 채영이에게 마사지를 해주는 데 2시간을 사용했다. 채영이는 마사지를 받는 대가로 300달러를 지불하려 했지만, 이들은 200달러로 타협을 보았다. 이 거래에서 ______________.
   a. 소비자 잉여가 생산자 잉여보다 20달러 더 크다.
   b. 소비자 잉여가 생산자 잉여보다 40달러 더 크다.
   c. 생산자 잉여가 소비자 잉여보다 20달러 더 크다.
   d. 생산자 잉여가 소비자 잉여보다 40달러 더 크다.

8. 효율적인 자원 배분은 ______________을(를) 극대화한다.
   a. 소비자 잉여
   b. 생산자 잉여
   c. 소비자 잉여와 생산자 잉여를 합한 것
   d. 소비자 잉여에서 생산자 잉여를 감한 것

9. 시장이 균형상태에 있을 때, 매수인들은 지불하려는 의지가 ______________ 사람들이며, 매도인들은 ______________ 비용을 부담하려는 사람들이다.
   a. 가장 높은; 가장 높은
   b. 가장 높은; 가장 낮은
   c. 가장 낮은; 가장 높은
   d. 가장 낮은; 가장 낮은

10. 공급과 수요가 균형을 이루는 경우보다 더 많은 수량을 생산하게 되면, 이는 비효율적이다. 왜냐하면 한계 매수인의 지불하려는 의지가 ______________.
   a. 마이너스가 되기 때문이다.
   b. 영이 되기 때문이다.
   c. 플러스지만 한계 매도인이 부담하는 비용보다 작기 때문이다.
   d. 플러스지만 한계 매도인이 부담하는 비용보다 크기 때문이다.

해답은 이 장의 끝부분에 있다.

7-4 결론: 시장 효율성 및 시장실패

이 장에서는 후생경제학의 기본적인 도구 즉 소비자 잉여와 생산자 잉여를 소개했으며, 이를 이용하여 시장에서 이루어진 결과의 효율성을 평가했다. 공급과 수요가 작동하여 자원을 효율적으로 배분한다는 사실을 보여주었다. 시장에 있는 매수인과 매도인은 각자 자신의 후생에만 관심을 갖지만, 이들은 보이지 않는 손에 의해 매수인과 매도인의 총편익을 극대화하는 균형으로 인도된다.

하지만 유의할 사항이 있다. 시장이 효율적이라고 결론을 내리기 위해서는 시장이 어떻게 작동하는지에 관해 몇 가지 가정을 해야 한다. 이런 가정들이 준수되지 않을 경우, 시장에서 이루어진 균형상태가 효율적이라는 가정은 타당하지 않을 수 있다. 이 장

입장권을 재판매하는 사람들은 희소한 자원의 배분에 어떤 도움을 주는가

입장권 재판매는 시장 질서를 어지럽히는 두통거리인가 아니면 시장을 효율적으로 만드는 방법인가?

입장권을 단기간에 재판매하는 행위는 편취가 아니다

트레이시 밀러(Tracy Miller)

브로드웨이 뮤지컬 〈해밀턴〉의 입장권 비용은 암표상이 입장권에 1,000달러를 넘게 받으면서 여름 한 철 내내 급등했다. 당시 입장권의 평균 액면가는 189달러였다. 이에 대응하여 척 슈머 상원의원(민주당 소속, 뉴욕주)은 입장권 암표 판매를 용이하게 하는 소프트웨어의 사용을 금지하기 위해 연방 입법안을 발의했다. 이런 관행을 억제하는 입법안이 정말로 필요한가?

암표상은 일반인에게 입장권을 구입할 기회가 주어지기도 전에 반복 작업을 수행하는 소프트웨어 프로그램을 사용해 온라인으로 대량의 입장권을 구입한다. 그다음에 웃돈을 얹어 훨씬 더 높은 가격으로 입장권을 재판매한다. 이런 악습은 일반인과 입법자가 오래전부터 악마화했던 관행이 현대적으로 변형된 것이다.

암표 판매로 인해 일부 소비자들은 그렇지 않은 경우보다 분명 더 높은 가격을 지불하게 된다. 하지만 소비자들은 줄을 서서 기다리지 않아도 되고, 제한된 시간 내에 온라인으로 입장권을 구입하려고 경쟁하지 않고 원할 때 높은 가격을 지불하고 원하는 입장권을 구입할 수 있다. 암표 판매에 반대하는 사람들은 사실 수요가 많은데 공급이 제한되어 가격이 높을 때, 높은 가격이 암표상의 잘못이라고 오해하여 이 같은 결론을 내린다.

현재 어떤 연방 법률도 암표 행위를 제한하지 않지만, 15개 주는 적어도 일정한 상황에서는 암표 판매를 금지하는 법률을 시행하고 있다. 그리고 7개 주는 재판매하는 사람이 입장권을 중개할 수 있고, 허가증을 취득하도록 하며, 입장권 중개업자가 올릴 수 있는 입장권 가격에 상한치를 두도록 요구하고 있다. 또 일부 주는 공연이 개최되는 장소로부터 일정 거리 내에서는 암표 판매를 허용하지 않는다. 그 외 주에서는 사적인 용도로 구매한 입장권의 재판매는 허용하되, 중개인으로 등록되지 않은 사람이 이윤을 목적으로 입장권을 사고파는 행위는 금지하고 있다.

암표 판매는 입장권에 가장 높은 가치를 두는 누구에게나 입장권이 돌아가게 하여, 암표상과 암표 매수인이 이익을 보게 한다. 막바지에 연극, 콘서트, 경기를 관람하기로 결정한 사람도 일정 가격을 지불하고 입장권을 구할 수 있다. 암표상이 없다면, 해당 행사에 높은 가치를 두는 일부 사람들은 원하는 좋은 좌석의 입장권을 구입할 수 없을 것이다.

또 암표 판매는 다음의 두 방법으로 입장권 발행업자, 즉 입장권을 발행하는 스포츠 팀이나 공연하는 예술가에게 이익이 될 수 있다. 첫째, 이들은 행사가 개최되기 오래전에 액면가로 입장권 수입을 올리는 반면, 암표상은 수요와 가격이 자신이 지불한 가격 아래로 하락할 위험을 부담하게 된다. 둘째, 암표상으로 인해 최초의 입장권 수요가 없었을 경우보다 수요가 더 많아질 수 있으며, 이에 따라 입장권 발행업자는 더 많은 금액을 청구할 수 있게 된다.

입장권 발행업자는 공연장 임대비처럼 행사 전에 일부 비용을 부담

을 끝맺으면서, 우리가 했던 두 가지 가장 중요한 가정을 간단히 살펴보도록 하자.

첫째, 우리가 분석을 할 때 시장은 완전경쟁 상태라고 가정한다. 하지만 실제 경제에서는 경쟁이 이따금 완전하지 못하다. 일부 시장에서는 단 하나의 (또는 소수의) 매수인 또는 매도인이 시장가격을 통제할 수 있다. 가격에 영향을 미치는 이런 능력을 **시장 지배력**이라고 한다. 시장 지배력으로 인해 가격과 수량은 공급과 수요의 균형을 맞추는 수준에서 이탈하게 되며, 이로 인해 시장은 비효율적이 된다.

둘째, 우리가 분석을 할 때 시장에서 이루어진 결과는 해당 시장에 참여한 매수인과 매도인에게만 문제가 된다고 가정했다. 하지만 이따금 매수인과 매도인이 내린 결정들은 관련이 없는 제3자에게도 영향을 미친다. 오염이 바로 전형적인 예이다. 예를 들

하게 된다. 이들은 입장권의 전부나 상당량을 장기에 걸쳐 판매하지 않고 신속하게 판매하여 판매 비용을 낮출 수 있다. 암표상은 입장권을 처음 구입할 수 있을 때 구입하여 소비자들에게 가장 편리한 때 판매할 수 있도록 입장권을 보유함으로써, 매수인을 매도인에게 연결시켜 양측 모두에게 이익을 줄 수 있다. 이들은 중개인으로 활동하며, 그 보상으로 자신들이 지급한 가격과 수령한 가격의 차액을 얻게 된다. 암표상이 입장권을 구입하여 재판매하려는 경쟁이 심할수록, 각 암표상이 차지하는 차액은 더 많이 줄게 된다.

암표상의 수가 적고 이들이 숙련되게 각 소비자의 입장권 수요를 평가할 수 있다면, 소비자들이 지불하려고 하는 최대치에 가까운 가격을 부과할 수 있다. 또 암표상이 입장권에 부과하는 평균가격이 높아질수록, 입장권을 발행한 스포츠 팀이나 공연 예술가들에게 더 많이 지불할 수 있다.

소비자들보다 먼저 입장권 사이트에 접속한 암표상에게서 더 높은 가격을 지불하고 입장권을 구입하여야 하는 일부 소비자들은 암표 판매로 인해 이런 공연이나 경기에 덜 관심을 갖게 될 수 있다. 따라서 이 소비자들은 앞으로 공연이나 경기를 덜 관람하려 할 수 있다. 공연 예술가나 스포츠 팀이 충성도가 높은 고객을 소외시키지 않으려면, 가령 이들 고객에게 합리적이라고 생각하는 가격으로 판매할 입장권을 일정량 따로 떼어두는 식으로 입장권 배분 방식을 운용할 수 있다. 그렇지만 많은 경우에 입장권 발행업자들은 높은 가격으로 책정된 입장권을 신속히 판매하고자 한다. 이는 입장권 대부분을 암표상에게 판매하겠다는 의미일 수도 있다.

암표 판매를 금지하는 법률은 불필요하며, 이런 법률은 상호간에 이익이 되는 거래를 막게 될 것이다. 암표 판매는 입장권을 재판매하는 사람들이 일부 소비자들이 지불하려는 가격보다 더 낮은 가격을 부과할 때만 이루어진다. 암표상이 입장권을 사고파는 데 효율적인 소프트웨어를 사용한다면, 이들은 시간과 노력을 아껴주고 이런 과정에 개입된 각 당사자는 이익을 보게 된다. 어떤 식으로든 입장권 발행업자, 재판매자, 공연이나 경기의 관람자는 각각 이익을 보게 될 것이다. ■

THEO WARGO/WIREIMAGE/GETTY IMAGES

뮤지컬 〈해밀턴〉에 주인공으로 출연한 린마누엘 미란다

논의 사항

1. 뮤지컬 〈해밀턴〉의 연출자가 입장권 재판매업자들이 부과하는 가격보다 훨씬 더 낮게 입장권 가격을 정하는 이유가 무엇이라고 생각하는가?
2. 액면가보다 높게 입장권을 재판매하려는 행위를 금지하는 법률이 제정되어야 한다고 생각하는가? 그래야 하는 이유는 무엇인가? 그러지 말아야 하는 이유는 무엇인가?

트레이시 밀러는 조지 메이슨 대학교 메르카투스 센터에 근무하는 경제학자이다.

출처: *U.S. News and World Report*, October 4, 2016.

어 농업용 살충제가 사용될 경우, 이를 생산한 제조업체와 사용하는 농부뿐만 아니라 이런 살충제로 인해 오염된 공기를 들이마시거나 물을 마시는 많은 사람들에게 영향을 미친다. 시장이 **외부효과**라고 하는 부작용을 보일 때, 시장에서 이루어지는 활동이 갖는 후생적 의미는 매수인이 갖게 되는 가치와 매도인이 부담하는 비용 이외의 것에도 의존한다. 매수인과 매도인이 얼마나 많이 소비하고 생산할지를 결정하려 할 때, 이런 외부효과를 무시할 수 있다. 이로 인해 시장에서 이루어진 균형은 사회 전체의 관점에서 볼 때 비효율적일 수 있다.

시장 지배력과 외부효과는 **시장실패**라고 하는 일반적인 현상들의 예이다. 이 시장실패는 일부 규제되지 않은 시장들이 자원을 효율적으로 배분하지 못하는 상황이다. 시장이 실패할 경우, 공공정책을 통해 잠재적으로 문제를 해결하여 경제적 효율성을 높일 수 있다. 미시경제학자들은 많은 노력을 기울여, 시장실패가 언제 발생할 가능성이 높으며 어떻게 하면 가장 잘 교정할 수 있는지에 대해 연구한다. 경제학을 계속해서 공부하다 보면, 여기서 살펴본 후생경제학의 분석도구들이 이런 노력에 쉽게 활용된다는 사실을 깨닫게 될 것이다.

시장실패의 가능성에도 불구하고, 시장에서 작동하는 보이지 않는 손은 매우 중요하다. 많은 시장의 경우, 이 장에서 살펴본 가정들이 잘 작동하며 시장에서 효율성이 달성된다는 결론이 직접적으로 적용된다. 나아가, 후생경제학과 시장 효율성에서 사용하는 분석도구를 활용하여 다양한 정부정책이 미치는 영향을 살펴볼 수 있다.

요약

- 소비자 잉여는 어떤 물품에 대해 매수인들이 지불하고자 하는 의지에서 실제로 지불한 금액을 감한 것이다. 소비자 잉여는 매수인들이 시장에 참여하여 얻은 편익을 측정한 것이다. 소비자 잉여는 수요곡선 아래 그리고 가격 위의 면적을 계산하여 구할 수 있다.
- 생산자 잉여는 매도인들이 자신들이 생산한 물품에 대해 수령한 금액에서 이를 생산하기 위해 소요된 비용을 감한 것이다. 생산자 잉여는 매도인들이 시장에 참여하여 얻은 편익을 측정한 것이다. 생산자 잉여는 가격 아래 그리고 공급곡선 위의 면적을 계산하여 구할 수 있다.
- (소비자 잉여와 생산자 잉여를 합산한) 총잉여를 극대화할 수 있게 자원이 배분될 경우 효율적이라고 한다. 정책입안자들은 경제적 결과에 대한 효율성은 물론 형평성에도 종종 관심을 갖는다.
- 정상적인 상황에서, 공급과 수요가 균형을 이룰 경우 총잉여가 극대화된다. 즉, 시장에서 작동하는 보이지 않는 손으로 인해 경쟁시장의 매수인과 매도인은 자원을 효율적으로 배분하게 된다.
- 예를 들어 시장 지배력이나 외부효과와 같은 시장실패가 있는 경우, 시장은 자원을 효율적으로 배분하지 못한다.

주요 개념

후생경제학 160
지불하려는 의지 161
소비자 잉여 161
비용 167
생산자 잉여 167
효율성 172
형평성 172

복습용 질문

1. 매수인의 지불하려는 의지, 소비자 잉여, 수요곡선이 어떻게 관련되는지 설명하시오.
2. 매도인의 비용, 생산자 잉여, 공급곡선이 어떻게 관련되는지 설명하시오.
3. 공급 및 수요 도해를 이용하여, 시장이 균형상태에 있을 때의 생산자 잉여와 소비자 잉여를 표시하시오.
4. 효율성이란 무엇인가? 이것이 경제정책 입안자들의 유일한 목표인가?
5. 두 가지 유형의 시장실패를 들어보시오. 이들 각각이 시장에서 이루어진 결과가 비효율적이 되도록 하는 이유를 설명하시오.

문제와 응용

1. 현경이는 360달러를 지불하고 아이폰을 구입했으며 소비자 잉여 240달러를 얻었다.
   a. 현경이의 지불하려는 의지는 얼마인가?
   b. 현경이가 270달러를 지불하고 할인판매 중인 아이폰을 구입했다면, 그녀의 소비자 잉여는 얼마인가?
   c. 아이폰 가격이 750달러라면, 소비자 잉여는 얼마인가?
2. 캘리포니아에서 조기 동결 상황이 발생하여 레몬 수확에 피해를 입게 되었다. 레몬 시장에서 소비자 잉여에 어떤 일이 발생하는지 설명하시오. 레몬 에이드 시장에서 소비자 잉여에 어떤 일이 발생하는지 설명하시오. 도해를 사용하여 여러분의 대답을 설명하시오. 레몬 에이드는 일반적으로 레몬즙과 물, 감미료(사탕수수, 메이플 시럽, 꿀 등)를 사용하여 만드는 음료이다.
3. 프랑스 빵(바게트)에 대한 수요가 증가한다고 가상하자. 프랑스 빵 시장에서 생산자 잉여에 어떤 일이 발생하는지 설명하시오. 밀가루 시장에서 생산자 잉여에 어떤 일이 발생하는지 설명하시오. 도해를 사용하여 여러분의 대답을 설명하시오.
4. 날씨가 더워서 승규는 목이 마르다. 다음은 승규가 각 물병(생수)에 두는 가치를 보여준다.

첫 번째 물병에 두는 가치	7달러
두 번째 물병에 두는 가치	5달러
세 번째 물병에 두는 가치	3달러
네 번째 물병에 두는 가치	1달러

   a. 이 정보를 활용하여, 승규의 수요 스케줄을 도출하시오. 생수에 대한 승규의 수요곡선을 그래프로 그리시오.
   b. 물 1병의 가격이 4달러라면, 승규는 몇 병을 구입하게 되는가? 이 구입을 통해 승규는 얼마나 많은 소비자 잉여를 얻게 되는가? 그래프상에 승규의 소비자 잉여를 표시하시오.
   c. 가격이 2달러로 하락하면, 수요량은 어떻게 변하겠는가? 승규의 소비자 잉여는 어떻게 변화하는가? 그래프상에 이런 변화를 표시하시오.
5. 민수는 물을 퍼올릴 수 있는 펌프를 보유하고 있다. 대량의 물을 퍼올리는 것이 소량의 물을 퍼올리는 것보다 어렵기 때문에, 더 많이 퍼올릴수록 생수 생산비는 증가한다. 생수를 생산하는 데 민수가 부담해야 하는 비용은 다음과 같다.

첫 번째 물병을 생산하는 데 드는 비용	1달러
두 번째 물병을 생산하는 데 드는 비용	3달러
세 번째 물병을 생산하는 데 드는 비용	5달러
네 번째 물병을 생산하는 데 드는 비용	7달러

   a. 이 정보를 활용하여, 민수의 공급 스케줄을 도출하시오. 생수에 대한 민수의 공급곡선을 그래프로 그리시오.
   b. 물 1병의 가격이 4달러라면, 민수는 몇 병을 생산하여 판매하게 되는가? 이 판매를 통해 민수는 얼마나 많은 생산자 잉여를 얻게 되는가? 그래프상에 민수의

생산자 잉여를 표시하시오.

c. 가격이 6달러로 상승하면, 공급량은 어떻게 변화하는가? 민수의 생산자 잉여는 어떻게 변화하는가? 그래프상에 이런 변화를 표시하시오.

6. 문제 4의 승규는 매수인이고, 문제 5의 민수는 매도인인 시장을 생각해보자.

a. 민수의 공급 스케줄과 승규의 수요 스케줄을 이용하여, 가격이 2달러, 4달러, 6달러인 경우 공급량과 수요량을 구하시오. 어느 가격에서 공급과 수요가 균형을 이루는가?

b. 이 균형에서 소비자 잉여, 생산자 잉여, 총잉여는 얼마인가?

c. 민수가 1병을 덜 생산하고 승규가 1병을 덜 소비할 경우, 총잉여에 어떤 변화가 발생하는가?

d. 민수가 1병을 더 생산하고 승규가 1병을 더 소비할 경우, 총잉여에 어떤 변화가 발생하는가?

7. 지난 10년 동안 평면 스크린 TV를 생산하는 비용이 하락했다. 이런 변화가 갖는 의미를 생각해보자.

a. 공급 및 수요 도해를 그리고 나서, 생산비의 하락이 평면 스크린 TV의 판매가격과 판매량에 미치는 영향을 분석하시오.

b. 여러분이 그린 도해에서 소비자 잉여와 생산자 잉여에 어떤 일이 발생하는지 설명하시오.

c. 평면 스크린 TV의 공급이 매우 탄력적이라고 가정하시오. 생산비가 하락함에 따라, 이 TV의 소비자와 생산자 중에서 누가 가장 큰 이익을 보는가?

8. 네 명의 소비자가 다음과 같은 이발 금액을 지불하려 한다.

- 서현: 35달러
- 지인: 10달러
- 민수: 40달러
- 성진: 25달러

네 개의 이발 업소는 다음과 같은 이발 비용을 부담하게 된다.

- 이발 업소 A: 15달러
- 이발 업소 B: 30달러
- 이발 업소 C: 20달러
- 이발 업소 D: 10달러

각 이발 업소는 많아야 한 명에게 이발을 해줄 수 있다. 효율성을 달성하려면 얼마나 많은 사람이 이발을 해야 하는가? 어느 이발 업소가 이발을 해주고, 어느 소비자가 이발 서비스를 받아야 하는가? 가능한 최대 총잉여는 얼마인가?

9. 지난 수십 년 동안 경제에서 발생한 가장 큰 변화 중 하나는, 기술진보로 인해 컴퓨터 제조 비용이 감소했다는 점이다.

a. 공급 및 수요 도해를 그리고 나서, 컴퓨터 시장에서의 가격, 수량, 소비자 잉여, 생산자 잉여에 어떤 일이 발생하는지 설명하시오.

b. 40년 전에 학생들은 타이프라이터를 사용하여 수업 과제물을 준비했다. 반면에 오늘날에는 컴퓨터를 사용하고 있다. 이런 사실에 비추어볼 때 컴퓨터와 타이프라이터는 보완재인가 아니면 대체재인가? 공급 및 수요 도해를 이용하여, 타이프라이터 시장에서의 가격, 수량, 소비자 잉여, 생산자 잉여에 어떤 일이 발생했는지 설명하시오. 타이프라이터 생산업자는 컴퓨터의 기술진보를 좋아해야 하는가 아니면 좋아하지 않아야 하는가?

c. 컴퓨터와 소프트웨어는 보완재인가 아니면 대체재인가? 공급 및 수요 도해를 그리고 나서, 소프트웨어 시장에서의 가격, 수량, 소비자 잉여, 생산자 잉여에 어떤 일이 발생했는지 설명하시오. 소프트웨어 생산업자는 컴퓨터의 기술진보를 좋아해야 하는가 아니면 좋아하지 않아야 하는가?

d. 이런 분석은 소프트웨어 생산업자 빌 게이츠가 세계에서 가장 부유한 사람들 중 하나가 된 이유를 설명하는 데 도움이 되는가?

10. 여러분 친구들 중 한 명이 영화 상영 서비스를 제공하는 두 개 업체 중 하나를 선택하려 한다. 업체 A는 방영되는 영화 수에 관계없이 연간 120달러를 부과한다. 업체 B는 고정된 서비스 요금 체계를 갖추고 있지 않으며, 대신에 영화 한 편당 1달러를 부과한다. 여러분 친구의 영화에 대한 연간 수요는 식 $Q^D = 150 - 50P$로 나타낼 수 있다.

여기서 P는 영화 한 편당 가격이다.

a. 각 업체에서, 추가적인 영화에 대해 여러분의 친구가 부담하는 비용은 무엇인가?

b. (a)에 대한 여러분의 답변에 비추어볼 때, 여러분의 친구는 각 업체에서 얼마나 많은 영화를 관람하게 되는가?

c. 여러분의 친구는 매년 각 업체에 얼마를 지불하게 되는가?

d. 각 업체에서 얼마나 많은 소비자 잉여를 얻게 되는가?(요령: 수요곡선의 그래프를 그린 후 삼각형의 면적을 구하는 공식을 기억해보자)

e. 여러분의 친구가 어느 업체를 선택하도록 추천하겠는가? 그 이유는 무엇인가?

Quiz 해답

1. b 2. b 3. d 4. c 5. b 6. c 7. a 8. c 9. b 10. c

Chapter

8

생산비용

경제에는 여러분이 매일 소비하는 재화 및 용역을 생산하는 수천 개의 기업이 있다. 제너럴 모터스는 자동차를 생산하고, 제너럴 일렉트릭은 전구를 생산하며, 제너럴 밀스는 아침식사용 시리얼을 생산한다. 일부 기업은 이들 세 기업처럼 규모가 크다. 즉, 수천 명의 근로자를 고용하고, 기업의 이윤을 공유하는 수천 명의 주주가 있다. 동네 잡화점, 이발소, 카페와 같은 상점은 규모가 작다. 즉, 소수의 근로자를 고용하고 한 사람이나 가족이 소유한다.

이전의 장들에서는 공급곡선을 사용하여 기업의 생산 결정을 개괄해서 설명했다. 공급법칙에 따르면, 기업은 가격이 상승할 때 더 많은 양을 생산하여 판매하고자 한다. 이러한 대응으로 인해 공급곡선의 기울기는 상향하게 된다. 많은 문제에서 여러분이 기업 행태에 관해 알아야 하는 것은 단 하나 공급법칙이었다.

이 장과 다음 장들에서는 기업 행태를 좀 더 자세히 살펴볼 것이다. 이런 주제는 공급곡선 이면에 있는 결정을 더 잘 이해할 수 있

도록 해준다. 이것은 또한 여러분에게 **산업조직**이라고 하는 경제학의 한 분야를 소개해 줄 것이다. 이 분야는 가격과 수량에 관한 기업의 결정이 회사가 직면하는 시장상황에 어떻게 의존하는지 살펴본다. 예를 들어 여러분이 거주하는 도시에 여러 개의 피자가게와 단 한 개의 케이블 텔레비전 회사가 있을 수 있다. 그렇다면 다음과 같은 주요한 의문점이 제기된다. 기업의 수는 시장가격과 시장에서 이루어지는 결과의 효율성에 어떤 영향을 미치는가? 산업조직이란 분야는 이런 질문에 역점을 두고 분석한다.

이런 문제들로 넘어가기 전에, 생산비용을 이해하는 것이 중요하다. 델타 항공으로부터 지역 식품점까지 모든 기업은 판매할 재화 및 용역을 생산할 때 비용이 발생한다. 이 장에서는 이런 비용들을 측정하는 데 경제학자들이 사용하는 변수들을 정의하고, 이들 변수 간의 관계를 살펴볼 것이다.

경고의 말: 이 문제는 약간 기술적인 면이 있다. 솔직히 말해, 지루하다고까지 할 수 있다. 그럼에도 계속해서 학습해 나가길 권하는 바이다. 이런 학습내용은 뒤에 나오는 흥미로운 주제들의 기초가 될 것이다.

8-1 비용이란 무엇인가?

유나의 과자공장을 살펴보도록 하자. 소유주인 유나는 모든 사람이 좋아하는 과자를 구워 판다. 그렇게 하기 위해서 유나는 밀가루, 설탕, 초콜릿 칩, 기타 재료를 구입한다. 또한 믹서와 오븐을 구입하고, 노동자를 고용하여 이 장비를 운용하도록 한다. 그러고 나서 과자를 고마운 소비자들에게 판매한다. 유나가 사업을 하면서 직면하게 되는 일부 문제들은 모든 기업에 적용될 수 있다.

8-1a 총수입, 총비용, 이윤

기업이 내리는 결정을 이해하기 위해, 먼저 기업이 무엇을 하려 하는지 물어보는 것으로 시작하자. 세상에 과자를 공급하겠다는 이타적인 바람이나 단순히 과자사업에 대한 열정 때문에 사업을 시작했을 수도 있지만, 유나는 사실 돈을 벌기 위해 사업을 시작했다. 경제학자들은 일반적으로 기업의 목표가 이윤 극대화라고 가정하며, 이런 가정이 대부분의 경우 잘 작동한다는 사실을 발견했다.

총수입
기업이 자신의 생산물을 판매하고 받는 금액

총비용
기업이 생산에 사용한 생산요소의 시장가치

이윤
총수입에서 총비용을 뺀 금액

기업의 이윤이란 무엇인가? 기업이 자신의 생산물(쿠키)을 판매하고 받는 금액을 **총수입**(total revenue)이라고 한다. 생산요소(밀가루, 설탕, 노동자, 오븐 등)를 구입하기 위해 지불하는 금액을 **총비용**(total cost)이라고 한다. 즉, 기업의 **이윤**(profit)은 총수입에서 총비용을 뺀 것이며, 식으로 표현하면 다음과 같다.

이윤 = 총수입 − 총비용

유나는 가능한 한 많은 이윤을 얻고자 한다.

기업이 이윤을 어떻게 극대화하는지 알아보기 위한 첫 번째 단계는 총수입과 총비용을 측정하는 것이다. 총수입을 측정하는 방법은 간단하다. 즉, 기업이 생산한 생산량에 판매가격을 곱하여 구할 수 있다. 유나가 과자 10,000개를 생산하여 개당 2달러에 판매할 경우, 총수입은 20,000달러가 된다. 하지만 기업의 총비용을 측정하는 방법은 더 복잡하다.

8-1b 기회비용이 왜 중요한가

유나의 과자공장이나 다른 기업의 비용을 측정할 때, 제1장에서 살펴본 **경제학의 열 가지 원리** 중 하나인 '어떤 것의 비용은 그것을 얻기 위해서 포기해야 하는 것이다'에 유의하자. 어떤 품목의 **기회비용**은 그것을 얻기 위해서 포기해야 하는 모든 것과 관련된다는 사실에 주목하자. 경제학자들이 기업의 생산비용에 관해 말할 때, 이 비용에는 재화 및 용역을 생산하는 데 관련되는 기회비용이 모두 포함된다.

몇몇 기회비용은 명백하다. 유나가 밀가루에 1,000달러를 지불할 때 그 밖의 어떤 것을 구입하기 위해 이 1,000달러를 사용할 수 없기 때문에, 해당 1,000달러는 기회비용이 된다. 이와 유사하게, 유나가 과자를 생산하기 위해 노동자를 고용할 경우 노동자 임금은 해당 기업이 부담해야 하는 비용의 일부가 된다. 이들 기회비용으로 인해 해당 기업이 금전을 지불해야 하기 때문에, 이를 **명시비용**(explicit cost)이라고 한다.

명시비용
기업이 금전적 지출을 해야 하는 생산요소 비용

묵시비용
기업이 금전적 지출을 하지 않아도 되는 생산요소 비용

반면에 **묵시비용**(implicit cost)이라고 하는 기업의 일부 기회비용은 현금지출을 수반하지 않는다. 이들 비용은 즉각적으로 명백하지는 않지만, 그럼에도 불구하고 의미가 있다. 유나가 컴퓨터를 잘해서 프로그래머로 일할 경우 시간당 100달러를 벌 수 있다. 유나가 과자공장에서 일하는 시간마다 프로그래밍을 하면서 버는 소득 100달러를 포기하게 되는데, 이 사라진 소득 역시 그녀가 부담해야 하는 비용의 일부가 된다. 유나가 하는 사업의 총비용은 명시비용과 묵시비용을 합한 것이다.

경제학자와 회계사는 기업을 서로 다른 관점에서 분석한다. 경제학자들은 기업이 어떻게 생산을 하고 가격을 결정하는지에 관심을 둔다. 이런 결정은 명시비용과 묵시비용 모두에 기초하기 때문에, 경제학자들은 기업의 비용을 측정할 때 이들 두 가지 모두를 포함한다. 하지만 회계사들은 기업으로 유입되고 유출되는 금전의 흐름을 추적하기 때문에, 명시비용을 측정하고 묵시비용은 보통 무시한다.

경제학자의 방법과 회계사의 방법의 차이는 유나의 과자공장에서 쉽게 알 수 있다. 유나가 프로그래머로 금전을 벌 수 있는 기회를 포기할 경우, 회계사는 포기하지 않았다면 벌었을 비용을 유나가 하려는 사업의 비용으로 포함시키지 않는다. 왜냐하면 이

비용을 지불하기 위해 과자사업에서 어떤 금전적 유출도 발생하지 않기 때문이다. 회계사의 재무제표상에 어떤 기록도 남지 않는다. 하지만 경제학자는 유나가 상실하게 되는 소득이 과자사업에 대해 내리는 결정에 영향을 미치기 때문에 상실된 소득을 비용에 포함시킨다. 예를 들어 유나가 프로그래머로 일할 때 받는 임금이 시간당 100달러에서 300달러로 상승할 경우, 과자사업을 하는 데 따른 비용이 너무 많이 소요된다고 결정할지 모른다. 유나는 과자공장을 폐쇄하고 프로그래머로 일할 수도 있다.

8-1c 자본비용은 기회비용이다

거의 모든 사업에 적용되는 묵시비용으로 투자되는 금전의 기회비용을 들 수 있는데, 경제학자들은 이런 금전을 금융자본이라고 한다. 예를 들어 유나가 자신의 저축 300,000달러를 사용하여 과자공장을 인수했다고 가상하자. 대신에 유나가 이자율 5%를 지급하는 저축예금에 이 금액을 예치할 경우, 연간 15,000달러를 벌게 된다. 따라서 과자공장을 소유하기 위해 유나는 연간 이자소득 15,000달러를 포기하게 된다. 사라진 이 15,000달러가 유나의 사업 인수에 따른 묵시적 기회비용이다.

자본비용은 경제학자와 회계사가 기업을 상이하게 바라보는 주요한 예이다. 경제학자는 유나가 매년 포기하는 이자소득 15,000달러를 묵시비용으로 본다. 하지만 회계사는 이를 지불하기 위해 사업체에서 어떤 금전적 유출도 발생하지 않기 때문에 이 15,000달러를 비용으로 보지 않는다.

경제학자의 방법과 회계사의 방법에 존재하는 차이점을 좀 더 알아보기 위해 이 예를 약간 변형해보자. 유나가 공장 인수에 필요한 300,000달러 전액을 갖고 있지 않으며, 대신에 저축 100,000달러를 사용하고 은행에서 이자율 5%로 200,000달러를 차용한다고 가상하자. 명시비용만을 측정하는 회계사는 이제 은행 대출금에 대해 매년 지급하는 이자 10,000달러를 비용에 포함시킨다. 왜냐하면 이 금액이 사업체에서 유출되기 때문이다. 반면에, 경제학자에 따르면 기업을 소유하는 데 따른 기회비용은 계속해서 15,000달러이다. 이 기회비용은 은행 대출금에 대한 이자(명시비용 10,000달러)에 저축에 대한 사라진 이자(묵시비용 5,000달러)를 합산한 것이다.

8-1d 경제학자와 회계사는 이윤을 상이하게 측정한다

경제적 이윤
총수입에서 명시비용과 묵시비용 둘 다를 포함하는 총비용을 빼서 구한 것

회계적 이윤
총수입에서 명시비용만을 포함하는 총비용을 빼서 구한 것

이제 기업의 목표, 즉 이윤으로 돌아가보자. 경제학자와 회계사는 이윤도 역시 서로 다르게 측정한다. 경제학자는 기업의 경제적 이윤(economic profit)을 측정하는데, 이것은 총수입에서 판매된 재화 및 용역을 생산하는 데 따른 모든 기회비용(명시비용 및 묵시비용)을 빼서 구할 수 있다. 회계사는 기업의 회계적 이윤(accounting profit)을 측정하는데, 이것은 총수입에서 명시비용만을 빼서 구할 수 있다.

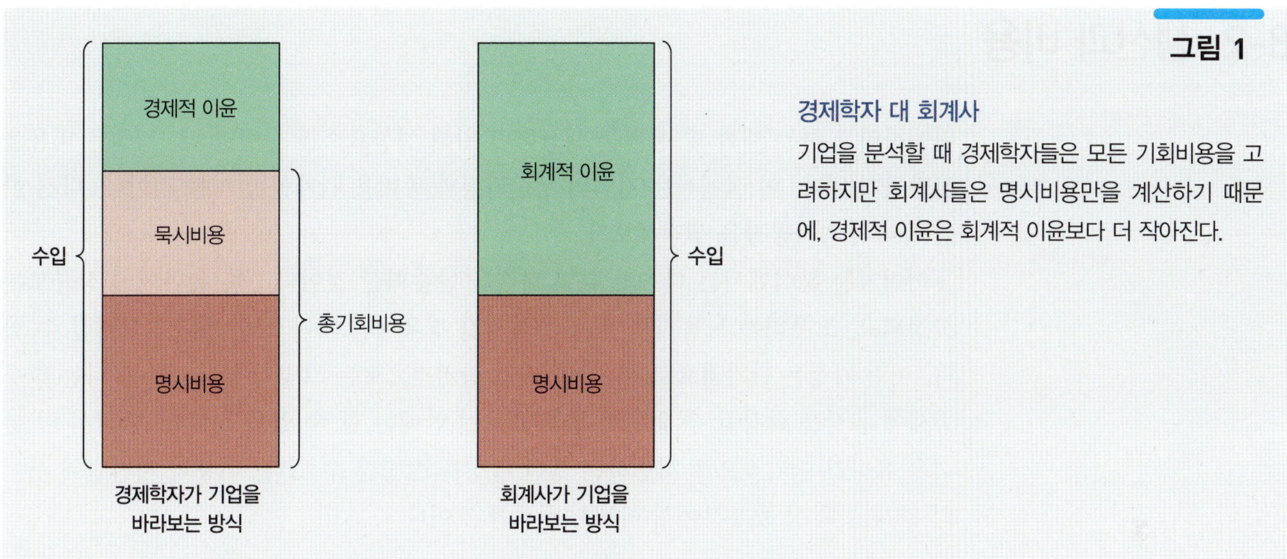

그림 1

경제학자 대 회계사
기업을 분석할 때 경제학자들은 모든 기회비용을 고려하지만 회계사들은 명시비용만을 계산하기 때문에, 경제적 이윤은 회계적 이윤보다 더 작아진다.

그림 1은 이런 차이점을 요약해서 보여준다. 회계사는 묵시비용을 무시하기 때문에 회계적 이윤이 경제적 이윤보다 크다는 사실에 주목하자. 경제학자의 관점에서 기업에 이윤이 남으려면, 총수입이 명시비용과 묵시비용 둘 다를 합한 총기회비용을 초과해야 한다.

경제적 이윤은 재화 및 용역을 공급하는 기업에 동기를 부여하기 때문에 중요한 개념이다. 앞으로 살펴볼 것처럼, 양의 경제적 이윤을 얻는 기업은 해당 사업을 계속하게 된다. 이 기업은 총기회비용을 충당하며, 기업 소유주에게 보상을 제공할 일부 수입을 남겨둘 수 있다. 기업에 경제적 손실이 발생할 때(즉, 경제적 이윤이 음이 될 때), 모든 생산비용을 충당할 충분한 수입을 올리지 못하게 된다. 상황이 변하지 않는다면, 소유주는 궁극적으로 기업을 폐쇄하고 해당 산업을 떠나게 된다. 기업의 결정을 이해하려면, 경제적 이윤을 계속 지켜봐야 한다.

Quiz

1. 농부인 태호는 시간당 20달러를 받고 현악기인 밴조를 가르치고 있다. 어느 날 그는 10시간 동안 자신의 농장에서 100달러 상당의 씨앗을 심었다. 태호가 부담한 총비용은 얼마인가?
   a. 100달러
   b. 200달러
   c. 300달러
   d. 400달러

2. 광재는 2시간 동안 가판대에서 레모네이드 음료수를 판매했다. 재료를 구입하는 데 10달러를 지출했고, 60달러 상당의 레모네이드를 판매했다. 똑같은 2시간 동안, 그는 40달러를 받고 이웃의 잔디밭을 깎을 수도 있었다. 광재가 벌어들인 회계적 이윤은 __________이고, 경제적 이윤은 ________이다.
   a. 50달러; 10달러
   b. 90달러; 50달러
   c. 10달러; 50달러
   d. 50달러; 90달러

해답은 이 장의 끝부분에 있다.

8-2 생산과 비용

판매하려고 하는 재화 및 용역을 생산하기 위해 생산요소를 구입할 때, 기업은 비용을 부담하게 된다. 이 절에서는 기업의 생산과정과 총비용 관계를 살펴볼 것이다. 다시 한 번 유나의 과자공장을 생각해보자.

이어지는 분석에서는 다음과 같이 가정을 단순화할 것이다, 즉, 유나의 공장규모는 고정되고, 고용하는 노동자의 수를 변화시킬 경우에만 과자 생산량을 변화시킬 수 있다. 이런 가정은 단기적으로 현실적이지만 장기적으로는 그렇지 않다. 즉, 유나는 하룻밤새에 공장을 확장할 수 없지만 향후 1~2년 안에는 할 수 있을 것이다. 따라서 이 분석은 유나가 단기적으로 직면하는 생산 결정을 설명할 수 있다. 비용과 시간범위 사이의 관계는 이 장 뒷부분에서 자세히 살펴볼 것이다.

8-2a 생산함수

표 1은 유나의 공장에서 시간당 생산되는 과자의 수량이 노동자의 수에 어떻게 의존하는지 보여준다. (1)열과 (2)열에서 볼 수 있는 것처럼, 공장에 노동자가 없다면 유나는

표 1

생산함수와 총비용: 유나가 운영하는 과자공장

(1)	(2)	(3)	(4)	(5)	(6)
노동자의 수	생산량(시간당 생산된 과자의 수량)	노동의 한계생산물	공장 비용	노동자 비용	생산요소의 총비용(공장 비용 + 노동자 비용)
0	0		30달러	0달러	30달러
		50			
1	50		30	10	40
		40			
2	90		30	20	50
		30			
3	120		30	30	60
		20			
4	140		30	40	70
		10			
5	150		30	50	80
		5			
6	155		30	60	90

과자를 생산하지 못한다. 노동자 1명이 있을 때 과자 50개를 생산하며 노동자가 2명 있을 때 과자 90개를 생산하고, 계속 이렇게 생산이 이루어진다. 그림 2(a)는 이들 두 개의 열에 있는 수치를 그래프로 나타낸 것이다. 노동자 수가 수평축에 표시되고, 과자의 생산 개수가 수직축에 표시되었다. 생산요소(노동자)의 수량과 생산물(과자)의 수량 사이에 존재하는 관계를 생산함수(production function)라고 한다.

생산함수
어떤 물품을 만들기 위해 사용한 생산요소량과 해당 물품의 생산량 사이에 존재하는 관계

제1장에서 살펴본 **경제학의 열 가지 원리** 중 하나는 '합리적인 사람들은 한계적으로 생각한다'는 것이다. 앞으로 다른 장들에서 살펴볼 것처럼, 이 원리는 기업이 얼마나 많은 노동자를 고용하고 얼마나 많은 생산물을 만들지에 대해 내리는 결정을 이해하는 실마리가 된다. 이런 결정을 이해하기 위해 한 걸음 더 나아가기 위해, 표의 (3)열은 노동자의 한계생산물을 제시한다. 생산량에 투입되는 모든 생산요소의 한계생산물(marginal product)은 해당 생산요소가 1단위 추가적으로 투입됨에 따라 만들어지는 생산량의 변화를 말한다. 노동자의 수가 1명에서 2명으로 증가할 경우 과자 생산은 50개

한계생산물
생산요소 1단위를 추가적으로 투입하는 데 따른 생산량의 증가

그림 2

유나가 운영하는 과자공장의 생산함수와 총비용곡선

(a)에 있는 생산함수는 투입된 노동자의 수와 생산량 사이의 관계를 보여준다. (수평축에 표시된) 투입된 노동자의 수는 표 1의 (1)열에 있으며, (수직축에 표시된) 생산량은 (2)열에 있다. 투입된 노동자의 수가 증가함에 따라 생산함수는 완만해지는데, 이는 한계생산물 체감을 반영한 것이다. (b)에 있는 총비용곡선은 생산량과 총생산비용 사이의 관계를 보여준다. 여기서 (수평축에 표시된) 생산량은 표 1의 (2)열에 있으며, (수직축에 표시된) 총비용은 (6)열에 있다. 총비용곡선은 한계생산물 체감으로 인해 생산량이 증가함에 따라 가파르게 된다.

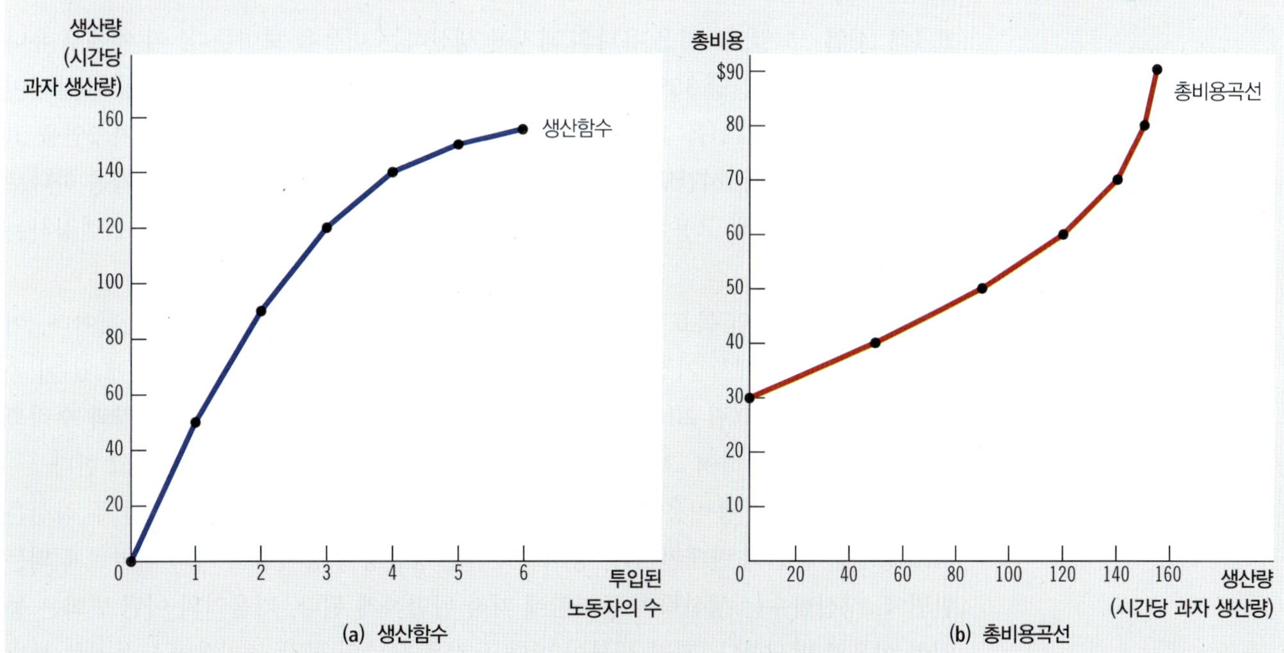

에서 90개로 증가하여, 두 번째 노동자의 한계생산물은 40개이다. 노동자의 수가 2명에서 3명으로 증가할 경우 과자 생산은 90개에서 120개로 증가하여, 세 번째 노동자의 한계생산물은 30개이다. 표에서 한계생산물은 두 개 행의 중간에 위치하는데, 그 이유는 이것이 노동자의 수가 한 수준에서 다른 수준으로 증가하는 데 따른 생산량의 변화를 나타내기 때문이다.

한계생산물 체감
어떤 생산요소의 수량이 증가함에 따라 해당 생산요소의 한계생산물이 감소하는 특성

노동자의 수가 증가함에 따라 한계생산물이 감소한다는 사실에 주목하자. 두 번째 노동자의 한계생산물은 과자 40개이고, 세 번째 노동자의 한계생산물은 과자 30개이며, 네 번째 노동자의 한계생산물은 과자 20개이다. 이런 특성을 한계생산물 체감(diminishing marginal product)이라고 한다. 처음 공장에 소수의 노동자만이 있을 때, 이들은 조리장비에 접근하기가 쉽다. 유나가 노동자 고용을 증가시켜 감에 따라, 노동자들은 장비를 같이 사용하고 더 혼잡해진 상황에 대처해야만 한다. 결국 조리장이 매우 과밀되어 노동자들은 서로를 방해하게 된다. 따라서 더 많은 노동자가 고용됨에 따라, 각각의 추가적인 노동자는 더 적은 과자를 총생산에 추가시킬 뿐이다.

한계생산물 체감은 그림 2에서 명백하게 알 수 있다. 생산함수의 기울기(수직값을 수평값으로 나눈 비율)는 각각의 추가적인 노동 생산요소(수평값)에 대한 유나의 과자 생산량(수직값)의 변화를 측정한다. 즉, 생산함수의 기울기는 한계생산물을 나타낸다. 노동자의 수가 증가함에 따라, 한계생산물이 감소하고 생산함수는 더 완만해진다.

8-2b 생산함수에서 총비용곡선으로의 전환

표 1의 (4)열, (5)열, (6)열은 유나의 과자를 생산하는 비용을 보여준다. 이 예에서 유나의 공장 비용은 시간당 30달러이고, 노동자 1인 고용에 따른 비용은 시간당 10달러이다. 유나가 노동자 1인을 고용할 경우, 총비용은 시간당 40달러이다. 노동자 2인을 고용할 경우, 총비용은 시간당 50달러이며 계속 이렇게 된다. 이 정보는 상황들을 하나로 엮어준다. 표를 통해 고용된 노동자의 수가 과자 생산량과 총비용을 어떻게 결정하는지 알 수 있다.

다음 두 개 장들의 목표는 기업의 생산과 가격의 결정에 관해 살펴보는 것이다. 이 목표를 위해, 표 1에서 가장 중요한 관계는 [(2)열에 있는] 생산량과 [(6)열에 있는] 총비용의 관계이다. 그림 2(b)는 이들 두 개 열의 데이터를 수평축상에 생산량과 수직축상에 총비용을 표시하여 그래프로 나타내었다. 이 그래프를 **총비용곡선**이라고 한다.

이제는 그림 2(b) 총비용곡선과 그림 2(a)의 생산함수를 비교해보자. 이들 두 곡선은 서로 동일한 동전의 반대편이다. 총비용곡선은 생산량이 증가함에 따라 가파르게 되는 반면에, 생산함수는 생산량이 증가함에 따라 완만하게 된다. 기울기의 이런 변화는 동일한 이유로 발생한다. 과자 생산이 많다는 것은 유나의 공장 조리장이 노동자로 붐빈

다는 의미이다. 이 경우 한계생산물 체감으로 인해 각각의 추가적인 노동자는 생산량을 약간 추가할 뿐이다. 이것이 바로 생산함수가 상대적으로 완만한 이유이다. 하지만 이 논리를 뒤집어보자. 즉 과자공장의 조리장이 붐빌 경우, 과자를 추가적으로 생산하려면 더 많은 노동이 필요하여 비용이 많이 소모된다. 따라서 생산량이 많은 경우, 총비용곡선은 상대적으로 가파르다.

Quiz

3. 농부인 수진이는 한계생산물 체감을 경험하고 있다. 농장에 씨앗을 심지 않으면, 수확을 할 수 없다. 수진이가 씨앗 1자루를 심으면 밀 3부셸을 수확할 수 있고, 씨앗 2자루를 심으면 밀 5부셸을 수확할 수 있다. 만약 씨앗 3자루를 심으면 ________을 수확할 것이다.
   a. 6부셸
   b. 7부셸
   c. 8부셸
   d. 9부셸

4. 한계생산물 체감은 생산량이 증가함에 따라 ___________를 설명할 수 있다.
   a. 생산함수와 총비용곡선이 둘 다 점점 가파르게 되는 이유
   b. 생산함수와 총비용곡선이 둘 다 완만하게 되는 이유
   c. 생산함수는 가파르게 되고, 총비용곡선은 완만하게 되는 이유
   d. 생산함수는 완만하게 되고, 총비용곡선은 가파르게 되는 이유

해답은 이 장의 끝부분에 있다.

8-3 다양한 비용 측정방법

유나의 과자공장에 대한 분석을 통해, 기업의 총비용이 자신의 생산함수를 어떻게 반영하는지 살펴보았다. 총비용에 관한 데이터를 활용하여, 나중에 생산과 가격의 결정을 분석할 때 유용한 비용 측정치를 몇 개 도출할 수 있다. 이제는 표 2의 예를 생각해보자. 이 표는 유나의 과자공장 근처에 있는 승규의 커피전문점에 대한 비용 데이터를 보여준다.

이 표의 (1)열은 승규가 생산할 수 있는 0잔부터 10잔까지의 커피 찻잔 수를 보여준다. (2)열은 승규가 운영하는 커피전문점의 총비용을 보여준다. 그림 3은 커피전문점의 총비용곡선을 그린 것으로, [(1)열에 있는] 커피의 생산량은 수평축에 있고, [(2)열에 있는] 총비용은 수직축에 있다. 승규의 총비용곡선은 유나의 것과 형태가 유사하다. 특히 생산량이 증가함에 따라 가파르게 되는데, 이는 (우리가 논의했던 것처럼) 한계생산물 체감을 반영한다.

표 2

다양한 비용 측정: 승규가 운영하는 커피전문점의 경우

(1)	(2)	(3)	(4)	(5)	(6)	(7)	(8)
생산량 (시간당 커피의 찻잔 수)	총비용	고정비용	가변비용	평균 고정비용	평균 가변비용	평균 총비용	한계비용
0	3.00달러	3.00달러	0.00달러	–	–	–	
							0.30달러
1	3.30	3.00	0.30	3.00달러	0.30달러	3.30달러	
							0.50
2	3.80	3.00	0.80	1.50	0.40	1.90	
							0.70
3	4.50	3.00	1.50	1.00	0.50	1.50	
							0.90
4	5.40	3.00	2.40	0.75	0.60	1.35	
							1.10
5	6.50	3.00	3.50	0.60	0.70	1.30	
							1.30
6	7.80	3.00	4.80	0.50	0.80	1.30	
							1.50
7	9.30	3.00	6.30	0.43	0.90	1.33	
							1.70
8	11.00	3.00	8.00	0.38	1.00	1.38	
							1.90
9	12.90	3.00	9.90	0.33	1.10	1.43	
							2.10
10	15.00	3.00	12.00	0.30	1.20	1.50	

8-3a 고정비용과 가변비용

고정비용
생산량에 따라 변하지 않는 비용

승규의 총비용은 두 가지 유형으로 나눌 수 있다. 고정비용(fixed cost)은 생산량에 따라 변화하지 않는다. 기업이 아무것도 생산하지 않아도 이 비용은 부담하게 된다. 승규의 고정비용에는 임대료가 포함되며, 이것은 커피의 생산 수량에 관계없이 동일하다. 이와 유사하게 승규가 청구서 대금을 지불해줄 상근 회계원을 고용해야만 하는 경우, 커피 생산 수량에 관계없이 회계원의 봉급은 고정비용이 된다. 표 2의 셋째 열은 승규의 고정비용을 보여주며, 이 예에서는 3달러가 된다.

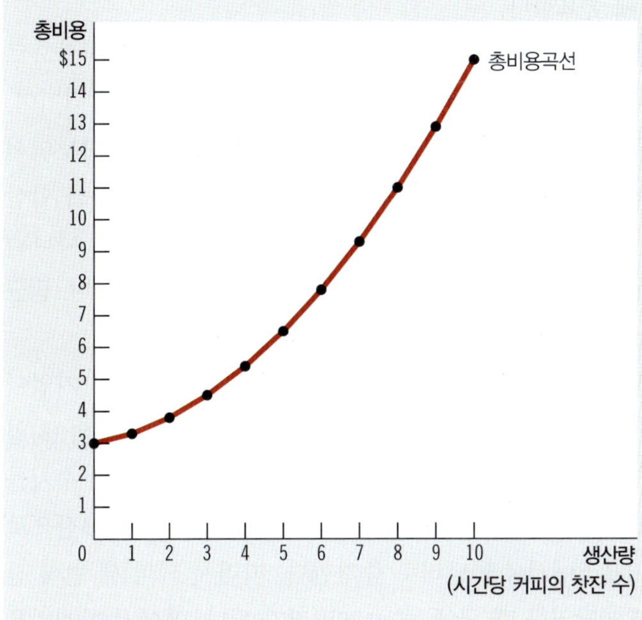

그림 3

승규가 운영하는 커피전문점의 총비용곡선

여기서 (수평축에 표시된) 생산량은 표 2의 (1)열에 있으며, (수직축에 표시된) 총비용은 (2)열에 있다. 그림 2에서 살펴본 것처럼 총비용곡선은 생산량이 증가함에 따라 가파르게 되는데, 이는 한계생산물 체감을 반영한 것이다.

반면에 가변비용(variable cost)은 기업이 생산량을 변경할 경우 변화한다. 승규의 가변비용에는 커피콩, 우유, 설탕, 종이컵의 비용이 포함된다. 승규가 더 많은 수량의 커피를 생산할수록, 이들 품목을 더 많이 구입해야 한다. 이와 유사하게 승규가 더 많은 수량의 커피를 생산하기 위해 더 많은 노동자를 고용해야 한다면, 노동자의 급료도 가변비용이 된다. 표의 (4)열은 승규의 가변비용을 보여준다. 승규가 아무것도 생산하지 않는다면 가변비용은 0달러가 된다. 커피 1잔을 생산하면 0.30달러가 되며, 2잔을 생산하면 0.80달러가 되고, 계속 그렇게 된다.

가변비용
생산량에 따라 변하는 비용

기업의 총비용은 고정비용과 가변비용을 합산한 것이다. 즉, 표 2에서 (2)열의 총비용은 (3)열의 고정비용과 (4)열의 가변비용을 합산한 것이다.

8-3b 평균비용과 한계비용

소유주로서 승규는 얼마나 많은 수량을 생산할지 결정을 한다. 이런 결정을 할 때, 생산수준이 비용에 어떤 영향을 미치는지 고려하고자 한다. 승규는 생산주임에게 커피 생산비용에 관해 다음과 같은 두 가지 질문을 할지도 모른다.

- 일반적인 커피 1잔을 만드는 데 얼마의 비용이 소요되는가?
- 커피 1잔을 추가적으로 더 만드는 데 얼마의 비용이 소요되는가?

위의 두 질문에 대한 답변이 동일할 것 같지만 그렇지 않다. 두 답변은 기업이 어떻게 생산을 결정하는지 이해하는 데 중요하다.

일반적인 1단위의 생산비용을 구하기 위해, 기업의 비용을 해당 기업의 생산량으로 나누어보자. 예를 들어 시간당 커피 2잔을 만들 경우 그에 따른 총비용은 3.80달러이며, 일반적인 1잔의 비용은 3.80달러/2 또는 1.90달러이다. 총비용을 생산량으로 나누어서 평균 총비용(average total cost)을 구할 수 있다. 총비용은 고정비용과 가변비용을 합산한 것이므로, 평균 총비용은 평균 고정비용과 평균 가변비용을 합산한 것으로 나타낼 수 있다. 평균 고정비용(average fixed cost)은 고정비용을 생산량으로 나눈 것이며, 평균 가변비용(average variable cost)은 가변비용을 생산량으로 나눈 것이다.

평균 총비용
총비용을 생산량으로 나눈 것

평균 고정비용
고정비용을 생산량으로 나눈 것

평균 가변비용
가변비용을 생산량으로 나눈 것

평균 총비용은 일반적인 1단위를 생산하는 데 소요되는 비용을 알려주지만, 기업이 생산수준을 변경할 경우 총비용이 얼마나 변화하는지는 알려주지 않는다. 표 2의 (8)열은 기업이 생산량을 1단위 증가시키는 데 따른 총비용의 증가액을 보여준다. 이 수치를 한계비용(marginal cost)이라고 한다. 예를 들어 승규가 생산을 커피 2잔에서 3잔으로 증가시킬 경우, 총비용은 3.80달러에서 4.50달러로 증가한다. 따라서 커피 세 번째 잔의 한계비용은 4.50달러에서 3.80달러를 뺀 금액, 즉 0.70달러가 된다. 표에서 한계비용은 두 행 사이의 중간에 위치하는데, 한계비용은 생산량이 어떤 수준에서 다른 수준으로 증가하는 데 따른 총비용의 변화를 나타내기 때문이다.

한계비용
추가적으로 1단위를 더 생산하는 데 따른 총비용의 증가분

이 정의를 다음과 같이 수학적으로 표현하면 이해하기가 쉽다.

$$\text{평균 총비용} = \text{총비용} / \text{수량}$$
$$ATC = TC/Q$$

$$\text{한계비용} = \text{총비용 변화분} / \text{수량 변화분}$$
$$MC = \Delta TC / \Delta Q$$

여기서 Δ는 그리스 문자 델타이며, 변수의 변화분을 나타낸다. 위의 식들은 평균 총비용과 한계비용이 총비용으로부터 어떻게 도출되는지 보여준다. **평균 총비용은 총비용이 생산된 모든 단위에 균등하게 배분되는 경우 일반적인 생산물 1단위가 부담하게 되는 비용을 알려준다. 한계비용은 생산량을 추가적으로 1단위 더 생산할 경우 발생하는 총비용의 증가분을 알려준다.** 다음 장에서는 승규와 같은 기업 경영자가 시장에 생산량을 얼마나 공급할지 결정할 때, 평균 총비용과 한계비용의 개념을 유념해야 하는 이유에 대해 설명할 것이다.

8-3c 비용곡선과 그 형태

공급곡선과 수요곡선 그래프가 시장의 행태를 분석할 때 유용했던 것과 같이, 평균비용곡선과 한계비용곡선 그래프는 기업의 행태를 분석할 때 도움이 된다. 그림 4는 표 2

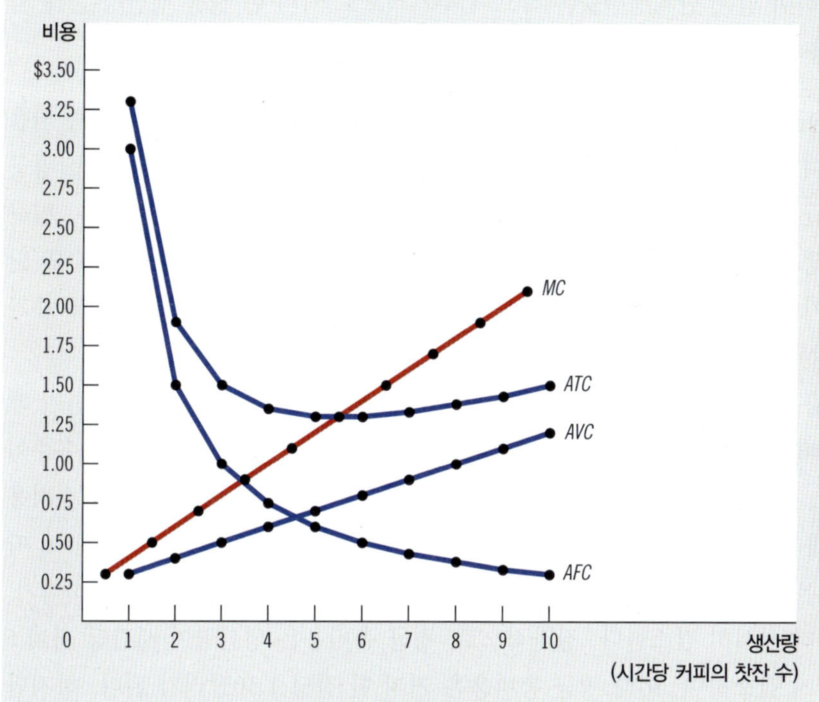

그림 4

승규가 운영하는 커피전문점의 평균비용곡선과 한계비용곡선

이 그림은 승규가 운영하는 커피전문점에 관한 평균 총비용(*ATC*), 평균 고정비용(*AFC*), 평균 가변비용(*AVC*), 한계비용(*MC*)을 보여준다. 이 곡선들은 모두 표 2의 데이터에 기반하여 그린 것이며 세 가지 일반적인 특성을 갖는다. (1) 한계비용은 생산량이 증가함에 따라 상승한다. (2) 평균 총비용곡선은 U자 형태가 된다. (3) 한계비용곡선은 평균 총비용곡선의 최저점에서 이 곡선과 교차한다.

의 데이터를 사용하여 승규의 비용곡선들을 그래프로 나타낸 것이다. 수평축은 기업의 생산량을 나타내며, 수직축은 한계비용과 평균비용을 나타낸다. 그래프는 네 개 곡선, 즉 평균 총비용(*ATC*)곡선, 평균 고정비용(*AFC*)곡선, 평균 가변비용(*AVC*)곡선, 한계비용(*MC*)곡선을 보여준다.

여기서 보여주는 승규의 커피전문점에 대한 비용곡선들은 경제의 많은 기업에 대한 비용곡선들의 공통된 특성을 갖고 있다. 특히 다음과 같은 세 가지 특성, 즉 한계비용곡선의 형태, 평균 총비용곡선의 형태, 한계비용곡선과 평균 총비용곡선의 관계를 유의해서 살펴보도록 하자.

증가하는 한계비용 생산량이 증가함에 따라 승규의 한계비용도 증가한다. 이런 상향하는 기울기는 한계생산물 체감을 반영한 것이다. 승규가 소량의 커피를 생산할 때, 소수의 노동자를 고용하며 커피 관련 장비도 많이 가동되지 않는다. 승규는 이들 유휴자원을 손쉽게 사용할 수 있기 때문에, 추가적으로 고용한 노동자의 한계생산물은 크며 추가적으로 커피 한 잔을 생산하는 데 소요되는 한계비용은 작다. 하지만 승규가 많은 양의 커피를 생산할 때, 그의 커피전문점에는 많은 수의 노동자가 근무하며 커피 관련 장비도 계속해서 가동된다. 승규가 새로이 노동자를 고용하여 더 많은 마시는 커피를 생산하려면, 붐비는 상황에서 작업을 하고 커피 관련 장비를 사용하기 위해 대기해야만 할 수도 있다. 따라서 커피의 생산량 수준이 이미 높을 때, 추가적으로 한 명의 노동자를 더 고용하여 얻는 한계생산물은 작으며 추가적으로 커피 한 잔을 생산하는 데 따르는 한계비용은 크다.

U자 형태의 평균 총비용 그림 4에 있는 승규의 평균 총비용곡선은 U자 형태, 즉 처음에는 하락하며 그러고 나서 상승한다. 이런 형태가 되는 이유를 이해하기 위해, 평균 총비용은 평균 고정비용과 평균 가변비용을 합산한 것이라는 사실을 기억하자. 평균 고정비용은 생산량이 증가함에 따라 감소하는데, 그 이유는 고정비용이 많은 수의 단위에 분산되기 때문이다. 하지만 평균 가변비용은 생산량이 증가함에 따라 보통 증가하는데, 그 이유는 한계생산물 체감 때문이다.

평균 총비용은 평균 고정비용의 형태와 평균 가변비용의 형태를 둘 다 반영하기 때문에 U자 형태를 띠게 된다. 예를 들면 시간당 커피 1잔 또는 2잔처럼 생산량 수준이 매우 낮을 때, 평균 총비용은 매우 높다. 평균 가변비용이 작다손 치더라도, 고정비용이 단지 몇 개 단위에 분산되기 때문에 평균 고정비용은 높다. 생산량이 증가함에 따라, 고정비용은 더 많은 단위에 분산된다. 평균 고정비용은 처음에 급속히 감소하다가, 그러고 나서 더 서서히 감소한다. 결과적으로, 평균 총비용은 생산량이 시간당 커피 5잔이 될 때까지 감소하며, 이때 평균 총비용은 커피 한 잔당 1.30달러가 된다. 하지만 시간당 커피 6잔을 초과하여 생산하게 되면, 평균 가변비용의 증가가 우세한 힘으로 작동하게 되어 평균 총비용이 증가하기 시작한다. 평균 고정비용과 평균 가변비용 사이의 줄다리기로 인해, 평균 총비용은 U자 형태가 된다.

효율규모
평균 총비용을 최소화하는 생산량

U자 형태의 밑바닥은 평균 총비용을 최소화하는 수량에서 발생한다. 이 수량을 이따금 해당 기업의 효율규모(efficient scale)라고 한다. 승규의 경우, 효율규모는 시간당 커피 5잔 또는 6잔이다. 이 수량보다 더 많이 생산하거나 더 적게 생산하는 경우, 평균 총비용은 최저 비용인 1.30달러를 초과하여 상승하게 된다. 더 낮은 생산량 수준에서는 평균 총비용이 1.30달러보다 더 높은데, 그 이유는 고정비용이 매우 적은 수의 단위에 분산되기 때문이다. 더 높은 생산량 수준에서는 평균 총비용이 1.30달러보다 더 높은데, 그 이유는 생산요소의 한계생산물이 크게 감소하기 때문이다. 효율규모에서, 이들 두 힘이 균형을 이루어 가장 낮은 평균 총비용을 달성하게 된다.

한계비용과 평균 총비용의 관계 그림 4(또는 표 2)를 보게 되면, 처음에는 놀라울 수도 있는 다음과 같은 사실을 발견하게 될 것이다. **한계비용이 평균 총비용보다 작을 때는 항상 평균 총비용이 하락한다. 반면에, 한계비용이 평균 총비용보다 클 때는 항상 평균 총비용이 상승한다.** 승규의 비용곡선이 갖는 이런 특성은 우연의 일치가 아니며, 모든 기업에 적용된다.

그 이유를 알아보기 위해 유사한 상황을 생각해보자. 평균 총비용은 여러분의 누적 학점의 평균과 같고, 한계비용은 여러분이 택한 다음 학과목에서 받게 될 학점과 같다.

다음 학과목에서 받을 학점이 지금까지의 학점 평균보다 낮다면, 여러분의 학점 평균은 하락할 것이다. 다음 학과목에서 받을 학점이 지금까지의 학점 평균보다 높다면, 여러분의 학점 평균은 상승할 것이다. 평균비용과 한계비용에 관한 수학적 계산은 평균학점과 한계학점에 관한 수학적 계산과 같다.

평균 총비용과 한계비용의 관계로부터 다음과 같은 중요한 추론을 할 수 있다. **한계비용곡선은 평균 총비용곡선의 최저점에서 이 곡선과 교차한다.** 그 이유는 무엇인가? 생산량 수준이 낮은 경우, 한계비용은 평균 총비용보다 작으며 따라서 평균 총비용이 하락하게 된다. 하지만 이들 두 곡선이 교차한 후에는 한계비용이 평균 총비용보다 커지게 된다. 따라서 평균 총비용은 이 생산량 수준에서 상승하기 시작해야만 한다. 이것이 교차점에서 평균 총비용이 최소가 되는 이유이다. 다음 장에서 살펴볼 것처럼, 최소 평균 총비용은 경쟁기업을 분석하는 데 중심 역할을 한다.

8-3d 전형적인 비용곡선

지금까지 살펴본 예에서 기업은 모든 생산량 수준에서 한계생산물 체감과 한계비용 체증을 보여주었다. 이 단순화된 가정은 유용한데, 그 이유는 우리가 기업 행태를 분석할 때 가장 중요한 비용곡선의 특징에 초점을 맞출 수 있기 때문이다. 하지만 실제 운용되고 있는 기업들은 좀 더 복잡하다. 많은 기업의 경우, 한계생산물은 첫 번째 노동자가 고용된 직후부터 감소하기 시작하지 않는다. 생산공정에 따라, 두 번째 또는 세 번째

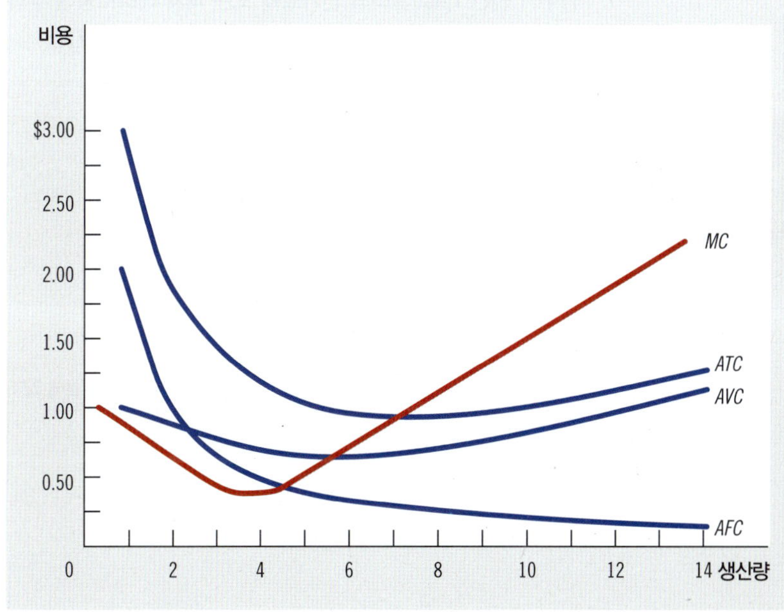

그림 5

전형적인 기업의 비용곡선

많은 기업들은 한계생산물 체감 전에 한계생산물 체증을 경험한다. 따라서 이 그림에 있는 것들과 유사한 형태의 비용곡선을 갖게 된다. 한계비용과 평균 가변비용은 상승하기 전에 한동안 하락한다는 사실에 주목하자.

노동자가 첫 번째 노동자보다 한계생산물을 더 많이 생산할 수도 있다. 왜냐하면 노동자들이 팀을 이루어 작업을 분할하게 되면 한 명이 하는 것보다 더 생산적으로 작업할 수 있기 때문이다. 이런 패턴을 갖고 있는 기업은 한계생산물 체감이 시작되기 전에 한동안 한계생산물 체증을 경험하게 될 수 있다.

그림 5는 이런 기업의 비용곡선을 보여주는데, 여기에는 평균 총비용(*ATC*)곡선, 평균 고정비용(*AFC*)곡선, 평균 가변비용(*AVC*)곡선, 한계비용(*MC*)곡선이 포함된다. 생산량이 낮은 수준에서, 기업은 한계생산물 체증을 경험하며 한계비용곡선은 하락한다. 결국에 기업은 한계생산물 체감을 경험하기 시작하며 한계비용곡선은 상승하기 시작한다. 체증하고 나서 체감하는 한계생산물의 조합으로 인해 평균 가변비용곡선도 U자 형태를 띤다.

이런 차이점에도 불구하고, 그림 5의 비용곡선과 그림 4의 비용곡선은 둘 다 다음과 같은 세 가지 중요한 특성을 공유한다.

- 생산량이 증가함에 따라 한계비용은 궁극적으로 상승하게 된다.
- 평균 총비용곡선은 U자 형태가 된다.
- 한계비용곡선은 평균 총비용의 최저점에서 평균 총비용곡선과 교차한다.

Quiz

5. 어떤 기업은 1,000개를 총비용 5,000달러로 생산한다. 생산을 1,001개로 증가시킬 경우, 총비용이 5,008달러로 증가한다. 이 기업의 경우 ________________.
   a. 한계비용은 5달러이고, 평균 가변비용은 8달러이다.
   b. 한계비용은 8달러이고, 평균 가변비용은 5달러이다.
   c. 한계비용은 5달러이고, 평균 총비용은 8달러이다.
   d. 한계비용은 8달러이고, 평균 총비용은 5달러이다.

6. 어떤 기업이 20개를 평균 총비용 25달러와 한계비용 15달러에 생산한다. 생산을 21개로 증가시킬 경우, 다음 중 어느 것이 발생해야만 하는가?
   a. 한계비용이 감소할 것이다.
   b. 한계비용이 증가할 것이다.
   c. 평균 총비용이 감소할 것이다.
   d. 평균 총비용이 증가할 것이다.

7. 정부가 연간 1,000달러의 인가료를 모든 피자 레스토랑에 부과하고 있다. 결과적으로, 어떤 비용곡선이 이동하게 되는가?
   a. 평균 총비용곡선 및 한계비용곡선
   b. 평균 총비용곡선 및 평균 고정비용곡선
   c. 평균 가변비용곡선 및 한계비용곡선
   d. 평균 가변비용곡선 및 평균 고정비용곡선

해답은 이 장의 끝부분에 있다.

8-4 단기비용 및 장기비용

이 장 앞부분에서 기업의 비용은 고려하고 있는 기간의 범위에 달려 있다는 사실에 주목했다. 왜 이런 현상이 발생하는지 살펴보도록 하자.

8-4a 단기 평균 총비용과 장기 평균 총비용의 관계

많은 기업의 경우, 총비용을 고정비용과 가변비용으로 나누어 배분하는 것은 기간의 범위에 달려 있다. 예를 들어 포드 자동차 회사와 같은 자동차 생산업체를 생각해보자. 단지 몇 달 안에 포드 자동차 회사는 공장 수 또는 규모를 조정할 수 없다. 추가적으로 자동차를 생산하는 유일한 방법은 기존의 공장에서 더 많은 노동자를 고용하는 것이다. 따라서 이들 공장의 비용은 단기적으로 고정비용이다. 그러나 수년 내로, 포드 자동차 회사는 기존의 공장규모를 확장하거나, 신규 공장을 건설하거나, 오래된 공장을 폐쇄할 수 있다. 장기적으로, 이들 공장은 가변비용이 된다.

많은 결정들이 단기적으로 고정되지만 장기적으로는 가변적이기 때문에, 기업의 장기 비용곡선과 단기 비용곡선은 다르다. 그림 6은 한 사례를 보여준다. 이 그림은 세 개 공장, 즉 소규모 공장, 중규모 공장, 대규모 공장에 대한 단기 평균 총비용곡선을 포함한다. 기업은 장기곡선을 따라 움직이면서 공장규모를 생산량에 따라 조절하게 된다.

이 그래프는 단기비용과 장기비용이 어떻게 연계되는지 보여준다. 장기 평균 총비용곡선은 단기 평균 총비용곡선보다 훨씬 더 완만한 U자 형태가 된다. 그리고 모든 단기

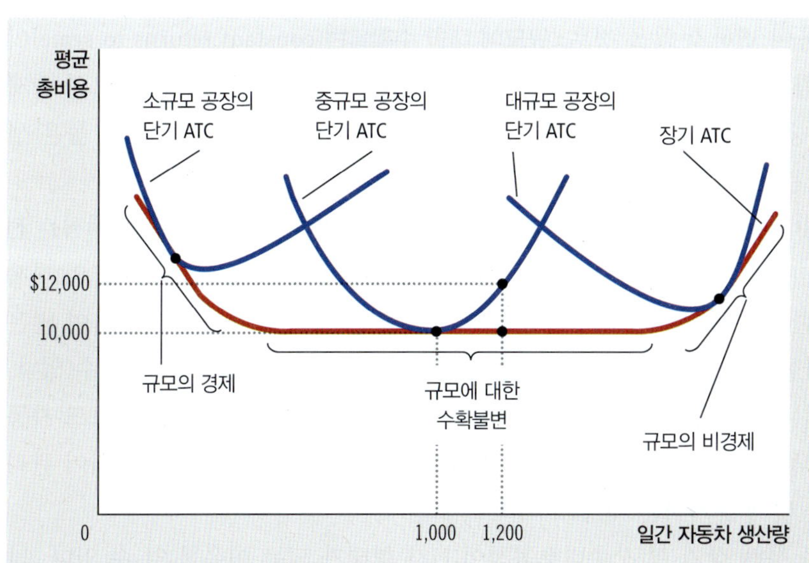

그림 6

단기 및 장기에서의 평균 총비용

장기에서는 고정비용도 가변비용이 되기 때문에, 단기에서의 평균 총비용곡선은 장기에서의 평균 총비용곡선과 다르다.

곡선이 장기곡선상에 위치하거나 그 위에 위치하는데, 그 이유는 기업이 장기에서 좀 더 유연하기 때문이다. 본질적으로, 장기에서 기업은 자신이 원하는 단기곡선을 선택하게 된다. 하지만 단기에서는 과거에 결정된 기존의 단기곡선을 활용해야 한다.

이 그림은 서로 다른 기간범위 동안 생산의 변화로 인해 비용이 어떻게 변화하는지 보여준다. 포드 자동차 회사가 생산을 일간 1,000대에서 1,200대로 증가시키고자 할 경우, 현존하는 중규모 공장에서 더 많은 노동자를 고용하는 것 외에는 단기적으로 선택의 여지가 없다. 한계생산물 체감으로 인해 평균 총비용은 1대당 10,000달러에서 12,000달러로 상승한다. 하지만 장기적으로 포드 자동차 회사는 공장규모 확장과 노동력 증대를 모두 할 수 있어서, 평균 총비용이 10,000달러로 돌아가게 된다.

기업이 장기에 도달하는 데 얼마나 오래 걸리는가? 기업에 따라 다르다. 예를 들면 자동차 회사와 같은 주요 제조업체가 더 큰 공장을 건설하는 데는 1년 이상이 소요된다. 하지만 커피전문점을 운영하는 사람은 몇 일 안에 또 다른 커피머신을 구입할 수 있다. 기업이 생산시설을 조절하는 데 얼마나 오래 걸릴지에 대한 획일적인 답은 없다.

8-4b 규모의 경제 및 규모의 비경제

규모의 경제
생산량이 증가함에 따라 장기 평균 총비용이 감소하는 특성

규모의 비경제
생산량이 증가함에 따라 장기 평균 총비용이 증가하는 특성

규모에 대한 수확불변
생산량이 변해도 장기 평균 총비용이 변하지 않는 특성

장기 평균 총비용곡선의 형태는 기업의 생산량에 대한 중요한 정보를 제공한다. 특히 기업의 운영규모, 즉 크기가 변함에 따라 비용이 어떻게 변하는지 알려준다. 생산량이 증가함에 따라 장기 평균 총비용이 감소할 경우, 규모의 경제(economies of scale)가 발생한다. 생산량이 증가함에 따라 정반대 현상이 발생하여 장기 평균 총비용이 증가할 경우, 규모의 비경제(diseconomies of scale)가 존재한다. 생산량 수준이 변하더라도 장기 평균 총비용이 변하지 않을 경우, 규모에 대한 수확불변(constant returns to scale)이 나타난다. 그림 6에서 포드 자동차 회사의 경우, 낮은 생산량 수준에서는 규모의 경제를 경험하고, 중규모의 생산량 수준에서는 규모에 대한 수확불변이 발생하며, 높은 생산량 수준에서는 규모의 비경제가 나타난다.

규모의 경제나 규모의 비경제가 발생하는 이유는 무엇인가? 높은 생산수준에서는 **전문화**가 가능하며 이를 통해 노동자들이 특정 작업을 더 잘할 수 있게 되어 규모의 경제가 종종 발생한다. 예를 들어 포드 자동차 회사가 많은 수의 노동자를 고용하여 많은 자동차를 생산할 경우, 현대적인 조립라인 생산방식을 활용하여 비용을 낮출 수 있다. 규모의 비경제는 대규모 조직에서 종종 일어나는 **조정문제**로 인해 발생한다. 포드 자동차 회사가 더 많은 자동차를 생산할수록, 관리팀의 관리라인이 더 길어지게 되어 관리자들은 비용을 낮게 유지하는 데 덜 효과적이게 된다.

이런 분석을 통해 장기 평균 총비용곡선이 U자 형태가 되는 이유를 알 수 있다. 낮

FYI 핀 공장에서 얻은 교훈

"모든 것을 다 하려는 사람은 어느 것에서도 달인이 될 수 없다." 이 속담은 모든 일을 다 하려고 시도하는 사람은 결국 어떤 일도 잘하지 못하게 된다는 뜻인데, 비용곡선의 형태를 설명하는 데도 도움이 된다. 기업이 자신의 노동자들이 최대한 생산적이길 원한다면, 각 노동자가 제한된 수의 작업에 숙달되도록 해야 한다. 하지만 이런 작동 방식은 기업이 많은 노동자를 고용하고 많은 양의 생산품을 생산할 때만 가능하다.

애덤 스미스는 저서 『국부론』에서 핀 공장을 방문했던 상황을 서술했다. 그는 노동자들의 전문화와 이를 통해 달성되는 규모의 경제에 깊은 인상을 받고 다음과 같이 묘사했다.

> 한 사람은 철사를 뽑고, 다른 사람은 뽑은 철사를 곧게 펴며, 세 번째 사람은 자르고, 네 번째 사람은 뾰족하게 하며, 다섯 번째 사람은 꼭대기를 간다. 핀 머리를 만들려면 두세 가지 별개의 작업이 필요하며, 핀 머리를 꼭대기에 끼우는 것도 고유의 작업이고, 그것을 희게 하는 것 역시 또 다른 작업이며, 핀을 종이에 넣는 그 자체가 또 하나의 수작업이다.

애덤 스미스는 전문화로 인해 공장에서 매일 노동자 1인당 수천 개 핀을 생산한다고 말했다. 또한 노동자들이 작업별 전문가들의 팀으로 작업하지 않고 개별적으로 했다면, "그들은 확실히 각자 20개, 어쩌면 하루에 핀 한 개도 만들지 못했을지 모른다"고 추측했다. 전문화로 인해 큰 핀 공장은 작은 핀 공장보다 노동자 1인당 더 많은 생산량을 달성하고 핀 1개당 평균비용을 낮출 수 있었다.

애덤 스미스가 핀 공장에서 관찰한 전문화는 현대 경제에서 일반적이다. 여러분이 주택을 지으려는 경우, 혼자서 모든 작업을 할 수도 있다. 하지만 요즈음 대부분의 사람들은 주택 건설업자에게 의뢰할 것이며, 건설업자는 다시 목수, 배관공, 전기기사, 페인트공, 그 외 직업 분야의 많은 사람을 고용한다. 노동자가 비전문가인 경우보다 특정 작업의 전문가인 경우 일을 더 잘 수행하기 때문이다. 전문화를 통해 규모의 경제를 달성한 것이 현대 사회가 지금과 같은 번영을 이룩한 이유의 하나이다. ■

은 생산수준에서, 규모가 커지면 확대된 전문화를 이용할 수 있으며 조정문제가 아직 심각하지 않기 때문에 기업은 편익을 얻게 된다. 높은 생산수준에서, 전문화를 통한 편익은 이미 실현되었으며 조정문제는 기업규모가 커짐에 따라 보다 심각해진다. 따라서 장기 평균 총비용은 낮은 생산수준에서는 전문화가 확대되어 하락하는 반면에, 높은 생산수준에서는 조정문제가 커져서 상승하게 된다.

Quiz

8. 생산수준이 높아짐에 따라 노동자들이 특정 작업에 전문화할 수 있게 되면, 기업은 아마도 ____________를 보일 것이며, 평균 총비용은 ____________.
   a. 규모의 경제; 하락하게 될 것이다.
   b. 규모의 경제; 상승하게 될 것이다.
   c. 규모의 비경제; 하락하게 될 것이다.
   d. 규모의 비경제; 상승하게 될 것이다.

9. 보잉사가 월간 9대의 제트기를 생산할 경우, 장기 총비용은 월간 900만 달러가 된다. 월간 10대의 제트기를 생산할 경우, 장기 총비용은 월간 1,100만 달러가 된다. 보잉사는 ____________.
   a. 한계비용이 상승한다.
   b. 한계비용이 하락한다.
   c. 규모의 경제를 보여준다.
   d. 규모의 비경제를 보여준다.

해답은 이 장의 끝부분에 있다.

표 3

여러 종류의 비용: 요약

용어	정의	수학적 표현
명시비용	기업이 금전적 지출을 해야 하는 비용	
묵시비용	기업이 금전적 지출을 하지 않아도 되는 비용	
고정비용	생산량에 따라 변하지 않는 비용	FC
가변비용	생산량에 따라 변하는 비용	VC
총비용	기업이 생산하는 데 사용하는 모든 생산요소의 시장가치	$TC=FC+VC$
평균 고정비용	고정비용을 생산량으로 나눈 것	$AFC=FC/Q$
평균 가변비용	가변비용을 생산량으로 나눈 것	$AVC=VC/Q$
평균 총비용	총비용을 생산량으로 나눈 것	$ATC=TC/Q$
한계비용	추가적으로 1단위 더 생산하는 데 따른 총비용의 증가분	$MC=\Delta TC/\Delta Q$

8-5 결론

이 장에서는 기업들이 생산과 가격 결정을 어떻게 하는지 알아보는 데 필요한 방법들을 살펴보았다. 이제는 경제학자들이 사용하는 **비용**이란 용어가 무엇을 의미하는지, 기업의 생산량이 변화함에 따라 비용이 어떻게 변화하는지 이해해야만 한다. 표 3은 이 장에서 살펴본 몇 가지 비용의 정의를 요약한 것이다.

기업의 비용곡선만으로는 기업이 어떤 결정을 내릴지 알 수 없다. 하지만 다음 장에서 살펴보는 것처럼 비용곡선은 기업이 결정을 내릴 때 주요한 요소로 작용한다.

요약

- 기업의 목표는 총수입에서 총비용을 뺀 이윤을 극대화하는 것이다.
- 기업의 행태를 분석할 때, 생산에 수반되는 모든 기회비용을 포함시키는 것이 중요하다. 예를 들면 기업이 노동자들에게 지불하는 임금 같은 일부 기회비용은 명시적이다. 기업 소유주가 다른 일자리를 갖지 못해 포기해야 하는 임금 같은 기회비용은 묵시적이다. 회계적 이윤은 명시비용만을 고려하는 반면에, 경제적 이윤은 명시비용과 묵시비용 둘 다를 고려한다.
- 기업의 비용은 생산과정을 반영한다. 특정한 기업의 생산함수는 생산요소의 양이 증가함에 따라 더 완만하게 되는데, 이는 한계생산물 체감의 특성을 반영한 것이다. 따라서 총비용곡선은 생산량이 증가함에 따라 더 가파르게 된다.
- 기업의 총비용은 고정비용과 가변비용으로 분류될 수 있다. 고정비용은 기업이 생산량을 변화시킬 때 변하지 않

고 일정하게 유지된다. 가변비용은 기업이 생산량을 변화시킬 때 변하게 된다.

- 기업의 총비용으로부터 비용에 관한 두 가지 측정치를 도출할 수 있다. 평균 총비용은 총비용을 생산량으로 나눈 것이다. 한계비용은 생산량이 1단위 증가할 경우 발생하는 총비용의 증가분이다.
- 기업 행태를 분석할 때, 평균 총비용과 한계비용을 그래프로 그려보는 것이 유용하다. 전형적인 기업의 경우, 한계비용은 생산량이 증가함에 따라 상승한다. 평균 총비용은 처음에 생산량이 증가함에 따라 하락하며, 그러고 나서 생산량이 추가적으로 증가함에 따라 상승한다. 한계비용곡선은 언제나 평균 총비용의 최저점에서 평균 총비용곡선과 교차한다.
- 기업의 비용은 종종 고려하는 기간의 범위에 달려 있다. 많은 비용들이 단기적으로 고정되지만, 장기적으로는 가변적이다. 따라서 기업이 생산수준을 변화시킬 경우, 평균 총비용은 장기보다 단기에서 더 상승할 수 있다.

주요 개념

복습용 질문

1. 기업의 총수입, 총비용, 이윤 사이에는 어떤 관계가 있는가?
2. 회계사가 비용으로 계산하지 않는 기회비용의 예를 드시오. 회계사가 이 비용을 무시하는 이유는 무엇인가?
3. 한계생산물은 무엇이며, 한계생산물 체감은 무엇을 의미하는가?
4. 노동의 한계생산물 체감을 보여주는 생산함수를 그리시오. 이와 연관된 총비용곡선을 그리시오.(두 경우 모두 수직축과 수평축에 라벨을 표시하시오) 여러분이 그린 두 곡선의 형태를 설명하시오.
5. 총비용, 평균 총비용, 한계비용을 정의하시오. 이들은 어떻게 연계되는가?
6. 전형적인 기업에 대한 한계비용곡선과 평균 총비용곡선을 그리시오. 이들 곡선이 그런 형태가 되는 이유를 설명하시오. 이들 곡선이 해당 지점에서 교차하는 이유를 설명하시오.
7. 기업의 단기 평균 총비용곡선은 장기 평균 총비용곡선과 어떻게 다르고 왜 다른가?
8. 규모의 경제를 정의하고, 이것이 발생하는 이유를 설명하시오. 규모의 비경제를 정의하고, 이것이 발생하는 이유를 설명하시오.

문제와 응용

1. 이 장에서는 여러 가지 유형의 비용, 즉 기회비용, 총비용, 고정비용, 가변비용, 평균 총비용, 한계비용에 관해 논의했다. 다음 빈칸에 가장 적합한 비용의 유형을 써 넣으시오.

a. 어떤 행위를 함으로써 포기해야 하는 것을 ________ 이라고 한다.

b. ________은 한계비용이 이 비용보다 작을 때 감소하고, 한계비용이 이 비용보다 클 때 증가한다.

c. 생산량에 의존하지 않는 비용은 ________이다.

d. 아이스크림 산업에서 단기적으로 ________은 크림과 설탕 비용은 포함하지만 공장 관련 비용은 포함하지 않는다.

e. 이윤은 총수입에서 ________을 뺀 것이다.

f. 생산물을 추가적으로 1단위 더 생산하는 데 드는 비용은 ________이다.

2. 태영이는 부적 판매점을 개업하려고 생각 중이다. 점포를 임대하고 관련 상품을 매입하는 데 연간 350,000달러의 비용이 소요될 것으로 추정한다. 이 밖에 뱀파이어 사냥꾼으로 연간 80,000달러를 받을 수 있는 일자리도 포기해야 한다.

a. 기회비용을 정의하시오.

b. 1년 동안 해당 점포를 운영하는 데 따른 태영이의 기회비용은 얼마인가?

c. 태영이는 1년 동안 400,000달러 상당의 부적을 판매할 수 있을 것으로 본다. 회계사는 이 점포의 이윤을 얼마라고 볼 것인가?

d. 태영이는 이 점포를 개업해야 하는가? 설명하시오.

e. 태영이가 양의 경제적 이윤을 얻으려면 이 점포는 얼마의 수입을 올려야 하는가?

3. 상업적 목적을 갖고 있는 어부는 물고기 잡는 데 사용한 시간과 잡은 어획량 사이에 다소 다른 관계가 존재한다는 사실에 주목하고 있다.

시간	어획량(파운드)
0시간	0파운드
1	10
2	18
3	24
4	28
5	30

a. 물고기 잡는 데 사용한 각 시간의 한계생산물은 얼마인가?

b. 이 데이터를 사용하여 어부의 생산함수를 그래프로 나타내시오. 형태에 대해 설명하시오.

c. 어부의 고정비용(낚싯대)은 10달러이고, 사용한 시간에 대한 기회비용은 시간당 5달러이다. 이 어부의 총비용곡선을 그래프로 나타내시오. 형태에 대해 설명하시오.

4. 어떤 기업이 빗자루를 만들어 집집마다 방문 판매한다. 다음은 특정 일 동안 해당 기업 노동자의 수와 생산량의 관계를 보여주고 있다.

노동자	생산량	한계 생산물	총비용	평균 총비용	한계 비용
0	0		—	—	
		—			—
1	20		—	—	
		—			—
3	90		—	—	
		—			—
4	120		—	—	
		—			—
5	140		—	—	
		—			—
6	150		—	—	
		—			—
7	155		—	—	

a. 한계생산물 열을 계산하여 채우시오. 어떤 패턴을 볼 수 있는가? 이를 어떻게 설명할 수 있는가?

b. 노동자의 일당은 100달러이고, 기업의 고정비용은

200달러이다. 이 정보를 활용하여 총비용 열을 계산하여 채우시오.

c. 평균 총비용 열을 채우시오.($ATC = TC/Q$라는 사실을 기억하시오) 어떤 패턴을 볼 수 있는가?

d. 이제는 한계비용 열을 채우시오.($MC = \Delta TC/\Delta Q$라는 사실을 기억하시오) 어떤 패턴을 볼 수 있는가?

e. 한계생산물 열과 한계비용 열을 비교하시오. 이들의 관계를 설명하시오.

f. 평균 총비용 열과 한계비용 열을 비교하시오. 이들의 관계를 설명하시오.

5. 여러분은 게임 콘솔을 판매하는 회사의 최고 재무 책임자이다. 여러분이 근무하는 기업의 평균 총비용 스케줄은 다음과 같다.

수량	평균 총비용
콘솔 600개	300달러
콘솔 601개	301

여러분 기업의 현재 생산수준은 콘솔 600개이며, 전부 판매되었다. 어떤 사람이 콘솔 중 한 개를 구입하기 위해 필사적으로 전화하여 550달러를 지불하겠다고 제안했다. 이 제안을 수락해야 하는가? 수락해야 한다면 그 이유는 무엇이고 수락하지 않아야 한다면 그 이유는 무엇인가?

6. 피자가게에 대한 다음과 같은 비용 정보를 생각해보자.

수량	총비용	가변비용
피자 0다스	300달러	0달러
1	350	50
2	390	90
3	420	120
4	450	150
5	490	190
6	540	240

a. 피자가게의 고정비용은 얼마인가?

b. 총비용 정보를 활용하여 피자 1다스당 한계비용을 계산하여 표로 작성하시오. 또한 가변비용 정보를 활용하여 피자 1다스당 한계비용을 계산하시오. 이들 두 개 한계비용의 관계는 어떠한가? 설명하시오.

7. 여러분의 사촌인 재원이가 페인팅 회사를 소유하고 있다. 이 회사의 고정비용은 200달러이고 가변비용 스케줄은 다음과 같다.

월간 페인트칠 하는 주택 수	1	2	3	4	5	6	7
가변비용	10달러	20	40	80	160	320	640

페인트칠을 하는 각 주택의 수에 대한 평균 고정비용, 평균 가변비용, 평균 총비용을 계산하시오. 이 페인팅 회사의 효율규모는 무엇인가?

8. 시정부가 다음과 같은 두 가지 조세 제안을 고려하고 있다.

- 정액세 300달러를 각 햄버거 생산자에게 부과한다.
- 햄버거 1개당 1달러의 조세를 부과하고, 햄버거 생산자가 이를 납부한다.

a. 정액세가 부과될 경우 다음 곡선, 즉 평균 고정비용곡선, 평균 가변비용곡선, 평균 총비용곡선, 한계비용곡선 중에서 어느 것이 이동하는가? 그 이유는 무엇인가? 그래프에 이를 나타내시오. 그래프에 가능한 한 자세하게 라벨을 표기하시오.

b. 햄버거 1개당 조세가 부과될 경우 이들 네 개 곡선 중 어느 것이 이동하는가? 그 이유는 무엇인가? 새로운 그래프에 이를 나타내시오. 그래프에 가능한 한 자세하게 라벨을 표기하시오.

9. 현경이가 운영하는 주스 판매점의 비용 스케줄은 다음과 같다.

수량	가변비용	총비용
주스 0통	0달러	30달러
1	10	40
2	25	55
3	45	75
4	70	100
5	100	130
6	135	165

a. 각 수량에 대해 평균 가변비용, 평균 총비용, 한계비용을 계산하시오.

b. 이들 세 개 곡선을 그래프로 나타내시오. 한계비용곡선과 평균 총비용곡선 사이에는 어떤 관계가 있는가? 한계비용곡선과 평균 가변비용곡선 사이에는 어떤 관계가 있는가? 설명하시오.

10. 세 개의 상이한 기업들에 대한 장기 총비용이 다음 표와 같다고 하자.

수량	1	2	3	4	5	6	7
기업 A	60달러	70달러	80달러	90달러	100달러	110달러	120달러
기업 B	11	24	39	56	75	96	119
기업 C	21	34	49	66	85	106	129

이들 기업 각각은 규모의 경제를 경험하는가 아니면 규모의 비경제를 경험하는가?

Quiz 해답

1. c 2. a 3. a 4. d 5. d 6. c 7. b 8. a 9. d

Chapter

9

경쟁시장에서의 기업

지역 주유소가 휘발유 가격을 20% 인상하고 다른 주유소들은 그렇지 않을 경우, 해당 주유소 고객은 신속하게 다른 주유소에서 휘발유를 구매하게 될 것이다. 반면에 지역 수돗물 공급회사가 수돗물 가격을 20% 인상할 경우, 이 회사는 고객을 많이 잃지는 않을 것이다. 사람들은 수돗물을 더 효율적으로 사용할 수 있는 샤워기를 구입하고, 교외지역에서는 잔디밭에 물을 덜 줄지도 모른다. 하지만 이들이 다른 수돗물 공급회사를 찾기는 어려울 것이다. 휘발유를 판매하는 주유소 시장과 수돗물을 공급하는 시장의 차이점은, 대부분의 도시와 마을에 주유소는 여러 개 있지만 수돗물을 공급하는 회사는 한 개만 있다는 사실이다. 시장 구조상의 이런 차이가 이들 시장에서 운영되는 기업들의 가격과 생산 결정의 형태를 구체화한다.

이 장에서는 지역 주유소와 같은 경쟁적인 기업들의 행태에 대해 살펴볼 것이다. 매수인이나 매도인이 각각 시장규모와 비교해 볼 때 그 규모가 작아서 시장가격에 영향을 미칠 능력이 거의 없는

경우, 해당 시장은 경쟁적이다. 반면에, 지역 수돗물 회사처럼 자신이 판매하는 물품의 시장가격에 영향을 미칠 수 있는 기업은 **시장 지배력**을 갖는다고 한다. 다음 장에서는 이에 대해 살펴볼 것이다.

경쟁기업은 다음과 같은 두 가지 이유로 인해 기업 행태에 관한 연구를 시작하기에 적합한 대상이다. 첫째, 경쟁기업은 시장가격에 미치는 영향이 무시해도 될 정도로 작기 때문에, 시장 지배력이 있는 기업들보다 이해하기가 더 단순하다. 둘째, 경쟁시장은 (제7장에서 살펴본 것처럼) 자원을 효율적으로 배분하기 때문에, 다른 시장구조와 비교하는 데 기준이 될 수 있다.

이 장에서 하는 경쟁기업에 대한 분석은 시장 공급곡선 이면에 있는 결정을 설명하는 데 도움이 된다. 당연하게 시장의 공급곡선은 기업의 생산비용과 밀접하게 연계되어 있다. 상이한 형태의 비용, 즉 고정비용, 가변비용, 평균비용, 한계비용 중에서 어느 것이 공급 결정과 가장 밀접하게 관련되는지는 그렇게 분명하지 않다. 앞으로 살펴볼 것처럼, 이런 비용은 모두 공급을 결정하는 데 중요하고 상호 관련된 역할을 한다.

9-1 경쟁시장이란 무엇인가?

이 장의 목표는 경쟁시장에서 기업들이 어떻게 생산 결정을 하는지 살펴보는 것이다. 경쟁시장이 무엇인지 다시 한번 알아보자.

9-1a 경쟁의 의미

경쟁시장
많은 매수인과 많은 매도인이 동일한 물품을 거래하여, 각각의 매수인과 매도인이 가격 추종자가 되는 시장

이따금 **완전경쟁시장**이라고도 하는 **경쟁시장**(competitive market)은 다음과 같은 두 가지 특성이 있다.

- 시장에는 많은 매수인과 많은 매도인이 있다.
- 다양한 매도인이 공급하는 물품은 대체로 동일하다.

이런 조건하에서, 모든 단일 매수인 또는 단일 매도인이 하는 행위는 시장가격에 무시해도 될 정도의 영향을 미칠 뿐이다. 각각의 매수인과 매도인은 시장가격을 주어진 것으로 본다.

우유시장을 생각해보자. 각 매수인은 시장규모에 비해 적은 양의 우유를 구입하기 때문에, 단일 소비자는 우유가격에 영향을 미칠 수 없다. 이와 유사하게 많은 낙농가들이 본질적으로 동일한 우유를 시장에 내놓기 때문에, 각 낙농가는 가격에 대해 제한된 통제를 할 수 있을 뿐이다. 매도인은 현재 가격에서 자신이 원하는 모든 우유를 판매할

수 있기 때문에, 어느 누구도 더 낮은 가격을 부과할 이유가 없다. 그들 중 한 사람이 더 높은 가격을 부과하면, 매수인은 다른 데로 갈 것이다. 경쟁시장에 있는 매수인과 매도인은 시장에서 결정된 가격을 수락하여 받아들이므로 **가격 추종자**라고 한다.

경쟁에 대한 이전의 두 가지 조건 이외에, 다음과 같은 세 번째 조건이 이따금 완전 경쟁시장을 특징 짓는다고 한다.

- 기업은 자유롭게 시장에 진입하거나 퇴출할 수 있다.

예를 들어 모든 사람이 새롭게 낙농업을 시작할 수 있고 기존의 모든 낙농가가 이 업종을 그만둘 수 있다면, 낙농산업은 이 조건을 충족한다. 경쟁기업에 관한 많은 분석들은 자유로운 진입 및 퇴출이란 가정을 요구하지 않는데, 그 이유는 기업이 그런 가정 없이도 가격 추종자가 될 수 있기 때문이다. 하지만 우리가 살펴볼 것처럼, 자유로운 진입 및 퇴출은 경쟁시장에서 장기균형의 형태를 구체화할 강력한 원동력이다.

9-1b 경쟁기업의 수입

경쟁시장의 표준 모형은 기업들이 (총수입에서 총비용을 뺀) 이윤의 극대화를 목표로 한다고 가정한다. 기업이 이를 어떻게 하는지 알아보기 위해 전형적인 경쟁기업, 즉 대관령 낙농가의 수입을 생각해보자.

대관령 낙농가는 우유의 양 Q를 생산하고 각 단위를 시장가격 P에서 판매한다. 낙농가의 총수입은 $P \times Q$가 된다. 예를 들면 우유 1갤런을 6달러에 판매하는데, 낙농가가 우유 1,000갤런을 팔 경우 낙농가의 총수입은 6,000달러가 된다.

대관령 낙농가는 세계 우유시장과 비교해 규모가 작기 때문에, 시장에서 주어진 가격을 추종하게 된다. 이것이 의미하는 바는, 가격이 대관령 낙농가가 생산하여 판매하는 우유의 양에 달려 있지 않다는 것이다. 대관령 낙농가가 생산량을 두 배로 늘려 2,000갤런을 생산할 경우, 가격은 변화하지 않고 동일하며 총수입은 두 배가 되어 12,000달러가 된다. 총수입은 생산량에 비례하게 된다.

표 1은 대관령 낙농가의 수입을 보여준다. (1)열 및 (2)열은 이 낙농가가 생산한 우유의 양과 이 우유를 판매한 가격이다. (3)열은 이 낙농가의 총수입을 나타낸다. 표는 우유가격이 갤런당 6달러라고 가정하고 있으므로, 총수입은 6달러에 갤런 수를 곱하여 구할 수 있다.

앞 장에서 비용을 분석할 때 평균 및 한계에 관한 개념이 유용했던 것과 마찬가지로, 수입에 관해 논의할 때도 유용하다. 이들 개념이 알려주는 것을 살펴보기 위해 다음과 같은 두 가지 질문을 생각해보자.

- 낙농가는 일반적인 우유 1갤런에 대해 얼마의 수입을 올릴 수 있는가?

표 1

경쟁기업에 대한 총수입, 평균수입, 한계수입

(1) 수량 (Q)	(2) 가격 (P)	(3) 총수입 ($TR=P\times Q$)	(4) 평균수입 ($AR=TR/Q$)	(5) 한계수입 ($MR=\Delta TR/\Delta Q$)
1갤런	6달러	6달러	6달러	
				6달러
2	6	12	6	
				6
3	6	18	6	
				6
4	6	24	6	
				6
5	6	30	6	
				6
6	6	36	6	
				6
7	6	42	6	
				6
8	6	48	6	

- 낙농가가 우유 생산을 1갤런 더 증가시킬 경우 얼마의 수입을 추가로 더 올릴 수 있는가?

표 1의 (4)열과 (5)열은 위의 질문에 답하고 있다.

평균수입
총수입을 판매량으로 나눈 것

표의 (4)열은 **평균수입**(average revenue)을 보여주는데, 이는 [(3)열의] 총수입을 [(1)열의] 수량으로 나눈 것이다. 평균수입은 판매된 전형적인 1단위에 대해 기업이 수령한 것이다. 표 1에서 평균수입은 6달러이며, 이것은 우유 1갤런의 가격이다. 이를 통해 경쟁적이든 그렇지 않든 간에 모든 기업에 적용되는 일반적인 원칙을 알 수 있다. 즉, **모든 형태의 기업에서 평균수입은 해당 물품의 가격과 같다.**

한계수입
추가적으로 판매된 1단위를 통해 얻은 총수입의 변화

(5)열은 **한계수입**(marginal revenue)을 나타내며, 이는 추가적인 생산량 각 1단위의 판매에 따른 총수입의 변화이다. 표 1에서 한계수입은 6달러이며, 이는 우유 1갤런의 가격이다. 이는 경쟁시장의 기업에만 적용되는 원칙이다. 총수입이 $P\times Q$인데 경쟁기업의 경우 P가 고정되기 때문에 Q가 1단위 증가할 때 총수입은 P달러만큼 증가한다. 즉, **경쟁기업에서 한계수입은 해당 물품의 가격과 같다.**

Quiz

1. 완전경쟁기업은 __________.
   a. 이윤을 극대화하기 위해 가격을 선택한다.
   b. 유사한 물품을 판매하는 다른 기업들을 약화시키기 위해 가격을 설정한다.
   c. 가격을 시장상황에서 주어지는 것으로 간주하고 이에 순응하여 추종한다.
   d. 가장 큰 시장 점유를 할 수 있는 가격을 고른다.

2. 완전경쟁기업이 10% 생산량을 증가시켜 판매할 경우, 한계수입은 __________, 총수입은 __________ 증대한다.
   a. 감소하고; 10% 미만으로
   b. 감소하고; 정확히 10%
   c. 불변하고; 10% 미만으로
   d. 불변하고; 정확히 10%

해답은 이 장의 끝부분에 있다.

9-2 이윤 극대화와 경쟁기업의 공급곡선

기업의 목표는 총수입에서 총비용을 감해 구한 이윤을 극대화하는 것이다. 이전 절에서는 경쟁기업의 수입에 관해 논의했고, 이전 장에서는 기업의 비용을 분석했다. 이제 경쟁기업이 어떻게 이윤을 극대화하고, 이를 통해 해당 기업의 공급곡선을 어떻게 결정하는지 생각해보자.

9-2a 이윤 극대화에 관한 단순한 예

표 2는 대관령 낙농가에 대해 더 많은 정보를 보여준다. 이 표의 (1)열은 해당 낙농가가 생산한 우유의 갤런 수를 보여주며, (2)열은 해당 낙농가의 총수입을 나타내는데 이는 6달러에 갤런 수를 곱하여 구할 수 있다. (3)열은 해당 낙농가의 총비용을 나타내는데, 여기에는 3달러인 고정비용과 생산량에 달려 있는 가변비용이 포함된다.

(4)열은 해당 낙농가의 이윤을 보여주는데 이는 총수입에서 총비용을 감하여 계산할 수 있다. 해당 낙농가가 아무것도 생산하지 않을 경우, (고정비용에 해당하는) 3달러의 손실을 보게 된다. 1갤런을 생산할 경우 1달러의 이윤을 얻게 되고, 2갤런을 생산할 경우 4달러의 이윤을 얻게 되며 계속 이렇게 된다. 대관령 낙농가는 가능한 한 많은 이윤을 내는 우유의 양을 생산하고자 한다. 이 예에서 해당 낙농가는 4 또는 5갤런을 생산하고 이윤 7달러를 얻어 극대화하게 된다.

대관령 낙농가의 결정을 살펴보는 또 다른 방법이 있다. 해당 낙농가는 생산된 각 단위의 한계수입과 한계비용을 비교함으로써 이윤을 극대화하는 양을 구할 수 있다. 표 2의 (5)열과 (6)열은 총수입의 변화와 총비용의 변화에 따른 한계수입과 한계비용을 계산하여 보여주고 있으며, (7)열은 생산된 추가적인 각 갤런에 대한 이윤의 변화를 나타낸다. 해당 낙농가가 생산한 우유 첫 갤런의 경우 한계수입은 6달러이고 한계비용은

표 2

이윤 극대화: 숫자적인 예

(1) 수량 (Q)	(2) 총수입 (TR)	(3) 총비용 (TC)	(4) 이윤 ($TR-TC$)	(5) 한계수입 ($MR=\Delta TR/\Delta Q$)	(6) 한계비용 ($MC=\Delta TC/\Delta Q$)	(7) 이윤의 변화 ($MR-MC$)
0갤런	0달러	3달러	−3달러			
				6달러	2달러	4달러
1	6	5	1			
				6	3	3
2	12	8	4			
				6	4	2
3	18	12	6			
				6	5	1
4	24	17	7			
				6	6	0
5	30	23	7			
				6	7	−1
6	36	30	6			
				6	8	−2
7	42	38	4			
				6	9	−3
8	48	47	1			

2달러가 되어, 해당 갤런을 생산함에 따라 이윤이 (−3달러에서 1달러로) 4달러만큼 증가한다. 생산된 두 번째 갤런의 경우 한계수입은 6달러이고 한계비용은 3달러가 되어, 해당 갤런을 생산함에 따라 이윤이 (1달러에서 4달러로) 3달러만큼 증가한다. 한계수입이 한계비용을 초과하는 한, 생산량을 증가시킬 경우 이윤이 증가한다. 하지만 해당 낙농가의 생산량이 일단 우유 5갤런에 도달하게 되면, 상황이 변화한다. 여섯 번째 갤런의 경우 한계수입은 6달러가 되고 한계비용은 7달러가 되어, 이를 생산할 경우 이윤이 (7달러에서 6달러로) 1달러만큼 감소한다. 따라서 대관령 낙농가는 5갤런을 초과하여 생산하지 않는다.

제1장에서 살펴본 **경제학의 열 가지 원리** 중 하나는 '합리적인 사람들은 한계적으로 생각한다'는 것이다. 대관령 낙농가에 이 원리를 적용할 수 있다. 1, 2, 3갤런에서처럼 한계수입이 한계비용보다 클 경우, 지출하는 돈(한계비용)보다 벌어들이는 돈(한계수입)이 더 많기 때문에 우유 생산을 증가시켜야 한다. 6, 7, 8갤런에서처럼 한계수입이 한계비용보다 작을 경우, 낙농가는 우유 생산을 감소시켜야 한다. 한계에서 생각하고

그림 1

경쟁기업의 이윤 극대화

이 그림은 한계비용곡선(*MC*), 평균 총비용곡선(*ATC*), 평균 가변비용곡선(*AVC*)을 보여준다. 또한 시장가격(*P*)도 보여주는데, 경쟁기업의 경우 시장가격은 한계수입(*MR*)과 평균수입(*AR*) 둘 다와 같아진다. 수량 Q_1에서 한계수입 MR_1은 한계비용 MC_1을 초과한다. 따라서 이 경우에는 생산을 증대시키면 이윤이 증가하게 된다. 수량 Q_2에서 한계비용 MC_2는 한계수입 MR_2를 초과한다. 따라서 이 경우에는 생산을 감소시키면 이윤이 증가하게 된다. 이윤을 극대화하는 수량 $Q_{최대}$는 가격을 나타내는 수평선이 한계비용곡선과 교차하는 점에 위치한다.

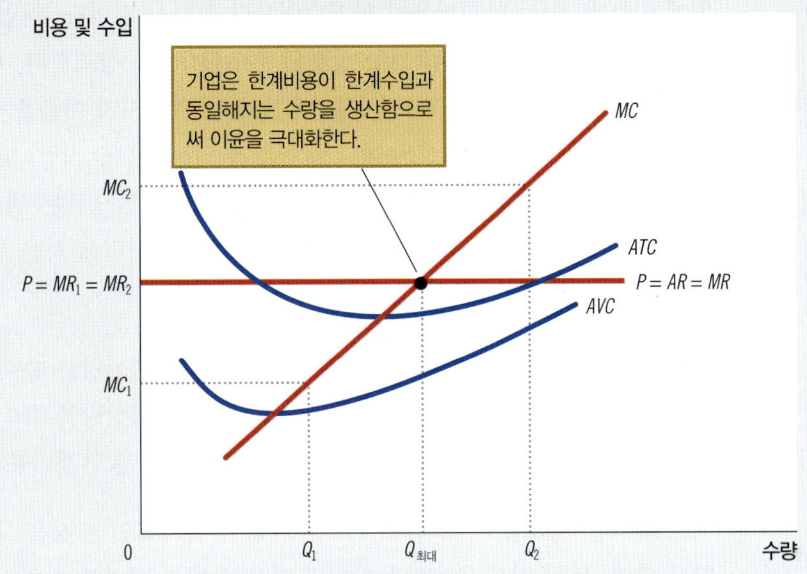

생산수준을 점진적으로 조절함으로써, 대관령 낙농가는 결국 이윤을 극대화하는 수량을 생산하게 된다.

9-2b 한계비용곡선과 기업의 공급 결정

이런 분석을 확장하기 위해서 그림 1에 있는 비용곡선들을 생각해보자. 이들 비용곡선은 앞 장에서 살펴본 것처럼 대부분의 기업을 설명한다고 생각되는 세 가지 특징을 보여준다. 즉, 한계비용곡선(*MC*)의 기울기는 상향하고, 평균 총비용곡선(*ATC*)은 U자 형태가 되며, 한계비용곡선은 평균 총비용곡선의 최저점에서 이 곡선과 교차한다. 이 그림은 또한 시장가격(*P*) 수준에서 수평선을 보여준다. 이 가격에서의 선이 수평선이 되는 이유는 경쟁기업이 가격 추종자이기 때문이다. 즉, 기업 생산물의 가격은 생산량에 관계없이 동일하다. 경쟁기업의 경우 가격이 기업의 평균수입(*AR*) 및 한계수입(*MR*)과 동일하다는 사실을 기억하자.

그림 1을 사용하여 이윤을 극대화하는 생산량을 구할 수 있다. 기업이 Q_1에서 생산

하고 있다고 가상하자. 이 생산량 수준에서 한계수입곡선은 한계비용곡선 위에 있는데, 이는 한계수입이 한계비용보다 더 크다는 것이다. 이것이 의미하는 바는 기업이 생산을 1단위 증가시킬 경우 추가적인 수입(MR_1)이 추가적인 비용(MC_1)을 초과한다는 것이다. 총수입에서 총비용을 뺀 이윤은 증가한다. 따라서 Q_1에서처럼 한계수입이 한계비용보다 크다면, 기업은 생산을 증가시켜 이윤을 증대시킬 수 있다.

수량이 Q_2일 때도 유사한 주장이 적용된다. 이 경우 한계비용곡선은 한계수입곡선 위에 있는데, 이는 한계비용이 한계수입보다 크다는 것이다. 기업이 생산을 1단위 감소시킬 경우, 절감된 비용(MC_2)이 상실된 수입(MR_2)을 상회한다. 따라서 Q_2에서처럼 한계비용이 한계수입보다 크다면, 기업은 생산을 감소시켜 이윤을 증가시킬 수 있다.

이런 한계적인 생산 조정은 어디서 멈추게 되는가? (Q_1처럼) 낮은 수준 아니면 (Q_2처럼) 높은 수준에서 생산을 시작하든 관계없이, 궁극적으로는 생산량이 이윤을 극대화하는 수량 $Q_{최대}$에 도달할 때까지 생산을 조정한다. 이런 분석을 통해 다음과 같이 이윤을 극대화하는 세 가지 규칙을 도출할 수 있다.

- 한계수입이 한계비용을 상회할 경우, 기업은 생산량을 증대시켜야 한다.
- 한계비용이 한계수입을 상회할 경우, 기업은 생산량을 감소시켜야 한다.
- 이윤을 극대화하는 생산량 수준에서, 한계수입은 한계비용과 동일하다.

이들 규칙은 이윤을 극대화하는 모든 기업이 합리적인 결정을 내리는 데 중심적인 역할을 한다. 또한 경쟁기업뿐만 아니라 다음 장에서 살펴볼 것처럼 다른 시장 형태에 속한 기업에도 적용된다.

이제 경쟁기업이 시장에 공급할 양을 어떻게 결정하는지 살펴볼 수 있다. 경쟁기업

그림 2

경쟁기업의 공급곡선이 되는 한계비용

가격이 P_1에서 P_2로 인상될 경우 해당 기업의 이윤을 극대화하는 수량은 Q_1에서 Q_2로 증가한다. 한계비용곡선은 모든 가격에서의 공급량을 나타내기 때문에, 이 곡선이 바로 해당 기업의 공급곡선이 된다.

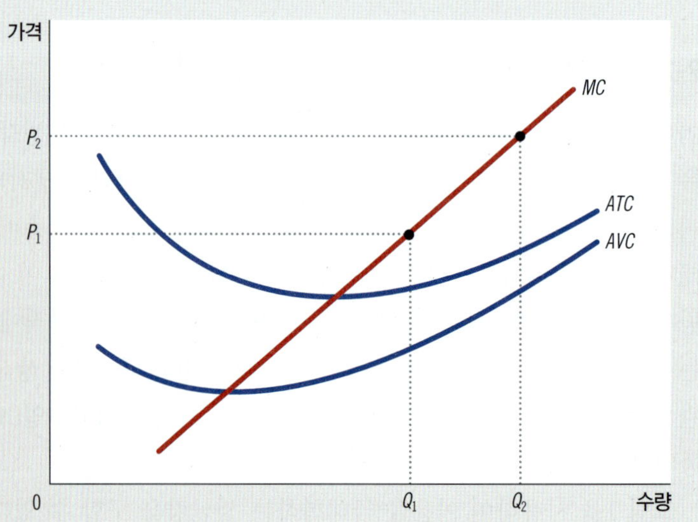

은 가격 추종자이기 때문에, 한계수입이 시장가격과 같다. 모든 가격에 대해, 경쟁기업의 이윤을 극대화하는 생산량은 가격과 한계비용곡선의 교차점에서 결정된다. 그림 1에서 해당 수량은 $Q_{최대}$이다.

시장 수요의 증가로 인해, 이 시장에서의 가격이 상승한다고 가상하자. 그림 2는 경쟁기업이 가격 상승에 어떻게 대응하는지 보여준다. 가격이 P_1일 때 기업은 수량 Q_1을 생산하는데, 이는 한계비용과 가격이 일치하는 생산량이다. 가격이 P_2로 상승할 경우, 기업은 한계수입이 이전 생산량 수준에서의 한계비용보다 높다는 사실을 깨닫게 된다. 따라서 해당 기업은 생산을 증대시키게 된다. 새로운 이윤을 극대화하는 수량은 Q_2이며, 여기서 한계비용은 새로운 인상된 가격과 일치한다. **해당 기업의 한계비용곡선이 모든 가격에서 그 기업이 공급하고자 하는 물품의 수량을 결정하기 때문에, 한계비용곡선은 또한 경쟁기업의 공급곡선이 된다.**

하지만 이렇게 결론을 내리려면 몇 가지 단서가 추가되어야 하며, 이에 대해서는 다음에 살펴볼 것이다.

9-2c 기업의 단기적인 폐쇄 결정

지금까지는 경쟁기업이 얼마나 많이 생산할지에 관한 문제를 분석했다. 하지만 일부 상황에서 기업은 폐쇄하고 아무것도 생산하지 않게 된다.

기업의 일시적인 폐쇄와 시장으로부터의 영원한 퇴출을 구별하는 것이 중요하다. **폐쇄**는 현재의 시장상황으로 인해 특정 기간 동안 아무것도 생산하지 않고 조업을 중단하는 단기적인 결정을 말한다. 반면에 **퇴출**은 시장을 떠나는 장기적인 결정을 말한다. 단기적인 결정과 장기적인 결정은 다른데, 그 이유는 대부분의 기업이 단기적으로는 피할 수 없는 고정비용을 장기적으로는 피할 수 있기 때문이다. 즉, 일시적으로 폐쇄한 기업은 계속해서 고정비용을 지불해야 하는 반면에, 시장에서 퇴출한 기업은 고정비용이나 가변비용 어떠한 비용도 전혀 지불하지 않는다.

예를 들어 농장에서의 생산 결정을 생각해보자. 토지에 대한 비용은 고정비용이 된다. 농장 소유주가 한 계절 동안 어떠한 작물도 생산하지 않기로 결정한다면, 농지는 휴경지가 되며 농장 소유주는 이 비용을 회복할 수 없다. 한 계절 동안 폐쇄할지 여부에 대한 단기적인 결정을 할 경우, 토지에 대한 고정비용은 **매몰비용**이 된다고 한다. 반면에 농장 소유주가 농사를 완전히 그만두기로 결정한다면, 토지를 판매할 수 있다. 시장에서 퇴출할지 여부에 관한 장기적인 결정을 할 때, 토지에 대한 비용은 매몰비용이 아니다.(매몰비용에 대해서는 곧 다시 살펴볼 것이다)

어떤 이유로 기업이 폐쇄 결정을 내리게 되는가? 기업이 폐쇄될 경우, 자사의 생산물을 판매하여 얻게 될 수입을 모두 잃게 된다. 동시에 해당 생산물을 만드는 데 소요되는 가변비용을 절약할 수 있다.(하지만 기업은 계속해서 고정비용을 지불해야 한다) 따라서 **기업이 생산하여 번 수입이 가변생산비용보다 작다면, 해당 기업은 폐쇄하게 된다.**

약간의 수학적 표현을 사용하면, 이 폐쇄 규칙을 더 유용한 형태로 표현할 수 있다. *TR*이 총수입을 나타내고 *VC*가 가변비용을 나타낼 경우, 기업의 결정을 다음과 같이 표현할 수 있다.

$$TR < VC\text{인 경우, 폐쇄를 결정한다.}$$

총수입이 가변비용보다 작은 경우, 기업은 폐쇄를 결정한다. 이 부등식의 양변을 수량 *Q*로 나누어 다음과 같이 표현할 수 있다.

$$TR/Q < VC/Q\text{인 경우, 폐쇄를 결정한다.}$$

이 부등식의 왼편 TR/Q는 총수입 $P \times Q$를 수량 *Q*로 나눈 것으로 평균수입이 된다. 이를 가장 간단하게 해당 물품의 가격 *P*로 나타낼 수 있다. 이 부등식의 오른편 VC/Q는 평균 가변비용 *AVC*이다. 기업의 폐쇄규칙은 다음과 같이 표현할 수 있다.

$$P < AVC\text{인 경우, 폐쇄를 결정한다.}$$

즉 물품의 가격이 평균 가변생산비용보다 작은 경우, 기업은 폐쇄한다. 이런 규칙은 직관적이다. 즉 생산 여부를 결정할 때, 기업은 전형적인 판매 단위에 대해 자신이 수령하는 가격과 해당 물품을 생산하기 위해 기업이 부담해야 하는 평균 가변비용을 비교한다. 가격이 평균 가변비용을 떠맡지 못한다면, 기업은 생산을 전면 중단할 경우 형편이 더 나아진다. 기업은 (고정비용을 부담해야 하기 때문에) 계속해서 금전적 손실을

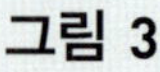

그림 3

경쟁기업의 단기공급곡선

단기적으로 볼 때, 경쟁기업의 공급곡선은 한계비용곡선(*MC*)에서 평균 가변비용곡선(*AVC*)보다 위에 위치한 부분이다. 가격이 평균 가변비용 아래로 하락할 경우, 해당 기업은 일시적으로 폐쇄하는 것이 더 낫다.

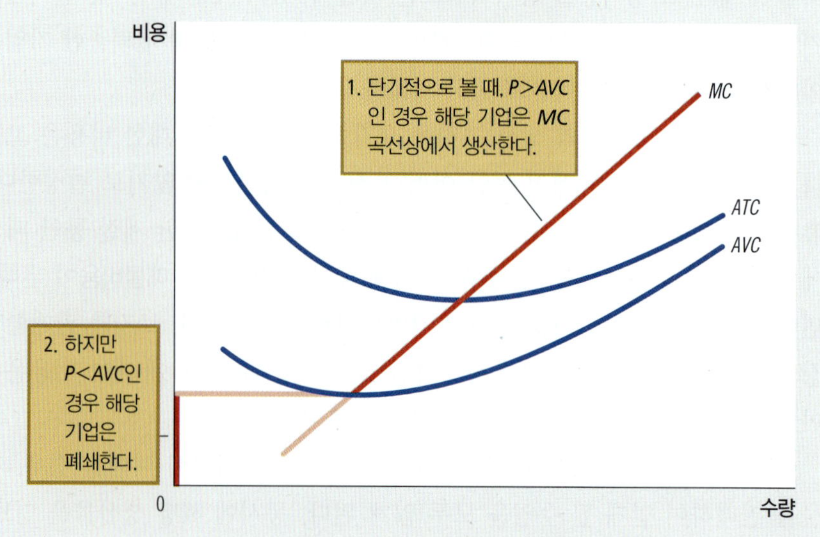

보게 되지만, 계속 생산하게 되면 훨씬 더 많은 금전적 손실을 보게 된다. 장래에 상황이 변화하여 가격이 평균 가변비용을 상회하게 될 경우, 기업은 다시 생산할 수 있다.

이제는 경쟁기업의 이윤을 극대화하는 전략을 완전하게 설명할 수 있다. 기업이 어떤 것을 생산한다면, 기업은 한계비용이 해당 기업이 주어진 것으로 보고 추종하는 물품 가격과 일치하는 수량을 생산하게 된다. 하지만 가격이 해당 수량에서 평균 가변비용보다 작다면, 해당 기업은 일시적으로 폐쇄하고 아무것도 생산하지 않을 때 형편이 나아진다. 그림 3은 이런 결과들을 보여준다. **경쟁기업의 단기공급곡선은 평균 가변비용곡선보다 위에 위치한 한계비용곡선 부분이다.**

9-2d 엎질러진 우유와 기타 매몰비용

인생의 어떤 시점에서 여러분은 "엎질러진 우유에 대해 한탄하지 마라" 또는 "지나간 일은 지나간 일로 놔두고 잊어버려라"라는 말을 들었을지 모른다. 이런 격언들은 경제학자들이 말하지 않았지만, 했을 수도 있다. 이런 격언들은 합리적인 결정에 관한 중요한 사실을 시사한다. 매몰비용(sunk cost)은 이미 발생했으며 회복될 수 없는 비용이다. 매몰비용에 관해 아무것도 할 수 없기 때문에 기업전략에 대한 결정을 포함하여 인생에서 많은 결정을 내릴 때 이것을 무시하는 것이 합리적이다.

매몰비용
이미 발생하여 회복될 수 없는 비용

기업의 폐쇄 결정에 대한 앞에서의 분석은 결정을 내릴 때 매몰비용이 관련되지 않는다는 한 예가 된다. 기업이 일시적으로 생산을 중단해도 고정비용을 회복할 수 없다고 가정했다. 즉, (공급량이 영이라고 하더라도) 공급량에 관계없이 기업은 계속해서 고정비용을 지불해야 한다. 단기적으로 고정비용은 매몰비용이며, 기업은 생산량을 결정할 때 이를 무시해야 한다. 기업의 단기공급곡선은 평균 가변비용곡선 위에 위치한 한계비용곡선 부분이다. 고정비용은 매몰비용이기 때문에 공급 결정을 할 때 고정비용의 규모는 문제가 되지 않는다.

결정을 내릴 때 매몰비용을 관련지어서는 안 된다는 사실은, 여러분의 개인 생활에서도 기억할 만한 가치가 있다. 예를 들어 여러분이 새로 개봉된 영화를 관람하려 한다고 가상하자. 이를 위해 여러분은 15달러를 지불할 의사가 있는데 입장권이 겨우 10달러라서 영화를 관람하기로 결정했다. 하지만 영화관에 입장하기 전에 입장권을 잃어버렸다. 극장 관리인은 이런 사실을 믿지 않는다. 어떻게 해야만 하는가?

여러분은 매우 화가 나고 낙담하여 집으로 가서 영화에 대해 더 이상 생각하지 않으려 할 수도 있다. 결국 또 다른 입장권을 구입하게 되면 이제 총비용은 20달러가 되는데, 이것은 너무 과한 것처럼 보일 수도 있다. 하지만 이 판단은 잘못되었을 수도 있다. 합리적으로 생각해보면, 여러분은 10달러를 지불하고 다른 입장권을 구입해야만 한다. 그 이유는 무엇인가? 영화를 관람하는 데 따른 편익(15달러)은 기회비용(두 번째 입장권에 지불한 10달러)을 초과한다. 여러분이 잃어버린 입장권에 지불했던 10달러는 매몰비용이다. 엎질러진 우유처럼 이런 상황에 대해 한탄해도 소용없다.

사례 연구

거의 비어 있는 레스토랑과 비수기 미니골프장

여러분은 점심시간에 레스토랑이 거의 텅 비어 있는 경우를 본 적이 있는가? 왜 그런 레스토랑이 굳이 영업을 하려고 하는지 의문을 가졌을지도 모른다. 소수의 고객으로 올린 수입이 어쩌면 레스토랑을 운영하는 데 수반되는 비용을 감당하지 못할 것처럼 보일 수도 있다.

점심시간에 영업을 할지 여부에 대해 결정하려는 경우, 레스토랑 주인은 고정비용과 가변비용을 구분해야만 한다. 임대료, 주방용품, 테이블, 접시, 식기류 등과 같은 많은 레스토랑 비용이 고정비용이다. 점심시간에 폐쇄할 경우 단기적인 이런 매몰비용을 낮추지는 못한다. 레스토랑 주인이 점심시간에 영업을 할지 여부를 결정할 때 추가적인 식재료 가격과 추가적인 직원의 임금과 같은 가변비용만이 관련된다. 점심시간에 방문한 소수의 고객으로부터 올린 수입이 가변비용을 감당하지 못할 경우에만, 점심시간에 레스토랑을 폐쇄하게 된다.

ADRIAN SHERRATT/ALAMY STOCK PHOTO

레스토랑에 손님이 별로 없더라도 개점해두는 것이 수익성에 도움이 될 수 있다.

피서지에서 미니골프장을 운영하는 사람도 유사한 결정에 직면하게 된다. 미니골프장 수입이 계절에 따라 큰 폭으로 변하기 때문에, 해당 업체는 언제 미니골프장을 열고 언제 닫을지 결정해야 한다. 다시 한번, 토지를 매입해서 골프장을 짓는 데 소요되는 비용과 같은 고정비용은 이런 단기적인 결정과 관련되지 않는다. 연간 수입이 가변비용을 초과하는 시기에만 영업을 해야 한다. ●

9-2e 시장에서 퇴출하거나 진입하려는 기업의 장기적인 결정

시장을 떠나려는 기업의 장기적인 결정은 기업의 폐쇄 결정과 유사하다. 기업이 퇴출할 경우 생산물을 판매하여 얻을 수 있는 수입을 역시 잃게 되지만, 이번에는 생산가변비용뿐만 아니라 고정비용도 절약하게 된다. **자신이 생산하여 번 수입이 총생산비용보다 작다면 해당 기업은 시장에서 퇴출하게 된다.**

이를 수학적으로 표현하면 좀 더 유용한 형태의 규칙으로 만들 수 있다. TR이 총수입을 나타내고 TC가 총비용을 나타낼 경우, 기업의 퇴출 규칙을 다음과 같이 표현할 수 있다.

$TR < TC$인 경우, 퇴출을 결정한다.

총수입이 총비용보다 작은 경우, 기업은 퇴출을 결정한다. 이 부등식의 양변을 수량

Q로 나누어 다음과 같이 표현할 수 있다.

$$TR/Q < TC/Q\text{인 경우, 퇴출을 결정한다.}$$

TR/Q가 평균수입이며 가격 P와 같고, TC/Q가 평균 총비용 ATC라는 사실에 주목하여 이를 단순하게 나타낼 수 있다. 따라서 기업의 퇴출 규칙은 다음과 같이 표현할 수 있다.

$$P < ATC\text{인 경우, 퇴출을 결정한다.}$$

즉, 해당 물품의 가격이 평균 총생산비용보다 작은 경우, 기업은 퇴출을 결정한다.

이와 유사한 분석이 새로운 기업을 설립하려는 기업가에게도 적용된다. 설립할 경우 가격이 평균 총비용을 초과하여 수익이 남는다면, 해당 시장에 진입하려는 유인을 갖게 된다. 따라서 진입 규칙은 다음과 같다.

$$P > ATC\text{인 경우, 진입을 결정한다.}$$

진입 규칙은 퇴출 규칙의 정반대이다.

이제 경쟁기업의 장기 이윤 극대화 전략을 설명할 수 있게 되었다. 생산할 경우, 한계비용이 해당 물품의 가격과 일치하는 수량을 선택하게 된다. 하지만 가격이 해당 수량에서 평균 총비용보다 작다면, 기업은 시장에서 퇴출을 결정한다.(또는 시장에 진입하지 않기로 결정한다) 그림 4는 이런 결과들을 설명한다. **경쟁기업의 장기공급곡선은 평균 총비용곡선보다 위에 위치한 한계비용곡선 부분이다.**

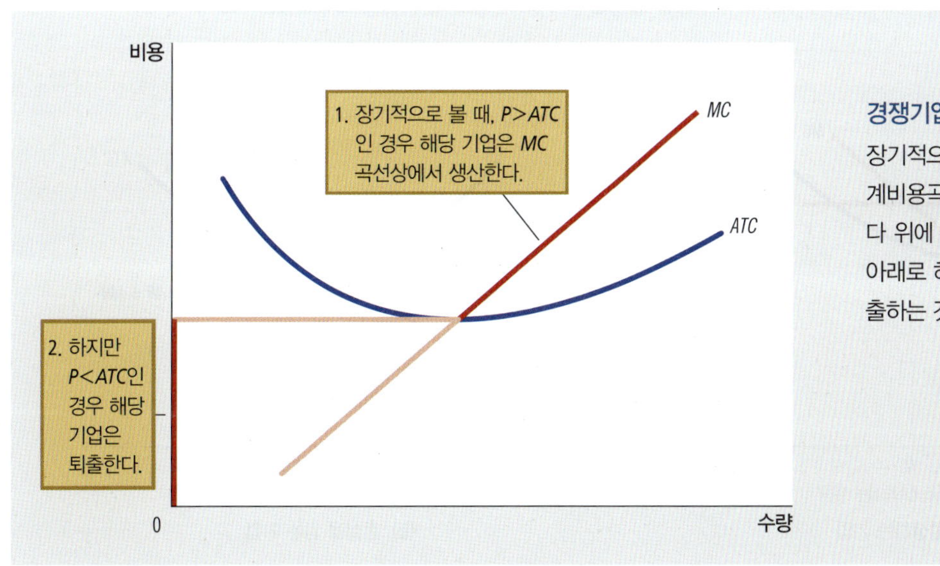

그림 4

경쟁기업의 장기공급곡선

장기적으로 볼 때, 경쟁기업의 공급곡선은 한계비용곡선(MC)에서 평균 총비용곡선(ATC)보다 위에 위치한 부분이다. 가격이 평균 총비용 아래로 하락할 경우, 해당 기업은 시장에서 퇴출하는 것이 더 낫다.

9-2f 그래프상에서 경쟁기업의 이윤 측정

퇴출과 진입에 대해 살펴볼 때 기업의 이윤을 세부적으로 분석하는 것이 유용하다. 이윤은 다음과 같이 총수입(TR)에서 총비용(TC)을 뺀 것과 같다는 사실을 기억하자.

$$이윤 = TR - TC$$

오른편에 Q를 곱하고 나누어서 위의 정의를 다음과 같이 나타낼 수 있다.

$$이윤 = (TR/Q - TC/Q) \times Q$$

TR/Q는 평균수입이며, 즉 가격 P이다. TC/Q는 평균 총비용 ATC이다. 따라서 다음과 같다.

$$이윤 = (P - ATC) \times Q$$

기업의 이윤을 위와 같이 표현할 경우, 그래프상에서 이윤을 측정할 수 있다.

그림 5(a)는 양의 이윤이 발생하는 기업을 보여준다. 이미 논의했던 것처럼, 해당 기업은 가격과 한계비용이 일치하는 수량을 생산하여 이윤을 극대화한다. 이제 빗금 친 직사각형을 살펴보도록 하자. 직사각형의 높이는 $P - ATC$이며, 이는 가격과 평균 총비

그림 5 가격과 평균 총비용 사이의 면적으로 본 이윤

가격과 평균 총비용 사이에 있는 빗금 친 직사각형의 면적은 해당 기업의 이윤을 나타낸다. 이 직사각형의 높이는 가격에서 평균 총비용을 감한 것($P-ATC$)이며, 너비는 수량(Q)이다. (a)에서 가격이 평균 총비용보다 높기 때문에, 기업은 양의 이윤을 얻을 수 있다. (b)에서는 가격이 평균 총비용보다 낮기 때문에, 기업은 손실을 입게 된다.

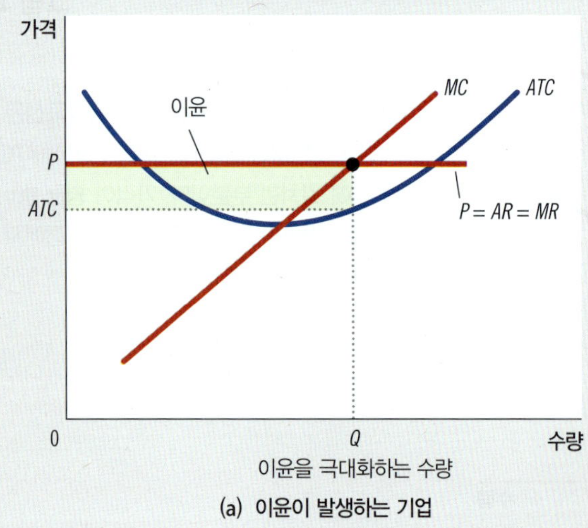

(a) 이윤이 발생하는 기업

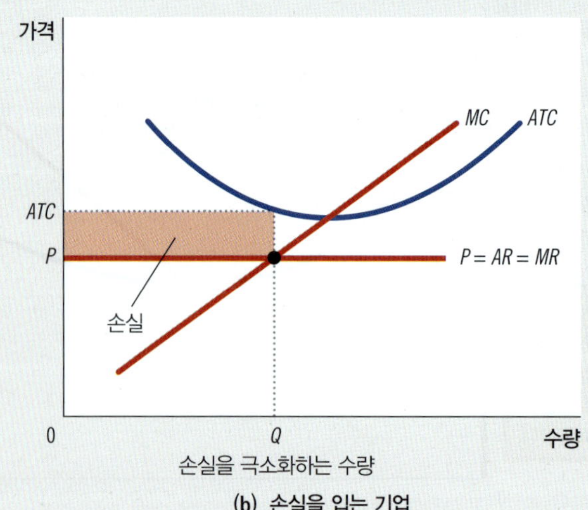

(b) 손실을 입는 기업

용의 차이이다. 직사각형의 너비는 Q이며, 이는 수량이다. 따라서 직사각형의 면적은 $(P-ATC)\times Q$이며, 이는 해당 기업의 이윤이다.

이와 유사하게, 그림 5(b)는 손실(음의 이윤)을 입는 기업을 보여준다. 이 경우 이윤을 극대화하는 것은 손실을 극소화하는 것을 의미하며, 이 작업은 다시 한번 가격이 한계비용과 일치하는 수량을 생산함으로써 이루어질 수 있다. 이제 빗금 친 직사각형을 생각해보자. 직사각형의 높이는 $ATC-P$이며, 너비는 Q이다. 면적은 $(ATC-P)\times Q$이며, 이는 해당 기업의 손실이다. 이 상황에 있는 기업은 각 생산물 단위에서 얻는 수입이 평균 총비용을 충당할 수 있을 정도로 충분하지 않기 때문에, 장기적으로 시장에서 퇴출하게 된다.

9-2g 간략한 요약

두 사업가가 나누는 대화를 통해 경쟁기업에 관해 우리가 했던 분석을 요약할 수 있다. 광재와 건희는 화강암 채석장을 매입했으며, 이는 주방 조리대의 상판을 제작하는 데 사용된다. 이 둘은 많은 채석장들과 경쟁하기 때문에, 시장상황에 따라 주어진 화강암 가격을 받아들여 추종한다. 대학에서 경제학을 전공한 광재는 건희에게 생산을 어떻게 결정할지에 대해 설명한다.

건희: 이윤을 극대화하려면 얼마나 생산해야 할까?

광재: 그러려면 $P=MC$에서의 생산량을 선택해야지.

건희: 이윤을 낼 수 있을까?

광재: 생산량 수준에서 $P>ATC$라면 이윤을 낼 수 있어. 하지만 $P<ATC$라면 손실을 낼 거야.

건희: 해당 생산량에서 이윤을 낼 경우 어떻게 해야 할까?

광재: 행복한 마음으로 계속 사업을 영위해야지.

건희: 해당 생산량에서 손실이 발생할 경우 어떻게 해야 할까?

광재: 장기적으로 퇴출할 계획을 수립해야지.

건희: 그 경우 단기적으로 계속 생산해야 할까?

표 3

경쟁기업의 이윤 극대화 규칙

1. $P=MC$인 곳에서 Q를 구한다.
2. $P<AVC$인 경우, 즉시 폐쇄하고 사업을 중단한다.
3. $AVC<P<ATC$인 경우, 단기적으로는 운영하지만 장기적으로는 퇴출한다.
4. $ATC<P$인 경우, 사업을 유지하면서 이윤을 얻는다.

광재: $P>AVC$라면 생산해야지. 계속 생산해야 손실을 최소화하거든.

건희: $P<AVC$라면 어떻게 해야 할까?

광재: 그렇다면, 가능한 한 빨리 폐쇄하고 퇴출계획을 수립해야지.

건희: 그래서 장기공급곡선은 *ATC* 곡선보다 위에 위치한 *MC* 곡선이고, 단기공급곡선은 *AVC* 곡선보다 위에 위치한 *MC* 곡선이야.

광재: 그렇지, 건희야. 그게 바로 우리가 수립한 계획이지. 표 3이 자네가 알아야 할 모든 것을 요약해 보여주고 있지.(이 규칙은 화강암에 새겨둘 만하다)

Quiz

3. 경쟁기업은 ______________을 선택해서 이윤을 극대화한다.
   a. 평균 총비용이 최저점일 때의 수량
   b. 한계비용이 가격과 일치할 때의 수량
   c. 평균 총비용이 가격과 일치할 때의 수량
   d. 한계비용이 평균 총비용과 일치할 때의 수량

4. 경쟁기업의 단기공급곡선은 자신의 ______________보다 위에 위치한 자신의 ______________이다.
   a. 한계비용곡선; 평균 총비용곡선
   b. 한계비용곡선; 평균 가변비용곡선
   c. 평균 총비용곡선; 한계비용곡선
   d. 평균 가변비용곡선; 한계비용곡선

5. 이윤을 극대화하는 경쟁기업의 경우 한계비용이 평균 가변비용과 평균 총비용 사이에 위치하는 상황에서의 수량을 현재 생산하고 있다면, 해당 기업은 ______________.
   a. 단기적으로 계속 생산하겠지만, 장기적으로는 시장을 퇴출하게 된다.
   b. 단기적으로 폐쇄하겠지만, 장기적으로는 다시 생산하게 된다.
   c. 단기적으로 폐쇄하고, 장기적으로는 시장을 퇴출하게 된다.
   d. 단기적으로 그리고 장기적으로 둘 다에서 계속 생산하게 된다.

해답은 이 장의 끝부분에 있다.

9-3 경쟁시장에서의 공급곡선

전체 시장에 대한 공급곡선은 개별 기업의 공급 결정을 기반으로 구축된다. 다음과 같은 두 가지 경우를 생각해보자. (1) 고정된 수의 기업이 있는 시장 (2) 기업이 진입하고 퇴출할 수 있는 시장 이들 두 경우가 모두 중요한데, 그 이유는 각 경우가 특정 기간의 범위에 적용되기 때문이다. 단기간에는 진입과 퇴출이 종종 어렵기 때문에, 고정된 수의 기업이 존재한다고 가정하는 것이 합리적일 수 있다. 하지만 장기간에는 진입과 퇴출이 더 용이하기 때문에, 시장상황의 변화에 따라 기업의 수가 조정될 수 있다.

9-3a 단기: 고정된 수의 기업이 존재하는 경우의 시장 공급

1,000개의 동일한 기업이 존재하는 시장을 생각해보자. 각 기업은 우리가 사용하는 표

그림 6

단기 시장 공급

단기에서는 시장에 있는 기업의 수가 고정된다. 따라서 (b)에 있는 시장 공급곡선은 (a)에 있는 개별 기업의 한계비용곡선을 합한 것이다. 여기서는 시장에 1,000개의 동일한 기업이 있다고 본다. 시장의 공급량은 각 기업의 공급량에 1,000배 한 것과 같다.

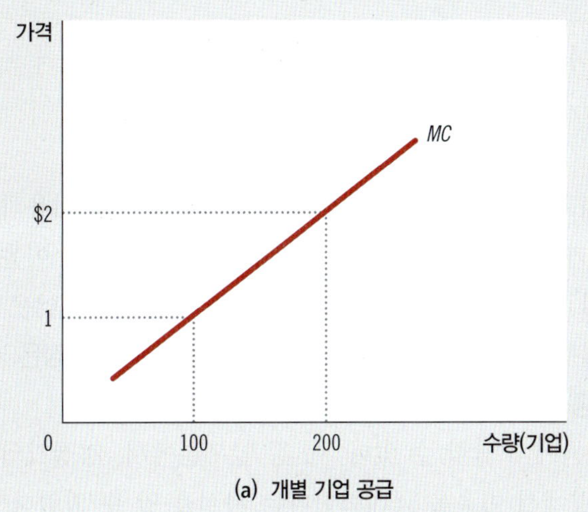

(a) 개별 기업 공급

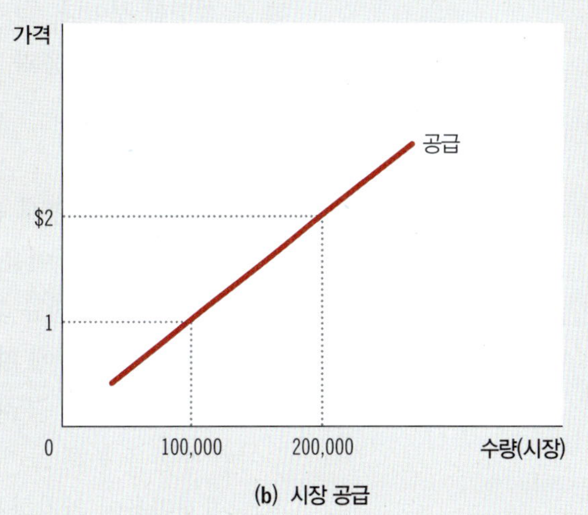

(b) 시장 공급

준 모형에 따라 행동한다. 즉, 모든 가격에 대해 각 기업은 한계비용이 가격과 일치하는 생산량을 공급한다. 그림 6(a)는 이런 상황을 보여준다. 가격이 평균 가변비용을 초과하는 한, 각 기업의 한계비용곡선은 해당 기업의 공급곡선이 된다. 시장에 공급되는 양은 1,000개 기업 각각이 공급하는 양을 합산한 것이다. 시장 공급곡선은 (제4장에서 살펴본 것처럼) 모든 기업의 공급곡선을 수평으로 합산하여 도출할 수 있다. 그림 6(b)가 보여주는 것처럼, 시장에 대한 공급량은 이들 동일한 기업 각각의 공급량에 1,000배 하여 구할 수 있다.

9-3b 장기: 진입과 퇴출이 발생하는 경우의 시장 공급

이제 기업이 시장에 진입하고 퇴출할 수 있을 때 어떤 일이 발생하는지 생각해보자. 모든 사람이 동일한 생산기술에 접근할 수 있고 생산요소를 구입할 수 있는 동일한 시장에 접근할 수 있다고 가상하자. 따라서 현재 운영되고 있는 기업이나 향후 운영될 잠재적인 기업은 모두 동일한 비용곡선을 갖게 된다.

이런 형태의 시장에서 이루어지는 진입과 퇴출에 대한 결정은, 현재 운영되고 있는 기업의 소유주와 신규 기업을 설립할 수도 있는 기업가가 직면하는 유인에 달려 있다. 시장에서 이미 운영되고 있는 기업이 수익을 낼 경우, 신규 기업이 진입을 하게 된다. 진입이 이루어지면 기업의 수가 늘어나고, 공급량이 증가하며, 가격과 이윤은 하락하게 된다. 반대로 시장에 있는 기존의 기업이 손실을 입게 되면, 일부 기존 기업이 퇴출하게 된다. 이런 퇴출로 인해 기업의 수가 줄어들고, 공급량은 감소하며, 가격과 이윤은 상승하게 된다. **이런 진입과 퇴출 과정이 끝나면, 시장에 계속 남아 있는 기업은 영의 경제적 이윤을 얻게 된다.** 결론이 이상해 보일 수도 있지만 두려워할 필요는 없다. 이에 대해 곧 설명할 것이다.

기업의 이윤을 다음과 같이 나타낼 수 있다는 사실을 기억하자.

$$\text{이윤} = (P - ATC) \times Q$$

위의 식에 따르면, 현재 운영되고 있는 기업은 물품의 가격이 평균 총생산비용과 일치하는 경우에만 영의 이윤을 얻게 된다. 가격이 평균 총비용보다 높은 경우, 이윤은 양이 되며 이에 따라 신규 기업이 진입을 하게 된다. 가격이 평균 총비용보다 낮은 경우, 이윤은 음이 되며 이에 따라 일부 기업이 퇴출을 하게 된다. **진입 및 퇴출 과정은 가격과 평균 총비용이 일치될 경우에만 종식된다.**

이런 추론을 통해 놀라운 결론에 도달할 수 있다. 이 장 앞부분에서, 경쟁기업은 가격과 한계비용이 일치하는 수량에서 이윤을 극대화한다는 사실을 알 수 있었다. 그리고 지금 막 바로 위에서, 자유로운 진입 및 퇴출이 이루어질 경우 가격은 평균 총비용과 일치하게 된다는 사실도 알게 되었다. 하지만 가격이 한계비용과 평균 총비용 둘 다와 같다면, 비용에 대한 이들 두 측정값도 서로 같아야만 한다. 그러나 기업이 평균 총

그림 7 **장기 시장 공급**

장기에서는 이윤이 영에 도달할 때까지 기업이 시장에 진입하거나 퇴출하게 된다. 따라서 (a)에서 보는 것처럼 가격은 평균 총비용의 최저점과 같아진다. 기업의 수가 조정되어 이 가격수준에서 모든 수요가 충족되도록 한다. (b)에서 보는 것처럼 장기 시장 공급곡선은 이 가격수준에서 수평이 된다.

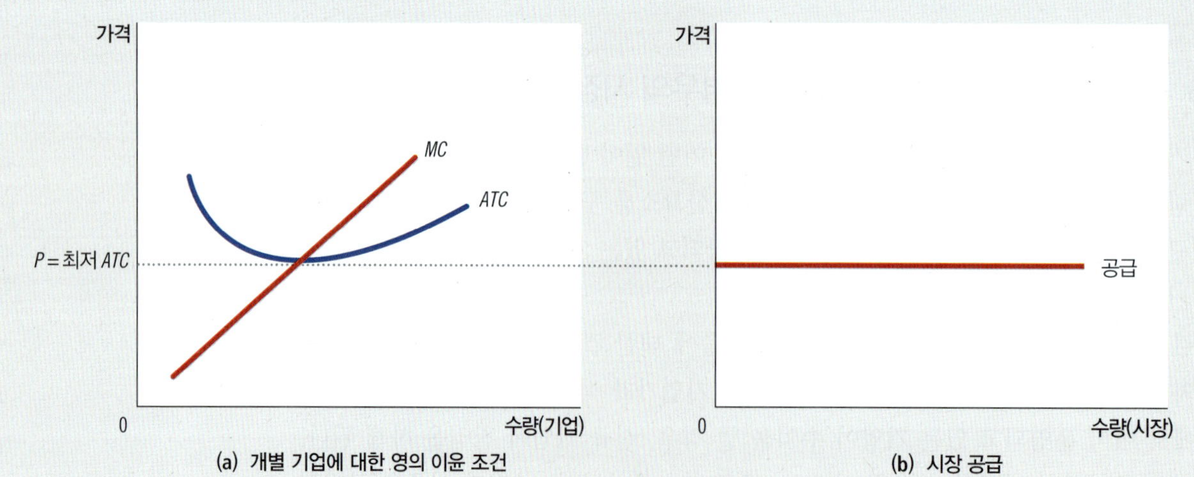

(a) 개별 기업에 대한 영의 이윤 조건

(b) 시장 공급

비용의 최저점에서 운영될 때만, 한계비용과 평균 총비용이 같아진다. 경제학자들이 **효율규모**라는 용어를 사용한다고 앞 장에서 언급했는데, 이는 최저의 평균 총비용에서 이루어지는 생산수준을 의미한다. 따라서 **자유로운 진입 및 퇴출이 이루어지는 경쟁시장의 장기균형에서는 기업이 효율규모에서 운영된다.**

그림 7(a)는 이런 장기균형 상태에 있는 어떤 기업을 보여준다. 이 그림에서 P는 한계비용 MC와 같으며, 따라서 해당 기업은 이윤을 극대화할 수 있다. 또한 가격은 평균 총비용 ATC와 같으며, 따라서 이윤은 영이 된다. 새로운 기업이 시장에 진입하고자 하는 유인을 갖지 않으며, 기존 기업은 시장을 떠나고자 하는 유인을 갖지 않는다.

기업 행태에 관한 이런 분석을 통해, 해당 시장의 장기공급곡선을 결정할 수 있다. 자유로운 진입 및 퇴출이 가능한 시장에서는 영의 이윤과 일치하는 오직 한 개의 가격만이 존재하며, 이는 평균 총비용의 최저수준에서 달성된다. 따라서 장기 시장 공급곡선은 이 가격수준에서 수평선이 되어야 하며, 이는 그림 7(b)에서처럼 완전탄력적인 공급곡선으로 나타낼 수 있다. 이 가격수준보다 높은 모든 가격에서 이윤이 발생하며, 이로 인해 진입이 발생하고 총공급량이 증대한다. 이 가격수준보다 낮은 모든 가격에서 손실이 발생하며, 이로 인해 퇴출이 발생하고 총공급량이 감소한다. 언젠가는 시장에 있는 기업의 수가 조정되어 가격은 평균 총비용의 최저수준과 같아지고, 이 가격에서 모든 수요를 충족시키기에 충분한 수의 기업이 존재하게 된다.

9-3c 이윤이 영인 경쟁기업이 사업을 유지하는 이유는 무엇인가?

경쟁기업이 장기적으로 영의 이윤을 얻는다는 것이 처음에는 이상해 보일 수도 있다. 사람들은 결국 돈을 벌기 위해 사업을 시작한다. 진입이 이루어져서 궁극적으로 이윤이 영이 된다면, 계속해서 사업을 유지할 이유가 없는 것처럼 보일 수 있다.

영의 이윤 조건을 좀 더 완벽하게 이해하기 위해, 이윤은 총수입에서 총비용을 감한 것이며 총비용에는 기업에 관한 모든 기회비용이 포함된다는 사실을 기억하자. 특히 총비용에는 기업 소유주가 기업에 투입한 시간과 금전이 포함된다. 중요한 사실은 이윤이 영이 되는 균형상태라 할 때 여기서 이윤은 기업이 번 수입에서 소유주에게 기회비용을 모두 보상해주고 난 후의 금액을 의미한다는 것이다.

한 가지 예를 생각해보자. 농장을 시작하기 위해 농부는 100만 달러를 투자해야 하고, 여기에 투자를 하지 않고 은행계좌에 예치할 경우 연간 40,000달러를 받을 수 있다고 가상하자. 이 밖에 농부는 연간 60,000달러를 받을 수 있는 다른 일자리를 포기해야만 한다. 그러므로 농장을 하는 데 따른 기회비용은 받지 못하고 사라진 이자와 임금 둘 다를 포함하여 총 100,000달러가 된다. 농장운영에 따른 이윤이 영이 되었더라도 이것은 농장을 통해 번 수입에서 농부

"우리는 비영리 단체입니다. 의도하지는 않았지만 그렇게 되었습니다."

에게 이런 기회비용을 모두 보상해주고 난 후의 이윤을 의미한다.

회계사와 경제학자는 비용을 서로 상이하게 측정한다는 사실을 기억하자. 앞 장에서 살펴본 것처럼, 회계사는 명시비용을 추적하여 계산하지만 묵시비용은 그렇게 하지 않는다. 회계사는 금전적 지출이 필요한 비용을 측정하지만, 기업에서 금전적 지출이 이루어지지 않는 기회비용은 무시한다. 따라서 이윤이 영인 균형에서 경제적 이윤은 영이 되지만 회계적 이윤은 양이 된다. 예를 들어 농부의 회계사는 농장이 100,000달러 상당의 이윤을 벌었다고 결론을 내리는데, 이것이 농부가 농장을 계속 운영하는 이유이다.

9-3d 단기 및 장기에서의 수요 이동

이제는 시장이 수요 변화에 어떻게 대응하는지 살펴보도록 하자. 기업이 장기적으로 진입 및 퇴출을 할 수 있지만 단기적으로는 그렇게 할 수 없으므로, 수요 변화에 대한 시장의 대응은 기간의 범위에 달려 있다. 이에 대해 알아보기 위해 수요 변화로 인해 시간이 흐름에 따라 나타나는 영향을 추적해보자.

우유시장이 장기균형에서 시작한다고 가상하자. 기업은 영의 이윤을 얻고 있으며, 따라서 가격은 평균 총비용의 최저수준과 일치한다. 그림 8(a)는 이런 상황을 보여준다. 장기균형은 점 A에서 이루어지고, 시장에서의 판매량은 Q_1이며 가격은 P_1이다.

이제는 우유가 기적적으로 건강을 증진시키는 효과가 있다는 사실을 과학자들이 발견했고 이로 인해 수요가 급등했다고 가상하자. 즉, 모든 가격에서 우유 수요량이 증가하여, 우유에 대한 수요곡선은 그림 8(b)에서 보는 것처럼 D_1에서 D_2로 바깥쪽으로 이동한다. 단기균형은 점 A에서 점 B로 이동하고, 수량은 Q_1에서 Q_2로 증가하며, 가격은 P_1에서 P_2로 상승한다. 시장에 있는 모든 기업이 더 많은 우유를 생산하여 인상된 가격에 대응한다. 각 기업의 공급곡선은 자신의 한계비용곡선을 반영하기 때문에, 각 기업이 생산을 얼마나 증가시키느냐는 한계비용곡선에 달려 있다. 새로운 단기균형에서 우유가격이 평균 총비용을 초과하며, 해당 기업은 양의 이윤을 얻게 된다.

시간이 지남에 따라, 이런 이윤으로 인해 신규 기업이 진입하게 된다. 예를 들어 다른 농산물을 공급하던 일부 농부들이 우유 생산으로 전환할 수 있다. 공급자의 수가 증가함에 따라, 모든 가격에서 공급량이 증가하여 단기공급곡선은 그림 8(c)에서 보는 것처럼 S_1에서 S_2로 오른쪽으로 이동한다. 이런 이동으로 인해 가격은 하락하게 된다. 결국에 가격은 다시 평균 총비용의 최저수준으로 돌아가서 이윤이 영이 되고, 기업은 진입을 멈추게 된다. 시장은 새로운 장기균형인 점 C에 도달한다. 우유가격은 P_1으로 다시 돌아가지만, 생산량은 Q_3로 증가한다. 각 기업은 다시 한번 효율규모에서 생산하게 되지만, 우유사업에는 더 많은 기업이 있기 때문에 우유 생산량과 판매량은 증대한다.

그림 8

단기 및 장기에서의 수요 증가

(a)는 점 A에서 장기균형에 있는 시장을 보여준다. 이 균형에서 각 기업은 영의 이윤을 내며, 가격은 최저 평균 총비용과 같아진다. (b)는 수요가 D_1에서 D_2로 증가할 때 단기적으로 어떤 일이 발생하는지 보여준다. 즉, 균형은 점 A에서 점 B로 이동하고, 가격은 P_1에서 P_2로 상승하며, 시장에서의 판매량은 Q_1에서 Q_2로 증가한다. 이제는 가격이 평균 총비용을 상회하기 때문에, 각 기업은 이윤을 얻게 되고 시간이 지남에 따라 신규 기업이 시장에 진입하게 된다. (c)는 이런 진입으로 인해 단기공급곡선이 오른쪽으로 즉 S_1에서 S_2로 어떻게 이동하는지 보여준다. 새로운 장기균형 점 C에서, 가격은 P_1으로 되돌아가지만 판매량은 Q_3로 증가한다. 이윤은 다시 0이 되고 가격은 최저 평균 총비용으로 되돌아가지만, 시장에는 이제 더 많은 기업이 있게 되어 더 많은 수요를 충족시키게 된다.

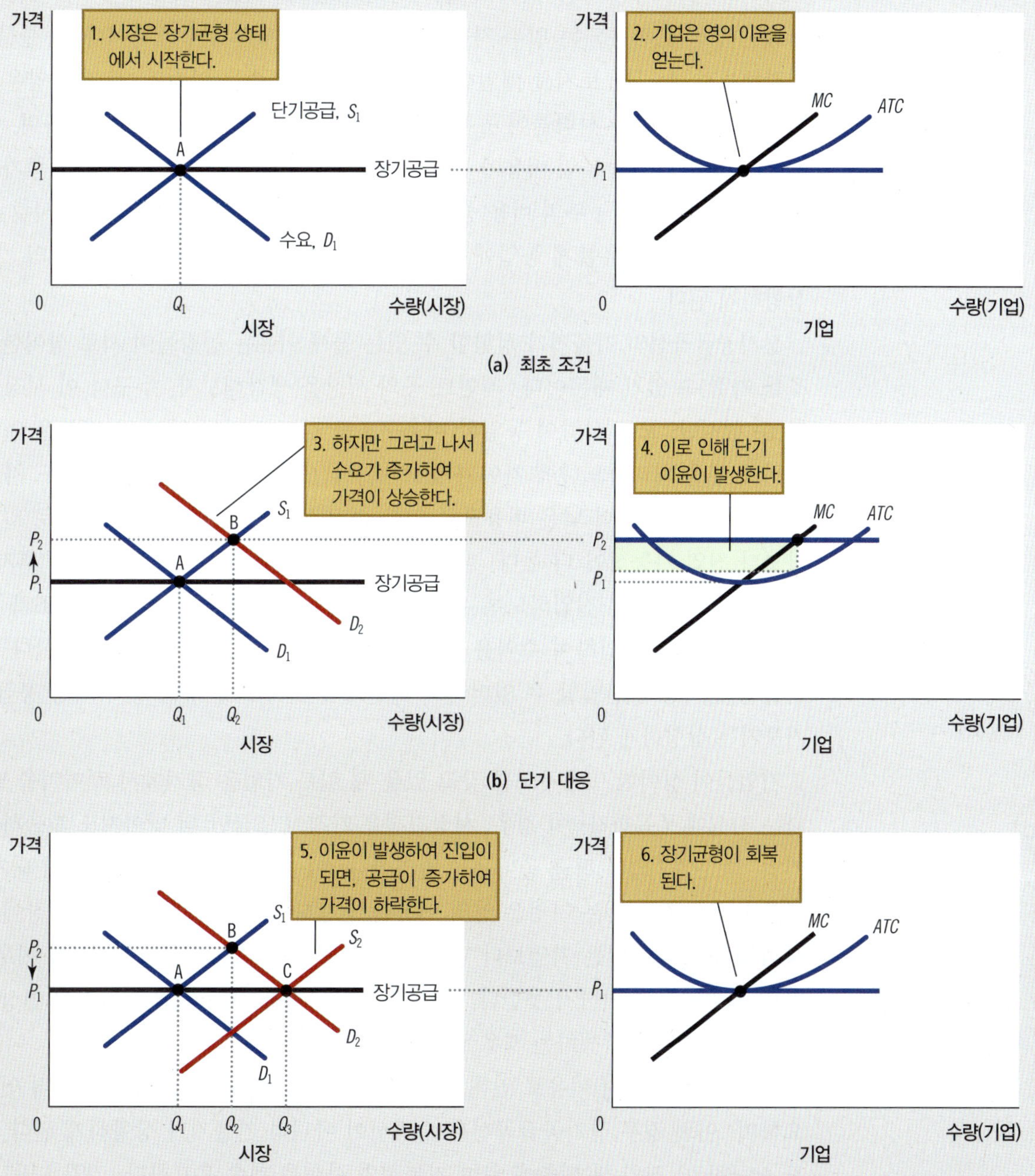

9-3e 장기공급곡선의 기울기가 상향할 수도 있는 이유

진입 및 퇴출로 인해 장기 시장 공급곡선이 완전히 탄력적이 될 수 있다는 사실을 살펴보았다. 본질적으로 진입하려는 잠재적인 기업이 많으며, 이들 각각은 동일한 비용에 직면하게 된다고 본다. 따라서 장기 시장 공급곡선은 평균 총비용의 최저수준에서 수평선이 된다. 수요가 증가할 경우 발생하는 장기적인 결과는, 기업의 수가 증가하고 총공급량이 증가하며 가격은 변화가 없다.

하지만 장기 시장 공급곡선의 기울기가 상향할 수도 있는 이유가 두 가지 있다. 첫째 이유는 생산에 사용되는 일부 자원의 가용 수량이 제한되기 때문이다. 농산물시장을 생각해보자. 누구나 토지를 매입하여 농장을 시작할 수는 있지만, 토지의 양은 제한되어 있다. 좀 더 많은 사람들이 농부가 되려 하기 때문에 농지가격이 상승하며, 이로 인해 시장에서 모든 농부의 비용이 증대한다. 이런 경우 농산물에 대한 수요 증가가 가격 상승으로 이어지는 농부의 비용 증가를 유발하지 않으면서 공급량을 증대시킬 수는 없다. 결과적으로 자유롭게 농업에 진입할 수 있더라도 장기 시장 공급곡선의 기울기는 상향하게 된다.

장기공급곡선의 기울기가 상향할 수 있는 둘째 이유는 농장들이 서로 상이한 비용구조를 가질 수 있기 때문이다. 페인트 공의 시장을 생각해보자. 누구나 이 시장에 진입할 수 있지만, 모든 사람이 동일한 비용구조를 갖고 있지는 않다. 사람들은 얼마나 신속하게 일을 처리하느냐에 차이가 있으며, 시간을 어디에 사용하느냐에도 차이가 있다. 모든 가격에서 더 낮은 비용으로 일할 수 있는 사람은 더 높은 비용으로 일하는 사람보다 진입 가능성이 더 높다. 페인트칠 서비스 공급량을 증대시키려면, 추가적으로 사람들이 이 시장에 진입하도록 유인해야 한다. 신규 진입자들은 비용구조가 더 높기 때문에, 이들이 진입하여 수익을 남기기 위해서는 가격이 인상되어야만 한다. 따라서 자유롭게 시장에 진입할 수 있더라도 페인트칠 서비스에 대한 장기 시장 공급곡선의 기울기는 상향하게 된다.

기업들이 상이한 비용구조를 갖고 있을 때 일부 기업은 장기에서도 이익을 낼 수 있다는 사실에 주목하자. 이 경우, 시장가격은 가격이 조금만 더 낮아져도 퇴출하게 되는 기업, 즉 **한계기업**의 평균 총비용을 반영한다. 이 기업은 영의 이윤을 얻게 되지만, 더 낮은 비용구조를 갖는 기업은 양의 이윤을 얻는다. 진입하려는 기업은 시장에서 이미 사업을 영위하고 있는 기업보다 더 높은 비용구조를 갖기 때문에, 진입이 이루어지더라도 이 이윤을 제거하지 못한다. 더 높은 비용구조를 갖는 기업은 가격이 인상되어 이들에 대해 수익이 발생하는 경우에만 진입하게 된다.

위와 같은 두 가지 이유로 인해 더 많은 공급량을 유인하기 위해서는 가격 인상이 필요하며, 이런 경우 장기공급곡선은 수평선이 아니라 기울기가 상향하게 된다. 그럼에도 불구하고, 진입 및 퇴출에 관한 기본적인 사실은 계속 유효하다. **기업은 단기보다 장**

기에서 더 용이하게 진입 및 퇴출할 수 있기 때문에, 장기공급곡선이 단기공급곡선보다 일반적으로 더 탄력적이다.

Quiz

6. 동일한 기업이 있는 경쟁시장의 장기균형에서, 가격 P, 한계비용 MC, 평균 총비용 ATC의 관계는 어떠한가?
   a. $P > MC$ 그리고 $P > ATC$
   b. $P > MC$ 그리고 $P = ATC$
   c. $P = MC$ 그리고 $P > ATC$
   d. $P = MC$ 그리고 $P = ATC$
7. 동일한 기업이 있는 경쟁시장의 단기균형에서, 신규 기업이 진입할 준비를 하고 있다면 가격 P, 한계비용 MC, 평균 총비용 ATC의 관계는 어떠한가?
   a. $P > MC$ 그리고 $P > ATC$
   b. $P > MC$ 그리고 $P = ATC$
   c. $P = MC$ 그리고 $P > ATC$
   d. $P = MC$ 그리고 $P = ATC$
8. 뉴욕시의 (짭짤한 비스킷인) 프레첼 매점들이 장기균형 상태의 완전경쟁시장이라고 가상하자. 어느 날 뉴욕시가 각 매점에 매월 100달러의 조세를 부과하기 시작했다. 이 정책은 단기 및 장기에서 프레첼 소비량에 어떤 영향을 미치게 되는가?
   a. 단기적으로 감소하고, 장기적으로는 불변한다.
   b. 단기적으로 증가하고, 장기적으로는 불변한다.
   c. 단기적으로 불변하고, 장기적으로는 감소한다.
   d. 단기적으로 불변하고, 장기적으로는 증가한다.

해답은 이 장의 끝부분에 있다.

9-4 결론

완전경쟁시장에서 물품을 공급하여 얻게 되는 이윤을 극대화하는 기업 행태에 대해 논의했다. 제1장에서 살펴본 **경제학의 열 가지 원리** 중 '합리적인 사람들은 한계적으로 생각한다'는 원리를 기억해보자. 이 장에서는 이런 원리를 경쟁기업에 적용했다. 한계분석을 통해 경쟁시장에서의 공급곡선 이론을 살펴보고, 시장에서 이루어진 결과를 심도 있게 이해할 수 있었다.

경쟁시장에 속한 기업으로부터 물품을 매입할 때 여러분이 지불하는 가격은 해당 물품을 생산하는 데 소요되는 비용에 근접한다는 사실을 배웠다. 특히 기업이 경쟁적이고 이윤을 극대화하는 경우, 물품의 가격은 해당 물품을 만드는 데 소요되는 한계비용과 같아진다. 그리고 기업이 자유롭게 시장에 진입하고 퇴출할 수 있다면, 가격은 가능한 한 가장 낮은 총생산비용과 일치한다.

이 장 전반에 걸쳐 기업은 가격 추종자라고 가정했지만, 여기서 사용한 많은 분석방법은 덜 경쟁적인 시장에 속한 기업을 살펴보는 데도 유용하다. 다음 장에서 시장 지배력이 있는 기업을 살펴보는 데도 적절하다. 다음 장에서는 시장 지배력이 있는 기업의 행태를 분석할 것이다. 한계분석은 다시 한번 유용하겠지만, 기업의 생산 결정과 시장에서 이루어진 결과의 성격에 대해 시사하는 바는 매우 다를 것이다.

요약

- 경쟁기업은 가격 추종자이기 때문에, 해당 기업의 수입은 자신이 생산한 생산량에 비례한다. 해당 물품의 가격은 기업의 평균수입 및 한계수입 둘 다와 같아진다.
- 이윤을 극대화하기 위해, 기업은 한계수입이 한계비용과 일치하는 생산량을 선택한다. 경쟁기업의 한계수입은 시장가격과 같기 때문에, 기업은 가격이 한계비용과 일치하는 수량을 선택하게 된다. 따라서 기업의 한계비용곡선은 해당 기업의 공급곡선이 된다.
- 고정비용이 매몰되는 단기적으로 볼 때, 해당 물품의 가격이 평균 가변비용보다 더 작다면 해당 기업은 일시적으로 폐쇄된다. 기업이 고정비용과 가변비용 둘 다를 만회할 수 있는 장기적으로 볼 때, 가격이 평균 총비용보다 더 작다면 해당 기업은 퇴출하게 된다.
- 자유로운 진입 및 퇴출이 이루어지는 시장에서, 경제적 이윤은 장기적으로 영이 된다. 이런 장기균형에서, 모든 기업은 효율규모에서 생산하며 가격은 평균 총비용의 최저수준과 같아진다. 기업의 수는 조정되어 이 가격에서 수요량을 충족시킨다.
- 수요의 변화는 상이한 기간의 범위에 상이한 영향을 미친다. 단기적으로, 수요가 증가하면 가격이 인상되고 이는 이윤으로 이어지며, 수요가 감소하면 가격이 인하되고 이는 손실로 이어진다. 하지만 기업들이 자유롭게 시장에 진입 및 퇴출을 할 수 있는 장기에서는, 기업의 수가 조정되어 시장은 이윤이 영인 균형상태로 돌아가게 된다.

주요 개념

경쟁시장 210
평균수입 212
한계수입 212
매몰비용 219

복습용 질문

1. 경쟁시장의 주요 특성은 무엇인가?
2. 기업의 수입과 이윤의 차이를 설명하시오. 기업은 무엇을 극대화하는가?
3. 일반적인 기업에 대한 비용곡선을 그리시오. 경쟁기업은 이윤을 극대화하는 생산량 수준을 어떻게 선택하는지 설명하시오. 해당 생산량 수준에 대한 이 기업의 총수입과 총비용을 그래프상에 나타내시오.
4. 어떤 조건하에서 기업은 일시적으로 폐쇄하는가? 설명하시오.
5. 어떤 조건하에서 기업은 시장에서 퇴출하는가? 설명하시오.
6. 경쟁기업의 가격은 단기에서 자신의 한계비용과 일치하는가, 아니면 장기에서 일치하는가? 또는 둘 다에서 일치하는가? 설명하시오.
7. 경쟁기업의 가격은 단기에서 평균 총비용의 최저수준과 일치하는가, 아니면 장기에서 일치하는가? 또는 둘 다에서 일치하는가? 설명하시오.
8. 시장 공급곡선은 일반적으로 단기에서 더 탄력적인가, 아니면 장기에서 더 탄력적인가? 설명하시오.

문제와 응용

1. 많은 소형 보트는 원유에서 추출된 유리섬유와 수지로 만들어진다. 유가가 상승했다고 가상하자.
   a. 도해를 사용하여 보트를 제작하는 개별 기업의 비용곡선과 시장 공급곡선에 어떤 일이 발생하는지 보이시오.
   b. 보트 제작업체의 이윤에 단기적으로 어떤 일이 발생하는가? 보트 제작업체의 수에 장기적으로 어떤 일이 발생하는가?

2. 성진이의 잔디 깎는 회사는 이윤을 극대화하는 경쟁기업이다. 성진이는 각각 27달러를 받고 잔디를 깎고 있다. 매일마다 총비용은 280달러가 소요되며, 그중에서 30달러는 고정비용이다. 하루에 10개의 잔디를 깎는다. 조업을 중단하는 폐쇄에 관한 성진이의 단기적인 결정에 대해 무슨 말을 할 수 있는가? 퇴출에 관한 장기적인 결정에 대해 무슨 말을 할 수 있는가?

3. 다음 표에 주어진 총비용과 총수입을 생각해보자.

수량	0	1	2	3	4	5	6	7
총비용	8달러	9	10	11	13	19	27	37
총수입	0달러	8	16	24	32	40	48	56

   a. 각 수량에 대해 이윤을 계산하시오. 기업은 이윤을 극대화하기 위해서 얼마나 많이 생산해야 하는가?
   b. 각 수량에 대해 한계수입과 한계비용을 계산하시오. 이를 그래프로 나타내시오.(요령: 수량을 나타내는 정수들 사이에 점으로 나타내시오. 예를 들면 수량 2와 3 사이의 한계비용은 이들의 중간인 수량 $2\frac{1}{2}$에서 점으로 나타내시오) 어떤 수량에서 이들 곡선은 교차하는가? 여러분의 답변을 (a)와 어떻게 연계시킬 수 있는가?
   c. 이 기업이 경쟁적인 산업에 있는지 여부를 말할 수 있는가? 만일 그렇다면, 해당 산업은 장기균형 상태에 있는지 여부를 말할 수 있는가?

4. 볼 베어링 주식회사는 다음과 같은 생산비용에 직면한다.

수량(상자)	총고정비용	총가변비용
0	100달러	0달러
1	100	50
2	100	70
3	100	90
4	100	140
5	100	200
6	100	360

   a. 각 생산수준에서 이 회사의 평균 고정비용, 평균 가변비용, 평균 총비용, 한계비용을 계산하시오.
   b. 볼 베어링 주식회사의 상자당 가격은 50달러이다. 회사가 이윤을 낼 수 없다는 사실을 알고 나서 최고경영자(CEO)는 조업을 중지하고 폐쇄하기로 결정을 내렸다. 이 회사의 이윤 또는 손실은 얼마인가? 이런 폐쇄 결정은 현명한가? 설명하시오.
   c. 경제학 원론에서 학습했던 내용을 어렴풋하게 상기하면서, 최고재무책임자는 CEO에게 볼 베어링 한 상자를 생산할 경우 한계수입이 한계비용과 일치하기 때문에 해당 수량을 생산하는 것이 더 낫다고 말했다. 이 생산수준에서 해당 회사의 이윤 또는 손실은 얼마인가? 한 상자를 생산하는 것이 최선의 결정인가? 설명하시오.

5. 서적 인쇄산업은 경쟁적이며 장기균형에서 시작한다고 가상하자.
   a. 이 산업에 속한 일반적인 기업의 평균 총비용, 한계비용, 한계수입, 공급곡선을 보여주는 도해를 그리시오.
   b. 하이테크 인쇄회사는 서적 인쇄비용을 현저하게 낮출 수 있는 새로운 공정을 발명했다. 하이테크 회사의 특허로 인해 다른 기업들이 이 신기술을 사용할 수 없는 단기에서, 이는 이 하이테크 회사의 이윤과 서적가격에 어떤 영향을 미치는가?
   c. 특허기간이 종료되어 다른 기업들이 무료로 이 기술을 사용할 수 있게 되는 장기에서, 어떤 일이 발생하는가?

6. 경쟁시장에 속한 기업은 총수입이 500달러이고 한계수입은 10달러가 된다. 평균수입은 얼마이며, 얼마나 많은 단위가 판매되는가?

7. 경쟁시장에 속하며 이윤을 극대화하는 기업은 현재 생산량 100단위를 생산한다. 평균수입이 10달러이고 평균 총비용은 8달러이며, 고정비용은 200달러이다.

a. 이윤은 얼마인가?

b. 한계비용은 얼마인가?

c. 평균 가변비용은 얼마인가?

d. 이 기업의 효율규모는 100단위보다 더 많은가, 100단위보다 더 적은가, 아니면 정확히 100단위인가?

8. 비료시장은 완전경쟁시장이다. 이 시장에 속한 기업들은 생산을 하고 있지만 현재 경제적 손실을 입고 있다.

a. 비료가격을 비료를 생산하는 평균 총비용, 평균 가변비용, 한계비용과 비교하면 어떠한가?

b. 이 시장에 있는 일반적인 기업과 비료시장의 현재 상황을 설명하는 그래프를 각각 나란히 그리시오.

c. 수요곡선 또는 기업의 비용곡선에 변화가 없다고 가정하자. 비료가격, 한계비용, 평균 총비용, 각 기업의 공급량, 시장에 대한 총공급량에 장기적으로 어떤 일이 발생하는지 설명하시오.

9. 엑테니아 시의 애플파이 시장은 경쟁적이며, 다음과 같은 수요 스케줄을 갖는다.

가격	수요량
1달러	파이 1,200개
2	1,100
3	1,000
4	900
5	800
6	700
7	600
8	500
9	400
10	300
11	200
12	100
13	0

이 시장의 각 생산자에 대한 고정비용이 9달러이고 한계비용 스케줄은 다음과 같다.

수량	한계비용
파이 1개	2달러
2	4
3	6
4	8
5	10
6	12

a. 파이 1개부터 6개까지의 각 수량에 대한 각 생산자의 총비용과 평균 총비용을 계산하시오.

b. 파이가격은 현재 11달러이다. 얼마나 많은 파이가 판매되는가? 각 생산자는 얼마나 많은 파이를 만드는가? 얼마나 많은 생산자가 있는가? 각 생산자는 얼마나 많은 이윤을 얻는가?

c. (b)에서 설명한 상황은 장기균형인가? 그렇다면 그 이유는 무엇인가? 그렇지 않다면 그 이유는 무엇인가?

d. 장기적으로 자유로운 진입 및 퇴출이 발생한다고 가상하자. 장기균형에서 각 생산자는 얼마나 많은 이윤을 얻는가? 각 생산자는 얼마나 많은 파이를 만드는가? 시장에서 얼마나 많은 파이가 판매되는가? 얼마나 많은 파이 생산자가 존재하는가?

10. 어떤 산업에 현재 100개 기업이 있으며, 이들 각각의 고정비용은 16달러이고 평균 가변비용은 다음과 같다.

수량	평균 가변비용
1	1달러
2	2
3	3
4	4
5	5
6	6

a. 수량 1부터 6까지 각 수량에 대해 기업의 한계비용과 평균 총비용을 계산하시오.

b. 균형가격은 현재 10달러이다. 각 기업은 얼마나 많이 생산하는가? 시장의 총공급량은 얼마인가?

c. 장기적으로 기업은 시장에 진입하고 퇴출할 수 있으며, 모든 진입 기업은 위와 동일한 비용을 갖는다. 이 시장이 장기균형으로 전환될 때, 가격은 상승하는가 아니면 하락하는가? 수요량은 증가하는가 아니면 감소하는가? 각 기업의 공급량은 증가하는가 아니면 감소하는가? 여러분의 답변을 설명하시오.

d. 이 시장의 장기공급곡선을 그리고, 수직축과 수평축에 관련 사항을 기재하시오.

11. 경쟁산업에 속한 각 기업이 다음과 같은 비용구조를 갖는다고 가상하자.

총비용: $TC = 50 + 1/2\ q^2$
한계비용: $MC = q$

여기서 q는 개별 기업의 생산량이다.
이 생산물에 대한 시장 수요곡선은 다음과 같다.

수요: $Q^D = 120 - P$

여기서 P는 가격이며 Q는 해당 물품의 총수량이다. 현재 이 시장에는 9개의 기업이 있다.

a. 각 기업의 고정비용은 얼마인가? 가변비용은 얼마인가? 평균 총비용 식을 구하시오.

b. 5부터 15까지 q에 대한 평균 총비용곡선과 한계비용곡선을 그래프로 그리시오. 어느 수량에서 평균 총비용이 최저수준이 되는가? 해당 수량에서 한계비용과 평균 총비용은 얼마인가?

c. 각 기업의 공급곡선 식을 구하시오.

d. 기업의 수가 고정되어 있는 단기에서의 시장 공급곡선 식을 구하시오.

e. 이 시장의 단기적인 균형가격과 균형량은 얼마인가?

f. 이 균형에서 각 기업은 얼마나 많이 생산하는가? 각 기업의 이윤 또는 손실을 계산하시오. 기업은 진입 또는 퇴출하려는 유인을 갖는가?

g. 자유로운 진입 및 퇴출을 할 수 있는 장기에서 이 시장의 균형가격과 균형량은 얼마인가?

h. 이런 장기균형에서 각 기업은 얼마나 많이 생산하는가? 시장에는 얼마나 많은 기업이 존재하는가?

Quiz 해답

1. c 2. d 3. b 4. d 5. a 6. d 7. c 8. c

Chapter

10

독점

1990년대에 여러분이 개인용 컴퓨터를 보유하고 있었다면 아마도 마이크로소프트가 판매하는 운영체제인 윈도우의 어떤 버전을 사용했을 것인데 윈도우 컴퓨터는 오늘날에도 여전히 인기가 있다. 마이크로소프트는 처음에 윈도우를 개발했을 때 저작권을 신청하여 정부의 인가를 받았다. 이런 저작권은 마이크로소프트에 윈도우 운영체제의 사본을 만들어 판매할 수 있는 독점권을 부여한다. 이 사본을 구입하려는 사람은 마이크로소프트가 자사 생산품에 대해 부과하는 대략 100달러가 넘는 금액을 지불하는 것 외에 다른 선택의 여지가 거의 없다. 오늘날에는 다른 운영체제를 사용하는 것이 가능하지만 이들은 종종 매우 상이하다. 마이크로소프트는 윈도우 시장에서 **독점**의 위치에 있다고 본다.

마이크로소프트의 사업 결정은 바로 앞 장에서 살펴본 기업 행태 모형으로 잘 설명되지 않는다. 그 장에서는 경쟁시장을 분석했는데, 경쟁시장에서는 많은 기업이 대체로 동일한 물품을 제시하므로 각 기업은 자사가 수령하는 가격에 거의 영향을 미치지 못한

다. 반면에, 독점은 밀접한 경쟁기업이 없기 때문에 자사 생산물의 시장가격에 영향을 미칠 능력이 있다. 경쟁기업은 **가격 추종자**인 반면에, 독점기업은 **가격 설정자**가 된다.

이 장에서는 이런 시장 지배력이 갖는 의미를 살펴볼 것이다. 시장 지배력은 어떤 기업이 물품을 생산하는 데 부담해야 하는 비용과 해당 물품을 판매하는 가격의 관계를 변화시킨다는 사실을 알게 될 것이다. 지금까지 우리는, 경쟁기업이 자사의 생산물 가격을 주어진 것으로 보고 추종하며 가격이 한계비용과 같아지도록 공급할 수량을 선택한다고 보았다. 독점의 경우는 다르다. 독점기업은 한계비용을 초과하는 가격을 부과한다. 물론, 이런 관계는 마이크로소프트 윈도우의 경우에 명백하게 드러난다. 윈도우의 한계비용, 즉 고객이 사본을 한 개 더 다운로드할 때 마이크로소프트가 부담하는 추가적인 비용은 아주 사소한 수준이다. 윈도우의 시장가격은 이런 한계비용의 여러 배가 된다.

독점기업이 자사의 생산물에 높은 가격을 부과하는 것은 놀라운 일이 아니다. 독점기업의 고객은 이들 기업이 부과하는 가격이 무엇이든 지불하는 것 외에 다른 선택이 거의 없는 것처럼 보일 수도 있다. 하지만 만일 그렇다면 마이크로소프트가 윈도우 사본 한 개에 대해 1,000달러를 부과하지 않는 이유는 무엇인가? 또는 10,000달러를 부과하지 않는 이유는 무엇인가? 그 이유는 가격이 그렇게까지 높아진다면 더 적은 수의 사람들만이 윈도우를 구입할 것이기 때문이다. 사람들은 더 적은 수의 컴퓨터를 구입하거나, 다른 운영체제로 전환하거나, 불법으로 복사할 수도 있다. 독점기업은 자사가 판매하는 물품의 가격을 통제할 수 있지만, 가격이 높을 경우 수요량이 감소하기 때문에 독점기업의 이윤이 무제한적일 수는 없다.

이 장에서는 독점기업이 생산 및 가격을 어떻게 결정하는지 살펴보면서, 독점이 사회 전체에서 갖는 의미를 생각해볼 것이다. 경쟁기업처럼 독점기업도 이윤 극대화를 목표로 하지만 이런 목표를 추구할 경우 매우 다른 결론에 도달하게 된다. 경쟁시장에서 사적 이기심을 추구하는 소비자와 생산자는, 마치 보이지 않는 손이 작동하는 것처럼 일반적인 경제적 후생을 증진하는 균형에 도달하게 된다. 하지만 독점은 경쟁에 의해 견제되거나 점검을 받지 않기 때문에, 독점시장에서 달성된 결과는 종종 사회의 최선 이익이 되지 못한다.

제1장에서 살펴본 **경제학의 열 가지 원리** 중 하나는 '정부는 때때로 시장에서 이루어진 결과를 개선할 수 있다'는 것이다. 이 장에서는 독점으로 인해 발생하는 비효율성을 살펴보고 정부정책 입안자들이 이런 문제에 어떻게 대응하는지 논의함으로써 이 원리를 자세하게 알아볼 것이다. 예를 들면 미국 정부는 마이크로소프트의 사업 결정을 주의 깊게 살펴본다. 1994년에 미국 정부는 마이크로소프트가 개인 금융 소프트웨어 부문의 선도적 판매사였던 인튜이트를 합병하는 것에 반대했는데, 그 근거로 이들 두 기업의 합병이 성립되면 너무나 큰 시장 지배력이 집중된다는 점을 내세웠다. 이와 유사

하게, 1998년에 미국 법무부는 마이크로소프트가 자사의 인터넷 익스플로러 브라우저를 윈도우 운영체제로 통합하려 했을 때 이에 반대했는데, 그 이유는 이것이 성사될 경우 해당 기업의 시장 지배력이 새로운 분야로 연장될 것이라고 보았기 때문이다. 최근 들어 미국과 해외의 규제기관들은 가령 애플, 구글, 아마존처럼 시장 지배력을 확장하고 있는 기업들로 예의 주시하는 시선을 옮기고 있지만, 마이크로소프트가 독점금지법을 준수하는지 여부 역시 계속해서 감시하고 있다.

10-1 독점이 발생하는 이유

밀접한 대체재가 없는 생산물의 매도인이 유일한 경우 해당 기업은 독점(monopoly)의 상황에 있게 된다. 이런 독점이 발생하는 근본원인은 **진입장벽**이다. 독점기업은 시장에 있는 유일한 매도인인데, 그 이유는 다른 기업들이 진입해서 해당 기업과 경쟁할 수 없기 때문이다. 진입장벽은 다음과 같은 세 가지 이유로 발생한다.

독점
밀접한 대체재가 없는 생산물의 유일한 판매회사

- **독점자원**: 유일한 단일기업이 생산에 필요한 주요 자원을 보유한다.
- **정부 규제**: 정부가 어떤 물품 또는 서비스를 생산하는 독점권을 유일한 단일기업에 부여한다.
- **생산공정**: 유일한 단일기업이 많은 수의 기업들보다 더 낮은 비용으로 생산할 수 있다.

이런 진입장벽에 관해 자세히 살펴보도록 하자.

10-1a 독점자원

독점이 발생하는 가장 간단한 경우는 유일한 단일기업이 주요 자원을 보유하는 것이다. 수십 명의 주민들이 물이 나오는 다수의 우물을 보유하고 있다면, 앞 장에서 살펴본 경쟁시장 모형을 이용해 매도인의 행태를 설명할 수 있다. 공급자들 사이의 경쟁을 통해, 물 1갤런의 가격은 1갤런을 추가적으로 퍼올리는 데 소요되는 한계비용과 같아진다. 하지만 마을에 우물이 단 하나 있고 다른 곳에서 물을 얻는 것이 불가능하다면, 해당 우물의 소유주는 독점력을 갖게 된다. 당연히, 독점기업은 경쟁시장에 있는 어느 한 개 기업보다 훨씬 더 큰 시장 지배력을 갖게 된다. 물과 같은 필수품의 경우, 추가적으로 1갤런을 퍼올리는 데 따른 한계비용이 낮더라도 독점기업은 상당히 높은 가격을 요구할 수 있다.

"우리를 독점업체라고 생각하지 마시고, 그 일을 유일하게 실행할 수 있는 소중한 업체라고 생각해주시기 바랍니다."

주요 자원에 대한 소유권으로 인해 발생한 시장 지배력의 고전적인 예로는 다이아몬드 회사인 드비어스를 들 수 있다. 영국의 사업가(그리고 장학금을 기부하여 로즈 재단을 설립한) 세실 로즈가 1888년에 남아프리카에 설립한 기업 드비어스는 때때로 세계 다이아몬드 광산에서 이루어진 생산의 80%까지도 지배했다. 시장 점유율이 100%에 미치지 못하기 때문에 드비어스는 정확히 독점기업이라고는 할 수 없지만, 그럼에도 불구하고 다이아몬드 시장가격에 실질적인 영향력을 행사한다.

주요 자원에 대한 소유권이 독점적이므로 독점력을 가질 수는 있지만, 이런 경우는 실제에서 상대적으로 드물다. 경제는 규모가 크며, 자원은 많은 사람들에 의해 소유된다. 물품은 종종 국제적으로 거래가 이루어지기 때문에 많은 시장들의 자연적인 범위는 세계적이다. 밀접한 대체재가 없는 자원을 소유한 기업의 예는 거의 없다.

10-1b 정부가 만들어내는 독점

많은 경우에 정부가 어떤 한 사람이나 기업에 재화 또는 용역을 판매할 수 있는 독점권을 부여할 때 독점이 발생한다. 때로는 순전히 정치적 영향력 때문에 독점권을 받은 기업이 독점기업이 되기도 한다. 왕들은 한때 친구나 동맹 세력에게 독점사업 허가증을 부여했으며, 독재자들도 계속 그렇게 했다. 이따금 정부는 그렇게 하는 것이 공익에 부합하기에 독점권을 허용한다.

특허권법 및 저작권법은 정부가 독점을 어떻게 만들어내는지를 보여주는 두 가지 중요한 예이다. 제약회사가 신약을 개발했을 때 이 회사는 특허권을 얻기 위해서 정부에 신청을 하게 된다. 정부가 해당 신약이 최초의 독창적인 약이라고 생각한다면, 특허를 승인하여 해당 기업에 20년 동안 신약을 제조하여 판매할 수 있는 특허권을 부여하게 된다. 이와 유사하게 저서를 완성한 후 저작자는 이에 대한 판권을 얻을 수 있다. 저작권은 아무도 저작자의 허가 없이 해당 작품을 판매할 수 없다고 정부가 보증하는 것이다. 간신히 생계를 이어가는 저작자는 자신을 독점자라고 생각하지 않을 수도 있다. 하지만 어떤 물품의 유일한 판매인이 된다고 해서 다수의 매수인이 보장되는 것은 아니다.

특허권법 및 저작권법이 미치는 영향은 쉽게 알 수 있다. 이들 법률은 한 생산자에게 독점권을 부여하기 때문에, 완전경쟁하에서보다 가격과 이윤이 더 높아지도록 한다. 하지만 동시에 일부 바람직한 행태를 촉진하게 된다. 제약회사가 개발한 신약에 대해 독점기업이 됨으로써 기업들이 연구에 매진하게 된다. 저작자는 저서 판매에 독점권을 갖기 때문에 더 많고 더 좋은 저서를 저술하게 된다.

특허권과 저작권을 관장하는 법률들은 편익과 비용 둘 다를 발생시킨다. 편익은 창조적 활동을 장려하는 유인을 증대시키는 것이다. 이런 편익은 어느 정도 독점가격에 따른 비용으로 상쇄되며, 이에 대해서는 이 장 뒷부분에서 살펴볼 것이다.

10-1c 자연독점

단일기업이 둘 이상의 기업보다 더 낮은 비용으로 재화 또는 용역을 시장에 공급할 수 있을 때 해당 산업은 자연독점(natural monopoly)이 된다. 자연독점은 해당 생산량 범위에서 규모의 경제가 이루어질 때 발생한다. 그림 1은 규모의 경제를 갖는 기업의 평균 총비용을 보여준다. 이 경우, 단일기업이 가장 낮은 비용으로 모든 생산량을 생산할 수 있다. 즉, 주어진 해당 생산량에 대해, 더 많은 수의 기업이 참여할 경우 기업당 생산량이 축소되고 평균 총비용은 더 높아진다.

자연독점
단일기업이 둘 이상의 기업보다 더 낮은 비용으로 전체 시장에 물품 또는 용역을 공급할 수 있기 때문에 발생하는 독점의 한 형태

수돗물 공급은 자연독점의 한 예이다. 도시 거주민에게 수돗물을 공급하기 위해, 관련 기업은 수도관을 부설해야 한다. 둘 이상의 기업이 경쟁해야 하는 경우, 각 기업은 수도관 부설에 따른 고정비용을 부담해야만 한다. 이때 평균 총비용은 단일기업이 전체 시장에 수돗물을 공급하는 경우 가장 낮아진다.

자연독점에서 단체재가 배제성은 있지만 소비의 경합성은 없음을 보여주는 한 예로, 매우 드물게 사용되어 결코 혼잡이 발생하지 않는 교량을 들 수 있다. 통행료 징수원은 어떤 사람이 교량을 이용하지 못하도록 할 수 있기 때문에, 해당 교량은 배제성을 갖는다. 혼잡이 발생하지 않는 한적한 교량의 경우, 한 사람이 사용한다고 해서 이것이 다른 사람이 사용하는 것을 방해하지 않는다. 다리를 건설하는 데 대규모의 고정비용이 발생하지만 추가적으로 사용하는 데 따른 한계비용은 무시할 수 있는 수준이다. 따라서 (총비용을 통행 횟수로 나눈) 평균 총비용은 통행하는 횟수가 증가함에 따라 감소하여, 교량은 자연독점이 된다.

어떤 기업이 자연독점인 경우, 자신의 독점력을 축소시킬 신규 진입 기업에 관해 우려를 덜 하게 된다. 보통, 기업은 정부 보호 또는 주요 자원에 대한 소유권이 없는 경우

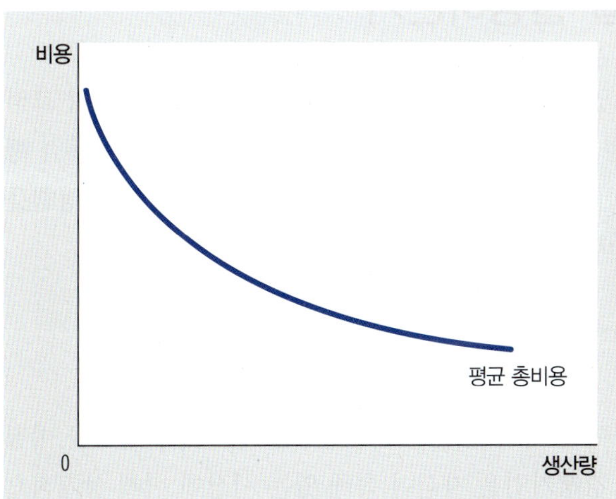

그림 1

독점의 원인으로서의 규모의 경제

기업의 평균 총비용곡선이 지속적으로 감소할 경우, 해당 기업은 자연독점이라고 하는 특성을 갖는다. 이 경우 생산이 더 많은 기업들로 배분된다면, 각 기업은 더 적은 규모로 생산하고 평균 총비용은 상승하게 된다. 단일기업이 가장 낮은 비용으로 해당하는 모든 수량을 생산할 수 있다.

독점적 지위를 유지하는 데 어려움을 겪는다. 독점기업이 누리는 이윤으로 인해 시장은 더 경쟁적이 된다. 반면에, 기존 기업이 자연독점인 시장에 진입하는 것은 매력적이지 않다. 진입을 고려하고 있는 기업은 진입 후에 각 기업이 차지하는 시장이 작기 때문에 기존의 독점기업이 누리는 것과 같은 낮은 비용을 달성할 수 없다는 사실을 알고 있다.

일부 경우에는 시장규모가 어떤 산업이 자연독점이 될지 여부를 결정한다. 다시 한번, 강을 가로지르는 교량을 생각해보자. 인구 수가 적은 경우 교량은 자연독점이 된다. 단 한 개의 교량이 낮은 비용으로 강을 건너려는 전체 수요에 부응할 수 있다. 하지만 인구 수가 증가하여 교량에 혼잡이 발생하게 되면, 수요에 부응하기 위해 여러 개의 교량이 필요할 수 있다. 시장이 확장됨에 따라, 자연독점은 더 경쟁적인 시장으로 변화하게 된다.

Quiz

1. 정부가 독점권을 부여하여 ______________, 그것은 바람직할 수 있다.
   a. 치열한 경쟁의 부작용을 줄일 수 있다면
   b. 산업의 수익성을 높일 수 있다면
   c. 발명과 예술적 창작에 대한 유인을 제공할 수 있다면
   d. 소비자들이 대안적인 공급자들 중에서 선택할 필요가 없도록 해줄 수 있다면

2. 기업의 생산량이 증가함에 따라 ______________, 해당 기업은 자연독점 기업이라고 할 수 있다.
   a. 총수입이 증가하면
   b. 한계비용이 증가하면
   c. 한계수입이 감소하면
   d. 평균 총비용이 감소하면

해답은 이 장의 끝부분에 있다.

10-2 독점기업은 어떻게 생산 및 가격을 결정하는가

독점이 어떻게 발생하는지 살펴보았으므로, 이제는 독점기업이 얼마나 생산할지 그리고 얼마의 가격을 부과할지를 어떻게 결정하는지 생각해보자. 이 절에서 하는 독점 행태에 대한 분석은 독점이 바람직한지 여부 그리고 정부가 독점시장에서 어떤 정책을 추구할지 평가하는 데 출발점이 된다.

10-2a 독점 대 경쟁

경쟁기업과 독점기업의 주요한 차이는 독점기업이 자기 생산물의 가격에 영향을 미칠 수 있는 능력이 있다는 사실이다. 경쟁기업은 자신이 속해 있는 시장에 비해 상대적으로 규모가 작아서 자기 생산물의 가격에 영향을 미칠 수 있는 능력이 없다. 이들 기업

그림 2

경쟁기업 및 독점기업에 대한 수요곡선

가격 추종자인 경쟁기업은 (a)와 같은 수평적인 수요곡선을 마주하게 된다. 해당 기업은 현재 가격수준에서 자신이 원하는 모든 것을 판매할 수 있다. 하지만 독점기업은 해당 시장에서 유일한 생산자이므로, (b)와 같은 기울기가 하향하는 시장 수요곡선에 직면하게 된다. 해당 기업이 더 많이 판매하고자 한다면 더 낮은 가격을 받아들여야 한다.

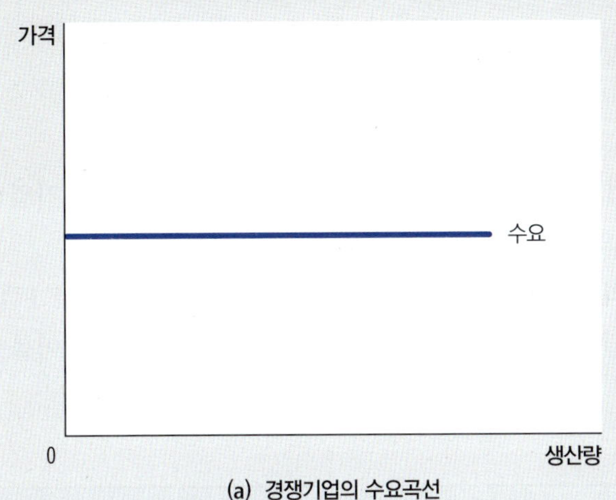

(a) 경쟁기업의 수요곡선

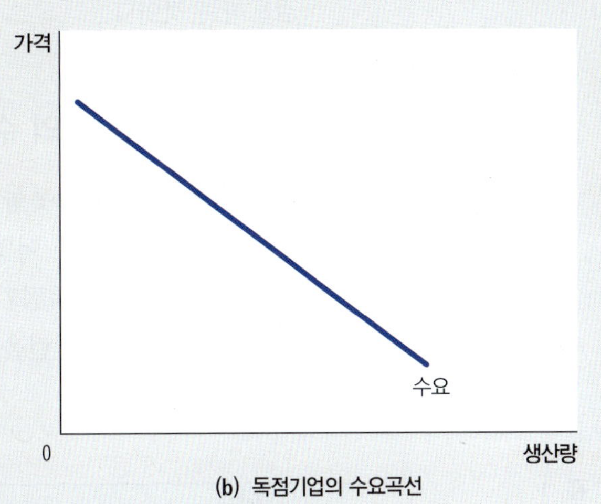

(b) 독점기업의 수요곡선

은 가격을 시장조건에 의해 주어진 것으로 본다. 반면에, 독점기업은 해당 시장에서 유일한 생산자이기 때문에 공급량을 조정하여 해당 물품의 가격을 변화시킬 수 있다.

경쟁기업과 독점기업에 존재하는 이런 차이점을 고찰해볼 수 있는 한 가지 방법은, 이들 각 기업이 직면하게 되는 수요곡선을 생각해보는 것이다. 앞 장에서 경쟁기업을 분석하면서, 시장가격을 수평선으로 나타냈었다. 경쟁기업은 이 가격수준에서 자신이 원하는 만큼 판매할 수 있기 때문에, 그림 2(a)와 같은 수평적인 수요곡선을 마주하게 된다. 실제로, 경쟁기업은 많은 완전 대체재(즉, 시장에 있는 다른 모든 기업들의 생산물)가 있는 생산물을 판매하기 때문에, 모든 단일기업의 수요곡선은 완전탄력적이다.

반면에, 독점기업은 시장의 유일한 생산자이기 때문에 이 기업의 수요곡선이 바로 시장 수요곡선이 되며, 그림 2(b)에서 보는 것처럼 기울기가 하향한다. 독점기업에서 자신이 생산하는 물품의 가격을 인상할 경우, 소비자들은 이를 더 적게 구입한다. 달리 표현하면 독점기업이 생산량을 감소시켜 판매할 경우, 생산물 가격이 상승한다.

시장 수요곡선은 시장 지배력을 통해 이윤을 얻으려는 독점기업의 능력에 제약을 두게 된다. 독점기업은 높은 가격을 부과하고 그 높은 가격에서 많은 수량을 판매하길 원할 수 있다. 하지만 이들 기업의 수요곡선으로 인해 이런 상황이 발생하는 것은 불가능하다. 시장 수요곡선은 독점기업이 가용할 수 있는 가격 및 수량의 조합을 보여준다. 독점기업은 생산량(또는 같은 뜻으로, 부과되는 가격)을 조정하여 수요곡선상의 모든 점을 선택할 수 있지만, 수요곡선보다 위쪽에 있는 점은 선택할 수 없다.

독점기업은 어떤 가격과 수량을 선택하는가? 경쟁기업과 마찬가지로, 독점기업의 목표도 이윤을 극대화하는 것이라고 가정한다. 기업의 이윤은 총수입에서 총비용을 뺀 것과 같기 때문에, 독점의 행태를 설명하기 위해 이 다음에 할 일은 독점기업의 수입을 검토하는 것이다.

10-2b 독점기업의 수입

유일한 단 한 개의 수돗물 공급업자가 있는 도시를 생각해보자. 표 1은 독점기업의 수입이 수돗물 생산량에 어떻게 의존하는지 보여준다.

(1)열 및 (2)열은 독점기업의 수요 스케줄을 보여준다. 독점기업이 수돗물 1갤런을 생산할 경우, 해당 갤런을 10달러에 판매할 수 있다. 2갤런을 생산할 경우, 이를 모두

표 1

독점기업의 총수입, 평균수입, 한계수입

(1) 수돗물의 수량 (Q)	(2) 가격 (P)	(3) 총수입 ($TR = P \times Q$)	(4) 평균수입 ($AR = TR/Q$)	(5) 한계수입 ($MR = \Delta TR/\Delta Q$)
0갤런	11달러	0달러	–	
				10달러
1	10	10	10달러	
				8
2	9	18	9	
				6
3	8	24	8	
				4
4	7	28	7	
				2
5	6	30	6	
				0
6	5	30	5	
				−2
7	4	28	4	
				−4
8	3	24	3	

판매하기 위해서는 가격을 9달러로 인하해야 한다. 3갤런을 생산할 경우, 가격을 8달러로 인하해야 한다. 계속 이렇게 이루어져야 한다. 이들 두 열의 수치를 그래프에 나타낼 경우, 전형적으로 기울기가 하향하는 수요곡선을 얻을 수 있다.

(3)열은 독점기업의 **총수입**을 보여준다. 이것은 [(1)열의] 판매량에 [(2)열의] 가격을 곱하여 구할 수 있다. (4)열은 기업의 **평균수입**을 계산한 것으로, 해당 기업이 판매 단위당 수령한 금액이다. 평균수입은 (3)열의 총수입을 (1)열의 수량으로 나누어 계산할 수 있다. 앞 장에서 설명했던 것처럼, 평균수입은 해당 물품의 가격과 같다. 이것은 경쟁기업뿐만 아니라 독점기업에서도 그렇다.

표 1의 (5)열은 해당 기업의 **한계수입**을 계산한 것으로, 추가적인 각 생산물 단위에 대해 해당 기업이 수령한 수입금액을 말한다. 한계수입은 생산량이 1단위 증가할 때 총수입의 변화를 구하여 계산할 수 있다. 예를 들어 기업이 3갤런에서 4갤런으로 수돗물 생산을 증대시킬 때, 해당 기업이 수령하는 총수입은 24달러에서 28달러로 증가한다. 수돗물 네 번째 갤런을 판매하여 얻은 한계수입은 28달러에서 24달러를 뺀 4달러가 된다.

표 1은 독점 행태에 관한 기본 모형에서 도출할 수 있는 다음과 같은 중요한 결과를 보여준다. 즉, **독점기업의 한계수입은 해당 물품의 가격보다 작다.** 예를 들면 해당 기업이 수돗물 생산을 3갤런에서 4갤런으로 증가시킬 경우, 각 갤런을 7달러에 판매하더라도 총수입은 단지 4달러만큼만 증가한다. 독점의 경우 한계수입이 가격보다 작은데, 그 이유는 독점기업이 기울기가 하향하는 수요곡선에 직면하기 때문이다. 판매량을 증가시키기 위해서 독점기업은 모든 고객에게 부과하는 가격을 인하해야만 한다. 네 번째 수돗물 갤런을 판매하기 위해서 독점기업은 처음 3갤런 각각에 대해 수령하는 수입이 1달러씩 작아진다. 이 3달러 손실은 네 번째 갤런의 가격(7달러)과 네 번째 갤런의 한계수입(4달러)의 차이를 말한다.

독점기업의 한계수입은 경쟁기업의 한계수입과 매우 다르다. 독점기업이 판매량을 증가시키게 되면, 총수입($P \times Q$)에 다음과 같은 두 가지 효과가 발생한다.

- **수량효과:** 더 많은 수량이 판매되어 Q가 증가하며, 이로 인해 총수입이 증가한다.
- **가격효과:** 가격이 하락해서 P가 낮아지며, 이로 인해 총수입이 감소한다.

경쟁기업은 시장가격에서 자신이 원하는 모든 것을 판매할 수 있기 때문에, 가격효과가 발생하지 않는다. 경쟁기업이 생산을 1단위 증가시킬 경우, 해당 수량에 대한 시장가격을 수령하며 이미 판매한 수량에 대해 더 작은 금액을 수령하지 않는다. 즉 경쟁기업은 가격 추종자이기 때문에, 해당 물품의 한계수입은 그 물품의 가격과 같다. 반면에 독점기업이 생산을 1단위 증가시킬 경우, 자신이 판매하는 각 수량에 부과하는 가격을 인하해야 하며, 이로 인해 이미 판매한 수량에서 얻은 수입도 감소하게 된다. 따라서

그림 3

독점기업의 수요곡선 및 한계수입곡선

수요곡선은 판매량이 가격에 어떤 영향을 미치는지 보여준다. 한계수입곡선은 판매량이 1단위 증가할 때 기업의 수입이 어떻게 변화하는지 보여준다. 독점기업이 생산을 증가시키려 한다면 판매되는 모든 단위에 대한 가격이 하락해야 하기 때문에, 한계수입이 더 작아지게 된다.

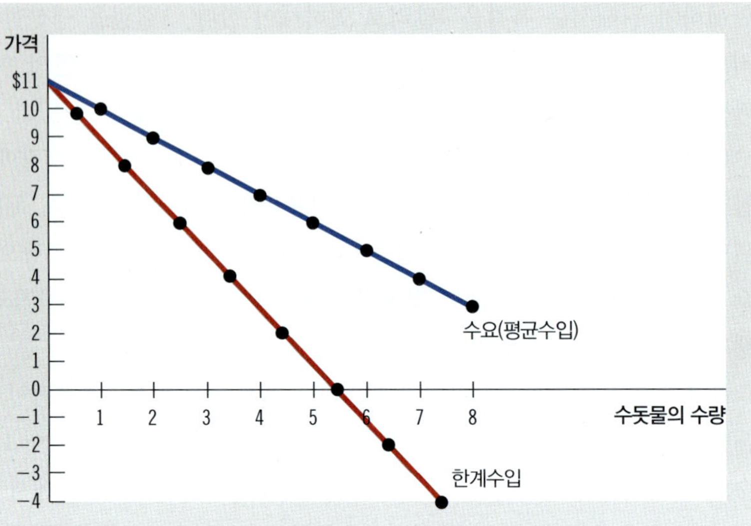

독점기업의 한계수입은 가격보다 작다.

그림 3은 독점기업에 대한 수요곡선 및 한계수입곡선을 그래프로 나타낸 것이다.(독점기업의 가격이 평균수입과 같기 때문에, 수요곡선은 또한 평균수입곡선이 된다) 이들 두 곡선은 언제나 수직축상의 동일한 점에서 시작하며, 첫 번째 판매 단위의 한계수입은 해당 물품의 가격과 같다. 하지만 위에서 논의한 이유로 인해 첫 번째 단위 이후의 모든 단위에 대한 독점기업의 한계수입은 가격보다 작다. 이것이 바로 독점기업의 한계수입곡선이 수요곡선 아래에 위치하는 이유이다.

(표 1에서뿐만 아니라) 그림 3에서도 한계수입이 마이너스가 될 수 있음을 알 수 있다. 수입에 대한 가격효과가 수량효과보다 클 경우 이런 현상이 발생한다. 이 경우, 추가적으로 1단위를 더 판매함으로써 더 많은 단위를 판매했음에도 불구하고 해당 기업의 수입이 작아질 정도로 가격이 하락했기 때문이다.

10-2c 이윤 극대화

독점기업의 수입에 대해 살펴보았으므로, 이런 기업이 이윤을 어떻게 극대화하는지 살펴볼 수 있게 되었다. 제1장에서 살펴본 것처럼 **경제학의 열 가지 원리** 중 하나는 '합리적인 사람들은 한계적으로 생각한다'는 것이다. 이 원리는 경쟁기업에서와 마찬가지로 독점기업에도 적용된다. 이제는 한계분석의 논리를 얼마나 생산할지에 관한 독점기업의 결정에 적용해볼 것이다.

그림 4에 독점기업의 수요곡선, 한계수입곡선, 비용곡선을 그래프로 나타내었다. 이 곡선들은 모두 낯익은 것처럼 보인다. 수요곡선과 한계수입곡선은 그림 3의 곡선과 같

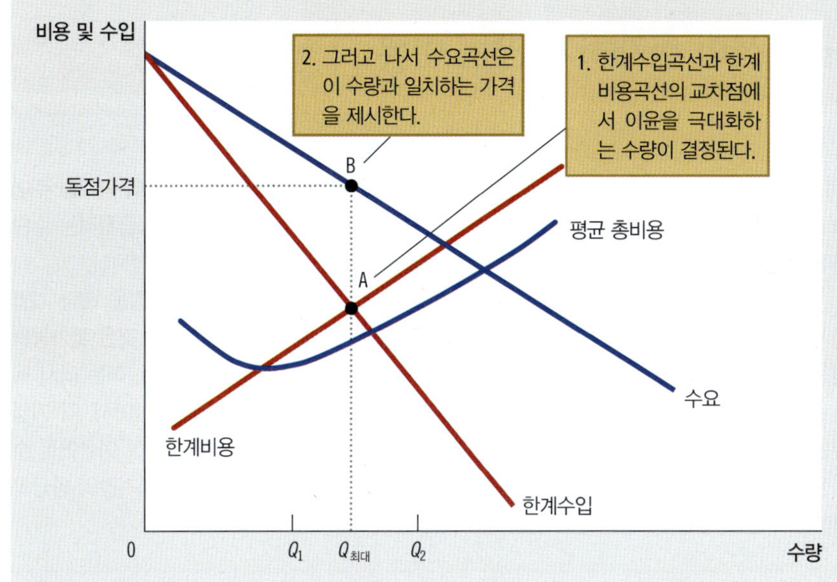

그림 4

독점기업의 이윤 극대화

독점기업은 한계수입과 한계비용이 동일해지는 수량(점 A)을 선택함으로써 이윤을 극대화한다. 그러고 나서 수요곡선을 이용하여 소비자들이 이 수량을 매입하도록 유도할 수 있는 가격(점 B)을 구한다.

으며, 비용곡선은 앞의 두 개 장에서 살펴본 것과 같다. 이들 곡선에는 이윤을 극대화하려는 독점기업이 생산량 수준을 결정하기 위해 필요한 모든 정보가 포함되었다.

기업이 가령 Q_1처럼 낮은 생산량 수준에서 생산한다고 가상하자. 이 경우 한계수입이 한계비용보다 더 크다. 기업이 생산을 1단위 증가시킬 경우, 추가적인 수입이 추가적인 비용보다 더 많아서 이윤이 증대한다. 다시 말해 한계수입이 한계비용을 상회할 경우, 해당 기업은 생산량을 증대시켜야만 한다.

유사한 추론이 가령 Q_2처럼 높은 생산량 수준에서도 적용된다. 이 경우 한계비용이 한계수입보다 더 크다. 기업이 생산을 1단위 감소시킬 경우, 절약된 비용이 상실된 수입보다 더 많아서 이윤이 증대된다. 따라서 한계비용이 한계수입을 상회할 경우, 해당 기업은 생산량을 감소시켜야만 한다.

결국, 기업은 한계수입이 한계비용과 일치하는 수량 $Q_{최대}$에 도달할 때까지 생산을 조정한다. **독점기업의 이윤을 극대화하는 생산량은 한계수입곡선과 한계비용곡선이 교차하는 지점에서 결정된다.** 그림 4에서 이런 교차는 점 A에서 이루어진다.

독점기업은 자신의 생산물에 대해 이윤을 극대화하는 가격을 어떻게 구할 수 있는가? 수요곡선이 이 질문에 답할 수 있다. 그 가격은 고객이 판매량에 기꺼이 지불하려는 금액과 관련된다. 독점기업이 이윤을 극대화하는 수량을 ($MR=MC$에서) 구한 후에, 해당 수량에서 자신이 부과할 수 있는 최고 높은 가격을 구하기 위해서는 수요곡선을 보면 된다.

이제는 경쟁기업 및 독점기업에 대한 결과를 비교해보자. 이들은 어떤 면에서 다음

FYI 독점기업의 경우 공급곡선이 존재하지 않는 이유

우리는 시장 수요곡선과 기업의 비용곡선을 활용하여 독점시장에서의 가격을 분석했지만, 시장 공급곡선에 대해서는 언급하지 않았다. 하지만 제4장에서 시작한 경쟁시장에서의 가격을 분석할 때 가장 중요한 두 가지 개념은 언제나 '공급' 및 '수요'였다.

공급곡선에 어떤 일이 발생한 것인가? 독점기업은 공급하려는 양에 대해 결정을 내리기는 하지만 공급곡선을 갖지는 않는다. 공급곡선은 모두 주어진 가격에서 기업이 공급하려고 선택하는 수량을 알려준다. 이런 개념은 경쟁기업의 경우 이치에 맞는데, 그 이유는 경쟁기업이 가격 추종자이기 때문이다. 하지만 독점기업은 가격 설정자이지 가격 추종자가 아니다. 독점기업이 주어진 모든 가격에서 얼마의 수량을 생산할지 질문하는 것은 의미가 없는데, 그 이유는 독점기업이 가격을 주어진 것으로 보지 않기 때문이다. 그 대신에 독점기업이 공급하려는 수량을 선택할 때 그 결정을 통해 수요곡선상에서 가격이 결정된다.

얼마나 많이 공급할지에 관해 독점기업이 내리는 결정을 해당 기업이 직면하고 있는 수요곡선으로부터 분리하여 생각하는 것은 불가능하다. 수요곡선의 모양이 한계수입곡선의 모양을 결정하며, 이는 다시 독점기업의 이윤을 극대화하는 수량을 결정한다. 경쟁시장에서, 각 기업의 공급 결정은 수요곡선에 대해 알지 못하더라도 분석이 이루어질 수 있다. 하지만 독점시장에서는 그렇지 않다. 따라서 독점기업의 공급곡선에 관해 언급하는 것은 말이 되지 않는다. ■

과 같이 유사하다. 즉 이윤을 극대화하기 위해, 이들 두 기업은 한계수입과 한계비용이 일치하는 지점에서 생산량을 선택한다. 하지만 다음과 같은 중요한 차이가 있다. 즉 이윤을 극대화하는 수량에서 경쟁기업의 경우 가격이 한계수입과 같지만, 독점기업의 경우 가격이 한계수입을 상회한다. 이를 다음과 같이 나타낼 수 있다.

$$\text{경쟁기업의 경우: } P = MR = MC$$
$$\text{독점기업의 경우: } P > MR = MC$$

이것은 경쟁과 독점의 중요한 차이를 두드러지게 보여준다. **경쟁시장에서 가격은 한계비용과 같다. 독점시장에서 가격은 한계비용을 상회한다.** 잠시 후에 살펴볼 것처럼, 이런 결과는 독점의 사회적 비용을 이해하는 데 매우 중요하다.

10-2d 독점기업의 이윤

독점기업은 얼마나 많은 이윤을 낼 수 있는가? 그래프에서 독점기업의 이윤에 대해 알아보기 위해, 이윤이 총수입(TR)에서 총비용(TC)을 뺀 것과 같다는 사실을 기억하자.

$$\text{이윤} = TR - TC$$

이를 다음과 같이 나타낼 수 있다.

$$\text{이윤} = (TR/Q - TC/Q) \times Q$$

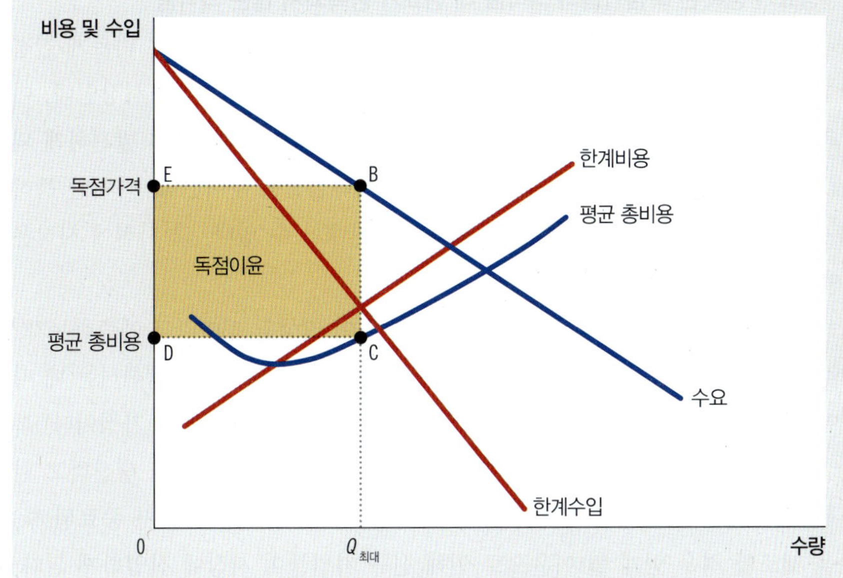

그림 5

독점기업의 이윤

사각형 BCDE의 면적은 독점기업의 이윤과 같다. 즉 사각형의 높이(BC)는 가격에서 평균 총비용을 뺀 것이며, 이는 판매 단위당 이윤과 같다. 사각형의 너비(DC)는 판매량이다.

TR/*Q*는 평균수입이며, 이는 가격 *P*와 같다. *TC*/*Q*는 평균 총수입 *ATC*이다. 따라서 다음과 같이 나타낼 수 있다.

$$\text{이윤} = (P - ATC) \times Q$$

이윤에 관한 위의 식(이는 경쟁기업에도 적용된다)에 기초하여 그래프에서 독점기업의 이윤을 측정할 수 있다.

그림 5의 빗금 친 사각형을 생각해보자. 이 사각형의 높이(선분 BC)는 가격에서 평균 총비용을 뺀 것, 즉 $P - ATC$이며, 이는 판매 단위당 이윤을 나타낸다. 이 사각형의 너비(선분 *DC*)는 판매량 $Q_{최대}$이다. 이 사각형의 면적은 독점기업의 총이윤에 해당한다.

표 2는 독점기업이 이윤을 어떻게 극대화하는지 요약해서 보여준다.

표 2

독점기업의 이윤 극대화 규칙

1. 수요곡선으로부터 *MR*곡선을 도출한다.
2. $MR = MC$인 점에서 *Q*를 구한다.
3. 수요곡선상에서, 소비자들이 *Q*를 매입하게 될 *P*를 구한다.
4. $P > ATC$인 경우, 독점은 이윤을 얻게 된다.

사례 연구

상표가 등록된 독점기업의 의약품 대 상표가 등록되지 않은 의약품

앞에서 한 분석에 따르면, 가격은 독점시장과 경쟁시장에서 서로 다르게 결정된다. 이런 이론을 검정하기에 적합한 자연적인 대상은 의약품 시장인데, 이는 독점시장과 경쟁시장 구조를 모두 취하기 때문이다. 어떤 기업이 의약품을 발견하게 되면, 특허법에 따라 이들 기업에 해당 의약품 판매에 관한 독점권을 부여한다. 하지만 특허가 종료된 후에는 모든 기업이 해당 의약품을 제조하여 판매할 수 있다. 그 시점에 시장은 독점시장이 아니라 경쟁시장으로 전환된다.

이론에 따르면 특허가 종료된 후 의약품 가격에 어떤 일이 발생할 것이라고 예측하는가? 일반적인 의약품 시장을 보여주는 그림 6을 생각해보자. 여기서는 의약품을 생산하는 데 따른 한계비용이 일정하다고 가정할 것이다.(많은 의약품의 경우 대체로 타당한 가정이다) 특허가 유효한 기간 동안, 독점기업은 한계수입이 한계비용과 일치하는 수량을 생산하고 한계비용보다 훨씬 더 높은 가격을 부과하여 이윤을 극대화한다. 하지만 특허가 종료된 후, 해당 의약품을 제조할 경우 얻게 될 이윤으로 인해 신규 기업들이 시장에 진입하게 된다. 경쟁하에서, 가격은 한계비용과 같아지는 수준까지 하락하게 된다.

이론에 기반한 예측은 실제 세계에서의 경험을 통해 확인할 수 있다. 의약품에 대한 특허가 종료된 후, 다른 기업들은 신속하게 진입하여 독점기업들의 이전 브랜드 의약품과 화학적으로 동일한 노브랜드 의약품을 판매하기 시작한다. 이론이 예측한 것처럼 경쟁적으로 생산되는 노브랜드 의약품 가격은 독점기업이 부과했던 가격보다 훨씬 더 낮게 책정된다.

하지만 특허가 종료되었다고 해서 독점기업이 자신의 모든 시장 지배력을 상실하는 것은 아니다. 일부 소비자들은 새로운 노브랜드 의약품이 이전에 수년 동안 사용했던 의약품과 동일하지 않을 수 있다는 두려움 때문에 계속해서 브랜드 의약품을 사용한다. 따라서 이전

그림 6

의약품 시장

기업은 특허권으로 인해 의약품 판매에 대한 독점권을 보유할 때는 한계비용보다 훨씬 더 높은 독점가격을 부과한다. 하지만 의약품에 대한 특허권이 종료되고 새로운 기업이 진입할 때는 해당 시장이 경쟁적이 되며 가격은 한계비용으로 하락한다.

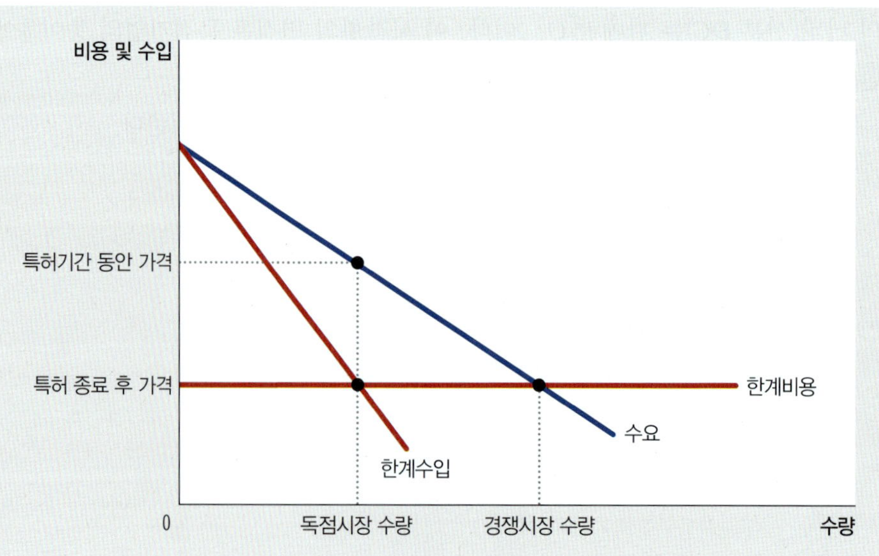

의 독점기업은 새로운 경쟁기업들보다 더 높은 가격을 부과할 수 있다.

예를 들어 수백만 명의 미국인들이 복용하는 항우울제 의약품 플로옥세틴은 원래 프로작이라는 브랜드명으로 판매되었다. 2001년에 특허가 종료되고 나서, 소비자들은 원래의 브랜드 의약품과 노브랜드 의약품 사이에서 선택할 수 있게 되었다. 오늘날 프로작은 노브랜드 플로옥세틴보다 훨씬 더 많은 금액을 받고 판매된다. 일부 소비자들은 두 의약품이 완전대체재라는 데 의구심을 갖고 있어서 이런 가격차이가 지속적으로 유지되고 있다. ●

Quiz

3. 단일가격을 부과하여 이윤을 극대화하는 독점기업의 경우, 가격 P, 한계수입 MR, 한계비용 MC의 관계는 다음 중 어느 것인가?
   a. $P = MR$ 그리고 $MR = MC$
   b. $P > MR$ 그리고 $MR = MC$
   c. $P = MR$ 그리고 $MR > MC$
   d. $P > MR$ 그리고 $MR > MC$

4. 독점기업의 고정비용이 증가할 경우, 해당 기업의 가격은 ___________, 이윤은 ___________.
   a. 상승하고; 감소한다.
   b. 하락하고; 증가한다.
   c. 상승하고; 불변한다.
   d. 불변하고; 감소한다.

해답은 이 장의 끝부분에 있다.

10-3 독점의 후생비용

독점은 시장을 조직화하는 바람직한 방법인가? 경쟁기업과 달리, 독점기업은 한계비용보다 높은 가격을 부과한다. 소비자의 입장에서 보면, 이런 높은 가격으로 인해 독점은 바람직하지 않다. 하지만 기업 소유주의 입장에서 보면, 높은 가격으로 인해 이윤이 더 많이 발생해서 독점은 매우 매력적이다. 기업 소유주에게 돌아가는 편익이 소비자에게 부과되는 비용을 상회하여, 사회 전체의 관점에서 볼 때 독점이 바람직할 수도 있는가?

후생경제학에서 사용하는 분석방법을 사용하여 이 질문에 답할 수 있다. 제7장에서 총잉여는 매수인과 매도인이 시장에서 얻는 경제적 후생을 측정한 것이라고 했다. 총잉여는 소비자 잉여와 생산자 잉여를 합산한 것이다. 소비자 잉여는 어떤 물품에 대해 소비자가 지불하려는 의지에서 해당 물품에 대해 실제로 지불한 금액을 뺀 것이다. 생산자 잉여는 생산자가 어떤 물품에 대해 수령한 금액에서 해당 물품을 생산하는 데 소요된 비용을 뺀 것이다. 여기서는 유일한 단일 생산자, 즉 독점기업이 존재한다.

여러분은 아마도 이런 분석의 결과를 추측해볼 수 있을 것이다. 제7장에서는 경쟁시장에서 이루어지는 공급 및 수요의 균형은 자연스러울 뿐만 아니라 바람직한 결과라고 결론을 내렸다. 시장의 보이지 않는 손에 의해 총잉여를 가능한 한 크게 만들어주는 자원 배분에 도달할 수 있다. 독점은 경쟁시장에서와는 다른 자원 배분으로 이어지기 때문에, 그에 따른 결과는 어떤 면에서 전체 경제적 후생을 극대화하지 못할 수 있다. 왜 이런 일이 발생하는지 살펴보도록 하자.

10-3a 사장된 손실

독점기업이 제7장에서 소개한 선의의 사회 계획 입안자 위원회에 의해 운영될 경우 무엇을 할지 생각해보자. 계획 입안자들은 기업 소유주의 이익뿐 아니라 소비자가 얻게 되는 편익에도 관심을 갖는다. 이들 계획 입안자는 생산자 잉여(이윤)에 소비자 잉여를 더한 총잉여를 극대화하고자 한다. 총잉여는 소비자가 해당 물품에 대해 갖는 가치에서 독점 생산자가 해당 물품을 만드는 데 드는 비용을 빼서 구한다.

그림 7은 계획 입안자가 독점기업의 생산량 수준을 어떻게 선택하는지 분석하여 보여준다. 수요곡선은 소비자가 해당 물품에 대해 갖는 가치를 나타내며, 이는 소비자가 그 물품에 대해 지불하려는 의지로 측정된다. 한계비용곡선은 독점기업이 부담하는 비용을 나타낸다. **사회적으로 효율적인 수량은 수요곡선과 한계비용곡선이 교차하는 지점에서 결정된다.** 이 수량보다 적은 경우 소비자가 추가적인 1단위에 대해 갖는 가치가 이를 공급하는 데 소요되는 비용을 상회하게 되어, 생산량을 증가시키면 총잉여가 증대된다. 이 수량보다 많은 경우 추가적인 1단위를 생산하는 데 소요되는 비용이 소비자가 해당 단위에 대해 갖는 가치를 상회하게 되어, 생산량을 감소시키면 총잉여가 증대된다. 최

그림 7

효율적인 생산량 수준

가상적인 의사 결정자인 사회 계획 입안자는 수요곡선과 한계비용곡선이 교차하는 지점에서 생산량 수준을 결정하여 시장에 총잉여를 극대화한다고 본다. 이 생산량보다 적은 경우, 한계적인 매수인이 갖는 해당 물품의 가치(수요곡선에 반영되었다)가 해당 물품을 만드는 데 드는 한계비용을 상회하게 된다. 이 생산량보다 많은 경우, 한계적인 매수인이 갖는 가치가 한계비용에 못 미치게 된다.

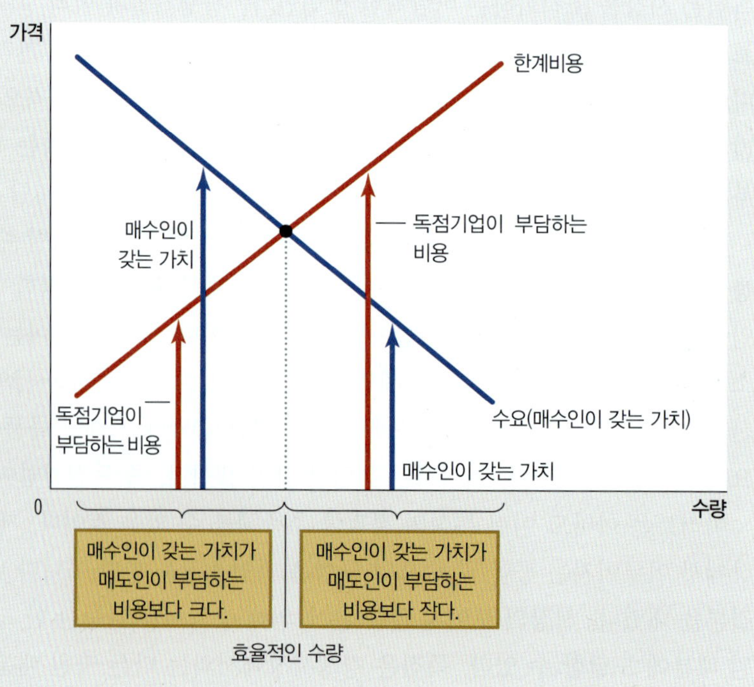

적의 수량에서, 소비자가 추가적인 1단위에 대해 갖는 가치는 이를 생산하는 데 따른 한계비용과 정확하게 일치한다.

사회 계획 입안자가 독점기업을 운영할 경우, 해당 기업은 수요곡선과 한계비용곡선이 교차하는 지점에서의 가격을 부과하여 효율적인 결과를 얻을 수 있다. 경쟁기업처럼 그리고 이윤을 극대화하는 독점기업과 달리, 사회 계획 입안자는 한계비용과 같은 가격을 부과하게 된다. 이 가격은 해당 물품을 생산하는 데 소요되는 비용에 관한 정확한 신호를 소비자에게 제공하기 때문에, 소비자는 효율적인 수량을 구입하게 된다.

독점기업이 선택한 생산량과 사회 계획 입안자가 선택한 생산량을 비교해봄으로써, 독점기업의 후생효과를 평가할 수 있다. 우리가 살펴보았던 것처럼, 독점기업은 한계수입곡선과 한계비용곡선이 교차하는 지점에서의 수량을 생산하여 판매하기로 선택한다. 그리고 사회 계획 입안자는 수요곡선과 한계비용곡선이 교차하는 지점에서의 수량을 선택한다. 그림 8은 이를 비교하여 보여주고 있다. **독점기업은 사회적으로 효율적인 수량보다 더 적게 생산한다.**

우리는 또한 독점기업이 부과하는 가격 측면에서 독점이 갖는 비효율성을 살펴볼 수 있다. 시장 수요곡선은 해당 물품이 가격과 수량 사이에 존재하는 음의 관계를 나타내기 때문에, 비효율적으로 낮은 수량을 생산하는 것은 비효율적으로 높은 가격을 부과하는 것과 같다. 독점기업이 한계비용보다 더 높은 가격을 부과할 경우, 일부 잠재적인 소비자들은 해당 물품에 한계비용보다 더 많은 가치를 두지만 독점기업이 부과하는 가격보다는 더 적게 가치를 둘 수 있다. 이들 소비자는 해당 물품을 구입하지 않게 된다. 소비자들이 해당 물품에 두는 가치가 해당 기업이 이들 물품을 공급하기 위해 소요되

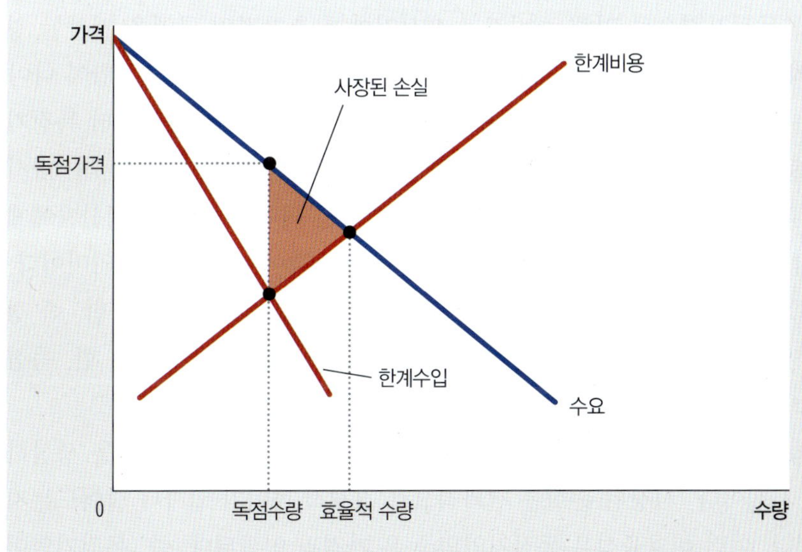

그림 8

독점의 비효율성

독점기업은 한계비용보다 더 높은 가격을 부과하기 때문에, 생산하는 비용보다 해당 상품에 더 많은 가치를 두는 모든 소비자들이 그 상품을 구입하지는 못한다. 이것이 의미하는 바는 독점기업이 생산하여 판매하는 수량이 사회적으로 효율적인 수준보다 적다는 것이다. 사장된 손실은 수요곡선(이 곡선은 소비자가 해당 상품에 대해 갖는 가치를 나타낸다)과 한계비용곡선(이 곡선은 독점 생산자가 부담하는 비용을 나타낸다) 사이에 있는 삼각형의 면적으로 나타낼 수 있다.

는 비용을 상회하기 때문에, 이 결과는 비효율적이다. 독점기업에 의한 가격책정으로 인해 상호이익이 되는 거래가 일부 발생하지 않게 된다.

그림 8에서 알 수 있는 것처럼, 독점기업의 비효율성은 사장된 손실 삼각형으로 측정할 수 있다. 수요곡선은 소비자가 갖는 가치를 나타내고 한계비용곡선은 독점 생산자가 부담하는 비용을 나타내기 때문에, 수요곡선과 한계비용곡선 사이에 존재하는 사장된 손실 삼각형의 면적은 독점 가격설정으로 인해 상실되는 총잉여와 같다. 이것은 독점기업의 시장 지배력 사용으로 인해 발생하는 경제적 후생의 감소를 나타낸다.

독점기업에 의해 발생하는 사장된 손실은 조세부과로 인해 발생하는 사장된 손실과 유사하다. 어떤 의미에서 독점기업은 사적인 조세 징수자와 같다. 어떤 물품에 조세를 부과할 경우 이는 (수요곡선으로 나타낸) 지불하려는 소비자의 의지와 (공급곡선으로 나타낸) 생산자의 비용 사이의 차이와 같다. 독점기업은 시장 지배력을 이용하여 한계비용보다 높게 가격을 부과하기 때문에, 유사한 차이를 만들어낸다. 두 경우 모두에서 이런 차이로 인해 판매량은 사회적 최적에 이르지 못한다. 이들 두 경우에 존재하는 차이점은 조세로 인해 정부가 수입을 올리는 반면에, 독점기업이 설정한 가격으로 인해 해당 기업이 이윤을 얻게 된다는 것이다.

10-3b 독점이윤: 사회적 비용인가?

독점기업이 일반인들을 희생시켜 부당 이익을 취한다고 비난하고 싶을 수도 있다. 물론 독점기업은 자신의 시장 지배력으로 이윤을 얻는다. 하지만 독점에 대한 경제적 분석에 따르면, 기업의 이윤 그 자체가 반드시 사회에서 문제가 되는 것은 아니다.

모든 시장에서와 마찬가지로 독점시장에서의 후생에는 소비자와 생산자 둘 다의 후생이 포함된다. 독점가격으로 인해 소비자가 생산자에게 추가적인 금액을 지불할 경우, 소비자는 해당 금액만큼 상황이 나빠지고 생산자는 동일한 금액만큼 상황이 나아진다. 총잉여는 소비자 잉여와 생산자 잉여를 합산한 것이므로, 소비자로부터 독점기업 소유주에게로 이전이 이루어지더라도 시장의 총잉여에 영향을 미치지 않는다. 다시 말해 독점이윤 자체가 경제적 파이의 크기를 감소시킨다는 의미가 아니라, 생산자에게 더 큰 파이조각이 배분되고 소비자에게는 더 작은 파이조각이 배분된다는 의미이다. 소비자가 어떤 이유로 생산자보다 당연히 더 많이 받아야 한다고 하지 않는 한, 즉 경제적 효율성의 영역을 넘어 형평성에 관한 규범적인 판단이 세워져 있지 않는 한, 독점이윤은 사회적으로 문제가 되지 않는다.

대신에, 문제는 독점기업이 총잉여를 극대화하는 수준에 못 미치는 수량을 생산하여 판매한다는 사실이다. 사장된 손실은 결과적으로 경제적 파이가 얼마나 줄어드는지를 측정한 것이다. 이런 비효율성은 독점기업의 높은 가격과 연관된다. 즉, 독점기업이 가격을 한계비용보다 더 높게 올릴 경우 소비자는 더 적은 단위를 구입하게 된다. 계속 판매가 이루어지는 단위 수에 기초하여 얻은 이익은 문제가 되지 않는다는 사실을 기억하자. 문제는 비효율적으로 적은 수량에서 비롯된다. 달리 표현하면 높은 독점가격으로 인해 일부 소비자들이 해당 물품을 구입하지 못하게 되지 않는다면, 정확히 소비자 잉여를 감소시킨 만큼 생산자 잉여를 증가시키게 된다. 따라서 총잉여는 사회 계획입안자가 도달한 것과 같아진다.

하지만 이런 결론에 예외가 있을 수 있다. 독점기업이 시장에서 유일한 생산자로서의 입지를 유지하기 위해 추가적인 비용을 부담해야 한다고 가상하자. 예를 들어 정부가 만든 독점권을 갖고 있는 기업은 독점권을 계속 유지하기 위해 입법자들을 설득할 로비스트를 고용해야 한다. 이 경우 독점기업은 이런 추가적 비용을 지불하는 데 독점이윤 일부를 사용할 수 있다. 만일 그렇다면, 독점으로 인한 사회적 손실에는 이런 비용과 감소한 생산량에 따른 사장된 손실이 둘 다 포함된다.

Quiz

5. 사회적 최적 상태와 비교해볼 때, 독점기업은 __________을 선택한다.
   a. 너무 적은 수량과 너무 높은 가격
   b. 너무 많은 수량과 너무 낮은 가격
   c. 너무 많은 수량과 너무 높은 가격
   d. 너무 적은 수량과 너무 낮은 가격

6. 독점으로 인해 사장된 손실이 발생한다. 그 이유는 __________.
   a. 독점기업이 경쟁기업보다 더 많은 이윤을 얻기 때문이다.
   b. 어떤 물품의 구입을 포기한 일부 잠재적 소비자들이 해당 물품의 한계비용보다 그 물품에 더 많은 가치를 두기 때문이다.
   c. 어떤 물품을 구입한 소비자가 한계비용보다 더 많은 금액을 지불해야 하며, 이로 인해 소비자 잉여가 감소하기 때문이다.
   d. 독점기업이 가격과 평균수입이 일치하지 않는 수량을 선택하기 때문이다.

해답은 이 장의 끝부분에 있다.

10-4 가격차별

지금까지 우리는 독점기업이 모든 고객들에게 동일한 가격을 부과한다고 가정했다. 하지만 많은 경우에 어떤 물품을 두 고객을 위해 생산하는 비용이 동일하더라도, 기업들은 동일한 물품을 상이한 고객들에게 상이한 가격으로 판매한다. 이런 관행을 **가격차별**(price discrimination)이라고 한다.(마케팅 전문가들은 **가격맞춤**이라고도 하는데, 아마도 그 이유는 차별이라는 단어의 부정적 이미지 때문일 것이다. 이 책에서는 일반적으로 부르는 용어를 사용할 것이다)

가격차별
동일한 물품을 상이한 가격으로 상이한 고객들에게 판매하는 기업 관행

가격을 차별하는 독점기업의 행태를 논의하기 전에, 많은 기업들이 시장가격으로 동

일한 물품을 판매하는 경쟁시장에서는 가격차별이 가능하지 않다는 사실에 주목해야 한다. 어떤 기업도 고객에게 더 낮은 가격을 부과하려 하지 않는데, 그 이유는 자신이 원하는 모든 것을 시장가격으로 판매할 수 있기 때문이다. 그리고 어떤 기업이 고객에게 더 높은 가격을 부과하려 한다면, 해당 고객은 다른 기업에서 구입하려 할 것이다. 어떤 기업이 가격을 차별하려 한다면, 해당 기업은 어떤 시장 지배력을 갖고 있어야만 한다.

10-4a 가격설정에 관한 예화

독점기업이 가격을 차별하는 이유를 이해하기 위해서 다음과 같은 예를 생각해보자. 여러분이 다독출판사 사장이라고 가상하자. 여러분과 거래하는 베스트셀러 작가가 지금 막 신작 소설을 끝냈다. 간단히 하기 위해, 여러분은 신작 소설에 대한 독점권을 얻기 위해 작가에게 200만 달러를 지불했으며 인쇄비용으로 영 달러가 소요된다고 가정하자. 따라서 다독출판사의 이윤은 소설책을 판매하여 얻은 수입에서 작가에게 지불한 200만 달러를 빼면 구할 수 있다. 이런 가정들이 주어진다면, 여러분은 다독출판사 사장으로서 소설책의 가격을 어떻게 결정할 것인가?

여러분이 해야 할 첫 번째 일은 이 소설책에 대한 수요를 추정하는 것이다. 다독출판사 마케팅부는 여러분에게 이 소설책에는 두 가지 형태의 독자층이 있다고 말했다. 즉, 소설책 값으로 30달러를 지불하겠다는 100,000명의 열렬한 독자층과 5달러 이하만 지불하겠다는 덜 열성적인 독자층이다.

다독출판사가 모든 독자들에게 동일한 가격을 부과한다면, 어떤 가격에서 이윤이 극대화되는가? 고려할 수 있는 자연스러운 두 가지 가격은 다음과 같다. 30달러는 다독출판사가 부과할 수 있는 최대 가격이며, 100,000명의 열렬한 독자층을 끌어들일 수 있다. 5달러는 전체 시장의 독자, 즉 500,000명의 잠재적 독자층을 끌어들일 수 있는 최고 높은 가격이다. 이 문제는 간단한 산수로 해결할 수 있다. 가격 30달러에서, 다독출판사는 100,000부를 판매하고 300만 달러의 수입을 올릴 수 있으며, 100만 달러의 이윤을 얻을 수 있다. 가격 5달러에서, 다독출판사는 500,000부를 판매하고 250만 달러의 수입을 올릴 수 있으며, 50만 달러의 이윤을 얻을 수 있다. 이윤을 극대화하는 전략은 30달러의 가격을 부과하고 덜 열성적인 400,000명의 독자를 잃는 전략이다.

다독출판사의 결정으로 인해 사장된 손실이 발생한다. 해당 소설책에 5달러를 지불할 의지가 있는 400,000명의 독자가 있으며, 이들에게 소설책을 공급하는 데 따른 한계비용은 영이다. 다독출판사가 이보다 더 높은 가격을 부과할 경우, 사회는 총잉여 200만 달러를 상실하게 된다. 사장된 손실은 독점기업이 한계비용보다 더 높은 가격을 부과할 때 언제나 발생하는 비효율성이다.

다독출판사 마케팅부는 한 가지 사실, 즉 태평양으로 두 독자층이 분리될 수 있다는 것을 발견했다. 열렬한 독자층은 오스트레일리아에 거주하며, 덜 열성적인 독자층은 미국에 거주하고 있다. 어떤 나라에 거주하는 독자들은 다른 나라에서 소설책을 쉽게 구입할 수 없다.

알았다! 이제 됐다! 다독출판사는 마케팅 전략을 재빨리 바꾸었다. 오스트레일리아에 거주하는 100,000명의 독자들에게 30달러를 부과하는 반면에, 미국 독자 400,000명에게는 5달러만 부과한다. 이제 수입은 오스트레일리아에서 300만 달러, 미국에서 200만 달러가 되어 합계가 500만 달러가 된다. 이윤은 300만 달러가 되는데, 이는 모든 독자들에게 동일한 가격 30달러를 부과하여 얻을 수 있었던 100만 달러보다 훨씬 더 많다. 다독출판사 사장으로서 여러분은 가격차별 전략을 채택한 것이다.

다독출판사 이야기가 가상적이기는 하지만, 많은 기업의 사업 관행을 설명해준다. 표지가 두꺼운 책인 하드커버, 전자책인 이북, 보급판 종이책인 페이퍼백의 가격을 생각해보자. 출판사가 신간 소설을 발간할 경우, 처음에는 비싼 하드커버판과 보통 가격이 저렴한 이북을 출간한다. 다양하게 출간된 책의 가격차이가 한계생산비용의 차이보다 훨씬 더 크다. 출판사는 하드커버를 열렬한 독자층에게, 이북을 낮은 비용을 선호하면서 태블릿으로 읽어도 상관없는 독자층에게, 페이퍼백을 가격에 민감하지만 인쇄된 책을 좋아하는 독자층에게 판매하여 가격을 차별화한다. 이를 통해 이윤을 극대화할 수 있다.

10-4b 위의 예화로부터 얻은 교훈

위의 다독출판사 예화는 틀에 맞추어 작성되었지만, 우화처럼 몇 가지 중요한 사실이 담겨 있다. 바로 다음과 같은 가격차별에 관한 세 가지 교훈을 제시한다.

첫째, 가격차별은 이윤을 극대화하는 독점기업의 합리적인 전략이다. 상이한 고객에게 상이한 가격을 부과하여, 독점기업은 이윤을 증대시킬 수 있다. 본질적으로, 가격을 차별화하는 독점기업은 단일가격을 부과하기보다 각 고객의 지불하려는 의지에 더 근접한 가격을 부과한다.

둘째, 가격차별이 작용하기 위해서는 매도인이 지불하려는 의지에 따라 고객을 분리할 수 있어야 한다. 다독출판사 예화에서 고객은 지리적으로 분리되었다. 하지만 독점기업은 가령 연령이나 소득과 같은 차이점을 잘 활용하여 고객을 구분한다.

위의 둘째 교훈에서, 기업은 시장에서 작동하는 어떤 힘으로 인해 가격차별화를 시행하지 못할 수도 있음을 추론할 수 있다. 이런 한 가지 힘으로 **재정거래**를 들 수 있는데, 이는 어떤 시장에서 낮은 가격으로 물품을 구입하고 다른 시장에서 높은 가격으로 물품을 판매하여 가격차이에 해당하는 이윤을 얻는 과정이다. 위의 예화에서 오스트레일리아에 소재하는 서점들이 미국에서 소설책을 구입하여 오스트레일리아의 독자들에게 재판매할 수 있다고 가상하자. 이런 재정거래로 다독출판사가 가격차별을 시행하지 못할 수도 있다. 왜냐하면 오스트레일리아의 모든 독자들이 더 높은 가격으로 해당 소설책을 구입하지 않을 수 있기 때문이다.

셋째, 가장 놀라운 교훈은 가격차별을 통해 총잉여로 측정된 후생을 증대시킬 수 있다는 것이다. 다독출판사가 단일가격 30달러를 부과할 경우, 덜 열성적인 독자층 400,000명은 한계생산비용보다 더 높은 가치를 두지만 소설책을 구입할 수 없기 때문에 사장된 손실이 발생한다는 사실을 기억하자. 하지만 다독출판사가 가격차별화를 실시할 때, 모든 독자들이 소설책을 구입할 수 있으며 결과는 효율적이 된다. 따라서 가격차별은 독점 가격설정에 내재된 비효율성을 제거할 수 있다.

위의 예에서 가격차별로 인한 후생의 증가는 소비자 잉여의 증대가 아니라 생산자 잉여의 증대로 나타난다. 소비자들이 소설책을 구입했다고 상황이 나아지는 것은 아니다. 즉 소비자들이 지불한 가격은 이들이 소설책에 두고 있는 가치와 정확하게 같아서, 소비자 잉여를 얻지 못한다. 가격차별로 인한 총잉여의 증가는 전부 이윤 증대의 형태로 다독출판사에 발생한 것이다.

10-4c 가격차별에 대한 분석적 해석

가격차별이 후생에 어떤 영향을 미치는지 약간 더 정식으로 생각해보자. 독점기업이 가격차별을 완전하게 시행할 수 있다는 가정으로 시작했다. **완전 가격차별**은 독점기업이 각 고객의 지불하려는 의지를 정확하게 알아서 상이한 가격을 부과할 수 있는 상황을 말한다. 이 경우 독점기업은 고객이 지불하려는 의지만큼 정확하게 가격을 부과하며, 모든 거래에서 전체 잉여를 차지하게 된다.

그림 9는 가격차별이 있는 경우와 없는 경우의 생산자 잉여와 소비자 잉여를 보여준다. 간단히 하기 위해서, 이 그림은 단위비용이 일정하다고 즉 한계비용과 평균 총비용이 일정하며 같다고 가정한다. 가격차별이 없는 경우, 기업은 그림 9(a)와 같이 한계비용보다 높은 단일가격을 부과한다. 해당 물품에 한계비용보다 더 많은 가치를 두는 일부 잠재 고객이 그렇게 높은 가격에서는 구입하지 않기 때문에, 독점으로 인한 사장된 손실이 발생한다. 하지만 그림 9(b)처럼 완전 가격차별을 시행할 수 있을 때, 해당 물품에 한계비용보다 더 많은 가치를 두는 모든 고객이 구입하며 지불하려는 의지에 해당하는 가격이 부과된다. 상호이익이 되는 모든 거래가 이루어지고, 사장된 손실은 발생하지 않으며, 시장에서 도출된 전체 잉여는 이윤이라는 형태로 독점 생산자에게 귀속된다.

물론 실제에서 가격차별은 완전하지 않다. 고객은 자신이 지불하려는 의지가 적힌

그림 9

가격차별이 있는 경우와 없는 경우의 후생

(a)는 모든 고객들에게 동일한 가격을 부과하는 독점의 경우를 보여준다. 이 시장에서 총잉여는 이윤(생산자 잉여)과 소비자 잉여를 합한 것과 같다. (b)는 완전하게 가격차별화를 할 수 있는 독점의 경우를 보여준다. 소비자 잉여는 영이 되기 때문에, 이제 총잉여가 기업의 이윤이 된다. 이 두 그림을 비교해보면, 완전 가격차별을 시행할 경우 이윤이 증대하고, 총잉여가 증가하며, 소비자 잉여는 감소한다는 사실을 알 수 있다.

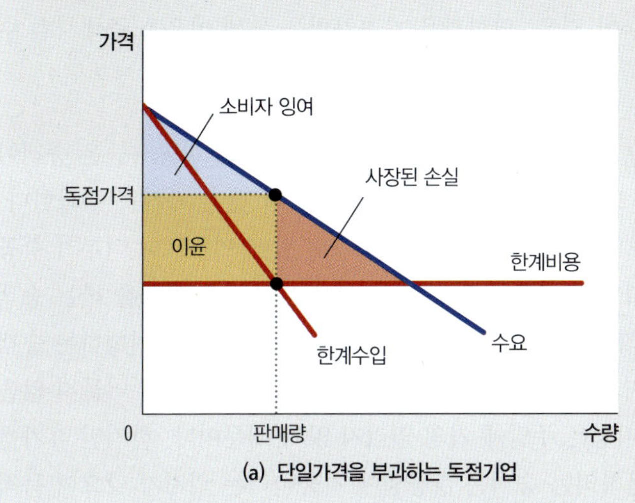

(a) 단일가격을 부과하는 독점기업

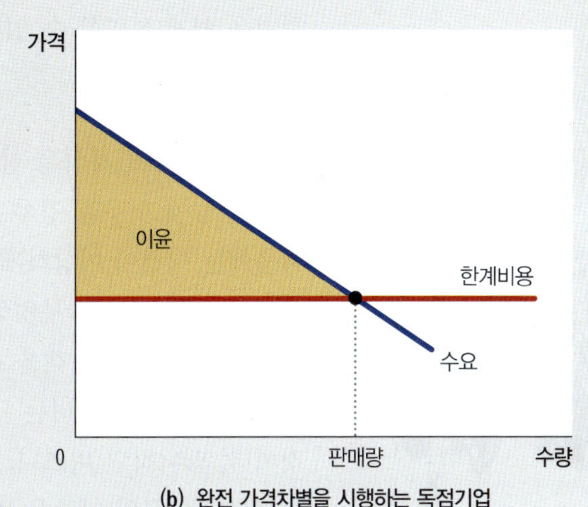

(b) 완전 가격차별을 시행하는 독점기업

표지판을 들고 가게에 들어가지 않는다. 대신에 기업은 고객을, 가령 젊은 층 대 노년층, 주중고객 대 주말고객, 미국인 대 오스트레일리아인, 종이책 독자 대 전자책 독자처럼 몇 개 집단으로 나눠 가격차별을 시행한다. 다독출판사 예화에 등장한 고객과 달리, 각 집단에 속한 고객은 해당 물품에 대해 지불하려는 의지가 다르며, 이로 인해 완전 가격차별은 불가능하다.

불완전 가격차별은 총잉여로 측정한 후생에 어떤 영향을 미치는가? 이들 가격설정 체계에 대한 분석은 복잡하며, 이런 질문에 대한 보편적 답변은 존재하지 않는다고 알려져 있다. 단일가격 독점기업의 결과와 비교해볼 때, 불완전 가격차별을 시행할 경우 시장에서 총잉여를 증대시키거나, 감소시키거나, 그대로 놔두거나 할 수 있다. 단 하나의 확실한 결론은 가격차별을 시행할 경우 독점기업의 이윤이 증가한다는 것이다. 그렇지 않다면, 기업은 모든 고객에게 동일한 가격을 부과하려 할 것이다.

10-4d 가격차별의 예

경제에서 실제로 운영되는 기업들은 다양한 기업전략을 사용하여 상이한 고객들에게 상이한 가격을 부과한다. 다음과 같은 몇 가지 예를 생각해보자.

영화 입장권 많은 영화관이 어린 관객이나 65세가 넘은 관객에게 다른 관객들보다 낮은 가격을 부과한다. 영화관 좌석을 제공하는 데 따른 한계비용은 모든 연령대의 누구에게나 동일하기 때문에, 가격과 한계비용이 동일한 경쟁시장에서 이런 현상을 설명하기는 어렵다. 하지만 영화관이 어떤 지역적 독점력을 갖고 있고 어린 관객이나 높은 연령층의 관객이 영화 입장권에 대해 더 낮은 지불 의지를 갖고 있다면, 이런 차등 가격 설정을 쉽게 설명할 수 있다. 이 경우, 영화관은 가격차별을 통해 이윤을 증대시킬 수 있다.

항공권 항공기 좌석은 상이한 여러 가격으로 판매된다. 대부분의 항공사들은 승객이 토요일 밤에 머무를 경우 두 도시를 오가는 왕복 항공권에 더 낮은 가격을 부과한다. 처음에는 이것이 이상하게 보일 수도 있다. 승객이 토요일 밤에 머무르냐 여부가 항공사에 중요한 이유는 무엇인가? 그 이유는 이 방법을 통해 비즈니스 여행을 하는 승객과 여가를 보내는 승객을 분리할 수 있기 때문이다. 비즈니스 목적으로 여행하는 승객은 항공권에 지불하려는 의지가 높으며, 아마도 토요일 밤에 여행지에서 머물지 않을 것이다. 왜냐하면 비즈니스 미팅은 주말에 거의 열리지 않기 때문이다. 하지만 휴가를 보내거나 친구와 가족을 방문하려는 승객은 항공권에 지불하려는 의지가 낮으며 목적지에서 주말을 보낼 가능성이 높다. 항공사들이 토요일 밤에 머무는 고객에게 더 낮은 가격을 부과하는 것은 성공한 가격차별 전략이다.

LUCY HAMILTON

"제가 이 비행편에 얼마나 낮은 요금을 지불했는지 말씀드려도 괜찮을까요?"

할인 쿠폰 많은 기업이 온라인, 신문, 잡지에 할인 쿠폰을 제공한다. 그리고 일부 공급업체들은 너무 잦아서 그다지 특별하지도 않은 특별한 날에 온라인 혜택을 제공한다. 할인을 받기 위해, 매수인은 단순히 쿠폰을 가위로 자르거나 해당하는 정확한 날에 구입해야 한다. 기업이 이렇게 다소 성가신 작업을 하도록 하는 이유는 무엇인가? 이들이 애초에 물품의 가격을 그냥 인하하지 않는 이유는 무엇인가?

그 이유는 이런 전략을 통해 기업이 가격차별을 실시할 수 있기 때문이다. 기업은 모든 고객이 시간을 들여 쿠폰을 자르거나 온라인 할인을 탐색하지는 않는다는 사실을 알고 있다. 나아가, 할인을 이용하려는 의지는 해당 물품에 지불하려는 고객의 의지와 관련된다. 부유하고 바쁜 기업 임원은 할인을 받기 위해 자신의 시간을 사용할 가능성이 낮으며, 아마도 많은 물품에 더 높은 가격을 지불하려 할 것이다. 실업자는 더 저렴한 거래를 모색할 가능성이 더 높으며 지불하려는 의지가 더 낮다. 할인을 모색하는 데 시간을 사용하려는 고객에게만 더 낮은 가격을 부과함으로써, 기업은 가격차별을 성공적으로 시행할 수 있다.

대학의 재정 지원 많은 대학이 가계소득에 기초하여 재정 지원을 한다. 이런 정책을 가격차별의 한 가지 형태로 볼 수 있다. 부유한 가계 출신 학생들은 재정 지원이 더 많아서 저소득 가계 출신 학생들보다 지불하려는 의지가 더 높다. 대학은 높은 수업료를 부과하고 선별적으로 재정 지원을 제공함으로써, 실제로 해당 학교 입학에 학생들이 두는 가치에 기초하여 가격을 부과하는 것이다. 이런 행태는 가격차별을 시행하는 독점기업의 행태와 유사하다.

수량 할인 지금까지 살펴본 가격차별의 예에서 독점기업은 상이한 고객들에게 상이한 가격을 부과했다. 하지만 독점기업은 이따금 고객이 구입하는 상이한 수량에 대해 동일한 고객에게 상이한 가격을 부과함으로써 가격차별을 시행할 수 있다. 예를 들면 많은 기업이 대규모 수량을 구입하는 고객에게 더 낮은 가격을 제안한다. 제과점은 도넛에 개당 0.50달러를 부과하지만 12개가 담긴 박스당 5달러를 부과한다. 이것은 가격차별의 한 형태이다. 왜냐하면 고객은 12번째 도넛보다 첫 번째 도넛에 더 높은 가격을 지불하기 때문이다. 수량 할인은 종종 가격차별을 성공적으로 시행하는 방법이 된다. 그 이유는 고객이 더 많은 수량을 구입함에 따라 추가적인 단위에 지불하려는 의지가 감소하기 때문이다.

Quiz

7. 독점기업이 시행하는 가격차별은 ________________ 상이한 가격을 부과하는 것을 의미한다.
   a. 지불하려는 소비자의 의지에 기초하여
   b. 소비자의 인종이나 민족집단에 기초하여
   c. 특정 소비자에 대해 물품을 생산하는 비용에 기초하여
   d. 소비자가 반복 구매자가 될지 여부에 기초하여

8. 독점기업이 단일가격을 부과하는 방식에서 완전 가격차별 방식으로 전환할 경우, ________________.
   a. 생산량이 감소한다.
   b. 기업 이윤이 감소한다.
   c. 소비자 잉여가 감소한다.
   d. 총잉여가 감소한다.

해답은 이 장의 끝부분에 있다.

10-5 독점에 대한 공공정책

경쟁시장과 달리, 독점은 자원을 효율적으로 배분하지 못한다. 사회적으로 바람직한 생산량보다 더 적게 생산하며, 한계비용보다 더 높은 가격을 부과한다. 정부정책 입안자들은 다음과 같은 몇 가지 방법으로 독점문제를 처리할 수 있다.

- 독점산업을 좀 더 경쟁적으로 만든다.
- 독점기업의 행태를 규제한다.
- 일부 사적 독점기업을 공적 기업으로 전환한다.
- 아무것도 하지 않는다.

10-5a 독점금지법에 따른 경쟁 촉진

두 회사 코카콜라와 펩시콜라가 합병하고자 한다면, 미국 연방정부는 이 합병이 발효되기 전에 거래를 면밀히 조사할 수 있다. 미국 법무부의 법률가와 경제학자는 두 대형 청량음료 회사의 합병으로 미국 청량음료 시장이 훨씬 덜 경쟁적이 되고, 그에 따라 국가 전체의 후생이 낮아질 수 있다고 판단할지도 모른다. 만일 그렇게 되면, 법무부는 법원에서 합병에 이의를 제기할 것이고, 판사가 동의할 경우 두 기업의 합병은 허용되지 않는다. 전통적으로, 법원은 코카콜라와 펩시콜라처럼 동일한 시장에 속한 두 기업 사이에 이루어지는 **수평적 합병**을 특히 신중하게 판단한다. 예를 들어 타이어 회사와 자동차 회사의 합병처럼 상이한 생산공정 단계에 있는 기업 사이에 이루어지는 **수직적 합병**을 막을 가능성은 낮다. 다시 말해 어떤 기업이 경쟁기업을 합병하고자 한다면, 공급업체 중 어떤 기업이나 고객업체 중 어떤 기업을 합병하고자 할 때보다 더 면밀한 조사를 받게 된다.

정부는 민간 산업에 대해, 독점력 억제를 목적으로 하는 법령인 **독점금지법**을 근거로 권한을 행사할 수 있다. 미국에서 이런 법령 중 가장 먼저 제정되고 가장 중요한 것은 셔먼 독점금지법이다. 이 법은 당시 지배적 독점 형태로서 기업 합동인 '트러스트'의 시장 지배력을 낮추기 위해 1890년에 제정되었다. 1914년에 제정된 클레이턴 독점금지법은 정부의 권한을 강화하고 민간소송을 인정하여 정당화했다. 미국 대법원이 선언했던 것처럼, 독점금지법은 "자유롭고 속박되지 않는 경쟁을 거래의 원칙으로 유지하고자 하는 경제적 자유에 대한 포괄적 헌장"이다.

독점금지법을 통해 정부는 경쟁을 촉진하는 수단을 가질 수 있다. 정부는 합병을 금지할 수 있으며, 때로는 대규모 기업을 해체할 수도 있다. 독점금지법은 또한 기업들이 결탁하여 경쟁을 낮추지 못하도록 한다.

"하지만 노조가 소유한 아말가메이티드와 합병할 경우, 이로 인해 야기될 독점금지법 위반에 대처할 수 있는 충분한 방편을 갖게 될 것입니다."

합병을 중지시키고 기업을 분해할 경우 편익뿐만 아니라 비용도 발생하게 된다. 이따금 기업들은 결합하여 좀 더 효율적인 결합생산을 함으로써 비용을 낮춘다. 이런 편익들을 **시너지 효과**라고 한다. 예를 들면 최근 들어 미국 은행들은 합병하여 관리비용을 낮추었다. 항공산업에서도 합병이 이루어졌다. 독점금지법이 사회적 후생을 증대시킬 수 있다면, 정부는 어떤 합병이 바람직하고 어떤 합병이 바람직하지 않은지 결정할 수 있어야만 한다. 즉, 시너지 효과로 인한 사회적 편익을 측정하여 경쟁감소로 인한 사회적 비용과 비교해야만 한다. 정부가 필요한 비용–편익 분석을 정확하게 수행할 수 있는지 여부도 논의의 여지가 있다. 결국, 독점금지법의 적용에 대해서는 전문가들 사이에서도 종종 논쟁이 벌어진다.

10-5b 규제

정부가 독점문제를 처리하는 또 다른 방법은 독점기업의 행태를 규제하는 것이다. 이런 해결방식은 가격이 종종 정부에 의해 규제되는 경우, 가령 상수도 회사와 전기회사와 같은 자연독점의 경우 일반적이다.

정부는 자연독점에 대해 어떤 가격을 설정해야 하는가? 이 질문에 대한 답은 처음에는 쉬워 보이지만, 그처럼 쉽지만은 않다. 가격이 독점기업의 한계비용과 일치해야 한다고 결론을 내릴 수도 있다. 가격이 한계비용과 일치한다면, 고객은 총잉여를 극대화하는 독점기업의 생산량을 구입하게 되고, 자원 배분이 효율적이게 될 것이다.

하지만 규제방법으로 한계비용 설정방식을 실시할 경우 두 가지 실제적인 문제가 발생한다. 첫 번째 문제는 비용곡선의 논리에서 비롯될 수 있다. 정의에 따르면, 자연독점은 평균 총비용이 감소한다. 앞에서 논의했던 것처럼, 평균 총비용이 감소할 때 한계비용은 평균 총비용을 하회한다. 이런 상황은 그림 10에서 볼 수 있으며, 해당 기업은 대규모 고정비용을 갖고 그로부터 한계비용이 일정해진다. 규제당국이 가격을 한계비용과 일치하도록 설정할 경우, 해당 가격은 그 기업의 평균 총비용보다 작아서 손실이 발생한다. 독점기업은 이렇게 낮은 가격을 부과하는 대신에 해당 산업에서 퇴출하게 된다.

규제당국은 다양한 방법으로 이 문제에 대응할 수 있는데, 그중 어느 것도 완전하지는 않다. 한 가지 방법은 독점기업에 보조금을 지불하는 것이다. 본질적으로, 정부는 한계비용 가격설정에 내재된 손실을 떠맡게 된다. 하지만 정부는 과세를 통해 보조금의 재원을 마련해야 하는데, 이 자체만으로 사장된 손실이 발생한다. 대안으로, 규제당

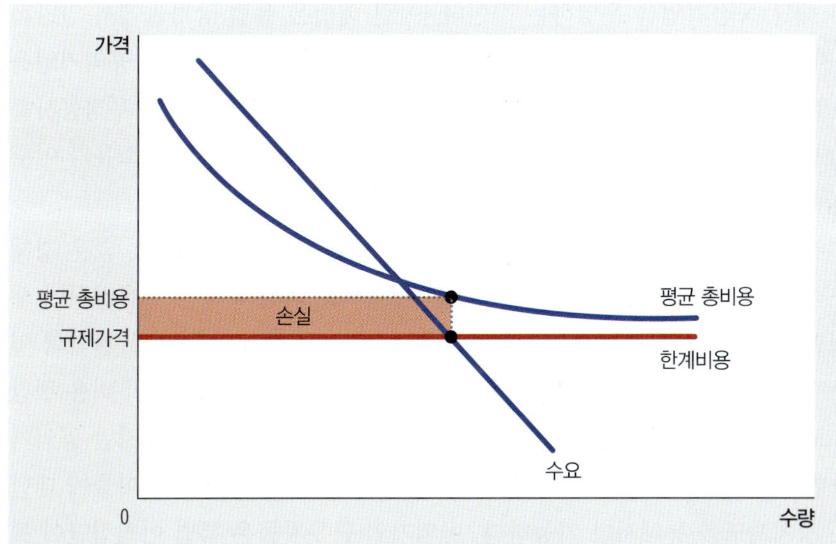

그림 10

자연독점의 한계비용 가격설정

자연독점의 경우 평균 총비용이 감소하기 때문에, 한계비용은 평균 총비용보다 더 작다. 따라서 규제당국이 자연독점 기업에 한계비용과 같은 가격을 부과하도록 요구할 경우, 해당 가격은 평균 총비용보다 낮아져서 손실이 발생한다.

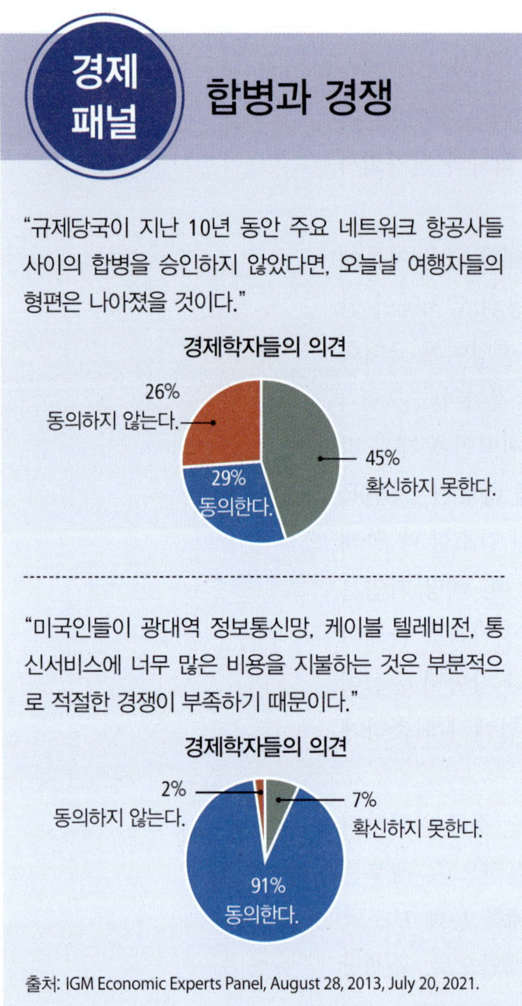

국은 독점기업이 한계비용보다 더 높은 가격을 부과하도록 할 수 있다. 규제된 가격이 평균 총비용과 같을 경우, 독점기업은 정확히 영의 경제적 이윤을 얻게 된다. 하지만 독점기업이 설정한 가격이 해당 물품 생산에 따른 한계비용을 더 이상 반영하지 않기 때문에, 평균비용 가격설정은 사장된 손실로 이어진다. 본질적으로 평균비용 가격설정 방법은 독점기업이 판매한 물품에 대한 조세와 같은 효과를 갖는다.

규제방법으로서 한계비용 가격설정(그리고 평균비용 가격설정) 방식에 따른 두 번째 문제는 독점기업에 비용을 인하하려는 유인을 제공하지 못한다는 점이다. 경쟁시장에 있는 각 기업은 자신의 비용을 낮추려 하는데, 그 이유는 저렴한 비용이 바로 높은 이윤을 뜻하기 때문이다. 그러나 규제된 독점기업이 비용을 낮출 때마다 규제당국이 가격을 낮출 것을 알고 있다면, 독점기업은 비용 인하로 인해 편익을 얻지 못한다. 실제로, 규제당국은 독점기업이 증가된 이윤의 형태로 비용 인하에 따른 편익의 일부를 차지하도록 하여 이런 문제를 처리한다. 이것은 한계비용 가격설정 방식에서 약간 벗어나는 관행이다.

10-5c 공적 소유

독점을 처리하는 세 번째 정책은 공적 소유를 시행하는 것이다. 즉, 민간 기업이 운영하는 자연독점 기업을 규제하지 않고 정부기관 자신이 해당 독점기업을 운영하는 것이다. 이런 해법은 유럽 국가들에서 일반적이며, 해당 지역에서 정부기관은 전화회사, 상수도 회사, 전기회사와 같은 공익기업을 소유하고 운영한다. 이런 방식은 미국에서도 역시 일반적이다. 정부기관은 우정공사를 운영하는데, 이는 종종 자연독점으로 간주된다. 그리고 전국에 걸쳐 공적 소유가 이루어진 많은 상수도 및 전기 공익기업들이 있다.

자연독점 기업에 대한 공적 소유가 종종 대중적인 지지를 받기는 하지만, 많은 경제학자들은 공적 소유 방식보다 사적 소유 방식을 선호한다. 핵심 문제는 소유방식이 생산비용에 어떤 영향을 미치느냐이다. 사적 소유주들은 이윤 증대의 형태로 편익의 일부를 차지할 수 있는 한 비용을 극소화하려는 유인을 갖게 된다. 관리자들이 비용 절감을 성공적으로 달성하지 못할 경우, 기업 소유주들은 이들을 해고한다. 하지만 공익기업 근무자들이 이를 달성하지 못할 경우 고객과 납세자들이 손해를 보며, 이들에 대한 상환 청구는 정치제도를 통해서만 가능하다. 공익기업 근무자들은 특별 이익집단이 될 수 있으며, 정치제도를 왜곡해서 자신들의 이익을 추구한다. 간단히 말해, 기업이 효율적으로 운영되도록 보장하는 측면에서 볼 때 투표를 통한 방식은 이윤 동기를 통한 방식보다 신뢰성이 낮다.

10-5d 무엇보다도, 해를 끼치지 마시오

독점기업이 갖고 있는 문제를 완화하기 위해 시행되는, 앞에서 설명한 각 정책은 단점이 있다. 결과적으로, 일부 경제학자들은 독점기업의 가격책정 방식을 처리할 때 상황이 악화되지 않도록 정부가 주의를 기울여야 한다고 주장한다. 산업조직 분야에서 쌓은 업적으로 노벨 경제학상을 수상한 조지 스티글러(George Stigler)는 다음과 같이 평가했다.

> 경제학의 유명한 정리에 따르면, 경쟁기업 경제가 주어진 자본량으로부터 얻을 수 있는 가장 큰 소득을 산출한다. 이 정리의 정확한 조건에 부합하는 실제 경제는 존재하지 않으며, 모든 실제 경제는 이상적인 경제에 도달하지 못한다. 이 차이를 '시장실패'라고 한다. 하지만 내 생각으로는, 미국 경제에 존재하는 '시장실패'의 정도는 실제 정치제도에서 발견되는 경제정책의 불완전성에 기인한 '정치실패'보다 훨씬 작다.

이 인용문이 제시하고 있는 것처럼, 이따금 정치세계는 매우 불완전한 시장보다 훨씬 덜 완전하다. 스티글러 교수의 이름을 딴 시카고대학교의 한 연구소는 독점 지배력과 정치제도 사이에 존재하는 불안한 관계를 꾸준히 분석해오고 있다. 최선의 해법이 언제나 명확한 것은 아니다. 전부는 아니지만 몇몇 경우에는 아무것도 하지 않는 것이 더 현명할 수 있다.

Quiz

9. ______________ 독점금지 규제당국은 두 기업의 합병을 금지시킬 가능성이 높다.
   a. 해당 산업에 다른 기업들이 많이 존재하는 경우
   b. 결합으로 인해 상당한 시너지가 발생하는 경우
   c. 결합된 기업의 시장 점유율이 커지는 경우
   d. 결합된 기업이 낮은 가격으로 경쟁기업을 도태시키는 경우

10. 규제당국이 자연독점에 대해 한계비용 가격설정 방식을 시행할 경우, 발생할 수 있는 문제는 ______________.
   a. 소비자들이 효율적인 수준보다 해당 물품을 더 많이 구입할 것이다.
   b. 소비자들이 효율적인 수준보다 해당 물품을 더 적게 구입할 것이다.
   c. 해당 기업은 손실을 보고 시장에서 퇴출될 것이다.
   d. 해당 기업은 초과 이윤을 얻게 될 것이다.

해답은 이 장의 끝부분에 있다.

바이든 행정부는 독점금지 정책의 범위를 확대할 것인가?

계속되는 논쟁은 독점금지 규제당국이 단순히 대기업이 미치는 경제적 영향에서 정치적 및 문화적 영향으로 초점을 확대해야 하는지 여부에 대한 것이다.

독점금지의 새로운 임무: 효율성이 아닌 민주주의의 수호

그렉 아이피(Greg Ip)

아마존의 MGM 인수 제안은 독점금지에 대한 우려를 거의 유발하지 않았다. 영화 배급사인 MGM이 흥행 수입, 즉 박스오피스 총수입에서 차지하는 비중이 미미했고 아마존의 엔터테인먼트 규모가 상대적으로 작았다.

물론 아마존은 영화 제작 외에 훨씬 더 많은 사업을 한다. 미국 최대의 전자상거래 및 클라우드 컴퓨팅 회사이며 책, 비디오, 음반의 지배적 판매업체이기도 하다. 아마존의 설립자이자 최고 경영자인 제프 베이조스(Jeff Bezos)는 워싱턴 포스트지를 소유하고 있다. 전체적으로 아마존과 제프 베이조스는 경제적, 문화적 영향력이 상당히 집중되어 있다. 신세대 반트러스트법 위반 단속자들의 눈으로 보면, 이것은 합병으로 얻는 효율성 편익보다 더 큰 문제이다.

법학 전문대학원 학생이었던 리나 칸(Lina Khan)은 2017년에 지금은 널리 알려진 법률 학회지 논문에서 다음과 같이 말했다. "아마존이 자사 플랫폼을 활용하여 여러 사업분야를 통합하는 것은 과도한 경제적, 정치적 권력을 부여하게 될지에 의문을 제기할 타당한 이유가 된다."

지난달에 바이든 대통령은 32세의 리나 칸을 미국 공정거래위원회 위원장으로 지명했다. 4월 인증 청문회에서 그녀는 독점금지의 역사적 사명이 "견제받지 않는 독점력으로부터 우리의 경제와 민주주의를 보호하는 것"이라고 말했다.

리나 칸은 루이스 브랜다이스(Louis Brandeis)의 이름을 따서 명명된 네오-브랜다이지언 운동을 구체화하고 있다. 루이스 브랜다이스는 거대함은 비효율적이고 자유에 반하는 것이라고 주장하며, 승소 가능성이 희박한 사건을 맡아 정의가 실현되도록 노력하는 십자군 변호사였고, 후에 대법원 판사가 되었다. 1914년에 그는 다음과 같이 썼다. "규모는 범죄가 아니라고들 말하지만, 적어도 규모를 획득하는 수단이나 용도는 해로울 수 있다."

브랜다이스의 입장에서 볼 때, 민주주의에는 노동자가 고용주와 협상할 수 있는 자유, 공급업체와 소매업체가 협상할 수 있는 자유, 농부가 은행과 협상할 수 있는 자유가 있어야 하고, 이를 위해서는 다양한 시장 참여자가 필요하다. 콜롬비아대학교 법학 교수인 팀 우(Tim Wu)는 2018년 저서에서 다음과 같이 말했다. "브랜다이스는 기업들이 거대해지고 강력해지면서 자신만을 위한 삶을 영위하고 인류의 욕구와 두려움에 점차 둔감해지는 것을 두려워했다." 팀 우는 바이든 행정부의 국가경제위원회에서 활동하고 있다.

수십 년 동안 법원과 규제당국은 독점금지법을 해석하여, 예를 들면 공급업체와 고객의 독점적 거래와 같은 합병 및 사업 관행에 대해 주기적으로 판결을 내렸다.

1970년대에 들어 이 접근방식은 생전에 리처드 닉슨 행정부에서 일했던 법학자 로버트 보크(Robert Bork)가 이끄는 보수주의자들의 공격을 받았다. 그는 1978년 저서인『독점금지 역설』에서 다음과 같이 말했다. "미국 독점금지법의 유일한 합법적 목적은 소비자 후생을 극대화하는 것이다." 효율성을 높여서 기업들은 성장했고, 이를 통해 "시장경제에 대해 기본적인" 이해도 하지 못하는 소비자, 판사, 규제당국에 이익을 주었으며, 정치적 및 사회적 목적의 "복주머니"를 추구하면서 합병을 막았을 때 소비자들에게서 이런 효율성에 따른 편익을 박탈하였다고 했다.

소비자 후생 기준이 독점금지를 좌우하게 되었다. 하지만 지난 10년간 경제 집중도의 증가, 이윤 폭의 증가, 창업 감소, 투자 저하 등은 독점력이 다시 증가하고 있음을 시사한다.

한편, 바이든 대통령이 당선되자 수십 년 동안 경제정책을 좌우해온 친시장 원칙에 대한 반발이 일어났다. 진보주의자들은 효율성에 대한

10-6 결론: 독점 범위의 확장

이 장에서는 기업이 부과하는 가격을 통제하는 이들의 행태에 관해 논의했다. 이런 기업들은 이전 장에서 살펴본 경쟁기업들과 매우 상이하게 행동한다는 사실을 알았다. 표 3은 경쟁시장과 독점시장에 존재하는 핵심적인 유사점과 차이점 일부를 요약해서

집착이 불평등과 인종 간 불균형을 악화한다고 비난한다. 반면에, 보수 포퓰리스트들은 자유무역이 제조업을 공동화했다고 비난한다.

빅테크 기업은 이런 반발의 폭심지가 되고 있다. 한두 기업이 소셜미디어, 스마트폰 앱스토어, 인터넷 검색, 웹 광고, 전자상거래를 지배한다. 소비자 후생의 관점에서만 판단할 경우, 이런 것은 문제를 야기할 것처럼 보이지 않는다. 이들 물품은 저렴하거나 무료이며, 매우 인기가 있다. 하지만 경제력 집중 관점에서 볼 때는 문제가 있다. 필수 플랫폼을 통제하기 때문에, 개별 판매자, 앱 개발자, 콘텐츠 제공자, 사용자는 대안이 거의 없으며 따라서 협상력도 없다. 잠재적 경쟁기업이 넘을 수 없을 정도로 진입장벽이 높다. 또한 이들은 수십억 명의 사용자가 공유하고 시청하는 예술적, 정치적 콘텐츠를 결정한다.

리나 칸은 미국 공정거래위원회 위원장이 되기 전에 아마존 같은 플랫폼 운영자가 해당 플랫폼 사용자와 경쟁하는 것을 금지하거나 공익기업처럼 규제하는 것을 옹호했다. 그녀는 플랫폼 운용자가 일단 지배적 규모에 도달하면 동일한 공급망에 있는 두 업체, 가령 MGM 같은 콘텐츠 공급업체와 아마존 같은 배급 유통업체의 수직적 합병을 금지했을 것이다. 공정거래위원회 위원장이 된 후, 그녀는 아마존에 대해 아무 말도 하지 않았다. 그럼에도, 아마존은 이런 견해를 인용하면서 리나 칸에게 기업에 대한 공정거래위원회의 조사에서 자사를 제외해 달라고 요청했다.

리나 칸의 견해에 따르면, 사업구조가 반경쟁적 행태를 조장하는 데 따른 위험은 가격 인상 같은 행태에 따른 위험보다 더 심각하다.

하지만 이런 접근방식은 그 자체로 위험을 수반한다. 증거가 부족한 경우 법정에서 패소하는, 증거가 빈약한 사건이 될 수 있다. 미국 연방판사는 페이스북이 독점이라는 사실을 입증하지 못했다는 이유로 공정거래위원회와 대부분의 주 법무장관이 제기한 소송을 기각했다. 하원에서 민주당이 발의한 법안은 그런 소송에서 승소할 기준을 낮출 수 있겠지만, 해당 법안의 운명은 불투명하다. 기업의 거대화를 막는 것은 대기업만이 제공할 수 있는 편익을 소비자에게서 박탈할 수 있다. 전염병의 세계적 대유행으로 매장 안으로 들어가지 못한 수백만 명이 아마존의 능력에 의존했다.

네오-브랜다이지언은 기업 지배력의 남용 가능성을 우려했지만, 로버트 보크와 견해를 같이하는 사람들은 독점금지 당국의 권한 남용 가능성을 우려했다. 2018년에 미국 법무부는 AT&T의 타임워너 인수를 막으려 했으나 성공하지 못했다. 많은 사람은 이런 조처를 타임워너 계열사인 CNN에 대한 그 당시 대통령 도널드 트럼프의 개인적인 적대감에서 비롯된 것으로 보았다.

SIPA USA/ALAMY STOCK PHOTO

미국 공정거래위원회 의장 리나 칸

모든 결점에도 불구하고, 소비자 후생 기준에 의해 좌우되는 독점금지는 민주주의에 무엇이 좋고 나쁜지에 대한 믿음보다 정치화될 위험이 적다. ■

논의 사항

1. 정책 입안자들이 대기업의 경제적 영향력 이외의 것에도 관심을 가져야 한다고 생각하는가? 그렇다면 그 이유는 무엇이고, 그렇지 않다면 그 이유는 무엇인가?
2. 독점금지법의 범위를 확대하는 데 어떤 위험이 있다고 생각하는가?

출처: *The Wall Street Journal*, July 8, 2021.

보여주고 있다.

공공정책 수립을 위해 필요하다고 생각되는 중요한 사실은, 독점기업은 효율적인 수량보다 더 적게 생산하며 한계비용보다 더 높은 가격을 부과한다는 것이다. 따라서 독점으로 인해 사장된 손실이 발생한다. 가격차별을 통해 이따금 이런 비효율성을 완화할 수 있다. 하지만 다른 때는 정책 입안자들의 적극적인 역할이 요구될 수도 있다.

표 3

경쟁 대 독점: 요약 비교

	경쟁	독점
유사점		
기업의 목표	이윤 극대화	이윤 극대화
이윤 극대화 규칙	$MR=MC$	$MR=MC$
단기적으로 경제적 이윤을 얻을 수 있는가?	그렇다	그렇다
차이점		
기업의 수	많다	한 개
한계수입	$MR=P$	$MR<P$
가격	$P=MC$	$P>MC$
후생을 극대화하는 생산량을 생산하는가?	그렇다	아니다
장기적으로 진입이 발생하는가?	그렇다	아니다
장기적으로 경제적 이윤을 얻을 수 있는가?	아니다	그렇다
가격차별이 가능한가?	아니다	그렇다

독점문제는 얼마나 널리 확산되어 있는가?

어떤 의미에서 독점은 흔한 일이다. 대부분의 기업은 자신이 부과하는 가격을 어느 정도 통제할 수 있다. 이들 기업은 자신이 생산하는 물품에 시장가격을 억지로 부과하지 않아도 되는데, 그 이유는 이들 물품이 다른 기업들이 제시하는 물품과 정확하게 동일하지 않기 때문이다. 전기차 브랜드 테슬라는 다른 전기차 브랜드 머스탱과 동일하지 않다. 또한 아이스크림 브랜드 벤 앤 제리스의 물품이 다른 아이스크림 브랜드 브라이어스의 물품과 동일하지 않다. 이들 물품은 각각 기울기가 하향하는 수요곡선을 가지며, 이로 인해 생산업체는 어느 정도의 독점력을 갖게 된다.

하지만 상당한 독점력을 갖고 있는 기업은 드물다. 정말로 독특한 물품은 거의 존재하지 않는다. 대부분의 물품은 정확하게 동일하지는 않더라도 유사한 대체재가 있다. 벤 앤 제리스 브랜드의 아이스크림 생산업체는 매출을 모두 잃지 않으면서 가격을 약간은 인상할 수 있다. 하지만 가격을 많이 인상할 경우 고객은 다른 브랜드로 전환해서 매출이 대폭 감소하게 된다.

결국, 독점력은 정도의 문제이다. 많은 기업이 어느 정도의 독점력을 갖는 것은 사실이다. 그럼에도, 대부분 기업의 독점력은 제한된다. 많은 상황에서, 기업이 경쟁시장에서 운영된다고 가정할 경우, 꼭 그렇게 운영되지 않더라도 이 가정이 크게 틀리지는 않을 것이다.

요약

- 독점기업은 해당 시장에 있는 유일한 매도인이다. 유일한 단일기업이 주요한 자원을 보유하는 경우, 정부가 어떤 기업에게 물품을 생산하는 독점권을 부여하는 경우, 유일한 단일기업이 많은 기업들보다 더 낮은 비용으로 전체 시장에 공급할 수 있는 경우, 독점이 발생한다.
- 독점기업은 시장에 있는 유일한 생산업체이기 때문에, 이 기업이 직면하는 해당 물품에 대한 수요곡선의 기울기는 하향한다. 독점기업이 생산을 1단위 더 증가시킬 경우, 해당 물품의 가격은 하락하게 되며 이로 인해 모든 생산 수량에 대해 받을 수 있는 수입액이 감소한다. 따라서 독점기업의 한계수입은 해당 물품의 가격보다 언제나 더 적다.
- 경쟁기업과 마찬가지로, 독점기업은 한계수입과 한계비용이 일치하는 수량을 생산하여 이윤을 극대화한다. 그러고 나서 독점기업은 소비자들이 해당 수량을 수요하는 가격을 설정한다. 하지만 경쟁기업과 달리 독점기업의 가격은 한계수입을 상회하므로, 가격이 한계비용을 상회하게 된다.
- 독점기업의 이윤을 극대화하는 생산량은 소비자 잉여와 생산자 잉여의 합을 극대화하는 수준에 못 미친다. 즉 독점기업이 한계비용을 상회하는 가격을 부과할 경우, 해당 물품의 생산비용보다 해당 물품에 더 많은 가치를 두는 일부 소비자가 해당 물품을 구입하지 못하게 된다. 따라서 독점은 조세로 인해 발생하는 것과 유사한 사장된 손실로 이어진다.
- 독점기업은 종종 매수인의 지불하려는 의지에 기초하여 동일한 물품에 상이한 가격을 부과하여 이윤을 증대시킬 수 있다. 이런 가격차별 관행을 통해 그렇지 않았다면 해당 물품을 구입할 수 없었을 일부 소비자들이 이를 얻게 되어 경제적 후생이 증대될 수 있다. 완전 가격차별과 같은 극단적인 경우에, 독점에 따른 사장된 손실이 제거되어 시장에서 발생하는 전체 잉여를 독점 생산업체가 차지하게 된다. 보다 일반적으로 가격차별이 불완전한 경우에, 단일 독점가격에 따른 결과와 비교해볼 때 후생을 증대시키거나 감소시킬 수 있다.
- 정책 입안자들은 다음과 같은 몇 가지 방법으로 독점기업 행태로 인한 비효율성에 대응할 수 있다. 독점금지법을 활용해 해당 산업을 좀 더 경쟁적으로 만들 수 있다. 독점기업이 부과하는 가격을 규제할 수 있다. 독점기업을 정부가 운영하는 기업으로 전환시킬 수 있다. 정책 시행에 따른 불가피한 불완전성에 비교해볼 때 시장실패의 규모가 작다고 생각되면, 아무것도 하지 않을 수 있다.

주요 개념

복습용 질문

1. 정부가 만들어낸 독점의 예를 드시오. 이런 독점을 만드는 것은 반드시 나쁜 공공정책인가? 설명하시오.
2. 자연독점을 정의하시오. 시장규모는 어떤 산업이 자연독점인지 여부와 무슨 관련이 있는가?
3. 독점기업의 한계수입이 해당 물품의 가격보다 더 작은 이유는 무엇인가? 한계수입이 마이너스가 될 수 있는가? 설명하시오.
4. 독점기업의 수요곡선, 한계수입곡선, 평균 총비용곡선, 한계비용곡선을 그리시오. 이윤을 극대화하는 생산량, 이윤을 극대화하는 가격, 이윤 금액을 나타내시오.
5. 이전 질문에 따른 도해에 총잉여를 극대화하는 생산량을 나타내시오. 독점에 따른 사장된 손실을 나타내시오. 여러분의 답변을 설명하시오.

6. 가격차별에 관한 두 가지 예를 드시오. 각각의 경우에서 독점기업이 그런 기업전략을 선택한 이유를 설명하시오.

7. 정부가 기업 간의 합병을 규제할 수 있는 근거는 무엇인가? 사회 후생의 관점에서 볼 때, 합병이 도움이 되는 이유를 한 가지 들어보시오. 손해가 되는 이유를 한 가지 들어보시오.

8. 규제당국이 자연독점 기업에게 가격을 한계비용과 같게 설정하라고 지시할 경우 발생하는 두 가지 문제점을 설명하시오.

문제와 응용

1. 어떤 출판사는 인기 있는 작가가 쓴 신작소설에 대해 다음과 같은 수요 스케줄을 갖는다.

가격	수요량
100달러	0권
90	100,000
80	200,000
70	300,000
60	400,000
50	500,000
40	600,000
30	700,000
20	800,000
10	900,000
0	1,000,000

작가에게 200만 달러를 지불했고, 소설책을 출판하는 한계비용은 일정하게 권당 10달러이다.

a. 각 수요량에서의 총수입, 총비용, 이윤을 계산하시오. 이윤을 극대화하려는 출판업자는 어느 수량을 선택하는가? 그리고 어느 가격을 부과하는가?

b. 한계수입을 계산하시오.($MR = \Delta TR/\Delta Q$를 기억하시오) 한계수입은 가격과 어떻게 비교되는가? 설명하시오.

c. 한계수입, 한계비용, 수요곡선을 그래프로 나타내시오. 한계수입곡선과 한계비용곡선은 어느 수량에서 교차하는가? 이것이 의미하는 것은 무엇인가?

d. 여러분이 그린 그래프에서 사장된 손실을 빗금 쳐 나타내시오. 이것이 의미하는 바를 말로 설명하시오.

e. 소설책을 쓴 작가에게 200만 달러 대신에 300만 달러를 지불할 경우, 어느 가격을 부과해야 하는지에 관한 출판업자의 결정에 어떤 영향을 미치는가?

f. 출판업자는 이윤을 극대화하지 않고, 대신에 경제적 효율성을 극대화하는 데 관심이 있다고 가상하자. 소설책에 어느 가격을 부과해야 하는가? 이 가격에서 이윤을 얼마나 얻을 수 있는가?

2. 어느 작은 도시에 동일하면서 일정한 한계비용을 가지며 경쟁하는 슈퍼마켓들이 많이 있다.

a. 식료품 시장 도해를 사용하여, 소비자 잉여, 생산자 잉여, 총잉여를 보이시오.

b. 이제는 독립적인 슈퍼마켓들이 결합하여 하나의 체인망을 구성했다고 가상하자. 새로운 도해를 사용하여 새로운 소비자 잉여, 생산자 잉여, 총잉여를 보이시오. 경쟁시장과 관련지어 볼 때, 소비자들로부터 생산자들로 이전된 것은 무엇인가? 사장된 손실은 무엇인가?

3. 윤아는 지금 막 자신의 최근 앨범 녹음을 끝마쳤다. 그녀의 음반회사는 CD에 대한 수요가 다음과 같을 것이라 확정했다.

가격	CD의 수량
24달러	10,000
22	20,000
20	30,000
18	40,000
16	50,000
14	60,000

이 음반은 CD를 생산하는 데 고정비용이 들지 않으며 CD당 5달러의 가변비용이 소요된다.

a. CD 10,000장, 20,000장 등과 같은 수량에 대한 총수입을 구하시오. 판매량이 10,000장당 증가하는 데 따른 한계수입은 얼마인가?

b. 이윤을 극대화하는 CD의 수량은 얼마인가? 가격은 얼마인가? 이윤은 얼마인가?

c. 여러분이 윤아의 에이전트라면, 음반회사에 얼마의 음반 취입료를 요구하라고 조언하겠는가? 그 이유는 무엇인가?

4. 어떤 회사가 하천을 횡단하는 교량 건설을 고려하고 있다. 교량 건설비용은 200만 달러가 소요되고 유지비용은 발생하지 않는다. 교량의 수명 동안 해당 회사가 예상하는 하천 횡단 수요는 다음과 같다.

횡단 통행료	횡단 통행 수(천 명)
8달러	0
7	100
6	200
5	300
4	400
3	500
2	600
1	700
0	800

a. 해당 기업이 교량을 건설한다면 이윤을 극대화하는 가격, 즉 횡단 통행료는 얼마인가? 해당 생산량, 즉 횡단 통행 수의 수준은 효율적인가? 그렇다면 그 이유는 무엇이고, 그렇지 않다면 그 이유는 무엇인가?

b. 해당 기업이 이윤을 극대화하려 한다면, 교량을 건설해야 하는가? 이윤 또는 손실은 얼마인가?

c. 정부가 교량을 건설하려 한다면, 해당 기업은 가격, 즉 횡단 통행료를 얼마나 부과해야 하는가?

d. 정부가 교량을 건설해야 하는가? 설명하시오.

5. 독점기업의 가격설정과 수요의 가격 탄력성의 관계를 생각해보자.

a. 독점기업은, 수요곡선이 비탄력적인 수량 수준에서 생산하지 않는 이유를 설명하시오.(요령: 수요가 비탄력적이고 기업이 가격을 인상할 경우, 총수입 및 총비용에 어떤 일이 발생하는가?)

b. 독점기업에 대한 도해를 그리고, 수요곡선상의 비탄력적인 부분을 정확히 표기하시오.(요령: 이 물음에 대한 답은 한계수입곡선과 관계된다)

c. 여러분이 그린 도해에 총수입을 극대화하는 수량 및 가격을 나타내시오.

6. 여러분은 성인이 300명이고 어린이가 200명인 작은 마을에 살고 있으며, 이웃들에게 즐거움을 주고 수익을 올리기 위해 연극을 공연하려 한다. 연극 공연에 따른 고정비용은 2,000달러이지만, 입장권 발행에 따른 한계비용은 0달러이다. 두 유형의 고객에 대한 수요 스케줄은 다음과 같다.

가격	성인	어린이
10달러	0	0
9	100	0
8	200	0
7	300	0
6	300	0
5	300	100
4	300	200
3	300	200
2	300	200
1	300	200
0	300	200

a. 이윤을 극대화하기 위해, 성인 입장권에 어느 가격을 부과해야 하는가? 어린이 입장권에 대해서는 어떠한가? 이윤을 얼마나 올릴 수 있는가?

b. 시의회는 상이한 고객에게 상이한 가격을 부과하지 못하도록 하는 조례를 통과시켰다. 이제는 입장권에 어느 가격을 부과하게 되는가? 이윤을 얼마나 올릴 수 있는가?

c. 가격차별을 금지하는 조례로 누구의 형편이 나빠지는

가? 누구의 형편이 좋아지는가?(할 수 있다면, 후생의 변화를 수량으로 나타내시오)

d. 연극 공연에 따른 고정비용이 2,000달러가 아니라 2,500달러라면, (a), (b), (c)에 대한 여러분의 답변은 어떻게 변화하는가?

7. 한경 시에 거주하는 주민들은 모두 경제학을 좋아하며, 이 도시의 시장은 경제학 박물관을 설립하고자 한다. 박물관 건립에 따른 고정비용은 240만 달러이고 가변비용은 발생하지 않는다. 주민 수는 10만 명이고, 각 주민은 박물관 방문에 대해 수요가 동일하며 이는 다음과 같다. $Q^D=10-P$, 여기서 P는 입장료이다.

a. 이 박물관의 평균 총비용곡선 및 한계비용곡선을 그래프로 나타내시오. 이 박물관은 어떤 종류의 시장으로 설명할 수 있는가?

b. 시장은 일괄적으로 24달러의 조세를 부과하여 재원을 조달하고, 일반대중에게는 박물관을 무료로 개방하고자 한다. 각 주민은 몇 번이나 방문하게 되는가? 각 주민이 박물관에서 얻을 편익을 계산하시오. 이것은 소비자 잉여에서 부과된 새로운 조세를 감하여 구할 수 있다.

c. 시장이 부과하게 될 새로운 조세에 반대하는 사람들은 박물관이 입장료를 부과하여 자체적으로 재원을 조달해야 한다고 말한다. 박물관이 손실을 입지 않으면서 부과할 수 있는 가장 낮은 가격은 얼마인가?(요령: 입장료 2달러, 3달러, 4달러, 5달러에 대한 박물관 입장 횟수와 이윤을 구하시오)

d. (c)에서 구한 손익분기점 가격에 대해, 각 주민의 소비자 잉여를 계산하시오. 시장이 실시하려는 계획과 비교해볼 때, 이런 입장료가 부과될 경우 누구의 형편이 나아지고, 누구의 형편이 나빠지는가? 설명하시오.

e. 위의 문제에 포함되지 않은 실제 세계의 어떤 고려사항이 입장료 부과 계획안을 정당화하는가?

8. 대희는 소도시에서 깨끗한 식수를 제공하는 하나뿐인 우물을 소유한다. 그는 다음과 같은 수요곡선, 한계수입곡선, 한계비용곡선에 직면한다.

수요: $P=70-Q$

한계수입: $MR=70-2Q$

한계비용: $MC=10+Q$

a. 이들 세 곡선의 그래프를 그리시오. 대희가 이윤을 극대화한다면, 어느 수량을 생산하는가? 어느 가격을 부과하는가? 그래프에 이를 나타내시오.

b. 식수 소비자들을 보호하고자 하는 이 도시의 시장은 (a)에서 도출한 독점가격보다 10% 낮은 가격상한 실시를 고려하고 있다. 이 새로운 가격에서 어느 수량이 수요되는가? 이윤을 극대화하는 대희는 이 수량을 생산할 것인가? 설명하시오.(요령: 한계비용에 관해 생각해보시오)

c. 시장의 아저씨인 민수는, 가격상한이 시행될 경우 식수 부족현상이 발생하기 때문에 좋지 않은 정책이라고 말한다. 가격상한이 시행될 경우 어느 규모의 식수 부족현상이 발생하는가? 설명하시오.

d. 식수 소비자들을 훨씬 더 잘 보호하고자 하는 시장의 친구인 광재는 독점가격보다 50% 낮은 가격상한 실시를 고려하고 있다. 이 가격에서 어느 수량이 수요되는가? 대희는 얼마나 생산하게 되는가? 이 경우 시장의 아저씨인 민수의 주장은 옳은가? 가격상한이 시행될 경우 어느 규모의 식수 부족현상이 발생하는가?

9. 웍남국에는 유일한 한 회사가 축구공을 생산해서 판매하고 있으며, 처음에는 축구공에 대한 국제무역이 금지되어 있다고 가정한다. 이 독점기업의 수요, 한계수입, 총비용, 한계비용 식은 다음과 같다.

수요: $P=10-Q$

한계수입: $MR=10-2Q$

총비용: $TC=3+Q+0.5Q^2$

한계비용: $MC=1+Q$

여기서 Q는 수량이며, P는 웍남국 달러로 나타낸 가격이다.

a. 이 독점기업은 축구공을 얼마나 생산하는가? 어느 가격에서 축구공을 판매하는가? 독점기업의 이윤은 얼마인가?

b. 어느 날 윅남국의 국왕은, 이제부터 세계 가격 6달러로 축구공에 대한 자유무역, 즉 수입이나 수출이 가능하다는 포고령을 발표했다. 해당 기업은 이제 경쟁시장에서 가격 추종자가 되었다. 축구공의 국내 생산에는 어떤 일이 발생하는가? 국내 소비에는 어떤 일이 발생하는가? 윅남국은 축구공을 수출하는가 아니면 수입하는가?

c. 국제무역에서, 무역이 이루어지지 않을 때의 가격이 세계 가격보다 낮으면 해당 국가는 수출국이 되며, 세계 가격보다 높으면 수입국이 된다. 이런 결론은 (a) 및 (b)의 답변에서도 유지되는가? 설명하시오.

d. 세계 가격이 6달러가 아니라, (a)에서 결정된 것처럼 무역이 이루어지지 않을 때의 국내 가격과 우연히 일치했다고 가상하자. 무역으로 인해 윅남국 경제에 어떤 것이 변화하게 되는가? 설명하시오.

10. 시장조사에 기초하여, 어떤 기업이 자사의 신상품에 대한 수요 및 생산비용에 관해 다음과 같은 정보를 얻었다.

수요: $P = 1{,}000 - 10Q$

총수입: $TR = 1{,}000Q - 10Q^2$

한계수입: $MR = 1{,}000 - 20Q$

한계비용: $MC = 100 + 10Q$

여기서 Q는 판매 단위 수를 나타내며, P는 달러로 표시한 가격이다.

a. 해당 기업의 이윤을 극대화하는 가격 및 수량을 구하시오.

b. 사회적 후생을 극대화하는 가격 및 수량을 구하시오.

c. 독점으로 인한 사장된 손실을 계산하시오.

d. 위의 비용 이외에, 신상품을 발명한 사람에게 지불을 해야 한다. 회사는 다음과 같은 네 가지 옵션을 생각하고 있다.

i. 정액급여 2,000달러

ii. 이윤의 50%

iii. 판매 단위당 150달러

iv. 수입의 50%

위의 각 옵션에 대해, 이윤을 극대화하는 가격 및 수량을 계산하시오. 만일 있다면, 위의 보상제도 중 어느 것이 독점으로 인한 사장된 손실을 변화시키는가? 설명하시오.

11. 동하, 건희, 성진이는 작은 마을에서 하나뿐인 술집을 운영하고 있다. 동하는 금전적 손실을 보지 않으면서 가능한 한 많은 주류를 판매하고자 한다. 건희는 가능한 한 많은 수입을 올릴 수 있도록 술집을 운영하고자 한다. 성진이는 가능한 한 가장 많은 이윤을 얻고자 한다. 하나의 도해에 이 술집의 수요곡선과 비용곡선을 그려서, 이들 세 사람이 각각 선호하는 가격과 수량의 조합을 나타내시오. 이에 대해 설명하시오.(요령: 세 사람 중 한 사람만이 한계수입과 한계비용이 일치하도록 설정한다)

12. 많은 가격차별 제도에서는 어떤 비용이 발생한다. 예를 들면 할인 쿠폰을 사용할 경우 매수인과 매도인 둘 다에게 시간과 자원이 소요된다. 이 문제에서 비용이 수반되는 가격차별의 의미에 대해 살펴볼 것이다. 간단히 하기 위해, 평균 총비용과 한계비용이 일정하고 서로 같아지도록 독점기업의 생산비용은 단순히 생산량에 비례한다고 가상하자.

a. 독점기업의 비용곡선, 수요곡선, 한계수입곡선을 그리시오. 독점기업이 가격차별이 없는 경우 부과하는 가격을 보이시오.

b. 독점기업의 이윤에 해당하는 면적을 도해에 표시하고 이를 X라 하자. 소비자 잉여에 해당하는 면적을 표시하고 이를 Y라 하자. 사장된 손실에 해당하는 면적을 표시하고 이를 Z라 하자.

c. 이제 독점기업은 완전하게 가격차별을 시행할 수 있다고 가상하자. 독점기업의 이윤은 무엇인가?(X, Y, Z의 측면에서 답하시오)

d. 가격차별에 따른 독점기업의 이윤 변화는 무엇인가? 가격차별에 따른 총잉여의 변화는 무엇인가? 어느 변화가 더 큰가? 설명하시오.(X, Y, Z의 측면에서 답하시오)

e. 이제 가격차별과 관련하여 어떤 비용이 발생한다고 가상하자. 이 비용을 모형화하기 위해, 독점기업은 가격차별 시행에 따른 고정비용 C를 지불해야 한다. 독점기업은 이 고정비용의 지불 여부를 어떻게 결정하는가?(X, Y, Z, C의 측면에서 답하시오)

f. 총잉여에 관심이 있는 사회 계획 입안자는 독점기업이 가격차별을 시행할지 여부를 어떻게 결정하는가? (X, Y, Z, C의 측면에서 답하시오)

g. (e) 및 (f)의 답변을 비교하시오. 독점기업의 가격차별을 시행하려는 유인은 사회 계획 입안자의 유인과 어떻게 다른가? 가격차별이 사회적으로 바람직하지 않더라도, 독점기업은 이를 시행할 가능성이 있는가?

Quiz 해답

1. c 2. d 3. b 4. d 5. a 6. b 7. a 8. c 9. c 10. c

Chapter

11

국민소득의 측정

여러분이 학교를 마치고 정규직 일자리를 구할 때, 대체로 전반적인 경제 상황이 여러분의 구직 경험을 구체적으로 결정하게 된다. 어떤 해에는 경제 전반에 걸쳐 기업이 재화 및 용역의 생산을 확장하고, 고용이 증대하며, 일자리가 많아진다. 다른 해에는 기업이 생산을 축소하고, 고용이 감소하며, 구직 광고가 극히 드물어진다. 경제가 확장되는 해에 일자리를 구하는 대학 졸업생은 경제가 수축되는 해의 졸업생보다 훨씬 더 쉽게 일자리를 구하게 된다.

경제 전반의 건전성은 모든 사람에게 영향을 미치기 때문에, 경제 상황이 변할 경우 널리 보도된다. 실제로 뉴스는 경제 통계로 가득 차 있다. 이들 수치는 경제 내 모든 사람의 총소득(국내총생산), 평균 물가가 상승하거나 하락하는 율(인플레이션/디플레이션), 직장이 없는 경제활동인구의 백분율(실업률), 가계에서 지출하는 총액(소매 판매액), 자국과 다른 국가들 사이에서 발생하는 무역 불균형(무역적자)을 측정한다. 이런 통계 수치는 모두 거시경

제와 관련된다. 특정한 가계, 기업, 시장에 집중하지 않고 전체 경제에 관한 정보를 제공한다.

미시경제학
가계와 기업이 어떻게 결정을 내리고 이들이 시장에서 어떻게 상호작용하는지를 분석하는 분야

거시경제학
인플레이션, 실업, 경제 성장을 포함해 경제 전반에 걸친 현상을 분석하는 분야

제2장에 논의했던 것처럼, 경제학은 두 분야, 즉 미시경제학과 거시경제학으로 나뉜다. 미시경제학(microeconomics)은 개별적인 가계와 기업이 어떻게 결정을 내리고 시장에서 어떻게 행동하는지 살펴본다. 거시경제학(macroeconomics)은 경제를 전체적으로 분석하며, 수많은 가계, 기업, 시장에 동시에 영향을 미치는 변화를 설명하고자 한다. 거시경제학자들은 다음과 같은 넓은 범위의 질문에 답한다. 평균소득이 일부 국가에서는 높고, 다른 국가에서는 낮은 이유가 무엇인가? 물가가 이따금 급속히 상승하고, 다른 때에는 보다 안정적인 이유는 무엇인가? 생산과 고용이 어떤 해에는 확장되고 다른 해에는 축소되는 이유가 무엇인가? 정부는 어떻게 소득의 신속한 성장, 낮은 인플레이션, 안정적인 고용을 촉진할 수 있는가? 이런 질문들은 전체 경제의 작동과 관련되며, 따라서 거시경제학의 범주에 속하게 된다.

전체 경제는 많은 시장에서 상호작용하는 가계와 기업의 집합체이므로, 미시경제학과 거시경제학은 밀접하게 연계된다. 예를 들어 공급 및 수요라는 분석도구는 미시경제적 분석에서와 마찬가지로 거시경제적 분석에서도 핵심 역할을 한다. 하지만 경제를 전체적으로 분석할 경우, 이것은 해결하여야 할 또 다른 문제를 야기하게 된다. 숲을 이해하기 위해 각 나무를 분석하는 것만으로는 충분하지 않다.

이 장과 다음 장에서는 전반적인 경제의 성과를 알아보기 위해 경제학자와 정책 입안자가 검토하는 일부 데이터에 대해 논의할 것이다. 출발점은 **국내총생산**(GDP)인데, 이는 어떤 국가의 총소득을 측정하여 알려준다. GDP는 어떤 사회의 경제적 후생을 측정하는 최선의 단일 지표로 종종 간주된다.

11-1 경제의 소득과 지출

어떤 가계의 경제적 상황이 어떤지 판단하려면, 먼저 소득을 보아야 한다. 더 높은 소득은 보통 더 높은 생활수준, 즉 더 큰 주택, 더 좋은 건강관리, 더 멋진 자동차, 더 호화로운 휴가 등으로 해석된다.

동일한 논리가 어떤 국가의 경제에도 적용된다. 경제가 잘 운영되는지 아니면 잘못 운영되는지 여부를 판단하려 할 때, 해당 경제의 모든 사람이 번 총소득을 보는 것이 자연스럽다. 국내총생산을 통해 일국의 경제 상황을 알 수 있다.

GDP는 한 번에 두 가지, 즉 경제 내 모든 사람의 총소득, 그리고 경제의 재화 및 용역 산출물에 대한 총지출을 측정한다. GDP는 총소득과 총지출을 둘 다 측정하는 방안을 실행할 수 있는데, 그 이유는 이들 두 가지 측정치가 동일하기 때문이다. **전체적으로**

본 경제의 경우, 소득은 지출과 같아야만 한다.

왜냐하면 모든 거래에는 두 명의 당사자, 즉 매수인과 매도인이 있기 때문이다. 어떤 매수인이 지출하는 각 화폐 단위, 즉 1달러는 어떤 매도인의 소득 1달러가 된다. 태희가 자기 집의 잔디를 깎도록 동하에게 100달러를 지불할 경우, 동하는 용역의 매도인으로서 100달러를 벌고 태희는 해당 용역의 매수인으로서 100달러를 지출한다. 이 거래로 해당 경제의 소득과 지출이 균등해진다. 총소득으로 측정하든 총지출로 측정하든 GDP는 100달러가 된다.

소득과 지출이 동일하다는 사실을 알 수 있는 또 다른 방법은 거래의 순환경로 도해를 활용하는 것이다. 제2장의 학습을 통해 상기할 수 있는 것처럼, 이 도해는 가계와 기업 사이에 이루어지는 모든 거래를 설명해준다. 모든 재화 및 용역을 가계가 소득 전액을 지출하여 구입한다고 가정함으로써 문제를 단순화할 수 있다. 이 경제에서 가계가 재화 및 용역을 기업으로부터 구입할 때, 이런 지출은 재화 및 용역시장을 통해 이루어져 유통된다. 기업이 판매하여 받은 화폐를 노동의 임금, 지주의 지대, 기업 소유주의 이윤으로 사용할 때, 이런 소득은 생산요소시장을 통해 이루어져 유통된다. 화폐

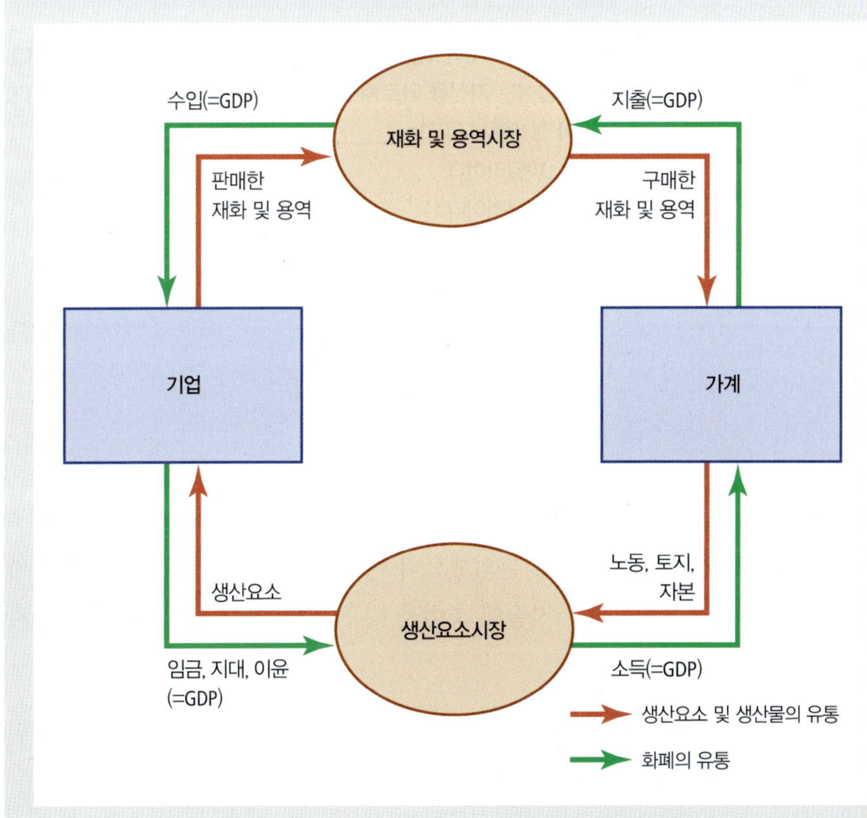

그림 1

순환경로 도해

가계는 기업으로부터 재화 및 용역을 구매하고, 기업은 판매를 통해 얻은 수입으로 노동자에게 임금을 지불하고, 지주에게 지대를 지불하며, 기업 소유주에게 이윤을 제공한다. GDP는 재화 및 용역시장에서 가계가 지출한 총액과 동일하다. 이는 또한 생산요소시장에서 기업이 지불한 총임금, 총지대, 총이윤과 같다.

는 계속해서 가계에서 기업으로 흐르고 그러고 나서 가계로 다시 흘러 들어오는 유통을 거치게 된다.

GDP는 경제 전반에서 이루어지는 화폐의 흐름을 측정한 것이다. 우리는 GDP를 두 가지 방법, 즉 가계의 모든 지출을 합산함으로써 또는 기업이 지불하는 모든 소득(임금, 지대, 이윤)을 합산함으로써 계산할 수 있다. 경제에서 모든 지출은 결국 어떤 사람의 소득이 되기 때문에, GDP는 우리가 그것을 어떻게 계산하는지에 관계없이 동일하다.

실제 경제는 이것보다 훨씬 복잡하다. 가계는 소득 전부를 지출하지 않는다. 이들은 그중 일부를 조세로 정부에 납부하고, 일부를 장래에 사용하기 위해 저축한다. 그리고 가계는 경제 내에서 생산된 모든 재화 및 용역을 구매하지는 않는다. 일부 재화 및 용역은 공적 목적을 위해 정부가 구매하고, 또 다른 일부는 기업이 생산능력을 확장시키기 위해 구매한다. 하지만 다음과 같은 기본적인 교훈은 변하지 않고 동일하다. 가계, 정부, 기업이 재화 또는 용역을 구입한 경우 누구든 관계없이, 거래에는 언제나 매수인과 매도인이 존재한다. 전체로 본 경제에서 지출은 소득과 같다.

Quiz

1. 어떤 경제의 국내총생산은 ________________.
   a. 지출이 소득을 초과한 금액이다.
   b. 소득이 지출을 초과한 금액이다.
   c. 총소득과 총지출이다.
   d. 총소득의 백분율로 나타낸 총지출이다.

2. 유림이는 케이크를 구워서 찬우에게 10달러를 받고 판매한다. 승범이는 자신을 가르쳐주도록 수경이에게 30달러를 지불한다. 이 경제에서 GDP는 ________________.
   a. 10달러이다.
   b. 20달러이다.
   c. 30달러이다.
   d. 40달러이다.

해답은 이 장의 끝부분에 있다.

11-2 GDP의 측정

앞에서 국내총생산을 일반적인 용어로 논의했으니 이제는 GDP가 어떻게 측정되는지를 보다 명확하게 살펴보도록 하자. 지출에 초점을 맞추어 GDP를 정의해보면 다음과 같다.

국내총생산(GDP)
일정한 기간에 일국 내에서 생산된 모든 최종적인 재화 및 용역의 시장가치

- 국내총생산(gross domestic product, GDP)은 일정한 기간에 일국 내에서 생산된 모든 최종적인 재화 및 용역의 시장가치이다.

이 정의가 매우 간단한 것처럼 보일지도 모른다. 하지만 실제로 한 경제의 GDP를 계산할 때는 난해하고 미묘한 문제점이 많이 발생한다. 위의 정의를 구성하는 각 문구를 설명해보도록 하자.

11-2a "GDP는 … 시장가치이다"

"여러분은 사과와 오렌지를 비교할 수 없다." 이 격언은 종종 사실이지만, GDP는 그것을 정확하게 해낸다. GDP는 많은 상이한 생산물들에 대한 경제활동 가치를 측정한 단일 척도로 합산한다. GDP는, 수량을 가치를 측정하는 척도로 환산하기 위해 시장가격을 사용해서 이 일을 수행한다. 가격은 상이한 재화에 대해 사람들이 지불하고자 하는 금액을 반영하기 때문에 가치를 판단하는 척도가 된다. 사과가격이 오렌지 가격의 두 배가 된다면, 사과는 오렌지보다 GDP에 두 배 더 기여한다.

11-2b "… 모든 …"

GDP는 넓은 범위의 물품을 포괄한다. GDP에는 경제에서 생산되어 시장에서 합법적으로 판매되는 모든 품목이 포함된다. GDP는 사과와 오렌지뿐만 아니라 배와 자몽, 서적과 영화, 이발과 보건의료 등의 시장가치를 측정한다.

GDP는 또한 경제의 주택 저량으로부터 나오는 주택 서비스의 시장가치를 포함한다. 임대주택의 경우, 이 가치는 계산하기가 쉽다. 즉 임대료는 주택 임차인의 지출과 같고 주택 소유주의 소득과도 같다. 하지만 많은 사람이 자신의 주택을 소유하고 있기 때문에 임차료를 지불하지 않는다. 정부는 소유주가 거주하는 주택의 임대 가치를 추정하여 이를 GDP에 포함시킨다. 실제로 국민소득 계정은 주택 소유주가 자신의 주택을 자신에게 임대한다고 가정한다. 이런 귀속 임대료는 주택 소유주의 지출과 소득 둘 다에 포함되어 GDP에 합산된다.

하지만 가치를 측정하기 어려운 일부 생산물은 GDP에서 배제한다. 이 범주에서는 대부분의 품목이 불법적인 약물처럼 불법적으로 생산되고 판매된다. GDP에서는 시장에서 거래되지 않는 대부분의 품목도 배제하는데, 그 이유는 가정에서 생산되고 소비되기 때문이다. 예를 들면 GDP는 식료품점에서 구매한 채소를 포함하지만 자기 집 마당에서 키운 채소는 포함하지 않는다. 여러분이 집에서 일을 할 때, 고용주를 위해 생산하는 것은 GDP의 일부가 되지만 가족을 위해 생산하는 것은 포함되지 못한다.

GDP에서 배제된 생산물로 인해 모순적인 결과에 도달할 수 있다. 태희가 승규에게 자기 집 잔디를 깎아 달라며 대가를 지불할 때, 이런 거래는 GDP의 일부가 된다. 하지만 태희와 승규가 결혼을 했다고 가상하자. 승규가 계속해서 태희의 잔디를 깎아 주더라도, 잔디 깎기로 인해 발생하는 가치는 이제 GDP에서 배제된다. 그 이유는 승규가 제공하는 서비스가 더 이상 시장에서 판매되지 않기 때문이다. 이들의 결혼으로 인해 자신들의 후생과 사회의 전체 후생이 향상될 수는 있지만 GDP는 감소한다.

11-2c "… 최종적인 …"

델사가 컴퓨터를 만들기 위해 사용하는 마이크로칩을 인텔이 만들 때, 마이크로칩은 **중간재**이고 컴퓨터는 최종재가 된다. GDP는 **최종재**의 가치만을 포함하는데, 그 이유는 중간재의 가치가 이미 최종재의 가격에 포함되어 있기 때문이다. 마이크로칩의 시장가치를 컴퓨터 시장가치에 합산할 경우 이는 이중 계산된다. 그것은 (틀리게) 마이크로칩을 두 번 계산하여 합산하는 것이다.

이 원칙에 대한 예외가 다음과 같은 때 발생한다. 즉, 중간재가 생산되어 사용되기보다는 나중에 사용하거나 또는 판매하기 위해 기업의 물품 재고에 추가될 때 예외가 된다. 이 경우 중간재는 지금 현재로서는 '최종재'로 간주되며, 재고 차원에서 그 가치는 GDP에 포함된다. 따라서 재고에 추가되어 GDP에 합산되며, 재고 물품이 나중에 사용되거나 판매될 때 이런 재고의 감소는 GDP에서 차감된다.

11-2d "… 재화 및 용역 …"

GDP에는 유형의 재화(식료품, 의류, 자동차) 및 무형의 용역(이발, 주택 청소, 의사 방문)이 포함된다. 여러분이 좋아하는 밴드의 로고가 부착된 티셔츠를 구매할 때, 여러분은 재화를 구매한 것이며 구매가격은 GDP의 일부를 구성한다. 여러분이 이 밴드가 연주하는 콘서트에 가기 위해 대가를 지불할 때, 여러분은 용역을 구매한 것이며 콘서트 입장권 가격 또한 GDP의 일부를 구성한다.

11-2e "… 생산된 …"

GDP에는 현재 생산된 재화 및 용역이 포함된다. 과거에 생산된 품목의 거래는 포함되지 않는다. (미국의) 포드 사가 새로운 자동차를 생산하여 판매할 때, 이 자동차의 가치는 (미국의) GDP에 포함된다. 하지만 어떤 사람이 중고 자동차를 다른 사람에게 판매할 때, 중고 자동차의 가치는 GDP에 포함되지 않는다.

11-2f "… 일국 내에서 …"

GDP는 일국의 지리적 국경 내에서 이루어진 생산의 가치를 측정한다. 캐나다인이 미국에서 한시적으로 일하면서 한 생산은 미국 GDP에 포함된다. 미국이 아이티에서 공장을 소유하고 있을 때 해당 공장에서 이루어진 생산은 미국 GDP에 기여하지 않는다.(이 생산은 아이티의 GDP에 합산된다) 생산자의 국적에 관계없이 어떤 물품이 국내에서 생산된 경우, 이 물품은 그 국가의 GDP에 포함된다.

11-2g "… 일정한 기간에 …"

GDP는 특정 기간 동안에 이루어진 생산의 가치이다. 그 기간은 보통 1년 또는 1분기(3개월)이다. GDP는 해당 기간 동안에 경제의 지출 흐름뿐만 아니라 소득 흐름을 측정한다.

정부가 분기별 GDP를 발표할 때 보통 '연간 율로' GDP를 발표한다. 이것이 의미하는 바는 분기별 GDP로 발표하는 수치는 분기 동안의 소득 및 지출에 4를 곱하여 구한 금액이라는 것이다. 정부는 이 관례를 사용하여 분기별과 연도별 GDP 수치를 보다 용이하게 비교할 수 있게 한다.

이 밖에 정부가 발표하는 분기별 GDP는 **계절 조정**이라고 하는 통계 절차를 거쳐 수정된 데이터이다. 조정이 이루어지지 않은 데이터는 경제가 1년 중 다른 기간보다 어떤 기간에 재화 및 용역을 더 많이 생산한다는 점을 보여준다.(12월의 휴일 쇼핑 시즌이 고점이다) 경제를 관찰할 때, 경제학자와 정책 입안자는 종종 이런 계절 변화 이상의 것을 알고자 한다. 따라서 정부 통계학자들은 계절 주기를 제거하기 위해 분기별 데이터를 조정한다. 뉴스에서 발표된 GDP 데이터는 언제나 계절 조정된 수치이다.

위에서 한 논의를 바탕으로 GDP에 대한 정의를 다시 한번 반복해보자.

- 국내총생산(GDP)은 일정한 기간에 일국 내에서 생산된 모든 최종적인 재화 및 용역의 시장가치이다.

위의 정의는 경제의 총지출 면에서 본 GDP에 초점을 맞추고 있다. 하지만 재화 또는 용역의 매수인이 지출한 각 화폐는, 즉 각 달러는 해당 재화 또는 용역의 매도인에게 소득의 각 달러가 된다. 따라서 정부는 경제의 총지출을 합산하여 GDP를 계산할 뿐만 아니라 경제의 총소득을 합산하여 **국내총소득**(GDI)을 구할 수 있다. GDP와 GDI는 거의 정확하게 동일한 수치가 된다. 여기서 '거의'란 말을 사용한 이유는 무엇인가? 두 측정치가 정확하게 같아야만 하지만, 데이터를 얻을 수 있는 출처가 완전하지 못하기 때문이다. GDP와 GDI의 차이를 **통계적 불일치**라고 한다.

GDP가 경제활동의 가치에 대한 정교한 측정치라는 사실이 명확해졌다. 고급 거시경제학 교과목에서 여러분은 계산에 따른 미묘한 차이에 관해 배우게 될 것이다. 하지만 현재로서도 여러분은 이 정의에 포함된 각 문구에 의미가 내포되어 있다는 사실을 알 수 있게 되었다.

FYI 소득의 기타 측정방법

미국 상무부는 국가의 GDP를 계산할 때 그 경제 상황을 완벽하게 이해하기 위해 기타 소득 측정치도 계산한다. 이런 측정치는 특정 소득을 배제하거나 포함함으로써 GDP와 달라진다. 가장 큰 측정치부터 가장 작은 것 순으로 다섯 가지 소득 측정치를 간략하게 설명한다.

- **국민총생산**(GNP)은 일국의 영구한 거주민(이른바 **국민**)이 번 소득이다. GNP는 국내 거주민이 해외에서 벌어들인 소득을 배제한다는 의미에서 GDP와 다르다. 예를 들어 캐나다인이 미국에서 한시적으로 일하면서 번 소득은 미국 GDP에 포함되지만 미국 GNP에는 포함되지 않는다.(캐나다 GNP에는 포함된다) 미국을 비롯한 대부분의 국가에서 국내 거주민이 대부분의 국내 생산을 책임지므로 GDP와 GNP는 매우 비슷하다.
- **국민순생산**(NNP)은 일국 거주민의 총소득(GNP)에서 감가상각에 따른 손실을 감한 수치이다. **감가상각**이란 트럭이 녹슬고 구형 컴퓨터가 쓸모없게 되는 것처럼 해당 경제의 장비와 구조물에 대한 저량이 마모되는 것이다. 미국 상무부가 작성하는 국민소득 계정에서 감가상각은 '고정자본의 소비'이다.
- **국민소득**은 재화 및 용역의 생산에서 일국의 거주민이 번 총소득이다. 이것은 국민순생산과 거의 같다. 두 측정치는 데이터를 수집하는 과정상의 문제로 발생하는 **통계적 불일치** 때문에 차이가 난다.
- **개인소득**은 가계와 비법인의 영업을 통해 받은 소득이다. 국민소득과 달리, 개인소득은 기업이 벌었지만 소유주에게 지급하지 않은 소득, 즉 유보이익을 배제한다. 개인소득은 (판매세 같은) 간접사업세, 기업 소득세, (대부분 사회보장세인) 사회보험 기여금을 차감한다. 이 밖에 가계가 정부 채무를 보유함으로써 받는 이자소득과, 복지와 사회보장 같은 정부 이전 프로그램을 통해 받은 소득을 포함한다.
- **개인 가처분 소득**은 가계와 비법인 영업 주체가 정부에 대한 모든 의무를 충족한 후 남겨 놓은 소득이다. 이 소득은 개인소득에서 개인 조세 부담금과 (교통 위반 범칙금 같은) 비조세 납부금을 감한 것이다.

다양한 소득 측정치는 세부적으로 다른 면이 있지만, 경제 상황에 관해 알려주는 내용은 거의 언제나 동일하다. GDP가 신속하게 성장할 때 이런 소득 측정치도 신속하게 성장하는 경향이 있다. GDP가 하락할 때 이런 측정치도 하락하는 경향이 있다. 따라서 전반적인 경제 상황의 변동을 살펴보고자 할 때 어느 소득 측정치를 사용하느냐는 별로 상관이 없다. ■

Quiz

3. 핫도그 가격이 2달러이고 햄버거 가격이 4달러인 경우, 핫도그 30개는 햄버거 ________만큼 GDP에 기여한다.
   a. 5개
   b. 15개
   c. 30개
   d. 60개

4. 양을 키우는 목축업자인 광재는 20달러를 받고 양모를 편물업자인 대희에게 판매한다. 대희는 스웨터 2개를 만드는데, 각각의 시장가격은 40달러이다. 주혜가 그중 한 개를 구입하고 나머지 스웨터는 나중에 판매되도록 대희가 소유한 가게의 선반에 올려져 있다. 이 경우 GDP는 얼마인가?
   a. 40달러
   b. 60달러
   c. 80달러
   d. 100달러

5. 미국인 대학생 메리는 여름 동안 영어를 가르치기 위해 일본에 왔다. 그녀의 봉급은 ____________________.
   a. 미국 GDP에만 포함된다.
   b. 일본 GDP에만 포함된다.
   c. 미국 GDP와 일본 GDP 둘 다에 포함된다.
   d. 미국 GDP에도 일본 GDP에도 포함되지 않는다.

해답은 이 장의 끝부분에 있다.

11-3 GDP의 구성요소

어떤 경제에서 이루어지는 지출은 여러 가지 형태를 띤다. 언제라도 수진이 가족은 패스트푸드점에서 점심을 먹을 수 있고, 자동차 회사는 자동차 공장을 건설할 수 있으며, 해군은 잠수함을 구매할 수 있다. 외국 항공사는 국내 항공기 제작사로부터 항공기를 구매할 수도 있다.(미국의 예를 들면, 영국항공이 미국 기업 보잉으로부터 항공기를 구입할 수 있다) GDP는 국내에서 생산된 재화 및 용역에 대한 이런 모든 형태의 지출을 포함한다.

어떤 경제가 희소한 자원을 어떻게 사용하는지 이해하기 위해, 경제학자들은 지출 형태에 기반하여 GDP의 구성요소에 대해 알아본다. 이렇게 하기 위해, (Y로 표기된) GDP는 다음과 같은 네 가지 구성요소 즉 소비(C), 투자(I), 정부 구매(G), 순수출(NX)로 나누어볼 수 있다.

$$Y = C + I + G + NX$$

위의 식은 **항등식**이다. 즉, 이 식에 포함된 변수에 대한 정의가 주어진 경우 언제나 성립되어야 하는 식이다. 이 경우 GDP에 포함된 지출액은 각각 네 개 구성요소 중 한 개에 속하게 되므로, 네 가지 구성요소의 총합은 GDP와 같아야만 한다. 네 가지 구성요소를 보다 더욱 면밀히 살펴보도록 하자.

11-3a 소비

소비(consumption)는 신축 주택의 구입을 제외한 재화 및 용역에 대한 가계의 지출이다. 재화에는 자동차와 가전제품 같은 내구재와 식료품이나 의류 같은 비내구재가 포함된다. 용역에는 이발과 의료 같은 무형 품목이 포함된다. 관례에 따라, 교육에 대한 가계 지출도 용역의 소비에 포함된다.(이것은 다음에 살펴볼 구성요소, 즉 투자에 더 적합하다고 주장할 수도 있기는 하다)

소비
신규 주택의 구입을 제외한 재화 및 용역에 대한 가계의 지출

11-3b 투자

투자(investment)는 재화 및 용역을 더 많이 생산하기 위해 장래에 사용될 (**자본재**라고 하는) 재화의 구입이다. 투자는 기업 자본, 주택 자본, 재고의 구입을 합산한 것이다. 기업 자본에는 (공장 또는 사무실 건물과 같은) 기업 구조물, (노동자의 컴퓨터와 같은) 장비, (컴퓨터를 작동시키는 소프트웨어와 같은) 지적 재산권이 포함된다. 주택 자본에는 임대 사업자의 아파트 건물과 주택 소유주의 개인 주택이 포함된다. 관례에 따라,

투자
기업 자본, 주택 자본, 재고에 대한 지출

신축 주택의 구입은 소비가 아니라 투자로 분류되는 가계 지출의 한 형태이다.

이미 언급했듯이, 재고는 주의를 요한다. 미국 기업 애플이 컴퓨터를 생산하여 판매하지 않고 재고에 편입한 경우 자사가 컴퓨터를 '구입했다'고 추정된다. 즉, 국민소득 계정은 해당 컴퓨터를 애플의 투자 지출 일부로 간주한다. 나중에 애플이 재고에 편입된 컴퓨터를 판매하면, 이 판매는 애플의 재고 투자에서 차감될 것이며, 매수인에 의한 양의 지출액을 상쇄하게 된다. 재고는 이런 방법으로 처리되는데, 그 이유는 GDP가 해당 경제의 일정 기간의 생산가치를 측정할 때 재고에 추가된 재화가 생산의 일부를 구성하기 때문이다.

GDP의 회계 처리 방식은 **투자**라는 단어를 특별한 방법으로 사용한다는 데 주목해야 한다. 일상 대화에서 이 단어는 주식, 채권, 개방형 투자신탁과 같은 재무적 투자를 연상시킨다. 반면에 GDP는 재화 및 용역에 대한 지출액을 측정하기 때문에 여기서 **투자**라는 단어는 장래에 다른 재화 및 용역을 생산하기 위해 사용하게 된 (기업 자본, 주택 건물, 재고 같은) 재화의 구입을 의미한다.

11-3c 정부 구매

정부 구매
지방정부, 주정부, 연방정부에 의한 재화 및 용역에 대한 지출

정부 구매(government purchases)는 미국의 경우 연방정부, 주정부, 지방정부에 의한 재화 및 용역에 대한 지출을 측정한다. 이 구성요소에는 공공사업에 대한 지출뿐만 아니라 공무원 봉급이 포함된다. 미국 국민소득 계정은 이 지출 항목을 **정부 소비 지출 및 총투자**라고 하지만, 이 책에서는 보다 간단하게 **정부 구매**라는 용어를 사용할 것이다.

정부 구매의 의미를 이해하기 위해서는 약간의 설명이 필요하다. 정부가 군인이나 교사의 봉급을 지급할 때, 이 봉급은 정부 구매에 포함된다. 하지만 정부가 노년층에게 사회보장 급부금을 지불하거나 최근에 해고된 노동자에게 실업보험 급부금을 지급할 경우, 이야기가 달라진다. 이런 것들은 현재 생산된 재화 또는 용역에 대한 대가로 이루어진 것이 아니기 때문에 **이전지급**이라고 한다. 이전지급은 가계소득을 변화시키지만 경제에서 이루어지는 생산을 반영하지는 않는다.(거시경제학에서 볼 때, 이전지급은 음의 조세와 같다) GDP는 재화 및 용역의 생산으로부터 얻은 소득과 이것에 대한 지출을 측정하려 하기 때문에, 이전지급은 정부 구매로 간주되지 않는다.

11-3d 순수출

순수출
국내에서 생산된 재화에 대한 외국인의 지출에서 외국에서 생산된 재화에 대한 국내 거주민의 지출을 차감하여 구한 것

순수출(net exports)은 국내에서 생산된 재화 및 용역에 대해 해외로부터 이루어진 구매(수출)에서 해외에서 이루어진 구매(수입)를 차감하여 구할 수 있다. 미국의 예를 들면 미국 기업 보잉이 영국항공에 항공기를 판매하는 것처럼 타국에 있는 매수인을 대상으

로 한 국내 기업의 판매는 순수출을 증가시킨다.

순수출에서 '순'은 수출에서 수입이 차감되었다는 뜻이다. 이런 차감이 이루어지는 이유는 GDP의 다른 구성요소들이 재화 및 용역의 수입을 포함하기 때문이다. 예를 들면 어떤 가계가 스웨덴의 자동차 제작업체인 볼보로부터 50,000달러 상당의 자동차를 구입한다고 가상하자. 이 거래로 소비가 50,000달러만큼 증가하는데, 그 이유는 자동차 구매가 소비자 지출의 일부분이기 때문이다. 이 거래는 또한 순수출을 50,000달러만큼 감소시키는데, 그 이유는 해당 자동차가 수입품이기 때문이다. 다시 말해, 순수출은 해외에서 생산된 재화 및 용역을 포함(이것은 마이너스 부호를 갖는다)하는데, 그 이유는 이들 재화 및 용역이 소비, 투자, 정부 구매에 포함(이것은 플러스 부호를 갖는다)되기 때문이다. 따라서 국내의 가계, 기업, 정부가 해외에서 재화 또는 용역을 구입할 때, 이런 구입은 GDP에 영향을 미치지 않는다. 왜냐하면 이런 구입으로 인해 소비, 투자, 정부 구매가 증가한 것과 동일한 금액만큼 순수출이 감소하기 때문이다.

사례 연구

미국 GDP의 구성요소

표 1은 2021년 미국 GDP의 구성요소를 보여준다. 이 해에 미국의 GDP는 약 23조 달러였다. 이 숫자를 2021년 미국 인구수 3억 3,100만 명으로 나눌 경우 한 사람당 GDP를 구할 수 있으며(이따금 이를 1인당 GDP라고 한다), 2021년 평균 미국인의 소득 및 지출액은 69,386달러였다.

소비는 GDP의 68%를 차지하며, 1인당 47,528달러였다. 투자는 1인당 12,396달러였다. 정부 구매는 1인당 12,226달러였다. 순수출은 1인당 −2,764달러였다. 이 숫자가 음수인 이유는, 외국인이 미국산 재화에 지출한 것보다 미국인이 외국산 재화에 더 많이 지출했기 때문이다.

이 데이터는 국민소득 계정을 집계하는 미국 상무부 소속 경제분석국이 발표한다. 미국 GDP에 대한 최신 자료를 구하려면 웹사이트(http://www.bea.gov)를 참조한다. ●

	총액(십억 달러)	1인당(달러)	총액에 대한 백분율
국내총생산, *Y*	22,994	69,386	100%
소비, *C*	15,750	47,528	68
투자, *I*	4,108	12,396	18
정부 구매, *G*	4,052	12,226	18
순수출, *NX*	−916	−2,764	−4

표 1

GDP와 그 구성요소

미국 경제의 2021년 GDP 총액과 이를 구성하는 **네 가지 요소의** 금액을 알 수 있다. 이 표를 볼 때 항등식 $Y = C + I + G + NX$를 기억하자.

출처: U.S. Department of Commerce. 반올림으로 인해 합계가 일치하지 않을 수 있다.

Quiz

6. 다음 중 미국 GDP에 추가되지 않는 것은 어느 것인가?
   a. 보잉이 항공기를 제작하여 에어 프랑스에 판매한다.
   b. 제너럴 모터스가 신차공장을 노스캐롤라이나 주에 설립한다.
   c. 뉴욕시가 경찰에게 봉급을 지급한다.
   d. 연방정부가 여러분의 할머니에게 사회보장 급부금 수표를 보낸다.
7. 미국인이 이탈리아에서 만든 신발 한 켤레를 구입한다. 미국 국민소득 계정은 이 거래를 어떻게 처리하는가?
   a. 순수출과 GDP가 둘 다 증가한다.
   b. 순수출과 GDP가 둘 다 감소한다.
   c. 순수출은 감소하는 반면에, GDP는 변화하지 않는다.
   d. 순수출은 변화하지 않는 반면에, GDP는 증가한다.
8. 다음 중 GDP에서 가장 큰 구성요소는 어느 것인가?
   a. 소비
   b. 투자
   c. 정부 구매
   d. 순수출

해답은 이 장의 끝부분에 있다.

11-4 실질 GDP 대 명목 GDP

앞에서 살펴본 것처럼, GDP는 경제의 모든 시장에서 이루어지는 재화 및 용역에 대한 총지출을 측정한다. 총지출이 어떤 해에서 다음 해로 넘어가면서 증가할 경우, 다음과 같은 두 가지 중 적어도 하나가 이루어져야 한다. 즉, (1) 경제가 더 많은 양의 재화 및 용역을 생산한다. 또는 (2) 재화 및 용역이 더 높은 가격으로 판매된다. 경제학자들이 시장의 흐름에 따른 경제의 변화를 살펴보려고 할 경우, 이들은 위의 두 가지 효과를 분리하고자 한다. 특히, 해당 경제가 생산한 재화 및 용역의 가격 변화와는 별개로, 그 재화 및 용역의 총량을 측정하고자 한다.

이렇게 하기 위해, 경제학자들은 **실질 GDP**라고 하는 측정치를 사용한다. 실질 GDP는 다음과 같은 가상적인 물음에 답한다. 즉, 과거 어떤 특정 연도에 형성되었던 가격을 사용할 경우, 올해 생산된 재화 및 용역의 가치는 얼마나 되는가? 이처럼 과거 수준에 고정된 가격들을 사용하여 현재의 생산을 평가함으로써, 실질 GDP는 경제의 전반적인 재화 및 용역의 생산이 시간이 흐름에 따라 어떻게 변화했는지를 보여준다.

실질 GDP를 어떻게 구할 수 있는지 정확히 알아보기 위해 다음 예를 생각해보자.

11-4a 숫자를 이용한 예

표 2는 두 재화, 즉 핫도그와 햄버거만 생산하는 경제에 대한 데이터이다. 이 표는 2022년, 2023년, 2024년에 이루어진 두 재화의 가격과 생산량을 보여준다.

표 2

실질 GDP 및 명목 GDP

이 표는 핫도그와 햄버거만을 생산하는 가상적인 경제의 실질 GDP, 명목 GDP, GDP 디플레이터를 어떻게 계산하는지 보여준다.

가격 및 수량

연도	핫도그 가격	핫도그 수량	햄버거 가격	햄버거 수량
2022	1달러	100	2달러	50
2023	2	150	3	100
2024	3	200	4	150

명목 GDP 계산하기

2022	(핫도그 개당 1달러×핫도그 100개)+(햄버거 개당 2달러×햄버거 50개)=200달러
2023	(핫도그 개당 2달러×핫도그 150개)+(햄버거 개당 3달러×햄버거 100개)=600달러
2024	(핫도그 개당 3달러×핫도그 200개)+(햄버거 개당 4달러×햄버거 150개)=1,200달러

실질 GDP 계산하기(기준연도 2022)

2022	(핫도그 개당 1달러×핫도그 100개)+(햄버거 개당 2달러×햄버거 50개)=200달러
2023	(핫도그 개당 1달러×핫도그 150개)+(햄버거 개당 2달러×햄버거 100개)=350달러
2024	(핫도그 개당 1달러×핫도그 200개)+(햄버거 개당 2달러×햄버거 150개)=500달러

GDP 디플레이터 계산하기

2022	(200달러/200달러)×100=100
2023	(600달러/350달러)×100=171
2024	(1,200달러/500달러)×100=240

이 경제의 총지출을 계산하기 위해, 핫도그와 햄버거의 수량에 이들의 가격을 곱해 보자. 2022년에 핫도그 100개가 개당 1달러의 가격으로 판매되어, 핫도그에 대한 지출액은 100달러가 되었다. 같은 해에 햄버거 50개가 개당 2달러의 가격으로 판매되어, 햄버거에 대한 지출액도 100달러가 되었다. 핫도그와 햄버거에 대한 지출액의 합계인 이 경제의 총지출액은 200달러가 된다. 재화 및 용역의 생산을 현재가격으로 계산한 금액을 **명목 GDP**(nominal GDP)라고 한다.

명목 GDP
재화 및 용역의 생산을 현재가격으로 계산한 금액

이 표는 3년 동안의 명목 GDP를 계산한 것이다. 총지출은 2022년 200달러에서 2023년 600달러로 증가했으며, 이는 다시 2024년에 1,200달러로 증가했다. 이런 증가 중 일부는 핫도그와 햄버거의 생산량 증가에서 비롯되며, 또 다른 일부는 가격 상승에서 비롯된다.

가격 변화가 미치는 효과를 제거하고 생산량을 측정하기 위해, 재화 및 용역의 생산을 불변가격으로 계산한 금액인 **실질 GDP**(real GDP)를 사용한다. 실질 GDP를 계산하기 위해, 먼저 어떤 한 해를 **기준연도**로 지정해야 한다. 그러고 나서 기준연도의 핫도그 가격과 햄버거 가격을 사용하여 모든 연도에 대한 재화 및 용역의 가치를 계산한다. 다시 말해, 기준연도의 가격이 서로 다른 연도의 수량을 비교하기 위한 척도로 사용된다.

실질 GDP
재화 및 용역의 생산을 불변가격으로 계산한 금액

우리의 예에서 2022년이 지정된 기준연도라고 가상하자. 그러고 나서 2022년 가격을 사용하여 2022년, 2023년, 2024년에 이루어진 생산의 가치를 계산할 수 있다. 표 2는 이런 계산 결과를 보여준다. 2022년의 실질 GDP를 계산하기 위해, 2022년(기준연도)의 핫도그 가격과 햄버거 가격에 2022년에 생산된 핫도그 수량과 햄버거 수량을 곱해야 한다. 기준연도에는 실질 GDP가 언제나 명목 GDP와 같다. 2023년의 실질 GDP를 계산하기 위해, 2022년(기준연도)의 핫도그 가격과 햄버거 가격에 2023년에 생산된 핫도그 수량과 햄버거 수량을 곱해야 한다. 마찬가지로 2024년의 실질 GDP를 계산하기 위해, 2022년의 가격에 2024년에 생산된 수량을 곱해야 한다. 실질 GDP는 2022년 200달러에서 2023년 350달러로 증가했고, 2024년에 500달러로 증가했다.

이런 증가는 생산량 증가에서 비롯되어야만 하는데, 그 이유는 가격이 기준연도 수준에 고정되어 있기 때문이다.

요약: **명목 GDP는 어떤 경제의 재화 및 용역 생산을 현재가격으로 계산한 금액이다. 실질 GDP는 어떤 경제의 재화 및 용역 생산을 기준연도의 불변가격으로 계산한 금액이다.** 가격 변화는 실질 GDP에 영향을 미치지 않기 때문에, 실질 GDP의 변화는 생산량의 변화만을 반영한다. 따라서 실질 GDP는 전반적인 경제의 재화 및 용역 생산에 대한 측정치로 해석될 수 있다.

GDP를 계산하는 목적은 전반적인 경제가 얼마나 좋은 성과를 냈는지 측정하는 것이다. 실질 GDP는 어떤 경제의 재화 및 용역 생산을 측정한다는 점에서 사람들의 물적 필요와 욕구를 충족시킬 수 있는 경제의 능력을 반영하게 된다. 따라서 실질 GDP가 경제적 후생을 평가하는 데 명목 GDP보다 더 나은 지표이다. 경제학자들이 어떤 경제의 GDP에 관해 언급할 때, 이들은 보통 명목 GDP가 아니라 실질 GDP를 의미한다. 그리고 이들이 해당 경제의 성장에 관해 말할 때, 그 성장은 어떤 기간에서 다른 기간까지 발생한 실질 GDP의 백분율 변화로 측정한 것이다.

11-4b GDP 디플레이터

복습: 명목 GDP는 해당 경제의 재화 및 용역 생산량과 그 재화 및 용역의 가격 둘 다를 반영한다. 실질 GDP는 재화 및 용역의 생산량만을 반영하는데, 그 이유는 재화 및 용역의 가격이 기준연도 수준에서 불변한다고 보기 때문이다. 이 두 개의 통계치로부터, 재화 및 용역의 가격만을 반영하는 제3의 지표인 GDP 디플레이터를 계산할 수 있다.

GDP 디플레이터
실질 GDP에 대한 명목 GDP의 비율에 100을 곱하여 계산한 물가지수의 척도

GDP 디플레이터(GDP deflator)는 다음과 같이 정의된다.

$$\text{GDP 디플레이터} = \frac{\text{명목 GDP}}{\text{실질 GDP}} \times 100$$

기준연도에는 명목 GDP와 실질 GDP가 같아야만 하기 때문에, 기준연도의 GDP 디플레이터는 언제나 100이 된다. 차후 연도에 대한 GDP 디플레이터는, 실질 GDP의 변화에서 비롯되지 않은 기준연도로부터의 명목 GDP 변화를 측정한다.

GDP 디플레이터는 기준연도 물가수준에 대비한 현재 물가수준을 측정한다. 그 이유를 알아보기 위해, 다음과 같은 두 가지 간단한 예를 생각해보자. 첫째, 경제에서 이루어지는 생산량은 시간이 흐름에 따라 증가하지만 가격은 동일하다고 가상하자. 이 경우에 명목 GDP와 실질 GDP가 둘 다 동일한 비율로 증가하여, GDP 디플레이터는 불변한다. 이제는 그 대신에 가격은 상승하지만 생산량은 동일한 수준에 머무른다고 가상하자. 이 두 번째 경우에 명목 GDP는 증가하지만 실질 GDP는 일정하므로, GDP 디플레이터가 상승한다. 두 경우 모두에서, GDP 디플레이터는 가격에 어떤 일이 발생하는지를 반영하며 수량에 어떤 일이 발생하는지를 반영하지는 않는다.

표 2의 숫자를 이용한 예를 다시 살펴보자. GDP 디플레이터는 맨 밑에 계산되어 있다. 2022년 명목 GDP가 200달러이고 실질 GDP가 200달러이므로, GDP 디플레이터는 100이다.(기준연도의 디플레이터는 언제나 100이라는 사실을 기억하자) 2023년 명목 GDP가 600달러이고 실질 GDP가 350달러이므로, GDP 디플레이터는 171이다.

경제학자들은 경제의 전반적인 물가수준이 상승하는 상황을 **인플레이션**이라는 용어로 설명한다. **인플레이션율**은 어떤 기간에서 다음 기간으로 넘어가면서 발생한 물가수준 측정치의 백분율 변화를 말한다. GDP 디플레이터를 사용하여, 연속되는 두 연도 사이의 인플레이션율은 다음과 같이 계산된다.

$$\text{2차 연도의 인플레이션율} = \frac{\text{2차 연도 GDP 디플레이터} - \text{1차 연도 GDP 디플레이터}}{\text{1차 연도 GDP 디플레이터}} \times 100$$

2023년에 GDP 디플레이터는 100에서 171로 상승했기 때문에, 인플레이션율은 $100 \times (171 - 100)/100$ 또는 71%가 된다. 2024년에 GDP 디플레이터는 전년도의 171에서 240으로 상승했기 때문에, 인플레이션율은 $100 \times (240 - 171)/171$ 또는 40%이다.

GDP 디플레이터는 평균 물가수준과 인플레이션율을 살펴보기 위해 사용되는 한 가지 척도이다. GDP 디플레이터란 명칭이 붙은 이유는 명목 GDP에서 인플레이션을 제했기 때문이다. 다시 말해 물가 인상으로 인한 명목 GDP의 상승을 '디플레이트' 즉 제했기 때문에 그런 명칭이 붙었다. 다음 장에서는 경제의 물가수준에 대한 또 다른 척도인 **소비자 물가지수**에 대해 살펴보고 이들 두 개의 척도가 어떻게 다른지 논의할 것이다.

반세기 동안의 미국 실질 GDP

실질 GDP는 중요한 정보를 제공한다. 그림 2는 1970년 이래로 미국 경제의 실질 GDP에 대한 분기별 데이터를 보여준다.

이들 데이터가 시사하는 한 가지 사실은 실질 GDP가 시간이 흐름에 따라 성장했다는 것이다. 2021년 미국 경제의 실질 GDP는 1970년 수준의 약 네 배가 되었다. 이를 달리 표현하면, 미국의 재화 및 용역 생산량은 연간 약 3% 성장했다. 이런 실질 GDP의 지속적인 성장이 인구 성장률을 상회했기 때문에 오늘날의 평균 미국인들은 과거 세대보다 더 많은 경제적 번영을 누리고 있다.

GDP 데이터에 따르면 성장이 한결같지는 않았다는 사실을 알 수 있다. 실질 GDP의 상승은 GDP가 하락하는 기간, 즉 **침체기**로 인해 이따금 중단되었다. 그림 2는 빗금 친 수직 막대로 이런 침체기를 나타내었다.(공식적인 경기 주기 확정위원회가 경기 침체가 발생했

그림 2 미국 경제의 실질 GDP

이 그림은 1970년 이래 분기별 자료에 기초한 미국 경제의 실질 GDP를 보여준다. 실질 GDP가 감소한 침체기는 빗금 친 수직 막대로 나타내었다.

출처: U.S. Department of Commerce.

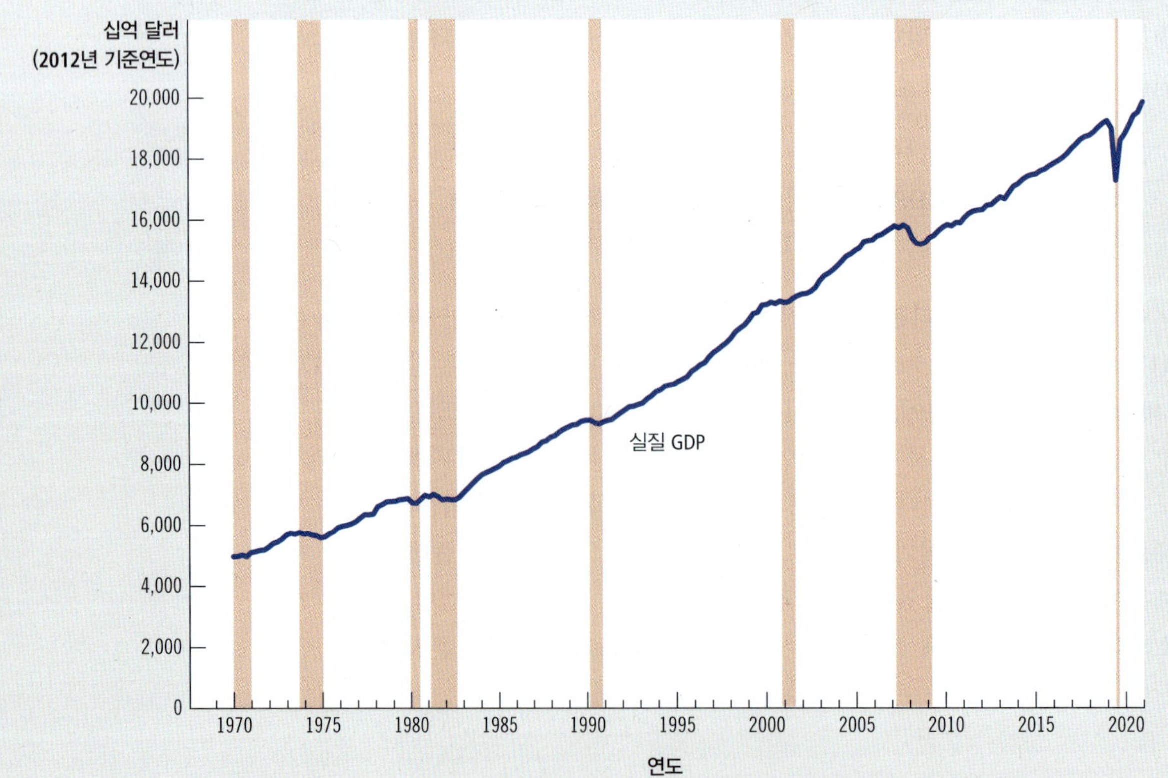

다고 언제 선언하는지에 대한 확정된 규칙은 없다. 하지만 오래된 경험법칙에 따르면 2분기 연속해서 실질 GDP가 하락할 때라고 할 수 있다. 2020년에 발생된 전염병 대유행으로 인한 경제 침체는 이례적이었으며, 이때 한 분기 동안에만 GDP가 여느 때와 다르게 큰 폭으로 하락했다) 경제 침체 시 소득 감소뿐만 아니라 다른 형태의 고통, 즉 실업 증대, 이윤 감소, 파산 증가 같은 어려움을 겪게 된다.

거시경제학은 실질 GDP의 장기적인 성장과 단기적인 변동을 설명하고자 한다. 이후의 장들이 보여주는 것처럼, 이들 두 개의 목적에 부합하기 위해서는 상이한 모형이 필요하다. 단기적인 변동은 장기적인 추세에서 벗어나 일어나는 이탈을 의미하므로, 우리는 먼저 장기적으로 실질 GDP를 포함하는 주요 거시경제 변수들의 행태를 분석할 것이다. 그다음 이후의 장들에서 이런 분석에 기초하여 단기적인 변동을 설명할 것이다. ●

Quiz

9. 어떤 경제는 개당 2달러 가격으로 1차 연도에 10개 쿠키를 생산했고, 2차 연도에는 개당 3달러 가격으로 12개 쿠키를 생산했다. 1차 연도에서 2차 연도로 가면서 실질 GDP는 ____ 증가했다.
   a. 20%
   b. 50%
   c. 70%
   d. 80%

10. 모든 생산량이 5% 증가하고 모든 가격이 5% 하락한다면, 다음 중 이 상황을 가장 잘 설명한 것은?
   a. 실질 GDP가 5% 상승하는 반면에, 명목 GDP는 5% 하락한다.
   b. 실질 GDP가 5% 상승하는 반면에, 명목 GDP는 불변한다.
   c. 실질 GDP가 불변하는 반면에, 명목 GDP는 5% 상승한다.
   d. 실질 GDP가 불변하는 반면에, 명목 GDP는 5% 하락한다.

해답은 이 장의 끝부분에 있다.

11-5 GDP는 경제적 후생을 측정하는 좋은 지표인가?

이 장 앞부분에서 GDP는 종종 사회의 경제적 후생을 측정하는 최선의 단일 척도로 간주된다는 점에 주목했다. GDP가 무엇인지를 알게 되었으므로, 이런 견해의 근거에 대해 논의하고 사회적 후생을 판단하는 척도로서 GDP가 갖는 한계를 살펴보자.

앞서 살펴보았던 것처럼, GDP는 경제의 총소득과 재화 및 용역에 대한 총지출을 측정한다. 대부분의 사람들은 더 높은 소득을 받고 더 많이 지출하고자 하기 때문에, 1인당 GDP는 일반적인 사람의 경제적 후생을 측정하는 자연적인 척도처럼 보인다.

하지만 일부 사람들은 후생을 측정하는 지표로서 GDP가 타당한가에 대해 논쟁을 벌이곤 한다. 로버트 케네디 상원의원은 1968년 대선 연설에서 이런 통계들에 대해 다음과 같이 공감하는 말을 했다.

> GDP는 어린이들의 건강, 교육의 질, 놀이를 통한 즐거움을 고려하지 않는다.

> GDP는 시의 아름다움, 결혼의 힘, 대중토론의 지성, 공무원들의 성실성을 포함하지 못한다. GDP는 재치, 용기, 지혜, 학식, 국가에 대한 헌신을 측정하지 못한다. 간단히 말해 GDP는 생활을 가치 있게 만드는 것을 제외한 모든 것을 측정할 수 있으며, 우리가 미국인이라는 것을 왜 자랑스러워해야 하는지를 제외하고 미국에 대한 모든 것을 말해준다.

로버트 케네디 상원의원의 말은 많은 부분이 옳다. 그럼에도 사람들이 GDP에 관심을 가져야 하는 이유는 무엇인가?

이 물음에 대한 답변은, 사실 GDP가 커질수록 더 나은 생활을 영위하기가 더 용이해지기 때문이라는 것이다. GDP가 우리 어린이들의 건강을 측정하지는 못하지만, GDP가 더 큰 국가들은 자국의 아이들에게 더 나은 건강관리를 제공할 수 있다. GDP가 교육의 질은 측정하지는 못하지만, GDP가 더 큰 국가들은 더 나은 교육제도를 제공할 수 있다. GDP가 시의 아름다움을 측정하지는 못하지만, GDP가 더 큰 국가들은 더 많은 국민들이 시를 읽고 즐길 수 있도록 이들을 가르칠 수 있다. GDP가 지성, 성실성, 용기, 지혜, 국가에 대한 헌신을 고려하지는 못하지만, 사람들이 생활의 물적 필요를 덜 걱정할 때 이런 덕행을 더 쉽게 배양할 수 있다. 간단히 말해, GDP는 생활을 가치 있게 해주는 것을 직접적으로 측정하지는 못하지만, 가치 있는 생활을 하기 위해 필요한 많은 요소들을 얻을 수 있는 우리의 능력을 측정한다.

하지만 GDP가 후생을 측정하는 완전한 지표라고는 할 수 없다. GDP는 가령 여가처럼 질이 높은 생활에 기여하는 일부의 것들을 빠뜨리고 있다. 예를 들어 모든 사람들이 가족이나 친구들과 함께 보내기 위해 또는 개인적으로 추구하는 바를 위해 주말에 휴식을 취하지 않고 일주일 내내 일을 해야 한다고 가상해보자. 보다 많은 재화 및 용역이 생산되고 GDP는 증가하게 될 것이다. 하지만 이런 GDP의 증가에도 불구하고, 모든 사람들의 생활이 더 나아졌다고 결론 내리지는 말아야 한다. 줄어든 여가로 인한 손실이, 더 많은 양의 재화 및 용역의 생산과 소비에 따른 이득을 상쇄하게 된다.

GDP는 시장가격을 사용하여 재화 및 용역의 가치를 평가하기 때문에, 시장 밖에서 이루어진 거의 모든 행위에 대한 가치는 배제된다. 특히 GDP는 가정에서 생산된 재화 및 용역의 가치를 누락시킨다. 요리사가 자신의 음식점에서 맛있는 식사를 준비할 경우, 이 식사의 가치는 GDP의 일부가 된다. 하지만 요리사가 자신의 가족을 위해 동일한 식사를 준비할 경우, 이들이 원재료에 추가시킨 가치는 GDP에 포함되지 않는다. 이와 유사하게 어린이 보육원에서 제공되는 육아 서비스는 GDP의 일부가 되는 반면에, 가정에서 부모가 제공하는 육아 서비스는 GDP의 일부가 되지 않는다. 자원 봉사자의 활동이 사회 구성원의 후생에 기여할 수 있지만, GDP는 이런 기여를 반영하지 않는다.

GDP가 배제하는 또 다른 것으로 환경의 질을 꼽을 수 있다. 정부가 모든 환경 규제를 제거했다고 가상해보자. 그러면 기업은 산출하는 오염을 고려하지 않고 재화 및 용역을 생산하게 되어, GDP는 증가할 수 있다. 하지만 후생은 하락하게 될 것이다. 공기와 물의 질이 악화되고, 이는 생산 증가에 따른 이득을 상쇄하고도 남는다.

GDP는 또한 소득 분배에 관해 어떤 것도 언급하지 않는다. 다음과 같은 두 가지 사회를 생각해보자. 하나는 100명의 연간소득이 50,000달러인 사회이고, 다른 하나는 10명이 500,000달러를 벌고 90명이 아무것도 벌지 못해 고통을 겪는 사회이다. 두 사회는 모두 GDP가 500만 달러이고 1인당 GDP는 50,000달러이다. 하지만 두 사회의 상황이 동등하다고 생각하는 사람은 거의 없다. 1인당 GDP는 평균적인 사람에게 어떤 일이 발생하는지에 대해 알려주는 반면에, 이들 평균적인 사람 이면에는 매우 다양한 개인적인 경험이 내재되어 있다.

결국, GDP는 많은 목적에 적합하게 경제적 후생을 측정하는 좋은 지표이기는 하지만, 모든 목적에 적합하지는 않다고 결론 내릴 수 있다. GDP에 포함되는 것과 제외되는 것을 분명히 기억해두어야 한다.

GDP와 삶의 질에 관한 국제적인 차이

GDP가 경제적 후생을 측정하는 지표로 유용한지를 평가하는 한 가지 방법은 국제적인 데이터를 살펴보는 것이다. 부국과 빈국은 1인당 GDP 수준이 매우 다르다. GDP 규모가 커서 생활수준이 높은 것이라면, GDP는 삶의 질을 측정하는 다양한 지표와 강한 상관관계가 있어야 한다. 그리고 실제로 그렇다.

표 3은 1인당 GDP 순으로 순위를 매긴 12개 인구 대국을 보여준다. 또한 출생 시 기대수명, 학교 교육을 받은 성인의 평균연수, 자신의 삶에 대해 어떻게 느끼냐는 질문에 사람들이 0~10의 점수 척도(10이 가장 좋은 점수이다)로 응답한 삶의 만족지수를 보여준다. 이 데이터는 명백한 추세를 보인다. 미국과 독일 같은 부국에서 기대수명은 약 80세이고, 학교 교육 평균연수는 약 13년, 삶의 만족지수는 약 7점이다. 반면에 방글라데시와 나이지리아 같은 빈국에서 기대수명은 약 10년 정도 짧고, 학교 교육 평균연수는 절반에 미치지 못하며, 삶의 만족지수는 10점 척도에서 약 2점 정도 낮다.

삶의 질을 측정한 다른 측면의 데이터도 이와 유사한 사실을 말한다. 1인당 GDP가 낮은 국가는 저체중으로 태어난 영아가 더 많으며, 영아 사망률이 더 높고, 산모 사망률도 더 높으며, 어린이 영양 실조율도 더 높은 경향이 있다. 전기, 포장 도로, 깨끗한 식수를 접하는 비율도 더 낮다. 또한 학령기 아동 중 더 적은 수가 실제로 학교에 다녔으며, 학교에 다니는 어린이들은 1인당 더 적은 수의 교사에게 수업을 받아야 했고, 성인의 문맹도 좀 더 보편적이었다. 이들 국가의 국민들은 텔레비전, 전화, 인터넷에 접근할 수 있는 기회가 더 적은 경향이 있다. 여러 국가의 데이터를 보면, 일국의 1인당 GDP와 국민의 생활수준이 밀접히 연관된다는 사실을 의심할 여지가 없음을 알 수 있다. ●

매춘과 마약이 GDP에 포함되어야 하는가

일부 국가는 자국의 국민소득 계정에 무엇이 포함되어야 하는지에 관해 논의한다.

매춘은 GDP에 포함시키지 말아야 합니다. 제발 그렇게 하지 마십시오. 우리는 프랑스인입니다.

재커리 카라벨(Zachary Karabell)

프랑스 정부는 공식적인 발표가 아닌 것으로 보이는 다음 내용을 발표했다. "우리는 국내총생산을 공식적으로 계산할 때 불법 마약과 매춘을 포함시키지 않을 것이다."

이 발표가 특이한 것은 그런 행위가 포함된 적이 없으며 대부분의 국가에서도 포함되지 않는다는 점 때문이다. 대부분의 정부는 그럴 계획이 없다는 사실을 공표하지 않는다.(미국 정부는 "우리는 금성에 인간을 보낼 의향이 있지 않다"고 발표하지 않는다) 하지만 프랑스 정부는 인접 국가들과 유럽연합으로부터 그런 행위를 국민계정과 경제의 생산량에 포함시키라는 상당한 압력을 받고 나서 내린 결정이었다. 이로 인해 다음과 같은 많은 의문점이 제기된다. 이런 행위는 **포함되어야만 하는가**, 그래야 한다면 다른 행위가 포함되지 않는 이유는 무엇인가? 그리고 우리가 측정하는 것은 정확히 무엇이며 왜 그것을 측정하려고 하는가?

GDP보다 현재 우리 사회의 모습을 더 구체적으로 보여주는 수치는 거의 없다. GDP는 국가의 성공을 보여주는 시금석이고, 정치가들과 전문가들에게는 국력을 나타내는 주요한 척도이며, 위대함과 부족함을 대신해 보여주는 수치이다.

하지만 GDP는 통계 수치일 뿐이며 여타 통계치처럼 한계가 있다. GDP는 1930년대에 고안된 국민계정에서 파생되어 모든 것을 포괄하는 척도로 취급되지만, 결코 그렇지 않다. 자원 봉사자 노동과 가사 노동을 비롯해 다수의 경제생활 영역이 배제되었다.

유럽연합의 공식적 통계기관인 유로스태트, 즉 유럽연합 통계국은 각 국가에서 GDP를 계산할 때 만연한 불법 행위, 가장 주목받고 있는 매춘과 불법 마약도 포함시켜야 한다는 여론을 주도하고 있다. 국제연합 위원회가 2008년에 제안했듯, 이 주장의 근거는 간단하다. 매춘과 불법 마약은 중요한 경제 활동이므로 경제 통계에 포함시켜 계산하지 않을 경우 우리가 파악한 경제 상황은 불완전할 것이며, 다시 이로 인해 빈틈없는 정책을 수립하기가 훨씬 더 어려워진다. 게다가, 국가마다 시행하는 법률이 다르다. 가령 네덜란드에서 매춘 행위는 마리화나와 마찬가지로 합법이다. 이런 상업적 거래(또는 최소한 기록이 남고 과세가 이루어지는 거래)는 이미 네덜란드 GDP의 일부이다. 이탈리아와 스페인의 GDP에는 이런 행위가 포함되지 않기 때문에 국가 간에 수치를 비교하는 것이 힘들다.

이런 이유로 스페인, 이탈리아, 벨기에, 영국이 최근 몇 달 들어 불법 마약과 무면허 매춘 행위를 자국의 국민계정에 포함시키려고 하는 것이다. 특히 영국 통계청은 상당히 진지하게 이 문제를 다룬다. 한 예로 (경

표 3

GDP와 삶의 질

이 표는 12개 인구 대국에 대한 1인당 실질 GDP와 삶의 질을 측정한 세 가지 지표를 보여준다.

출처: *Human Development Indices and Indicators: 2018 Statistical Update*, United Nations. 2017년에 대한 실질 GDP이며, 2011년을 기준연도로 하여 측정했다. 학교 교육을 받은 평균연수는 25세 이상의 성인을 대상으로 조사했다.

국가	1인당 실질 GDP	기대수명	학교 교육을 받은 평균연수	(0~10의 척도에 기초한) 전반적인 삶의 만족지수
미국	54,941달러	80년	13년	7.0
독일	46,136	81	14	7.1
일본	38,986	84	13	5.9
러시아	24,233	71	12	5.6
멕시코	16,944	77	9	6.4
중국	15,270	76	8	5.1
브라질	13,755	76	8	6.3
인도네시아	10,846	69	8	5.1
인도	6,353	69	6	4.0
파키스탄	5,311	67	5	5.8
나이지리아	5,231	54	6	5.3
방글라데시	3,677	73	6	4.3

찰 기록에 기반하여) 매춘 행위의 총액을 어떻게 계산하는지 또는 국내에서 만든 마약과 수입한 마약을 어떻게 처리하는지 그 방법을 설명한 20페이지짜리 요약본을 발간했다. 9월에 공식적으로 발표된 결과에 따르면, 100억 파운드가 영국 GDP에 추가될 것이라고 한다.

하지만 프랑스는 이에 반대했다. 매춘과 기타 야간의 유흥 문화를 접하면 그때의 상황에 맞춰 즐기는 것으로 오래전부터 알려진 프랑스(최소한 정부 관료들)는 유럽연합의 방침에도 불구하고 종종 합의가 이루어지지 않거나 비자발적인 불법 행위로 인해 발생한 영향을 계산하지는 않겠다고 결정했다. '길거리 매춘'이 대부분 폭력적인 마피아에 의해 통제된다고 하는 한 프랑스 각료의 말처럼 일부 매춘의 경우 그것은 분명한 사실이고, 중독성이 있는 일부 마약의 투여에도 이와 동일한 논리를 적용하는 것은 합리적이다.

프랑스의 결정에는 부인할 수 없는 강한 도덕주의적 요소가 있다. 이들은 자발적이지 않거나 합법적이지 않기 때문에 이런 거래를 GDP에 포함시키지 말아야 한다고 단언함으로써, 프랑스 정부는 사회가 처한 현재 상황을 바라보는 데 있어 경제적 시각보다 사회가 **추구해야 하는** 당위적인 도덕적 시각을 우선시했다. 그 결과, 이미 뒤섞여 버린 통계 수치는 훨씬 더 혼잡해질 것이며 그 누구의 국익에도 부합하지 않게 될 것이다.

GDP의 한계에 도덕적 잣대를 추가할 경우 통계 수치는 그만큼 덜 유용해질 뿐이다. 결국에는 다음과 같이 된다. 여성의 지위를 낮추기 때문에 매춘을 포함시키지 않는다는 데서 멈추어야 하는 이유는 무엇인가? 석탄이 환경을 훼손하는데도 석탄 생산량을 측정에서 배제하지 않는 이유가 무엇인가? 담배가 암을 유발하는데도 담배 흡연을 배제하지 않는 이유가 무엇인가? 이런 것에 기초하여 배제할 행위의 목록을 작성하는 것은 끝이 없다.

현재 GDP가 국가의 생산량을 측정하는 최선의 척도라면, 적어도 측정할 수 있는 생산량을 모두 포함해야 한다. 통상적인 관점에서 볼 때 도덕주의적인 미국은 합법적인 매춘이 네바다주에서 실제로 허용되었고, 현재 마리화나 판매와 소비는 콜로라도주, 캘리포니아주, 워싱턴주에서 '경제'라는 불분명한 실체를 구성하는 상업적 거래라는 주장에만 근거하여 어떠한 강력한 반대도 없이 허용되고 있다.

마약과 매춘은 측정하지 않는다고 해서 사라지는 것이 아니지만, 우리가 좋아하지 않는 것들을 배제하려는 쓸데없는 시도를 하여 경제생활에서 뒤섞여져 격자무늬처럼 복잡해진 실체를 이해하려는 노력을 방해하게 될 것이다. ■

논의 사항

1. 불법 행위가 GDP에 포함되어야 한다고 생각하는가? 그렇다고 생각한다면 그 이유는 무엇인가? 그렇지 않다고 생각한다면 그 이유는 무엇인가?
2. 여러분이 사회적으로 바람직하지 않다고 보는 합법 행위가 있는가? 만일 있다면 무엇인가? GDP에 이런 행위를 포함시켜야 한다고 생각하는가? 그렇다고 생각한다면 그 이유는 무엇인가? 그렇지 않다고 생각한다면 그 이유는 무엇인가?

출처: *Slate*, June 20, 2014.

Quiz

11. 김 선생님이 교사직을 그만두고 자녀들을 집에서 자택 학습시킬 경우, ______________.
    a. 그가 동일한 활동을 하기 때문에 GDP는 동일하다.
    b. 그가 이제 더 많은 소득세를 납부하기 때문에 GDP는 증가한다.
    c. 그의 시장소득이 감소하기 때문에 GDP는 감소한다.
    d. 집에서 하는 자택 학습의 가치에 따라, GDP가 증가할 수도 있고 감소할 수도 있다.

12. ______________, 후생을 측정하는 불완전한 지표이다.
    a. GDP는 생산된 물질적 재화를 포함하지만 무형적 용역을 포함하지 않기 때문에
    b. GDP는 정부가 제공하는 재화 및 용역을 포함하지 않기 때문에
    c. GDP는 경제활동에 따른 환경 파괴를 고려하지 않기 때문에
    d. GDP는 삶의 질을 측정하는 다른 지표와 상관관계가 없기 때문에

해답은 이 장의 끝부분에 있다.

11-6 결론

이 장에서는 경제학자들이 일국의 총소득을 어떻게 측정하는지에 관해 논의했다. 물론, 이런 측정은 출발점일 뿐이다. 거시경제학은 일국의 국내총소득에 대한 장기적 및 단기적 결정요인을 밝히고자 한다. 예를 들면 1인당 GDP가 인도와 나이지리아보다 미국과 일본에서 더 높은 이유는 무엇인가? 빈국이 부국을 따라잡기 위해 급속한 성장을 추진하려면 이들은 무엇을 할 수 있는가? 모든 국가의 GDP가 어떤 해에는 빠르게 성장하고 다른 해에는 하락하는 이유가 무엇인가? 정책 입안자들은 이런 심각한 경기 변동을 어떻게 완화할 수 있는가? 이런 것들이 우리가 곧 알아보려는 의문점이다.

이 시점에서는 단지 GDP를 측정하는 문제의 중요성을 인지하는 것이 중요하다. 우리 모두는 삶을 살아가면서 경제가 어떻게 운용되는지에 관해 조금씩은 알게 된다. 하지만 경제 상황을 정확히 파악하기 위해 경제학자와 정책 입안자는 구체적인 데이터가 필요하다. GDP와 같은 통계 자료를 활용하여 경제 행태를 수량화하는 것이 과학으로서의 거시경제학을 발전시키는 첫 단계이다.

요약

- 모든 거래에는 매수인과 매도인이 있기 때문에 경제의 총지출액이 총소득액과 같아야만 한다.
- 국내총생산(GDP)은 새로 생산된 재화 및 용역에 대한 해당 경제의 총지출액 그리고 이런 재화 및 용역의 생산을 통해 벌어들인 총소득액을 측정한다. 보다 정확하게 표현하면, GDP는 일정한 기간에 일국 내에서 생산된 모든 최종적인 재화 및 용역의 시장가치이다.
- GDP는 지출의 네 가지 구성요소, 즉 소비, 투자, 정부구매, 순수출로 구성된다. 소비는 가계에 의한 재화 및 용역에 대한 지출을 포함하며, 여기서 신축 주택의 구입은 예외적으로 제외된다. 투자는 기업 자본, 주택 자본, 재고에 대한 지출을 포함한다. 정부 구매는 미국의 경우 지방정부, 주정부, 연방정부에 의한 재화 및 용역에 대한 지출을 포함한다. 순수출은 국내에서 생산되어 해외에서 판매된 재화 및 용역의 가치(수출)에서 해외에서 생산되어 국내에서 판매된 재화 및 용역의 가치(수입)를 차감한 것이다.
- 명목 GDP는 재화 및 용역의 생산을 현재가격으로 계산한 금액이다. 실질 GDP는 재화 및 용역의 생산을 기준연도의 불변가격으로 계산한 금액이다. GDP 디플레이터는 실질 GDP에 대한 명목 GDP의 비율로 계산하며, 해당 경제의 물가수준을 측정한다.
- GDP는 사람들이 낮은 소득보다 높은 소득을 보통 선호하기 때문에 경제적 후생을 측정하는 좋은 지표이다. 하지만 경제적 후생을 측정하는 완전한 지표는 아니다. 예를 들면 GDP는 여가와 깨끗한 환경이 갖고 있는 가치를 포함하지 않는다.

주요 개념

미시경제학 276
거시경제학 276
국내총생산(GDP) 278
소비 283
투자 283
정부 구매 284
순수출 284
명목 GDP 287
실질 GDP 287
GDP 디플레이터 288

복습용 질문

1. 어떤 경제의 소득이 지출과 같아야만 하는 이유를 설명하시오.
2. 소형 차의 생산과 대형 고급차의 생산 중 어느 것이 GDP에 더 많이 기여하는가? 그 이유는 무엇인가?
3. 농부는 제빵업자에게 밀을 2달러 받고 판매한다. 제빵업자는 밀을 사용하여 빵 한 덩어리를 만들고, 소비자는 3달러를 주고 이를 구입한다. 이 거래를 통해 GDP에 기여한 총액은 얼마인가?
4. 여러 해 전에 수혜는 500달러를 지불하고 음반을 수집했다. 그리고 오늘 그 음반을 100달러에 판매했다. 이 판매는 현재 GDP에 어떤 영향을 미치는가?
5. GDP의 네 가지 구성요소를 나열하시오. 각각의 예를 드시오.
6. 경제학자들이 경제적 후생을 평가하기 위해 명목 GDP가 아니라 실질 GDP를 사용하는 이유는 무엇인가?
7. 2023년에 경제는 각각 2달러에 판매되는 빵 100개를 생산했다. 2024년에 경제는 각각 3달러에 판매되는 빵 200개를 생산했다. 각 연도에 해당하는 명목 GDP, 실질 GDP, GDP 디플레이터를 계산하시오.(2023년을 기준연도로 사용하시오) 한 해에서 다음 해로 진행됨에 따라 이들 세 개 통계치는 각각 몇 % 증가했는가?
8. 어떤 국가가 큰 GDP를 갖는 것이 바람직한 이유는 무엇인가? GDP를 증대시키기는 하지만 바람직하지 않은 예를 드시오.

문제와 응용

1. 다음의 각 거래는 (만일 일어났다면) GDP의 어떤 구성요소에 영향을 미치는가? 설명하시오.
   a. 양호 아저씨가 국내 제조업체로부터 신제품 냉장고를 구입한다.
   b. 태희 아주머니가 지역 건축 도급업자를 고용하여 새 집을 건축한다.
   c. 동현이네 가족이 수경이네 가족으로부터 오래된 빅토리아 양식의 주택을 구입한다.
   d. 여러분이 이발사에게 이발을 하고 대가를 지불한다.
   e. 포드 사가 유나 가족에게 재고로 가지고 있던 무스탕이란 자동차를 판매한다.
   f. 포드 사가 포커스란 자동차를 제작하여 렌터카 업체인 에이비스에 판매한다.
   g. 캘리포니아주는 노동자를 고용하여 66번 고속도로를 다시 포장한다.
   h. 연방정부가 어떤 할머니에게 사회보장 급부금 수표를 보낸다.
   i. 여러분의 부모님이 프랑스산 포도주 한 병을 구입한다.
   j. 일본 혼다 사가 미국 오하이오주에 있는 자사의 공장 규모를 확장한다.

2. 다음 빈칸을 채우시오.

연도	실질 GDP (2000년도 달러 기준)	명목 GDP (현재 달러)	GDP 디플레이터 (기준연도: 2000년)
1970	3,000	1,200	______
1980	5,000	______	60
1990	______	6,000	100
2000	______	8,000	______
2010	______	15,000	200
2020	10,000	______	300
2030	20,000	50,000	______

3. GDP의 구성요소인 정부 구매에는 사회보장 급부금과 같은 이전지급이 포함되지 않는다. GDP의 정의에 관해 생각해보고 이전지급이 배제된 이유를 설명하시오.

4. 이 장에서 살펴본 것처럼, GDP에는 재판매되는 중고품의 가치가 포함되지 않는다. 이런 거래가 포함될 경우 GDP가 경제적 후생을 측정하는 데 더 적은 정보를 제공하는 지표가 되는 이유를 설명하시오.

5. 우유와 꿀을 생산하는 국가로부터 데이터를 얻었다.

연도	우유가격	우유 생산량	꿀가격	꿀 생산량
2023	1달러	100쿼트	2달러	50쿼트
2024	1	200	2	100
2025	2	200	4	100

a. 각 연도의 명목 GDP, 실질 GDP, GDP 디플레이터를 계산하시오. 2023년을 기준연도로 사용하시오.
b. 전년도 대비 2024년과 2025년의 명목 GDP, 실질 GDP, GDP 디플레이터의 백분율 변화를 계산하시오. 각 연도에서 변화하지 않는 변수를 밝히시오. 여러분의 답변이 타당한 이유를 설명하시오.
c. 경제적 후생은 2024년에 더 많이 증대되었는가 아니면 2025년에 더 많이 증대되었는가? 설명하시오.

6. 초콜릿바만 생산하는 경제를 생각해보자. 1차 연도의 생산량은 3개이고 가격은 개당 4달러이다. 2차 연도의 생산량은 4개이고 가격은 개당 5달러이다. 3차 연도의 생산량은 5개이고 가격은 개당 6달러이다. 기준연도는 1차 연도이다.
a. 세 개 연도 각각에 대한 명목 GDP는 얼마인가?
b. 세 개 연도 각각에 대한 실질 GDP는 얼마인가?
c. 세 개 연도 각각에 대한 GDP 디플레이터는 얼마인가?
d. 2차 연도에서 3차 연도로 갈 때 실질 GDP의 백분율 증가율은 얼마인가?
e. 2차 연도에서 3차 연도로 갈 때 GDP 디플레이터로 측정한 인플레이션율은 얼마인가?
f. 한 개 재화만을 생산하는 이런 경제에서 (b) 및 (c)에 먼저 답하지 않고 (d) 및 (e)에 어떻게 답할 수 있는가?

7. 미국 경제에 대한 다음과 같은 데이터를 생각해보자.

연도	명목 GDP (십억 달러)	GDP 디플레이터 (기준연도: 2012년)
2020	21,141	113.6
2000	10,287	78.1

a. 2000년과 2020년 사이에 발생한 명목 GDP의 증가율은 얼마인가?(요령: N년의 기간에 걸친 변수 X의 증가율은 $100 \times [(X_{최종연도}/X_{기준연도})^{1/N} - 1]$로 계산된다)
b. 2000년과 2020년 사이에 발생한 GDP 디플레이터의 증가율은 얼마인가?
c. 2012년 가격으로 측정한 2000년의 실질 GDP는 얼마인가?
d. 2012년 가격으로 측정한 2020년의 실질 GDP는 얼마인가?
e. 2000년과 2020년 사이에 발생한 실질 GDP의 증가율은 얼마인가?
f. 명목 GDP의 증가율이 실질 GDP 증가율보다 더 높은가 아니면 더 낮은가? 설명하시오.

8. 실질 GDP, 명목 GDP, GDP의 구성요소에서 일어나는 최근 변화에 대해 논의하시오. 관련 자료 및 추정치는 정부기관, 연구기관, 웹사이트, 보도된 기사 등에서 찾아볼 수 있다.

9. 농부는 밀을 재배하여, 제분업자에게 100달러를 받고 판매한다. 제분업자는 밀을 밀가루로 만들어서, 제빵업자에게 150달러를 받고 판매한다. 제빵업자는 밀가루를 빵

으로 만들어서, 소비자에게 180달러를 받고 판매한다. 소비자는 이 빵을 먹어서 소비한다.

a. 이 경제의 GDP는 얼마인가? 설명하시오.

b. **부가가치**는 생산자의 생산물 가치에서 해당 생산자가 생산물을 만들기 위해 구입한 중간재의 가치를 차감한 것으로 정의된다. 위에 설명된 것 이외의 중간재가 없다고 가정하고, 이들 세 명의 생산자 각각에 대해 부가가치를 계산하시오.

c. 이 경제에서 세 명 생산자의 총부가가치는 얼마인가? 총부가가치는 경제의 GDP와 비교할 때 어떠한가? 이 예는 GDP를 계산하는 또 다른 방법을 시사하는가?

10. 가정에서 생산되어 소비되는 식료품처럼, 시장에서 판매되지 않는 재화 및 용역은 일반적으로 GDP에 포함되지 않는다. 따라서 표 3의 둘째 열에 있는 1인당 실질 GDP 수치는 미국과 인도의 경제적 후생을 어떻게 잘못 비교하도록 할 수 있는가? 설명하시오.

11. 1970년 이래로 미국 경제활동인구로의 여성 참여가 극적으로 증가했다.

a. 이러한 증가가 GDP에 어떤 영향을 미쳤다고 생각하는가?

b. 이제는 가정에서 일을 하고 여가를 보내는 데 사용한 시간도 포함하는 후생 지표를 가상해보자. 이런 후생 지표상의 변화가 GDP의 변화와 어떻게 비교되는가?

c. 여성의 경제활동인구 참여 증가와 연관돼서 발생하는 후생의 다른 측면을 생각해볼 수 있는가? 이런 측면을 포함하는 후생 지표를 만드는 것이 실제적으로 가능한가?

12. 어느 날 이발소를 운영하는 현준이는 이발료로 400달러를 벌었다. 이 날 하루 동안 그의 이발 장비는 50달러만큼 감가상각이 이루어졌다. 남은 350달러 중에서 현준이는 판매세로 정부에 30달러를 납부하고, 임금으로 220달러를 집으로 가져갔으며, 장래에 새 장비를 추가하기 위해 사업장에 100달러를 유보했다. 현준이가 집으로 가져간 220달러에서 소득세로 70달러를 납부했다. 이 정보에 기초하여, 소득을 측정하는 다음 지표에 대해 현준이가 기여한 액수를 계산하시오.

a. 국내총생산

b. 국민순생산

c. 국민소득

d. 개인소득

e. 개인 가처분 소득

Quiz 해답

1. c 2. d 3. b 4. c 5. b 6. d 7. c 8. a 9. a 10. b 11. c 12. c

Chapter

12

생활비의 측정

미국 경제가 대공황을 겪고 있었던 1931년에, 뉴욕 양키스 야구 구단은 베이브 루스라는 야구선수에게 연봉 80,000달러를 지급했다. 당시에 이 금액은 스타급 야구선수들 사이에서조차도 파격적이었다. 하지만 베이브 루스는 평범한 선수가 아니었으며, 자신감이 결여되어 있지도 않았다. 한 이야기에 따르면, 기자가 베이브 루스에게 연봉 75,000달러를 받는 허버트 후버 대통령보다도 더 많은 급여를 받는 것이 옳다고 생각하는지 물었다. 베이브 루스는 "올해 내가 더 많이 받았네요"라고 대답했다.

2021년에 메이저 리그 야구선수들의 평균 연봉이 약 420만 달러인데, 로스앤젤레스 다저스 투수인 트레버 바우어는 연봉 3,800만 달러를 받아 가장 높은 연봉을 받는 선수가 되었다. 이런 이야기를 듣고 처음에는 지난 90년 동안 야구 구단들의 수익성이 훨씬 더 높아졌다고 생각할지 모른다. 하지만 모든 사람이 알다시피 재화 및 용역의 가격도 상승했다. 1931년에 5센트짜리 동전을 가지고서 아이스크림콘을 살 수 있었으며, 25센트짜리 동전으로는 지역 영화

관 입장권을 구입할 수 있었다. 베이브 루스 시대에는 가격이 훨씬 낮았기 때문에, 그의 생활수준이 오늘날의 야구선수보다 높았는지 낮았는지를 즉각적으로 명확하게 판단할 수는 없다.

앞 장에서는 경제학자들이 국내총생산(GDP)을 사용해, 어떤 경제가 생산하는 재화 및 용역의 양을 어떻게 측정하는지 살펴보았다. 이 장에서는 경제학자들이 전반적인 생활비를 어떻게 측정하는지 살펴볼 것이다. 베이브 루스가 받았던 연봉 80,000달러를 오늘날의 연봉과 비교하기 위해 우리는 화폐 단위로 표시된 수치, 즉 달러 수치를 구매력을 측정하는 의미 있는 수치로 전환시켜야 한다. 이것은 정확히 **소비자 물가지수**, 간단히 CPI라고 하는 통계치가 해야 할 일이다.

CPI는 생활비의 변화를 살펴보기 위해 사용된다. CPI가 상승할 때, 일반 가정은 동일한 생활수준을 유지하기 위해 더 많은 금액을 지출해야 한다. 경제학자들은 **인플레이션**이란 용어를 사용해 전반적인 물가수준이 상승하는 상황을 설명하고 전반적인 물가수준이 하락하는 상황에 대해서는 **디플레이션**이란 용어를 사용한다. **인플레이션율**은 이전 기간에 대한 물가수준의 백분율 변화이다. 이전 장에서는 GDP 디플레이터를 사용해 인플레이션이 어떻게 측정되는지 보여주었다. 하지만 여러분이 저녁 뉴스나 밤 뉴스에서 듣게 되는 인플레이션율은 CPI에 기반하는데, 그 이유는 CPI가 소비자들이 구입하는 재화 및 용역을 더 잘 반영하기 때문이다.

이어지는 장들에서 살펴보는 것처럼, 인플레이션은 거시경제 성과를 살펴보는 한 측면이며 거시경제 정책을 이끄는 주요 변수이다. 이 장에서는 CPI가 어떻게 측정되며 상이한 시점에서 관찰된 화폐가치로 나타낸 수치를 비교하기 위해 어떻게 사용될 수 있는지 논의함으로써, 이러한 분석에서 기초가 되는 지식을 제공하고자 한다.

12-1 소비자 물가지수

소비자 물가지수(CPI)
일반적인 소비자가 구입하는 재화 및 용역의 전반적인 비용을 측정한 지표

소비자 물가지수(consumer price index, CPI)는 일반적인 소비자가 구입하는 재화 및 용역의 전반적인 비용을 측정한다. 미국의 경우 노동성 소속 노동통계국(BLS)이 매월 CPI를 계산해 발표한다. 이 절에서는 CPI가 어떻게 계산되며 이를 측정하는 데 무슨 문제가 발생하는지 살펴볼 것이다. 또한 이 지수가 앞 장에서 살펴본 전반적인 물가수준의 또 다른 지표인 GDP 디플레이터와 어떻게 비교되는지 논의할 것이다.

12-1a CPI는 어떻게 계산되는가

미국 노동통계국은 CPI와 인플레이션율을 계산할 때 수천 개의 재화 및 용역 가격에

표 1

소비자 물가지수 및 인플레이션율 계산하기: 예시

이 표는 소비자가 핫도그와 햄버거만을 구매하는 가상적인 경제에 대해 CPI 및 인플레이션율을 어떻게 계산하는지 보여준다.

1단계: 고정된 재화 바구니를 결정한 소비자를 조사한다.

바구니=핫도그 4개, 햄버거 2개

2단계: 각 재화의 연도별 가격을 구한다.

연도	핫도그 가격	햄버거 가격
2022	1달러	2달러
2023	2	3
2024	3	4

3단계: 재화 바구니의 연도별 비용을 계산한다.

2022	(핫도그 개당 1달러×핫도그 4개)+(햄버거 개당 2달러×햄버거 2개)=바구니당 8달러
2023	(핫도그 개당 2달러×핫도그 4개)+(햄버거 개당 3달러×햄버거 2개)=바구니당 14달러
2024	(핫도그 개당 3달러×핫도그 4개)+(햄버거 개당 4달러×햄버거 2개)=바구니당 20달러

4단계: 기준연도(2022년)를 선택하고 연도별 CPI를 계산한다.

2022	(8달러/8달러)×100=100
2023	(14달러/8달러)×100=175
2024	(20달러/8달러)×100=250

5단계: CPI를 활용해 전년도에 대한 인플레이션율을 계산한다.

2023	(175−100)/100×100=75%
2024	(250−175)/175×100=43%

관한 데이터를 사용한다. 이 통계치를 어떻게 계산하는지 알아보기 위해 소비자가 단 두 개의 재화, 즉 핫도그와 햄버거만을 구입하는 단순한 경제를 생각해보자. 표 1은 노동통계국이 거치는 다섯 가지 단계를 보여준다.

1. **바구니를 고정시킨다.** 어느 가격이 소비자들에게 가장 중요한지를 결정한다. 일반적인 소비자가 핫도그를 햄버거보다 더 많이 구입할 경우, 핫도그 가격은 햄버거 가격보다 더 중요하므로 생활비를 측정할 때 더 큰 가중치가 주어져야 한다. 노동통계국은 일반적인 소비자가 구입하는 재화 및 용역 바구니를 구하기 위해서 소비자들을 조사해 이런 가중치들을 설정한다. 표의 예에서 바구니에는 핫도그 4개와 햄버거 2개가 담겼다.
2. **가격을 구한다.** 각 시점에서 바구니에 담긴 각 재화 및 용역의 가격을 구한다. 표는 다른 3년간의 핫도그와 햄버거 가격을 보여준다.
3. **바구니의 비용을 계산한다.** 가격에 관한 데이터를 사용해 상이한 시점에서 재화 및 용역 바구니의 비용을 계산한다. 이 표는 세 개 연도 각각에 대한 이런 계산을

보여준다. 계산할 때 가격만 변화한다는 사실에 주목하자. 재화 바구니는 동일하게 유지(핫도그 4개와 햄버거 2개)함으로써, 동시에 발생할 수도 있는 수량 변화에 따른 효과로부터 가격 변화에 따른 효과를 분리할 수 있다.

4. **기준연도를 설정하고 지수를 계산한다.** 어떤 한 해를 기준연도로 지정하는데, 이는 다른 연도들을 비교하는 기준이 된다.(기준연도의 선택은 임의적으로 할 수 있다. 생활비의 백분율 변화를 측정하기 위해 지수가 사용되며, 이러한 백분율 변화는 기준연도의 선택에 관계없이 동일하다) 기준연도가 일단 선택되면, 지수는 다음과 같이 계산된다.

$$\text{소비자 물가지수} = \frac{\text{현재연도 재화 바구니 구입 비용}}{\text{기준연도 재화 바구니 구입 비용}} \times 100$$

즉, 어떤 특정 연도의 CPI는 해당 연도의 재화 및 용역 바구니 가격을 기준연도의 재화 및 용역 바구니 가격으로 나눈 수치에 100을 곱한 것이다.

표 1의 예에서는 2022년이 기준연도가 된다. 이 연도에 핫도그와 햄버거 바구니를 구입하는 데 8달러의 비용이 든다. 따라서 CPI를 계산하기 위해서는, 각 연도의 바구니 가격을 8달러로 나누고 그 값에 100을 곱해야 한다. 2022년 CPI는 100이다.(기준연도의 지수는 언제나 100이 된다) 2023년 CPI는 175이다. 이것이 의미하는 바는 2023년 바구니 가격은 기준연도 바구니 가격의 175%에 상당하다는 것이다. 달리 표현하면 기준연도에 100달러의 비용이 드는 재화 바구니는 2023년에 175달러의 비용이 든다. 이와 유사하게 2024년 CPI는 250이며, 이것이 시사하는 바는 2024년 물가수준은 기준연도 물가수준의 250%에 상당하다는 것이다.

인플레이션율
이전 기간 대비 물가수준의 백분율 변화

5. **인플레이션율을 계산한다.** 이전 기간 대비 물가지수의 백분율 변화인 인플레이션율(inflation rate)을 계산하기 위해 CPI를 사용하자. 즉, 연속적인 2년 사이의 인플레이션율을 다음과 같이 계산할 수 있다.

$$\text{2차 연도의 인플레이션율} = \frac{\text{2차 연도 CPI} - \text{1차 연도 CPI}}{\text{1차 연도 CPI}} \times 100$$

표 1 하단에서 볼 수 있는 것처럼, 우리의 예에서 인플레이션율은 2023년 75%이고, 2024년 43%이다.

이 예는 두 개의 재화만으로 구성된 바구니를 생산함으로써 실제 세계를 단순화시키기는 했지만, 정부 당국이 CPI와 인플레이션율을 어떻게 계산하는지 보여준다. 미국의 경우 노동통계국이 매월 수천 가지의 재화 및 용역 가격 관련 데이터를 수집하고 처리하며, 위에서 살펴본 다섯 가지 단계를 거쳐서 일반적인 소비자의 생활비가 얼마나 신속하게 상승하는지를 결정한다. 노동통계국이 월간 CPI를 발표하면, 여러분은 보통 저녁 뉴스나 관련 웹 페이지에서 이런 수치를 접하게 된다.

전반적인 경제에 대한 CPI 이외에, 노동통계국은 몇 가지 다른 물가지수를 계산한다. 예를 들면 식료품, 의류, 에너지처럼 좁은 범주의 재화 및 용역에 대한 지수를 발표한다. 또한 식료품 및 에너지를 제외한 모든 재화 및 용역에 대한 CPI를 계산하는데, 이 통계치를 근원 CPI(core CPI)라고 한다. 식료품 및 에너지 가격은 상당한 단기적 변동성을 보여주기 때문에, 근원 CPI가 근저에 있는 인플레이션율을 더 잘 반영한다. 마지막으로, 노동통계국은 생산자 물가지수(producer price index, PPI)도 계산하는데, 이 지수는 국내 생산자의 생산물 가격을 측정한다. 이전에 도매 물가지수로 불렸던 이 지수는 1893년 미국 의회 보고까지로 거슬러 올라가며, 미국 경제에서 가장 오래된 지수 중 하나가 되었다.

근원 CPI
식료품 및 에너지를 제외한 소비자 재화 및 용역의 전반적인 비용을 측정한 지수

생산자 물가지수(PPI)
국내 기업이 판매한 재화 및 용역 바구니의 비용을 측정한 지수

FYI CPI 바구니에는 어떤 항목이 있는가?

CPI를 작성할 때, 미국 노동통계국은 일반적인 소비자가 구입하는 모든 재화 및 용역을 포함시키려 한다. 나아가, 소비자들이 각 품목을 구입할 때 얼마나 지불하는지에 따라 이들 재화 및 용역에 가중치를 부여한다.

그림 1은 소비자 지출이 어떤 주요한 재화 및 용역 범주로 분류되는지 보여준다. 지금까지 가장 큰 범주는 주거비로, 일반적인 소비지출의 42%를 차지한다. 이 범주에는 주택비(33%), 연료비, 수도료, 전기료, 가스료(5%), 가계 비품비 및 운용비(5%)가 포함된다. 다음으로 큰 범주인 교통비가 18%를 차지하며, 여기에는 자가용, 휘발유, 버스, 지하철 등에 대한 지출이 포함된다. 식음료비 범주는 14%를 차지하며, 여기에는 가정에서의 식비(8%), 외식비(5%), 주류비(1%)가 포함된다. 다음으로 의료비 범주는 8%, 교육 및 통신비 범주는 6%, 여가비 범주는 5%를 차지한다. 의복비, 신발비, 장신구비를 포함하는 의류비 범주는 일반적인 소비자의 지출 중 2%를 차지한다.

마지막으로, 기타 재화 및 용역에 대한 지출비 범주는 3%를 차지한다. 여기에는 (담배, 이발료, 경조사비와 같이) 다른 범주에 자연스럽게 분류되지 않는 소비자 구매의 포괄적인 항목이 포함된다. ■

그림 1

일반적인 재화 및 용역 바구니

이 그림은 일반적인 소비자가 다양한 재화 및 용역 범주들에 대해 어떻게 지출을 배분하는지 보여준다. 미국 노동통계국은 각 배분율을 범주의 '상대적 중요성'이라고 한다.

출처: Bureau of Labor Statistics.

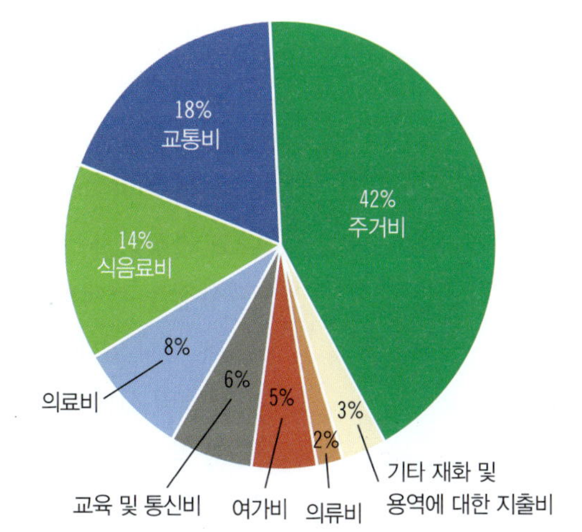

12-1b 생활비 측정상의 문제점

소비자 물가지수의 목적은 생활비의 변화를 측정하는 것이다. 다시 말해, CPI에 기초하여 생활수준을 일정하게 유지하기 위해 소득이 얼마나 증가해야 하는지 판단할 수 있다. 하지만 CPI는 완전한 측정치가 아니다. 지수와 관련된 세 가지 문제점은 널리 인정되고 있지만 해결하기는 어렵다.

CPI와 관련된 첫 번째 문제점은 **대체 편의**이다. 해가 바뀜에 따라 가정에서 구입하는 재화 및 용역의 가격이 모두 비례적으로 변화하지는 않는다. 즉, 일부 가격은 다른 가격보다 더 많이 상승하고, 심지어 일부 가격은 하락하기까지 한다. 소비자들은 가격이 많이 상승한 재화를 덜 구입하고, 가격이 적게 상승하거나 하락한 재화를 더 많이 구입함으로써 이에 대응하게 된다. 즉, 소비자들은 상대적으로 저렴한 재화로 대체하게 된다. 재화 바구니가 고정되어 있다고 가정하고 물가지수를 계산할 경우, 이는 소비자에 의해 대체되는 현상을 무시하고 어느 한 해에서 다음 해로의 생활비 상승을 과장하게 된다.

한 예를 생각해보자. 처음에는 사과가 배보다 더 저렴해서 소비자들이 사과를 배보다 더 많이 구입한다고 가상하자. CPI의 재화 바구니를 설정할 때, 미국 노동통계국은 소비자들의 구입 행태를 관찰하고 사과를 배보다 더 많이 포함시킨다. 이제 다음 해에 배가 사과보다 더 저렴하다고 가상하자. 소비자들은 아마도 배를 더 많이 구입하고 사과를 더 적게 구입하게 될 것이다. 하지만 재화 바구니는 고정되어 있기 때문에, 소비자들이 이제는 비싸진 사과를 이전과 동일한 양만큼 계속 구입하는 것처럼 보고 CPI를 계산하게 된다. 이런 이유로, 소비자 물가지수는 소비자들이 실제로 경험하는 것보다 생활비가 더 많이 상승한 것으로 측정한다.

CPI와 관련된 두 번째 문제점은 **신상품의 도입**에서 비롯된다. 신상품이 도입될 경우, 소비자들의 선택폭은 넓어져서 더 많은 다양성을 갖게 되며, 이로 인해 다시 동일한 수준의 경제적 후생을 유지하는 데 드는 비용이 감소하게 된다. 그 이유를 알기 위해 다양한 상품을 판매하는 대형 상점의 100달러짜리 상품권과, 가격은 동일하지만 선택지의 폭이 제한되어 있는 소형 상점의 100달러짜리 상품권 중에서 여러분이 선택할 수 있다고 가상하자. 여러분은 어느 상품권을 선호하는가? 대부분의 사람들은 선택의 폭이 큰 상점을 선택할 것이다. 본질적으로 선택의 폭이 커질수록 각 화폐 단위, 즉 각 달러는 더 가치 있게 된다. 동일한 논리가 경제에도 적용된다. 즉, 신상품이 도입될 경우 소비자들의 선택폭이 넓어져서 각 달러는 더 가치 있게 된다. 하지만 CPI는 고정된 재화 및 용역 바구니에 기초하기 때문에, 신상품 도입에 따른 달러가치의 상승을 반영하지 못한다.

예를 들어 2001년에 애플은 나중에 아이폰의 전신이 된, 음악을 들을 수 있는 소형 기기 아이팟을 출시했다. 음악을 들을 수 있는 기기들은 이미 이용할 수 있었지만, 휴대성이 뛰어나고 강력하며 사용하기가 쉽지는 않았다. 아이팟은 소비자들이 선택할 수 있는 기회를 넓혀준 새로운 선택지였다. 가용할 돈이 일정한 경우, 아이팟이 새롭게 도입됨에 따라 사람들의 형편이 나아진다. 거꾸로 이야기하면 동일한 수준의 후생을 달성하는 데 더 적은 돈이 소요된다. 물론 이런 논리는 아이팟만이 아니라 추가 기능이 탑재된 아이폰과 스마트폰이 뒤이어 도입되었을 때도 적용된다. 완벽한 생활비 지수라면, 이런 기기의 도입에 따른 생활비 감소를 반영했을 것이다. 하지만 CPI는 고정된 바구니를 사용하기 때문에 신상품이 도입될 때 지수가 하락하지 않는다. 결국, 미국 노동통계국은 재화 바구니를 조정하여 아이팟과 아이폰을 포함시켰으며, 뒤이어서 지수는 이들 가격의 변화를 반영했다. 하지만 이런 기기들의 최초 도입과 연관된 생활비의 감소는 지수에 결코 반영되지 않았다.

CPI와 관련된 세 번째 문제점은 **측정되지 않은 품질 변화**이다. 어떤 해에서 다른 해로 넘어가면서 상품의 품질은 저하되는 반면에 가격이 동일하게 유지된다면, 동일한 금액의 돈으로 더 못한 상품을 얻게 되어 화폐의 가치가 하락한다. 이와 유사하게, 어떤 해에서 다른 해로 넘어가면서 품질이 향상된다면, 화폐의 가치가 상승한다. 미국 노동통계국은 최선을 다해서 품질의 변화를 고려하려 한다. 바구니에 포함되어 있는 재화의 품질이 변화할 경우, 예를 들어 다음 해로 넘어가면서 어떤 자동차 모델이 더 많은 마력 수를 갖게 되거나 연비가 향상될 경우, 노동통계국은 해당 재화의 가격을 조정해 품질의 변화를 고려할 수 있다. 이렇게 함으로써, 노동통계국은 재화 바구니의 품질이 일정하게 유지되는 상태에서 그 가격을 계산하려 한다. 이런 노력에도 불구하고, 품질을 측정하는 것은 어렵기 때문에 품질 변화는 계속 문제가 되고 있다.

이런 측정상의 문제점들이 얼마나 심각한지 그리고 이에 대해 어떠한 조치가 취해져야 하는지에 관해 많은 논의가 있다. 연구 결과에 따르면 측정된 인플레이션이 연간 약 0.5~1.0% 상향하는 편의를 갖는다고 한다. 예를 들면 사회보장 수급자들은 CPI와 연계된 연간 급부금 증가액을 받게 된다. 일부 경제학자들은 이런 프로그램들을 수정해 자동적인 급부금 증액 규모를 축소시켜 측정상의 문제를 바로잡자고 제안했다. 하지만 다른 사람들은 그런 방법은 잘못된 결정이라고 말한다. 왜냐하면 노년층은 의료비에 더 많은 비용을 지출하는 경향이 있으며, 종종 이 비용은 표준적인 CPI 바구니보다 더 신속하게 증가하기 때문이다.

12-1c GDP 디플레이터 대 소비자 물가지수

앞 장에서는 경제의 전반적인 물가수준을 측정하는 지표로 GDP 디플레이터를 살펴보았다. GDP 디플레이터는 실질 GDP에 대한 명목 GDP의 비율이다. 명목 GDP는 현재

가격으로 계산한 현재 생산량의 금액이고 실질 GDP는 기준연도 가격으로 계산한 현재 생산량의 금액이므로, GDP 디플레이터는 기준연도의 물가수준에 대비한 현재 물가수준을 보여준다.

경제학자와 정책 입안자들은 물가가 얼마나 빠르게 상승하는지 판단하기 위해 몇 개의 다른 지표와 함께 GDP 디플레이터와 CPI를 둘 다 검토한다. 보통 이들 두 개 통계치는 유사한 행태를 보이지만, 두 가지 중요한 차이점으로 인해 서로 달라질 수 있다.

첫 번째 차이점은 GDP 디플레이터가 **국내에서 생산된** 모든 재화 및 용역의 가격을 반영하는 반면에, CPI는 **소비자들이 구입한** 모든 재화 및 용역의 가격을 반영한다는 것이다. 예를 들어 보잉이 생산해 공군에게 판매한 전투기의 가격이 상승했다고 가상하자. 전투기는 GDP의 일부가 되지만 소비자가 구입하는 재화 및 용역 바구니의 일부를 구성하지는 않는다. 이런 가격 인상은 GDP 디플레이터에 반영되지만 CPI에는 반영되지 않는다.

다른 예로, 피아트가 자사의 자동차 가격을 인상했다고 가상하자. 피아트 자동차는 이탈리아에서 생산되기 때문에, 해당 자동차는 미국 GDP의 일부가 아니다. 하지만 미국 소비자가 피아트 자동차를 구입하게 되면, 해당 자동차는 CPI 재화 바구니의 일부를 구성한다. 예를 들어 피아트 자동차와 같이 수입된 소비재의 가격이 상승할 경우, 이는 CPI에 반영되지만 GDP 디플레이터에는 반영되지 않는다.

역사적으로 볼 때, CPI와 GDP 디플레이터의 첫 번째 차이점은 석유가격이 변화할 때 특히 중요했다. 미국은 오랫동안 석유를 일정량 생산해왔지만, 훨씬 더 많이 소비해서 상당한 양의 석유를 수입했다. 따라서 석유와 휘발유 및 난방유 같은 석유 생산물은 GDP보다는 소비자 지출에서 더 큰 비중을 차지했다. 그러므로 석유가격이 상승할 때, CPI는 GDP 디플레이터보다 훨씬 더 많이 상승했다. 이런 현상은 오늘날 덜 중요해졌다. 2008년 이래로 미국의 석유 생산이 상당히 증가해 석유 수입에 대한 국가 의존성이 낮아졌기 때문이다.

GDP 디플레이터와 CPI 사이에 존재하는 두 번째 차이점이자 포착하기가 더 어려운 점은 전반적인 물가수준에 대한 단일 수치를 얻기 위해 다양한 가격에 가중치를 어떻게 두느냐와 관련된다. CPI는 재화 및 용역의 **고정된** 바구니에 대한 가격을 기준연도의 해당 바구니 가격과 비교한다. 노동통계국은 오직 이따금씩만 바구니에 포함되는 항목을 변경한다. 반면에 GDP 디플레이터는 **현재 생산되는** 재화 및 용역의 가격과 기준연도의 해당 재화 및 용역의 가격을 비교한다. 이런 이유로, GDP 디플레이터를 계산하기 위해 사용되는 재화 및 용역 꾸러미는 시간이 흐름에 따라 자동적으로 변경된다. 모든 가격이 비례적으로 변화할 때 이런 차이는 중요하지 않다. 하지만 서로 다른 재화 및 용역의 가격이 다양한 규모로 변화한다면, 다양한 가격에 두는 가중치가 전반

"가격이 약간 비싸 보일 수도 있습니다만, 현재 가격 기준이라는 점을 고려해주시기 바랍니다."

그림 2

인플레이션을 측정하는 두 가지 지표

이 그림은 물가수준의 백분율 변화, 즉 인플레이션율을 1965년 이래 연간 데이터를 사용해 GDP 디플레이터 및 CPI로 측정해 보여준다. 두 가지 인플레이션 지표가 일반적으로 함께 변한다는 사실에 주목하자.

출처: U.S. Department of Labor; U.S. Department of Commerce.

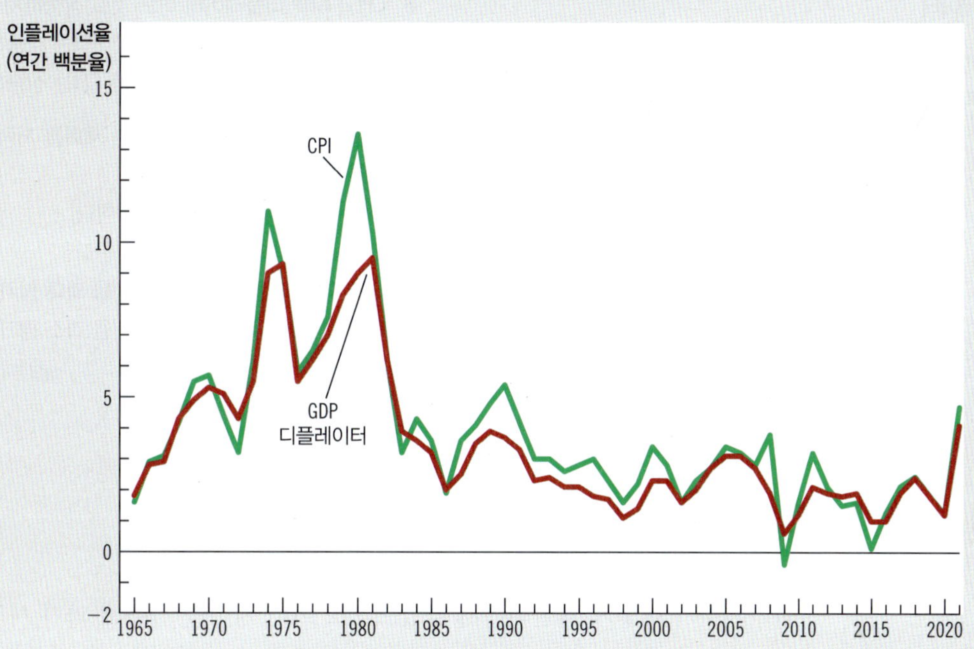

적인 인플레이션율을 계산하는 데 영향을 미친다.

그림 2는 1965년 이래로 매년 측정한 GDP 디플레이터와 CPI 둘 다로 나타낸 인플레이션율을 보여준다. 여러분은 이들 두 지표가 이따금 벌어지는 경우를 볼 수 있다. 이런 경우 이들 수치 이면을 살펴보고 위에서 논의한 두 가지 차이점을 활용해 이렇게 벌어지는 현상을 설명할 수 있다. 예를 들면 1979년과 1980년에 CPI 인플레이션이 GDP 디플레이터로 측정한 인플레이션보다 더 많이 상승했는데, 그 이유는 주로 유가가 2년 동안 두 배 이상 상승했기 때문이다. 반대로, 2009년과 2015년에는 CPI 인플레이션이 GDP 디플레이터로 평가한 인플레이션보다 많이 떨어졌는데, 그 이유는 유가가 급격히 하락했기 때문이다. 하지만 이들 두 지표가 벌어지는 상황은 통례적이라기보다 예외적인 경우이다.

Quiz

1. CPI는 ______________와(과) 거의 같은 경제 현상을 측정한다.
   a. 명목 GDP
   b. 실질 GDP
   c. GDP 디플레이터
   d. 실업률

2. CPI를 계산하기 위해 사용하는 재화 및 용역 바구니에서 가장 큰 구성요소는 ______________이다.
   a. 식음료비
   b. 주거비
   c. 의료비
   d. 의류비

3. 펜실베이니아 총기 제조업체가 미국 육군에게 판매하는 소총가격을 인상할 경우, 이런 가격 인상으로 인해 ______________.
   a. CPI와 GDP 디플레이터가 둘 다 상승한다.
   b. CPI와 GDP 디플레이터 어느 것도 상승하지 않는다.
   c. CPI는 상승하지만, GDP 디플레이터는 상승하지 않는다.
   d. GDP 디플레이터는 상승하지만, CPI는 상승하지 않는다.

4. 소비자들은 이따금 가격이 상승한 재화를 저렴한 재화로 대체할 수 있기 때문에, ______________.
   a. CPI는 인플레이션을 과대 평가한다.
   b. CPI는 인플레이션을 과소 평가한다.
   c. GDP 디플레이터는 인플레이션을 과대 평가한다.
   d. GDP 디플레이터는 인플레이션을 과소 평가한다.

해답은 이 장의 끝부분에 있다.

12-2 인플레이션의 영향에 따른 경제변수 조정

물가지수가 어떻게 계산되는지 알았으므로 이런 지수를 사용해 과거 시점에서 본 화폐가치가 현재 시점에서 본 화폐가치와 어떻게 비교될 수 있는지 살펴보도록 하자.

12-2a 상이한 시점에서 본 화폐가치

야구선수 베이브 루스의 소득 관련 문제로 돌아가보자. 1931년에 그가 받았던 봉급 80,000달러는 오늘날의 야구선수가 받는 봉급과 비교해볼 때 높은가 아니면 낮은가?

이 물음에 답하기 위해, 우리는 1931년의 물가수준과 오늘날의 물가수준을 알아야만 한다. 야구선수들의 봉급이 상승한 이유 중 일부는 물가 상승을 보상하기 위한 것이다. 베이브 루스의 봉급을 비교하기 위해, 1931년 화폐가치가 오늘날의 화폐가치로 전환될 수 있도록 베이브 루스의 봉급을 부풀려야만 한다.

*T*년도의 화폐가치로 본 금액을 오늘날의 화폐가치로 환산하는 공식은 다음과 같다.

$$\text{오늘날의 화폐가치로 환산한 금액} = T\text{년도의 화폐가치로 본 금액} \times \frac{\text{현재 물가수준}}{T\text{년도 물가수준}}$$

예를 들어 CPI와 같은 물가지수는 물가수준을 측정하고 인플레이션에 대한 조정규모를 결정한다.

위의 공식을 베이브 루스의 봉급에 적용해보자. 정부 통계 자료에 따르면 1931년의 CPI는 15.2이며, 2021년은 271이다. 이것이 의미하는 바는 전반적인 물가수준이 17.8(271/15.2를 계산한 결과)배 증가했다는 것이다. 이 수치를 사용해 2021년의 화폐가치로 베이브 루스의 봉급을 측정하면 다음과 같다.

$$\text{2021년의 화폐가치로 환산한 봉급} = \text{1931년의 화폐가치로 본 봉급} \times \frac{\text{2021년 물가수준}}{\text{1931년 물가수준}}$$

$$= 80{,}000\text{달러} \times \frac{271}{15.2}$$

$$= 1{,}426{,}316\text{달러}$$

1931년의 화폐가치로 본 베이브 루스의 봉급은 오늘날의 화폐가치로 환산하면 140만 달러를 넘는 수준이라는 사실을 알 수 있다. 이 봉급은 매우 높지만, 오늘날 평범한 메이저 리그 선수 봉급의 약 3분의 1에 해당하며 정상급 투수 트래버 바우어 봉급의 4%에도 미치지 못한다. 전반적인 경제 성장과 정상급 선수들이 받는 봉급 비중의 증대를 포함해 다양한 이유로 인해, 정상급 선수들의 생활수준이 큰 폭으로 향상되었다.

FYI 할리우드 영화에 물가지수 적용하기

역대에 가장 인기 있었던 영화는 무엇인가요? 여러분은 이 질문의 답을 듣고 놀랄 수도 있다.

영화의 인기는 흥행 수입으로 결정되는 경우가 많다. 이 기준에 따르면, 2015년 개봉된 〈스타워즈: 깨어난 포스〉가 미국 흥행 수입 9억 3,700만 달러로 역대 1위를 차지했다. 그 뒤를 〈어벤져스: 엔드게임〉(8억 5,300만 달러), 〈아바타〉(7억 6,100만 달러), 〈블랙 팬서〉(7억 달러)가 잇는다. 하지만 이 수치에는 중요한 사실, 즉 시간이 흐르면서 영화 입장권 등의 가격이 상승했다는 점이 고려되지 않았다. 인플레이션으로 인해 순위 설정 시 최신 영화가 유리하다.

인플레이션이 미친 영향을 따져 흥행 수입을 수정하면 이야기가 달라진다. 이제는 역대에 가장 인기 있었던 영화가 〈바람과 함께 사라지다〉(2019년 화폐가치로 18억 5,100만 달러)이고, 그 뒤를 이은 최초의 〈스타워즈〉(16억 2,900만 달러), 〈사운드 오브 뮤직〉(13억 400만 달러)이 있다. 〈스타워즈: 깨어난 포스〉(9억 8,900만 달러)는 11위로 하락한다.

〈바람과 함께 사라지다〉는 모든 가정에 텔레비전이 보급되기 전인 1939년에 개봉되었고, 그때 매주 영화관을 찾은 약 9,000만 명의 미국인은 오늘날 약 2,500만 명에 견줄 수 있다. 하지만 당시 입장권 가격이 25센트에 불과해서 그 시대의 영화들은 전통적인 인기 순위에 들지 못한다. 실제로 명목 흥행 수입으로 매긴 순위에서 〈바람과 함께 사라지다〉는 상위 100개 영화에 들지 못하지만, 일단 인플레이션이 미치는 영향을 조정하게 되면 흥행 순위가 훨씬 앞으로 이동한다. ■

LUCASFILM/PHOTO 12/ALAMY STOCK PHOTO

"인플레이션의 위세가 당신과 함께하길 기원합니다."

후버 대통령의 1931년도 봉급 75,000달러도 살펴보도록 하자. 이 금액을 2021년도 화폐가치로 환산해보기 위해, 두 개 연도의 물가수준 비율을 이 금액에 다시 곱해보자. 후버 대통령의 봉급을 2021년도 화폐가치로 환산하면 75,000달러×(271/15.2) 또는 1,337,171달러가 된다는 사실을 알 수 있다. 이 금액은 조 바이든 대통령의 봉급 400,000달러보다 훨씬 더 높다. 결국 후버 대통령의 봉급이 꽤 높았던 것으로 보인다.

사례 연구

생활비의 미국 내 지역별 차이

여러분은 대학을 졸업할 때 몇 개의 일자리를 제안받을 것이고 그중에서 선택할 수도 있다. 하지만 일자리들이 상이한 지역에 있을 수 있기 때문에 봉급을 비교할 때 주의를 기울여야 한다. 생활비는 시간 경과뿐만 아니라, 지역에 따라 변한다. 지역별 물가 차이를 고려하면 봉급이 더 많은 것처럼 보이는 일자리가 실제로는 그렇지 않기도 하다.

미국 경제분석국은 CPI를 구하기 위해 수집한 데이터로 미국 전역의 물가를 비교한다. 이렇게 생성된 유용한 통계치를 **지역물가 평가**라고 한다. CPI가 해마다 생활비 변동을 측정하는 것처럼, 지역물가 평가는 주별 생활비 차이를 측정한다.

그림 3은 2020년의 지역물가 평가를 보여준다. 한 예로 하와이주에 거주할 경우, 미국 내 일반적인 주에서 거주할 경우 소요되는 비용의 112%에 해당하는 비용이 든다.(즉 하와이주 거주 비용은 평균 비용보다 12% 더 많다) 미시시피주에 거주할 경우, 일반적인 주에서 거주할 경우 드는 비용의 87.8%에 해당하는 비용이 든다.(즉 미시시피주 거주 비용은 평균 비용보다 12.2% 더 적다)

이런 차이를 무엇으로 설명할 수 있는가? 예를 들어 식료품과 의류 같은 재화의 가격은 이런 지역 간 차이의 작은 부분을 설명할 뿐이다. 대부분의 재화는 거래될 수 있다. 즉, 어떤 주에서 다른 주로 쉽게 운송될 수 있다. 이런 지역 간 거래로 인해 큰 가격 불일치가 오랫동안 지속될 것 같지는 않다.

지역 간 차이의 많은 부분을 설명하는 것은 서비스 부문이다. 가령 이발하는 데 다른 주보다 어떤 주에서 더 많은 비용이 들 수 있다. 이발사가 이발료가 더 비싼 지역으로 기꺼이 이동한다면, 또는 고객이 이발료가 저렴한 지역을 찾아 기꺼이 전국을 비행기로 날아다닐 의향이 있다면, 지역 간의 이발료는 수렴될지도 모른다. 하지만 이렇게 받는 이발 서비스는 매우 비싸기 때문에 큰 가격 불일치가 지속된다.

주거 서비스는 생활비의 지역적 차이를 이해하는 데 특히 중요하다. 주거 서비스를 누리기 위해 지불해야 하는 비용은 일반적인 소비자의 지출에서 큰 비중을 차지한다. 그리고 주택이나 아파트 건물이 일단 지어지면 쉽게 이동할 수 없는 반면에, 이들 건물이 위치한 토지는 전혀 이동하지 못한다. 따라서 큰 폭의 주거비 차이가 계속해서 유지될 수 있다. 예를 들어 하와이주의 임대료는 미시시피주 임대료의 약 두 배이다.

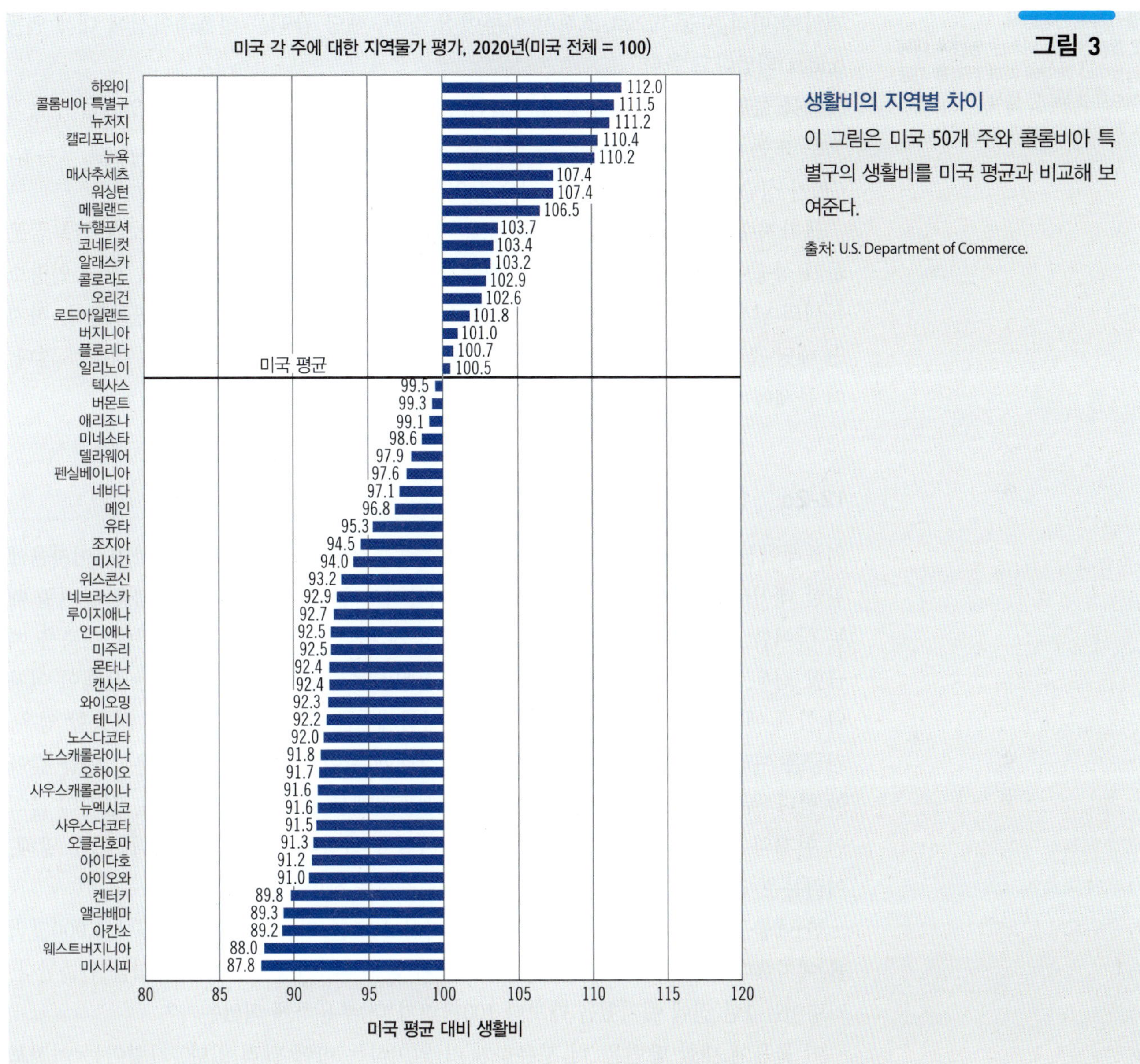

그림 3

생활비의 지역별 차이

이 그림은 미국 50개 주와 콜롬비아 특별구의 생활비를 미국 평균과 비교해 보여준다.

출처: U.S. Department of Commerce.

일자리 제안을 비교해야 할 때가 오면 이런 사실을 염두에 두어야 한다. 화폐가치로 본 봉급뿐만 아니라 해당 지역의 재화 가격과 서비스 가격, 특히 주거비를 고려해야 한다. ●

12-2b 물가지수 연동방식

앞서 살펴본 것처럼, 서로 다른 시기의 금액을 비교하려 할 때 인플레이션이 미치는 영향을 조정하기 위해 물가지수가 사용된다. 금액이 물가수준의 변화에 대해 법률 또는

물가지수 연동방식
인플레이션이 미치는 영향에 대해 법률이나 계약에 따라 금액을 자동적으로 조정하는 방식

계약에 따라 자동적으로 조정이 이루어질 경우, 해당 금액은 인플레이션에 대해 연동(index)되었다고 한다.

예를 들면 기업과 노동조합이 체결한 일부 장기 계약에는 CPI에 대해 임금을 부분적으로 또는 완전하게 연동시키는 방식이 포함된다. 생활비 연동조항(COLA)에 따르면, CPI가 상승할 경우 임금도 자동적으로 인상된다.

물가지수 연동방식은 많은 법률에도 적용되고 있다. 예를 들어 사회보장 급부금은 물가 상승에 대해 수급자에게 보상해주기 위해 매년 조정이 이루어진다. 미국 연방소득세의 납세 계층, 즉 세율이 변화되는 소득수준 계층도 인플레이션에 연동된다. 하지만 해당 조세제도가 인플레이션에 연동되어야만 하는데도 연동되지 않는 경우가 많다. 이 문제에 대해서는 본서 뒷부분에서 자세히 논의할 것이다.

12-2c 실질이자율 및 명목이자율

인플레이션이 미치는 영향에 대해 경제변수를 수정하는 것은 특히 중요하며, 이자율에 관한 데이터를 분석할 때는 다소 주의를 기울여야 한다. 이자율이란 개념을 살펴볼 때는 상이한 시점에서의 금액을 반드시 비교하게 된다. 여러분이 은행계좌에 저축을 예금할 경우, 지금은 여러분이 예치하려는 금액만 은행에 주지만 장래에는 은행이 이자와 함께 예치한 금액을 돌려준다. 이와 유사하게 여러분이 은행으로부터 차용할 경우, 지금은 여러분이 대출받은 금액만 받지만 장래에는 이자와 함께 대출받은 금액을 갚아야 한다. 두 경우 모두에서 여러분이 은행과의 거래를 완전히 이해하려면, 장래의 금액이 현재의 금액과 가치가 다를 수 있다는 사실을 인정하는 것이 중요하다. 다시 말해, 여러분은 인플레이션이 미치는 영향에 대해 조정을 해야만 한다.

한 예를 생각해보자. 기령이는 연간 이자율 10%를 지급하는 은행계좌에 1,000달러를 예치했다. 1년이 지나서 이자로 100달러가 붙은 후, 기령이는 1,100달러를 인출한다. 기령이는 1년 전에 예치했을 때보다 100달러가 더 부유하게 되었는가?

이 물음에 대한 답변은 '더 부유하게'가 의미하는 바에 달려 있다. 기령이는 이전보다 100달러 더 갖게 되었다. 다시 말해, 그녀가 보유하는 금액이 10%만큼 증가했다. 하지만 기령이는 금액 자체에 관심을 가지고 있지 않으며, 해당 금액으로 구입할 수 있는 것에 관심을 갖는다. 그녀의 돈이 은행에 있는 동안에 물가가 상승했다면, 1년 전에 비해 이제는 더 적은 양을 구입할 수 있을 뿐이다. 이 경우 그녀의 구매력, 즉 구입할 수 있는 재화와 용역의 양이 10%만큼 증가하지는 않는다.

간단히 하기 위해, 기령이는 영화광이며 영화 관람권을 구입하는 데 자신의 돈을 전부 지출한다고 가상하자. 기령이가 예금했을 때, 영화 관람권은 10달러였다. 예금액 1,000달러는 관람권 100장에 해당한다. 1년이 지나서 10% 이자를 받게 되면 금액이

1,100달러가 된다. 그녀는 이제 몇 장의 관람권을 구입할 수 있는가? 이 물음에 대한 답변은 관람권의 가격에 어떤 변화가 발생했는지에 달려 있다. 다음과 같은 몇 가지 경우를 생각해볼 수 있다.

- **인플레이션이 0% 발생하는 경우:** 관람권 가격이 계속 10달러라면, 그녀가 구입할 수 있는 관람권의 수는 100장에서 110장으로 증가한다. 받은 금액이 10% 증가했다면, 이는 그녀의 구매력이 10% 증가했다는 의미이다.
- **인플레이션이 6% 발생하는 경우:** 관람권 가격이 10달러에서 10.60달러로 상승한다면, 그녀가 구입할 수 있는 관람권의 수는 100장에서 약 104장으로 증가한다. 그녀의 구매력이 약 4%만큼 증가했다.
- **인플레이션이 10% 발생하는 경우:** 관람권 가격이 10달러에서 11달러로 상승한다면, 그녀는 여전히 관람권 100장만을 구입할 수 있다. 기령이의 화폐가치로 본 부가 증가하기는 했지만, 그녀의 구매력은 1년 전과 동일하다.
- **인플레이션이 12% 발생하는 경우:** 관람권 가격이 10달러에서 11.20달러로 상승한다면, 그녀가 구입할 수 있는 관람권의 수는 100장에서 약 98장으로 감소한다. 금액으로는 커졌더라도, 그녀의 구매력은 약 2%만큼 감소했다.

기령이가 디플레이션, 즉 음의 인플레이션 또는 더 간단히 말해 가격이 하락하는 경제에 살고 있다면, 또 다른 가능성이 나타날 수 있다.

- **디플레이션이 2% 발생하는 경우:** 관람권의 가격이 10달러에서 9.80달러로 하락한다면, 그녀가 구입할 수 있는 관람권의 수는 100장에서 약 112장으로 증가한다. 그녀의 구매력은 약 12%만큼 증가한다.

위의 예들에 따르면, 인플레이션율이 높아질수록 기령이의 구매력 증대는 작아진다. 인플레이션율이 이자율을 상회할 경우, 그녀의 구매력은 감소한다. 디플레이션이 발생할 경우, 그녀의 구매력은 이자율 이상으로 증가한다.

어떤 사람이 저축예금에서 얼마나 벌 수 있는지 알려면, 이자율과 물가 변화 둘 다를 고려해야 한다. 금액의 변화를 측정하는 이자율을 **명목이자율**(nominal interest rate)이라고 하며, 인플레이션이 조정된 이자율을 **실질이자율**(real interest rate)이라고 한다. 명목이자율, 실질이자율, 인플레이션율의 관계는 대략적으로 다음과 같다.

실질이자율 = 명목이자율 − 인플레이션율

실질이자율은 명목이자율과 인플레이션율의 차이이다. 명목이자율은 은행계좌에 예치한 금액이 시간이 지남에 따라 얼마나 빠르게 증가하는지를 알려주는 반면에, 실질이자율은 은행에 예치한 금액의 구매력이 시간이 지남에 따라 얼마나 빠르게 증가하는지 알려준다.

명목이자율
인플레이션이 미치는 영향에 대해 조정하지 않은 상태로 보통 발표되는 이자율

실질이자율
인플레이션이 미치는 영향에 대해 조정한 이자율

사례 연구

미국 경제와 이자율

그림 4는 1965년 이후 미국 경제의 실질이자율과 명목이자율을 보여준다. 이 그림에서 명목이자율은 (다른 이자율의 데이터도 그렇지만) 3개월 만기 미국 재무성 증권의 이자율이다. 실질이자율은 명목이자율에서 인플레이션율을 차감해 계산된다. 여기서 인플레이션율은 CPI의 백분율 변화로 측정된다.

이 그림의 한 가지 특징은 명목이자율이 일반적으로 실질이자율을 상회한다는 점이다. 이는 디플레이션이 이따금 발생하기는 했지만 이 기간 동안 대부분의 해에 미국 경제에서 소비자 물가가 상승했다는 사실을 알려준다. 반면에 19세기 후반 미국 경제에 대한 데이터를 보거나 또는 최근 몇 년 동안 일본 경제에 대한 데이터를 보면, 상당한 디플레이션 기간을 발견하게 될 것이다. 디플레이션 기간에는 실질이자율이 명목이자율을 상회한다.

이 그림은 또한 인플레이션이 변덕스럽기 때문에 실질이자율과 명목이자율이 언제나 함

그림 4 실질이자율 및 명목이자율

이 그림은 1965년 이후의 연간 데이터를 사용해 명목이자율 및 실질이자율을 보여주고 있다. 명목이자율은 3개월 만기 재무성 증권에 대한 이자율로 측정했으며, 실질이자율은 명목이자율에서 CPI로 측정한 인플레이션율을 차감해 구했다. 명목이자율과 실질이자율은 종종 함께 변한다는 사실에 주목하자.

출처: U.S. Department of Labor; U.S. Department of Treasury.

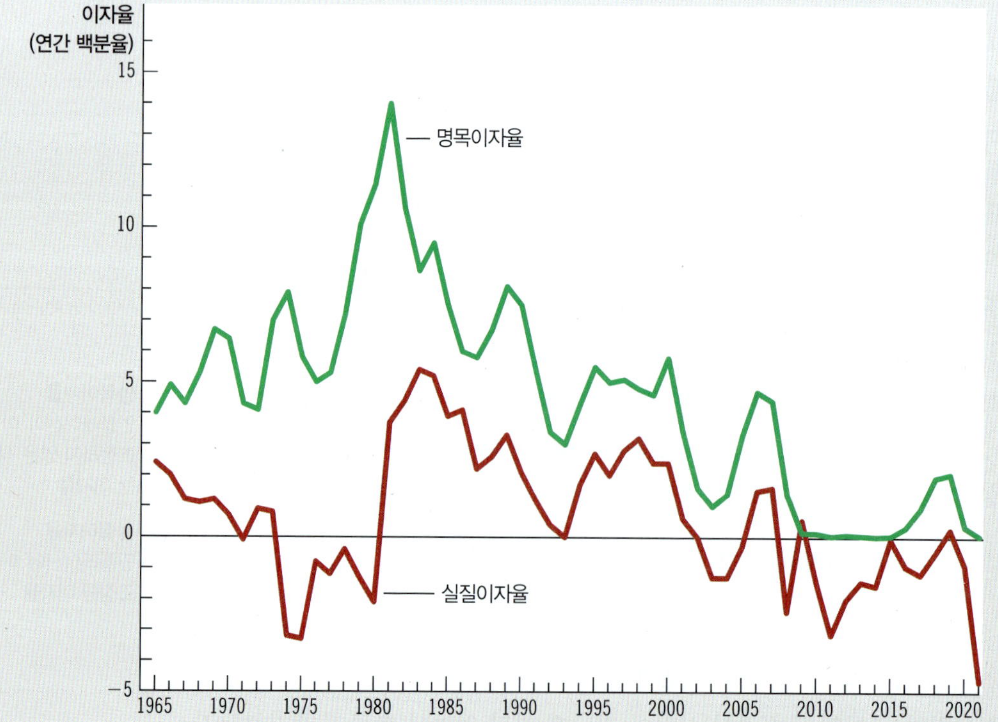

께 움직이지는 않는다는 사실을 보여준다. 예를 들어 1970년대 후반에는 명목이자율이 높았지만, 인플레이션이 매우 높아서 실질이자율이 낮아졌다. 실제로 1970년대 대부분 동안 실질이자율은 음이었다. 즉, 명목이자율이 사람들의 저축을 증대시키는 것보다 인플레이션이 더 빠르게 이를 감소시켰다. 반면에 1990년대 후반에 명목이자율은 20년 전보다 낮았지만, 인플레이션이 훨씬 더 낮았기 때문에 실질이자율은 종종 같은 방향으로 변화한다. 2020년 코로나 바이러스로 인한 경기 침체기에 명목이자율은 거의 영으로 하락했고 실질이자율은 다시 한번 음으로 전환되었다. 앞으로의 장들에서는 실질이자율과 명목이자율 둘 다를 결정하는 경제적 요인들에 관해 살펴볼 것이다. ●

Quiz

5. CPI가 2010년에 200이고 현재 300이라면, 2010년 600달러는 현재 _______가 갖는 것과 같은 구매력을 갖는다.
   a. 400달러
   b. 500달러
   c. 700달러
   d. 900달러

6. 생활비가 어떤 국가(가령 미국)의 지역에 따라 달라지는 가장 주요한 이유는 _______ 가격의 차이에서 비롯된다.
   a. 식료품
   b. 의류
   c. 주거
   d. 의료

7. 여러분이 저축예금에 2,000달러를 예치하고, 1년 후에 2,100달러를 받았다. 그동안 CPI는 200에서 204로 상승했다. 이 경우 명목이자율은 _______이고, 실질이자율은 _______이다.
   a. 1%; 5%
   b. 3%; 5%
   c. 5%; 1%
   d. 5%; 3%

해답은 이 장의 끝부분에 있다.

12-3 결론

훌륭한 야구선수였던 고인이 된 요기 베라는 “5센트짜리 동전 니켈은 더 이상 한 푼의 가치도 없다”라고 이전에 불평을 토로한 적이 있다. 물론 5센트짜리 동전은 전혀 가치가 없지만, 5센트짜리 동전, 10센트짜리 동전, 달러화 이면에 있는 실질 가치가 안정적이지 않았던 것도 사실이다. 전반적인 물가수준의 지속적인 상승현상은 정상이 되었다. 이런 인플레이션은 화폐의 구매력을 감소시킨다. 상이한 시점에서 금액을 비교할 때 현재의 1달러 가치가 20년 전의 1달러 가치와 같지 않고, 아마도 지금으로부터 20년 후의 1달러 가치와도 같지 않을 것이라는 사실을 반드시 명심해야 한다.

이 장에서는 경제학자들이 전반적인 물가수준을 어떻게 측정하고, 이런 물가지수를 활용하여 인플레이션이 미치는 영향에 대해 경제변수를 어떻게 조정하는지 논의했다. 물가지수를 이용해 상이한 시점에서의 금액을 비교할 수 있고, 이를 통해 경제가 어떻게 변화하는지 더 잘 이해할 수 있다.

앞 장에서 살펴본 GDP에 대한 논의와 함께, 이 장에서 알아본 물가지수에 대한 논의는 거시경제학을 학습하기 위해 필요한 첫 단계이다. 이제 우리는 무엇이 일국의 GDP를 결정하는지 살펴보고 인플레이션의 원인 및 결과에 대해 알아볼 것이다. 앞의 두 장에서 경제학자들이 거시경제 생산량과 물가를 어떻게 측정하는지 살펴보았으므로, 이들 변수의 변화를 설명하는 모형을 만들어갈 준비가 되었다.

이어지는 장들에서 살펴볼 내용은 다음과 같다. 첫째, 실질 GDP, 실질이자율, 실업과 같은 관련 변수의 장기적인 결정요인들을 알아볼 것이다. 둘째, 물가수준과 통화 공급, 인플레이션, 명목이자율과 같은 관련 변수들의 장기적인 결정요인을 검토할 것이다. 마지막으로, 이런 변수들이 장기적으로 어떻게 결정되는지 알아보고 나서, 무엇이 실질 GDP와 물가수준의 단기적인 변동을 일으키는지에 관한 복잡한 의문점도 분석할 것이다. 우리가 논의한 측정과 관련된 사항은 이런 내용을 살펴볼 모든 장에서 분석의 기초가 될 것이다.

요약

- 소비자 물가지수(CPI)는 기준연도의 재화 및 용역 바구니를 구입하는 데 따른 비용과 현재연도에 소요되는 동일한 바구니의 구입 비용 간 관계를 보여준다. 경제의 전반적인 물가수준을 측정하기 위해 이 지수가 사용된다. CPI의 백분율 변화가 인플레이션율을 측정한다.
- CPI는 다음과 같은 세 가지 이유로 생활비를 측정하는 완전한 지표가 되지 못한다. 첫째, 시간이 지남에 따라 상대적으로 더 저렴해진 재화로 대체하려는 소비자의 의지를 고려하지 않는다. 둘째, 신상품이 도입됨에 따라 발생하는 화폐의 구매력 증대를 포함하지 못한다. 셋째, 재화 및 용역의 품질 변화를 측정하지 못해 왜곡이 발생할 수 있다. 이런 측정상의 문제로 CPI는 실제로 발생한 진정한 인플레이션을 과대 평가하게 된다.
- CPI와 마찬가지로 GDP 디플레이터는 경제의 전반적인 물가수준을 측정한다. 이 두 물가지수는 보통 함께 변화하지만, 중요한 차이점이 있다. CPI와 달리, GDP 디플레이터는 소비자가 구입한 재화 및 용역이 아니라 국내에서 생산된 재화 및 용역의 가격을 반영한다. 따라서 수입된 재화는 CPI에 영향을 미치지만 GDP 디플레이터에는 영향을 미치지 않는다. 이 밖에 CPI는 고정된 재화 바구니를 사용하는 반면에, GDP 디플레이터에 반영된 재화 및 용역 바구니는 GDP의 구성이 변화함에 따라 시간이 흘러가면서 자동적으로 변화한다.
- 상이한 시점의 금액으로는 구매력을 타당하게 비교하지 못한다. 과거의 금액을 현재의 금액과 비교하기 위해서는 이전의 금액을 물가지수를 사용해 환산해야 한다.
- 다양한 법률과 사적 계약은 물가지수를 사용해 인플레이션이 미치는 영향을 조정한다. 하지만 세법은 단지 부분적으로만 인플레이션과 연동된다.
- 이자율에 대해 알아보려 할 때 인플레이션에 대해 조정을 하는 것이 특히 중요하다. 통상적으로 발표되는 이자율인 명목이자율은 가령 저축예금에 예치된 금액이 시간이 지남에 따라 증가하는 비율이다. 반면에 실질이자율은 저축예금에 예치된 금액의 구매력이 시간이 지남에 따라 증가하는 (또는 감소하는) 비율이다. 실질이자율은 명목이자율에서 인플레이션율을 차감한 것이다.

주요 개념

소비자 물가지수(CPI) 302
인플레이션율 304
근원 CPI 305
생산자 물가지수(PPI) 305
물가지수 연동방식 314
명목이자율 315
실질이자율 315

복습용 질문

1. 닭고기 가격이 10% 상승하는 경우와 캐비아 가격이 10% 상승하는 경우 중에서 어느 것이 CPI에 더 큰 영향을 미친다고 생각하는가? 그 이유는 무엇인가?

2. CPI가 생활비를 측정하는 불완전한 지표가 되도록 하는 세 가지 문제점을 설명하시오.

3. 수입된 프랑스산 포도주의 가격은 CPI와 GDP 디플레이터 중 어느 것에 더 많은 영향을 미치는가? 설명하시오.

4. 오랜 기간에 걸쳐 캔디 바의 가격이 0.20달러에서 1.20달러로 상승했다. 동일한 기간 동안 CPI는 150에서 300으로 상승했다. 전반적인 인플레이션에 대해 조정을 거친 후, 캔디 바의 가격은 얼마나 변화했는가?

5. 명목이자율과 실질이자율의 의미를 설명하시오. 이들은 어떤 관계가 있는가?

문제와 응용

1. 여러분이 태어난 해에 어떤 사람이 출생 선물로 100달러에 해당하는 재화 및 용역을 구입해서 주었다고 가상하자. 유사한 금액의 재화 및 용역을 현재 구입할 경우 비용이 얼마나 소요될 것이라고 생각하는가? CPI에 관한 데이터를 구하고 그것에 기초해 답하시오.

2. 베고피아에 거주하는 주민들은 자신들의 소득을 모두 콜리플라워, 브로콜리, 당근에 지출한다. 2023년에 이들은 콜리플라워 100개에 총 200달러, 브로콜리 50개에 총 75달러, 당근 500개에 총 50달러를 지출했다. 2024년에는 콜리플라워 75개에 총 225달러, 브로콜리 80개에 총 120달러, 당근 500개에 총 100달러를 지출했다.

a. 각 연도에 해당하는 각 채소 1단위의 가격을 계산하시오.

b. 2023년을 기준연도로 해서 각 연도의 CPI를 계산하시오.

c. 2024년의 인플레이션율은 얼마인가?

3. 표에서 보는 것처럼 사람들이 세 개의 재화만을 소비한다고 가상하자.

	테니스공	골프공	병에 들어 있는 게토레이
2023년 가격	2달러	4달러	1달러
2023년 수량	100	100	200
2024년 가격	2달러	6달러	2달러
2024년 수량	100	100	200

a. 세 개 재화에 대한 각 가격의 백분율 변화는 얼마인가?

b. CPI와 유사한 방법을 사용해서 전반적인 물가수준의 백분율 변화를 계산하시오.

c. 게토레이가 들어 있는 병의 용량이 2023년에서 2024년으로 가면서 증가했다는 사실을 알게 되었다면, 이 사실은 여러분이 하는 인플레이션 계산에 영향을 미쳐야 하는가? 만일 그렇다면, 어떻게 해야 하는가?

d. 2024년에 새로운 맛의 게토레이가 도입되었다는 사실을 알게 되었다면, 이 사실은 인플레이션 계산에 영향을 미쳐야 하는가? 만일 그렇다면, 어떻게 해야 하는가?

4. 미국 노동통계국의 웹 사이트(http://www.bls.gov)를 방문해 CPI에 관한 데이터를 찾아보시오. 모든 항목을 포함하는 지수는 지난해 동안에 얼마나 많이 상승했는가? 지출 항목 중 물가가 가장 많이 상승한 항목은 어느 것인가? 가장 적게 상승한 항목은 어느 것인가? 하락한 항목이 있는가? 이런 사실을 설명할 수 있는가? 우리나라의 경우, 통계청 국가통계포털(http://kosis.kr)을 방문해 이와 같은 사항을 살펴보시오.

5. 규모가 아주 작은 어떤 국가가 텔레비전 프로인 〈음성〉을 심취해서 시청하고 있다. 이들이 생산하고 소비하는 모든 것은 노래방 기계와 텔레비전 프로인 〈음성〉뿐이며, 금액은 다음과 같다.

	노래방 기계		텔레비전 프로 〈음성〉	
	수량	가격	수량	가격
2023	10	40달러	6	50달러
2024	12	60	10	60

a. CPI와 유사한 방법을 사용해서 전반적인 물가수준의 백분율 변화를 계산하시오. 2023년을 기준연도로 사용하고, 노래방 기계 5대와 텔레비전 프로 3개에 바구니를 고정시키시오.
b. GDP 디플레이터와 유사한 방법을 사용해서 전반적인 물가수준의 백분율 변화를 계산하시오. 다시 한번, 2023년을 기준연도로 사용하시오.
c. 위의 두 가지 방법으로 구한 2024년의 인플레이션율은 동일한가? 그렇게 답한 이유를 설명하시오.

6. CPI를 구하는 데 발생할 수 있는 문제점 중 다음의 각 상황으로 설명할 수 있는 문제점은 무엇인가? 설명하시오.
a. 휴대 전화기의 발명
b. 자동차 에어백의 도입
c. 가격이 하락함에 따라 개인용 컴퓨터의 구매 증대
d. 켈로그의 레이즌 브랜 시리얼 각 제품에 들어가는 건포도 양의 증가
e. 휘발유 가격이 상승한 후에 발생하는 연료 효율적인 자동차의 사용 증가

7. 달걀 12개를 구입하는 비용이 1980년 1월에는 0.88달러이고, 2021년 1월에는 1.47달러였다. 생산 및 비관리직 노동자의 시간당 평균임금이 1980년 1월에는 6.57달러이고, 2021년 1월에는 25.86달러였다.
a. 달걀가격은 몇 % 상승했는가?
b. 임금은 몇 % 상승했는가?
c. 각 연도에, 달걀 12개를 구입하기 위해 노동자는 몇 분을 일해야 했는가?
d. 달걀 측면에서 본 노동자의 구매력은 상승했는가 아니면 하락했는가?

8. 이 장에서는 다음과 같이 설명했다. 즉, 대부분의 경제학자들이 CPI는 실제 인플레이션을 과대 평가하지만 사회보장 급부금은 CPI의 상승에 비례해 매년 증가한다고 말했다.
a. 노년층이 다른 사람들과 동일한 시장 바구니를 소비한다면, 사회보장을 통해 이들의 생활수준을 향상시킬 수 있는가? 설명하시오.
b. 실제로, 노년층은 젊은 층과 비교해볼 때 더 많은 의료 서비스를 받으며, 의료비는 전반적인 인플레이션보다 더 빠르게 상승한다. 노년층이 해마다 실제로 형편이 나아지는지 여부를 알아보려면 여러분은 무엇을 해야 하는가?

9. 차용인과 대출인이 대출에 대해 지불해야 하는 명목이자율에 합의했다고 가상하자. 합의 후에 인플레이션이 양측이 기대한 것보다 더 높은 것으로 판명되었다.
a. 대출에 대한 실질이자율은 기대한 것보다 높은가 아니면 낮은가?
b. 대출인은 이런 기대하지 않은 인플레이션으로 이득을 보는가 아니면 손해를 보는가?
c. 1970년대 동안 인플레이션은 1970년대가 시작되었을 때 대부분의 사람들이 기대했던 것보다 훨씬 더 높았다. 이런 기대하지 않은 높은 인플레이션은 1960년대 동안 고정 이자율로 주택담보 장기대출을 받은 주택 소유주에게 어떤 영향을 미쳤는가? 대출을 제공한 은행에는 어떤 영향을 미쳤는가?

Quiz 해답

1. c 2. b 3. d 4. a 5. d 6. c 7. d

Chapter

13

실업

실직은 한 사람의 삶에서 가장 비참하고 괴로운 경제적 사건일 수 있다. 대부분의 사람들은 봉급에 의존해서 생활수준을 유지하고, 많은 사람들은 자신의 일에서 개인적인 성취감을 얻는다. 실직을 하게 되면 즉각적인 재정적 어려움, 장래에 대한 불안, 추락한 자존감을 느끼게 된다. 정치인이 공직선거 운동을 할 때 자신이 제시한 정책이 일자리를 창출할 것이라고 종종 주장하는 것은 당연하다고 볼 수 있다.

실업은 개인적 비극일 뿐만 아니라 거시경제적 비극이기도 하다. 일국의 생활수준과 그것의 성장에는, 예를 들어 저축과 투자, 법에 의한 지배, 정치적 안정, 교육의 수준, 무역의 개방성, 기술의 진보 등이 영향을 미친다. 이외에 일국의 생활수준을 결정하는 또 다른 중요한 요인은 겪고 있는 실업률이다. 일하고자 하지만 일자리를 구할 수 없는 사람들은 재화 및 용역을 생산하지 못한다. 실업은 경제적 번영을 방해한다.

경제학자들은 실업문제를 두 가지, 즉 장기적으로 지속되는 실

업과 단기적으로 발생하는 실업으로 나눈다. **자연 실업률**은 경제가 정상적으로 경험하는 실업의 규모를 말한다. **경기 순환적 실업**은 자연 실업률을 중심으로 매년 변동하는 실업을 말하며, 경제활동의 단기적인 변동과 밀접하게 연관된다. 이 책의 뒷부분에서 단기적인 변동을 학습할 때 경기 순환적 실업에 대해 알아볼 것이다. 이 장에서는 경제의 자연 실업률을 결정하는 요인들에 초점을 맞출 것이다. 우리가 앞으로 살펴볼 것처럼 여기서 자연이란 용어는 이 실업률이 바람직하다는 뜻이 아니다. 이것은 자연 실업률이 시간이 지나거나 장소가 달라도 일정하다는 것을 의미하지 않으며, 경제정책의 영향을 받지 않는다는 뜻도 아니다. 단지 자연 실업률이 장기적으로 보아도 저절로 사라지지 않는다는 것을 뜻할 뿐이다.

실업 데이터에 관한 세 가지 질문으로 시작해보자. 즉, 정부는 경제의 실업률을 어떻게 측정하는가? 이 데이터를 해석하는 데 어떤 문제가 발생하는가? 실업자들은 일반적으로 얼마나 오랫동안 일자리 없이 지내는가?

그러고 나서 경제에 언제나 일부 실업이 존재하는 이유와 정책 입안자들이 실업자들을 도와줄 수 있는 방법에 대해 논의할 것이다. 자연 실업률에 대한 다음과 같은 네 가지 설명, 즉 구직, 최저임금법, 노동조합, 효율성 임금에 대해 알아볼 것이다. 장기 실업은 단 하나의 이유로 발생하지 않으며 다양한 관련 요인을 반영한다. 따라서 정책 입안자들이 자연 실업률을 낮추고 실업자들의 어려움을 완화시킬 수 있는 손쉬운 방법은 존재하지 않는다. 하지만 실업에 관한 연구를 통해 활용할 수 있는 선택 방안과 정책 입안자들이 마주하게 되는 상충관계를 명확히 할 수 있다.

13-1 실업을 인지하기

실업이란 용어가 의미하는 것을 보다 정확하게 살펴보는 것부터 시작해보자.

13-1a 실업은 어떻게 측정되는가?

미국에서 실업을 측정하는 작업은 노동성에 소속된 노동통계국(BLS)이 담당한다. 매월 노동통계국은 실업과 고용의 형태, 평균 주 노동시간, 실업의 지속기간을 포함하는 노동시장의 여러 측면에 관한 데이터를 생성해낸다. 이런 데이터는「현재 인구 조사」라고 하는 약 60,000가구에 대한 조사를 통해 얻게 된다.

조사 설문에 대한 답변에 기초해, 노동통계국은 조사 대상 가계의 (16세 이상인) 각 성인을 다음과 같은 세 범주로 분류한다.

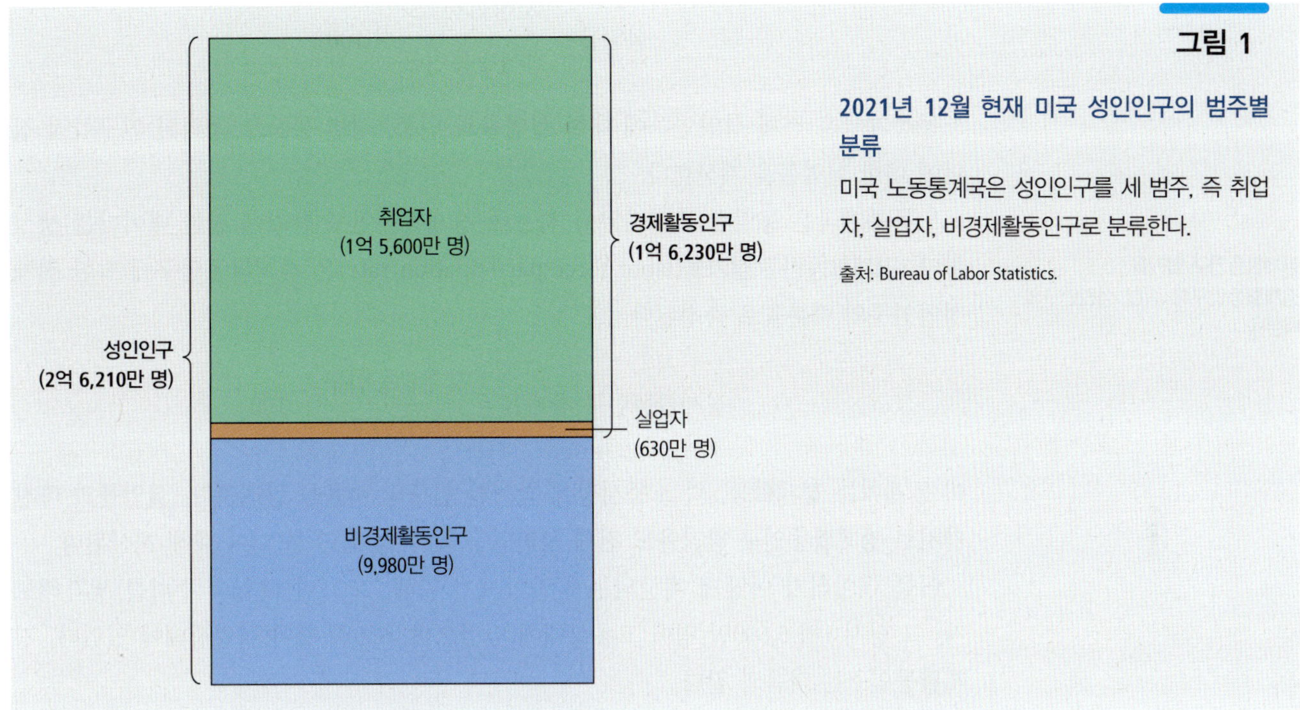

그림 1

2021년 12월 현재 미국 성인인구의 범주별 분류

미국 노동통계국은 성인인구를 세 범주, 즉 취업자, 실업자, 비경제활동인구로 분류한다.

출처: Bureau of Labor Statistics.

- **취업자:** 이 범주에는 보수를 받는 피고용인으로 근무하거나, 자신의 사업체에서 근무하거나, 가족 사업체에서 보수를 받지 않는 근로자로 근무하는 사람들이 포함된다. 풀타임 및 파트타임 근로자 둘 다가 포함된다. 또한 휴가, 질병, 악천후, 이와 유사한 이유로 일시적으로 근무하지 못하는 일자리가 있는 사람도 포함된다.
- **실업자:** 이 범주에는 고용되어 있지 않지만 근로를 할 수 있으며, 지난 4주 동안 일자리를 구하려고 시도했던 사람들이 포함된다. 일시적으로 해고된 일자리로 복직하기 위해 기다리고 있는 사람도 포함된다.
- **비경제활동인구:** 이 범주에는 위의 두 범주에 속하지 않은 사람, 예를 들면 학업에만 종사하는 학생, 가정주부, 은퇴자 등이 포함된다.

그림 1은 2021년 12월 현재 이들의 범주별 분류를 보여준다.

일단 노동통계국은 조사를 받은 모든 사람을 범주별로 분류한 다음, 통계치를 계산해 노동시장의 상황을 요약해서 정리한다. 노동통계국은 경제활동인구(labor force)를 취업자와 실업자의 합계로 정의한다.

경제활동인구
취업자와 실업자 둘 다를 포함한 노동자의 총 수

$$경제활동인구 = 취업자 + 실업자$$

실업률(unemployment rate)은 실업상태에 있는 경제활동인구의 백분율이다.

실업률
실업상태인 경제활동인구의 백분율

$$실업률 = \frac{실업자의\ 수}{경제활동인구} \times 100$$

노동통계국은 전체 성인인구에 대한 실업률과 인종, 성별 등으로 정의된 인구학적 집단에 대한 실업률을 계산한다.

노동통계국은 동일한 조사자료를 사용해 경제활동인구 참가에 관한 데이터를 생성한다. **경제활동인구 참가율**(labor force participation rate)은 경제활동인구에 속한 전체 성인인구의 백분율로 측정된다.

경제활동인구 참가율
경제활동인구에 속한 성인인구의 백분율

$$경제활동인구\ 참가율 = \frac{경제활동인구}{성인인구} \times 100$$

이 통계치는 경제활동, 즉 노동시장에 참여한 인구의 비율을 알려준다. 실업률과 마찬가지로 경제활동인구 참가율도 전체 성인인구 및 특정 집단 둘 다에 대해 계산된다.

이들 데이터가 어떻게 계산되는지 알아보기 위해, 2021년 12월의 수치를 생각해보자. 그 당시 1억 5,600만 명이 고용상태에 있었으며, 630만 명이 실업상태에 있었다. 경제활동인구는 다음과 같다.

경제활동인구 = 1억 5,600만 명 + 630만 명 = 1억 6,230만 명

실업률은 다음과 같다.

실업률 = (630만 명/1억 6,230만 명) × 100 = 3.9%

성인인구는 2억 6,210만 명이며, 경제활동인구 참가율은 다음과 같다.

경제활동인구 참가율 = (1억 6,230만 명/2억 6,210만 명) × 100 = 61.9%

따라서 2021년 12월에 성인인구의 61.9%가 노동시장에 참여했으며, 이들 노동시장 참가자의 3.9%는 일자리가 없었다.

경제학자들과 정책 입안자들은 노동시장에 관한 노동통계국의 데이터를 활용해 시간의 흐름에 따른 경제의 변화를 면밀히 검토한다. 그림 2는 1960년 이래로 미국의 실업률을 보여주고 있다. 이 그림을 통해 경제에는 언제나 실업이 존재했고 그 규모가 매년 변화했음을 알 수 있다. 앞에서 언급했듯이 실업률은 정상 실업률을 중심으로 변동하며, 이렇게 중심이 되는 실업률을 **자연 실업률**(natural rate of unemployment)이라고 하고, 이런 자연율로부터 벗어난 실업률을 **경기 순환적 실업**(cyclical unemployment)이라고 한다. 이 그림에 있는 자연 실업률은 의회예산국 소속 경제학자들이 산출한 연속적인 데이터이다. 2021년의 경우 이들은 자연율을 4.5%라고 추정했으며, 이는 실제 실업률 5.4%와 비교된다. 이 장의 나머지 부분에서는 자연율을 중심으로 이루어지는 실

자연 실업률
실업률은 변동을 하는데 그 중심이 되는 정상 실업률

경기 순환적 실업
자연율로부터 벗어나는 실업

그림 2

1960년 이후 미국의 실업률

이 그림은 미국 실업률에 대한 연간 데이터를 사용해서 일자리가 없는 경제활동인구의 백분율을 보여준다. 자연 실업률은 정상적인 수준의 실업을 의미하며, 실업률은 이것을 중심으로 변동한다.

출처: U.S. Department of Labor, Congressional Budget Office.

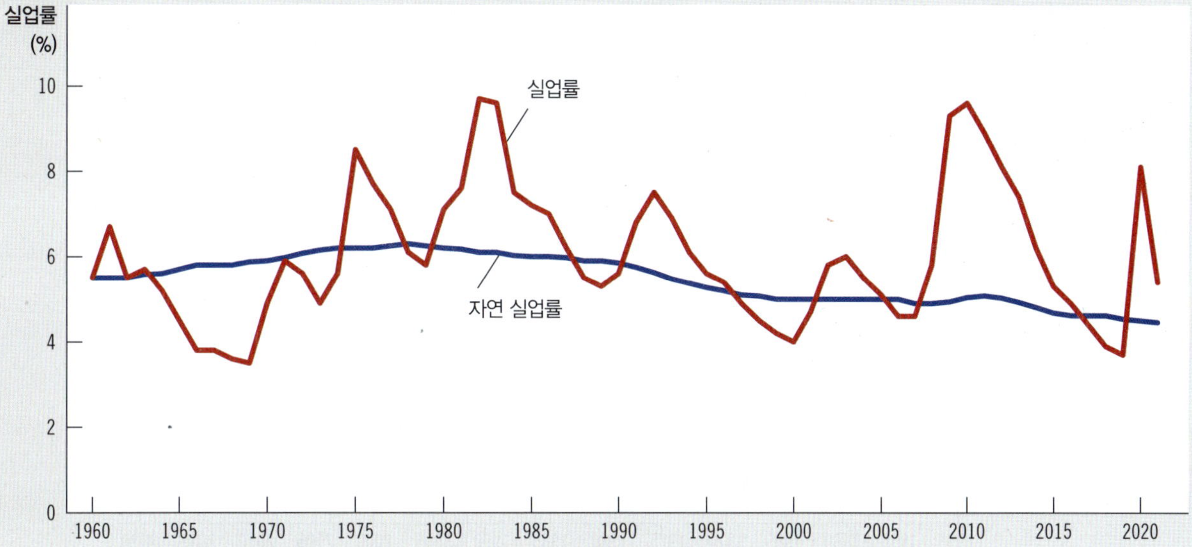

실업률 (%)
10
8
6
4
2
0
실업률
자연 실업률
1960 1965 1970 1975 1980 1985 1990 1995 2000 2005 2010 2015 2020

업의 단기변동은 무시하고, 언제나 실업이 존재하는 이유에 대해 살펴볼 것이다.

미국 경제에서 여성과 남성의 경제활동인구 참가

지난 세기에 미국 사회는 여성의 역할에 극적인 변화가 있었다. 이런 변화가 생긴 이유는 여러 가지다. 부분적으로는 일상적인 가사를 하는 데 필요한 시간을 단축해주는 세탁기, 건조기, 냉장고, 냉동기, 세척기 같은 신기술이 대량 도입되었기 때문이다. 또 부분적으로는 산아제한 방법이 향상되어 일반 가정에서 출산하는 아이 수가 줄었기 때문이다. 이런 현상은 정치적, 사회적 태도의 변화에 기인하며, 이런 변화는 다시 기술과 산아제한의 발전으로 촉진되었다. 이런 상황의 변화 모두가 사회 전반과 특히 경제에 심대한 영향을 미쳤다.

이런 영향은 경제활동인구 참가에 관한 데이터에서 명백하게 나타난다. 그림 3은 1950년 이래로 미국 남성과 여성의 경제활동인구 참가율을 보여준다. 제2차 세계대전 직후 남성과 여성은 매우 상이한 역할을 수행했다. 남성의 87%에 비해 여성은 33%만이 취업하거나 일자리를 구하려 했다. 그 이후 여성인구가 점차 경제활동인구로 편입되는 반면에 일부 남성은 이탈하게 되어, 남성과 여성 간의 참가율 차이가 서서히 사라지게 되었다. 2021년 데이터에 따르면, 참가율은 남성이 68%인 반면에 여성은 56%가 되었다. 경제활동인구 참가율

그림 3 **1950년 이후 남성과 여성에 대한 경제활동인구 참가율**

이 그림은 경제활동인구에 포함되는 성인 남성과 여성 인구의 백분율을 보여준다. 지난 수십 년 동안 여성은 경제활동인구로 진입한 반면에 남성은 오히려 이탈했다는 사실을 알 수 있다.

출처: U.S. Department of Labor.

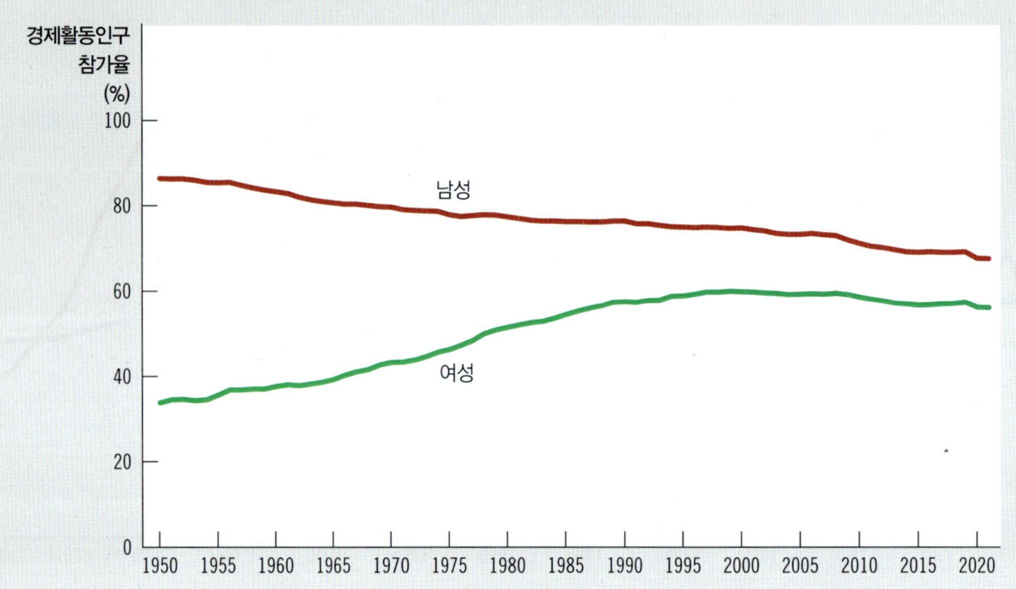

에서 알 수 있듯이 남성과 여성은 이제 보다 평등한 경제적 역할을 수행하고 있다.

여성의 경제활동인구 참가가 증대된 이유는 쉽게 설명할 수 있지만, 남성의 참가 감소는 간단하게 설명되지 않는다. 이렇게 감소한 데는 몇 가지 이유가 있다. 첫째, 젊은 남자 세대는 아버지나 할아버지 세대보다 이제 학교를 다니는 기간이 증가했다. 둘째, 노년의 남자들이 이전보다 일찍 은퇴하고 오래 생존한다. 셋째, 많은 여성이 취업함에 따라 많은 남성이 아이를 돌보는 가사에 종사한다. 이처럼 학업에만 종사하는 학생, 은퇴자, 가사에 종사하는 남성은 경제활동인구로 계산되지 않는다. ●

13-1b 실업률은 우리가 측정하고자 하는 것을 측정하는가?

어떤 경제에서 실업 규모를 측정하는 것은 간단하지가 않다. 정규직 풀타임으로 일하는 사람과 전혀 일하지 않는 사람을 구별하는 것은 용이하다. 하지만 일하지 않는 사람 중에서 실업상태인 사람과 경제활동인구에 포함되지 않는 사람을 구별하는 것은 어렵다.

경제활동인구에서는 편입되고 또한 이탈해 나가는 일이 일반적으로 벌어진다. 실업자의 3분의 1 이상은 경제활동인구로 최근에 편입되었다. 경제활동인구로 편입된 사람에는 처음으로 일자리를 찾는 젊은 노동자들이 포함된다. 또한 경제활동인구에서 이탈해 나갔다가 일자리를 찾기 위해 다시 돌아온 더 많은 수의 사람들이 포함된다. 나아가 모든 실업은 구직자가 일자리를 찾는 것으로 끝나지는 않는다. 모든 실업의 거의 절반은 실직자가 구직활동을 중단하고 경제활동인구에서 이탈해 나갈 때 종식된다.

사람들이 경제활동인구로 편입되고 이탈하는 일이 빈번하기 때문에, 실업에 관한 통계치는 해석하기가 어렵다. 반면에 실직상태에 있다고 보고한 사람들 중 일부는 일자리를 열심히 구하려 하지 않을 수 있다. 실업자에게 재정적 지원을 해주는 정부 프로그램 수급 자격을 얻기 원하거나 일을 하고는 있지만 수입에 대한 과세를 피하기 위해 '남이 알지 못하게' 지급받기 때문에, 이들은 자신들을 실업상태에 있다고 할 수 있다.(특히 2020년과 2021년 대부분 기간 동안 그랬을 수 있는데, 전염병 대유행 기간 동안 정부 지원 프로그램은 일부 사람들에게 실업상태에 있다고 보고하도록 하는 추가적인 유인을 제공했다) 이들은 경제활동인구에서 이탈해 나갔거나, 일부 경우에는 고용되었다고 보는 것이 더 정확할 수 있다. 반면에 경제활동인구에서 이탈했다고 보고한 사람들 중 일부는 일자리를 갖고자 할 수 있다. 이들은 일자리를 구하고자 했으나 성공하지 못한 후에 일자리 구하는 것을 포기했을 수도 있다. **낙담한 노동자**(discouraged worker)라고 부르는 이들은 일자리가 없는 향후의 노동자이기는 하지만 실업통계상에

낙담한 노동자
일하기를 원하지만 일자리 구하는 것을 포기한 사람

표 1

노동의 과소 이용에 대한 측정방법

이 표는 미국 경제에서 실업의 정도를 측정하는 다양한 방법을 보여준다. 2021년 12월의 데이터를 사용했다.

출처: U.S. Department of Labor.

	측정방법 및 설명	비율
U-1	15주 이상 실업상태인 사람을 민간 경제활동인구에 대한 백분율로 측정(최장기 실업자만을 포함)	1.7%
U-2	일자리를 잃은 사람과 임시 일자리를 종료한 사람을 민간 경제활동인구에 대한 백분율로 측정(일자리를 버린 사람은 제외)	1.9%
U-3	총실업자를 민간 경제활동인구에 대해 백분율로 측정(공식적인 실업률)	3.9%
U-4	총실업자에 낙담한 노동자를 합해서 민간 경제활동인구와 낙담한 노동자를 더한 인구에 대한 백분율로 측정	4.3%
U-5	총실업자에 한계적으로 포함된 모든 노동자를 합해서 민간 경제활동인구와 한계적으로 포함된 모든 노동자를 더한 인구에 대한 백분율로 측정	4.9%
U-6	총실업자, 한계적으로 포함된 모든 노동자, 그리고 경제적인 이유로 시간제 근무를 하는 인구를 합해서 민간 경제활동인구와 한계적으로 포함된 모든 노동자를 더한 인구에 대한 백분율로 측정	7.3%

주: 미국 노동통계국은 다음과 같이 정의한다.

- **한계적으로 포함된 노동자**는 현재 일을 하고 있지도 않고 일자리를 찾고 있지도 않지만, 일자리를 원하고 일자리에 가용할 수 있으며 종래 들어 한때 일자리를 찾았던 사람들이다.
- **낙담한 노동자**는 한계적으로 포함된 노동자의 일부분으로 인력시장과 관련된 이유로 인해 현재 일자리를 찾고 있지 않는 사람들이다.
- **경제적인 이유로 시간제 근무를 하는 사람**은 정규직 일자리를 원하고 정규직으로 근무가 가능하지만 시간제 근무 스케줄을 불만스럽게 받아들이는 사람들이다.

는 포함되지 않는다.

이런 문제들과 여타 문제들로 인해, 미국 노동통계국은 노동의 과소 이용에 대한 몇 가지 측정치를 계산하고 있으며, 표 1은 이를 보여주고 있다. 결국, 공식적인 실업률은 실업상태에 대한 유용하지만 불완전한 측정치로 간주하는 것이 최선이다.

13-1c 실업자는 얼마나 오랫동안 일자리 없이 지내는가?

실업문제가 얼마나 심각한지 판단할 때 고려할 한 가지 의문점은 실업이 일반적으로 단기적 현상인지 아니면 장기적 현상인지 여부에 관한 것이다. 실업이 단기적 현상이라면 큰 문제가 아니라고 결론을 내릴 수 있다. 노동자는 기호와 기술에 가장 적합한 일자리를 구하기 위해 어떤 직장에서 다른 직장으로 옮기는 데 몇 주가 필요할 수 있다. 하지만 실업이 장기적 현상이라면 정말로 심각하다고 결론을 내릴 수 있다. 노동자가 수개월간 실업상태에 있게 될 경우 경제적 및 심리적 어려움을 겪을 가능성이 더 높아진다.

경제학자들은 많은 노력을 기울여 실업의 지속기간에 관한 데이터를 분석했다. 이런 연구를 통해 이들은 중요하고 미묘하며 겉으로 보면 모순되는 것처럼 보이는 다음과 같은 결론에 도달했다. **대부분의 실업 지속기간은 단기적이지만, 어떤 시점에서 관찰되는 대부분의 실업은 장기적이다.**

이 결론이 어떻게 진실일 수 있는지 알아보기 위해 간단한 예를 생각해보자. 실업자들을 조사하기 위해 실업문제를 담당하는 정부 관청을 방문했다고 가상해보자. 매주 여러분은 실업상태인 노동자 네 명을 만나게 된다. 네 명 중 세 명은 일 년 내내 동일한 사람들인 반면에, 네 번째 실업상태인 노동자는 매주 바뀐다. 이런 경험에 기초할 경우 여러분은 실업이 일반적으로 단기적이라고 말하겠는가 아니면 장기적이라고 말하겠는가?

간단한 계산을 통해 이 물음에 답할 수 있다. 이 예에서 여러분은 일 년 동안 실업상태에 있는 55명의 사람을 만나게 되며, 이들 55명은 일주일 동안 실업상태에 있는 52명(1년을 52주라고 생각하자)과 일 년 내내 실업상태에 있는 3명으로 구성된다. 이것이 의미하는 바는 실업의 52/55 또는 95%가 일주일 안에 종식된다는 것이다. 하지만 여러분이 실업문제를 담당하는 정부 관청을 방문할 때마다, 여러분이 만나는 네 명 중 세 명은 일 년 내내 실업상태에 있게 된다. 따라서 실업기간의 95%가 일주일 안에 종식되기는 하지만 어떤 시점에 관찰되는 실업의 75%(3/4 = 0.75)는 일 년 내내 실업상태에 있는 사람들로부터 기인한다. 이 예에서는 세상에서와 마찬가지로 대부분의 실업 지속기간은 단기적이지만, 어떤 시점에서 관찰되는 대부분의 실업은 장기적이다.

이 미묘한 결론이 의미하는 바는 실업에 관한 데이터를 해석할 때와 실업자들을 도와주는 정책을 마련할 때 경제학자들과 정책 입안자들이 주의를 기울여야만 한다는 것이다. 실업상태에 있는 대부분의 사람들은 곧 일자리를 구했다. 하지만 경제에서 발생하는 대부분의 실업문제는 장기간 동안 일자리가 없는 상대적으로 소수인 노동자들에게서 비롯된다.

13-1d 실업자가 언제나 존재하는 이유는 무엇인가?

우리는 실업의 측정, 실업 통계치를 해석하는 데 따른 문제, 실업의 지속기간에 대해 논의했다. 하지만 애초에 실업이 경제에서 발생하는 이유는 설명하지 않았다.

공급과 수요로 다시 돌아가보자. 제4장에서 소개했던 것처럼 표준적인 경쟁시장 모형에서 판매되는 재화는 모두 동일하며, 공급량과 수요량이 균형을 이루도록 가격이 조정된다. 특정 목적을 위해 이 모형은 노동시장에도 적용될 수 있다. 즉, 노동은 재화이고 가격은 임금이다. 하지만 모든 모형과 마찬가지로 이 모형도 한계를 갖고 있다. 모형의 균형에서는 실업이 존재하지 않기 때문에 노동시장을 완전하게 설명할 수 없다.

경제상황이 좋을 때에도 세상에는 언제나 일자리가 없는 노동자들이 존재한다. 실업률은 결코 영이 되지 않지만, 대신에 자연 실업률을 중심으로 변동한다. 실업을 설명하기 위해 이 장의 나머지 부분에서는 실제 노동시장이 공급 및 수요의 기본 모형에서 이탈하게 되는 이유를 살펴볼 것이다.

결론부터 말한다면 실업이 존재하는 이유를 설명하는 네 가지 주장이 있다. 첫 번째 주장은, 노동자와 일자리가 다양하며 이로 인해 노동자가 자신에게 가장 적합한 일자리를 구하는 데 시간이 걸리고 기업이 회사의 필요에 가장 적합한 노동자를 구하는 데도 시간이 걸린다고 강조한다. 이런 구직과정에서 비롯되는 실업을 마찰적 실업(frictional unemployment)이라고 하는데, 이는 종종 상대적으로 단기적인 실업을 설명하는 데 적합하다고 생각된다.

마찰적 실업
노동자들이 자신의 기호와 기술에 가장 적합한 일자리를 찾는 데 시간이 필요하기 때문에 발생하는 실업

다음의 세 가지 주장은 공통 주제를 갖고 있다. 즉, 일부 노동시장에서 이용할 수 있는 일자리의 수가 일자리를 찾고 있는 사람의 수보다 적을 때 실업이 발생한다는 것이다. 이상적인 노동시장에서는 임금이 공급과 수요를 균형시키기 때문에 실업이 결코 발생하지 않는다. 하지만 이따금 임금은 균형수준 위에 고착되고, 이로 인해 노동의 공급량이 수요량을 초과하게 된다. 이런 종류의 실업을 구조적 실업(structural unemployment)이라고 하는데, 이는 장기적인 실업을 설명하는 데 적합하다고 보통 생각된다.

구조적 실업
어떤 노동시장에서 이용할 수 있는 일자리의 수가 일자리를 원하는 모든 사람에게 제공하기에는 불충분하기 때문에 발생하는 실업

임금이 균형보다 높게 설정되는 세 가지 이유, 즉 최저임금법, 노동조합, 효율성 임금에 대해 논의할 것이다. 균형수준보다 높은 임금은 최저임금법의 경우 정부에 의해, 노동조합의 경우 노동자에 의해, 효율성 임금의 경우 기업에 의해 설정된다.

FYI 일자리 수

미국 노동통계국이 매달 초에 실업률을 발표할 때, 이전 달에 경제가 창출했거나 상실한 일자리의 수도 알려준다. 단기적 경제 추세의 지표로서 일자리 수는 실업률만큼 많은 관심을 끌고 있다.

일자리 수는 어디서 구할 수 있는가? 여러분은 실업률을 산출하는 데 사용된 60,000개 가계에 대한 설문조사에서 구할 것이라고 생각할 수 있다. 그리고 실제로 그 설문조사를 통해 총고용에 관한 데이터를 생성한다. 하지만 가장 주목받는 일자리 수는 급료 지급 명부에 4,000만 명 이상의 노동자가 있는 160,000개 기업체에 대한 별개의 설문조사를 통해 얻는다. 기업체 설문조사를 통해 얻은 결과는 가계 설문조사를 통해 얻은 결과와 동시에 발표된다.

두 설문조사가 총고용에 관한 정보를 제공하지만 결과가 반드시 동일하지는 않다. 그 이유 하나는 기업체 설문조사는 표본이 더 크기 때문에 결과를 더 신뢰할 수 있다는 것이다. 또 다른 이유는 두 설문조사가 정확하게 동일한 것을 측정하지 않는다는 것이다. 예를 들어 상이한 기업체에서 두 개의 파트타임 일자리를 갖고 있는 사람은 가계 설문조사에서 한 명의 취업자로 계산된다. 또 다른 예로 소규모 자영업을 영위하는 사람은 가계 설문조사에서 취업자로 계산되지만, 기업체 설문조사에서는 기업체의 급료 지급 명부에 있는 취업자만을 계산하기 때문에 취업자로 계산되지 않는다.

기업체 설문조사는 일자리에 관한 데이터로 주목받지만, 실업에 관해서는 아무것도 알려주지 않는다. 실업자의 수를 측정하기 위해서는 일자리가 없는 사람 중 얼마나 많은 사람이 일자리를 찾고 있는지 알아야만 한다. 가계 설문조사가 이런 정보를 제공하는 유일한 출처이다. ■

Quiz

1. 어떤 국가의 인구가 100명이다. 그중 40명은 정규직 풀타임으로 근무하고, 20명은 기간직 하프타임으로 근무하지만 풀타임으로 근무하길 선호한다. 10명은 일자리를 구하고 있으며, 10명은 일하고자 하지만 매우 낙담해서 일자리 구하는 것을 포기했다. 10명은 학업에만 전념하는 학생이기 때문에 일하는 것에 관심이 없으며, 10명은 은퇴한 사람들이다. 실업자는 몇 명인가?
   a. 10명
   b. 20명
   c. 30명
   d. 40명

2. 위의 내용에 기반할 경우 이 국가의 경제활동인구는 몇 명인가?
   a. 50명
   b. 60명
   c. 70명
   d. 80명

해답은 이 장의 끝부분에 있다.

13-2 구직

구직
노동자들이 자신의 기호와 기술에 적합한 일자리를 찾는 과정

경제에 실업이 존재하는 한 가지 이유는 구직(job search) 때문인데, 이는 노동자가 적절한 일자리를 구하는 과정을 말한다. 모든 노동자와 모든 일자리가 동일하다면, 이를 부합시키는 일은 신속하게 이루어지고 용이하다. 하지만 노동자들은 기호와 기술 면에서 다르고, 일자리는 특성 면에서 상이하며, 일자리 지원자와 일자리 공백에 관한 정보는 경제의 많은 기업과 가계 사이에 서서히 확산되어 퍼져 간다. 이런 과정이 진행됨에

따라 일부 사람들은 실업상태로 시간을 보내게 된다.

13-2a 마찰적 실업이 불가피한 이유는 무엇인가

노동시장은 끊임없이 변동하는 상태에 있다. 기업은 부침을 겪기 때문에 이에 따라 노동에 대한 수요도 변동하고 이로 인해 마찰적 실업이 발생한다. 예를 들어 소비자들이 포드 자동차보다 테슬라 자동차를 선호하게 되면, 테슬라 사는 고용을 증대시키고 포드 사는 노동자를 해고하게 된다. 전직 포드 노동자들은 이제 새로운 일자리를 찾아야 하고, 테슬라 사는 빈 일자리를 채우기 위해 어떤 노동자를 고용할지 결정해야만 한다. 이런 전환기가 도래하게 되면 일부 근로자들은 실업을 경험하게 된다.

이와 유사하게, 고용이 일국의 한 지역에서는 증가하는 반면에 다른 지역에서는 감소할 수 있다. 유가가 세계 시장에서 하락할 경우 어떤 일이 발생하는지 생각해보자. 미국 텍사스주와 노스다코타주에 소재하는 석유 생산기업은 생산과 고용을 줄여 인하된 가격에 대응한다. 한편 휘발유 가격이 저렴해짐에 따라 자동차 판매가 촉진되어 미시간주와 오하이오주에 소재하는 자동차 생산기업은 생산과 고용을 확대하게 된다. 유가가 상승할 경우 정반대 현상이 발생한다. 산업 간 또는 지역 간 수요 구성의 변화를 **부문 간 이동**이라고 한다. 노동자들이 새로운 부문에서 일자리를 구하는 데는 시간이 걸리기 때문에 부문 간 이동으로 인해 실업이 발생한다.

또한 국제무역 패턴이 변화함에 따라 마찰적 실업이 발생할 수 있다. 제3장에서 설명했던 것처럼, 국가는 자국이 비교우위를 갖는 물품을 수출하고, 다른 국가들이 비교우위를 갖는 물품을 수입한다. 하지만 비교우위가 시간이 흐르는데도 변하지 않고 안정적일 필요는 없다. 세계 경제가 발전함에 따라 국가들은 과거와는 다른 물품을 수입하고 수출하게 된다. 노동자들은 산업 간에 이동하게 된다. 이런 전환이 이루어짐에 따라 노동자들은 한동안 실업에 처할 수 있다.

경제는 언제나 변화하기 때문에 마찰적 실업의 발생은 불가피하다. 예를 들어 2010~2020년의 미국 경제에서 고용은 신문과 서적 출판 부문에서 235,000명이 감소했고, 호텔 산업 부문에서 238,000명이 감소했으며, 주정부 및 지방정부 부문에서 534,000명이 감소했다. 동일한 기간 동안 고용은 제조업 부문에서 650,000명이 증가했고, 건설 부문에서 1,800,000명이 증가했으며, 보건의료 부문에서 3,000,000명이 증가했다. 이런 고용된 노동력의 변화는 제대로 기능하며 동태적인 경제에서 발생하는 정상적인 현상이다. 노동자들은 자신의 가치가 가장 높아지는 산업으로 이동하는 경향이 있기 때문에, 전반적인 경제에서 보면 장기적으로 더 높은 생산성과 생활수준이 달성된다. 하지만 이런 과정을 거치면서 사양산업에 종사하는 노동자들은 실업을 경험하고 새로운 일자리를 찾게 된다. 이에 수반되는 결과가 마찰적 실업이다.

13-2b 공공정책과 구직

마찰적 실업이 불가피하기는 하지만 정확한 규모를 알 수 없다. 일자리와 노동자 가용성에 대한 정보가 더 빠르게 확산될수록, 노동자와 기업을 더 신속하게 일치시킬 수 있다. 예를 들면 인터넷은 구직을 용이하게 하고 마찰적 실업을 낮추는 데 도움을 줄 수 있다. 이 밖에 공공정책을 통해 실직상태의 노동자들이 새로운 일자리를 구하는 데 걸리는 시간을 줄일 수 있으며 그로 인해 자연 실업률을 낮출 수 있다.

정부 프로그램을 통해 다양한 방법으로 구직을 쉽게 하도록 도와주려 한다. 그중 하나는 정부가 운영하는 직업 소개소인데, 이는 노동자들이 사양산업에서 성장산업으로의 전환을 용이하게 해주고 취약계층이 빈곤에서 벗어나도록 도와주고자 한다. 이들 프로그램을 옹호하는 사람들은, 이를 통해 노동자들을 보다 완전하게 고용함으로써 경제가 보다 효율적으로 운영되도록 하며 항상 변화하는 시장경제에 내재된 불평등을 낮출 수 있다고 믿는다.

이들 프로그램을 비판하는 사람들은, 정부가 구직과정에서 역할을 담당하는 것에 의문을 제기한다. 이들의 주장에 따르면 민간시장에서 노동자와 일자리가 일치되도록 하는 것이 더 낫고, 정부는 적합한 노동자에게 적합한 정보를 전파하고 어떤 종류의 노동자 훈련이 가장 가치 있는지를 잘 결정하지 못하며 아마도 더 못할 것이라고 한다. 사실 미국 경제에서 대부분의 구직은 정부의 개입 없이 이루어진다. 신문 광고, 온라인 취업 사이트, 대학 진로 사무소, 인재 스카우트 회사, 입소문 모두가 채용 공고와 취업 희망자에 관한 정보를 전파하는 데 도움이 된다. 이와 유사하게 많은 노동자 교육이 학교나 현장교육을 통해 민간부문에서 이루어진다.

13-2c 실업보험

실업보험
실직상태에 있는 노동자들의 소득을 부분적으로 유지하기 위한 정부 프로그램

의도하지는 않았지만 마찰적 실업의 규모를 증대시킨 정부 프로그램 하나는 실업보험(unemployment insurance)이다. 이 프로그램은 일자리를 잃은 경우 노동자들에게 임금의 일부를 보상해준다. 스스로 일자리를 그만두었거나, 정당한 이유로 해고되었거나, 경제활동인구에 지금 막 편입된 실업자들은 자격이 주어지지 않는다. 이전의 고용주가 해당 노동자의 기술이 더 이상 필요하지 않아서 해고된 실업자들에게만 실업급여가 지급된다. 이 프로그램의 조건은 시간이 흐름에 따라 그리고 주에 따라 다르지만, 미국에서 실업보험의 혜택을 받는 일반적인 노동자들은 이전 임금의 50%를 26주 동안 지급받게 된다. 이 실업보험은 종종 전국적인 경기 침체기에 증가하며, 이런 현상은 2020~2021년의 코로나 바이러스 감염증 대유행 기간 동안에 특히 그러했다.

실업보험은 실업에 따른 어려움을 완화시켜 주는 반면에, 실업의 규모를 증대시킨

다. 이 설명은 제1장에서 살펴본 **경제학의 열 가지 원리** 중 하나인 '사람들은 유인에 반응한다'는 사실에 기초한다. 노동자가 새로운 일자리를 얻게 될 때 실업급여가 중단되기 때문에, 실업자는 일자리를 구하는 데 더 적은 노력을 기울일 수 있고 매력적이지 않은 일자리 제안을 거절할 가능성이 높아진다. 이 밖에 실업보험은 실업을 덜 부담스럽게 만들기 때문에, 노동자들은 고용주와 고용조건을 두고 협상할 때 일자리 안정성 보장을 추구할 가능성이 낮아진다.

노동경제학자들은 많은 연구를 통해 실업보험이 미치는 유인효과를 분석했다. 그중 한 연구에서 1985년에 미국 일리노이주가 시행한 실험을 분석했다. 주정부는 실업상태인 노동자들이 실업보험 급여를 받기 위해 신청할 때 이들 중 일부를 무작위로 뽑아서 11주 내에 새로운 일자리를 구할 경우 각각에게 장려금 500달러를 지불하겠다고 제안했다. 그러고 나서 이 집단을 장려금을 지급하겠다는 제안을 받지 않은 대조집단과 비교했다. 장려금 지급을 제안받은 집단의 평균 실업기간은 대조집단의 평균 실업기간보다 7% 짧았다. 이 실험을 통해 실업보험 제도의 설계 내용이 실업자들이 구직하는 데 쏟는 노력에 영향을 미친다는 사실을 알 수 있다.

몇 개의 다른 연구에서는 시간의 흐름을 따라 노동자 집단을 추적해서 이들의 구직 노력을 분석했다. 실업보험 급여는 영원히 지속되는 것이 아니라 보통 6개월 또는 1년 후에 종료된다. 이들 연구에 따르면, 실업자들이 실업급여 수급 자격을 상실하게 될 경우 일자리를 구할 확률이 눈에 띄게 높아진다고 한다. 즉 실업보험 급여를 받을 경우 실업자의 구직 노력이 감소된다는 것이다.

실업보험이 구직 노력을 줄이고 실업을 증가시키는 것으로 나타나기는 했지만, 반드시 이 정책이 바람직하지 않다고 결론을 내려서는 안 된다. 이 프로그램은 노동자들이 당면하는 소득 불확실성을 줄이려는 주요 목표를 달성하고 있다. 이 밖에 노동자들이 매력적이지 않은 일자리 제안을 거절할 때, 이들은 자신의 기호와 기술에 더 적합한 일자리를 찾을 수 있다. 일부 경제학자들은 실업보험이 각 노동자를 가장 적합한 일자리와 일치시키려는 경제의 능력을 향상시킨다고 주장한다.

Quiz

3. 실업보험의 주요 정책 목표는 ______________________.
   a. 실업자들의 구직 노력을 줄이는 것이다.
   b. 노동자들이 당면하는 소득 불확실성을 줄이는 것이다.
   c. 임금 설정 시 노동조합의 역할을 줄이는 것이다.
   d. 마찰적 실업의 규모를 줄이는 것이다.

4. 실업보험이 의도하지 않은 한 가지 결과는 실업보험이 ______ ________________.
   a. 실업자들의 구직 노력을 줄이는 것이다.
   b. 노동자들이 당면하는 소득 불확실성을 줄이는 것이다.
   c. 임금 설정 시 노동조합의 역할을 줄이는 것이다.
   d. 마찰적 실업의 규모를 줄이는 것이다.

해답은 이 장의 끝부분에 있다.

13-3 최저임금법

마찰적 실업은 구직과정에서 발생하는 반면에, 구조적 실업은 일자리의 수가 노동자의 수에 비해 부족할 때 발생한다.

구조적 실업을 이해하기 위해서 최저임금법으로 인해 실업이 어떻게 발생하는지 다시 생각해보는 데서부터 시작해보자. 최저임금법이 미국 경제에서 실업이 발생하는 주요 원인은 아니지만, 이에 관한 분석은 구조적 실업이 발생하는 여타 원인들을 이해하는 데 사용될 수 있어 좋은 출발점이 된다.

그림 4는 최저임금이 경쟁적인 노동시장에서 이루어진 결과에 어떤 영향을 미치는지 개략적으로 보여준다. 최저임금법이 구속력이 있을 때, 이로 인해 임금은 공급과 수요를 균형시키는 수준보다 높게 형성된다. 그렇지 않았다면 이루어졌을 균형과 비교해볼 때, 공급량은 더 많고 수요량은 더 적다. 노동 과잉 현상이 발생한다. 일하고자 하는 노동자가 일자리보다 더 많기 때문에 일부 노동자는 실업상태에 있게 된다.

미국 경제에서 최저임금법은 경제활동인구의 작은 비율에만 영향을 미친다. 대부분의 노동자들은 법적인 최저임금보다 훨씬 더 높은 임금을 받고 있어서, 최저임금법으로 인해 임금이 공급과 수요를 균형시키기 위해 조정되는 것이 방해받지는 않는다. 최저임금법은 예를 들면 십대들처럼 기술과 경험 수준이 낮은 사람들에게 가장 문제가 된다. 이들의 균형임금은 법적인 최저임금보다 아래로 하락할 가능성이 높기 때문에, 최저임금법이 실업의 발생원인을 설명하는 데 도움을 주는 경우는 주로 이 노동자들이다.

그림 4

균형수준보다 높게 설정된 임금으로 인해 발생하는 실업

이 노동시장에서 공급과 수요는 임금이 W_E에서 균형을 이룬다. 이 균형임금에서 노동의 공급량과 수요량은 둘 다 L_E가 된다. 하지만 최저임금법으로 인해 임금이 균형수준보다 높게 설정될 경우, 노동의 공급량은 L_S로 증가하고 수요량은 L_D로 감소한다. 이에 따른 노동 과잉 L_S-L_D가 실업을 나타낸다.

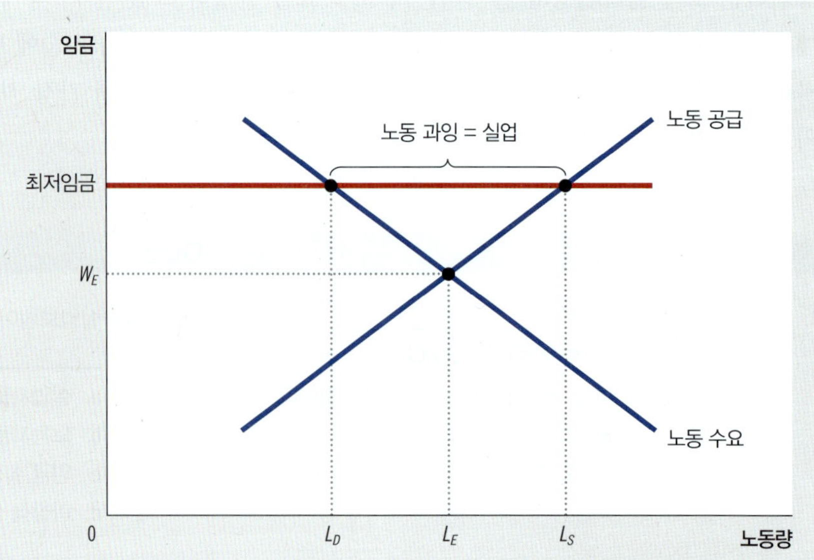

그림 4는 다음과 같은 보다 일반적인 교훈을 알려준다. **임금이 어떤 이유로 균형수준보다 높게 설정될 경우 그 결과로 실업이 발생한다.** 이 장의 나머지 두 개 절에서는 최저임금법 이외에 임금이 균형수준 이상으로 설정되는 두 가지 이유, 즉 노동조합과 효율성임금에 관해 살펴볼 것이다. 이들 경우에 적용되는 기본적인 경제 논리는 그림 4의 논리와 유사하지만 구조적 실업에 관해 설명하는 이런 주장은 더 많은 노동자에게 적용된다.

하지만 계속 진행하기 전에 구조적 실업과 마찰적 실업의 주요한 차이에 주목하자. 구조적 실업은 균형수준보다 높게 설정된 임금으로 인해 발생하는 반면에, 마찰적 실업은 구직과정에서 발생한다. 일자리를 탐색하는 구직의 필요성은 임금이 노동 공급과 노동 수요를 균형시키지 못하기 때문에 발생하는 것이 아니라, 매우 다양한 노동자와 일자리에서 비롯되는 것이다. 마찰적 실업의 경우, 노동자들은 자신들의 기호와 기술에 가장 적합한 일자리를 찾으려 **탐색한다.** 반면에 구조적 실업의 경우, 노동 공급량이 노동 수요량을 초과해 노동자들은 공고될 일자리를 **기다린다.**

사례 연구

누가 연방 최저임금을 받는가?

2021년에 미국 노동성은 연방 최저임금이 시간당 7.25달러였던 2020년에 어떤 노동자들이 최저임금이나 이보다 낮은 임금을 받았는지 보여주는 연구 결과를 발표했다.(최저임금에 미달하는 것으로 보고된 임금은 일부 노동자들이 해당 법령의 적용에서 면제되거나, 법적 시행이 불완전하거나, 조사 시 자신이 임금을 보고할 때 우수리를 버렸기 때문에 가능했다)

- 2020년에 (봉급을 받거나 자영업이 아닌) 시간당 임금을 받은 사람은 7,300만 명이다. 시간당 임금을 받는 노동자의 약 1.5%가 연방 최저임금이나 그보다 낮은 임금을 받았다고 보고했다. 전체적으로 보면, 연방 최저임금이 직접적으로 영향을 미친 노동자는 전체 노동자의 약 0.8%이다.
- 최저임금을 받는 노동자들은 젊은 경향이 있다. 시급을 받는 10대(16~19세)의 약 5%가 최저임금이나 그 미만을 받는데, 이는 시급을 받는 25세 이상 노동자의 1%와 비교된다.
- 최저임금을 받는 노동자들은 교육수준이 낮은 경향이 있다. 시급을 받는 16세 이상 노동자 중에서 학사 학위가 없는 노동자의 약 2%가 최저임금이나 그 미만을 받는데, 이는 학사 학위가 있는 노동자의 약 1%와 비교된다.
- 최저임금을 받는 노동자들은 기간제 파트타임으로 일할 가능성이 높다. 파트타임 노동자(주당 보통 35시간 미만 일하는 노동자들)의 4%가 최저임금이나 그 미만을 받는데, 이는 정규 풀타임 노동자의 1%와 비교된다.

- 시급으로 최저임금이나 그 미만을 받는다고 보고한 노동자의 비율이 가장 높은 산업은 레저 및 서비스였다(8%). 최저임금이나 그 미만을 받는 전체 노동자의 약 5분의 3이 이 산업, 주로 레스토랑과 기타 식음료 서비스업에 종사했다. 이들 노동자의 다수가 팁으로 시간당 임금을 보충한다.
- 연방 최저임금이나 그 미만을 받는 시급 노동자들의 백분율은 시간이 흐르면서 상당히 변화했다. 이 백분율은 정기적으로 데이터를 처음 수집하기 시작한 1979년 13.4%에서 2020년 1.5%로 하락했다. 이런 변화가 생긴 이유 하나는 연방 최저임금이 인플레이션을 따라잡지 못했기 때문이다. 만일 그랬다면, 2020년 최저임금은 시간당 7.25달러가 아니라 약 10달러가 되었을 것이다. 더 높았다면 최저임금은 더 많은 노동자에게 구속력 있는 가격 하한이 되었을 것이다.

마지막으로, 미국 주의 절반가량이 연방 최저임금보다 높은 최저임금을 설정했으며 상당히 높게 설정한 주도 있다. 이런 주에 거주하는 노동자들은 주에서 설정한 최저임금이 더 관련된다. ●

Quiz

5. 경쟁적인 노동시장에서 최저임금이 인상되면, 노동 공급량이 ______________ 노동 수요량이 ______________.
   a. 증가하고; 증가한다.
   b. 증가하고; 감소한다.
   c. 감소하고; 증가한다.
   d. 감소하고; 감소한다.

6. 미국 노동자의 약 몇 %가 연방 최저임금의 영향을 직접적으로 받는가?
   a. 1%
   b. 6%
   c. 12%
   d. 25%

해답은 이 장의 끝부분에 있다.

13-4 노동조합과 단체교섭

노동조합
고용주와 임금, 수당, 근무조건에 관해 협상하는 노동자 단체

노동조합(union)은 고용주와 임금, 수당, 근무조건에 관해 협상하는 노동자 단체이다. 미국에서 노조 가입률이 최고조에 달했던 1940년대와 1950년대에, 미국 노동자의 약 33%가 노동조합에 가입했다. 오늘날에 미국 노동자의 11% 미만이 노동조합에 속해 있다. 하지만 많은 유럽 국가에서 노동조합은 큰 역할을 한다. 벨기에, 노르웨이, 스웨덴에서는 노동자의 50% 이상이 노동조합에 소속되어 있다. 프랑스, 이탈리아, 독일에서는 노동자의 일부만이 노조원이기는 하지만 대부분의 노동자가 법에 의한 단체교섭을 통해 정해진 임금을 받는다. 이런 경우 임금은 경쟁적인 노동시장에서 공급과 수요의 균형에 의해 결정되지 않는다.

13-4a 노동조합의 경제적 의미

'카르텔'이란 단어는 보통 힘을 합해 경쟁을 제한하려는 기업들의 연합을 말하지만, 여러 가지 면에서 노동조합에도 적용될 수 있다. 여느 카르텔처럼, 노동조합도 공동의 시장 지배력을 행사한다는 목표를 가지고 함께 행동하는 매도인 집단이다. 미국 경제에서 대부분의 노동자는 임금, 수당, 근무조건 같은 문제에 대해 개인으로 고용주와 교섭한다. 반면에 노조원은 공동으로 교섭하며 결과에 더 큰 영향을 미친다. 노동조합과 기업이 고용조건에 관해 합의하는 과정을 단체교섭(collective bargaining)이라고 한다.

단체교섭
노조와 기업이 고용조건에 관해 협상하는 과정

노동조합이 기업과 협상할 때, 노조는 해당 조합이 없을 때 기업에 제안했을 것보다 더 높은 임금, 더 나은 수당, 더 좋은 근무조건을 요구한다. 노조와 기업이 합의에 도달하지 못할 경우, 노조는 기업으로부터의 인력 철수, 즉 파업(strike)을 조직화해 추진할 수 있다. 파업이 진행될 경우 생산, 판매, 이윤이 감소하기 때문에, 파업 위협에 직면한 기업은 그렇지 않은 경우보다 더 높은 임금을 지급하는 데 합의할 가능성이 높다. 노동조합이 미치는 영향에 관해 연구하는 경제학자들은 일반적으로 노조에 가입한 노동자들이 가입하지 않은 유사한 노동자들보다 10~20% 더 많은 봉급을 받는다는 사실을 발견하곤 한다.

파업
노동조합이 조직화하여 추진하는 기업으로부터의 인력 철수

노동조합의 개입으로 인해 임금이 인상되어 균형수준을 상회하는 경우, 노동 공급량은 증가하고 노동 수요량은 감소해 결과적으로 실업이 발생한다. 더 높은 임금수준으로 고용된 노동자들의 형편은 나아진다. 그렇지 않았다면 고용이 됐겠지만 지금은 실업상태에 있는 노동자들의 형편은 나빠진다. 이런 이유로 종종 노동조합은 상이한 노동자 집단, 즉 노조의 개입으로 인해 높은 임금을 받아 이득을 보는 **내부 노동자**와 노조의 개입으로 인해 일자리를 얻지 못한 **외부 노동자** 사이에 갈등을 일으키는 것으로 간주된다.

외부 노동자들은 다음과 같이 두 가지 방법 중 하나로 자신의 상황에 대응할 수 있다. 하나는 실업상태에 있으면서 내부 노동자가 되어 노조가 개입해 설정된 높은 임금을 받을 기회를 기다리는 것이다. 다른 하나는 노조가 결성되지 않은 기업에서 일자리를 구하는 것이다. 따라서 노조 개입으로 인해 경제의 한 부분에서 임금이 상승할 경우, 경제의 다른 부분에서 노동 공급이 증가한다. 이런 노동 공급 증가로 인해 이번에는 노조가 결성되지 않은 산업의 임금이 하락한다. 다시 말해, 노조에 가입한 노동자들은 단체교섭으로 인한 이득을 얻는 반면에 노조에 가입하지 않은 노동자들은 비용의 일부를 부담하게 된다.

경제에서 노동조합이 하는 역할은 어떤 면에서 노동조합 조직과 단체교섭에 적용되는 법률에 달려 있다. 보통 카르텔 구성원들 간의 명시적 합의는 불법이다. 유사한 물품을 판매하는 여러 기업이 높은 가격을 설정하기로 합의할 경우, 정부는 해당 합의를

'거래를 제한하는 음모'로 간주해 독점금지법 위반혐의로 해당 기업을 기소한다. 하지만 노동조합은 이러한 법률의 적용을 받지 않는다. 독점금지법과 노동법을 마련한 정책 입안자들은 노동자들이 고용주와 교섭할 때 더 큰 시장 지배력이 필요하다고 믿었다. 실제로 다양한 법률이 제정되어 노동조합의 결성을 장려하고 있다. (1935년에 제정되어 훗날 개정이 이루어진) 미국의 전국 노동관계법은 고용주들이 어떤 방식으로든 노조를 조직하려는 노동자들에게 개입하지 못하도록 하고 있으며, 노조가 결성된 회사에서는 고용주와 노조가 고용조건에 관해 협상할 때 선의로 교섭할 것을 요구한다.

노동조합의 시장 지배력에 영향을 미치는 법률 제정은 영원한 정치 논쟁 주제가 되고 있다. 예를 들어 미국 주의회 의원들은 이따금 노동조합과 고용주가 노동자들에게 노조를 재정적으로 지원하도록 요구하지 못하게 하는 **근로권법**에 관해 논의한다. 이런 법률이 없다면, 노동조합은 단체교섭을 하면서 모든 피고용인들에게 (조합원의 경우) 조합비 또는 (비조합원의 경우) 대리인 수수료를 고용조건으로 납부하도록 요구하는 협정안을 체결하려 할 수 있다. 2021년 현재 미국 주의 약 절반가량이 근로권법을 입법화했으며, 일부 연방의회 의원들은 전국적인 근로권법을 제안하고 있다. 워싱턴의 의원들은 또한 파업을 보다 용이하게 하거나 특정 상황에서 이를 금지하는 법률을 고려하고 있다. 예를 들어 어떤 제안은 파업 중인 근로자들을 대신할 (일시적인 대체 인력에 반대되는 개념으로) 영구적인 대체 인력 고용을 기업이 하지 못하게 하려 한다. 이런 법률이 입법화될 경우 파업 중인 노동자들은 영구적인 대체 인력으로 인해 일자리를 잃을 위험에 더 이상 직면하지 않게 되어 파업을 더욱 실행할 수 있으며, 이로 인해 노동조합의 시장 지배력이 증대된다. 다른 제안은 항공산업과 철도산업의 경우 노조와 고용주에게 단체교섭이 끝나고 남은 의견 차이는 중재를 통해 해결하도록 요구해 파업을 금지시키려 한다. 이런 정책 논의가 어떻게 해결되느냐는 노동조합 운동의 장래를 결정하는 데 도움이 될 것이다.

"여러분, 경영진은 이윤 극대화를 원하고 노조는 더 많은 금전적 보상을 원한다는 사실을 제외하고는 최종 합의에 도달하는 데 어떤 장애요인도 없습니다."

13-4b 노동조합은 경제에 바람직한가, 바람직하지 않은가?

경제학자들은 노동조합이 전체적으로 볼 때 경제에 바람직한 영향을 미치는지, 바람직하지 않은 영향을 미치는지 여부에 관해 의견의 일치를 보지 못하고 있다. 토론에 임하는 양측의 견해를 생각해보자.

노조에 대해 비판적인 입장을 취하는 사람들은 노동조합이 모든 카르텔이 갖고 있는 단점을 갖고 있다고 주장한다. 노동조합이 경쟁적인 시장에서 유지되는 수준을 상회하도록 임금을 상승시킬 경우, 노동 수요량은 감소하고 이로 인해 일부 노동자들이 실업 상태에 빠지게 되며 경제의 여타 분야에서 임금이 하락하게 된다. 이에 따른 결과로 이루어지는 노동의 배분은 비효율적이며 불공평하다고, 노조를 비판하는 사람들은 말한다. 노조가 개입해 임금이 높게 설정되면 노조가 결성된 기업의 고용수준은 효율적이며 경쟁적인 수준 아래로 감소하기 때문에 비효율적이다. 일부 노동자들은 다른 노동자들의 희생하에 이득을 얻게 되므로 불공평하다.

노조를 옹호하는 입장을 취하는 사람들은 노동조합이 노동자들을 고용하는 기업의 시장 지배력에 대항하기 위해 필요한 수단이라고 주장한다. 기업이 갖는 이런 시장 지배력의 극단적인 경우로 '기업도시'를 들 수 있는데, 이 도시에서는 단일 기업이 특정 지역에서 이루어지는 대부분의 고용을 담당한다. 기업도시에서 노동자들은 해당 기업이 제시하는 임금과 근로조건을 수락하지 않을 경우 해당 도시를 떠나거나 취업을 하지 않고 그에 따른 결과를 감내하는 것 외에는 선택의 여지가 거의 없다. 따라서 노조가 없다면, 해당 기업은 시장 지배력을 이용해 동일한 노동자를 놓고 다른 기업과 경쟁하는 경우보다 더 낮은 임금을 지급하고 더 나쁜 근무조건을 제시할 수 있다. 이런 경우, 노동조합은 기업의 시장 지배력을 견제하고 기업 소유주가 마음대로 하는 것으로부터 노동자들을 보호하기 위해 필요할 수 있다.

노조를 옹호하는 사람들은 또한 노동조합이 노동자들의 관심사에 대해 효율적으로 대처할 수 있도록 도와준다고 주장한다. 노동자들이 취업할 때, 노동자들과 기업은 임금 이외에 일자리가 갖는 많은 특성, 즉 근무시간, 초과 근무, 휴가, 병가, 의료 혜택, 승진 스케줄, 고용 안정 등에 관해 합의해야만 한다. 노동조합은 이런 문제들에 관한 노동자들의 의견을 주장함으로써 기업이 이런 일자리 특성을 올바르게 제시하도록 도와줄 수 있다. 노동조합은 임금을 균형수준 이상으로 올려 실업을 발생시키는 부작용을 낳기도 하지만, 기업이 만족해하는 생산적인 노동력을 보유하도록 보장해주는 이점이 있다.

결론적으로 보면, 노동조합이 경제에 미치는 전반적인 영향에 대해 일치된 의견은 없다. 많은 제도처럼, 노동조합이 미치는 영향은 아마도 어떤 상황에서는 바람직하고 다른 상황에서는 바람직하지 않을 것이다.

Quiz

7. 미국에서 노조에 가입한 노동자들은 가입하지 않은 유사한 노동자들보다 약 ________ 더 많은 봉급을 받는다.
   a. 2%
   b. 5%
   c. 15%
   d. 40%

8. 많은 유럽 국가들에서 노동조합은 ______________.
   a. 독점금지법을 위반하는 카르텔이라고 본다.
   b. 임금을 경쟁수준 아래로 유지하기 위해 기업들과 담합한다.
   c. 경제적 영향력이 없는 사교클럽이다.
   d. 미국에서 훨씬 더 큰 역할을 한다.

해답은 이 장의 끝부분에 있다.

FYI 구조적 실업의 원인으로서의 노동력 불일치

실업은 이따금 일자리를 구하는 노동력의 종류와 기업이 고용하려는 노동력의 종류의 불일치로 발생한다고 본다. 가용할 수 있는 노동자가 트럭 운전자 교육을 받았는데 기업이 컴퓨터 기술자를 고용하려는 경우, 이 둘은 불일치한다. 가용할 수 있는 노동자가 고등학교 졸업 전에 교육을 중단했는데 기업이 박사학위를 소지한 노동자를 원하는 경우 역시 불일치한다. 가용할 수 있는 노동자가 텍사스주에 사는데 기업이 플로리다주에서 고용하고자 한다면, 이 역시 불일치한다.

공급과 수요에 의해 결정되는 이상적인 노동시장에서는 임금이 이런 불일치에 대해 조정된다. 트럭 운전자, 고등학교 중퇴자, 텍사스 주민의 임금은 하락하고 컴퓨터 기술자, 대학 졸업자, 플로리다주민의 임금은 상승한다.

실제 세계에서는 임금이 공급과 수요에 대해 신속하고 완전하게 반드시 조정되지는 않는다. 따라서 불일치가 발생할 때 일부 노동시장에서는 노동 공급량이 노동 수요량을 초과할 수 있다. 위에서 트럭 운전자, 고등학교 중퇴자, 텍사스 주민에서 잉여가 발생할 수 있다. 이것은 일종의 구조적 실업이다. 공급이나 수요가 변화하고 다양한 이유로 일부 임금이 균형수준보다 높게 고착될 경우 구조적 실업이 발생한다. ■

13-5 효율성 임금 이론

효율성 임금
노동자 생산성을 증대시키기 위해 기업이 지불하는 균형보다 높은 임금

구직, 최저임금법, 노동조합 이외에 효율성 임금(efficiency wage) 이론은 경제에서 실업이 발생하는 네 번째 이유를 제시한다. 이 이론에 따르면, 임금이 균형수준보다 높을 경우 기업이 보다 효율적으로 운영된다. 따라서 노동 잉여가 존재함에도 기업이 임금을 높게 유지할 경우 이윤이 발생할 수 있다.

어떤 면에서 효율성 임금으로 인해 발생하는 실업은 최저임금법과 노동조합으로 인해 발생하는 실업과 유사하다. 세 경우 모두에서 실업은 공급과 수요를 균형시키는 수준보다 높게 임금을 설정해 발생한 결과이다. 하지만 중요한 차이가 있다. 최저임금법과 노동조합은 노동자 과잉이 존재하더라도 기업이 임금을 낮추지 못하게 한다. 효율성 임금 이론에 따르면 어떤 경우에 기업이 균형수준보다 높게 임금을 유지하려 하기 때문에 기업에 대한 이런 제약이 필요하지 않다.

기업이 높은 임금을 선호하는 이유가 무엇일까? 보통 이윤을 극대화하는 기업은 비용, 그리고 그에 따라 임금을 가능한 한 낮게 유지하려고 한다. 효율성 임금 이론이란 기발한 통찰력에 따르면, 임금을 인상할 경우 노동자들의 효율성을 증대시켜 기업이 더 많은 이윤을 얻을 수 있다.

몇 가지 유형의 효율성 임금 이론이 있다. 각 유형은 임금이 노동자 효율성에 어떤 영향을 미치는지에 대해 상이한 메커니즘을 제시한다.

13-5a 노동자 건강

첫째, 가장 단순한 유형의 효율성 임금 이론은 임금과 노동자 건강의 연결관계를 강조한다. 더 높은 급료를 받는 노동자들은 보다 영양가 있는 식사를 섭취하고, 이런 노동자들은 더 건강하고 더 생산적이 된다. 기업은 노동자들이 건강하고 생산적이 되도록 하기 위해 높은 임금을 지불하는 것이 이득이 된다.

이런 형태의 효율성 임금 이론은 영양부족이 문제가 되는 저개발 국가에서 균형수준을 상회하는 임금과 실업을 설명하는 데 적절하다. 이들 국가에서 기업은 임금을 삭감할 경우 노동자의 건강과 생산성에 악영향을 끼칠 수 있다고 우려한다. 노동자 건강에 대한 우려는 미국과 같은 부유한 국가의 기업과 덜 관련되며, 이들 국가에서 대부분의 노동자에 대한 균형임금은 적절한 식사를 섭취하는 데 필요한 수준보다 훨씬 더 높게 결정된다.

13-5b 노동자 이직

둘째 유형의 효율성 임금 이론은 임금과 노동자 이직의 연결관계를 강조한다. 노동자들은 가령 다른 기업에서 일자리를 구하거나 해당 국가의 다른 지역으로 이주하거나 경제활동인구에서 이탈하는 등 여러 가지 이유로 직장을 그만둔다. 노동자들이 이직하는 빈도는 직장을 그만두는 데 따른 이득과 계속 근무하는 데 따른 이득을 포함해 직면하는 일련의 모든 유인에 달려 있다. 기업이 노동자들에게 급료를 더 많이 지급할수록, 이들이 해당 기업을 떠날 빈도는 더 줄어든다. 기업은 더 높은 임금을 지급함으로써 이직을 낮출 수 있다.

기업은 신규 노동자들을 고용해 훈련시키는 데 비용이 들기 때문에 노동자들의 이직을 우려한다. 게다가 신규 노동자들은 훈련을 받은 후에도 경험이 풍부한 노동자들만큼 생산적이지 못하다. 따라서 이직이 증가하면 생산비가 증가하는 경향이 있다. 기업은 노동자의 이직을 줄이기 위해 균형수준보다 높은 임금을 지급하는 것이 이득이 된다는 사실을 알게 된다.

13-5c 노동자 자질

셋째 유형의 효율성 임금 이론은 임금과 노동자 자질의 연결관계를 강조한다. 모든 기업은 훈련받은 노동자를 원한다. 하지만 기업은 취업 지원자들의 자질을 완벽하게 평가할 수 없기 때문에, 채용에는 어느 정도 무작위성이 따른다. 어떤 기업이 높은 임금을 지급할 경우, 해당 기업은 자기 회사에 지원할 더욱 나은 인력 풀을 유지할 수 있고 그로 인해 노동자의 질을 향상시킬 수 있다. 기업이 임금을 인하해 과잉 노동에 대응할 경우, 유능하지 않은 지원자보다 더 나은 채용 기회를 가질 가능성이 높은 가장 유능한 지원자는 지원하지 않을 수 있다. 임금이 노동자 자질에 미치는 영향이 강력한 경우, 기업은 공급과 수요를 균형시키는 수준보다 높은 임금을 지불하는 것이 이득이 될 수 있다.

13-5d 노동자 태도

넷째 유형의 효율성 임금 이론은 임금과 노동자의 노력하는 근무 태도의 연결관계를 강조한다. 많은 직장에서 노동자들은 얼마나 열심히 근무할지 선택할 수 있으며, 일부는 가능한 한 적게 일하려 할 수 있다. 직장 내 감시는 비용이 들며 불완전하기 때문에 기업이 모든 근무 태만자를 신속하게 포착할 수 없다.

근무 태만을 억제하는 한 가지 방법은 균형수준 이상으로 임금을 지급하는 것이다. 높은 임금을 지급할 경우, 노동자들은 자신의 일을 계속하려는 마음이 강해져서 최선의 노력을 다하겠다는 동기를 갖게 된다. 임금이 공급과 수요를 균형시키는 수준이라면, 노동자들은 해고될 경우 동일한 임금수준에서 새로운 일자리를 신속하게 구할 수 있기 때문에 열심히 일할 이유가 더 적다. 따라서 기업은 균형수준보다 높게 임금을 인상함으로써 노동자들이 자신의 의무를 태만히 하지 않도록 할 수 있다.

13-5e 노동자 사기

다섯째 마지막 유형의 효율성 임금 이론은 높은 임금이 지급될 경우 노동자의 사기가 올라가고 만족한 노동자들이 보다 생산적이 된다고 본다. 이런 설명은 경제학자들이 갖고 있는 표준 개념인 합리성에서 벗어나며, 사회적 기준과 사람들이 갖고 있는 공정한 행위에 관한 인식에 기초한다. 수익을 낸 기업이 그 행운을 직원들과 공유하기 위해 균형보다 높은 임금을 지급해야만 한다면, 그렇게 하는 것이 공정하다고 노동자들은 생각할 수 있다. 기업은 이런 공정에 대한 인식을 공유할 수 있다. 그렇지 않다면, 노동

SCOTT ADAMS/DIST. BY ANDREWS MCMEEL SYNDICATION.

자들이 불공정하게 대우받고 있다고 생각할 경우 이들의 생산성이 하락하는 것을 쉽게 알 수 있게 된다. 이렇다면 높은 임금을 지급하는 것이 기업에게 최선의 관심사가 될 수 있다.

헨리 포드와 일당 5달러라는 놀라운 임금

헨리 포드는 복잡한 사람이었다. 역사가들에 따르면 그는 인종 차별주의자이며 반유대주의자였지만 산업계의 선구자였다. 포드 자동차 회사 설립자로서 현대적인 생산방식을 도입했다. 헨리 포드는 숙련된 장인으로 구성된 소규모 팀과 함께 자동차를 만들지 않고, 미숙련 노동자들에게 동일하고 단순한 작업을 반복하도록 교육하여 조립라인에서 자동차를 만들었다. 이 조립과정에서 만들어진 자동차가 바로 '포드 모델 T'이며, 이 모델은 종종 중산층 가정이 자동차 여행을 즐길 수 있도록 제작된 최초의 저가 자동차로 여겨진다.

1914년에 포드 사는 또 다른 혁신을 도입했다. 그것은 바로 일당 5달러였다. 지금은 별것 아닌 것처럼 보이지만, 당시 5달러는 보통 지급되는 임금의 약 두 배였다. 게다가 공급과 수요를 균형시키는 임금보다 훨씬 높았다. 새로운 일당 5달러가 발표되었을 때, 포드 공장 밖에는 구직하려는 사람들로 긴 행렬이 이어졌다. 이 임금수준에서 취직하려는 근로자의 수는 포드 사가 필요로 하는 근로자의 수를 훨씬 상회했다.

포드 사는 고임금 정책을 통해 효율성 임금 이론이 예측한 많은 효과를 달성할 수 있었다. 이직이 감소하고, 의도적인 결근이 줄었으며, 생산성이 증대되었다. 노동자들이 훨씬 더 효율적이 되어 포드 사의 생산비는 임금 상승에도 불구하고 감소했다. 따라서 균형수준보다 높은 임금을 지불하는 것이 해당 기업에는 이득이 되었다. 초기 포드 자동차 회사의 연대기를 작성한 사람은 다음과 같이 기술했다. "헨리 포드와 그 동료들은 고임금 정책이 성공적인 사업상의 결정임이 밝혀졌다고 거리낌 없이 말하곤 했다. 그들이 시사하고자 한 바는 고임금 정책으로 노동자의 규율이 향상되고, 노동자에게 소속 기업에 대한 충성스러운 관심을 더 많이 부여하게 되었으며, 노동자의 개인적인 효율성을 향상시키게 되었다는 것이다." 헨리 포드 자신은 일당 5달러 임금을 "포드 사가 내린 가장 훌륭한 비용 절감 조치 중 하나였다"고 말했다.

포드 사가 이런 효율성 임금을 도입한 이유가 무엇일까? 다른 기업들이 외견상 이득이 되는 것처럼 보이는 이러한 기업 전략을 채택하지 않는 이유는 무엇인가? 일부 분석가에 따르면, 포드 사의 이런 결정은 조립라인을 처음 도입한 상황과 연계된다. 조립라인을 중심으로 편성된 노동자들은 매우 상호 의존적이다. 한 노동자가 결근하거나 작업속도가 느리면, 다른 노동자들은 자기 업무를 완수하지 못한다. 조립라인으로 인해 생산이 효율적이게 되는 한편, 노동자의 낮은 이직, 노동자 자질의 향상, 노동자의 높은 근로 의욕이 더욱 중요해졌다. 효율성 임금을 지급하는 것은 당시 여타 기업들보다 포드 자동차 회사에 더 좋은 전

실제에서의 효율성 임금

2020년에 발생한 코로나 바이러스 감염증으로 인한 경기 침체기에 많은 기업이 직원들의 급료를 삭감하거나 동결했다. 하지만 연구에 따르면, 직원들에게 급료를 더 많이 지급할 경우 이따금 수익을 증대시킬 수 있다고 한다.

임금 인상은 어떻게 이윤을 증가시키는가

레이 피스먼(Ray Fisman)과 마이클 루카(Michael Luca)

급여 삭감과 봉급 동결은 불행하게도 코로나 바이러스 감염증으로 인한 경기 침체기의 중요한 특징이 되었다. 700만 명이 넘는 직원의 임금이 3월 이후 하락했고, 그 외 많은 사람의 급여가 동결되었다. 하지만 소수의 기업은 이런 추세를 무시하고 경제위기에도 불구하고 급여를 인상했다. 11월 요거트 제조업체 초바니 사는 근로자의 시간당 가장 낮은 임금을 13달러에서 15달러로 인상했고, 뉴욕 같은 고비용 중심지에서는 18달러로 설정했다고 발표했다. 온라인 가구 소매업체 웨이페어 사는 이들의 선례를 따라 지난주에 최소 15달러로 책정했다.

이들 기업과 그 외 기업들은 계몽된 자본주의와 같은 임금 인상을 제시한다. 이것은 어려운 시기에 직원을 돕는 동시에 생산성 향상과 이직률 하락으로 전환되는 충성심과 선의를 획득하는 방식이다. 이것은 기업이 직원에게 더 많은 급여를 지급함으로써 생산성과 이윤을 증대시킬 수 있는지 여부에 관한 1세기간 논쟁의 최신 사례이다. 경제학자들은 이러한 가능성을 효율성 임금이라고 한다. 즉, 시장의 임금수준보다 높게 인상된 임금은 근로자들에게 동기를 부여하고 이직률을 낮추어서 기업으로 다시 돌아오게 된다는 논리이다. 효율성 임금을 제안한 사람들의 주장이 옳다는 증거가 늘고 있다. 즉, 높은 임금을 지급할 경우 때때로 그리고 바로 이 순간에 결정적으로 이윤을 증대시킬 수 있다. 급여를 삭감할 경우 직원의 반발과 심지어 작업 방해 행위를 유발할 수 있다.

1914년에 효율성 임금이란 간단한 경제 논리를 직관으로 깨달은 헨리 포드는, (당시 표준 근로시간인 9시간에서 단축된) 8시간을 근무하고 근처 공장에서 지급하는 급여의 두 배 이상인 일당 5달러를 지급할 생각이었다. 헨리 포드는 높은 임금을 지급할 경우 직원들이 더 적극적으로 열심히 일할 것으로 기대했다. 만일 직원들이 그의 엄격한 기준에 부합하지 못했다면, 미시간주에 소재하는 포드 사 공장 밖에서 일자리를 구하기 위해 기다리는 구직자들의 긴 줄이 있었을 것이다.

현대의 효율성 임금 이론은 보다 미묘해졌다. 예를 들면, 이 책이 출간될 당시 차기 재무장관이었던 재닛 옐런(Janet Yellen)의 남편인 노벨 경제학상 수상자 조지 애컬로프(George Akerlof)는 '선물 교환'이란 개념을 도입했다.(재닛 옐런도 효율성 임금 연구의 선구자이다) 고용주가 가령 시장보다 높은 임금을 지급함으로써 상황이 나아지게 될 경우, 노동자도 직장을 단순히 유지하기 위해 요구되는 것보다 더 생산성을 높임으로써 이에 보답하게 된다.

더 높은 급여를 지급해 얻는 이득에 관한 확실한 증거 하나는 하버드 대학교 박사과정 학생들이 최근에 발표한 연구 보고서에서 찾아볼 수 있다. 이들은 포춘 500대 온라인 소매업체 창고 노동자(연구에서는 익명으로 처리되었다)의 임금과 생산성을 분석했다. 초바니 사와 웨이페어 사가 최근에 발표한 것과 매우 유사한 급여 인상, 즉 2019년에 시간당 약 16달러에서 18달러로 급여를 인상한 후 나타난 효과를 살펴보았다. 임금 인상이 있기 전에 직원들은 시간당 평균 4.92상자를 옮겼다. 급여의 1달러 증가는 이 수치를 3분의 1상자만큼 증가시켰다. 또 임금 인상으로 직원 이직률이 대폭 감소했다. 즉, 1달러 증가에 따라 이직률이 19%만큼 감소했다.

새 직원을 고용하고 교육할 필요가 없어서 비용이 절감되고 생산성이 향상되어 지불하는 것보다 더 많이 얻게 되며, 이로 인해 직원의 삶이 개선될 뿐만 아니라 기업의 수익도 증대된다. 이런 결과는 창고 직원들에게만 적용되는 것이 아니다. 기업 고객 서비스 담당자에게 더 높은 임금을 지급하는 경우에도 생산성과 이직률 면에서 유사한 개선이 이뤄

략이었을 수 있다.

하지만 균형수준 이상의 임금 지불을 시행한 기업이 포드 사 하나는 아니다. 「캘리포니아 선」에 실린 2018년 기사에 따르면, 패스트푸드 체인점인 인 앤 아웃 버거가 점장들에게 평균적으로 업계 평균의 약 세 배인 연봉 160,000만 달러 이상을 지급했다. 이유가 무엇인가? 해당 회사의 운영담당 부사장 데니 워닉의 말에 의하면, 이 정책은 고품질 서비스를 중심

진다는 사실을 알 수 있다.

특정 회사의 고임금에 바탕을 둔 상생정책이 시사하는 바는, 2019년의 급여 인상 전에는 급여가 비효율적으로 낮게 설정되었다는 사실이다. 포춘 500대 기업이 이런 실수를 범할 수 있다면, 다른 기업도 비슷한 정책을 통해 이득을 얻을 수 있는지에 대해 생각해보는 것이 좋을 수 있다.

다른 연구에 따르면 급여 인상이 미치는 영향은 부분적으로 직원들과 어떻게 소통하느냐에 달려 있다. 던컨 길크리스트(Duncan Gilchrist), 디팩 말호트라(Deepak Malhotra)와 함께 우리 중 한 사람이 2016년 「Management Science」 학술지에 발표한 논문에서 이런 급료 인상으로 생산성이 증대할 가능성이 생기는 이유를 이해할 수 있게 되었다. (지금은 업워크라고 하는) 프리랜서 플랫폼 오데스크를 통해 실시된 실험에서 시급 4달러를 받고 고용된 노동자가 3달러를 받고 고용된 노동자보다 더 열심히 근무하지는 않는다는 사실을 발견했다.(당시 오데스크는 인도에서 프리랜서의 가장 큰 비중을 차지했으며, 실험상의 두 개 임금은 플랫폼의 유사한 일자리와 비교할 때 높았다) 하지만 고용된 후에 기대하지 않은 임금 인상, 즉 시급 3달러에서 4달러로 인상될 경우 더 많은 근무 열의를 이끌어낼 수 있다.

노동시장의 불황을 이용해 임금을 간신히 최저수준으로 삭감하려는 경영자의 경우, 급여 삭감이 미치는 효과에 대한 증거를 생각해볼 필요가 있다. 제이슨 샌드빅(Jason Sandvik), 리처드 사우마(Richard Saouma), 네이선 시거트(Nathan Seegert), 크리스토퍼 산톤(Christopher Santon)이 「Management Science」 학술지에 곧 발표할 논문에서는 어떤 회사가 한 부서에서 몇몇 직원의 급여를 삭감하는 방식으로 급여를 재조정하기로 한 결정을 살펴보았다. 동시에 급여를 재조정하지 않은 부서는 해당 연구에서 '대조집단'으로 활용되었다.

연구진은 (연구진에 의해 익명으로 처리된) 해당 회사의 2,033명에 달하는 판매 지배인의 인사기록을 입수했다. 하버드대학교 대학원생들이 창고 노동자들을 대상으로 수행한 연구 결과와 일치되게, 급여가 삭감된 직원은 이직할 가능성이 더 높다는 연구 결과를 얻었다. 회사 이익에 더 큰 문제가 발생했고 회사를 떠난 사람들은 가장 생산성이 높은 영업 사원이었다. 급여 인상이 이뤄질 경우 그에 따른 비용을 자체적으로 지불할 수 있는 것처럼, 급여 삭감이 이뤄질 경우 절감액의 대부분이나 전부를 상쇄하는 비용이 발생할 수 있다.

데시오 코비엘로(Decio Coviello), 에리카 데세라노(Erika Deserranno), 니콜라 페르시코(Nichola Persico)에 의해 수행된 최근의 연구 보고서에서 급여 삭감으로 인해 직원들이 의도적으로 비생산적이 될 수 있다는 증거를 제시했다. 연구진은 미국의 대규모 소매점에서 전화기 영업 담당자가 고객이 별로 원하지 않는 품목을 추가시켜 판매함으로써 2014년에 시행된 급여 삭감에 대응했다는 사실을 발견했다. 연구진이 이 사실을 어떻게 알아냈을까? 급여가 삭감되자 이에 수반해 결국에는 환불받기 위해 반품된 품목들의 판매가 증가했기 때문이었다. 이것이 부주의에 의한 것이었든 영업 방해 행위에 의한 것이었든 간에 회사수입은 감소했다.

물론 모든 기업이 2021년에 임금을 올릴 수는 없었다. 코로나 바이러스 감염증으로 야기된 경기 침체로 큰 타격을 입은 영세업체처럼 살아남기 위해 고군분투하는 기업의 경우, 급여 삭감은 궁극적으로 유일한 선택지일 수 있다. 그 대신에 몇몇 기업은 직원들에게 동기를 부여하기 위해 광범위한 감시를 하거나 복잡한 성과계약에 의존하는 방법을 선택할 수도 있었다.

하지만 특히 어려운 시기일 때는 임금 인상에 따른 비용과 이득을 둘 다 주의 깊게 생각해보는 것이 중요하다. 높은 임금으로 인해 생산성이 향상되고 궁극적으로는 이윤이 증대할 가능성이 있기 때문에, 임금 인상에 따른 노동자 근로 의욕에 관해 상당히 많은 논의가 있어 왔으나, 이제는 확실한 기업사례도 존재하게 되었다. 전염병 대유행 이후 경제 기준이 전환됨에 따라, 옳은 일을 하는 것이 또한 수익에도 가장 좋은 것이 될 수 있다. ■

레이 피스먼은 보스턴대학교 경제학 교수이고 마이클 루카는 하버드 비즈니스 스쿨 경영학 교수이다.

출처: *The Wall Street Journal*, January 23, 2021.

목표로 삼은 회사 창립자로 거슬러 올라간다고 말했다. "동료들에게 높은 급여를 지급하는 것은 고품질 서비스를 유지하는 데 도움이 되는 한 가지 방법일 뿐이며, 이 신념은 오늘날에도 확고하게 자리잡고 있다"고 그는 말했다. 헨리 포드와 마찬가지로 인 앤 아웃 버거 소유주들도 노동자 효율성을 증대시키기 위해 높은 임금을 지급하는 것으로 보인다. ●

Quiz

9. 효율성 임금 이론에 따르면, _____________.
   a. 기업들은 균형수준 이상의 임금을 지급하는 것이 이득이 된다는 사실을 알게 된다.
   b. 노동의 초과 공급은 임금에 하향 압력을 가하게 된다.
   c. 부문 간 이동은 마찰적 실업의 주요 원인이 된다.
   d. 근로권법은 노동조합의 교섭력을 약화시킨다.

10. 기업이 효율성 임금을 지급할 경우, _____________.
   a. 충분한 노동자들을 확보하는 데 어려움을 겪을 수 있다.
   b. 노동자들을 보다 면밀하게 감시해야 할 수도 있다.
   c. 노동자들의 자질 하락을 경험할 수 있다.
   d. 노동자들의 이직 빈도가 감소한다는 사실을 알 수 있다.

해답은 이 장의 끝부분에 있다.

13-6 결론

이 장에서는 실업을 측정하는 방법과 경제에 언제나 어느 정도의 실업이 존재하는 이유에 대해 논의했다. 우리는 구직, 최저임금법, 노동조합, 효율성 임금이 일부 노동자들이 직장을 갖지 못하는 이유를 설명하는 데 어떤 도움이 될 수 있는지 살펴보았다. 자연 실업률에 대한 이들 네 가지 설명 중 어느 것이 미국 경제 및 전 세계 여타 경제와 가장 밀접하게 관련되는가? 말할 수 있는 쉬운 방법은 없다. 경제학자들은 실업에 관한 이들 설명 중 어느 것을 강조하는지에 있어서 의견이 상이하다.

이상에서 한 분석을 통해 다음과 같은 중요한 교훈을 얻을 수 있다. 경제에 어느 정도의 실업이 존재하기는 하지만 자연 실업률은 시간이 흐름에 따라 변화한다. 많은 사건과 정책들로 인해 어떤 경제가 일반적으로 겪는 실업의 규모가 변화할 수 있다. 정보 혁명으로 인해 구직과정이 변화하는 경우, 미국의 연방 의회와 주 의회가 최저임금을 조정하는 경우, 노동자들이 노동조합을 결성하거나 이탈하는 경우, 기업들이 효율성 임금의 시행을 변경하는 경우에 자연 실업률이 점진적으로 변화한다. 실업은 해법이 간단한 그렇게 단순한 문제가 아니다. 하지만 우리가 사회를 어떻게 조직화하느냐에 따라 실업이 얼마나 만연한 문제가 되는지에 깊게 영향을 미칠 수 있다.

요약

- 실업률은 일을 하고 싶지만 일자리가 없는 사람들의 백분율이다. 미국 노동통계국은 수천 개 가계에 대한 설문조사에 기초해 매월 이 통계치를 계산한다.
- 실업률은 실업에 대한 불완전한 측정치이다. 자신이 실업상태에 있다고 하는 일부 사람들은 실제로 일하기를 원하지 않을 수 있으며, 일하고자 하는 일부는 일자리를 찾는 데 실패한 후에 경제활동인구로부터 이탈했기 때문에 실업으로 계산되지 않는다.
- 미국 경제에서 실업상태에 있는 대부분의 사람들은 짧은 시간 안에 일자리를 구한다. 그럼에도 불구하고 어떤 시점에서 관찰되는 대부분의 실업은 오랜 기간 동안 실업상태에 있는 소수의 사람들로부터 비롯된다.
- 일자리를 잃은 노동자들의 소득을 보전해주기 위해 마련된 정부정책인 실업보험은 실업자들의 구직 노력을 감소시킴으로써 마찰적 실업을 증대시킨다.
- 경제에 언제나 실업이 존재하는 두 번째 이유는 최저임금법 때문이다. 숙련되지 않고 경험이 없는 노동자들의 임금을 균형수준보다 높게 인상시킴으로써, 이 법은 노동 공급량을 증가시키고 노동 수요량을 감소시킨다. 이에 따른 노동 과잉이 실업을 의미한다.
- 노동조합으로 인해 노조가 결성된 산업의 임금이 균형수준 이상으로 상승할 경우, 노동 과잉이 발생한다.
- 실업이 발생하는 네 번째 이유는 효율성 임금 이론으로 설명할 수 있다. 이 이론에 따르면 균형수준보다 높은 임금을 지급할 경우 그것이 기업에게 이득이 된다는 것이다. 높은 임금이 지급되면 노동자 건강이 향상되고, 노동자 이직이 감소하며, 노동자 자질이 높아진다. 또한 노력하는 노동자 태도가 강화되고 노동자 사기도 높아진다.

주요 개념

복습용 질문

1. 미국 노동통계국이 모든 사람을 분류하는 세 가지 범주는 무엇인가? 노동통계국은 경제활동인구, 실업률, 경제활동인구 참가율을 어떻게 계산하는가?
2. 실업은 일반적으로 단기적인가, 장기적인가? 설명하시오.
3. 마찰적 실업이 불가피한 이유는 무엇인가? 정부는 마찰적 실업의 규모를 어떻게 감소시킬 수 있는가?
4. 최저임금법은 십대들의 구조적 실업을 더 잘 설명하는가 아니면 대학 졸업생들의 구조적 실업을 더 잘 설명하는가? 그 이유는 무엇인가?
5. 노동조합은 자연 실업률에 어떤 영향을 미치는가?
6. 노동조합을 옹호하는 사람들은 노동조합이 경제에 도움을 준다고 말하기 위해 어떤 주장을 하는가?
7. 기업이 지급하는 임금을 인상함으로써 이윤을 증대시킬 수 있는 다섯 가지 방식을 설명하시오.

문제와 응용

1. 코로나 바이러스 감염증에 의한 경기 침체의 저점에 있었던 2020년 4월, 미국 노동통계국은 모든 성인 중에서 133,320,000명이 취업자이고, 23,038,000명이 실업자이며, 103,538,000명이 경제활동인구에서 이탈한 상태라고 발표했다. 이 정보를 이용해 다음을 계산하시오.
   a. 성인인구
   b. 경제활동인구
   c. 경제활동인구 참가율
   d. 실업률

2. 아래의 각 경우가 실업률과 경제활동인구 참가율을 증가시키는지, 감소시키는지 아니면 영향을 미치지 않는지 여부를 설명하시오.
   a. 동하는 오랜 기간 일자리를 탐색하다가, 일자리를 구했다.
   b. 학업 때문에 진로를 고민하던 대학생 건희는 졸업하자마자 즉시 고용되었다.
   c. 구직을 하려다가 이를 달성하지 못하자, 성진이는 일자리 탐색을 포기하고 은퇴했다.
   d. 현경이는 직장을 그만두고 전업 주부가 되었다.
   e. 현준이는 성인이 되었지만, 취업하는 데 관심이 없다.
   f. 민경이는 성인이 되었고, 일자리를 찾기 시작했다.
   g. 승규는 은퇴해서 지내다가 사망했다.
   h. 현준이는 사무실에서 장시간 일하다가 과로로 사망했다.

3. 미국 노동통계국 웹사이트(http://www.bls.gov)를 이용해서 전국 실업률이 지금 얼마인지 알아보시오. (예를 들면 연령, 성별, 인종 등에 기초해) 여러분에게 가장 적합한 인구통계학적 집단에 대한 실업률을 구하시오. 이 실업률은 전국 평균 실업률보다 높은가 아니면 낮은가? 그 이유가 무엇이라고 생각하는가? 우리나라의 경우 국가통계포털(KOSIS)을 참조하시오.

4. 2012년 1월~2019년 1월에 미국에서 취업한 노동자의 수는 1,730만 명 증가했으나 실업자의 수는 단지 630만 명 감소했다. 두 수치는 어떻게 서로 일치할 수 있는가? 실업자로 계산된 사람 수의 감소가 취업자 수의 증가보다 더 적은 이유가 무엇이라고 생각하는가?

5. 경제학자들은 노동시장 데이터를 사용해 경제가 가장 가치 있는 자원, 즉 인적 자원을 얼마나 잘 활용하는지 평가한다. 면밀히 관찰되는 두 개 통계치는 실업률과 (취업한 성인인구 백분율로 계산한) 고용률이다. 다음과 같은 상황에서 이들 통계치 각각에 어떤 일이 발생하는지 설명하시오. 여러분은 어느 통계치가 경제가 얼마나 잘 운용되는지를 평가하는 데 더 의미 있다고 생각하는가?
   a. 자동차 회사가 파산해서 노동자들을 해고했고, 이들은 즉시 새 일자리를 찾기 시작한다.
   b. 일자리를 찾고자 했으나 찾지 못한 경우, 해고된 노동자들 일부는 새로운 일자리 탐색을 중단한다.
   c. 많은 학생이 대학을 졸업하지만 일자리를 구하지 못한다.
   d. 많은 학생이 대학을 졸업하고 즉시 취업한다.
   e. 주식시장 호황으로 부자가 된 60세 노인이 조기에 은퇴한다.
   f. 의료 기술의 발전으로 많은 은퇴자의 수명이 연장된다.

6. 다음의 노동자들은 단기 실업을 경험할 가능성이 높은가 아니면 장기 실업을 경험할 가능성이 높은가?
   a. 나쁜 날씨로 인해 해고된 건설 노동자
   b. 고립된 지역에 위치한 공장에서 일자리를 잃게 된 제조업 노동자
   c. 철도와의 경쟁으로 해고된 역마차 산업 노동자
   d. 길 건너편에 음식점이 개업해 일자리를 잃은 즉석 요리 전문 요리사
   e. 기업이 자동 용접기계를 설치해 일자리를 잃은 정규 교육을 거의 받지 않은 전문 용접공

7. 노동시장을 보여주는 도해를 사용해서 최저임금이 인상될 경우 노동자에게 지급되는 임금, 공급되는 노동자의 수, 수요되는 노동자의 수, 실업자 수에 미치는 영향을 설명하시오.

8. 두 개의 노동시장, 즉 제조업 노동자에 대한 노동시장과 서비스 노동자에 대한 노동시장이 존재하는 경제를 생각해보자.

a. 제조업 노동자들이 노동조합을 결성할 경우, 임금과 고용에 어떤 일이 발생할 것이라고 예상하는가?

b. 제조업 노동시장에서의 이런 변화가 서비스 노동시장에서의 노동 공급에 어떤 영향을 미치는가? 이 노동시장에서 균형임금과 균형 고용규모에 어떤 일이 발생하는가?

9. 구조적 실업은 이따금 고용주가 원하는 직업상 기술과 노동자가 보유하는 직업상 기술의 불일치에서 비롯된다고 한다. 이런 설명에 대해 알아보기 위해 두 개의 산업, 즉 자동차 제작 산업과 항공기 제작 산업이 있는 경제를 생각해보자.

a. 유사한 규모의 훈련을 받아야 하는 두 산업의 노동자들이 직장 경력을 시작하는 초기에 훈련받을 산업을 선택할 수 있다면, 두 산업의 임금에 어떤 일이 발생할 것이라고 예상하는가? 이 과정은 얼마나 오래 걸릴 것이라고 예상하는가? 설명하시오.

b. 어느 날 해당 경제가 개방해서 국제무역을 시작했고 이에 따라 자동차를 수입하고 항공기를 수출하게 되었다고 가정하자. 이들 두 산업의 노동 수요에 어떤 일이 발생하겠는가?

c. 어떤 산업의 노동자가 다른 산업에 필요한 재훈련을 즉시 받을 수 없다고 가정하자. 이런 노동 수요 변화가 단기 및 장기 둘 다에서 균형임금에 어떤 영향을 미치는가?

d. 어떤 이유로 임금이 조정되어 새로운 균형수준에 도달할 수 없다면, 어떤 일이 발생하는가?

10. 의회가 고용주에게 직원 한 명당 비용을 시간당 4달러만큼 증가시키는 (예를 들어 보건의료와 같은) 급부금을 제공하도록 요구하는 법률을 통과시켰다고 가상하자.

a. 고용주에 대한 요구는 노동 수요에 어떤 영향을 미치는가?(이 물음과 다음 물음들에 대한 답변을 할 경우 가능하면 정량적으로 하시오)

b. 직원들이 급부금에 대한 가치와 급부금 제공에 따른 비용을 정확히 동일하게 본다면, 이 고용주에 대한 요구는 노동 공급에 어떤 영향을 미치는가?

c. 임금이 자유롭게 조정되어 공급과 수요를 균형시킬 수 있다면, 이 법률은 임금과 고용수준에 어떤 영향을 미치는가? 고용주의 상황은 더 나아지는가 아니면 더 나빠지는가? 직원의 상황은 더 나아지는가 아니면 더 나빠지는가?

d. 이 요구가 시행되기 전에 이 시장에서 임금은 최저임금보다 높은 3달러였다. 이 경우 고용주에 대한 요구는 임금, 고용수준, 실업수준에 어떤 영향을 미치는가?

e. 이제는 노동자들이 고용주에게 요구되어 시행된 급부금에 전혀 가치를 두지 않는다고 가정하자. 이런 대안적인 가정에 따른 경우 (b) 및 (c) 답변은 어떻게 변화하는가?

Quiz 해답

1. a 2. c 3. b 4. a 5. b 6. a 7. c 8. d 9. a 10. d

Chapter 14

통화 증가와 인플레이션

요즘 미국에서 아이스크림 콘을 사려면 최소한 몇 달러는 주어야 한다. 그러나 항상 그랬던 것은 아니다. 1930년대 뉴저지주 주도인 트렌턴시에서 저자의 할머니께서는 과자가게를 운영하셨는데, 두 가지 크기의 아이스크림 콘을 판매했다. 작은 주걱으로 담은 아이스크림 콘이 3센트이고, 큰 주걱으로 담은 아이스크림 콘이 5센트였다.

아이스크림과 1930년대 팔렸던 물품 대부분의 가격이 이 정도 상승하는 것은, 시간이 흐름에 따라 가격이 상승하는 현대 경제의 전형적인 현상이다. 전반적인 물가수준의 이러한 상승을 **인플레이션**이라고 한다. 이전 장들에서는 경제학자들이 인플레이션을 소비자 물가지수(CPI), GDP 디플레이터, 전반적인 물가수준을 측정한 여타 지수의 백분율 변화로 어떻게 측정하는지에 대해 논의했다. CPI에 기반할 경우 미국에서 1935년부터 2021년 사이에 물가가 연간 평균 3.5%씩 상승했다. 이렇게 오랜 기간 누적될 경우 연간 인플레이션율 3.5%는 물가수준 면에서 거의 20배 상승한 것과 같다.

최근 수십 년 동안 미국에서 살고 있는 사람들에게 인플레이션은 자연스러운 것처럼 보일 수 있지만 사실 불가피한 것은 아니다. 19세기에는 대부분의 물가가 하락하는 오랜 기간이 있었으며, 이런 현상을 **디플레이션**이라고 한다. 미국 경제의 평균 물가수준이 1896년에 1880년보다 23% 낮아졌는데, 이 디플레이션은 1896년 대선에서 주요한 논쟁 대상이 되었다. 대규모 채무를 갖고 있었던 농부들은 작물 가격이 하락하면 소득이 감소하고 채무를 상환할 능력이 축소되므로 어려움을 겪고 있었다. 이들은 디플레이션을 역전시킬 정부정책을 옹호했다.

인플레이션이 최근 미국 역사에서 정상적인 현상처럼 받아들여졌지만, 물가상승률은 상당히 크게 변동해왔다. 1970년부터 1980년까지 가격이 연간 7.8%씩 상승하여 물가수준이 10년 동안 두 배 이상이 되었다. 반면에 2010년부터 2020년까지 인플레이션은 연평균이 1.7%에 불과했다. 하지만 미국이 코로나 바이러스 감염증 대유행으로부터 회복하려고 애를 쓰고 있었던 2022년 초에, 인플레이션율은 40년 만에 가장 높은 수준인 7% 이상 상승했다. 경제를 관찰하는 사람들은 이런 물가의 급상승이 일시적일지 아니면 더 지속적일지 여부를 알고 싶어했다.

국제적인 데이터는 국가들이 경험했던 광범위한 인플레이션을 보여준다. 2020년에 미국의 인플레이션율은 1.2%였던 반면에, 일본은 0%였고, 멕시코는 3.4%, 나이지리아는 11%, 터키는 12%였다. 나이지리아와 터키의 높은 인플레이션율조차도 어떤 기준에서 보면 적당한 수준이었다. 2018년에 베네수엘라의 인플레이션은 연간 100만%에 달했으며, 이것은 '하루에' 약 2.5%씩 물가가 인상되었다는 것이다. 이렇게 이례적으로 높은 율의 인플레이션을 **초인플레이션**이라고 한다.

경제가 인플레이션을 겪고 있는지 여부와 겪고 있다면 얼마나 높은 인플레이션을 겪고 있는지를 무엇이 결정하는가? 다음 장에서 논의하는 것처럼 여러 가지 요인이 단기적으로 물가수준에 영향을 미칠 수 있다. 하지만 대폭적이거나 지속적인 인플레이션을 설명하기 위해 경제학자들은 빈번하게 이 장에서 다룰 주요 학습 주제인 **화폐수량 이론**에 기반한다. 제1장에서 살펴본 **경제학의 열 가지 원리** 중 하나는, '정부가 너무 많은 통화를 발행할 경우 물가가 상승한다'는 기본적인 통찰력을 요약하여 설명한다. 수량 이론은 초인플레이션뿐만 아니라, 미국이 겪고 있는 것과 같은 적정한 인플레이션을 설명할 수 있다.

이 장에서는 '인플레이션이 문제가 되는 이유가 무엇인가?'라는 관련된 질문도 살펴볼 것이다. 언뜻 보면 답변이 명백한 것처럼 보일 수 있다. 즉, 사람들이 싫어하기 때문에 문제가 된다고 할 수 있다. 미국이 상대적으로 높은 인플레이션을 경험했던 1970년대에 실시한 여론조사에 따르면, 인플레이션이 국가가 직면한 가장 중요한 문제라고 보았다. 1974년에 포드 대통령은 인플레이션을 '공공의 적 제1호'라는 말로 표현해 이런 정서를 반영했다. 또한 그는 양복의 접은 옷깃에 'WIN'(Whip Inflation Now의 약자로 지금 당장 인플레이션에 철퇴를 내리자는 의미이다)이라는 배지를 달고 다녔다. 그리고 코로나 바이러스 감염증 대유행의 후반부에 인플레이션이 급등했던 2021년에 바이든 대통령은 "미국인들의 가장 절실한 경제적 관심사 중 하나"라고 말했다.

하지만 인플레이션으로 사회에 부과되는 비용은 정확히 무엇인가? 여러분은 이 물음의 답변에 놀랄지도 모른다. 인플레이션에 따른 비용을 밝히는 일은 처음에 생각했던 것처럼 간단하지 않다. 모든 경제학자들이 초인플레이션의 문제점을 공공연히 말하지만, 일부 경제학자들은 적당한 인플레이션에 따른 비용이 대부분의 일반인이 생각하는 것만큼 크지 않다고 주장한다.

14-1 인플레이션에 관한 고전파 이론

화폐수량 이론은 일부 초기 경제사상가들에 의해 개발되었다는 의미에서 **고전적**이다. 일부 역사학자들에 따르면, 이 이론은 태양중심설이나 지동설로 가장 유명한 르네상스 시대 박식가였던 니콜라우스 코페르니쿠스와 함께 16세기에 시작되었다. 많은 위대한 경제학자들, 즉 18세기의 데이비드 흄(David Hume), 19세기의 존 스튜어트 밀(John Stuart Mill), 20세기의 어빙 피셔(Irving Fisher), 밀턴 프리드먼(Milton Friedman)이 수량 이론을 지지했다. 오늘날 대부분의 경제학자들은 수량 이론에 기반하여 물가수준과 인플레이션율의 장기적 결정요인을 설명한다.

14-1a 물가수준과 통화가치

아이스크림 콘 가격이 일정 기간 동안에 5센트에서 1달러로 인상되었다고 가상하자. 아이스크림 콘의 대가로 훨씬 더 많은 돈을 포기하겠다는 사람들의 의지에 기초하여 어떤 결론을 도출해야 하는가? (어쩌면 누군가가 기적적인 새로운 맛을 고안해냈기 때문에) 사람들이 아이스크림을 더 좋아하게 되었을지도 모른다. 하지만 아이스크림을 좋아하는 사람들의 기호는 대체로 같은데, 시간이 흐름에 따라 아이스크림을 구매하기 위해 사용하는 화폐의 가치가 하락했을 가능성이 더 높다. 대부분의 경우 인플레이션은 물품의 가치보다 화폐의 가치와 더 관련된다.

이런 통찰력에 기반하여 인플레이션 이론을 이해하는 방식을 알 수 있다. 소비자 물가지수와 가격수준을 측정한 다른 척도들이 상승할 경우, 이런 물가지수를 구성하는 개별 가격을 살펴보고 싶어한다. 일반 뉴스매체는 "CPI가 지난달에 3%만큼 상승했는데 이는 신선한 과일과 채소 가격의 20% 인상과, 자동차 연료 가격의 30% 인상이 주도한 것이다"라고 보도한다. 이런 방식은 어떤 일이 발생했는지에 대해 유용한 정보를 포

FRANK MODELL/THE NEW YORKER COLLECTION / WWW.CARTOONBANK.COM

"그래서 어떻게 할까요? 작년과 '같은 크기의' 크리스마스 트리를 살까요? 아니면 작년과 '같은 가격의' 크리스마스 트리를 살까요?"

함하고 있지만, 인플레이션은 무엇보다도 경제 내 교환의 매개수단 가치와 관련되는 경제 전반적인 현상이라는 핵심 요점을 누락하고 있다.

경제 전반의 물가수준은 두 가지 방법으로 관찰할 수 있다. 지금까지는 그것을 재화 및 용역 바구니의 가격으로 보아왔다. 물가수준이 상승할 때 사람들은 자신들이 구매하려는 것에 더 많이 지불해야 한다. 대안적으로, 물가수준을 통화가치를 측정하는 척도로 볼 수 있다. 물가수준이 상승할 경우, 지갑이나 당좌예금 계좌에 있는 각 화폐로 더 적은 재화 및 용역을 구입하게 되므로 통화가치가 하락한다.

이런 생각을 수학적으로 표현하는 것이 도움이 될 수 있다. P는 소비자 물가지수나 GDP 디플레이터로 측정한 물가수준이라고 가정하자. 그러고 나면 P는 재화 및 용역 바구니를 구매하는 데 필요한 화폐의 수량을 나타낸다. 이제 이 생각을 뒤집어보자, 즉 1달러로 구매할 수 있는 재화 및 용역의 수량은 $1/P$가 된다. 바꾸어서 P가 화폐 측면에서 측정한 재화 및 용역의 가격이라면, $1/P$는 재화 및 용역 측면에서 측정한 통화가치이다.

이런 수학적 표현은 한 개의 재화, 예를 들면 아이스크림 콘을 갖고 있는 경제를 이해하는 데 가장 편리한 방법이다. 이 경우, P는 아이스크림 콘의 가격이다. 아이스크림 콘의 가격(P)이 2달러인 경우, 1달러의 가치인 ($1/P$)는 절반의 아이스크림 콘이다. 가격(P)이 3달러인 경우, 1달러의 가치($1/P$)는 3분의 1의 아이스크림 콘으로 감소한다. 실제 경제에서는 수천 개의 재화 및 용역이 생산되기 때문에, 단일 재화의 가격이 아니라 물가지수를 사용한다. 하지만 논리는 동일하다. 즉, 물가지수가 상승할 때 통화가치가 하락한다.

14-1b 통화 공급, 통화 수요, 화폐 시장균형

무엇이 통화가치를 결정하는가? 경제학에서 묻게 되는 많은 질문이 그러하듯, 이 답도 공급과 수요에 의해 결정된다. 바나나 공급과 바나나 수요가 바나나 가격을 결정하는 것처럼, 통화 공급과 통화 수요가 화폐의 가치를 결정한다. 하지만 어떤 요인이 통화 공급과 통화 수요를 결정하는가?

먼저 통화 공급에 대해 생각해보자. 연방준비제도는 은행시스템과 함께 다양한 정책 도구를 활용하여 통화 공급에 영향을 미친다. 공개시장 조작을 통해 국채를 매입하거나 연방준비제도가 보유하고 있는 지급준비금에 대해 은행들에게 지불하는 이자율을 인하함으로써 통화 공급을 증대시킬 수 있다. 국채를 매각하거나 지급준비금에 대한 이자율을 인상함으로써 통화 공급을 감소시킬 수 있다. 이런 정책적 행위는 부분 지급준비제도를 통해 작동함으로써 통화 공급에 영향을 미친다. 하지만 이 장의 목적에 부합되게 은행시스템과 통화 창출에 관한 세부적인 사항은 제쳐두기로 한다. 통화 공급량을 연방준비제도가 조절하는 정책변수로 간주함으로써 문제를 단순화할 수 있다.

이제 통화 수요를 생각해보자. 보다 넓게 근본적으로 통화 수요는 사람들이 얼마나 많은 재산을 유동성이 있는 형태로 보유하느냐를 반영한다. 많은 요소가 통화 수요량에 영향을 미친다. 예를 들어 사람들이 지갑에 보유하는 현금의 양은 사람들이 신용카드에 얼마나 의존하는지와 현금 자동 입출금기를 얼마나 이용하기 쉬운지에 달려 있다. 그리고 이후에 살펴볼 것처럼, 통화 수요량은 지갑에 돈을 보관하거나 저금리의 당좌예금 계좌에 예치하지 않은 돈으로 이자가 발생하는 채권을 매입함으로써 얻는 이자율에 달려 있다.

많은 변수들이 통화 수요에 영향을 미치지만, 경제의 평균 물가수준이 특히 중요하다. 화폐가 교환의 매개수단이기 때문에 사람들이 이를 보유한다. 예를 들면 채권이나 주식 같은 자산과 달리 사람들은 화폐를 사용하며 쇼핑목록에 있는 재화 및 용역을 구입할 수 있다. 사람들이 이런 목적으로 얼마나 많은 화폐를 보유할지는 재화 및 용역의 가격에 달려 있다. 가격이 높을수록 일반적인 거래를 하는 데 더 많은 화폐가 필요하고, 사람들은 지갑과 당좌예금 계좌에 더 많은 화폐를 보유하게 된다. 즉, 물가수준이 높아질수록(화폐의 가치가 낮아질수록) 통화 수요량이 증가한다.

무엇이 연방준비제도가 공급하는 통화량과 사람들이 수요하는 통화량이 균형을 이루도록 보장하는가? 이 물음에 대한 답변은 고려하는 기간에 달려 있다. 이 책의 뒷부분에서 우리는 단기간에 기초한 답변을 살펴보고, 이자율이 핵심적인 역할을 한다는 사실을 알게 될 것이다. 하지만 장기간에 걸친 답변은 훨씬 더 간단하다. **장기적으로 통화 공급과 통화 수요는 전반적인 물가수준에 의해 균형을 이루게 된다.** 물가수준이 균형수준보다 더 높다면 사람들은 연방준비제도가 창출한 것보다 더 많은 화폐를 보유하고자 하기 때문에, 통화 공급과 통화 수요를 균형시키기 위해 물가수준이 하락해야만 한다. 물가수준이 균형수준보다 더 낮다면 사람들은 연방준비제도가 창출한 것보다 더 적은 화폐를 보유하고자 하기 때문에, 통화 공급과 통화 수요를 균형시키기 위해 물가수준이 상승해야만 한다. 균형 물가수준에서 사람들이 보유하고자 하는 통화량은 연방준비제도가 공급하는 통화량과 정확하게 균형을 이룬다.

그림 1은 이런 사고의 틀을 보여준다. 이 그래프의 수평축은 통화량을 나타낸다. 왼편의 수직축은 통화가치 $1/P$를 나타내고, 오른편의 수직축은 물가수준 P를 나타낸다. 오른편의 물가수준 축은 뒤집혀 역전되었다는 사실에 주목하자. 낮은 물가수준이 축의 상단에 위치하며, 높은 물가수준이 축의 하단에 위치한다. 이 뒤집혀 역전된 축은 (왼편 축의 상단에서 보는 것처럼) 통화가치가 높을 때 (오른편 축의 상단에서 보는 것처럼) 물가수준이 낮다는 사실을 보여준다.

이 그림에 있는 두 개의 곡선은 통화 공급곡선과 통화 수요곡선이다. 연방준비제도

그림 1 **통화 공급 및 통화 수요는 균형 물가수준을 어떻게 결정하는가**

수평축은 통화량을 의미한다. 왼편의 수직축은 통화가치를 의미하고, 오른편의 수직축은 물가수준을 나타낸다. 통화 공급량은 중앙은행(미국의 경우, 연방준비제도)에 의해 설정되므로, 통화 공급곡선은 수직선이 된다. 각 통화 단위로 더 적게 매입하게 될 경우 사람들은 더 많은 통화량을 보유하고자 하기 때문에, 통화 수요곡선의 기울기가 하향한다. 균형점 A에서, (왼편 축의) 통화가치와 (오른편 축의) 물가수준이 조정되어 통화 공급량과 통화 수요량은 균형을 이루게 된다.

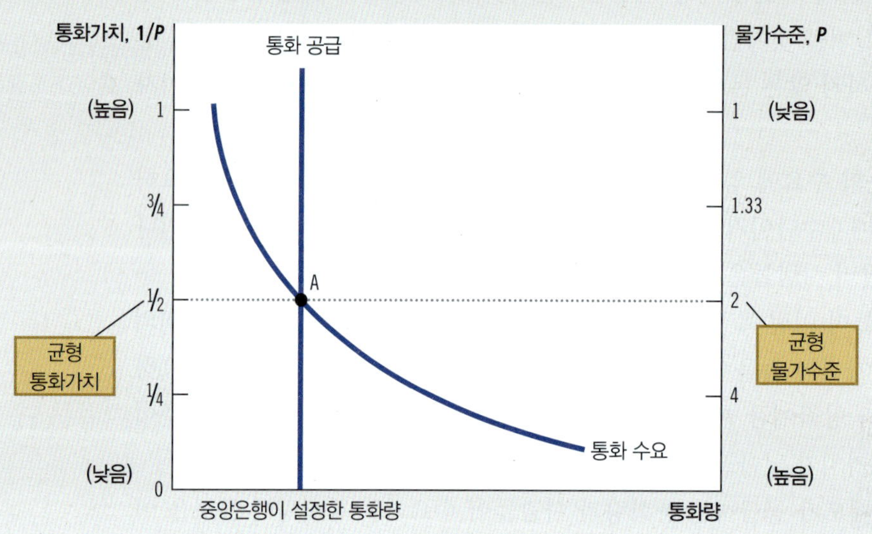

는 이용할 수 있는 통화량을 고정시키기 때문에 통화 공급곡선은 수직선이 된다. 통화 수요곡선은 기울기가 하향하는데, 이것은 통화가치가 낮을 때 (그리고 물가수준이 높을 때) 사람들은 재화나 용역을 구입하기 위해 더 많은 통화량을 수요하기 때문이다. 그림의 점 A와 같은 균형에서 통화 수요량은 통화 공급량과 균형을 이룬다. 통화 공급과 통화 수요의 균형점에서 통화가치와 물가수준이 결정된다.

14-1c 통화 공급 증가가 미치는 영향

통화정책 변화가 미치는 영향을 생각해보자. 그렇게 하기 위해, 경제가 균형상태에 있는데 갑자기 중앙은행(미국의 경우 연방준비제도)이 화폐를 발행하여 이를 전국에서 헬리콥터로 떨어뜨림으로써 통화 공급을 두 배로 증가시킨다고 가상하자.(보다 현실적으로 표현하면, 중앙은행은 다양한 정책도구를 활용하여 통화량을 변화시키지만, 헬리콥터란 은유를 사용할 경우 더 단순하고 보다 생생하게 느껴진다) 이런 통화 증가 이후에 어떤 일이 발생하는가? 새로운 균형과 이전의 균형은 어떻게 비교되는가?

통화 공급의 증가

그림 2

중앙은행이 통화 공급을 증가시킬 경우, 통화 공급곡선은 MS_1에서 MS_2로 이동한다. (왼편 축의) 통화가치와 (오른편 축의) 물가수준이 조정되어 공급과 수요가 균형을 회복하게 된다. 균형은 점 A에서 점 B로 이동한다. 따라서 통화 공급이 증가하여 통화가 풍부해질 경우, 물가수준은 상승하고 이로 인해 통화가치는 하락하게 된다.

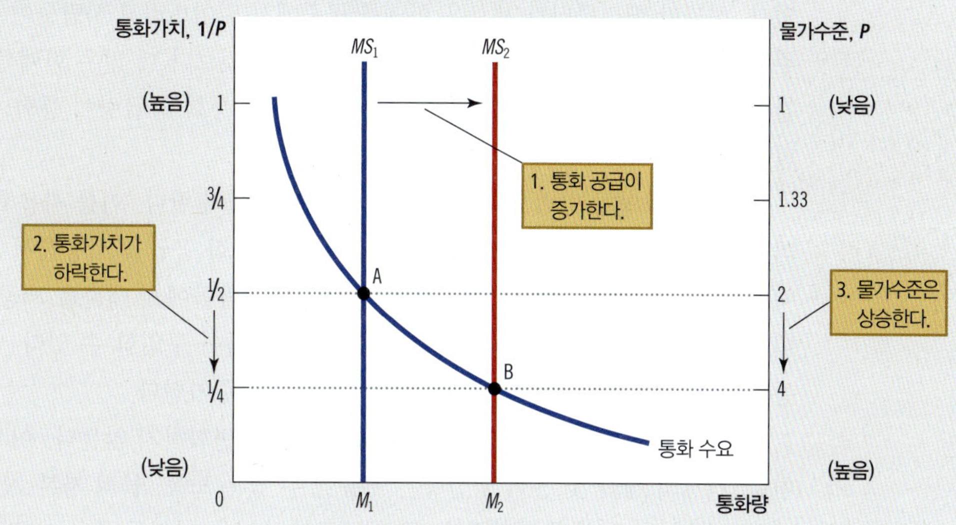

그림 2는 어떤 일이 발생하는지를 보여준다. 통화 공급 증가로 인해 공급곡선이 오른쪽으로, 즉 MS_1에서 MS_2로 이동하며, 균형은 점 A에서 점 B로 이동한다. 따라서 (왼편 축의) 통화가치는 1/2에서 1/4로 감소하며, (오른편 축의) 균형 물가수준은 2에서 4로 상승한다. 다시 말해 통화 공급 증가로 인해 통화(미국의 경우 달러화)가 더 풍부해질 경우, 그에 따른 결과는 물가수준의 상승과 통화(달러화)가치의 하락이다.

물가수준이 어떻게 결정되며 이것이 시간의 흐름에 따라 어떻게 변하는지에 관한 이런 설명을 화폐수량 이론(quantity theory of money)이라고 한다. 화폐수량 이론에 따르면, 경제에서 이용할 수 있는 통화량이 통화가치를 결정하며 통화량의 증가가 인플레이션의 주요 원인이라고 한다. 경제학자 밀턴 프리드먼이 말한 것처럼, "인플레이션은 언제나 어디서나 화폐적 현상이다"라고 볼 수 있다.

화폐수량 이론
이용할 수 있는 통화량이 물가수준을 결정하고, 이용할 수 있는 통화량의 증가율이 인플레이션율을 결정한다고 보는 이론

14-1d 조정과정을 간단히 살펴보기

지금까지 우리는 통화량이 증가한 후에 이전의 균형과 새로운 균형을 비교했다. 경제는 어떤 균형에서 다른 균형으로 어떻게 이동하는가? 이 물음에 완벽하게 답변하기 위해서는 단기적인 경제 변동을 이해할 필요가 있으며, 이에 대해서는 이 책 뒷부분에서 살펴볼 것이다. 여기서는 통화 공급이 변화한 후에 발생하는 조정과정을 간단하게 생

각해보자.

통화 공급 증가가 미치는 즉각적인 효과는 초과 통화 공급을 창출하는 것이다. 통화 공급 증가가 이루어지기 전에 경제는 균형상태(그림 2의 점 A)에 있었다. 현재 물가수준에서 사람들은 교환의 매개수단으로서 자신들이 원하는 만큼 정확하게 보유하고 있었다. 하지만 헬리콥터가 새로운 화폐를 공중에서 떨어뜨리고 사람들이 거리에서 이를 주워 모으고 난 후에는 계획했던 거래에 필요했던 것보다 더 많은 화폐를 갖게 되어 지갑이 불룩하게 되었다. 현재 물가수준에서 이제는 통화 공급량이 통화 수요량보다 더 많아진다.

사람들은 다양한 방법으로 초과 통화 공급을 없애려 한다. 이를 사용하여 재화 및 용역을 더 많이 구입할 수도 있다. 아니면 이 초과 통화 공급을 사용해서 채권을 매입하거나 은행 저축예금 계좌에 예금함으로써 다른 사람들에게 대출을 제공할 수도 있다. 이 대출을 활용하여 사람들은 재화 및 용역을 더 많이 구입할 수 있다. 어느 경우이든 통화 공급이 증가하면 재화 및 용역에 대한 수요가 증가한다.

하지만 재화 및 용역을 공급하는 경제의 능력은 변화하지 않는다. 이후에 살펴볼 것처럼, 경제의 재화 및 용역 생산량은 이용할 수 있는 노동, 물적 자본, 인적 자본, 천연자원, 기술지식에 의해 결정된다. 통화 공급의 증가는 이것들 중 어느 것도 변화시키지 못한다.

이것이 재화 및 용역에 대한 수요가 증가할 경우 재화 및 용역에 대한 가격이 상승하는 이유이다. 물가수준이 상승하면, 사람들은 각 거래에 대해 더 많은 화폐를 사용해야 하므로 통화 수요량이 증가한다. 결국, 경제는 통화 수요량과 통화 공급량이 다시 일치하는 새로운 균형(그림 2에서 점 B)에 도달하게 된다. 이런 방식으로 전반적인 물가수준이 조정되어 통화 공급과 통화 수요가 다시 균형을 이루게 된다.

14-1e 고전파의 이분법 및 화폐의 중립성

우리는 통화 공급의 변화가 재화 및 용역의 평균 물가수준의 변화로 어떻게 이어지는지 살펴보았다. 화폐상의 변화가 생산, 고용, 임금, 이자율 같은 변수에 어떤 영향을 미치는가? 이 문제는 경제학자들이 전부터 알고 싶어했던 사항이다.

명목변수
화폐적 단위로 측정한 변수

실질변수
물리적 단위로 측정한 변수

경제변수는 두 개 유형으로 분류될 수 있다. 첫 번째 유형은 화폐적 단위로 측정된 변수, 즉 명목변수(nominal variable)이다. 두 번째 유형은 물리적 단위로 측정된 변수, 즉 실질변수(real variable)이다. 예를 들어 옥수수 재배 농부의 소득은 화폐적 단위의 달러화로 나타내기 때문에 명목변수인 반면에, 이들이 생산한 옥수수의 수량은 물리적 단위인 (약 36리터에 해당하는) 부셸로 나타내기 때문에 실질변수이다. 명목 GDP는 경제의 재화 및 용역 생산량을 달러화 가치로 측정한 것이며, 실질 GDP는 재화 및 용역의 물리적 생산량을 측정한 것으로 재화 및 용역의 현재 가격에 의해 영향을 받지 않는다. 실질변수와 명목변수를 분리하는 것을 **고전파의 이분법**(classical dichotomy)이라고 한다. **이분법**이란 두 개 유형으로의 분리를 뜻하며, **고전파**란 이런 분리를 처음에 제안한 초기 경제사상가들을 말한다.

고전파의 이분법
명목변수와 실질변수의 이론적 분리

고전파의 이분법을 적용할 경우 가격에 보다 유의해야 한다. 대부분의 가격들은 화폐 단위로 표시되며, 따라서 명목변수이다. 옥수수 가격이 부셸당 2달러 또는 밀 가격이 부셸당 1달러라고 할 때, 두 가격은 모두 명목변수이다. 하지만 다른 물품 측면에서 환산한 물품의 가격, 즉 **상대가격**은 어떠한가? 이 예에서 옥수수 1부셸의 가격은 밀 2부셸이라고 할 수 있으며, 이런 상대가격은 화폐 단위로 측정되지 않는다. 어떤 두 재화의 가격을 비교할 때, 화폐 단위인 달러란 부호는 상쇄되어서 그에 따른 수치는 물리적 단위로 표시된다. 따라서 달러화로 표시된 가격은 명목변수인 반면에, 상대가격은 실질변수이다.

이것은 많은 경우에 적용된다, 예를 들어 (인플레이션에 대해 조정된 명목임금인) 실질임금은 실질변수인데, 그 이유는 사람들이 노동 1단위를 재화 및 용역으로 교환하는 비율을 측정하기 때문이다. 이와 유사하게 (인플레이션에 대해 조정된 명목이자율인) 실질이자율은 실질변수인데, 그 이유는 사람들이 현재의 재화 및 용역을 장래의 재화 및 용역으로 교환하는 비율을 측정하기 때문이다. 실마리가 되는 것은 강력한 단어인 '실질'이다. '실질'이라는 단어가 변수 앞에 추가되면, 해당 변수는 인플레이션에 대해 조정되면서 물리적 단위로 측정된다.

변수들을 이런 유형으로 분류하는 이유는 무엇인가? 상이한 요인들이 실질변수와 명목변수에 영향을 미치기 때문에, 고전파의 이분법이 유용하다. 고전파의 분석에 따르면, 명목변수들은 경제 내 화폐 시스템상의 변화에 의해 영향을 받지만 실질변수들은 영향을 받지 않는다.

이런 사고의 틀은 실제 경제에 대한 장기적인 논의에 암묵적으로 포함되어 있다. 이전 장들에서는 실질이자율, 실업에 관한 결정요인들을 살펴볼 때, 통화가 미치는 영향에 관한 논의를 하지 않고 검토했다. 이렇게 분석할 경우 경제의 재화 및 용역 생산량이 기술과 생산요소 공급에 달려 있고, 실질이자율은 대부자금의 공급과 수요를 균형시키고, 실질임금이 균형수준을 상회할 때 실업이 발생한다. 이런 결론은 통화 공급량과 아무런 상관이 없다.

고전파 이론에 따르면 통화 공급의 변화가 명목변수에는 영향을 미치지만, 실질변수에는 영향을 미치지 않는다고 한다. 중앙은행이 통화 공급을 두 배로 할 경우, 물가수준이 두 배가 되며 명목임금이 두 배가 되고 다른 모든 명목가치가 두 배가 된다. 생산, 고용, 실질임금, 실질이자율 같은 실질변수는 변화하지 않는다. 통화량의 변화가 실질변수와 관련이 없다는 주장을 **화폐의 중립성**(monetary neutrality)이라고 한다.

화폐의 중립성
통화 공급의 변화가 실질변수에 영향을 미치지 않는다는 주장

서로 닮은 상황을 비교해서 설명하면 화폐의 중립성을 설명하는 데 도움이 된다. 계산 단위로서의 화폐는 경제적 거래를 측정하는 데 사용되는 척도가 된다. 중앙은행이 통화 공급을 두 배로 할 경우, 모든 가격은 두 배가 되며, 계산 단위의 가치는 절반으로 하락한다. 정부가 1야드의 길이를 원래의 36인치에서 18인치로 축소시킬 경우 유사한 변화가 발생할 수 있다. 새롭게 짧아진 척도에 기초할 경우, 모든 **측정된** 거리(명목변수에 해당한다)는 두 배가 되지만 **실제** 거리(실질변수에 해당한다)는 동일하다. 길이를 나타내는 야드처럼 화폐 단위를 나타내는 달러가 측정 단위에 불과하므로, 달러가치의 변화는 실질효과가 없어야 한다.

화폐의 중립성은 현실적인가? 완벽하게 그렇지는 않다. 1야드의 길이가 36인치에서 18인치로 변화할 경우, 장기적으로는 문제가 되지 않지만 단기적으로는 혼란과 실수가 야기될 수 있다. 이와 유사하게 오늘날 많은 경제학자들은 1년 또는 2년 내와 같은 단기간에는 통화 공급의 변화가 실질변수에 영향을 미친다고 생각한다.(고전파 경제학자 자신들, 특히 데이비드 흄은 화폐의 중립성이 단기적으로 적용될지에 관해 역시 미심쩍게 생각했다) 이 책 뒷부분에서 단기적인 화폐의 비중립성에 대해 살펴볼 것인데, 이 주제는 연방준비제도가 시간이 흐름에 따라 통화 공급을 조절하는 이유를 설명하는 데 도움을 준다.

하지만 경제에 관한 고전파의 분석은 장기적으로 보면 근본적으로 옳다. 10년 동안에 통화 공급의 변화는 (가령 물가수준 같은) 명목변수에 상당한 영향을 미치지만 (가령 실질 GDP 같은) 실질변수에는 무시해도 될 정도의 영향을 미친다. 경제의 장기적인 변화에 대해 살펴볼 경우, 화폐의 중립성은 세상이 어떻게 작동하는지에 관해 상당히 좋은 설명을 제시한다는 사실을 알 수 있다.

14-1f 유통속도와 수량 방정식

화폐의 유통속도
화폐가 주인이 바뀌어 사람에서 사람으로 이동하는 빠르기 수준

화폐수량 이론에 관한 또 다른 관점에서 다음 질문을 생각해보자. 새롭게 생산된 재화 또는 용역에 대한 대가를 지불하기 위해 일반적인 달러 지폐는 일 년에 몇 번이나 사용되는가? 이 물음에 대한 답변은 **화폐의 유통속도**(velocity of money)라는 변수로 할 수 있다. 물리학에서 **속도**라는 말은 물체가 이동하는 빠르기를 말한다. 경제학에서 화폐의 유통속도는 일반적인 달러 지폐가 경제 내에서 사람으로부터 사람으로 이동하는 빠르기를 말한다.

화폐의 유통속도는 생산량의 명목가치(명목 GDP)를 화폐수량으로 나누어 계산할 수 있다. P를 물가수준(GDP 디플레이터), Y를 생산량(실질 GDP), M을 화폐수량이라고 하면, 화폐의 유통속도는 다음과 같다.

$$V = (P \times Y) / M$$

위의 식이 의미를 갖는 이유를 알아보기 위해, 피자만을 생산하는 단순한 경제를 생각해보자. 해당 경제는 1년에 100개의 피자를 생산하고, 1개 피자는 10달러에 판매되며, 경제 내 화폐수량은 50달러라고 가상하자. 그러면 화폐의 유통속도는 다음과 같다.

$$V = (10\text{달러} \times 100)/50\text{달러}$$
$$= 20$$

이 경제에서 사람들은 피자에 연간 총 1,000달러를 지출한다. 50달러의 화폐수량만으로 1,000달러 상당의 지출이 이루어지기 위해, 각 달러화는 주인이 바뀌어 연간 평균 20회 사람에서 사람으로 이동해야 한다.

약간 대수학적으로 재배열하면 다음과 같이 나타낼 수 있다.

$$M \times V = P \times Y$$

위의 식에 따르면, 화폐수량(M)에 화폐의 유통속도(V)를 곱한 것은 생산물의 가격(P)에 생산량(Y)을 곱한 것과 같다. 이를 수량 방정식(quantity equation)이라고 하는데, 그

수량 방정식
이 방정식은 $M \times V = P \times Y$이며, 이것은 화폐수량, 화폐의 유통속도, 경제의 재화 및 용역 생산량의 명목가치를 연계시킨다.

그림 3

명목 GDP, 화폐수량, 화폐의 유통속도

이 그림은 명목 GDP로 측정한 생산량의 명목가치, M2로 측정한 화폐수량, 이들 둘의 비율로 측정한 화폐의 유통속도를 보여준다. 비교하기 위해 이들 세 개 변수는 1959년이 100이 되도록 척도화했다. 명목 GDP와 화폐수량은 해당 기간에 상당히 증가한 반면에, 유통속도는 상대적으로 안정적이었다.

출처: U.S. Department of Commerce; Federal Reserve Board.

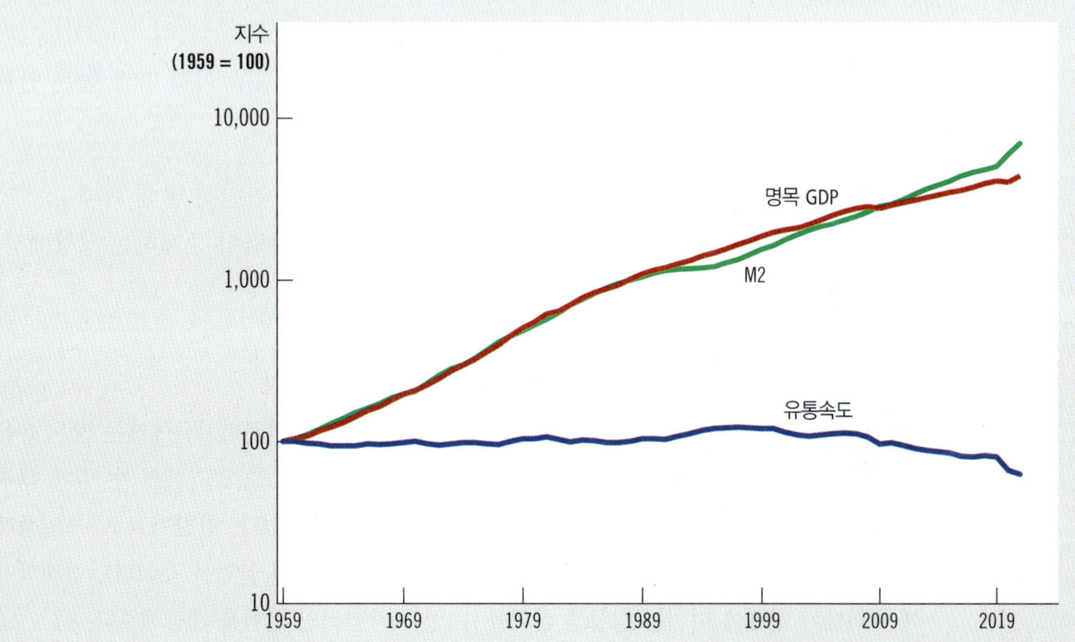

이유는 이 식이 화폐수량(M)을 생산량의 명목가치($P \times Y$)와 연계시켰기 때문이다. 이 수량 방정식에 따르면, 경제의 화폐수량이 증가할 경우 다른 세 가지 변수들 중 하나에 반영되어야만 한다. 즉, 물가수준이 상승해야만 하거나, 생산량이 증가해야만 하거나, 화폐의 유통속도가 하락해야만 한다.

많은 경우에 화폐의 유통속도는 적어도 다른 경제변수들과 비교해볼 때 상대적으로 안정적이라는 사실이 밝혀졌다. 예를 들어 그림 3은 1959년 이래로 미국 경제에서 명목 GDP, (M2로 측정한) 화폐수량, 화폐의 유통속도를 보여준다. 이 기간 동안 통화 공급과 명목 GDP는 둘 다 40배 이상 증가했다. 반면에 화폐의 유통속도는 정확하게 일정하지는 않지만 거의 변화하지 않았다. 어떤 목적을 위해 화폐의 유통속도가 일정하다고 보는 가정은 좋은 근사치라고 할 수 있다.

이제 우리는 균형 물가수준과 인플레이션율을 설명하는 데 필요한 모든 요소를 살펴보았다. 이들은 다음과 같다.

1. 화폐의 유통속도는 시간이 흐름에 따라 상대적으로 안정적이다.
2. 화폐의 유통속도가 안정적이기 때문에, 중앙은행이 화폐수량(M)을 변화시킬 경우 생산량의 명목가치($P \times Y$)는 비례적으로 변화한다.
3. 경제의 재화 및 용역 생산량(Y)은 생산요소(노동, 물적 자본, 인적 자본, 천연자원)의 공급과 이용할 수 있는 생산기술에 의해 결정된다. 특히 화폐는 중립적이기 때문에 생산량에 영향을 미치지 않는다.
4. 생산량(Y)은 생산요소 공급과 기술에 의해 고정되기 때문에, 중앙은행이 통화 공급(M)을 변화시키고 생산량의 명목가치($P \times Y$)가 비례적으로 변화할 때 이런 통화 공급의 변화는 물가수준(P)의 변화에 반영된다.
5. 따라서 중앙은행이 통화 공급을 급속하게 증가시킬 경우 이에 따라 높은 인플레이션율이 발생한다.

위의 다섯 가지 사항이 화폐수량 이론의 핵심적 본질이다. 간단히 말해 화폐수량 이론에 따르면 너무 적은 물품이 있는 데 비해 너무 많은 화폐수량이 존재하는 상황에서 인플레이션이 발생한다.

네 개의 초인플레이션 기간 동안의 화폐수량과 물가

지진은 사회에 엄청난 피해를 입힐 수 있지만, 지진학자들에게는 많은 유용한 데이터를 제공한다. 이들 데이터는 새로운 이론을 평가해볼 수 있게 해주며 사회가 장래의 위험을 예측하고 대처하는 데 도움을 줄 수도 있다. 마찬가지로, 초인플레이션을 겪어내기란 끔찍한 일이지만(나중에 이에 관해 더 자세히 살펴볼 것이다), 경제학자들에게 화폐가 경제에 미치는 영향을 살펴볼 수 있는 자연적인 실험을 제공해준다.

초인플레이션은 간단한 이유로 인해 흥미롭다. 통화 공급과 물가수준의 변화가 엄청나다. 초인플레이션은 일반적으로 **월간 50%를 상회하는 인플레이션**이라고 정의되며, 이는 1년 동안 물가수준이 100배 이상 상승한다는 것이다. 우리의 아이스크림 예로 돌아가보면, 이 인플레이션율이 의미하는 바는 2023년 여름에 구매했던 2달러짜리 아이스크림이 2024년 여름에 260달러가 된다는 것이다.

제1차 세계대전 이후 1920년대에 오스트리아, 헝가리, 독일, 폴란드에서 네 개의 고전적인 초인플레이션이 발생했다. 예를 들어 오스트리아에서 1922년 7월에서 1922년 8월까지 물가수준이 거의 두 배가 되었으며, 다음 달에 다시 두 배가 되었다. 비엔나 방문객은 "가격에 대해 말할 수조차 없었다. 한마디 말이 끝나기도 전에 가격이 다시 상승했다"고 말했다.

이들 초인플레이션에 관한 데이터는 화폐수량과 물가수준 사이에 존재하는 명백한 연결

그림 4

네 개의 초인플레이션 기간 동안의 화폐수량과 물가

이 그림은 네 개 초인플레이션 기간 동안의 화폐수량과 물가수준을 보여준다.(이들 변수는 **대수** 척도에 기초하여 그래프로 나타내었기 때문에 그래프상의 수직축 간격은 해당 변수의 **백분율** 변화와 같아진다는 사실에 주목하자) 각 경우에 화폐수량과 물가수준은 밀접하게 같이 변한다. 이들 두 변수 사이에 존재하는 강한 연관관계는 화폐수량 이론과 일치하며, 이 이론은 통화 공급의 증가가 인플레이션의 주요 원인이라고 본다.

출처: Adapted from Thomas J. Sargent, "The End of Four Big Inflations," in Robert Hall, ed., *Inflation* (Chicago: University of Chicago Press, 1983), pp. 41 – 93. 관련 자료는 각각 최초 관찰값이 100이 되도록 표준화되었다.

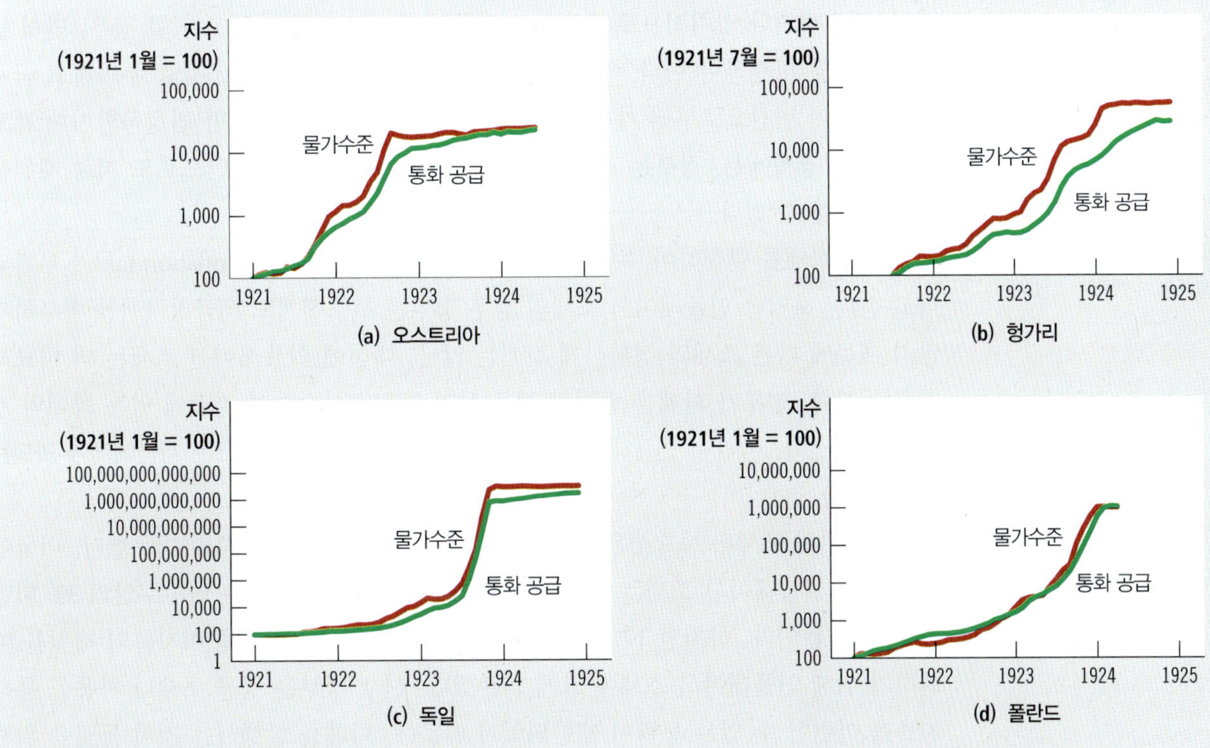

관계를 보여준다. 그림 4는 이들 각 경제에 대한 화폐수량과 물가수준을 보여준다. 통화 공급을 나타내는 선의 기울기는 화폐수량의 증가율을 나타내며, 물가수준을 나타내는 선의 기울기는 인플레이션율을 나타낸다. 이들 선이 가파를수록 화폐수량의 증가율 또는 인플레이션율이 더 높아진다.

각 그래프에서 화폐수량과 물가수준이 거의 평행하다는 사실에 주목하자. 각 예에서 화폐수량의 증가가 처음에는 적당하고 인플레이션도 그러하다. 그러나 시간이 지남에 따라 경제의 화폐수량이 더욱 빠르게 증가하기 시작했다. 거의 같은 시기에 인플레이션도 상승했다. 그러고 나서 화폐수량이 안정화될 때 물가수준도 역시 안정화된다. 이런 상황들은 **경제학의 열 가지 원리** 중 하나인 '정부가 너무 많은 통화를 발행할 경우 물가가 상승한다'는 사실을 보여준다. ●

14-1g 인플레이션 조세

인플레이션을 이와 같이 쉽게 설명할 수 있다면 일부 국가들이 초인플레이션을 겪는 이유는 무엇인가? 즉, 이들 국가의 중앙은행들이 그렇게 많은 통화를 발행하여 통화의 가치가 급속하게 하락하도록 하는 이유는 무엇인가?

이 물음에 대한 대답은 이들 국가의 정부들이 지출액을 마련하기 위해 통화를 창출하기 때문이다. 이들 정부가 도로나 학교를 건설하고자 하거나, 공무원 급여를 지불하거나, 불우하거나 정치적으로 유력한 사람들에게 이전지급을 하고자 할 경우, 먼저 필요한 자금을 마련해야 한다. 일반적으로 소득세와 판매세 같은 조세를 부과하고 국채를 매각하여 민간으로부터 차용함으로써 재원을 마련한다. 하지만 법정불환지폐 제도를 채택한 경제에서, 정부는 자신이 필요한 화폐를 발행하는 것만으로도 지출 재원을 역시 마련할 수 있다.

인플레이션 조세
정부가 화폐를 발행하여 조달하는 수입

정부가 화폐를 발행하여 수입을 마련할 경우, 인플레이션 조세(inflation tax)가 부과된다고 한다. 하지만 인플레이션 조세의 경우 정부는 누구에게도 세금청구서를 발부하지 않기 때문에 다른 조세와 정확하게 같지는 않다. 대신에 인플레이션 조세는 더 미묘하게 작동한다. 정부가 화폐를 발행할 경우 물가수준이 상승하여 지갑에 있는 화폐의 가치가 떨어진다. 따라서 **인플레이션 조세는 화폐를 보유하고 있는 모든 사람에게 부과되는 조세와 같다.**

인플레이션 조세의 중요성은 국가마다 그리고 시간이 지남에 따라 변동했다. 미국에서 최근에 인플레이션 조세는 수입의 작은 재원에 불과하다. 이는 연방수입의 3% 미만을 차지할 뿐이다. 하지만 1770년대에 신생 미국의 대륙의회는 군비지출의 재원을 마련하기 위해 인플레이션 조세에 크게 의존했다. 신생 정부는 정규 조세나 차용을 통해 지출을 마련할 수 있는 능력이 제한되었기 때문에, 화폐를 발행하는 것이 독립을 위해 전투하고 있는 병사들에게 보상해주는 가장 손쉬운 방법이었다. 화폐수량 이론이 예측한 것처럼, 이에 따라 높은 인플레이션율이 발생했다. 그 당시 발행된 대륙 달러로 측정된 물가는 몇 년 동안 백 배 이상 상승했다.

거의 모든 초인플레이션은 미국 독립혁명 기간 동안에 발생했던 초인플레이션과 동일한 패턴을 좇아간다. 정부는 많은 지출을 해야 하지만 조세 수입이 부족하고 차용할 수 있는 능력도 제한된다. 이런 지출에 대한 재원을 조달하기 위해 화폐를 발행하는 인쇄기에 의존하게 된다. 화폐수량이 대규모로 증가하면 이로 인해 대규모 인플레이션이 발생하게 된다. 정부가 인플레이션 조세의 필요성을 제거하는 정부 지출 삭감과 같은 재정개혁을 실시할 경우, 초인플레이션이 종식된다.

14-1h 피셔효과

화폐의 중립성 원리에 따르면 통화 증가율이 증대할 경우 인플레이션율을 상승시키지만 실질변수에는 영향을 미치지 않는다. 이것이 적용되는 중요한 경우는 화폐가 이자율에 미치는 영향과 관련된다. 이자율이 저축과 투자에 미치는 영향을 통하여 현재 경제와 장래 경제를 연계시키기 때문에, 경제학자들은 특히 이것에 관심을 갖는다.

화폐, 인플레이션, 이자율 사이의 관계를 이해하기 위해 명목이자율과 실질이자율 사이의 차이를 기억해보자. **명목이자율**은 여러분이 은행에 방문했을 때 듣게 되는 이자율이다. 여러분이 예를 들어 저축예금 계좌를 갖고 있다면, 명목이자율은 여러분의 계좌에 넣어둔 달러화가 시간이 지남에 따라 얼마나 신속하게 증가하는지를 알려준다. **실질이자율**은 여러분이 갖고 있는 저축예금 계좌의 실질 구매력이 시간이 지남에 따라 얼마나 신속하게 증가하는지를 알려주기 위해 명목이자율을 인플레이션이 미치는 영향에 대해 수정한 것이다. 실질이자율은 명목이자율에서 인플레이션율을 감한 것이다.

$$\text{실질이자율} = \text{명목이자율} - \text{인플레이션율}$$

예를 들어 은행이 명목이자율은 연간 7%라고 공시하고 인플레이션율은 연간 3%라면, 예금의 실질가치는 연간 4%만큼 증가한다.

위의 식을 다시 써서 명목이자율은 실질이자율과 인플레이션율의 합이라는 사실을 보여줄 수 있다.

$$\text{명목이자율} = \text{실질이자율} + \text{인플레이션율}$$

명목이자율을 이런 방식으로 나타낼 경우, 위의 식 오른편에 있는 두 개의 항 각각은 상이한 요인들에 의해 결정되기 때문에 유용하게 사용할 수 있다. 대부자금의 공급 및 수요가 실질이자율을 결정한다. 대부자금에서 공급 근원은 저축이고 수요 근원은 투자이다. 그리고 화폐수량 이론에 따르면 통화 공급의 증가가 인플레이션율을 결정한다.

통화 공급의 증가가 이자율에 어떤 영향을 미치는가? 화폐가 중립적인 장기에서 통화 증가의 변화는 실질이자율에 영향을 미치지 않아야 한다. 실질이자율이 변화하지 않기 위해, 인플레이션율의 변화는 명목이자율과 일대일 변화로 이어져야 한다. 따라서 **중앙은행이 통화 증가율을 증대시킬 경우, 장기적으로 인플레이션율과 명목이자율이 균등하게 증가한다.** 인플레이션율에 대한 명목이자율의 이런 조정을, 이에 관해 처음으로 연구한 경제학자 어빙 피셔(Irving Fisher, 1867~1947)의 이름을 따라 **피셔효과**(Fisher effect)라고 한다.

피셔효과
인플레이션율에 대한 명목이자율의 일대일 조정

피셔효과에 관한 이런 분석은 장기적으로 이루어졌다는 사실을 기억하자. 피셔효과가 단기적으로는 유지될 필요가 없는데, 그 이유는 인플레이션이 단기적으로는 기대될 수 없기 때문이다. 명목이자율은 대출에 대한 보상이며, 일반적으로 대출이 처음 이루어질 때 설정된다. 인플레이션 급등이 차용자와 대출자에게 느닷없이 엄습할 경우, 이들이 합의한 명목이자율은 급등한 인플레이션을 반영하지 못하게 된다. 하지만 인플레이션이 계속해서 높게 유지될 경우, 사람들은 결국 인플레이션을 예상하게 되어 대출 합의서에 설정된 명목이자율이 이런 예상치를 반영하게 된다. 따라서 정확히 말하면

그림 5 **명목이자율과 인플레이션율**

이 그림은 1960년 이후 연간 자료를 사용하여 3개월 만기 재무성 증권에 대한 명목이자율과 소비자 물가지수로 측정한 인플레이션율을 보여준다. 이들 두 변수 사이의 밀접한 연관관계는 피셔효과, 즉 인플레이션율이 상승할 경우 명목이자율도 그렇게 된다는 사실을 알려준다.

출처: U.S. Department of Treasury; U.S. Department of Labor.

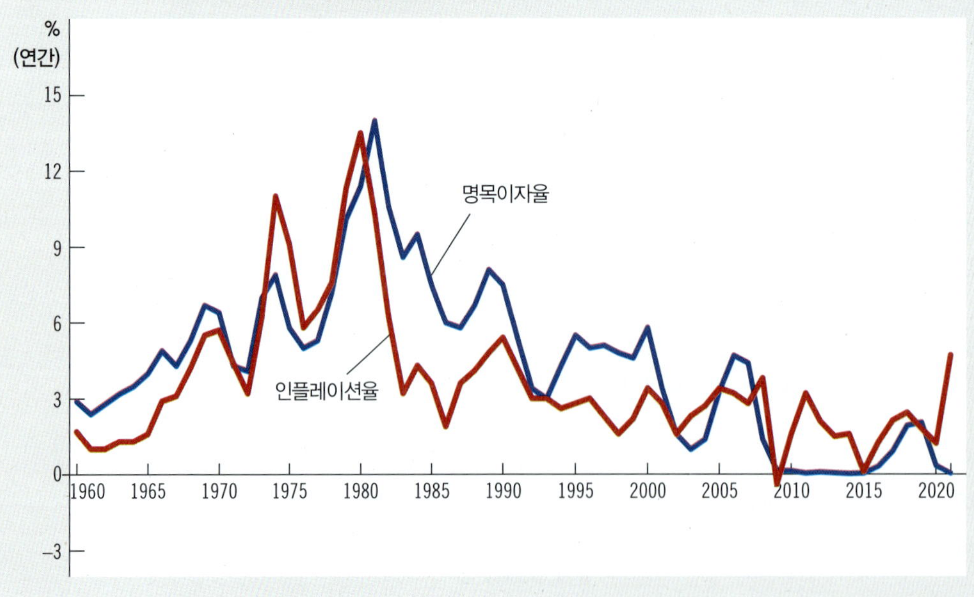

피셔효과는 명목이자율이 기대된 인플레이션에 조정되는 상황을 설명하는 것이다. 기대 인플레이션이 장기적으로는 실제 인플레이션과 함께 움직이지만, 단기적으로는 반드시 그런 것은 아니다.

피셔효과는 시간의 흐름에 따른 명목이자율의 변화를 이해하는 데 중요한 역할을 한다. 그림 5는 1960년 이래로 미국 경제의 명목이자율과 인플레이션율을 보여준다. 이들 두 변수 사이의 밀접한 연관관계가 명백하게 존재한다. 명목이자율이 1960년대 초부터 1970년대까지 상승했는데, 그 이유는 인플레이션이 이 기간 동안 상승했기 때문이다. 이와 유사하게 명목이자율이 1980년대 초부터 1990년대까지 하락했는데, 그 이유는 연방준비제도가 인플레이션을 통제했기 때문이다. 2010년대에는 명목이자율과 인플레이션율이 둘 다 역사적 기준에서 볼 때 낮았다.

Quiz

1. 화폐의 중립성에 관한 고전파의 원리에 따르면 통화 공급의 변화가 __________에 영향을 미치지 않는다고 보는데, 이 원리는 __________에서 가장 적합하다고 생각된다.
   a. 명목변수; 단기
   b. 명목변수; 장기
   c. 실질변수; 단기
   d. 실질변수; 장기

2. 명목 GDP가 400달러이고 실질 GDP가 200달러이며 통화 공급이 100달러인 경우, ________________.
   a. 물가수준은 1/2이고, 화폐의 유통속도는 2이다.
   b. 물가수준은 1/2이고, 화폐의 유통속도는 4이다.
   c. 물가수준은 2이고, 화폐의 유통속도는 2이다.
   d. 물가수준은 2이고, 화폐의 유통속도는 4이다.

3. 화폐수량 이론에 따르면, 수량 방정식에서 어떤 변수가 장기와 단기에 걸쳐 가장 안정적인가?
   a. 화폐
   b. 유통속도
   c. 물가수준
   d. 생산량

4. 정부가 대규모 재정 __________를 영위하고 중앙은행이 상당한 통화 __________을 통해 재원을 조달할 때, 초인플레이션이 발생한다.
   a. 적자; 수축
   b. 적자; 확장
   c. 흑자; 수축
   d. 흑자; 확장

5. 화폐수량 이론과 피셔효과에 따르면, 중앙은행이 통화 증가율을 증대시킬 경우 ________________.
   a. 인플레이션과 명목이자율이 둘 다 상승한다.
   b. 인플레이션과 실질이자율이 둘 다 상승한다.
   c. 명목이자율과 실질이자율이 둘 다 상승한다.
   d. 인플레이션, 실질이자율, 명목이자율이 모두 상승한다.

해답은 이 장의 끝부분에 있다.

14-2 인플레이션에 수반되는 비용

미국 인플레이션율이 연간 약 10%에 달했던 1970년대 말에 인플레이션은 경제정책에 관한 토론에서 주도적인 주제였다. 그리고 인플레이션이 낮을 때에도 면밀히 관찰되는 거시경제 변수이다. 어떤 연구에 따르면 인플레이션은 미국 신문에서 (2위인 실업과 3위인 생산성보다) 가장 자주 언급되는 경제용어이다.

인플레이션은 중대한 경제문제라고 생각되기 때문에 면밀히 관찰되고 폭넓게 논의가 이루어진다. 하지만 이것은 사실인가? 사실이라면 그 이유는 무엇인가?

14-2a 구매력의 하락? 인플레이션 오류

여러분이 대부분의 사람들에게 인플레이션이 나쁜 이유를 물어볼 경우, 그들은 분명한 답변 즉 인플레이션은 수고해서 번 돈의 구매력을 탈취해간다고 답변할 것이다. 물가가 상승할 때, 소득으로 더 적은 재화 및 용역을 구매할 수 있을 뿐이다. 그래서 인플레이션이 생활수준을 직접적으로 낮추는 것처럼 보일 수도 있다.

하지만 추가적으로 생각해보면 이 답변에서 오류를 밝혀낼 수 있다. 물가가 상승할 경우, 재화 및 용역의 구매자는 자신이 구매하는 것에 대해 더 많이 지불을 하게 된다. 하지만 동시에 재화 및 용역의 판매자는 자신이 판매하는 것에 대해 더 많은 대가를 얻게 된다. 대부분의 사람들은 예를 들면 자신의 노동처럼 용역을 판매함으로써 소득을 벌기 때문에, 소득에서의 인플레이션은 물가에서의 인플레이션과 함께 이루어진다. 인플레이션은 그 자체가 사람들의 실질 구매력을 낮추지는 않는다.

사람들은 화폐의 중립성 원리를 인식하지 못하기 때문에 인플레이션 오류를 믿게 된다. 연간 10% 상승한 급료를 받은 노동자는 이런 급료 인상을 자신의 재능과 노력에 대한 보상이라고 생각한다. 인플레이션율이 6%라서 급료 인상에 따른 실질가치가 4%로 낮아질 경우, 노동자는 기만당했다고 느낄 수 있다. 사실 실질소득은 물적 자본, 인적 자본, 천연자원, 이용할 수 있는 생산기술 같은 실질변수에 의해 결정된다. 명목소득은 이런 요소들과 전반적인 물가수준이 결합되어 결정된다. 연방준비제도가 인플레이션율을 6%에서 0%로 낮출 경우, 노동자의 연간 급료 인상은 10%에서 4%로 낮아진다. 이들이 인플레이션으로 인한 탈취감은 덜 느낄 수 있지만, 실질소득이 더 신속하게 증가하지는 않는다.

명목소득이 장기적으로 상승하는 물가와 보조를 맞춰 증가한다면, 인플레이션이 왜 문제가 되는가? 한 가지 답변만 존재하는 것은 아니라는 사실이 밝혀졌다. 대신에 경제학자들은 인플레이션에 수반되는 몇 가지 비용을 인지했다. 이들 각 비용은 지속적인 통화량 증가가 실질변수에 부작용을 일으키는 방식을 보여준다.

14-2b 구두창 비용

우리가 살펴본 것처럼, 인플레이션은 화폐 보유자에 대한 조세와 같다. 조세 자체는 사회에 비용이 되지 않는다. 많은 경우에 가계에서 정부로 자원이 이전될 뿐이다. 하지만 대부분의 조세는 사람들에게 조세 납부를 회피하기 위해 자신들의 행태를 변화시키려는 유인을 제공하며, 이런 유인의 왜곡으로 인해 사장된 손실이 발생한다. 이것은 인플레이션 조세에도 역시 적용된다. 사람들은 인플레이션 조세를 피하기 위해 희소한 자원을 낭비하기 때문에 사장된 손실이 발생한다.

인플레이션 조세의 납부를 어떻게 회피할 수 있는가? 인플레이션으로 인해 화폐의 실질가치가 감소하기 때문에, 더 적은 화폐를 보유함으로써 인플레이션 조세를 회피할 수 있다. 이렇게 하는 한 가지 방법은 은행에 더 자주 방문하는 것이다. 예를 들어 여러분은 4주마다 200달러를 인출하지 않고, 일주일에 한 번씩 50달러를 인출할 수 있다. 보다 자주 은행에 방문함으로써 이자가 발생하는 저축계좌에 더 많이 예치하고, 인플레이션으로 인해 가치가 감소하는 지갑 속에는 더 적은 화폐를 보유할 수 있다.

화폐 보유액을 줄이는 데 따른 비용을 인플레이션에 수반되는 **구두창 비용**(shoeleather cost)이라고 하는데, 이렇게 부르는 이유는 은행에 더 자주 방문함으로써 신발이 빠르게 마모되기 때문이다. 물론, 이 용어를 문자 그대로 받아들여서는 안 된다. 화폐 보유액을 줄이는 데 따른 실제 비용은 신발의 마모와 파손이 아니라 인플레이션이 없을 때보다 수중에 더 적은 화폐를 보유하기 위해 희생해야만 하는 시간과 편리성이다.

구두창 비용
인플레이션으로 인해 사람들이 화폐 보유액을 줄일 경우 낭비되는 자원

인플레이션에 수반되는 구두창 비용은 보통 적절한 인플레이션만 발생하는 미국 경제에서는 그 규모가 사소했다. 하지만 초인플레이션을 경험하는 국가에서는 이 비용이 확대될 수 있다. 초인플레이션 기간 동안 볼리비아에서 어떤 사람이 겪었던 경험은 다음과 같다.(1985년 8월 13일자 「월 스트리트 저널」에 실린 기사이다)

> 에드거 미란다씨는 교사 월급으로 2,500만 페소를 받으면, 잠시도 지체할 틈이 없었다. 매시간 페소화의 가치가 하락한다. 그래서 그의 부인은 시장으로 달려가 한 달치 쌀과 국수를 비축해놓는 동안, 그 자신은 남은 페소화를 들고 나가 암시장에서 달러화로 환전한다.
>
> 에드거 미란다씨는 오늘날 세계에서 가장 통제가 불가능한 인플레이션 와중에 생존의 제1 법칙을 실행하고 있다. 볼리비아는 폭주하는 인플레이션이 한 사회를 어떻게 훼손하는지 보여주는 사례가 되고 있다. 물가 상승이 굉장히 거대해서 이를 표현하는 숫자들은 이미 거의 이해하지 못할 정도가 되었다. 예를 들어 6개월 기간 동안 물가는 연율로 환산해서 38,000%를 치솟았다. 하지만 공식집계에 따르면, 지난해 인플레이션은 2,000%에 달했고 올해는 8,000%에 달할 것으로 예상되고 있다. 물론 다른 추정치들은 몇 배 더 높다. 볼리비아의 인플레이션율은 극심한 인플레이션의 또 다른 사례인 이스라엘의 370%와 아르헨티나의 1,100%를 낮게 보

> 이게 만든다.
>
> 38세의 에드거 미란다씨가 자신의 월급을 달러화로 신속하게 환전하지 않을 경우 그의 월급에 어떤 일이 발생할지는 더 쉽게 이해된다. 2,500만 페소를 받았던 그 날은 1달러가 500,000페소에 해당해서 50달러를 받았다. 며칠 후에는 환율이 900,000만 페소로 올라서 월급으로 27달러를 받았을 것이다.

위의 이야기가 보여주는 것처럼, 인플레이션에 수반되는 구두창 비용이 커질 수 있다. 높은 인플레이션하에서 에드거 미란다씨는 가치저장수단으로서 자국 통화를 보유하는 호사를 누릴 수 없다. 대신에 자신의 페소화를 보다 안정적인 가치저장수단의 역할을 해줄 재화나 미국 달러화로 전환시켜야만 한다. 에드거 미란다씨가 자신의 페소화 화폐 보유를 낮추기 위해 지출하는 시간과 노력은 낭비되는 자원이다. 통화당국이 저인플레이션 정책을 시행한다면, 에드거 미란다씨는 기꺼이 페소화를 보유하려 할 것이며, 자신의 시간과 노력을 보다 생산적인 용도에 투입할 수 있을 것이다. 사실 이 기사가 작성되고 얼마 안 있다가, 볼리비아의 인플레이션율은 보다 제한적인 통화정책으로 인해 상당히 하락했다.

14-2c 메뉴비용

대부분의 기업은 자사의 제품가격을 매일마다 변화시키지는 않는다. 대신에 기업은 종종 가격을 발표하고 몇 주, 몇 달, 심지어 몇 년 동안 그대로 놔둔다. 한 설문조사에 따르면, 일반적인 미국 기업들은 일 년에 약 한 번씩 가격을 변경한다고 한다.

메뉴비용
가격을 변화시키는 데 따른 비용

가격을 변경하는 데 비용이 소요되기 때문에 기업들은 드물게 가격을 변경한다. 가격 조정에 따른 비용을 메뉴비용(menu cost)이라고 하는데, 이는 새로운 메뉴표를 인쇄하는 데 따른 레스토랑의 비용에서 유래했다. 이 메뉴비용에는 새로운 가격을 결정하고, 새로운 가격표와 카탈로그를 인쇄하며, 이들 새로운 가격표와 카탈로그를 판매인과 고객들에게 보내고 새로운 가격을 광고하며, 가격 변화에 대한 고객들의 불만에 응대하는 데 따른 비용들이 포함된다.

인플레이션으로 인해 기업이 부담해야 하는 메뉴비용이 증가한다. 현대 미국 경제에서 보통 유지되었던 낮은 인플레이션 환경하에서 가격을 일 년에 한 번 조정하는 것은 많은 기업에 적절한 사업전략이다. 하지만 높은 인플레이션으로 인해 기업의 비용이 빠르게 상승할 경우, 일 년에 한 번씩 이루어지는 가격 조정은 실용적이지 않을 수 있다. 예를 들어 초인플레이션 동안 기업은 경제의 모든 가격과 단순히 보조를 맞추기 위해 매일마다 또는 훨씬 더 자주 가격을 변화시켜야만 한다.

14-2d 상대가격의 변동과 자원 배분의 왜곡

어떤 레스토랑이 매년 1월에 새로운 가격으로 수정한 새로운 메뉴를 인쇄하고 그해 남은 기간 동안 가격을 변경하지 않는다고 가상하자. 인플레이션이 없다면 이 레스토랑의 상대가격, 즉 경제의 다른 가격과 비교가 된 이 레스토랑의 식사 가격은 그해 내내 일정할 것이다. 하지만 인플레이션율이 연간 12%라면, 이 레스토랑의 상대가격은 매월 자동적으로 1%씩 하락할 것이다. 레스토랑의 상대가격은 새로운 메뉴가 인쇄된 직후인 처음 몇 달 동안 가장 높고, 나중 몇 달 동안 가장 낮다. 그리고 인플레이션율이 높아질수록 상대가격의 이런 변동성은 더 커지게 된다. 따라서 가격은 가끔씩만 변화하기 때문에 인플레이션으로 인해 상대가격은 인플레이션이 없었다면 발생했을 것보다 더 많이 변동하게 된다.

이것이 중요한 이유는 무엇인가? 그 이유는 시장경제가 희소한 자원을 배분하기 위해 상대가격에 의존하기 때문이다. 소비자들은 다양한 재화 및 용역의 품질과 가격을 비교하여 무엇을 구매할지 결정한다. 이런 결정을 통해서 소비자들은 희소한 생산요소들이 산업과 기업 사이에 어떻게 배분되도록 할지 결정하게 된다. 인플레이션으로 상대가격이 왜곡될 경우, 소비자 결정이 왜곡되어 시장은 자원을 최상의 용도로 배분하는 능력이 떨어지게 된다.

14-2e 인플레이션으로 인한 조세 왜곡

대부분의 조세는 유인을 왜곡하고, 사람들이 자신들의 행태를 변화시키도록 하며, 경제의 자원을 덜 효율적으로 배분되도록 한다. 인플레이션이 있는 경우 많은 조세들은 훨씬 더 문제가 된다. 그 이유는 입법자들이 세법을 마련할 때 인플레이션을 고려하지 못하기 때문이다. 세법을 연구하는 경제학자들은 인플레이션으로 인해 저축으로 얻은 소득에 대한 조세부담이 가중되는 경향이 있다고 결론을 내린다.

인플레이션이 저축을 억제하는지에 관한 한 가지 예로, 구매가격보다 더 높게 자산을 매도하여 얻은 이익, 즉 **자본이득**에 관한 조세처리를 들 수 있다. 1975년에 저축 중 일부를 사용하여 IBM 주식 한 주를 10달러에 매수하여 2020년에 이를 110달러에 매도했다고 가상하자. 세법에 따르면 100달러에 상당하는 자본이득을 얻은 것이며, 얼마나 많은 소득세를 납부해야 하는지 계산할 때 이 금액을 소득에 포함시켜야 한다. 하지만 1975년부터 2020년까지 전반적인 물가수준이 5배 증가했으므로, 1975년에 투자한 10달러는 (구매력 측면에서 보면) 2020년에 50달러가 된다. 따라서 110달러에 주식을 매도했을 때 단지 60달러(110달러−50달러) 상당의 실질이득(구매력 증대)을 얻었을 뿐이다. 하지만 세법은 인플레이션을 무시하고 100달러 상당의 이득에 대해 과세한다. 이런 방식으로 인플레이션은 자본이득의 규모를 과장하여, 별생각 없이 이런 유형의 소

표 1

인플레이션은 저축에 대한 조세부담을 어떻게 증가시키는가

0의 인플레이션하에서 이자소득에 대해 25%의 조세가 부과되는 경우, 실질이자율은 4%에서 3%로 감소한다. 8%의 인플레이션하에서 동일한 세율, 즉 25%의 조세가 부과되는 경우, 실질이자율은 4%에서 1%로 감소한다.

	경제 A (0의 인플레이션)	경제 B (높은 인플레이션)
실질이자율	4%	4%
인플레이션율	0	8
명목이자율 (실질이자율+인플레이션율)	4	12
25% 조세부과로 감소된 이자 (0.25×명목이자율)	1	3
조세부과 후 명목이자율 (0.75×명목이자율)	3	9
조세부과 후 실질이자율 (조세부과 후 명목이자율 − 인플레이션율)	3	1

득에 대한 조세부담을 증가시킨다.

또 다른 예로 이자소득에 대한 조세처리를 들 수 있다. 명목이자율의 일부는 인플레이션에 대한 보상일 뿐이지만, 소득세는 전부 받은 **명목**이자를 소득으로 처리한다. 이 효과를 알아보기 위해 표 1에 제시된 숫자적인 예를 생각해보자. 이 표는 두 개 경제를 비교하는데, 이들 두 경제는 모두 이자소득에 25%의 세율로 과세한다. 경제 A에서 인플레이션은 0%이며 명목이자율과 실질이자율은 둘 다 4%이다. 이 경우 이자소득에 대해 25% 과세하면 실질이자율은 4%에서 3%로 인하된다. 경제 B에서 실질이자율은 다시 4%이지만 인플레이션율은 8%이다. 피셔효과로 인해 명목이자율은 12%가 된다. 소득세는 이 전체 12%의 이자를 소득으로 처리하기 때문에, 이에 대해 25% 과세하면 조세부과 후 명목이자율은 9%에 불과하고, 8%의 인플레이션에 대해 수정을 하고 나면 조세부과 후 실질이자율은 1%에 불과하다. 이 경우 이자소득에 대해 25% 과세하면 실질이자율은 4%에서 1%로 인하된다. 조세부과 후 실질이자율이 저축하도록 하는 유인을 제공하므로, 저축은 물가가 안정적인 경제(경제 A)에서보다 인플레이션이 높은 경제(경제 B)에서 훨씬 덜 사람의 마음을 끈다.

명목 자본이득과 명목 이자소득에 대한 과세는 세법이 인플레이션과 어떻게 상호작용하는지를 보여주는 두 가지 예이다. 많은 다른 예들도 있다. 이런 인플레이션으로 인한 조세 변화 때문에, 인플레이션이 높아질수록 사람들이 저축하는 것을 억제하는 경향이 있다. 경제의 저축은 투자를 하기 위한 재원을 제공하며, 이는 다시 장기 경제 성장에 중요하다. 인플레이션으로 인해 저축에 대한 조세부담이 증가할 경우, 이는 경제의 장기 성장률을 떨어뜨리는 경향이 있다. 하지만 이런 효과의 크기에 관해 경제학자들 사이에 일치된 의견은 없다.

인플레이션을 제거하는 것 외에 이런 문제를 해결할 수 있는 한 가지 방법은 조세제도를 인플레이션에 연동시키는 것이다. 즉, 인플레이션 효과를 고려할 수 있도록 세법을 수정할 수도 있다. 예를 들어 자본이득의 경우에, 세법은 물가지수를 사용하여 매수가격을 조정해서 실질이득에 대해서만 과세할 수도 있다. 이자소득의 경우, 인플레이션을 단순히 보상해주는 이자소득 부분은 배제함으로써 실질 이자소득에만 과세할 수 있다. 미국에서 어느 정도 세법이 물가지수와 연동화되는 방향으로 변화되어 왔다. 예를 들어 소득세율이 변경되는 소득수준은 소비자 물가지수의 변화에 기초하여 매년 자동적으로 조정되고 있다. 하지만 예를 들면 자본이득과 이자소득의 조세처리처럼, 세법의 다른 많은 측면은 물가지수와 연동화되어 있지 않다.

이상적인 세계에서는 세법이 인플레이션으로 인해 어떠한 사람의 실질 조세부담도 변화시키지 않도록 작성되어야 한다. 하지만 실제 세계에서는 세법이 결코 완벽하지 못하다. 보다 완벽한 물가지수 연동화가 어쩌면 바람직할지 모르지만, 그로 인해 많은 사람들이 이미 번거롭게 생각하는 세법이 더욱 복잡해질지 모른다.

14-2f 혼돈과 불편

우리가 여론조사를 하면서 다음과 같은 질문을 한다고 가상해보자. '올해에는 1야드가 36인치입니다. 내년에는 얼마나 길어야 한다고 생각하십니까?' 사람들이 진지하게 생각한다면, 그들은 1야드가 계속해서 동일한 길이인 36인치여야 한다고 말할 것이다. 그 밖의 어떤 것도 단지 불필요하게 생활을 복잡하게 만들 뿐이다.

이것이 인플레이션에서 무슨 상관이 있는가? 경제의 계산 단위로서 화폐는 가격을 매기고 채무를 기록하기 위해 사용하는 것이다. 화폐는 경제 거래를 측정하는 척도이다. 연방준비제도는 일반적으로 사용되는 측정 단위의 신뢰성을 확보하는 것이 의무인 표준업무를 담당하는 정부기관과 약간 유사하다. 연방준비제도로 인해 인플레이션이 발생하게 되면, 계산 단위의 실질가치는 하락한다.

인플레이션에서 비롯된 혼란과 불편함에 따른 비용을 판단하기란 어렵다. 앞에서 살펴본 것처럼, 세법은 인플레이션이 존재하는 경우 실질소득을 정확하게 측정하지 못한다. 이와 유사하게 회계사들은 물가가 시간이 흐름에 따라 상승할 경우 기업들의 수입을 측정하는 데 어려움을 겪는다. 인플레이션으로 인해 상이한 시기의 화폐는 상이한 실질가치를 갖게 되므로, 기업의 수입에서 비용을 감한 차액인 이윤을 계산하는 것은 인플레이션이 급속히 진행되는 경제에서 더욱 복잡해진다. 따라서 어느 정도까지는 인플레이션으로 인해 성공적인 기업과 실패한 기업을 구분하기가 더욱 어려워지며, 이로 인해 경제의 자본을 최상의 용도로 배분하려는 금융시스템을 방해하게 된다.

14-2g 기대하지 못한 인플레이션에 수반되는 특별한 비용: 부의 임의적 재분배

지금까지 논의한 인플레이션에 수반되는 비용은 물가수준의 변화가 안정적이고 예측할 수 있더라도 발생한다. 하지만 인플레이션이 갑자기 발생할 때는 또 다른 비용이 수반된다. 기대하지 못한 인플레이션이 발생하는 경우 공헌한 정도나 필요와 전혀 상관없는 방법으로 부가 재분배된다. 경제의 많은 대출이 화폐의 계산 단위 측면에서 명시되기 때문에 이런 재분배가 발생한다.

다음과 같은 예를 생각해보자. 대학생 주혜가 대학에 다니기 위해 어떤 은행으로부터 7%의 이자율로 50,000달러의 대출을 받았다고 가상하자. 10년 후에 대출이 만기가 도래한다. 그녀의 채무는 7%의 이자율로 10년 동안 복리로 늘어나서, 은행에 100,000달러의 빚을 지게 된다. 하지만 이 채무의 실질가치는 10년 동안의 인플레이션에 달려 있다. 주혜가 운이 좋다면, 경제는 초인플레이션을 겪게 될 것이다. 이 경우 임금과 물가가 매우 높게 상승하여 주혜는 자신의 주머니에서 나가는 작은 금액으로도 100,000달러 상당의 채무를 상환할 수 있게 될 것이다.(하지만 초인플레이션은 다른 방법으로 주혜에게 피해를 줄 수 있다) 반면에 경제가 대규모 디플레이션을 겪게 된다면, 임금과 물가는 하락하게 되어 100,000달러 상당의 채무는 예상했던 것보다 더 큰 부담으로 바뀔 수 있다.

위의 예에 따르면, 물가의 기대하지 않은 변화로 인해서 부가 채무자와 채권자 사이에 재분배된다. 인플레이션이 높아질 경우 채무의 실질가치가 감소하기 때문에 은행의 희생하에 주혜가 부유하게 된다. 주혜는 기대했던 것보다 가치가 낮아진 화폐, 즉 달러화로 대출을 상환할 수 있다. 디플레이션의 경우, 채무의 실질가치가 높아지기 때문에 주혜의 희생하에 은행이 부유하게 된다. 이 경우 주혜는 기대했던 것보다 가치가 높아진 화폐, 즉 달러화로 대출을 상환해야 한다. 인플레이션을 예측할 수 있다면, 은행과 주혜는 대출에 대한 명목이자율을 설정할 때 인플레이션을 고려할 수 있을 것이다.(피셔효과를 기억하시오) 하지만 인플레이션을 예측하는 것이 어렵다면, 은행과 주혜는 둘 다 피해야 하는 위험을 안게 된다.

기대하지 못한 인플레이션에 따른 이런 비용을 생각할 때 다음과 같은 또 다른 추세를 고려하는 것이 중요하다. 즉 평균 인플레이션율이 높은 경우, 인플레이션은 특히 변동성이 크고 불확실하다. 이것은 서로 다른 국가들 사이에서 비교할 때 명백해진다. 예를 들면 20세기 후반 독일처럼 평균 인플레이션이 낮은 국가들은 안정적인 인플레이션을 겪는 경향이 있다. 라틴 아메리카의 많은 국가들처럼 평균 인플레이션이 높은 국가들은 불안정한 인플레이션을 겪는 경향이 있다. 높으면서 안정적인 인플레이션을 겪는 경제라고 알려진 예는 존재하지 않는다. 인플레이션의 수준과 변동성 사이에 존재하는 이런 관계는 인플레이션에 수반되는 또 다른 비용을 시사한다. 일국이 높은 인플레이션으로 이어지는 통화정책을 시행할 경우, 해당 국가는 높은 기대 인플레이션에 따른 비용뿐만 아니라 기대하지 못한 인플레이션과 연관된 부의 임의적 재분배도 감내해야 할 것이다.

14-2h 인플레이션이 나쁘지만, 디플레이션은 더 나쁠 수 있다

최근의 미국 역사에서 인플레이션이 하나의 표준이 되었다. 하지만 19세기 말과 1930년대 초처럼 이따금 물가수준이 하락하기도 했다. 1998년부터 2012년까지 일본은 전반적인 물가수준에서 4%의 하락을 겪었다. 따라서 인플레이션에 수반되는 비용에 관한 논의를 마무리하면서, 디플레이션에 수반되는 비용도 살펴볼 가치가 있다.

일부 경제학자들에 따르면 소규모이면서 예측할 수 있는 수준의 디플레이션은 바람직할 수 있다고 한다. 밀턴 프리드먼은 디플레이션으로 인해 (피셔효과를 통해) 명목이자율을 낮출 수 있고 명목이자율이 낮아지면 화폐 보유 비용이 감소할 수 있다는 사실을 지적했다. 그는 또한 화폐 보유에 따른 구두창 비용은 거의 영에 근접한 명목이자율에 의해 최소화되며, 이는 다시 디플레이션이 실질이자율과 같아지게 된다고 주장했다. 적당하게 완만한 디플레이션을 제안하는 이런 규범을 **프리드먼 규칙**이라고 한다.

하지만 디플레이션에 수반되는 비용 역시 발생한다. 이런 비용들 중 일부는 인플레이션에 수반되는 비용을 그대로 반영한다. 예를 들어 물가수준 상승으로 메뉴비용과 상대가격 변동성이 발생했던 것처럼, 물가수준이 하락하는 경우에도 그렇게 된다. 나아가 디플레이션은 실제로 밀턴 프리드먼이 말한 것과 같이 좀처럼 안정적이지 않고 예측 가능하지도 않다. 디플레이션은 보다 자주 갑자기 발생하며, 이로 인해 부가 채권자에게 이롭고 채무자에게 불리하게 재분배된다. 채무자들이 더 빈곤해지는 경향이 있기 때문에, 이런 부의 재분배는 특히 고통스럽다.

아마도 가장 중요한 점은 디플레이션이 종종 보다 광범위한 거시경제적 어려움에서 비롯된다는 것이다. 예를 들면 통화 긴축 같은 사건들로 인해 재화 및 용역에 대한 전반적인 수요가 감소할 때 가격 하락이 발생한다. 이렇게 총수요가 감소할 경우 소득이 감소하고 실업이 증가한다. 다시 말하면 디플레이션은 종종 보다 심각한 경제문제의 징후로 발생한다.

사례 연구

『오즈의 마법사』와 은화 자유주조 논쟁

1900년에 쓰인 어린이 동화책에 기반한 〈오즈의 마법사〉란 영화는 몇 년 동안 텔레비전과 비디오의 주요 상영물이 되었다. 영화와 동화책은 집에서 멀리 떨어진 곳에서 길을 잃어버린 어린 소녀 도로시에 관한 친숙한 이야기를 말해준다. 하지만 이 이야기가 심각한 디플레이션이 발생했던 기간인 19세기 말 미국 통화정책에 대한 풍자물이라고 일부 학자들이 믿고 있다는 사실을 여러분은 모를 수도 있다.

1880년부터 1896년 사이에 미국 경제의 물가수준은 23%만큼 하락했다. 이 사건은 기대하지 못한 것이었기 때문에 급격한 부의 재분배로 이어졌다. 미국 서부에 거주하는 대부분의 농부들이 채무자였으며, 이들의 채권자는 동부에 있는 은행들이었다. 물가수준이 하락했을 때 이 채무들의 실질가치는 상승했으며, 농부들의 희생하에 은행가들이 부유하게 되었다.

그 당시 미국의 인민당 정치인들에 따르면, 농부들이 갖고 있는 문제에 대한 해법은 은화 자유주조였다. 그 당시 미국은 금본위제를 채택하여 운영하고 있어서, 금의 수량에 따라 통화 공급과 물가수준이 결정되었다. 은화 자유주조를 옹호하는 사람들은 금 이외에 은이 화폐로 사용되기를 원했다. 이렇게 되면 통화 공급이 급격히 증가하고 물가수준이 상승하여 농부들의 채무부담이 감소하게 된다.

은화 자유주조에 관한 논쟁은 격렬해졌고 1890년대 정치의 핵심 사안이 되었다. 그 당시 인민당의 선거 슬로건은 다음과 같았다. "우리는 저당 잡힌 인생입니다. 우리가 행사하는 투표를 빼고 모든 것이 저당 잡혀 있습니다." 은화 자유주조를 옹호했던 유명 인사로는 1896년 미국 대선 후보 민주당 지명자였던 윌리엄 제닝스 브라이언을 들 수 있다. 그는 부분적으로 민주당 대선 후보 지명대회에서 했던 인상적인 연설 때문에 기억되고 있는데, 다음과 같이 연설했다. "가시 면류관을 노동자 계급의 머리에 씌우지 맙시다. 인류를 황금의 십자가에 못박지 맙시다." 그 이후로 여타 통화정책 방식에 관해 이렇게 시적으로 표현한 정치가는 거의 없었다. 그럼에도 불구하고 윌리엄 제닝스 브라이언은 공화당 후보 윌리엄 맥킨리에게 선거에서 졌으며, 미국은 계속 금본위제로 남게 되었다.

『오즈의 마법사』란 책을 쓴 저자인 프랭크 바움(L. Frank Baum)은 미국 중서부 지역의 언론인이었다. 그는 표면적으로는 어린이들을 위한 이야기를 썼지만, 이야기 속 등장인물들이 그 당시 주요한 정치적 싸움을 하고 있는 주인공 역할을 맡도록 의도했다. 경제사학자 휴 록오프(Hugh Rockoff)가 1990년에 「Journal of Political Economy」에 발표한 논문에서 이 이야기를 어떻게 해석했는지는 다음과 같다.

AF ARCHIVE/ALAMY STOCK PHOTO

일찌감치 이루어졌던 통화정책에 대한 논쟁 (영화 〈오즈의 마법사〉의 한 장면)

도로시: 전통적인 미국의 가치
토토: 금주주의자라고도 불리는 미국의 금주당(1869년 설립)
허수아비: 미국의 농부
양철 나무꾼: 미국의 산업 노동자
겁쟁이 사자: 윌리엄 제닝스 브라이언
먼치킨: 미국 동부의 주민(먼치킨 나라의 주민, 조금 키가 작고 파란색으로 된 것들만 착용)

동부의 사악한 마녀: 미국 대통령 그로버 클리블랜드(재임기간: 1885~1889년, 1893~1897년)
서부의 사악한 마녀: 윌리엄 맥킨리
마법사: 미국 공화당 의장 마커스 알론조 하나
오즈: ounce of gold의 약자(ounce는 금의 무게를 재는 단위)
노란색 벽돌이 깔려 있는 길: 금본위제

프랭크 바움의 이야기 끝부분에서 도로시는 집으로 돌아가는 길을 찾았지만, 그저 노란색 벽돌이 깔려 있는 길을 따라 가기만 하면 되는 것은 아니었다. 길고 위험한 여정을 거치고 난 후, 그녀는 마법사가 도울 수 없다는 사실을 깨닫게 되었다. 대신에 도로시는 신고 있던 은 구두의 마술적 힘을 알게 된다.(이 책이 1939년에 영화로 만들어졌을 때 도로시의 구두는 은에서 루비로 바뀌었다. 할리우드의 영화 제작자들은 19세기 통화정책에 관한 이야기를 말하는 것보다 컬러영화 제작기법인 테크니컬러의 새로운 기술을 과시하는 데 더 관심이 있었다)

미국의 인민당은 은화 자유주조를 달성하지는 못했지만, 결국에는 원했던 통화 확장과 인플레이션을 이룰 수 있었다. 1898년에 탐광업자들은 캐나다 유콘의 클론다이크강 근처에서 금을 발견했고, 남아프리카에서도 금광이 발견되어 금의 공급이 증가되었다. 따라서 미국과 금본위제를 운영하는 여타 국가들에서 통화 공급과 물가수준이 상승하기 시작했다. 15년 내에 미국의 물가는 1880년대에 유지되었던 수준으로 회복되었으며, 미국 농부들은 자신들의 채무를 더 잘 처리할 수 있게 되었다. ●

Quiz

6. 지속적인 인플레이션이 발생하더라도 대부분 사람들의 소득이 자동적으로 감소하지는 않는데, 그 이유는 ______________.
   a. 세법이 인플레이션과 완전히 연동되어 있기 때문이다.
   b. 사람들이 화폐를 덜 보유함으로써 인플레이션에 대응하기 때문이다.
   c. 임금 인플레이션이 가격 인플레이션과 함께 이루어지기 때문이다.
   d. 인플레이션이 높아질수록 실질이자율이 낮아지기 때문이다.

7. 어떤 경제가 연간 10%의 인플레이션을 언제나 겪게 될 경우, 해당 경제는 인플레이션에 수반되는 다음 비용 중 어느 것을 경험하지 않는가?
   a. 화폐 보유액 감소에 따른 구두창 비용
   b. 보다 빈번한 가격조정에 따른 메뉴비용
   c. 명목 자본이득에 부과되는 조세로 인한 왜곡
   d. 채무자와 채권자 사이에 이루어지는 부의 임의적인 재분배

8. 대부분의 대출은 _________ 조건으로 이루어지기 때문에, 기대하지 못한 인플레이션이 증가할 경우 _________에게 손해가 된다.
   a. 실질; 채권자
   b. 실질; 채무자
   c. 명목; 채권자
   d. 명목; 채무자

해답은 이 장의 끝부분에 있다.

시사 경제

초인플레이션이 진행되는 동안의 삶

인플레이션이 극심해질 경우, 인플레이션에 수반되는 비용이 극명하게 드러난다.

52,000%의 인플레이션은 일상에 어떤 영향을 미칠 수 있는가

브룩 라머(Brook Larmer)

나는 고무줄로 묶은 코르도바(니카라과 화폐) 현금 다발들을 채워 넣은 배낭을 짊어지고 마나과(니카라과 수도)의 빈 식당으로 걸어 들어갔다. 기대한 바대로 종업원은 나에게 현금 다발 모두를 건네라고 했다. 이것은 불법거래인 것처럼 보일 수 있었다. 하지만 이곳은 미국에서 훈련받은 콘트라 반군과의 전쟁이 종식되었던 1990년의 니카라과였으며, 나는 내 돈의 가치가 상실되기 전에 식사를 하려고 했을 뿐이다. 10년 동안의 게릴라 전쟁과 적자 지출로 인해 초인플레이션과 물자부족이란 소용돌이가 휘몰아쳤다. 메뉴판에 있는 두 개 식사만 주문이 가능했으며, 가격이 몇 주 만에 두 배가 되었다. 인플레이션이 연간 13,000%가 넘게 치솟자, 이제 음식점들은 종업원들이 돈을 세서 계산을 하는 데 필요한 시간을 충분히 확보하기 위해 선불을 요구했다. 내가 식사로 쌀과 콩을 먹고 있을 때 다른 식탁에서 두 명의 종업원이 지폐를 세고 있었다. 식삿값이 10달러도 되지 않았으나, 수백만 코르도바가 되었으며 종업원들이 지폐를 세는 작업을 마치기도 전에 나는 식사를 끝냈다.

초인플레이션은 변덕스럽게 발생하는 현상이다. 즉, 정부가 자신이 보유하지도 않은 돈을 지속적으로 지출하고(아니면 발행하고) 대중들이 그 과정에 대해 신뢰를 하지 않게 될 때 발생하는 파괴적인 현상이다. 곧 가치가 없어질 현금으로 가득 찬 배낭처럼 현실로 나타날 왜곡 상황은 어리석은 것처럼 보이고, 심지어 우스꽝스러운 것처럼 보인다. 하지만 초인플레이션이 국민들의 삶과 국가에 끼칠 수 있는 피해는 전혀 재미있지 않다. 존스 홉킨스 대학교 응용 경제학과 교수이자 초인플레이션 연구에 관한 저명한 전문가인 스티브 핸크(Steve Hanke)는 다음과 같이 말했다.(그는 또한 초인플레이션을 월간 50%의 인플레이션이 최소한 30일 동안 지속되는 상황이라고 정의했다) "여러분이 정부가 발행하는 화폐를 신뢰할 수 없다면 어떠한 것도 신뢰할 수 없다." 스티브 핸크 교수는 독일 바이마르 공화국부터 내가 니카라과에서 직접 경험한 상황까지 58개 사례의 초인플레이션을 연구했으며, 그가 연구한 초인플레이션은 사람들이 자신들의 삶이 달려 있는 기반 즉 화폐의 가치에 대한 신뢰를 상실하게 만드는 지진이었다.

불명예스러운 목록에 새롭게 추가되었고 미국 정부에 경각심을 불러일으킨 사례는 베네수엘라에서 발생한 위기 상황이었다. 세계에서 가장 풍부한 유전을 보유하고 있음에도 불구하고, 베네수엘라는 나아갈 방향을 잘못 관리하여 경제 재앙으로 이어졌다. 초인플레이션과 이와 동반해서 발생한 만성적인 식량 및 의약품 부족으로 인해 이 나라의 3,100만 국민 중 거의 모든 사람들이 빈곤에 빠졌다. 최근의 조사에 따르면 10명의 베네수엘라인들 중에서 9명이 충분한 식량을 구입할 만한 수입을 갖지 못했다고 한다. 전반적으로 베네수엘라인들은 평균 24파운드의 체중이 줄었다. 말라리아가 증가하고 범죄도 증가하고 있다. 베네수엘라를 빠져나갈 수 있는 사람들은 다 그렇게 하고 있다. 베네수엘라 의사의 절반 이상을 포함하여 230만 명 이상이 이 나라를 떠났다.

상황은 여전히 통제 불능 상태이다. 베네수엘라 경제는 2013년과 2017년 사이에 35%나 축소되었으며, 경제학자들은 2018년에 추가적으로 18% 위축될 것이라고 예측한다. 보수 유지 및 신규투자 부족으로 인해 어려워진 석유생산은 7월에 거의 70년 만에 최저치로 떨어졌다. 스티브 핸크 교수에 따르면 지난 12개월 동안의 인플레이션율이 52,000%에 이르렀다고 한다. 혼란으로 인해 전 지역에 위험이 번지고 있다. 존스 홉킨스 대학교의 고등 국제대학원(SAIS) 라틴 아메리카 연구 책임자인 브라질 출신 경제학자 모니카 데 볼레(Monica de Bolle)는 다음과 같이 말했다. "베네수엘라는 수십 년 만에 아메리카 대륙에서 가장 심각한 경제적, 인도주의적, 정치적 위기를 불러일으켰다. 우리는 많은 위기를 겪어 왔다. 이 지역에서 이와 같은 위기는 한 번도 없었다."

거의 1세기 전에 블라디미르 레닌은 초인플레이션이 "자본주의의 근본 정신을 절멸시키는 가장 간단한 방법"이라고 말한 것으로 「뉴욕타임스」에 인용되었다. 만일 어떤 국가가 실질가치가 있는 어떤 것이라도 연

14-3 결론

이 장에서는 인플레이션이 발생하는 원인과 그에 수반되는 비용에 대해 논의했다. 대폭적이거나 지속적인 인플레이션이 발생하는 주요 원인은 통화량의 증가이다. 중앙은

계되지 않는 높은 액면가 지폐로 넘쳐나게 되어, "돈으로 아무것도 사지 못하게 될 것이라는 사실을 깨닫게 되면 사람들은 더 이상 돈을 쌓아두지 않을 것이며, 자본주의 국가가 기반을 두고 있는 돈의 가치와 위력에 대한 커다란 환상이 확실하게 파괴될 것이다"라고 레닌은 추론했다.

레닌의 이런 사악한 생각은 제1차 세계대전 직후 신경이 예민하게 곤두선 시기에 거의 예언적인 것처럼 보였다. 독일 바이마르 공화국은 차입한 자금으로 패전한 전쟁의 전비를 상환하는 도박을 무모하게 감행했다. 빚에 파묻히고 1921년에 승리한 동맹국들에게 배상금을 지불하도록 강요받은 독일은, 지폐를 발행하여 가장 악명 높은 초인플레이션을 촉발하게 되었다. 1923년 후반에는 물가가 대략 3일 반마다 두 배가 되었으며, 한때 1달러의 가치는 6조 7,000억 독일 마르크에 달했다. 제2차 세계대전 종전 후 훨씬 더 심각한 초인플레이션이 발생했으며, 그때 헝가리는 전후 회복의 재원을 조달하기 위해 더욱 높은 액면가의 지폐를 계속 발행했다. 기록상 가장 빠른 초인플레이션이 발생했다. 1946년 7월 정점에 도달했을 때, 물가는 15시간마다 두 배가 되었다.

전쟁이 종종 초인플레이션에서 촉매적 역할을 하기는 하지만 이것만이 작동하는 경우는 거의 없다. 1990년대 초 이런 현상이 전쟁과 소련의 붕괴에 직면하고 있던 동유럽의 국가들(유고슬로비아, 보스니아, 헤르체코비나, 아르메니아)에게 엄습해왔다. 10년 후 짐바브웨에서는 농업 생산량이 오랫동안 하락했음에도 불구하고 로버트 무가베 정권은 관료조직에게 급료를 지급하고 자신들의 주머니를 채우기 위해 화폐를 발행했다. 무가베 대통령이 2007년 인플레이션이 불법이라고 했을 때, 사람들은 자신들의 현금에 대한 신뢰를 상실했다. 1년 여에 인플레이션이 796억% 치솟았으며, 이렇게 물가가 높아지자 짐바브웨 정부가 발행한 100조 달러짜리조차도 발행된 후 곧 쓸모없는 기념품이 되었다.

일부 사람들이 생각하는 것처럼, 초인플레이션은 단순히 상황이 나빠진 인플레이션이 아니다. 그것은 경제학만큼이나 정치학, 심리학에 의해 주도되는 전혀 다른 짐승과 같은 것이다. 정부가 자신의 재정능력을 훨씬 뛰어넘어서 계속 지출을 하는(아니면 화폐를 발행하는) 것은 전비를 조달하거나 선거에서 승리하거나 국민들을 달래 인기를 얻으려는 여부에 관계없이 정치적인 결정이다. 이런 절제되지 않은 통화관리가 견제를 받지 않게 되면 식량부족, 물가상승, 통화의 평가절하라는 악순환으로 이어진다. 가장 큰 타격을 받는 계층은 (자신들의 부를 부동산, 주식, 상품에 투자하는) 부자들이 아니라 중산층이며, 이들 계층은 초인플레이션으로 인해 그 가치가 급격히 하락하는 현지 통화로 지급된 급여, 저축, 연금에 의존한다.

베네수엘라가 혼돈에 빠진 것은 분쟁이나 자연재해 때문이 아니다. 사우디아라비아도 능가하는 확인 매장량 3,000억 배럴을 보유한 베네수엘라는 부유하게 살아야만 한다. 하지만 외국 기업들에 의해 주도되었던 이 국가의 초창기 석유 경기 활황으로는 산발적인 발전만 이루어졌을 뿐이다. 우고 차베스가 1998년 대통령에 당선되었을 때, 그는 국민에게 권력과 부를 주겠다고 맹세했다. 석유가격의 지속적인 상승에 힘입어 그는 석유기업을 국유화하고 석유 수입을 복지 프로그램 및 식량 수입에 쏟아부었다. 빈곤과 실업률이 절반으로 감소했다. 2008년 석유가격이 폭락했을 때 우고 차베스는 아무런 변화가 없는 것처럼 지출을 그대로 유지했다. 심지어 2013년 그가 사망한 이래로, 후계자 니콜라스 마두로는 우고 차베스가 시행했던 정책을 두 배로 강화했으며 심지어 반대파를 폭력적으로 억압하기조차 했다.

니콜라스 마두로가 권좌에 있는 한 새로운 시대가 시작될 것 같지는 않다. 그는 지출 삭감과 볼리바르(베네수엘라의 통화)를 견고한 외국 화폐와 연계시키는 정책처럼 경제적 균형을 회복할 수 있는 조치를 취하는 데 전혀 관심을 보이지 않고 있다. 미국 정부는 정권 교체에 관해 공공연하게 말하고 있지는 않다. 하지만 니콜라스 마두로에 대한 가장 큰 위협은 미국 법원에서 진행되고 있는 Citgo 석유회사(베네수엘라가 대부분 소유)에 대한 일련의 민사소송들이다. 베네수엘라가 소유한 기업은 이 정권이 외화를 얻을 수 있는 가장 큰 창출원이며 채권자들이 추적할 수 있는 유일한 자산이다. 이 소송들을 통해 차베스 정권이 단행한 국유화로 인해 손해를 보았다는 주장이 받아들여질 경우 니콜라스 마두로의 주요 생명선이 끊어질 수도 있다. 모니카 데 볼레는 다음과 같이 말했다. "자금이 사라지면, 지지도 사라지고 정권은 무너지게 된다." 베네수엘라인들이 수중에 있는 화폐를 신뢰할 수 없는 악몽에서 벗어날 수 있을 것처럼 보인다. ■

논의 사항

1. 이 기사는 베네수엘라의 초인플레이션이 경제 위축과 함께 발생했다고 말한다. 생산량 감소는 초인플레이션에 어떻게 기여하는가? 초인플레이션은 생산량 감소에 어떻게 기여하는가?
2. 정치인들이 초인플레이션으로 이어지는 정책을 시행하는 이유가 무엇이라고 생각하는가?

출처: *New York Times*, November 4, 2018.

행이 대규모로 통화를 창출할 경우, 화폐가치는 급속하게 하락한다. 안정적인 물가수준을 유지하기 위해 중앙은행은 통화 공급의 증가를 제한해야만 한다.

인플레이션에 수반되는 비용은 포착하기가 더 어렵다. 이런 비용에는 구두창 비용,

메뉴비용, 상대가격의 변동성 증가, 조세부담의 의도하지 않은 변화, 혼돈과 불편, 부의 임의적 재분배가 포함된다. 이들 비용은 전체로 볼 때 규모가 큰가 아니면 작은가? 모든 경제학자들은 이들 비용이 초인플레이션 기간 동안에 매우 크다는 데 동의한다. 하지만 물가가 연간 10% 미만으로 증가하는 완만한 인플레이션 기간 동안에 이들 비용의 규모는 논의의 여지가 있다.

이 장에서 인플레이션에 관한 가장 중요한 교훈들 중 많은 것을 살펴보았지만, 분석이 완벽하지는 않았다. 중앙은행이 통화 증가율을 낮출 경우, 화폐수량 이론이 시사하는 것처럼 물가는 덜 빠르게 상승하게 된다. 하지만 경제가 더 낮은 인플레이션율로 전환되어 감에 따라, 통화정책의 이런 변화는 어쩌면 생산과 고용을 저해할지 모른다. 즉, 통화정책이 장기적으로 중립적이긴 하지만 단기적으로는 실질변수에 충분한 영향을 미치게 된다. 이 책 뒷부분에서 인플레이션의 원인과 본질에 대한 이해를 높이기 위해 단기적인 화폐 비중립성이 발생하는 이유를 살펴볼 것이다.

요약

- 경제의 전반적인 물가수준은 통화 공급과 통화 수요가 균형을 이루도록 조정된다. 중앙은행이 통화 공급을 증가시킬 경우 물가수준이 상승하게 된다. 통화량이 지속적으로 증가할 경우 지속적인 인플레이션으로 이어진다.
- 화폐의 중립성 원리에 따르면 통화량의 변화는 명목변수에 영향을 미치지만 실질변수에는 영향을 미치지 않는다. 대부분의 경제학자들은 화폐의 중립성이 대략적으로 경제의 장기적인 행태를 설명한다고 믿고 있다.
- 정부는 간단히 화폐를 발행하여 정부 지출의 일부에 충당할 수 있다. 국가가 이런 '인플레이션 조세'에 과중하게 의존할 경우, 결과적으로 초인플레이션이 발생하게 된다.
- 화폐의 중립성 원리가 적용된 한 예로 피셔효과를 들 수 있다. 즉, 기대 인플레이션율이 증가할 때 명목이자율도 동일한 규모만큼 증가해서 실질이자율은 동일하게 유지된다.
- 많은 사람들은 자신들이 구입하는 것의 비용을 상승시키기 때문에 인플레이션으로 인해 더 가난해진다고 생각한다. 인플레이션으로 인해 명목소득도 증가하기 때문에 이런 생각은 오류이다.
- 경제학자들은 인플레이션에 수반되는 여섯 가지 비용으로, 화폐 보유액을 줄임으로 인한 구두창 비용, 가격의 보다 빈번한 조정과 관련된 메뉴비용, 상대가격의 증대된 변동성, 세법의 물가에 대한 비연동화로 인해 발생하는 조세부담의 의도하지 않은 변화, 계산 단위의 변화로 인한 혼돈과 불편, 채무자와 채권자 사이에 발생하는 부의 임의적 재분배를 든다. 이런 비용 중 대부분이 초인플레이션이 진행되는 동안에는 규모가 커서 명백해지지만, 완만한 인플레이션이 진행되는 동안에는 규모가 작아서 덜 명백하게 드러난다.

주요 개념

화폐수량 이론 357
명목변수 358
실질변수 358
고전파의 이분법 359
화폐의 중립성 359
화폐의 유통속도 360
수량 방정식 361
인플레이션 조세 364
피셔효과 366
구두창 비용 369
메뉴비용 370

복습용 질문

1. 물가수준의 상승이 화폐의 실질가치에 어떤 영향을 미치는지 설명하시오.
2. 화폐수량 이론에 따르면, 통화량의 증가가 미치는 영향은 무엇인가?
3. 명목변수와 실질변수의 차이를 설명하고, 각 변수의 두 가지 예를 제시하시오. 화폐의 중립성 원리에 따르면, 통화량의 변화에 의해 어떤 변수가 영향을 받는가?
4. 어떤 의미에서 인플레이션은 조세와 같은가? 인플레이션을 조세로 생각할 경우 초인플레이션을 설명하는 데 어떤 도움을 주는가?
5. 피셔효과에 따르면 인플레이션율이 증가할 경우 이는 실질이자율과 명목이자율에 어떤 영향을 미치는가?
6. 인플레이션에 수반되는 비용은 무엇인가? 이들 비용 중 어느 것이 미국 경제에 가장 중요하다고 생각하는가?
7. 인플레이션이 기대한 것보다 낮다면, 채무자와 채권자 중에서 누가 이득을 보는가? 설명하시오.

문제와 응용

1. 올해의 통화 공급이 5,000억 달러, 명목 GDP가 10조 달러, 실질 GDP가 5조 달러라고 가상하자.
   a. 물가수준은 얼마인가? 화폐의 유통속도는 얼마인가?
   b. 화폐의 유통속도가 일정하고 재화 및 용역의 경제 생산량이 매년 5%만큼 증가한다고 가상하자. 연방준비제도가 통화 공급을 일정하게 유지한다면 내년 명목 GDP와 물가수준은 어떻게 되는가?
   c. 연방준비제도가 물가수준을 안정적으로 유지하고자 한다면, 내년에 통화 공급을 어떻게 설정해야 하는가?
   d. 연방준비제도가 10%의 인플레이션을 원한다면, 내년에 통화 공급을 어떻게 설정해야 하는가?
2. 은행 규제가 변화하면서 신용카드의 이용도가 확장되었으며, 이로 인해 사람들이 더 적은 현금을 보유하게 되었다고 가상하자.
   a. 이것은 통화 수요에 어떤 영향을 미치는가?
   b. 연방준비제도가 이런 상황에 대응하지 않는다면, 물가수준은 어떻게 되는가?
   c. 연방준비제도가 물가수준을 안정적으로 유지하고자 한다면, 어떻게 해야 하는가?
3. 연방준비제도가 영의 인플레이션을 달성하도록 노력해야 한다고 이따금 사람들은 주장한다. 화폐의 유통속도가 일정하다고 가정할 경우, 이런 영의 인플레이션 목표를 달성하기 위해 통화 증가율은 영과 같아야 하는가? 만일 그렇다면, 그 이유를 설명하시오. 만일 그렇지 않다면, 통화 증가율이 얼마가 되어야 하는지 설명하시오.
4. 일국의 인플레이션율이 급격하게 상승한다고 가정하자. 화폐 보유자에 대한 인플레이션 조세는 어떠한가? 저축예금 계좌로 보유한 부가 인플레이션 조세의 변화에 영향을 받지 않는 이유를 설명하시오. 저축예금 계좌 보유

자가 인플레이션 상승으로 인해 피해를 입게 되는 상황을 생각해볼 수 있는가?

5. 단지 두 사람으로 구성된 경제에서 인플레이션이 미치는 영향을 생각해보자. 두 사람은 콩을 재배하는 농부 동하와 쌀을 경작하는 농부 수진이다. 동하와 수진이 둘 다 언제나 동일한 양의 콩과 쌀을 소비한다. 2022년에 콩 가격은 1달러이고, 쌀 가격은 3달러이다.
   a. 2023년에 콩 가격은 2달러이고 쌀 가격은 6달러이다. 인플레이션은 얼마인가? 이런 가격 변화로 동하는 상황이 나아졌는가, 나빠졌는가 아니면 영향을 받지 않았는가? 수진이는 어떠한가?
   b. 이제는 2023년에 콩 가격이 2달러이고 쌀 가격이 4달러라고 가상하자. 인플레이션은 얼마인가? 이런 가격 변화로 동하는 상황이 나아졌는가, 나빠졌는가 아니면 영향을 받지 않았는가? 수진이는 어떠한가?
   c. 마지막으로 2023년에 콩 가격이 2달러이고 쌀 가격이 1.50달러라고 가상하자. 인플레이션은 얼마인가? 이런 가격 변화로 동하는 상황이 나아졌는가, 나빠졌는가 아니면 영향을 받지 않았는가? 수진이는 어떠한가?
   d. 전반적인 인플레이션 또는 콩과 쌀의 상대가격 중에서 어느 것이 동하와 수진이에게 더 중요한가?

6. 세율이 40%라고 가정하고, 다음의 각 경우에 대해 세전 실질이자율과 세후 실질이자율을 계산하시오.
   a. 명목이자율은 10%이고, 인플레이션율은 5%이다.
   b. 명목이자율은 6%이고, 인플레이션율은 2%이다.
   c. 명목이자율은 4%이고, 인플레이션율은 1%이다.

7. 화폐가 경제에서 세 가지 기능을 수행한다는 사실을 기억하자. 이들 기능은 무엇인가? 인플레이션은 이들 각 기능을 수행하는 화폐의 능력에 어떤 영향을 미치는가?

8. 사람들은 인플레이션이 3%가 될 것이라고 기대했지만, 사실은 물가가 5%만큼 상승했다고 가상하자. 이 기대하지 못한 높은 인플레이션은 다음의 경우에 어떻게 도움이 되는가 아니면 어떻게 손해를 미치는가?
   a. 정부
   b. 고정이자율의 주택담보 대출을 갖고 있는 주택 소유자
   c. 노동계약 2년차에 있는 노동조합 가입 노동자
   d. 기부금의 일부를 국채에 투자한 대학

9. 다음 진술이 참인지, 거짓인지 아니면 확신하지 못하는지 여부를 설명하시오.
   a. "인플레이션은 차용자에게 손해를 주고 대출자에게 도움을 주는데, 그 이유는 차용자가 더 높은 이자율을 지급해야 하기 때문이다."
   b. "전반적인 물가수준은 변하지 않는 방식으로 가격들이 변화할 경우, 어떤 사람도 상황이 나아지거나 나빠지지 않는다."
   c. "인플레이션이 노동자 대부분의 구매력을 낮추지는 않는다."

Quiz 해답

1. d 2. d 3. b 4. b 5. a 6. c 7. d 8. c

Chapter

15

총수요 및 총공급 모형

침체기
실질소득이 감소하고 실업이 증가하는 기간

불황
심각한 침체기

경제활동은 매년 변동한다. 대부분 연도에 재화 및 용역 생산이 증가한다. 경제활동인구의 증가, 자본량의 증대, 기술지식의 진보로 인해 경제는 시간이 흐름에 따라 점점 더 많이 생산할 수 있다. 평균적으로 볼 때, 지난 반세기 동안 실질 GDP로 측정한 미국 경제의 생산은 연간 약 3%씩 성장했다.

하지만 일부 연도에서는 경제가 확장되는 대신에 축소된다. 기업들은 자신들이 제의한 재화 및 용역을 모두 판매할 수 없다는 사실을 깨닫게 되면 생산을 줄이게 된다. 그렇게 되면 노동자들은 해고되고 실업이 만연하며 공장들은 유휴상태가 된다. 경제가 재화 및 용역을 더 적게 생산하게 되면, 실질 GDP와 다른 소득 측정치들이 감소한다. 소득이 감소하고 실업이 증가하는 기간을 침체기(recession)라고 한다. 이런 상황이 심각할 때 이를 때때로 불황(depression)이라고 한다.

2008년과 2009년에 미국 경제는 이제 '대침체'라고 부르는 경기후퇴를 경험했다. 2007년 4분기부터 2009년 2분기까지 실질 GDP

는 4.0%만큼 감소했다. 실업률은 2007년 5월 4.4%에서 2009년 10월 10.0%로 상승했는데, 이는 지난 25여 년 동안에 가장 높은 수준이었으며, 그 후 3년 동안 8% 이상 수준에 머물렀다. 놀랄 것도 없이 이 기간에 졸업한 학생들은 좋은 일자리를 구하기가 어려웠다.

그다음 경기 침체는 코로나 바이러스 감염증 대유행 기간인 2020년에 발생했는데, 이번에는 침체가 더 신속하고 더 가파르게 이루어졌다. 실질 GDP는 2019년 4분기부터 2020년 2분기까지 10%만큼 감소했다. 실업은 2020년 2월 3.5%에서 단 두 달 후 14.8%로 치솟았다. 이번에는 경제가 신속하게 되돌아왔다. 2021년 12월 실업률은 3.9%로 돌아왔고, 구인 공고 수는 기록적인 최고치에 달했다.

무엇이 경제활동의 단기적인 변동을 일으키는가? 소득이 감소하고 실업이 증가하는 기간을 방지하기 위해 공공정책이 할 수 있다면 무엇을 할 수 있는가? 경기 후퇴가 발생했을 때 정책 입안자들은 그 기간과 심각성을 어떻게 줄일 수 있는가? 이제는 이 문제들에 관해 살펴볼 것이다.

분석의 중심에 있는 변수들은 이전 장들에서부터 익히 알고 있는 것들이다. 여기에는 GDP, 실업, 이자율, 물가수준이 포함된다. 정책수단인 정부 지출, 조세, 통화 공급도 잘 알고 있는 것들이다. 이전에 했던 논의와 다른 점은 시간적 범위이다. 지금까지 우리 목표는 이런 변수들의 행태를 장기적으로 설명하는 것이었다. 이제 우리 목표는 장기적인 추세에서 벗어나는 이들 변수의 단기적인 일탈을 설명하는 것이다. 다시 말해 세대 간 경제 성장을 설명하는 요인에 초점을 맞추는 대신에 이제는 연간 발생하는 경제 변동을 설명하는 요인에 관심을 갖는다.

경제학자들이 단기적인 변동을 어떻게 가장 잘 설명할 수 있는지에 대해 논의하고 있지만, 대부분은 **총수요 및 총공급** 모형을 사용한다. 이 장에서는 이 모형의 두 가지 부분인 총수요곡선과 총공급곡선을 소개할 것이다. 하지만 먼저 경제의 상승과 하강을 설명하는 일부 사실을 살펴본다.

15-1 경제 변동에 관한 세 가지 기본 사실

경제활동의 단기적인 변동은 모든 국가에서 역사를 통틀어 발생했다. 이런 단기적 변동을 설명하는 데는 다음의 세 가지 사실이 가장 중요하다.

15-1a 사실 1: 경제 변동은 불규칙적이며 예측이 불가능하다

경제에서 발생하는 변동을 종종 **경기 순환**이라고 한다. 이 용어가 시사하는 것처럼, 경제 변동은 경기상황의 변화와 상응한다. 실질 GDP가 빠르게 성장할 때 경기가 좋다.

이런 경기 확장기에 대부분의 기업은 고객이 많고 이윤이 성장한다는 사실을 알고 있다. 하지만 실질 GDP가 침체기 동안 감소할 때 기업은 곤란에 처한다. 이런 경제 수축기에 대부분의 기업은 매출 감소와 이윤 축소를 경험하게 된다.

하지만 **경기 순환**이란 용어는 다소 오해하기 쉽다. 이 용어는 경제 변동이 사인파나 심장박동처럼 규칙적이며 예측 가능한 패턴을 따를 것으로 암시한다. 실제로는 경제활동에서 발생하는 변동은 전혀 규칙적이지 않으며 정확하게 예측하는 것은 거의 불가능하다.

그림 1(a)는 1972년 이래로 미국 경제의 실질 GDP를 보여준다. 빗금 친 부분으로 나타낸 침체기가 규칙적인 간격으로 발생하지 않는다는 사실을 알 수 있다. 이따금 침체기는 1980년과 1982년처럼 서로 근접해서 발생한다. 또한 이따금 경제는 침체기 없이 수년이 지나간다. 미국 역사상 침체기 없이 가장 오랫동안 지속된 기간은 128개월이었는데, 이는 2009년 6월에 시작해서 코로나 바이러스 감염증으로 인해 침체기가 시작된 2020년 2월에 종식되었다.

15-1b 사실 2: 대부분의 거시경제 수량 측정치는 함께 변동한다

실질 GDP는 경제의 단기적인 변화를 측정하기 위해 가장 일반적으로 사용되는 변수인데, 그 이유는 경제활동에 관한 가장 포괄적인 측정치이기 때문이다. 이것은 경제 내 모든 사람의 (인플레이션이 조정된) 총소득뿐만 아니라 주어진 기간 내에 생산된 모든 최종 재화 및 용역의 가치를 측정한 것이다.

하지만 단기적인 변동을 측정하기 위해 여러분이 어떤 경제활동 측정치를 사용하느냐는 상관이 없다는 사실이 밝혀졌다. 어떤 종류의 소득, 지출, 생산을 측정하는 대부분의 거시경제 변수는 밀접하게 함께 변동한다. 실질 GDP가 침체기에 감소할 때, 개인소득, 기업 이윤, 소비자 지출, 투자 지출, 산업 생산, 소매 판매, 주택 판매, 자동차 판매 등도 역시 감소한다. 경기 침체는 경제 전반적인 현상이기 때문에 많은 거시경제 데이터 자료에 나타난다.

많은 거시경제 변수가 함께 변동하기는 하지만 양적인 면에서는 서로 상이하게 변화한다. 특히 그림 1(b)에서 보는 것처럼 투자 지출은 경기 순환 국면에 따라 크게 변화한다. 투자는 평균적으로 GDP의 약 6분의 1에 불과하지만 침체기 동안 GDP 감소의 약 3분의 2를 차지한다. 다시 말해 경제가 수축할 때 하락하는 많은 부분이 신규 공장, 신규 주택, 신규 재고에 대한 지출 감소에서 비롯된다.

"자네는 해고일세. 자네 부서에 근무하는 직원들에 대해서도 동일한 해고 절차를 밟아주게."

그림 1

단기 경제 변동

미국 경제에 관해 (a)는 실질 GDP, (b)는 투자 지출, (c)는 실업률을 보여준다. 경기 침체기는 빗금 친 막대로 나타내었다. 침체기 동안 실질 GDP 및 투자 지출은 감소한 반면 실업은 증가했다.

출처: U.S. Department of Commerce; U.S. Department of Labor.

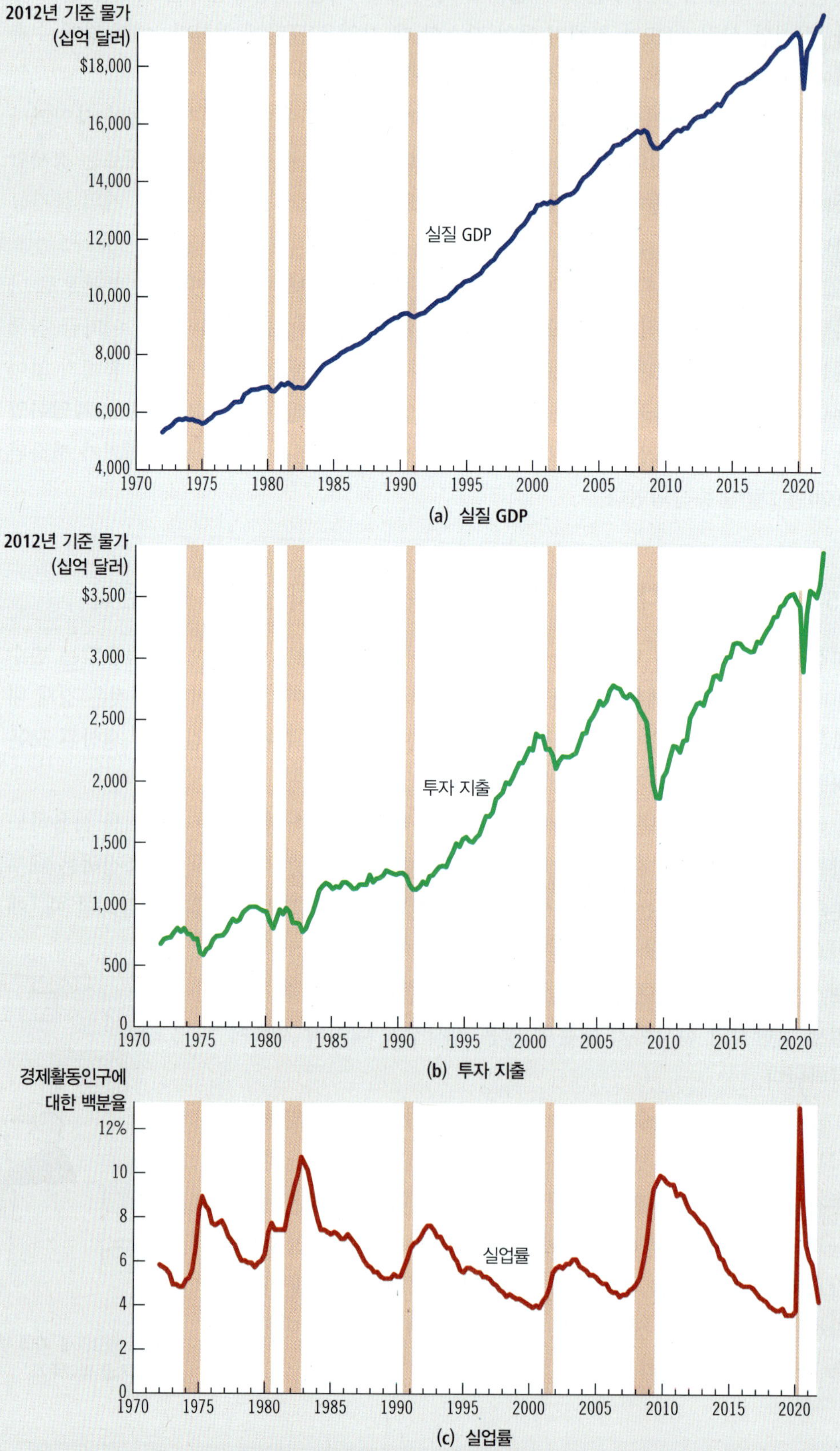

2012년 기준 물가
(십억 달러)
$18,000
16,000
14,000
12,000
10,000
8,000
6,000
4,000
실질 GDP
1970 1975 1980 1985 1990 1995 2000 2005 2010 2015 2020
(a) 실질 GDP
2012년 기준 물가
(십억 달러)
$3,500
3,000
2,500
2,000
1,500
1,000
500
0
투자 지출
1970 1975 1980 1985 1990 1995 2000 2005 2010 2015 2020
(b) 투자 지출
경제활동인구에
대한 백분율
12%
10
8
6
4
2
0
실업률
1970 1975 1980 1985 1990 1995 2000 2005 2010 2015 2020
(c) 실업률

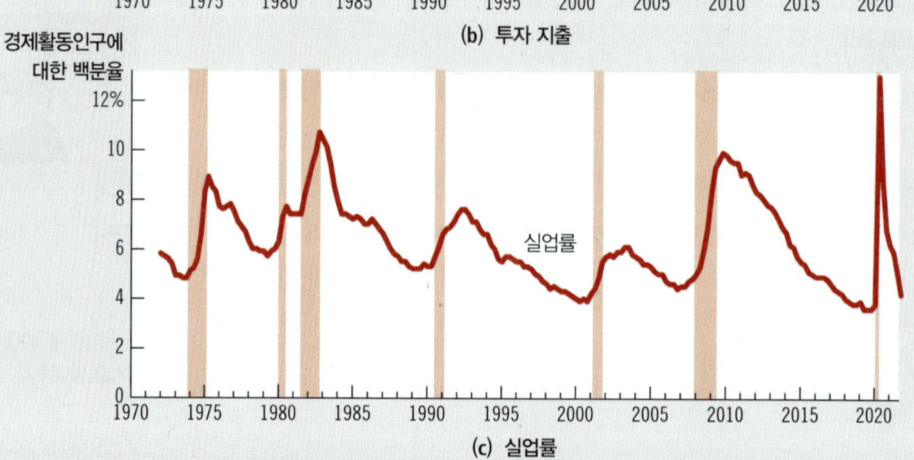

15-1c 사실 3: 경제의 생산량이 감소함에 따라 실업이 증가한다

경제의 재화 및 용역 생산량의 변화는 경제의 경제활동인구 활용의 변화와 강하게 상관된다. 다시 말해 실질 GDP가 감소할 때 실업률이 상승한다. 이런 사실은 별로 놀랍지 않다. 기업들이 생산을 감소하기로 했을 때 노동자들을 해고하고 그러면 실업자가 증가하게 된다.

그림 1(c)는 1972년 이래로 미국 경제의 실업률을 보여준다. 다시 한번 빗금 친 부분은 침체기를 나타낸다. 이 그림에 따르면 각 침체기에 실업률이 상당히 상승한다. 침체기가 종식되고 실질 GDP가 확장되기 시작할 때 실업률은 점차적으로 감소한다. 일자리를 바꾸려는 노동자들은 언제나 존재하기 때문에, 실업률은 결코 영이 될 수 없다. 대신에 자연 실업률인 약 5% 근처에서 변동하게 된다.

Quiz

1. 경제가 침체기로 들어갈 때 실질 GDP가(는) ___________, 실업도(은) ___________.
   a. 증가하고; 증가한다.
   b. 증가하고; 감소한다.
   c. 감소하고; 증가한다.
   d. 감소하고; 감소한다.

2. 침체기는 ___________ 발생한다.
   a. 규칙적으로 약 3년마다
   b. 규칙적으로 약 7년마다
   c. 규칙적으로 약 12년마다
   d. 불규칙적으로

해답은 이 장의 끝부분에 있다.

15-2 단기적인 경제 변동 설명하기

경제가 변동할 때 어떤 일이 발생하는지 설명하기는 쉽다. 하지만 이런 변동이 발생하는 이유를 설명하기는 어렵다. 이전 장들에서 학습한 주제들과 비교해볼 때, 경제 변동에 관한 이론은 여전히 논란의 여지가 있다. 이 장에서는 경제활동의 단기적 변동을 설명하기 위해 대부분의 거시경제학자들이 사용하는 모형을 살펴본다.

15-2a 고전파 경제학의 가정

이전 장들에서는 무엇이 장기적으로 가장 중요한 거시경제 변수들을 결정하는지 설명하는 이론들을 살펴보았다. 제13장에서는 실업을 측정하는 방법을 설명하고, 경제에 실업이 늘 존재하는 이유를 살펴보며 구직, 최저임금법, 노동조합, 효율성 임금에 대해 논의했다. 그리고 제14장에서는 통화 공급의 변화가 물가수준, 인플레이션율, 명목이자율에 어떤 영향을 미치는지 분석했다.

이런 이전의 분석은 두 가지 연관된 견해, 즉 고전파의 이분법과 화폐의 중립성에 기초한다. 고전파의 이분법은 변수를 (수량이나 상대가격을 측정하는 변수인) 실질변수와 (화폐 측면에서 측정하는 변수인) 명목변수로 분리했다는 사실을 기억하자. 고전파의 거시경제 이론에 따르면 통화 공급의 변화는 명목변수에 영향을 미치지만 실질변수에는 영향을 미치지 않는다. 이런 화폐의 중립성으로 인해, 우리는 명목변수(통화 공급과 물가수준)를 도입하지 않고도 실질변수(실질 GDP, 실질이자율, 실업)를 결정하는 요인을 검토할 수 있었다.

어떤 의미에서 화폐는 고전파 이론체계에서는 중요하지 않다. 경제에서 화폐수량이 두 배가 되면 모든 것은 두 배 비싸지며, 모든 사람의 소득도 두 배가 된다. 하지만 그래서 그게 뭐 어쨌다는 것인가? 이런 변화는 (일반적으로 '거의 중요하지 않다'는 의미에서) **명목적**이다. 사람이 **실제로** 신경 쓰는 것, 즉 일자리가 있는지 여부, 얼마나 많은 재화 및 용역을 구매할 수 있는지 등은 정확하게 이전과 동일하다.

고전파의 견해는 이따금 '화폐는 장막이다'라는 말로 설명되기도 한다. 즉, 경제변수가 종종 화폐 단위로 표현되기 때문에 명목변수는 우리가 경제를 관찰할 때 처음 접하게 되는 것이다. 하지만 명목변수보다 실질변수와 이를 결정하는 요인들이 더 중요하다. 고전파 이론에 따르면, 이런 실질변수들을 이해하기 위해서는 장막의 이면을 들여다보아야 한다.

15-2b 단기적 변동이 발생하는 현실

고전파 거시경제 이론의 이런 가정들은 우리가 살고 있는 현실 세계에 적용되는가? 이런 물음에 대한 답변은 경제가 어떻게 작동하는지를 이해하는 데 중요하다. **대부분의 경제학자들은 고전파 이론이 현실 세계를 장기적으로는 설명하지만 단기적으로는 설명하지 못한다고 생각한다.**

화폐가 경제에 미치는 영향을 다시 한번 생각해보자. 대부분의 경제학자들은 몇 년의 기간이 지나면 통화 공급의 변화가 물가와 여타의 명목변수에 영향을 미치지만, 고전파 이론이 말하는 것처럼 실질 GDP, 실업, 여타의 실질변수에는 영향을 미치지 않는다고 생각한다. 하지만 경제의 연간 변화를 살펴볼 때 화폐의 중립성에 대한 가정은 더 이상 적절하지 않다. 단기적으로는 실질변수와 명목변수가 매우 얽혀 있어서, 통화 공급이 변화할 경우 실질 GDP가 장기적인 추세에서 일시적으로 벗어날 수 있다.

데이비드 흄과 같은 고전파 경제학자들조차도 화폐의 중립성이 단기적으로 준수되지 않는다는 사실을 알았다. 18세기 영국에서 데이비드 흄은 자신의 관점에서 관찰했을 때 금이 발견된 후 통화 공급이 확장되면 물가가 상승하는 데 시간이 좀 걸리며 그 사이에 고용과 생산이 증가한다는 사실을 알게 되었다.

경제가 단기적으로 어떻게 작동하는지 이해하기 위해 우리는 새로운 모형이 필요하다. 이 모형은 이전 장들에서 살펴본 많은 분석도구를 사용하여 만들 수 있지만 그러자면 고전파의 이분법과 화폐의 중립성을 포기해야 한다. 또한 우리는 생산량 및 고용 같은 실질변수에 대한 분석과 화폐 및 물가수준과 같은 명목변수에 대한 분석을 더 이상 분리할 수 없다. 우리의 새로운 모형은 실질변수와 명목변수가 어떻게 상호작용하는지에 집중할 것이다.

15-2c 총수요 및 총공급 모형

단기적 경제 변동에 관한 모형은 두 가지 변수의 행태에 집중한다. 첫 번째 변수는 실질 GDP로 측정한 재화 및 용역 생산량이다. 두 번째 변수는 CPI 또는 GDP 디플레이터로 측정한 평균 물가수준이다. 생산량은 실질변수이고 물가수준은 명목변수라는 사실에 주목하자. 이들 두 변수의 관계에 집중함으로써, 실질변수와 명목변수를 분리해서 살펴볼 수 있다는 고전파의 가정에서 벗어나게 된다.

우리는 총수요 및 총공급 모형(model of aggregate demand and aggregate supply)을 사용하여 경제 전체의 변동을 분석할 수 있으며 이는 그림 2에 있다. 수직축은 경제의 전반적인 물가수준을 나타내고, 수평축은 경제의 전반적인 재화 및 용역 생산량을 나타낸다. 총수요곡선(aggregate demand curve)은 가계, 기업, 정부, 해외 고객이 각 물가수준에서 구입하고자 하는 재화 및 용역의 수량을 보여준다. 총공급곡선(aggregate supply curve)은 기업이 각 물가수준에서 생산하여 판매하고자 하는 재화 및 용역의 수량을 보

총수요 및 총공급 모형
장기적인 추세를 중심으로 발생하는 단기적인 경제활동의 변동을 설명하기 위해 대부분의 경제학자가 사용하는 모형

총수요곡선
가계, 기업, 정부, 해외 고객이 각 물가수준에서 구입하고자 하는 재화 및 용역의 수량을 보여주는 곡선

총공급곡선
기업이 각 물가수준에서 생산하여 판매하고자 하는 재화 및 용역의 수량을 보여주는 곡선

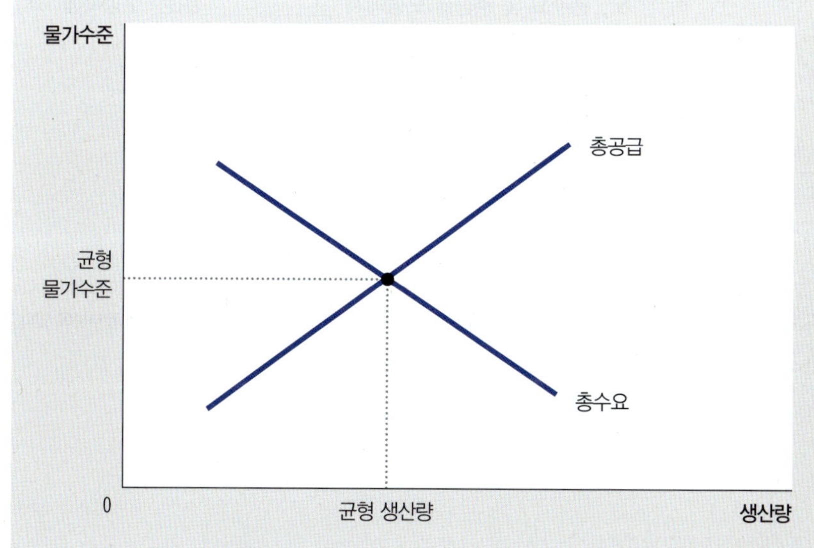

그림 2

총수요 및 총공급

경제학자들은 총수요 및 총공급 모형을 사용하여 경제 변동을 분석한다. 수직축은 전반적인 물가수준을 나타내고, 수평축은 해당 경제의 재화 및 용역 생산량을 나타낸다. 총공급곡선과 총수요곡선이 교차하는 점까지 생산량과 물가수준이 조절된다.

여준다. 이 모형에 따르면, 물가수준과 생산량은 조절이 이루어져 총수요와 총공급이 균형을 이루게 한다.

총수요 및 총공급 모형을 제4장에서 살펴본 시장 수요 및 시장 공급 모형을 단지 확대 해석한 것으로 간주하고자 할지 모른다. 하지만 사실 이 모형은 매우 다르다. 우리가 예를 들어 아이스크림처럼 특정 물품에 대한 시장의 수요와 공급을 살펴볼 때, 매수인 및 매도인의 행태는 자원을 한 시장에서 다른 시장으로 이동시킬 수 있는 능력에 달려 있다. 아이스크림 가격이 상승할 경우, 아이스크림 이외의 여타 물품을 구입하기 위해 소득을 사용할 수 있기 때문에 아이스크림 수요량이 감소한다. 이와 유사하게 아이스크림 가격이 상승할 경우, 아이스크림을 생산하는 업체들은 경제의 여타 부분으로부터 노동자를 고용하여 아이스크림 생산을 증가시키기 때문에 공급량이 증가한다. 어떤 시장에서 다른 시장으로 이루어지는 **미시경제적** 대체는 경제 전체에 대해서는 불가능하다.

결국 우리 모형이 설명하려고 하는 수량은 **모든** 시장에서 **모든** 기업이 생산하는 재화 및 용역의 **총량**을 측정하는 실질 GDP이다. 총수요곡선의 기울기가 하향하는 이유와 총공급곡선의 기울기가 상향하는 이유를 이해하기 위해서는 수요되는 재화 및 용역의 총량과 공급되는 재화 및 용역의 총량을 설명하는 **거시경제** 이론이 필요하다. 이런 이론을 고찰하는 것이 우리의 다음 과제이다.

Quiz

3. 고전파의 거시경제 이론과 화폐의 중립성에 따르면, 통화 공급의 변화는 ____________.
   a. 실업률에 영향을 미친다.
   b. 실질 GDP에 영향을 미친다.
   c. GDP 디플레이터에 영향을 미친다.
   d. 위의 어느 것에도 영향을 미치지 않는다.

4. 대부분의 경제학자들은 고전파 거시경제 이론이 ____________ 생각한다.
   a. 장기적으로만 타당하다고
   b. 단기적으로만 타당하다고
   c. 언제나 타당하다고
   d. 결코 타당하지 않다고

5. 총수요 및 총공급 모형에서 ____________은(는) 수평축에 위치하고, ____________은 수직축에 위치한다.
   a. 생산량; 이자율
   b. 생산량; 물가수준
   c. 화폐; 이자율
   d. 화폐; 물가수준

해답은 이 장의 끝부분에 있다.

15-3 총수요곡선

총수요곡선은 모든 물가수준에서 경제 내 모든 재화 및 용역의 수요량을 나타낸다. 그림 3이 보여주는 것처럼 총수요곡선의 기울기는 하향한다. 다른 사정이 동일하다면, 경제의 전반적인 물가수준이 (예를 들면 P_1에서 P_2로) 하락할 경우 재화 및 용역의 수요량은 (Y_1에서 Y_2로) 증가한다. 반대로 물가수준이 상승할 경우 재화 및 용역의 수요량은 감소한다.

15-3a 총수요곡선의 기울기가 하향하는 이유

물가수준이 변화할 경우 재화 및 용역의 수요량이 반대방향으로 움직이는 이유는 무엇인가? 이 물음에 답하기 위해 (Y로 표시한) 경제의 GDP는 소비(C), 투자(I), 정부 구매(G), 순수출(NX)의 합계라는 사실을 기억하는 것이 유용하다. 이는 다음과 같다.

$$Y = C + I + G + NX$$

이들 네 개 구성요소는 각각 재화 및 용역에 대한 총수요에 기여한다. 지금은 정부 지출이 정책에 의해 고정되어 있다고 가정하자. 다른 세 가지 지출 구성요소 즉 소비, 투자, 순수출은 경제상황과 특히 물가수준에 달려 있다. 총수요곡선의 기울기가 하향하는 이유를 이해하기 위해 우리는 물가수준이 소비, 투자, 순수출에 대한 재화 및 용역

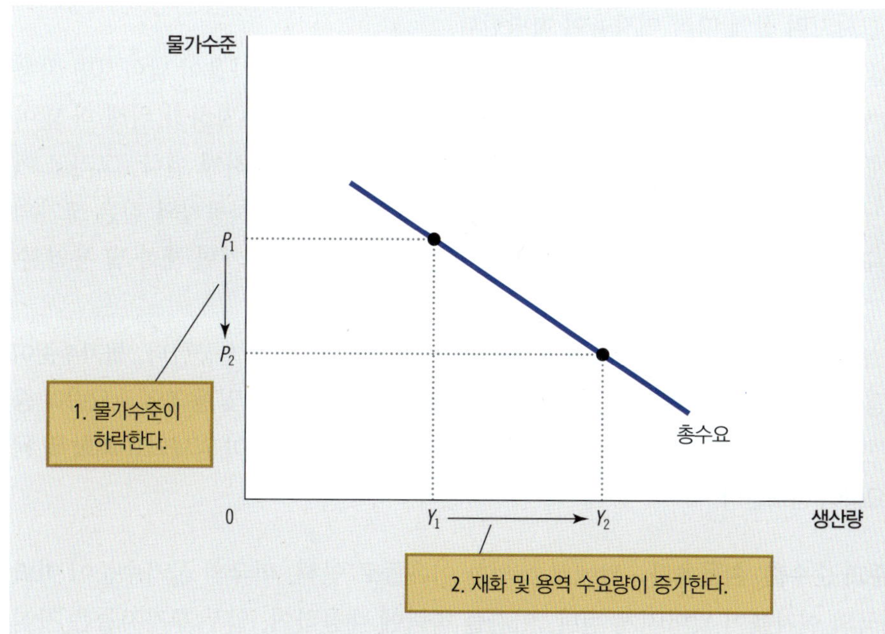

그림 3

총수요곡선

물가수준이 P_1에서 P_2로 하락할 경우, 재화 및 용역에 대한 수요량은 Y_1에서 Y_2로 증가한다. 이런 음의 관계가 발생하는 세 가지 이유가 있다. 물가수준이 하락하면, 실질적인 부는 증가하고, 이자율은 하락하며, 환율은 평가절하된다. 이들 효과는 소비, 투자, 순수출에 대한 지출을 촉진시킨다. 생산량을 구성하는 이들 요소의 일부 또는 전부에 대한 지출이 증가할 경우, 재화 및 용역에 대한 수요량이 증가하게 된다.

의 수요량에 어떤 영향을 미치는지 검토해야 한다.

물가수준과 소비: 부의 효과 여러분이 지갑과 은행계좌에 보유하고 있는 화폐를 생각해보자. 이 화폐의 명목가치는 고정되어 있다. 1달러는 언제나 1달러의 가치가 있다. 하지만 1달러의 실질가치는 변화할 수 있다. 캔디 바 1개가 1달러라면, 1달러는 1개 캔디 바의 가치가 있다. 1개 캔디 바 가격이 50센트로 하락하면, 1달러는 2개 캔디 바의 가치가 있다. 이처럼 물가수준이 하락할 때, 여러분이 보유한 달러화의 가치는 상승하며 여러분의 실질적인 부와 재화 및 용역을 구입할 수 있는 능력이 증대된다.

위의 논리는 총수요곡선의 기울기가 하향하는 첫 번째 이유를 제공한다. **물가수준이 하락할 경우 화폐의 실질가치가 상승하여, 소비자들은 더 부유해지며 지출 증대를 촉진하게 된다. 소비자 지출의 증대가 의미하는 바는 재화 및 용역의 수요량이 증가한다는 것이다. 반대로 물가수준이 상승할 경우 화폐의 실질가치가 하락하여, 소비자들은 더 가난해지며 소비자 지출과 재화 및 용역 수요량이 감소하게 된다.**

물가수준과 투자: 이자율 효과 물가수준은 화폐 수요량을 결정하는 중요한 요인이다. 물가수준이 낮아질 경우, 사람들은 자신들이 원하는 재화 및 용역을 구입하기 위해 이전과 같은 액수만큼의 화폐를 보유할 필요가 없다. 따라서 물가수준이 하락할 때, 사람들은 일부를 빌려줌으로써 자신들의 화폐 보유를 줄이려 한다. 예를 들어 물가수준 하락으로 인해 초과 보유하게 된 화폐를 활용하여 이자가 발생하는 채권을 구입할 수 있다. 아니면 초과 보유하게 된 화폐를 이자가 발생하는 저축계좌에 예치하고 은행은 이 자금을 대부해줄 수 있다. 어느 쪽이든 사람들이 화폐의 일부를 이자가 발생하는 자산으로 전환시키려 함에 따라 이자율이 하락한다.

이자율은 다시 재화 및 용역에 대한 지출에 영향을 미친다. 이자율이 낮아지면 차용에 따른 비용부담이 줄기 때문에 기업은 새로운 공장과 장비에 투자하기 위해 더 많이 차용하게 되며, 가계는 신규 주택에 투자하기 위해 더 많이 차용하게 된다.(그리고 이자율이 낮아지면 소비자 지출, 특히 신용 대출로 종종 구매하는 자동차와 같은 고가의 내구재 구입에 대한 지출이 증대된다) 간단히 말해 이자율이 낮아지면 재화 및 용역 수요량이 증가한다.

위의 논리는 총수요곡선의 기울기가 하향하는 두 번째 이유를 제공한다. **물가수준이 하락할 경우 이자율이 낮아져서, 투자재에 대한 지출이 촉진되고 재화 및 용역의 수요량이 증가한다. 반대로 물가수준이 상승할 경우 이자율이 높아져서, 투자 지출이 억제되고 재화 및 용역의 수요량이 감소한다.**

물가수준과 순수출: 환율효과 위에서 논의한 이유들로 인해, 미국의 물가수준이 하락하면 미국의 이자율이 낮아지게 된다. 이자율 하락에 대응하여, 일부 투자자들은 자신

의 자산을 미국으로부터 외국으로 이동시켜 더 높은 수익을 추구하려 할 것이다. 예를 들어 미국 채권에 대한 이자율이 하락함에 따라 뮤추얼 펀드는 독일 채권을 매입하기 위해 미국 채권을 매각할 수도 있다. 뮤추얼 펀드가 독일 채권을 매입하기 위해 달러화를 유로화로 교환하려 할 때, 이는 외환시장에 달러화 공급을 증대시키게 된다.

유로화로 교환하기 위한 달러화의 공급이 증가함에 따라, 달러화는 유로화 대비 평가절하된다. 이것은 실질환율, 즉 국내 물품과 외국 물품의 상대가격을 변화시킨다. 각 달러화로 더 적은 외화를 매입할 수 있기 때문에 외국 물품은 국내 물품과 비교하여 더 비싸지게 된다.

이런 상대가격의 변화는 국내에서의 지출과 해외에서의 지출에 영향을 미친다. 외국 물품이 더 비싸기 때문에, 미국인들은 다른 국가들로부터 더 적게 구입하게 되어 재화 및 용역에 대한 미국의 수입이 감소한다. 동시에 미국 물품이 상대적으로 저렴하기 때문에, 외국인들은 미국으로부터 더 많이 구입하게 되어 미국의 수출이 증가한다. 순수출은 수출에서 수입을 감한 것이므로, 이들 두 가지 변화로 미국의 순수출이 증가한다. 이런 방식으로 달러화가 평가절하될 경우 이는 재화 및 용역의 수요량 증가로 이어진다.

위의 논리는 총수요곡선의 기울기가 하향하는 세 번째 이유를 제공한다. **미국의 물가수준이 하락하여 이로 인해 미국의 이자율이 낮아질 경우, 외환시장에서 달러화의 실질가치가 하락한다. 이런 평가절하는 미국의 순수출을 촉진시키고 미국의 재화 및 용역 수요량을 증가시킨다. 반대로 미국의 물가수준이 상승하여 미국의 이자율이 높아질 경우, 외환시장에서 달러화의 실질가치가 상승한다. 이런 평가절상은 미국의 순수출을 축소시키고 미국의 재화 및 용역 수요량을 감소시킨다.**

요약 물가수준이 하락하면 재화 및 용역의 수요량이 증가하는 이유가 세 가지 있다. 각 이유는 별개이지만 연계된다.

1. 소비자가 더 부유해져서 소비재에 대한 수요가 촉진된다.
2. 이자율이 하락해서 투자재에 대한 수요가 촉진된다.
3. 통화가 평가절하해서 순수출에 대한 수요가 촉진된다.

위와 같은 세 가지 효과가 거꾸로 작동할 수 있다. 즉, 물가수준이 상승하면 부가 감소해서 소비자 지출이 억제되고, 이자율이 상승해서 투자 지출이 억제되며, 통화가 평가절상되어서 순수출이 억제된다.

이런 효과를 여러분이 직관적으로 이해할 수 있도록 다음 예를 가상해보자. 어느 날 여러분이 일어나서 보니 어떤 신비스러운 이유로 인해 모든 재화 및 용역의 가격이 절반으로 떨어져서 여러분이 보유하고 있는 화폐가 두 배의 가치를 갖게 되었다고 가상하자. 실제로 여러분은 전날 밤에 잠자리에 들 때 갖고 있었던 것보다 두 배의 돈을 지금 갖고 있다. 여러분은 이런 추가적인 돈으로 무엇을 하겠는가? 여러분은 좋아하는 레스토랑에서 이를 지출할 수 있으며, 이로 인해 소비자 지출이 증대된다. 여러분은 (채권을 매입하거나 은행에 예치함으로써) 빌려줄 수도 있으며, 이로 인해 이자율이 낮아지고 투자 지출이 증대한다. 아니면 여러분은 (국제 뮤추얼 펀드의 할당분을 매입하여) 해외에 이를 투자할 수 있으며, 이로 인해 해당 통화의 실질 교환가치가 낮아져 순수출이 증대한다. 여러분이 이러한 사항 중 어느 것을 선택하든지 간에, 물가수준 하락은 재화 및 용역의 수요량 증가로 이어진다. 이런 관계가 의미하는 바는 총수요곡선의 기울기가 하향한다는 것이다.

(모든 수요곡선들처럼) 총수요곡선은 '다른 사정은 동일하다'는 전제하에 그려졌다는 사실을 기억하자. 특히 총수요곡선의 기울기가 하향한다는 위의 세 가지 설명은 통화공급이 고정되어 있다고 가정한다. 즉, 경제의 통화량은 일정하다고 보고 물가수준이 변화할 경우 이것이 재화 및 용역의 수요에 어떤 영향을 미치는지 살펴보았다. 우리가 살펴볼 것처럼 통화량이 변화할 경우 총수요곡선이 변화한다. 이 시점에서는 총수요곡선이 통화 공급량이 일정하게 주어진 상황에서 그려졌다는 점만 기억하자.

15-3b 총수요곡선이 이동하는 이유

총수요곡선의 기울기가 하향한다는 사실이 의미하는 바는 물가수준이 하락할 경우 재화 및 용역의 전반적인 수요량이 증가한다는 것이다. 다른 많은 요인들 역시 재화 및 용역의 수요량에 영향을 미친다. 이런 요인들 중 하나가 변화할 때 모든 물가수준에서 재화 및 용역 수요량이 변화하여 총수요곡선이 이동한다.

총수요를 이동시키는 경우들을 생각해보자. 가장 직접적으로 영향을 받는 지출의 구성요소에 따라 이들을 다음과 같이 분류할 수 있다.

소비의 변화에서 비롯되는 총수요곡선의 이동 미국인들이 갑자기 은퇴를 대비해 저축에 더 관심을 갖게 되었으며 이에 따라 소비를 줄인다고 가상하자. 모든 물가수준에서 재화 및 용역의 수요량이 이제 감소했기 때문에 총수요곡선이 왼쪽으로 이동한다. 반대로 주식시장 활황으로 인해 사람들이 더 부유해졌고 저축에 덜 관심을 갖게 되었다고 가상하자. 이에 따라 소비자 지출이 증대하고, 이로 인해 모든 물가수준에서 재화 및 용역의 수요량이 증가하여 총수요곡선이 오른쪽으로 이동한다.

일정하게 주어진 물가수준에서 사람들이 얼마나 소비하고자 하는지를 변화시키는 모든 경우는 총수요곡선을 이동시킨다. 이런 효과를 갖는 한 가지 정책변수로 과세를 들 수 있다. 정부가 감세할 경우, 사람들은 더 많이 지출하게 되어 총수요곡선이 오른쪽으로 이동한다. 정부가 증세할 경우, 사람들은 지출을 줄여 총수요곡선이 왼쪽으로 이동한다.

투자의 변화에서 비롯되는 총수요곡선의 이동 일정하게 주어진 물가수준에서 기업이 얼마나 투자하고자 하는지를 변화시키는 모든 경우 역시 총수요곡선을 이동시킨다. 예를 들어 컴퓨터 업계가 더 빠른 컴퓨터 제품을 출시해서 많은 기업이 새로운 컴퓨터 시스템에 투자하기로 결정했다고 가상하자. 모든 물가수준에서 재화 및 용역의 수요량이 증대하여 총수요곡선이 오른쪽으로 이동한다. 반대로 기업이 장래의 기업상황에 대해 비관적일 경우, 투자 지출이 감소하여 총수요곡선이 왼쪽으로 이동한다.

조세정책은 또한 투자를 통해 총수요에 영향을 미칠 수 있다. 예를 들어 다른 사정이 동일하다면 (기업의 투자 지출과 연계된 세금환급 제도인) 투자 세액 공제로 인해 기업이 구입하고자 하는 투자재의 수량이 증가하여 총수요곡선이 오른쪽으로 이동한다. 투자 세액 공제가 폐지될 경우 투자가 감소하여 총수요곡선이 왼쪽으로 이동한다.

투자와 총수요에 영향을 미칠 수 있는 또 다른 정책변수로 통화 공급을 들 수 있다. 통화 공급이 증가할 경우 단기적으로 이자율이 하락한다. 이자율이 하락하면 차용에 따른 비용이 낮아져서, 투자 지출이 촉진되고 총수요곡선이 오른쪽으로 이동한다. 반대로 통화 공급이 감소할 경우 이자율이 상승해서, 투자 지출이 억제되고 총수요곡선이 왼쪽으로 이동한다. 많은 경제학자들은 미국 역사 전반에 걸쳐 통화 공급의 변화가 총수요곡선을 이동시킨 중요한 원인이었다고 생각한다.

정부 구매의 변화에서 비롯되는 총수요곡선의 이동 정책 입안자가 총수요곡선을 이동시키는 가장 직접적인 방법은 정부 구매를 통하는 것이다. 예를 들어 의회가 새로운 무기체계의 구입을 줄이기로 했다고 가상하자. 모든 물가수준에서 재화 및 용역의 수요량이 감소하기 때문에 총수요곡선은 왼쪽으로 이동한다. 반대로 주정부가 고속도로를 더 많이 건설하기 시작하면, 모든 물가수준에서 재화 및 용역의 수요량이 증가하게 되어 총수요곡선이 오른쪽으로 이동한다.

순수출의 변화에서 비롯되는 총수요곡선의 이동 일정하게 주어진 물가수준에서 순수출이 변화하는 경우에도 총수요곡선이 이동한다. 예를 들어 유럽이 경기 침체를 겪을 때 미국으로부터 물품을 더 적게 구입하게 된다. 모든 물가수준에서 미국의 순수출이 감소하여 미국 경제에 대한 총수요곡선은 왼쪽으로 이동하게 된다. 유럽이 경기 침체에서 회복할 경우 미국산 물품을 더 많이 구입하게 되어 총수요곡선이 오른쪽으로 이동한다.

국제적인 투기세력이 환율에 영향을 미치는 경우에도 순수출이 변화할 수 있다. 예를 들어 투기꾼이 어떤 외국 경제를 신뢰하지 못해 부를 미국 경제로 이전하고자 한다고 가상하자. 그렇게 함에 따라 외환시장에서 미국 달러화의 가치가 상승하게 된다. 미국 달러화에 대한 이런 평가절상으로 인해, 미국 물품은 외국 물품에 비해 더 비싸져서 순수출이 축소되고 총수요곡선이 왼쪽으로 이동하게 된다. 반대로 투기세력으로 인해 달러화가 평가절하될 경우 순수출이 촉진되고 총수요곡선이 오른쪽으로 이동하게 된다.

요약 단기적 경제 변동을 이해하려면 총수요곡선의 기울기가 하향하는 이유와 어떤 경우에 총수요곡선이 이동할 수 있는지를 알아야 한다. 표 1은 지금까지 학습한 내용을 요약해 보여준다.

표 1

총수요곡선: 요약

총수요곡선의 기울기가 하향하는 이유는 무엇인가?

1. **부의 효과:** 물가수준이 하락할 경우 실질적인 부가 증가하며, 이는 소비에 대한 지출을 촉진시킨다.
2. **이자율 효과:** 물가수준이 하락할 경우 이자율이 낮아지며, 이는 투자에 대한 지출을 촉진시킨다.
3. **환율효과:** 물가수준이 하락할 경우 실질환율이 평가절하되며, 이는 순수출에 대한 지출을 촉진시킨다.

총수요곡선이 이동하는 이유는 무엇인가?

1. **소비의 변화에서 비롯되는 이동:** 소비자들이 일정하게 주어진 물가수준에서 지출을 증가시키는 상황(예를 들면 감세, 상승하는 주식시장 등)인 경우, 이는 총수요곡선을 오른쪽으로 이동시킨다. 반면에 소비자들이 일정하게 주어진 물가수준에서 지출을 감소시키는 상황(예를 들면 증세, 하강하는 주식시장 등)인 경우, 이는 총수요곡선을 왼쪽으로 이동시킨다.
2. **투자의 변화에서 비롯되는 이동:** 기업이 일정하게 주어진 물가수준에서 투자를 증가시키는 상황(예를 들면 장래에 대한 낙관적 평가, 통화 공급 증가로 인한 이자율 하락 등)인 경우, 이는 총수요곡선을 오른쪽으로 이동시킨다. 반면에 기업이 일정하게 주어진 물가수준에서 투자를 감소시키는 상황(예를 들면 장래에 대한 비관적 평가, 통화 공급 감소로 인한 이자율 상승 등)인 경우, 이는 총수요곡선을 왼쪽으로 이동시킨다.
3. **정부 구매의 변화에서 비롯되는 이동:** 재화 및 용역에 대한 정부 구매가 증가하는 상황(예를 들면 국가방위나 고속도로 건설 등에 대한 지출 증가 등)인 경우, 이는 총수요곡선을 오른쪽으로 이동시킨다. 반면에 재화 및 용역에 대한 정부 구매가 감소하는 상황(예를 들면 국가방위나 고속도로 건설 등에 대한 지출 삭감 등)인 경우, 이는 총수요곡선을 왼쪽으로 이동시킨다.
4. **순수출의 변화에서 비롯되는 이동:** 일정하게 주어진 물가수준에서 순수출에 대한 지출을 증가시키는 상황(예를 들면 해외의 경기 활황, 평가절하를 야기하는 투기 등)인 경우, 이는 총수요곡선을 오른쪽으로 이동시킨다. 일정하게 주어진 물가수준에서 순수출에 대한 지출을 감소시키는 상황(예를 들면 해외의 경기 침체, 평가절상을 야기하는 투기 등)인 경우, 이는 총수요곡선을 왼쪽으로 이동시킨다.

Quiz

6. 총수요곡선의 기울기가 하향하는데, 그 이유는 물가수준이 하락할 경우 ____________.
   a. 실질적인 부가 감소하기 때문이다.
   b. 이자율이 낮아지기 때문이다.
   c. 통화가 평가절상되기 때문이다.
   d. 위의 모두이다.

7. 다음 중 어느 것이 총수요곡선을 왼쪽으로 이동시키는가?
   a. 하락하는 주식시장
   b. 조세 증가
   c. 정부 지출 감소
   d. 위의 모두이다.

해답은 이 장의 끝부분에 있다.

15-4 총공급곡선

총공급곡선은 기업이 모든 물가수준에서 생산하여 판매하는 재화 및 용역의 총수량을 보여준다. 기울기가 언제나 하향하는 총수요곡선과 달리 총공급곡선의 기울기는 분석하고자 하는 시간의 범위에 달려 있다. **장기적으로는 총공급곡선이 수직선인 반면에, 단기적으로는 기울기가 상향한다.** 이 절에서는 장기 공급곡선과 단기 공급곡선 둘 다를 살펴볼 것이다. 그렇게 해서 경제가 고전파 이론이 설명하는 장기균형으로부터 단기적으로 경제가 벗어나는 이유를 설명할 수 있다.

15-4a 총공급곡선이 장기적으로 수직선인 이유

무엇이 장기적으로 재화 및 용역의 공급량을 결정하는가? 우리는 경제 성장에 관해 논의할 때 이 책 앞부분에서 묵시적으로 이 물음에 답했었다. **장기적으로 경제의 재화 및 용역 생산(실질 GDP)은 노동의 공급량, 자본의 공급량, 천연자원의 공급량과 이들 생산요소로 재화 및 용역을 생산하는 데 사용할 수 있는 기술에 달려 있다.**

우리가 장기적인 성장을 결정하는 요인을 분석할 때 전반적인 물가수준은 언급하지 않았다. 물가수준은 별개의 장에서 설명했으며, 거기서 화폐수량 이론을 살펴보았다. 한 경제의 통화량이 다른 경제의 두 배라는 것을 제외하고 두 경제가 모든 면에서 동일하다면, 통화량이 더 많은 경제의 물가수준이 두 배가 된다는 사실을 알고 있다. 하지만 통화량은 기술이나 노동, 자본, 천연자원의 공급량들에 영향을 미치지 않기 때문에, 두 경제의 재화 및 용역 생산량은 동일하게 된다.

물가수준은 실질 GDP의 장기적인 결정요인에 영향을 미치지 않기 때문에, 장기 공급곡선은 그림 4에서 보는 것처럼 수직선이 된다. 다시 말해 장기적으로는 경제의 노동, 자본, 천연자원, 기술이 재화 및 용역의 공급 총량을 결정하며, 이 공급량은 물가수준에 관계없이 변하지 않고 동일하다.

그림 4

장기 총공급곡선

장기적으로 보면 공급되는 생산량은 해당 경제의 노동량, 자본량, 천연자원량, 그리고 이런 생산요소들을 생산물로 전환시키는 데 필요한 기술에 달려 있다. 공급되는 생산량은 전반적인 물가수준에 의존하지 않기 때문에, 장기 총공급곡선은 자연 생산량 수준에서 수직선이 된다.

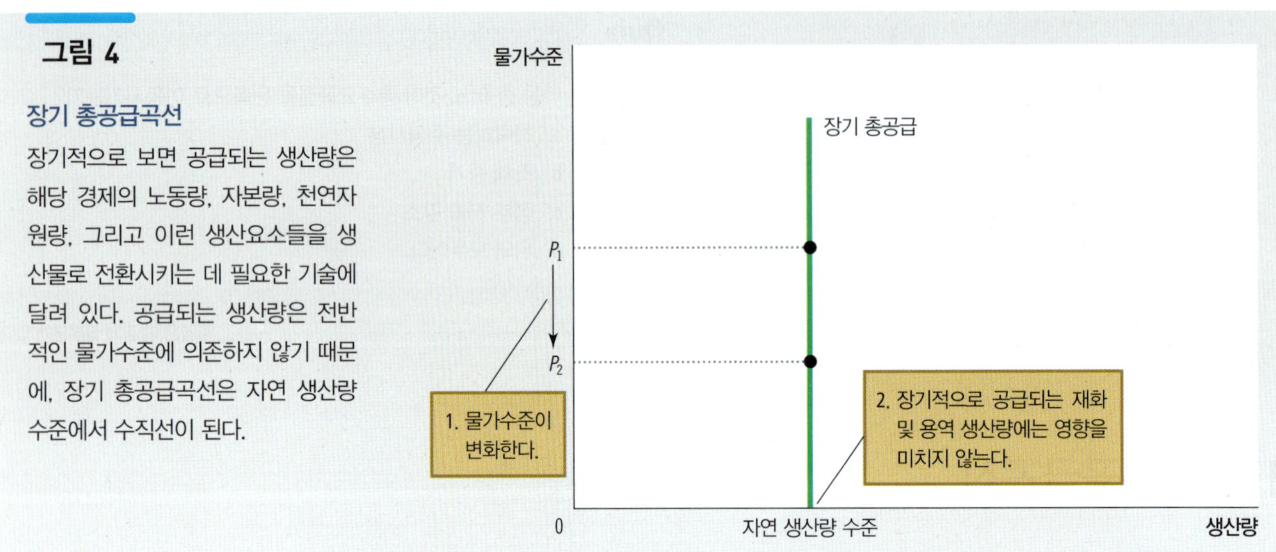

수직선인 장기 총공급곡선은 고전파의 이분법과 화폐의 중립성을 그래프로 나타낸 것이다. 우리가 논의한 것처럼, 고전파의 거시경제 이론은 실질변수가 명목변수에 의존하지 않는다는 가정에 기초한다. 장기 총공급곡선은 이런 생각과 일치하는데, 그 이유는 이 곡선이 생산량(실질변수)이 물가수준(명목변수)에 의존하지 않는다는 것을 의미하기 때문이다. 앞에서 살펴본 것처럼, 대부분의 경제학자들은 이 원칙이 수년에 걸쳐 경제를 분석할 때 잘 작동하지만 연간 변화를 분석할 때는 잘 작동하지 않는다고 생각한다. **이런 이유로 총공급곡선은 장기에서만 수직선이 된다.**

15-4b 장기 총공급곡선이 이동하는 이유

고전파 거시경제 이론은 장기적으로 경제가 생산하는 재화 및 용역의 수량을 설명하기 때문에 장기 총공급곡선의 위치도 설명한다. 장기 생산수준을 이따금 **잠재 생산량** 아니면 **완전고용 생산량**이라고 한다. 더 정확하게 말하면, 이것은 자연 실업률이나 정상 실업률에서 경제가 생산하는 것을 나타내기 때문에 **자연 생산량 수준**(natural level of output)이라고 한다. 자연 생산량 수준은 경제가 장기적으로 수렴해 들어가는 생산율이다.

자연 생산량 수준
정상 실업률 상태인 장기에서 경제가 달성하는 재화 및 용역 생산

자연 생산량 수준을 변화시키는 경제의 모든 변화는 장기 총공급곡선을 이동시킨다. 고전파 모형에서 생산량은 노동, 자본, 천연자원, 기술지식에 달려 있기 때문에, 장기 총공급곡선의 이동을 이들 네 개 근원에서 비롯되는 것으로 범주화할 수 있다.

노동의 변화에서 비롯되는 총공급곡선의 이동 어떤 경제에 이민이 증가했다고 가상하

자. 이민이 증가하면 노동자의 수가 증가하기 때문에 재화 및 용역의 공급량도 증가하게 된다. 따라서 장기 총공급곡선은 오른쪽으로 이동한다. 반대로 많은 노동자들이 해당 경제를 떠나 해외로 나갈 경우, 장기 총공급곡선은 왼쪽으로 이동한다.

장기 총공급곡선의 위치는 자연 실업률에도 의존하기 때문에 자연 실업률의 모든 변화는 장기 총공급곡선을 이동시킨다. 예를 들어 의회가 실업보험을 상당히 더 관대하게 만들 경우, 실업자들은 열심히 구직활동을 하지 않을 수 있어서 자연 실업률이 증가하고 경제의 재화 및 용역 생산이 감소하게 된다. 반대로 의회가 실직한 노동자를 위한 성공적인 직업 훈련 프로그램을 입법화할 경우, 자연 실업률은 하락하고 장기 총공급곡선은 오른쪽으로 이동한다.

자본의 변화에서 비롯되는 총공급곡선의 이동 경제의 자본량이 증가하면 생산성이 향상되며, 그에 따라 재화 및 용역 공급량이 증가한다. 따라서 장기 총공급곡선은 오른쪽으로 이동한다. 반대로 경제의 자본량이 감소하면 생산성이 저하되며, 그에 따라 재화 및 용역 공급량이 감소한다. 따라서 장기 총공급곡선이 왼쪽으로 이동한다.

기계 및 공장과 같은 물적 자본이든 아니면 대학학위와 같은 인적 자본이든 상관없이 모든 자본에 동일한 논리가 적용된다는 사실에 주목하자. 이런 두 가지 유형의 자본 중 어느 것이 증가하더라도 재화 및 용역을 생산하는 경제의 능력이 증대되어 장기 총공급곡선이 오른쪽으로 이동한다.

천연자원의 변화에서 비롯되는 총공급곡선의 이동 어떤 경제의 생산은 해당 경제의 토지, 광물, 기후를 포함하는 천연자원에 의존한다. 새로운 광물 매장량을 발견하는 경우 장기 총공급곡선이 오른쪽으로 이동한다. 농사를 더 어렵게 만드는 기후 패턴의 변화가 발생하는 경우 장기 총공급곡선이 왼쪽으로 이동한다.

많은 국가에서 중요한 천연자원은 수입되고 있다. 이런 자원들의 가용성에 변화가 발생하는 경우에도 총공급곡선이 이동할 수 있다. 예를 들어 이 장 뒷부분에서 논의할 것처럼 세계 석유시장의 상황이 변화하는 경우 이는 석유 수입국가들의 총공급곡선이 이동하는 중요한 원인이 된다.

기술지식의 변화에서 비롯되는 총공급곡선의 이동 오늘날 경제가 한 세대 전보다 더 많은 것을 생산하는 가장 중요한 이유는 아마도 기술지식의 발전일 것이다. 예를 들어 산업용 로봇이 발전하면서 기업은 일정한 양의 노동, 자본, 천연자원을 활용하여 재화 및 용역을 더 많이 생산할 수 있게 되었다. 로봇 사용이 확산됨에 따라 장기 총공급곡선은 오른쪽으로 이동한다. 반대로 정부가 노동자 안전이나 환경문제를 바로잡기 위해 기업들이 어떤 생산방법을 사용하지 못하도록 하는 새로운 규제를 통과시킬 경우, 결과적으로 장기 총공급곡선은 왼쪽으로 이동하게 된다.

요약 장기 총공급곡선은 고전파 모형을 반영하는 것이기 때문에, 이전 장들에서 한 분석을 표현하는 새로운 방법이 된다. 이전 장들에서 살펴본 실질 GDP를 증대시키는 어떤 정책이나 경우는 재화 및 용역의 공급량을 증가시키고 장기 총공급곡선을 오른쪽으로 이동시킨다고 설명할 수 있다. 이전 장들에서 살펴본 실질 GDP를 감소시키는 어떤 정책이나 사건은 재화 및 용역의 공급량을 감소시키고 장기 총공급곡선을 왼쪽으로 이동시킨다고 말할 수 있다.

15-4c 총수요 및 총공급을 활용하여 장기 성장과 인플레이션 설명하기

경제의 총수요곡선과 장기 총공급곡선을 살펴보고 난 후 경제의 장기적인 추세를 설명

그림 5 **총수요 및 총공급 모형에서의 장기적인 성장과 인플레이션**

주로 기술진보로 인해 해당 경제가 재화 및 용역을 더 잘 생산할 수 있게 됨에 따라 장기 총공급곡선은 오른쪽으로 이동한다. 동시에 중앙은행이 통화 공급을 증가시킴에 따라 총수요곡선도 역시 오른쪽으로 이동한다. 그림에서 생산량은 Y_{2000}에서 Y_{2010}으로, 그러고 나서 다시 Y_{2020}으로 이동한다. 물가수준은 P_{2000}에서 P_{2010}으로, 그러고 나서 다시 P_{2020}으로 이동한다. 이처럼 총수요 및 총공급 모형은 성장과 인플레이션에 관한 고전파적인 분석을 설명할 수 있는 새로운 방법을 제시한다.

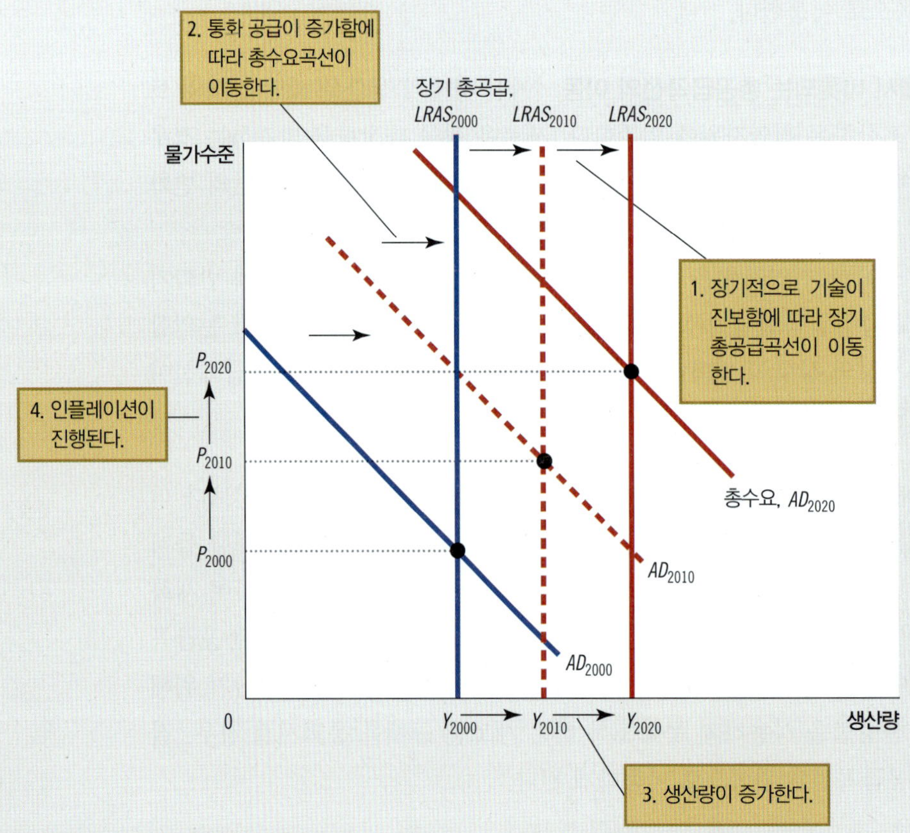

하는 새로운 방법을 알게 되었다. 그림 5는 10년 간격으로 경제에서 발생하는 변화를 설명한다. 두 곡선이 모두 이동한다는 사실에 주목하자. 많은 요인이 장기적으로 경제에 영향을 미치고 이론상으로 이런 변화를 일으킬 수는 있지만, 실제로 가장 중요한 두 가지 요인은 기술과 통화정책이다. 기술진보로 재화 및 용역을 생산하는 경제의 능력이 향상되고, 그에 따른 생산량의 증대는 장기 총공급곡선이 계속해서 오른쪽으로 이동하는 것으로 나타낼 수 있다. 동시에 중앙은행의 역할을 하는 연방준비제도가 시간이 흐름에 따라 통화 공급을 증대시키기 때문에 총수요곡선 역시 오른쪽으로 이동한다. 그림이 보여주는 것처럼, 결과적으로 (Y의 증가로 나타낸 것처럼) 생산량이 계속해서 증가하며, (P의 상승으로 나타낸 것처럼) 인플레이션도 계속 상승한다. 이것은 이전 장들에서 살펴본 성장과 인플레이션에 관한 고전파적인 분석을 보여주는 또 다른 방법일 뿐이다.

하지만 총수요 및 총공급 모형을 학습하는 목적은 이전에 살펴본 장기적인 관점에서 얻은 결론에 새로운 옷을 입히는 것이 아니다. 대신에 잠시 후에 살펴볼 것처럼 단기적인 분석을 하기 위한 틀을 제공하는 것이다. 단기 모형을 전개해나갈 때, 그림 5에서 곡선의 이동으로 나타낸 진행 중인 성장과 인플레이션을 누락시킴으로써 분석을 단순화시킬 수 있다. 하지만 장기적인 추세는 단기적인 변동이 겹쳐 놓이는 배경이라는 사실을 언제나 기억하자. **우리가 공부하게 될 생산량과 물가수준의 단기적인 변동은 생산량 성장과 인플레이션의 장기적인 추세에서 벗어나는 것으로 보아야 한다.**

15-4d 총공급곡선이 단기적으로 기울기가 상향하는 이유

단기적으로 본 경제와 장기적으로 본 경제의 주요한 차이는 총공급의 행태에 관한 것이다. 장기적인 총공급곡선은 수직선인데, 그 이유는 장기적으로 전반적인 물가수준이 재화 및 용역을 생산하는 경제의 능력에 영향을 미치지 않기 때문이다. 반면에 단기적으로 물가수준은 경제의 생산량에 영향을 미친다. 즉 1년 또는 2년 동안에는 물가수준이 상승할 경우 재화 및 용역의 공급량이 증가하는 경향이 있는 반면에 물가수준이 하락할 경우 재화 및 용역의 공급량이 감소하는 경향이 있다. 따라서 단기적인 총공급곡선은 그림 6에서처럼 기울기가 상향한다.

물가수준의 변화가 단기적으로 생산량에 영향을 미치는 이유는 무엇인가? 거시경제학자들은 단기 총공급곡선의 기울기가 상향하는 이유에 관해 세 가지 이론을 제시했다. 각 이론에서 시장 불완전성으로 인해 단기적으로는 경제의 공급 측면이 장기와는 다르게 작동한다. 이 이론들은 세부적인 면에서는 상이하지만 공통의 논지, 한마디로 뜻밖의 상황이라는 점을 공유하고 있다. **경제의 실제 물가수준이 사람들이 기대한 물가수준에서 벗어날 경우, 재화 및 용역의 공급량은 장기적인 수준 또는 자연적인 수준에서 벗어나**

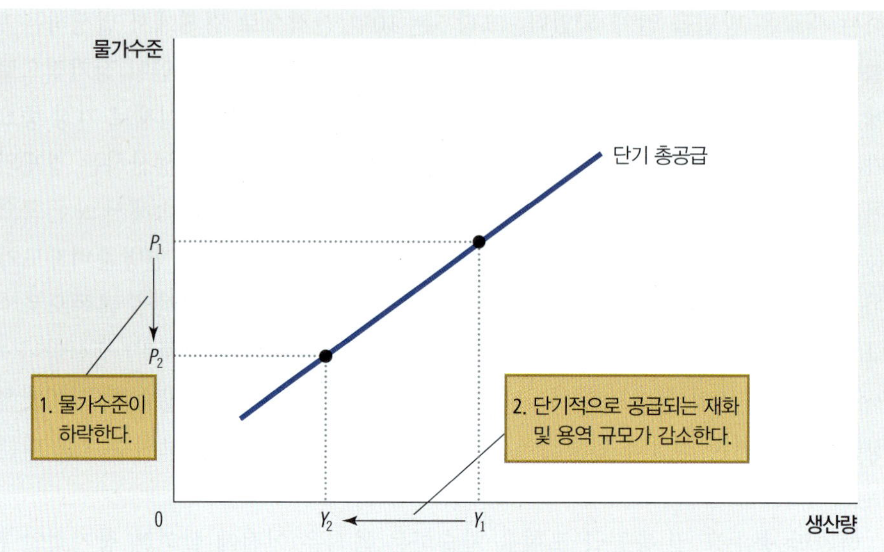

그림 6

단기 총공급곡선

단기적으로 물가수준이 P_1에서 P_2로 하락함에 따라 공급되는 생산량은 Y_1에서 Y_2로 감소한다. 이들 둘 사이에 존재하는 이런 양의 관계는 비신축적 임금, 비신축적 가격, 오인에서 비롯될 수 있다. 시간이 흐름에 따라 임금, 가격, 인식은 조정이 이루어지므로 이런 양의 관계는 단지 일시적으로 존재할 뿐이다.

게 된다. 물가수준이 기대했던 수준 이상으로 상승할 경우 생산량은 자연율 수준 이상으로 증가하고, 물가수준이 기대했던 수준 아래로 하락할 경우 생산량은 자연율 수준 아래로 감소한다.

비신축적 임금 이론 단기 총공급곡선의 기울기가 상향하는 이유를 설명하는 첫 번째 모형은 비신축적 임금 이론이다. 이 이론은 총공급에 관한 세 가지 모형 중 가장 단순한 형태이며, 일부 경제학자들은 이 이론이 단기와 장기가 상이하다는 점을 설명하는 가장 중요한 이유를 강조한다고 믿는다. 단기 총공급에 관한 이 이론은 이 책에서도 강조하는 설명 모형이다.

이 이론에 따르면, 단기 총공급곡선의 기울기가 상향하는데 그 이유는 명목임금이 변화하는 경제상황에 서서히 조정되기 때문이다. 다시 말해 임금이 단기적으로 '비신축적'이기 때문이다. 명목임금이 서서히 조정되는 것이 어느 정도까지는 명목임금을 이따금 3년 동안이나 고정시켜 두는 노동자와 기업의 장기계약에서 비롯된다. 이런 점진적인 조정은 또한 임금 설정에 영향을 미칠 수 있는 서서히 변화하는 사회적 규범과 공정성에 대한 개념에서 기인한다.

다음과 같은 예는 비신축적 명목임금이 기울기가 상향하는 단기 총공급곡선을 어떻게 초래할 수 있는지 설명하는 데 도움이 된다. 1년 전에 어떤 기업이 현재의 물가수준이 어떤 수준, 가령 100이 될 것이라고 예상했다. 이런 기대에 기초하여 노동자들에게 시간당 30달러를 지급하겠다고 합의하는 계약을 체결했다. 사실 물가수준은 단지 95에 불과했다. 물가수준이 기대 이하로 하락했기 때문에, 해당 기업은 자신이 판매하는 물품의 각 단위에 대해 기대한 것보다 5% 더 적게 받았다. 하지만 해당 물품을 만드는 데 사용하는 노동의 비용은 시간당 30달러에 고정되어 있다. 이제 생산 수익성이 낮아져서, 기업은 더 적은 수의 노동자를 고용하고 공급량을 줄이게 된다. 시간이 흐름에 따라 노동계약이 종료되고, 기업은 (물가수준이 낮아져서 노동자가 수용할 수 있는) 인하된 명목임금으로 노동자와 재협상할 수 있다. 하지만 그때까지 고용과 생산은 장기적인 수준 아래로 유지될 것이다.

동일한 논리가 거꾸로 적용될 수도 있다. 물가수준이 105가 되고 명목임금은 30달러에 고정되어 있다고 가상하자. 기업은 판매한 각 단위에 지불된 금액이 5% 상승한 반면 노동비용은 그렇지 않다는 사실을 알고 있다. 이에 대응하여 기업은 노동자를 더 많이 고용하고 공급량을 증가시킨다. 결국 노동자는 물가수준 상승을 벌충하기 위해 명목임금 인상을 요구하게 된다. 하지만 잠시동안 기업은 고용과 생산을 장기적인 수준 이상으로 증가시켜 이윤을 얻을 수 있는 기회를 활용할 수 있다.

간단히 말해 비신축적 임금 이론에 따르면 단기 총공급곡선의 기울기는 상향한다. 이렇게 되는 이유는 명목임금이 기대된 물가에 기초하는데, 실제 물가수준이 기대된 물가와 상이하게 될 경우 명목임금이 즉시 반응하지 않기 때문이다. 이런 임금의 비신축성으로 인해 기업은 물가수준이 기대된 물가보다 낮을 경우 더 적게 생산하고, 물가수준이 기대된 물가보다 높을 경우 더 많이 생산하려는 유인을 갖게 된다.

비신축적 가격 이론 일부 경제학자들은 단기 총공급곡선의 기울기가 상향하는 이유를 설명하는 또 다른 모형, 즉 비신축적 가격 이론을 주장한다. 비신축적 임금 이론은 시간이 흐름에 따라 명목임금이 서서히 조정되는 사실을 강조하는 반면에, 비신축적 가격 이론은 경제상황의 변화에 대응하여 역시 서서히 조정되는 일부 재화 및 용역 가격에 초점을 맞춘다. 부분적으로는 가격을 변화시키는 데 따른 비용, 즉 **메뉴비용**이 발생하기 때문에 조정이 천천히 이루어진다. 이 메뉴비용에는 카탈로그를 인쇄하여 배포하는 데 따른 비용, 가격표를 변경하는 데 필요한 시간, 새로운 가격을 결정하는 데 필요한 관리상의 수고도 포함된다. 이런 비용들 때문에 임금뿐만 아니라 가격도 단기적으로 비신축적일 수 있다.

비신축적 가격이 총공급곡선의 기울기가 상향하는 이유를 어떻게 설명하는지 알아보기 위해, 경제의 각 기업이 내년에 기대하는 경제상황에 기초하여 가격을 먼저 발표한다고 가상하자. 가격이 발표되고 난 후에 경제는 기대하지 못한 통화 공급 감소를 겪게 되며 이로 인해 (우리가 배운 것처럼) 장기적으로 전반적인 물가수준이 하락한다고 가상하자. 단기적으로 어떤 일이 발생하는가? 일부 기업은 경제상황의 변화에 대응하여 신속하게 가격을 인하하지만 다른 많은 기업은 추가적인 메뉴비용을 피하고자 하며 일시적으로 가격을 인하하는 데 뒤처지게 된다. 이렇게 뒤처진 기업은 가격이 너무 높기 때문에 이들의 판매가 감소한다. 판매 감소로 인해 이들 기업은 생산과 고용을 삭감하게 된다. 다시 말해 물가수준의 기대하지 못한 하락으로 인해 일부 기업은 원하는 것보다 더 높은 가격을 유지하게 되며, 이 때문에 판매가 감소하고 자신이 생산하는 재화 및 용역의 수량이 축소된다.

통화 공급과 물가수준이 기업이 자신의 가격을 설정할 때 기대한 것보다 더 높을 경우에도 이와 유사한 추론이 적용될 수 있다. 일부 기업은 새로운 환경에 대응하여 빠르게 가격을 인상하지만, 다른 기업은 가격 인상에 뒤처지게 된다. 이들 기업은 낮은 가격으로 인해 고객을 유치할 수 있으며, 이에 따라 고용과 생산을 증대시키게 된다. 다시 한번 경제 전반에 걸쳐 기대하지 못한 물가수준 변화와 생산량 사이에 양의 관계가 있음을 알 수 있다. 단기 총공급곡선의 기울기가 상향하는 이유는 이 곡선이 이런 양의 연관관계를 반영하기 때문이다.

오인 이론 단기 총공급곡선의 기울기가 상향하는 이유를 설명하는 세 번째 모형은 오인 이론이다. 이 이론에 따르면 전반적인 물가수준이 변화할 경우 이는 공급자들이 자신들의 생산물을 판매하는 시장에서 일어나는 상황에 대해 오인하도록 할 수 있다고 주장한다. 이런 단기적인 오인으로 인해 공급자들은 물가수준의 변화에 대응하게 되며, 이로 인해 총공급곡선의 기울기가 상향하게 된다.

이 이론이 어떻게 작동하는지 알아보기 위해, 전반적인 물가수준이 공급자가 기대한 수준 이하로 하락했다고 가상하자. 공급자는 자신의 물품가격이 하락했다는 사실을 깨달았을 때 잘못 판단하여 상대가격이 하락했다고 생각할 수 있다. 즉, 자신의 물품가격이 경제의 다른 가격들과 비교해볼 때 하락했다고 믿을 수 있다. 예를 들면 밀 경작 농부는 자신이 소비자로서 구입하는 많은 물품의 가격이 하락했다는 사실을 깨닫기 전에 밀가격의 하락을 인지할 수 있다. 이들은 밀 생산에 따르는 보상이 일시적으로 낮아졌다고 추론할 수 있으며, 이에 따라 자신이 공급하는 밀의 양을 줄임으로써 이에 대응할 수 있다. 이와 유사하게 노동자는 자신이 구입하는 물품의 가격이 하락했다는 사실을 깨닫기 전에 자신의 명목임금이 하락했음을 먼저 깨달을 수 있다. 이들은 노동에 따른 보상이 일시적으로 하락했으니 노동을 더 적게 제공함으로써 이에 대응하겠다고 추론할 수 있다. 위의 두 경우 모두에서 물가수준이 하락하면 상대가격에 대해 오인을 하게 되며, 이런 오인 때문에 공급자는 재화 및 용역의 공급량을 줄여 물가수준 하락에 대응하게 된다.

물가수준이 기대한 수준 이상일 경우에도 유사한 오인 상황이 발생한다. 재화 및 용역의 공급자는 자신의 생산물 가격이 상승하는 것을 인지하고서 상대가격이 상승했다고 잘못 추론할 수 있다. 이들은 재화 및 용역의 공급량을 증대시켜 물가수준 상승에 대응하게 된다. 이런 행태는 기울기가 상향하는 단기 총공급곡선으로 이어진다.

요약 단기적인 총공급곡선의 기울기가 상향하는 이유를 설명하는 세 가지 이론 즉 (1)

비신축적 임금 이론, (2) 비신축적 가격 이론, (3) 상대가격에 관한 오인 이론이 있다. 경제학자들은 이들 이론 중 어느 것이 옳은지 논의하고 있으며, 각 이론은 참인 요소를 포함할 가능성이 있다. 우리의 목적에는 이 이론들의 유사점이 차이점보다 더 중요하다. 이들 세 가지 이론 모두가 시사하는 바는 실제 물가수준이 사람들이 기대한 물가수준에서 벗어날 경우 생산량이 단기적으로 자연율 수준에서 벗어난다는 것이다. 우리는 이를 수학적으로 다음과 같이 나타낼 수 있다.

$$\text{생산물의 공급량} = \text{자연 생산량 수준} + a(\text{실제 물가수준} - \text{기대 물가수준})$$

여기서 a는 생산물의 공급량이 기대하지 못한 물가수준의 변화에 얼마나 반응하는지를 결정하는 숫자이다.

단기 총공급곡선에 관한 이들 세 가지 이론 각각은 일시적일 것 같은 문제를 강조한다는 사실에 주목하자. 단기 총공급곡선의 기울기가 상향한다는 사실이 비신축적 임금 또는 비신축적 가격 아니면 오인에 기인하든 간에, 이런 조건들이 영원히 지속되지는 않을 것이다. 시간이 흐름에 따라 명목임금과 가격은 고정되지 않으며, 상대가격에 관한 오인도 수정된다. 장기적으로 임금과 가격은 비신축적이지 않고 신축적이며 사람들은 상대가격을 정확하게 인지한다고 가정하는 것이 합리적이다. 이들 세 가지 이론 각각은 기울기가 상향하는 단기 총공급곡선뿐만 아니라 수직선인 장기 총공급곡선도 설명한다.

15-4e 단기 총공급곡선이 이동하는 이유

단기 총공급곡선은 모든 물가수준에서의 단기적인 재화 및 용역의 공급량을 나타낸다. 장기 총공급곡선과 유사하지만 비신축적 임금, 비신축적 가격, 오인으로 인해 수직선이 아니라 기울기가 상향한다. 단기 총공급곡선을 무엇이 이동시키는지에 관해 생각할 때, 장기 총공급곡선을 이동시키는 모든 변수에 더해 기대 물가수준을 추가적으로 고려해야 한다. 기대 물가수준은 고정된 임금, 고정된 가격, 상대가격에 관한 인식의 오류에 영향을 미친다.

장기 총공급곡선에 관해 우리가 알고 있는 것에서부터 시작해보자. 우리가 논의했던 것처럼, 장기 총공급곡선의 이동은 보통 노동, 자본, 천연자원, 기술지식의 변화에서 비롯된다. 이런 변수들은 또한 단기 총공급곡선을 이동시킨다. 예를 들어 자본량이 증가하여 생산성이 향상되면, 해당 경제는 생산물을 더 많이 생산하게 된다. 따라서 장기 총공급곡선 및 단기 총공급곡선이 둘 다 오른쪽으로 이동한다. 대규모 부문 간 이동이 발생하여 자연 실업률이 상승하면, 더 적은 수의 노동자가 고용되고 생산물을 더 적게 생산하게 된다. 따라서 장기 총공급곡선 및 단기 총공급곡선이 둘 다 왼쪽으로 이동한다.

단기 총공급곡선의 위치에 영향을 미치는 새로운 변수는 사람들이 기대한 물가수준이다. 우리가 논의한 것처럼, 재화 및 용역의 공급량은 단기적으로 비신축적 임금, 비신축적 가격, 오인에 달려 있다. 그런데 임금, 가격, 인식은 기대 물가수준에 기초하여 설정된다. 따라서 기대 물가수준이 변화할 때 단기 총공급곡선이 이동하게 된다.

예를 들어 비신축적 임금 이론에 따르면 노동자와 기업은 물가수준에 대한 자신의 기대에 기초하여 명목임금 수준에 합의하게 된다. 따라서 기대 물가수준은 기업의 비용 그리고 모든 실제 물가수준에 대한 재화 및 용역의 공급량에 영향을 미친다. 기대 물가수준이 상승할 경우, 임금은 더 높게 설정되어 비용이 증가하고 모든 실제 물가수준에서 더 적은 양의 재화 및 용역을 생산하게 된다. 따라서 단기 총공급곡선은 왼쪽으로 이동한다. 반대로 기대 물가수준이 하락할 경우, 임금은 더 낮게 설정되어 비용이 감소하고 기업은 모든 실제 물가수준에서 생산량을 증대시킨다. 따라서 단기 총공급곡선은 오른쪽으로 이동한다.

표 2

단기 총공급곡선: 요약

단기 총공급곡선의 기울기가 상향하는 이유는 무엇인가?

1. **비신축적 임금 이론:** 명목임금이 일정하게 주어지고 기대 밖으로 물가수준이 낮아질 경우, 기업은 더 적은 수의 노동자를 고용하고 이로 인해 더 적은 양의 재화 및 용역을 생산하게 된다.
2. **비신축적 가격 이론:** 기대 밖으로 물가수준이 낮아질 경우, 적정한 수준보다 더 높게 가격을 책정한 기업은 판매가 감소하여 생산을 감축하게 된다.
3. **오인 이론:** 기대 밖으로 물가수준이 낮아질 경우, 일부 공급업체는 자신의 상대가격이 하락했다고 생각하여 생산을 감축하게 된다.

단기 총공급곡선이 이동하는 이유는 무엇인가?

1. **노동의 변화에서 비롯되는 이동:** (어쩌면 자연 실업률이 하락함으로써) 가용할 수 있는 노동 규모가 증가하는 경우, 총공급곡선이 오른쪽으로 이동한다. 반면에 (어쩌면 자연 실업률이 상승함으로써) 가용할 수 있는 노동 규모가 감소하는 경우, 총공급곡선이 왼쪽으로 이동한다.
2. **자본의 변화에서 비롯되는 이동:** 물적 자본 또는 인적 자본이 증가하는 경우, 총공급곡선이 오른쪽으로 이동한다. 반면에 물적 자본 또는 인적 자본이 감소하는 경우, 총공급곡선이 왼쪽으로 이동한다.
3. **천연자원의 변화에서 비롯되는 이동:** 가용할 수 있는 천연자원이 증가하는 경우, 총공급곡선이 오른쪽으로 이동한다. 반면에 가용할 수 있는 천연자원이 감소하는 경우, 총공급곡선이 왼쪽으로 이동한다.
4. **기술의 변화에서 비롯되는 이동:** 기술지식이 발전하는 경우, 총공급곡선이 오른쪽으로 이동한다. 반면에 (어쩌면 정부 규제로 인해서) 가용할 수 있는 기술이 감소하는 경우, 총공급곡선이 왼쪽으로 이동한다.
5. **기대 물가수준의 변화에서 비롯되는 이동:** 기대 물가수준이 하락하는 경우, 단기 총공급곡선이 오른쪽으로 이동한다. 반면에 기대 물가수준이 상승하는 경우, 단기 총공급곡선이 왼쪽으로 이동한다.

이와 유사한 논리가 총공급에 관한 각 이론에 적용된다. 일반적인 결론은 다음과 같다. 기대 물가수준이 상승할 경우 재화 및 용역의 공급량이 감소하여 단기 총공급곡선이 왼쪽으로 이동하게 된다. 기대 물가수준이 하락할 경우 재화 및 용역의 공급량이 증가하여 단기 총공급곡선이 오른쪽으로 이동하게 된다.

다음 절에서 논의할 것처럼, 단기 총공급곡선의 위치에 기대가 미치는 영향은 경제가 단기에서 장기로 어떻게 전환하는지 설명하는 데 핵심 역할을 한다. 단기적으로는 기대가 고정되고 경제가 총수요곡선과 단기 총공급곡선의 교차점에 위치하게 된다. 시간이 흐름에 따라 물가수준이 사람들이 기대하는 수준과 상이해질 경우, 기대가 변화하고 단기 총공급곡선이 이동하게 된다. 이런 이동을 통해 장기적으로는 경제가 총수요곡선과 장기 총공급곡선의 교차점으로 이동하게 된다.

표 2는 단기 총공급곡선에 관해 우리가 학습한 것을 요약해 보여준다.

Quiz

8. 단기 총공급곡선의 기울기가 상향하는 한 가지 이유는 물가수준이 상승하는 경우 ______________________.
   a. 실질임금이 비신축적이라면 명목임금이 상승하기 때문이다.
   b. 실질임금이 비신축적이라면 명목임금이 하락하기 때문이다.
   c. 명목임금이 비신축적이라면 실질임금이 상승하기 때문이다.
   d. 명목임금이 비신축적이라면 실질임금이 하락하기 때문이다.

9. 다음 중 어느 것이 변화할 경우, 단기 총공급곡선은 이동하지만 장기 총공급곡선은 이동하지 않는가?
   a. 경제활동인구
   b. 자본량
   c. 기술수준
   d. 기대 물가수준

해답은 이 장의 끝부분에 있다.

15-5 경제 변동의 두 가지 원인

이제는 총수요 및 총공급 모형을 사용하여 단기 변동의 두 가지 기본 원인, 즉 총수요 변화와 총공급 변화를 살펴보도록 하자.

간단히 하기 위해 경제는 그림 7에서 보는 것처럼 장기균형에서 시작한다고 가정하자. 생산량과 물가수준은 장기적으로 그림의 점 A에서 보는 것처럼 총수요곡선과 장기 총공급곡선의 교차점에서 결정된다. 이 점에서 생산량은 자연율 수준이 된다. 경제는 언제나 단기균형 상태에 있기 때문에 단기 총공급곡선도 역시 이 점을 통과하게 되는데, 이는 기대 물가수준이 이 장기균형으로 조정되었다는 것을 의미한다. 즉 경제가 장기균형 상태에 있을 때 기대 물가수준은 실제 물가수준과 같아져서, 총수요곡선과 단기 총공급곡선의 교차점은 총수요곡선과 장기 총공급곡선의 교차점과 같아진다.

그림 7

장기균형

총수요곡선과 장기 총공급곡선이 교차하는 점, 즉 점 A에서 경제의 장기균형이 달성된다. 경제가 이 장기균형에 도달할 때 기대 물가수준은 조정되어 실제 물가수준과 동일해진다. 따라서 단기 총공급곡선도 역시 이 점에서 교차한다.

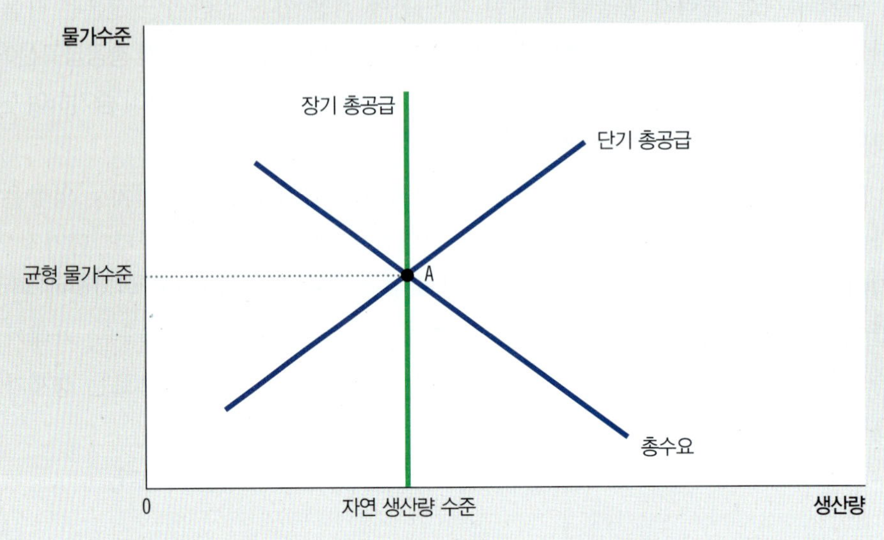

15-5a 총수요 변화가 미치는 영향

비관적인 분위기가 경제를 덮쳤다고 가상하자. 그 원인은 백악관의 추문일 수도 있고 주식시장의 폭락일 수도 있으며 아니면 해외에서의 전쟁 발발일 수도 있다. 구체적인 이유가 무엇이든 간에 많은 사람들이 장래에 대한 신뢰를 잃고 자신들의 계획을 바꾸었다. 가계는 지출을 감축시키고 주요한 구매계획을 연기하며, 기업은 새로운 장비 구입을 연기한다.

이런 비관주의의 물결이 미치는 거시경제적 영향은 무엇인가? 이 물음에 답하기 위해 공급과 수요에 대한 분석을 하는데 제4장에서 제안한 세 가지 단계를 따라가보도록 하자. 첫째, 이런 충격이 총수요 아니면 총공급 어느 것에 영향을 미치는지 결정한다. 둘째, 곡선이 이동하는 방향을 결정한다. 셋째, 총수요 및 총공급 도해를 사용하여 최초의 균형과 새로운 균형을 비교한다. 새로이 제시하는 의견은 네 번째 단계를 추가할

표 3

거시경제 변동을 분석하는 네 단계

1. 해당 충격이 총수요곡선과 총공급곡선 중 어느 곡선(또는 어쩌면 두 곡선 모두)을 이동시키는지 여부를 결정한다.
2. 곡선이 이동하는 방향을 결정한다.
3. 총수요곡선 및 총공급곡선의 도해를 활용하여 해당 충격이 생산량과 물가수준에 미치는 단기적인 영향을 결정한다.
4. 총수요곡선 및 총공급곡선 도해를 활용하여 경제가 새로운 단기균형에서 새로운 장기균형으로 어떻게 이동하는지 분석한다.

필요가 있다는 것이다. 즉, 우리는 새로운 단기균형, 새로운 장기균형, 이들 두 균형 사이의 전환을 놓치지 말고 따라가며 살펴보아야 한다. 표 3에 경제적 변동을 분석하기 위한 네 단계를 요약해 정리했다.

앞의 두 단계는 간단히 해결할 수 있다. 첫째, 비관적인 분위기가 만연되면 지출 계획에 영향을 미치게 되므로, 이에 따라 총수요곡선이 영향을 받게 된다. 둘째, 가계와 기업은 이제 모든 물가수준에서 더 적은 규모의 재화 및 용역을 구입하려 하기 때문에 총수요가 감소하게 된다. 그림 8에서 보는 것처럼 총수요곡선은 왼쪽으로, 즉 AD_1에서 AD_2로 이동한다.

이 그림을 활용하여 세 번째 단계를 이행할 수 있다. 최초 균형과 새로운 균형을 비교함으로써 총수요의 감소가 미치는 영향을 살펴볼 수 있다. 단기적으로 경제는 최초의 단기 공급곡선 AS_1을 따라 이동하여 점 A에서 점 B로 이동하게 된다. 경제가 이들 두 점 사이를 이동함에 따라 생산량은 Y_1에서 Y_2로 감소하며 물가수준은 P_1에서 P_2로 하락한다. 생산량이 감소한다는 것은 경제가 침체기로 들어간다는 의미이다. 그림에 나타나 있지는 않지만, 기업은 고용을 줄임으로써 판매 및 생산 감소에 대응하게 된다. 총수요의 변화를 유발한 비관적 상황은 어느 정도 자기 실현적이다. 즉 장래에 대한 비관적 생각은 소득 감소와 실업 증대로 이어진다.

이제는 단기균형에서 새로운 장기균형으로 전환되는 네 번째 단계를 살펴보도록 하자. 총수요가 감소하기 때문에 물가수준은 처음에 P_1에서 P_2로 하락한다. 물가수준은 총수요가 갑자기 감소하기 전에 사람들이 기대하고 있었던 수준(P_1)을 하회한다. 사람

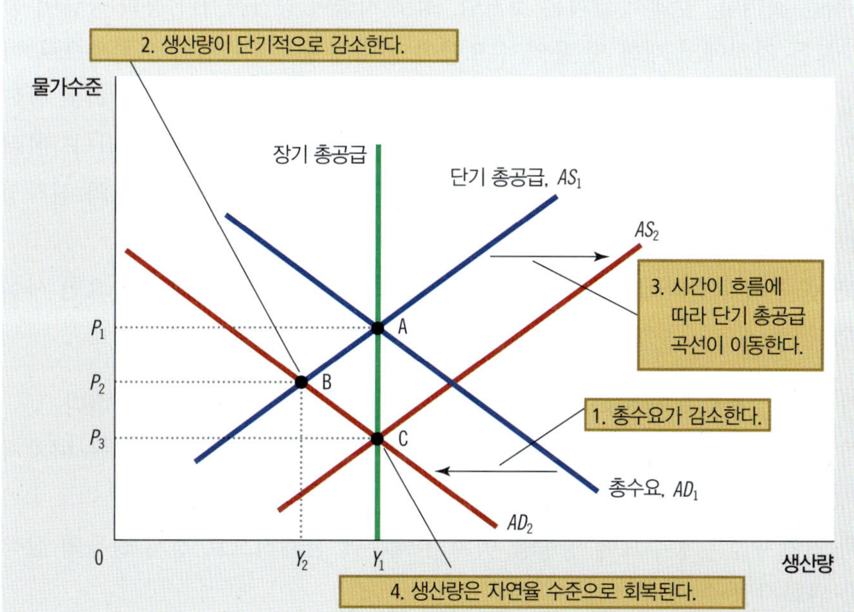

그림 8

총수요 측면에서의 수축

총수요가 감소하면 총수요곡선은 왼쪽으로 즉 AD_1에서 AD_2로 이동한다. 단기적으로 경제는 점 A에서 점 B로 이동하게 된다. 생산량은 Y_1에서 Y_2로 감소하며, 물가수준은 P_1에서 P_2로 하락한다. 하지만 기대 물가수준이 조정됨에 따라, 단기 총공급곡선은 오른쪽으로 즉 AS_1에서 AS_2로 이동하고, 경제는 새로운 총수요곡선이 장기 총공급곡선과 교차하는 점 즉 점 C로 회복된다. 장기적으로 물가수준은 P_3로 하락하고 생산량은 자연율 수준 Y_1으로 회복하게 된다.

들은 단기적으로 놀랄 수 있지만 영원히 계속해서 놀라지는 않을 것이다. 결국에는 사람들의 기대가 새로운 현실을 따라잡게 된다. 기대 물가수준이 하락하며 이는 임금, 가격, 인식을 변화시키고, 이런 변화는 다시 단기 총공급곡선의 위치에 영향을 미친다. 예를 들어 비신축적 임금 이론에 따르면, 노동자와 기업이 일단 더 낮은 물가수준을 기대하게 되면 이들은 더 낮은 명목임금에 합의하게 된다. 이렇게 해서 노동비용이 감소하게 되면 기업은 노동자를 더 많이 고용하게 되고, 그에 따라 모든 물가수준에서 생산이 확장된다. 이런 식으로 기대 물가수준이 하락하면 단기 총공급곡선은 오른쪽으로, 즉 그림 8의 AS_1에서 AS_2로 이동하게 된다. 이런 이동을 거쳐 경제는 점 C로 근접하며, 거기서 새로운 총수요곡선(AD_2)은 장기 총공급곡선과 교차한다.

새로운 장기균형인 점 C에서, 생산량은 자연율 수준으로 돌아간다. 경제는 스스로를 정정하여 바로잡는 능력이 있다. 즉, 생산량의 감소는 정책 입안자가 하는 어떤 행위가 없더라도 장기적으로 반전이 이루어진다. 비관적인 상황으로 인해 총수요가 감소하더라도, 물가수준이 총수요곡선의 이동을 상쇄할 정도로 충분히 (P_3까지) 하락하고 사람들도 역시 낮아진 새로운 물가수준을 기대하게 된다. 장기적으로는 총수요의 변화가 물가수준에 충분히 반영되고 생산량 수준에는 전혀 반영되지 않는다. 다시 말해, 총수요의 변화에 따른 장기적인 효과는 (물가수준이 낮아지는 것처럼) 명목적인 변화를 일으키지 (생산량이 불변하는 것처럼) 실질적인 변화를 일으키지는 않는다.

정책 입안자들은 총수요가 갑자기 감소할 때 무엇을 해야 하는가? 위의 분석은 정책 입안자들이 아무것도 하지 않는다고 가정한다. 하지만 또 다른 가능성은 경제가 (점 A에서 점 B로 이동하여) 침체기로 진입하자마자, 정책 입안자가 총수요를 증대시키는 조치를 취하는 것이다. 앞에서 살펴본 것처럼, 정부 지출이 증가하거나 통화 공급이 증가할 경우 모든 가격에서 재화 및 용역 수요량이 증대해 총수요곡선이 오른쪽으로 이동한다. 정책 입안자들이 충분히 신속하고 정확하게 행동할 경우, 총수요의 최초 변화를 상쇄할 수 있어서 총수요곡선은 AD_1으로 돌아가고 경제는 점 A로 돌아간다. 이런 정책이 성공적일 경우, 생산량 및 고용 감소에 따른 고통스러운 기간이 길이와 심각성 면에서 감축될 수 있다.

요약하면 총수요의 변화에 관한 위의 논의를 통해 다음과 같은 세 가지 중요한 사실을 알 수 있다.

- 단기적으로, 총수요의 변화로 인해 경제의 재화 및 용역 생산량이 변동한다.
- 장기적으로, 총수요가 변화할 경우 이는 전반적인 물가수준에는 영향을 미치지만 생산량에는 영향을 미치지 않는다.
- 정책 입안자들은 총수요에 영향을 미치기 때문에 잠재적으로 경제 변동의 심각성을 완화시킬 수 있다.

FYI 화폐의 중립성에 대한 재해석

고전파의 경제 이론에 따르면 화폐는 중립적이라고 한다. 즉, 화폐수량이 변화할 경우 이는 물가수준과 같은 명목변수에 영향을 미치지만 생산량과 같은 실질변수에는 영향을 미치지 않는다. 이 장 앞부분에서 대부분의 경제학자들은 이런 결론을 경제가 장기적으로 어떻게 작동하는지에 대한 설명으로 받아들이지만, 단기적으로는 적절한 설명으로 받아들이지 않는다는 점을 살펴보았다. 총수요 및 총공급 모형을 사용하면 이 결론을 보다 완전하게 설명할 수 있다.

(중앙은행의 역할을 하는) 연방준비제도가 경제의 통화량을 감소시키려 한다고 가상하자. 이런 변화는 어떤 효과를 갖게 되는가? 논의했던 것처럼, 통화 공급은 총수요를 결정하는 요인이다. 통화 공급이 감소할 경우 총수요는 왼쪽으로 이동한다.

통화 공급의 감소에 따른 분석은 그림 8의 분석과 같아진다. 총수요의 변화를 일으키는 원인은 상이하지만 생산량과 물가수준에는 동일한 영향을 미친다는 사실을 알 수 있다. 단기적으로는 생산량과 물가수준이 둘 다 하락하여 경제가 경기 침체를 겪게 된다. 하지만 시간이 흐름에 따라 기대 물가수준도 역시 하락하여 기업과 노동자들은 예를 들면 낮아진 명목임금에 합의함으로써 자신들의 새로운 기대에 대응하게 된다. 그렇게 함에 따라 단기 총공급곡선은 오른쪽으로 이동하며, 궁극적으로는 경제가 장기 총공급곡선으로 돌아가게 된다.

그림 8은 화폐가 실질변수에 대해 중요할 때와 그렇지 않을 때를 보여준다. 장기적으로 화폐는 중립적이며, 이는 경제가 점 A에서 점 C로 이동하는 것으로 나타낼 수 있다. 하지만 단기적으로 통화 공급이 변화할 경우 실질적인 효과를 미치며, 이는 경제가 점 A에서 점 B로 이동하는 것으로 나타낼 수 있다. 이런 분석을 압축해서 설명한, 이전부터 해오던 말이 있다. "화폐는 장막이지만, 장막이 휘날릴 때 실질 생산량은 칙칙 소리를 내다가 시동이 꺼진다." ■

사례 연구 두 번의 대폭적인 총수요 변화: 대공황과 제2차 세계대전

이 장은 1972년 이후의 데이터를 활용하여 경제 변동에 관한 세 가지 사실을 확립하는 데서부터 시작했다. 이제는 보다 장기간에 걸쳐 미국의 경제사를 살펴보도록 하자. 그림 9는 1900년 이후 '3년 전 대비 실질 GDP의 백분율 변화'에 관한 데이터를 보여준다. 평균 3년 동안 실질 GDP는 약 10%, 즉 연간 3% 약간 더 성장했다. 이 그림에서 특히 주목할 만한 두 가지 사건, 즉 1930년대 초 실질 GDP의 대규모 감소와 1940년대 초 실질 GDP의 대규모 증가를 볼 수 있다. 총수요의 변화로 인해 이들 두 사건이 발생했다.

1930년대 초에 발생한 경제적 재난을 **대공황**이라고 하는데, 이는 미국 역사상 지금까지 가장 큰 경기 침체였다. 실질 GDP는 1929년부터 1933년까지 26%만큼 감소했으며, 실업은 3%에서 25%로 증가했다. 동시에 물가수준은 이 4년 동안 22%만큼 하락했다. 다른 많은 국가들도 이 기간 동안 유사한 수준의 생산량 및 물가 하락을 경험했다.

경제사학자들은 대공황의 원인에 대해 계속 논의하고 있지만, 대부분의 설명은 총수요의 대폭적인 감소로 수렴된다. 총수요가 수축된 이유는 무엇인가? 여기서 의견 불일치가 발생한다.

많은 경제학자들은 주요한 책임을 통화 공급의 감소로 돌린다. 즉, 1929년부터 1933년까지 통화 공급이 28%만큼 감소했다. 통화 공급의 감소는 은행시스템상의 문제에서 비롯되었다. 가계가 재무적으로 불안정한 은행에서 예금을 인출했고 은행은 보다 조심해서 더 많은 지급준비금을 보유하기 시작했기 때문에, 부분 지급준비제도하에서 통화 창출과정은 역전

그림 9 **1900년 이후 미국의 실질 GDP 성장**

미국 경제사를 살펴보면, 특히 두 가지 경제 변동이 눈길을 끈다. 1930년대 초에 미국 경제는 대공황을 견뎌냈는데, 이때 재화 및 용역 생산이 급감했다. 1940년대 초에 미국은 제2차 세계대전에 참전했으며 생산이 급격히 증가했다. 이들 두 사건은 모두 일반적으로 총수요의 대폭적인 변화에 기인했다고 본다.

출처: Louis D. Johnston and Samuel H. Williamson, "What Was GDP Then?" http://www.measuringworth.com/usgdp/; Department of Commerce.

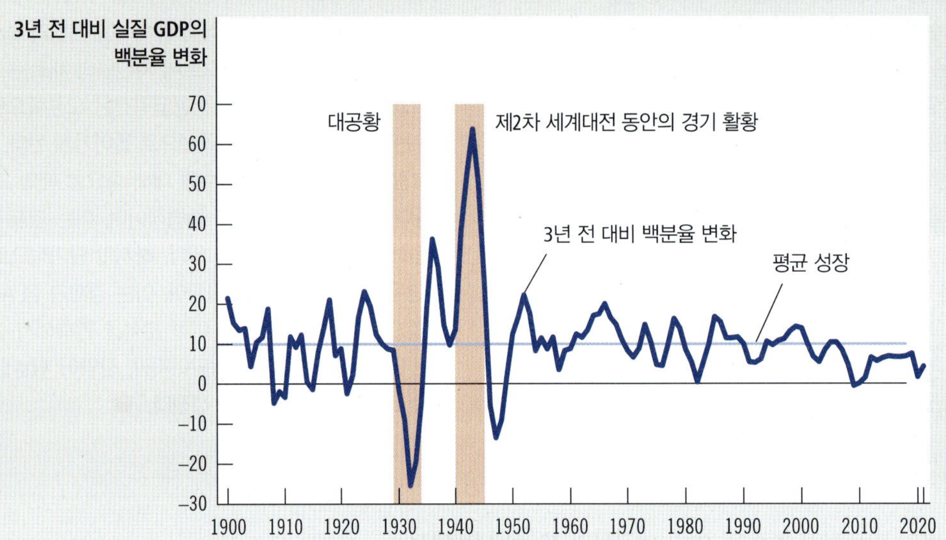

BETTMANN/GETTY IMAGES

총수요가 대폭적으로 감소함에 따라 발생하는 상황

되었다. 한편 연방준비제도는 확장적인 공개시장 조작으로 이런 통화승수의 하락을 상쇄시키지 못해 통화 공급이 감소했다. 많은 경제학자들은 대공황이란 심각한 상황에 대해 연방준비제도가 조치를 취하지 않은 것을 비판한다.

일부 경제학자들은 총수요가 붕괴된 다른 이유를 제시했다. 예를 들어 주가가 이 기간에 약 90% 하락하여 가계의 부와 소비자 지출이 감소했다. 이 밖에 은행시스템상의 문제로 일부 기업은 새로운 계획사업과 사업 확장에 필요한 자금 조달을 할 수 없어서 투자 지출이 축소되었다. 이런 모든 요인들이 함께 작동해서 총수요를 축소시켰을 가능성이 있다.

그림 9에서 두 번째로 중요한 사건인 1940년대 초에 발생한 급격한 경제 확장은 설명하기가 더 쉽다. 제2차 세계대전으로 인해 경제가 활황을 겪게 되었다. 미국이 해외에서 참전함에 따라 연방정부는 더 많은 자원을 군에 투입했다. 정부의 재화 및 용역 구매는 1939년부터 1944년까지 거의 다섯 배 증가했다. 이처럼 총수요가 막대하게 확장되자 경제의 재화 및 용역 생산이 거의 두 배가 되었으며 (정부가 실시한 가격 통제로 인해 가격 인상이 제한되기는 했지만) 물가수준은 20% 상승했다. 실업은 1939년 17%로부터 1944년 미국 역사상 가장 낮은 수준인 약 1%로 하락했다. ●

2008~2009년에 발생한 대침체

2008년과 2009년에 미국 경제는 금융위기와 심각한 경제활동 침체를 겪었다. 여러 면에서 이 침체는 반세기 이상의 기간에 발생했던 최악의 거시경제 사건이었다.

이런 경기 침체의 시초는 부분적으로는 낮은 이자율에 의해 주택시장이 활황이었던 몇 년 전으로 거슬러 올라간다. 2001년에 발생한 경기 침체의 여파로 인해 미국 연방준비제도는 역사적으로 낮은 수준까지 이자율을 인하했다. 이런 낮은 이자율로 인해 경제는 회복되었지만 담보대출을 받아 주택을 구입하는 것은 더 저렴해져서 주택가격 상승에 일조했다.

낮은 이자율 이외에 주택담보 장기 대출시장이 활성화됨에 따라 소득과 신용상태에 비추어볼 때 채무 불이행 위험이 높은 차용자, 즉 **서브프라임 차용자**들이 대출을 받아 주택을 구입하기가 더 용이해졌다. 이런 방법 중 하나가 **담보화**하는 것이었는데, 이는 (특히 주택담보 장기 대출을 처음 제공한) 금융기관이 대출을 제공하고 나서 (투자은행의 도움을 받아) 이를 함께 묶어서 주택담보 대출에 기초한 유가증권이라고 하는 금융상품을 만드는 과정이다. 이런 주택담보 대출에 기초한 유가증권은 (은행 및 보험회사와 같은) 제3 금융기관에 판매되었는데, 이들은 이 유가증권의 위험을 충분히 인식하지 못했다. 일부 경제학자들은 고위험 대출에 대한 규제가 적절히 이루어지지 않았다고 비판했다. 반면에 다른 경제학자들은 저소득 가계가 주택을 소유하도록 이런 대출을 장려한 정부정책의 문제점을 지적했다. 이런 요인들이 함께 작동하여 주택 수요와 주택가격이 급등했다. 1995년부터 2006년까지 미국 내 평균 주택가격은 두 배 이상 상승했다.

이렇게 높은 주택가격이 계속 지속될 수 없다는 사실이 입증되었다. 2006년부터 2009년까지 전국적으로 주택가격이 약 30% 하락했다. 이런 가격 변동을 시장경제 체제에서 반드시 문제화할 필요는 없다. 결국 가격 변동은 시장에서 공급과 수요가 균형을 이루기 위해 필요하다. 하지만 이 경우에 가격 하락은 대규모의 총수요 감소로 이어지는 두 가지 상황을 발생시켰다.

첫 번째 상황은 주택담보 대출 채무 불이행과 주택 압류가 급증한 것이다. 주택경기가 활황을 이루었을 때 많은 사람들은 대부분을 차용하고 최소한의 계약금만을 납입하여 주택을 구입했다. 주택가격이 하락하자 주택 소유주들은 **손실상태**에 빠지게 되었다.(소유하고 있는 주택의 가치보다 대출금이 더 커지게 되었다) 많은 주택 소유주들이 대출금 상환을 중지했다. 대출을 제공했던 은행들도 이런 채무 불이행에 대응하여 주택에 대해 압류 절차를 밟고 이를 매도해버렸다. 은행들의 목적은 부실 대출에서 가능한 모든 것을 회수하는 것이었다. 하지만 판매하려는 주택의 수가 증가하자 주택가격의 하락도 나선형으로 가속화되었다. 주택가격이 하락함에 따라 주택 건설에 대한 지출이 급감했다.

두 번째 상황은 주택담보 대출에 기초한 유가증권을 보유하고 있던 금융기관들이 대규모 손실을 입게 된 것이다. 대규모 자금을 차용하여 고위험의 주택담보 대출채권을 매입한 금융기관들은 주택가격이 계속 상승할 것으로 판단했다. 하지만 판단이 잘못된 것으로 밝혀

지자 자신들이 파산하거나 또는 거의 파산할 지경에 도달했다는 사실을 깨닫게 되었다. 이렇게 손실을 입게 되자, 많은 금융기관들은 대출을 제공해줄 자금을 확보하지 못하게 되었으며, 금융재원을 가장 잘 활용할 수 있는 사람들에게 이를 전달해주는 금융시스템의 능력이 손상되었다. 신용도가 있는 고객들조차도 투자 지출에 대한 재원을 조달하기 위해 차용을 할 수 없게 되었다. 이런 현상을 **신용 경색**이라고 한다.

주택 투자의 붕괴와 신용 경색의 결과로 경제는 총수요가 수축하여 감소하는 변화를 겪게 되었다. 실질 GDP와 고용은 둘 다 급격하게 감소했다. 이 장 도입부에서 인용된 수치들은 다시 한번 반복할 만한 가치가 있다. 실질 GDP는 2007년 4분기와 2009년 2분기 사이에 4.0%만큼 감소했고, 실업률은 2007년 5월 4.4%에서 2009년 10월 10.0%로 상승했다. 이런 경험은 심각한 경제 침체와 이로 인한 개인적 어려움이 역사 속 유물이 아니라 현대 경제에 상존하는 끊임없는 위험이라는 사실을 생생하게 일깨워준다.

위기가 전개됨에 따라 미국 정부는 다양한 방식으로 대응했다. 세 가지 정책 조치가 가장 주목할 만한데, 이들 모두는 부분적으로 총수요를 이전 수준으로 되돌리는 것을 목표로 한다.

첫째, 연방준비제도는 연방자금 금리에 대한 목표치를 2007년 9월 5.25%에서 2008년 12월에는 거의 0%로 낮추었다. 이 밖에 **양적 완화**라고 하는 정책에서 연방준비제도는 공개시장 조작을 통해 주택담보 대출에 기초한 유가증권과 기타 장기 채무증권을 매입하기 시작했다. 양적 완화의 목표는 장기 이자율을 낮추고 금융시스템에 추가적인 자금을 공급하여 은행들이 보다 쉽게 이용할 수 있는 대출을 제공하도록 하는 데 있다.

둘째, 2008년 10월에 미국 의회는 재무성이 금융제도를 보호하기 위해 사용할 수 있도록 7,000억 달러의 지출을 승인했다. 이 자금의 대부분은 은행 주식을 확보하는 데 사용되었다. 즉, 재무성은 이 자금을 은행제도권으로 투입했으며, 은행은 이를 이용하여 대출을 했고 그렇지 않으면 계속해서 정상적인 운영을 했다. 미국 정부는 자금 제공의 대가로 일시적이나마 해당 은행의 소유권을 일부 확보했다. 이 정책의 목표는 월가의 위기를 막고 기업과 개인이 차용을 더 쉽게 할 수 있도록 하는 것이었다.

마지막으로, 버락 오바마가 2009년 1월에 대통령이 되었을 때 첫 번째로 취한 중요한 시책은 정부 지출의 대폭적인 증대였다. 간단한 의회 토론을 거치고 나서 그는 2009년 2월 17일에 7,870억 달러 상당의 경기부양 법안에 서명했다.

2009년 6월에 이 경기 침체로부터 회복이 시작되었지만, 역사적 기준에서 볼 때 결과는 빈약했다. 이후 7년 동안 실질 GDP 성장은 연간 평균이 2.2%에 불과했는데, 이는 지난 반세기 동안의 평균 성장률인 약 3%보다 훨씬 낮은 수준이었다. 실업률은 2016년까지 5.0% 아래로 하락하지 못했다.

어떤 정책방안이 경기 침체를 종식시키는 데 가장 중요한가? 어떤 다른 정책이 보다 강력한 경기 회복을 촉진시킬 수 있었는가? 거시경제사학자들은 이런 물음에 대해 계속해서 논의를 하고 있다. ●

15-5b 총공급 변화가 미치는 영향

장기균형 상태에 있는 경제를 다시 한번 생각해보자. 이제 일부 기업의 경우 생산비가 갑자기 증가했다고 가상하자. 예를 들어 곡창지대의 기상이변으로 인해 수확이 급감하여 식품의 비용이 급등했다고 하자. 아니면 중동지역에서 전쟁이 발발하여 원유의 선적이 중지됨으로써 석유 집약적 물품의 비용이 급등했다고 하자.

생산비의 이런 증가가 거시경제에 미치는 영향을 분석하기 위해 항상 네 가지 동일한 단계를 밟아가도록 하자. 첫째, 어느 곡선이 영향을 받는가? 생산비가 재화 및 용역을 공급하는 기업에 영향을 미치기 때문에 생산비의 변화는 총공급곡선의 위치를 변화시킨다. 둘째, 해당 곡선은 어느 방향으로 이동하는가? 생산비가 상승할 경우 재화 및 용역의 판매에 따른 수익성이 떨어지기 때문에 기업은 이제 모든 물가수준에서 생산량을 더 적게 공급한다. 그림 10이 보여주는 것처럼 단기 총공급곡선은 왼쪽으로, 즉 AS_1에서 AS_2로 이동하게 된다.(발생하는 상황에 따라 장기 총공급곡선도 이동할 수 있다. 하지만 간단히 하기 위해 이동하지 않는다고 가정한다)

이 그림을 활용하여 최초 균형과 새로운 균형을 비교하는 세 번째 단계를 밟을 수 있다. 단기적으로, 경제는 기존의 총수요곡선을 따라 점 A에서 점 B로 이동한다. 경제의 생산량은 Y_1에서 Y_2로 감소하고, 물가수준은 P_1에서 P_2로 상승한다. 경제가 **스태그네이션**(생산량 감소)과 **인플레이션**(물가 상승)을 둘 다 겪기 때문에 이런 상황을 이따금 **스태그플레이션**(stagflation)이라고 한다.

스태그플레이션
생산량이 감소하고 물가가 상승하는 기간

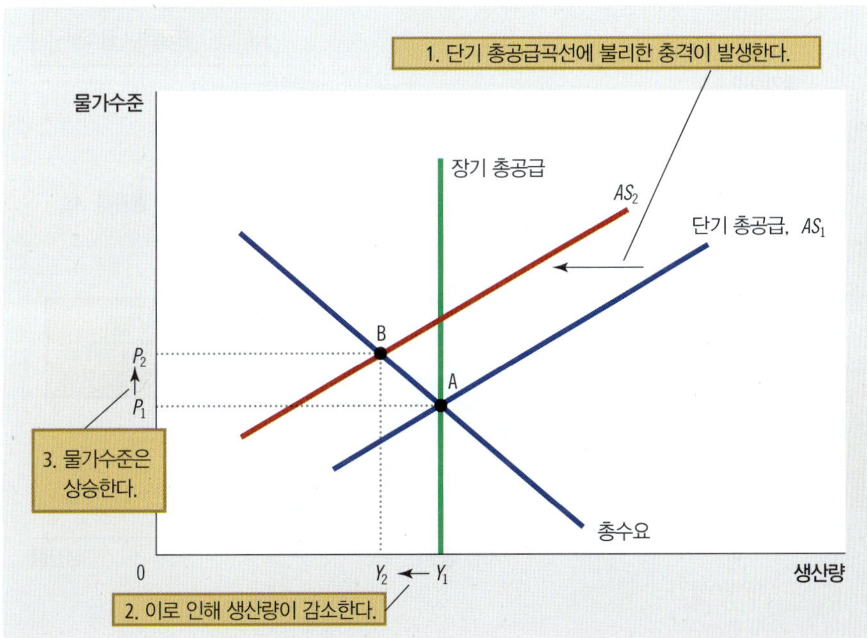

그림 10

총공급 측면에서의 불리한 충격

불리한 충격으로 인해 기업들의 비용이 증가할 경우, 단기 총공급곡선은 왼쪽으로, 즉 AS_1에서 AS_2로 이동한다. 경제는 점 A에서 점 B로 이동하며, 이에 따라 스태그플레이션이 발생한다. 즉, 생산량은 Y_1에서 Y_2로 감소하고 물가수준은 P_1에서 P_2로 상승한다.

이제 단기균형에서 장기균형으로 전환하는 네 번째 단계를 생각해보자. 비신축적 임금 이론에 따르면, 중요한 문제는 스태그플레이션이 명목임금에 어떻게 영향을 미치느냐이다. 기업과 노동자들은 처음에 물가수준에 대한 기대를 높이고 명목임금을 더 높이 설정하여 물가수준 상승에 대응하게 된다. 이 경우 기업의 비용은 다시 한번 상승하여 단기 총공급곡선은 왼쪽으로 더욱 이동함으로써 스태그플레이션 문제를 더욱 악화시킨다. 물가 상승이 임금 상승으로 이어지고 이는 다시 더 높은 물가 상승으로 이어지는 현상을 이따금 **임금-물가 상승의 악순환**이라고 한다.

일정 지점에 다다르게 되면 계속 상승하던 임금과 물가의 악순환은 속도가 떨어지게 된다. 낮은 생산량 및 고용수준에서는 임금에 하향 압력을 가하게 되는데, 그 이유는 실업이 높을 때 노동자들은 협상력이 감소하기 때문이다. 명목임금이 하락함에 따라 재화 및 용역을 생산할 경우 수익을 더 많이 얻게 되어 단기 총공급곡선은 오른쪽으로 이동하게 된다. 단기 총공급곡선이 AS_1으로 다시 이동함에 따라 물가수준은 하락하고 생산량은 자연율 수준으로 근접한다. 장기에서 경제는 점 A로 돌아가고, 거기서 총수요곡선은 장기 총공급곡선과 교차한다.

하지만 이렇게 최초의 균형으로 돌아가는 추이는 총수요가 과정 전반에 걸쳐 일정하게 유지된다는 가정을 전제로 한다. 실제 세계에서는 그렇지 않을 수도 있다. 금융정책 및 재정정책 입안자들은 총수요곡선을 이동시켜 단기 총공급곡선이 이동함에 따라 발생하는 효과를 상쇄하고자 할지 모른다. 이런 가능성을 그림 11에서 볼 수 있다. 이 경

그림 11

총공급 측면에서의 불리한 충격 수용하기

AS_1에서 AS_2로 이동하는 총공급 측면에서의 불리한 충격이 발생하는 경우, 총수요에 영향을 미칠 수 있는 정책 입안자들은 총수요곡선을 오른쪽으로 즉 AD_1에서 AD_2로 이동시키려고 할 수 있다. 이렇게 되면 경제는 점 A에서 점 C로 이동하게 된다. 이런 정책을 시행하게 되면, 총공급 측면에서의 충격으로 인해 생산량이 단기적으로 감소하는 상황을 방지할 수 있다. 하지만 물가수준은 P_1에서 P_3로 영구히 상승하게 된다.

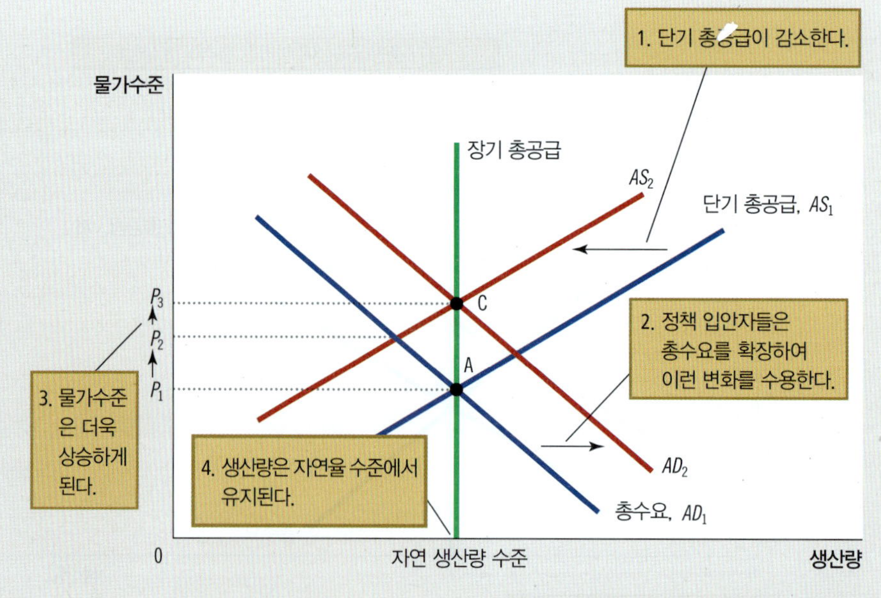

우 정책 변화로 인해 총공급의 변화가 생산량에 영향을 미치지 못하도록 할 만큼만 총수요곡선이 오른쪽으로, 즉 AD_1에서 AD_2로 이동하게 된다. 경제는 직접적으로 점 A에서 점 C로 이동한다. 생산량은 자연율 수준에 머무르며, 물가수준은 P_1에서 P_3로 상승한다. 이 경우 정책 입안자들이 총공급의 변화를 수용했다고 본다. 이 수용적인 정책은 더 높은 생산량과 고용수준을 유지하기 위해 영구적으로 더 높은 물가수준을 받아들이게 된다.

요약하면, 총공급이 변화하는 상황에서 다음과 같은 두 가지 중요한 결론을 얻을 수 있다.

- 총공급이 변화할 경우 침체(생산량 감소)와 인플레이션(물가 상승)이 결합된 스태그플레이션이 발생할 수 있다.
- 총수요에 영향을 미칠 수 있는 정책 입안자들은 생산량에 미치는 불리한 충격을 완화시킬 수는 있지만, 인플레이션 문제를 악화시키는 대가를 치르게 된다.

사례 연구

석유와 경제

1970년 이래로 미국 경제에서 발생한 가장 큰 경제 변동 중 일부는 중동의 유전에서 유래했다. 원유는 많은 재화 및 용역의 생산에 투입되는 요소이며, 세계 원유의 상당량이 사우디아라비아, 쿠웨이트, 여타 중동국가에서 생산된다. (종종 정치적인) 사건으로 인해 이 지역의 원유 공급이 감소할 경우, 유가는 전 세계적으로 상승하게 된다. 그러면 휘발유, 타이어, 여타 많은 생산물을 생산하는 미국의 기업들은 비용 상승을 겪게 되어, 모든 가격수준에서 재화 및 용역 생산물을 공급할 경우 수익성이 떨어진다. 결과적으로 총공급곡선이 왼쪽으로 이동하고 이는 다시 스태그플레이션으로 이어진다.

이런 종류의 첫 번째 사건은 1970년대 중반에 발생했다. 대규모 석유 매장량을 가진 국가들은 석유수출국기구(OPEC)의 회원국들로 세계 경제에 영향력을 행사하기 시작했다. 석유수출국기구는 경쟁을 없애고 생산을 줄여서 가격을 인상하려는 매도인들의 집단, 즉 **카르텔**이다. 실제로 유가는 상당히 상승했다. 1973년부터 1975년까지 유가는 거의 두 배가 되었다. 전 세계의 석유 수입국들은 인플레이션과 경기 침체를 동시에 경험했다. 소비자 물가지수로 측정한 미국 인플레이션율은 수십 년 만에 처음으로 10%를 상회했다. 실업은 1973년 4.9%에서 1975년 8.5%로 증가했다.

거의 동일한 사건이 수년 후에 발생했다. 1970년대 말에 석유수출국기구 회원국들은 다시 석유 공급을 제한했다. 1978년부터 1981년까지 유가는 두 배 이상 상승했다. 이에 따른 결과는 다시 한번 스태그플레이션이었다. 석유수출국기구가 주도했던 첫 번째 사건 이후 다소 잠잠해졌던 인플레이션은 다시 연간 10% 이상 상승했다. 하지만 미국 연방준비제도가 이런 대규모 인플레이션을 수용하려 하지 않았기 때문에, 곧이어 경기 침체가 발생했다. 실

중동의 석유 생산량이 변화할 경우, 이는 미국 경제 변동의 한 원인이 될 수 있다.

업은 1978년과 1979년에 약 6%에서 수년 뒤에 약 10%로까지 증가했다.

세계 석유시장 상황은 또한 총공급에 유리한 변화를 일으키는 원천이 될 수 있다. 1986년에 석유수출국기구 회원국들 사이에 사소한 내분이 발생했다. 석유수출국기구 회원국들이 석유 생산을 제한하는 합의를 위반했다. 세계 석유시장에서 유가가 절반정도 하락했다. 이런 유가 하락은 미국 기업들의 비용을 줄였으며, 해당 기업들은 이제 모든 가격수준에서 재화 및 용역을 공급할 경우 수익이 더 많이 남게 되었다. 따라서 총공급곡선은 오른쪽으로 이동했다. 미국 경제는 스태그플레이션과 정반대되는 현상을 겪게 되었다. 생산량은 급격히 증가했으며, 실업은 감소했고, 인플레이션율은 수년 내에 가장 낮은 수준에 도달했다.

최근 몇 년 동안 세계 석유시장 상황이 미국 경제 변동을 일으킨 중요한 원인은 아니었다. 이렇게 된 한 가지 원인은 보존 노력, 기술 발전, 대체 에너지원의 가용성 증가로 인해 경제의 석유 의존도가 낮아졌기 때문이다. 실질 GDP 1단위를 생산하는 데 사용되는 석유의 양은 석유수출국기구가 1970년대에 야기한 충격 이후 60% 이상 감소했다. 따라서 유가 변화가 미국 경제에 미치는 영향은 과거보다 오늘날 더 작아졌다. ●

FYI 총수요 및 총공급 모형의 유래

총수요 및 총공급 모형을 살펴보았으므로, 뒤로 물러서서 이 모형이 탄생하게 된 역사를 생각해보자. 이 단기 변동 모형은 어떻게 발전되어 왔는가? 이 물음에 대한 답변은 이 모형이 대체로 1930년대에 발생한 대공황의 부산물이라는 사실이다. 그 당시 경제학자와 정책 입안자들은 이런 재앙적 상황이 무엇 때문에 발생했는지에 대해 당혹해했으며, 이를 어떻게 해결해야 할지 확신하지 못하고 있었다.

1936년에 경제학자 존 메이너드 케인스는 일반적으로 발생하는 단기적인 경제 변동과 특정된 대공황을 설명하기 위해 획기적으로 시도한 저서인『고용, 이자 및 화폐에 관한 일반이론』을 출간했다. 케인스가 전하고자 했던 주요한 요지는 재화 및 용역에 대한 부적절한 총수요 때문에 경기 침체와 불황이 발생할 수 있다는 점이다.

케인스는 고전파 경제 이론이 정책의 장기적인 효과만을 설명할 수 있기 때문에 이를 오랫동안 비판해왔다. 일반이론을 제시하기 수년 전에 그는 고전파 경제학에 관해 다음과 같은 글을 썼다.

> 장기적인 관점은 현재 발생한 사건에 대해 오해를 불러일으킬 수 있는 지침이 될 수 있다. 장기적으로 보면 우리 모두는 사망한다. 폭풍우가 몰아치는 시기에 경제학자들이 폭풍우가 지나가고 한참 있다 보면 바다가 잠잠해질 것이라고만 말할 수 있다면, 그들은 너무 쉽고 너무 쓸모없는 일을 하고 있는 것이다.

케인스가 말한 요지는 경제학자들뿐만 아니라 정책 입안자들도 목표로 하고 있다. 세계 경제가 높은 실업으로 고통을 겪고 있을 때, 케인스는 공공사업에 대한 정부 지출을 포함하여 총수요를 증대시키는 정책을 주장했다. ■

존 메이너드 케인스

코로나 바이러스 감염증에 의해 촉발된 2020년의 경기 침체

2020년에 미국 경제와 세계 대부분의 국가 경제들이 세 가지 면에서 이례적인 경기 침체를 겪었다.

첫 번째 이례적인 특징은 경기 침체의 원인이었다. 전염성이 강하고 위험한 바이러스가 2019년 말에 중국에서 처음 발생했으며, 그러고 나서 2020년 초에 미국에서 발견되었다. 바이러스의 확산을 늦추기 위해, 보건 전문가들은 다른 사람들과의 밀접한 접촉을 피하라고 권고했다. 선출된 지도자들은 경제의 많은 부분을 폐쇄하도록 명령했다. 여기에는 영화관, 스포츠 이벤트, 음악회, 음식점(포장음식은 제외), 필수적이지 않은 소매점이 포함되었다. 상업적 항공여행은 거의 완벽하게 중단되었다.

두 번째 이례적인 특징은 경기 침체의 속도와 심각성이었다. 2020년 2월부터 2020년 4월까지 미국의 고용은 성인인구의 61.1%에서 51.3%로 하락했는데, 이는 지금까지 기록된 가장 큰 두 달간의 감소였다. 2020년 4월의 실업률은 14.8%였는데, 이는 대공황 이래로 가장 높은 수준이었다.

세 번째 이례적인 특징은 어떤 의미에서 경기 침체가 의도적이었다는 점이다. 대부분의 침체는 우연한 상황이었다. 즉, 예상하지 못한 사건으로 총공급 아니면 총수요가 변화하고 이로 인해 생산과 고용이 감소한다. 이런 상황이 발생할 경우 정책 입안자들은 보통 경제를 가능한 한 신속하게 정상적인 생산과 고용수준으로 되돌리려 한다. 이와는 대조적으로 2020년 경기 침체는 의도적으로 이루어졌다. 코로나 바이러스의 세계적 대유행을 억제하기 위해 정책 입안자들은 생산과 고용을 감소시키게 될 행태적인 변화를 강제했다. 물론 세계적 대유행 자체는 의도되지도 않았고 바라지도 않았다. 하지만 이런 상황하에서 경제활동의 대규모적인 일시적 감소는 아마도 할 수 있었던 최선의 선택이었을 것이다.

총공급 및 총수요 모형을 사용하여 2020년의 경기 침체를 고찰해볼 수 있다. 먼저 총수요에 미친 영향을 생각해보자. 2020년 3월부터 예를 들면 음식점과 소매점처럼 사람들이 정상적으로 물품을 구입하는 많은 장소가 정부의 명령에 의해 폐쇄되었다. 감염 위험을 낮추기 위해 사람들은 개점상태인 많은 사업체들을 회피하게 되었다. 결과적으로 수요되는 재화 및 용역의 양이 모든 물가수준에서 더 낮아졌으며, 총수요곡선은 왼쪽으로 이동했다.

이제는 총공급에 미친 영향을 생각해보자. 보건 위기로 인해 많은 업체들이 일시적으로 폐쇄하자 모든 물가수준에서 재화 및 용역의 공급량이 갑작스럽게 대규모로 감소하게 되었다. 따라서 총공급곡선은 왼쪽으로 이동했다. 총수요와 총공급이 동시에 변화하여 생산 및 고용이 급격하게 감소했다.

엄청난 경기 침체가 발생했다는 사실이 명확해지자, 정책 입안자들은 신속하게 대응했다. 2020년 3월 27일에 '코로나 바이러스 지원, 구호, 경제적 보호(CARES)'법이 제정되었다. 비슷한 시기에 제정된 다른 법안들과 함께 이 법은 GDP의 약 10%에 해당하는 약 2조 달러 상당의 지출 증가와 세금 감면의 결합을 승인했다. 이것은 역사상 경기 침체에 대한 가장

2020년에 촉발된 생소한 경기 침체

코로나 바이러스 감염증의 세계적 대유행으로 촉발된 경제상황은 일반적으로 일어나는 현상이 결코 아니었다.

코로나 바이러스 감염증으로 인한 유별난 경기 침체

오스턴 굴즈비(Austan Goolsbee)

끝날 것 같지 않은 장황한 이야기와 같은 느낌을 주는, 재고가 바닥난 물품에서 인플레이션에 이르기까지의 코로나 바이러스 감염증으로 인한 경제문제와 외출 시 질병에 노출될 수 있다는 지속적인 두려움이 끝날지에 대해 도처에 있는 미국인들이 우려를 표하고 있다. 이런 상황은 언제 끝날 것인가?

전문적인 경제 예측자들은 이 물음에 답하기 위해 노력을 하고 있다.

많은 사람들은 상황이 어떻게 진전될지에 관한 지침으로 이전의 경기 침체를 참조하고 있다. 그러나 이해해야 하는 가장 중요한 사항 중 하나는 전염병 대유행으로 인해 경제 붕괴가 초래되었고 일부의 경우는 경제 재앙까지도 초래되었지만, 정상적인 의미에서 보면 실제로는 경기 침체가 아니었다는 것이다.

이상하게 들릴지 모르지만, 이런 일을 판단하는 미국 국립경제연구소는 미국이 2020년 3월과 4월에 2개월간의 경기 침체를 겪었다고 했다.

하지만 과거의 경기 변동은 미국이 전염병 대유행 기간 동안에 겪었던 것과 전혀 달라서, 상황이 지금 어디로 가고 있는지에 대한 지침을 구하기에 적합하지 않은 입장에 있다.

경기 침체의 원인은 다양하지만 기본적인 패턴을 따른다. 즉, 가장 큰 타격을 입는 산업은 수요가 고갈되는 경기 순환에 민감한 부문이다. 이런 부문에는 노동통계국과 다른 기관들이 제시하는 것처럼 가구, 건축자재, 가전제품, 자동차와 같은 고가 제품의 판매가 포함된다. 이런 것들은 시기적으로 적합하지 않을 때 구매가 연기될 수 있는 품목들이다. 수요가 경기 순환적으로 민감한 이들 산업에 돌아오게 될 때, 즉 가격이 충분히 떨어지거나 이자율이 충분히 인하되거나 억눌렸던 요구가 충분히 쌓여 수요가 돌아올 때 경기 회복이 시작된다.

경기 침체는 병원, 간호, 가스 및 전기 공급 등과 같이 경기 순환에 민감하지 않은 산업에 훨씬 더 적은 영향을 미친다. 이런 산업에 대한 수요는 경기 순환에 관계없이 꾸준히 지속된다. 교육과 같은 일부 서비스 부문 산업은 경기 침체기에 수요가 증가한다.

이런 익숙한 패턴 중 어느 것도 전염병 대유행으로 인한 경제 붕괴 기간 중 일어나지 않았다. 내구 소비재에 대한 지출도 증가했다. 실제로 65인치를 초과하는 대형 스크린을 가진 텔레비전 판매는 전년도와 비교해볼 때 경제가 바닥을 쳤던 2020년 4월부터 6월까지 77% 증가했다. 텔레비전을 보는 것은 사람들이 봉쇄 중에도 할 수 있었던 몇 가지 일들 중 하나였다. 주택 및 건축자재와 같이 경제 순환에 민감한 산업물품도 역시 활황이었다.

전염병 대유행으로 인한 경기 침체 동안, 미국인들은 물품보다는 서비스에 지출해온 10년간의 추세를 역전시켰다. 75년 동안 미국의 소비자들은 (1940년 지출 중 60%에서 2019년 31%로) 물리적인 물품에 지출

큰 규모의 재정적 대응이었다. CARES법은 이따금 경기부양 법안이라고 하지만, 실제 목표는 경제를 활성화시키고 경기 침체를 종식시키는 것이 아니었다. 전염병의 세계적 대유행 상황하에서 경기 침체는 불가피했다. 정책의 목표는 사람들이 직면하게 될 고난을 경감시키고, 경기 침체가 경제에 영구적인 상흔을 남기지 않도록 하는 것이었다.

정책 대응의 대부분은 사회 보장 또는 재해 구제라고 할 수 있었다. 고소득 가계를 제외하고 모든 가계는 성인 1인당 1,200달러, 아동 1인당 500달러의 세금을 환급받았다. 실업보험에 대한 수급 요건이 확대되고, 수당이 일시적으로 주당 600달러 증가했다. 소규모 업체가 향후 두 달 동안 근로자를 해고하지 않을 경우 빚이 탕감되어 보조금으로 전환되는 대출을 제공했다.

경기 침체로 인한 영구적인 손상을 방지하기 위해, CARES법은 사업의 연속성을 증진시키기 위한 다양한 규정들을 포함했다. 이것이 소규모 업체들에게 빚을 탕감받을 수 있는 대

하는 돈을 점점 줄여왔다. 이런 추세에 반하여 (그리고 이전의 경기 침체와는 대조적으로) 물리적 물품에 대한 소비자 지출 비중은 전염병 대유행 기간 동안 17년 만에 최고 수준으로 뛰어올랐으며, 기록된 역대 최대 폭의 상승 중 하나였다.

다시 말해 이 경기 침체는 근래에 발생한 적이 없는 종류의 침체였다. 전염병 대유행으로 인한 경기 침체는 침체를 잘 견디어낸다고 생각되는 산업, 즉 치과 방문, 사무실과 쇼핑몰의 전기 사용 등에 의해 주도되었다. 그리고 일반적으로 경기 순환의 추세에 반하는 교육 부문은 경기 침체에도 불구하고 등록률이 크게 떨어졌다.

물론, 이것은 코로나 바이러스 때문이다. 하지만 이것이 의미하는 바는 과거의 경기 침체로부터 이루어진 회복은 전염병 대유행으로 인한 침체로부터의 회복이 앞으로 어떻게 이루어질지에 대해 사실 많은 것을 시사하지 못한다는 것이다. 모든 사람들은 건강 관리, 육아, 교육처럼 일반적으로는 감소하지 않는 서비스 부문 산업의 회복이 언제 이루어질지 예측하려고 한다. 그것은 실제로 경기 침체의 근본에 관한 문제라기보다는 바이러스 확산을 얼마나 빨리 통제할 수 있는지의 문제이다.

동시에 미국과 기타 부국들에서 이루어지는 물리적 물품에 대한 비정상적으로 큰 수요가 공급을 초과하게 되어, 인플레이션을 끌어올리고 부족현상을 유발하게 된다.

그래서 경제를 이해하려 한다면 주시해야 하는 가장 중요한 것은 1년 반 동안 그랬듯이 바이러스에 대해서 우리가 이룬 진전이다. 미국인들이 서비스에 비해 물품에 얼마나 지출했는지(2019년에 31%, 현재는 35%로 증가했다)는 관련이 있으며 주목할 만한 가치가 있다.

2021년 3분기에 미국의 경제 성장은 실망적이었지만, 코로나 바이러스 감염자 수가 향상될 경우 쉽게 반전될 수 있다. 금요일에 발표된 미국 고용 수치는 고무적이었다. 새로운 코로나 바이러스 감염자 수가 상당히 감소했으며 수백만 명의 어린이들이 이제 백신접종을 받을 수 있게 되어서 감염률이 훨씬 더 떨어질 수 있다.

하지만 몇 개월이 지나고 나서를 생각한다면 가장 흥미로운 질문은 경기 침체와 경기 회복에 대한 것이 아니다. 그것은 전염병 대유행으로 인해 야기된 변화들 중에서 어떤 것이 지속될지 여부에 초점을 맞추게 될 것이다. 예를 들어 일부 기업들이 현재 혼란을 피하기 위해 더 많은 재고를 보유하고 공급망을 국내 지역으로 유지하고 있다. 많은 사람들이 부분적으로 재택 근무를 하고 있으며, 일부는 교외로 이사를 했다. 하지만 사람들이 전염병 대유행 전에 적은 재고를 보유하는 방식과 글로벌 공급망을 채택했던 이유를 다시 발견하기까지 얼마나 걸릴 것인가? 미국인들은 이미 도시로 돌아오고 있다.

내 생각으로는 오랫동안 계속되었던 경제추세가 역전될 경우 이것이 영구히 지속될 것 같지는 않다. 일단 경제적 측면에서의 전염병 대유행에 대한 기억이 희미해지면, 일반적인 경기 순환을 통해 얻은 이전부터의 교훈이 아마도 다시 한번 결부될 것이다. 하지만 그렇게 될 때까지는 백신접종을 받기 위해 줄을 서고 감염자 수를 주시하는 것이 최선이다. ■

논의 사항

1. 여러분 가정의 지출은 코로나 바이러스 감염증 대유행 기간 동안 어떻게 변화했는가?
2. 여러분은 정부가 전염병 대유행 기간 동안에 어떤 경제정책을 추진했어야 한다고 보는가?

오스틴 굴즈비는 시카고대학교의 경제학 교수이다.

출처: *New York Times*, November 10, 2021.

출을 제공한 동기의 일부가 되었다. 근로자들은 계속해서 급여를 받을 뿐만 아니라 자신의 고용주들과 계속 연결되어 있어서, 위기가 지나가면 정상적인 사업이 신속하게 재개될 수 있었다. CARES법은 또한 연방준비은행이 재무성과 협력하여 대기업, 주정부, 지방자치정부에게 대출을 할 수 있도록 자금을 제공했다. 이처럼 이 법은 최종 대부자로서의 연방준비은행의 역할을 확대시켰다. 동시에 연방자금 금리의 목표치를 거의 영으로까지 낮추었다.

미국에서 코로나 바이러스 감염증으로 인한 일간 사망자 수는 2020년 4월 말에 정점에 도달했으며, 그러고 나서 서서히 감소하기 시작했다. 2020년 6월까지 경제활동에 대한 많은 제한 조치가 완화되었으며 이는 빠른 경제 회복으로 이어졌다. 실업률은 2020년 2월 3.5%에서 2020년 4월 14.8%로 증가한 후에, 2020년 10월 6.9%로 감소했다.

하지만 전염병 대유행은 종식되지 않았다. 감염사례가 2021년 1월에 급증했으며, 그러고 나서 2021년 10월과 2022년 1월에 다시 급증했다.

전염병 대유행이 지속됨에 따라 후속 입법이 계속 이루어져서, CARES법이 제시하는 구호를 확대했다. 트럼프 대통령은 2020년 12월에 9,000억 달러 상당의 구호 패키지에 서명했으며, 바이든 대통령은 2021년 3월에 1조 9,000억 달러 상당의 구호 패키지에 서명했다.

일부 경제학자들 특히 전 재무장관 로렌스 서머스(Lawrence Summers)는 재정적 대응이 과도했다고 말했다. 이들은 전염병 대유행으로 인한 공급망 붕괴와 함께 이런 통화정책 및 재정정책이 과도한 인플레이션으로 이어지지는 않을지 우려했다. CPI로 측정한 12개월 인플레이션율이 2022년 1월에 7.5%로 상승했는데 이는 40년 만에 최고 수준이었다. 정책 입안자들은 처음에 이런 인플레이션 급등현상이 일시적일 것이라고 믿었다. 하지만 2022년 3월에 연방준비제도는 인플레이션 압력을 억제하기 위해 이자율을 인상하기 시작했다.

이 경제 침체에 대한 궁극적인 해결책은 거시경제학이 아니라 미생물학으로부터 나왔다. 2021년에 여러 백신이 개발되어 배포되고 난 후 경제활동은 정상적으로 돌아오기 시작했다. 하지만 새로운 오미크론 변종 바이러스의 출현과 함께 미국 인구의 상당수가 백신접종을 주저하자, 전염병 대유행의 종식이 지연되고 경제 회복의 속도가 늦춰졌다. ●

Quiz

10. 비관적인 분위기가 갑자기 경제를 덮친 경우 __________ 곡선이 이동하여, 생산량 __________로 이어진다.
    a. 총공급; 감소
    b. 총공급; 증가
    c. 총수요; 감소
    d. 총수요; 증가

11. 재화 및 용역에 대한 총수요가 증가할 경우 __________ 생산량에 더 큰 영향을 미치며, 또한 __________ 물가수준에 더 큰 영향을 미친다.
    a. 단기적으로; 장기적으로
    b. 장기적으로; 단기적으로
    c. 단기적으로; 단기적으로
    d. 장기적으로; 장기적으로

12. 스태그플레이션은 __________ 발생한다.
    a. 총수요곡선이 왼쪽으로 이동함에 따라
    b. 총수요곡선이 오른쪽으로 이동함에 따라
    c. 총공급곡선이 왼쪽으로 이동함에 따라
    d. 총공급곡선이 오른쪽으로 이동함에 따라

해답은 이 장의 끝부분에 있다.

15-6 결론

이 장은 다음과 같은 두 가지 목표를 갖고 있다. 첫째, 경제활동의 단기적인 변동에 관한 중요한 사실을 논의하는 것이다. 둘째, 이런 변동들을 설명하기 위해 총수요 및 총공급 모형이라고 하는 기본적인 모형을 소개하는 것이다. 경제 변동을 이해할 때 두 개의 시간 범위, 즉 장기 및 단기 변동 모두를 살펴보는 것이 중요하다.

요약

- 모든 사회는 장기적인 추세를 중심으로 일어나는 단기적인 경제 변동을 겪게 된다. 이런 변동들은 불규칙적이며 대부분 예측할 수 없다. 경기 침체가 발생하는 경우, 실질 GDP 및 기타 소득 측정치, 지출, 생산은 감소하는 반면에 실업률은 증가한다.
- 고전파 경제 이론은 통화 공급 및 물가수준과 같은 명목변수는 생산량 및 고용 같은 실질변수에 영향을 미치지 않는다는 가정에 기초한다. 대부분의 경제학자들은 이 가정이 장기적으로 타당하지만, 단기적으로는 타당하지 않다고 믿는다. 경제학자들은 총수요 및 총공급 모형을 사용하여 단기적인 경제 변동을 분석한다. 이 모형에 따르면 재화 및 용역의 생산량과 전반적인 물가수준이 조정되어 총수요와 총공급의 균형을 이룬다.
- 총수요곡선의 기울기는 다음과 같은 세 가지 이유로 하향한다. 첫째, 부의 효과이다. 물가수준이 하락하면 가계가 보유한 화폐의 실질가치가 상승하여 소비자 지출을 촉진한다. 둘째, 이자율 효과이다. 물가수준이 하락하면 가계의 통화 수요량이 감소한다. 가계는 화폐를 이자가 발생하는 자산으로 전환하고자 하기 때문에, 이자율이 하락하여 투자 지출을 촉진하게 된다. 셋째, 환율효과이다. 미국의 물가수준이 하락하면 이자율이 낮아지고 이에 따라 외환시장에서 달러화가 평가절하되어 순수출을 촉진하게 된다.
- 모든 물가수준에서 소비, 투자, 정부 구매, 순수출을 증대시키는 사건이나 정책은 총수요를 증대시킨다. 소비, 투자, 정부 구매, 순수출을 감소시키는 사건이나 정책은 총수요를 감소시킨다.
- 장기 총공급곡선은 수직선이다. 장기적으로 재화 및 용역 공급량은 경제의 노동, 자본, 천연자원, 기술에 의존하지만 전반적인 물가수준에는 영향을 받지 않는다.
- 단기적인 총공급곡선의 기울기가 상향하는 이유를 설명하는 세 가지 이론이 있다. 비신축적 임금 이론에 따르면, 일정하게 주어진 명목임금에 대해 기대하지 못한 물가수준 하락이 발생하는 경우 기업들은 고용 및 생산을 축소하게 된다. 비신축적 가격 이론에 따르면, 물가수준의 기대하지 못한 하락으로 인해 일부 기업들은 일시적으로 너무 높은 가격을 유지하게 되며, 이 때문에 판매가 감소하고 생산이 축소된다. 오인 이론에 따르면, 기대하지 못한 물가수준 하락이 발생하는 경우 상대가격이 하락했다고 잘못 믿을 수 있으며, 이로 인해 생산을 감소시키게 된다. 세 가지 이론은 모두 실제 물가수준이 사람들이 기대했던 물가수준에서 벗어날 경우 생산량이 자연율 수준에서 벗어나게 된다는 것을 의미한다.
- 노동의 변화, 자본의 변화, 천연자원의 변화, 기술의 변화와 같이 생산물을 생산하는 경제의 능력을 변화시키는 사건들은 단기 총공급곡선을 이동시킨다.(그리고 장기 총공급곡선도 이동시킬 수 있다) 이 밖에 단기 총공급곡선의 위치는 기대 물가수준에 달려 있다.
- 경제 변동이 발생할 수 있는 첫 번째 원인으로 총수요의 변화를 들 수 있다. 예를 들어 총수요곡선이 왼쪽으로 이동할 경우, 생산량과 물가수준은 단기적으로 하락하게 된다. 시간이 흐름에 따라 기대 물가수준이 변화하면 임금, 가격, 인식이 조정되어, 단기 총공급곡선은 오른쪽으로 이동하게 된다. 이렇게 이동함에 따라 경제는 더 낮아진 새로운 물가수준에서 자연 생산량 수준으로 돌아가게 된다.
- 경제 변동이 발생할 수 있는 두 번째 원인으로 총공급의 변화를 들 수 있다. 단기 총공급곡선이 왼쪽으로 이동할 경우, 그에 따른 영향은 생산량 감소와 물가 상승이며 이를 결합하여 스태그플레이션이라고 한다. 시간이 흐름에 따라 임금, 가격, 인식이 조정되어, 단기 총공급곡선은 오른쪽으로 다시 이동하며 물가수준과 생산량은 원래의 수준으로 돌아가게 된다.

주요 개념

복습용 질문

1. 경제가 침체기로 진입할 때 하락하는 두 개 거시경제 변수의 명칭을 말하시오. 경기 침체기 동안 상승하는 한 개 거시경제 변수의 명칭을 말하시오.
2. 총수요, 단기 총공급, 장기 총공급을 보여주는 도해를 그리시오. 각 축에 올바르게 명칭을 붙이도록 주의를 기울이시오.
3. 총수요곡선의 기울기가 하향하는 세 가지 이유를 나열하고 설명하시오.
4. 장기 총공급곡선이 수직선인 이유를 설명하시오.
5. 단기 총공급곡선의 기울기가 상향하는 세 가지 이유를 나열하고 설명하시오.
6. 무엇이 총수요곡선을 왼쪽으로 이동시키는가? 총수요 및 총공급 모형을 사용하여 이런 이동이 생산량 및 물가수준에 미치는 영향을 순차적으로 설명하시오.
7. 무엇이 총공급곡선을 왼쪽으로 이동시키는가? 총수요 및 총공급 모형을 사용하여 이런 이동이 생산량 및 물가수준에 미치는 단기 및 장기 영향을 순차적으로 설명하시오.

문제와 응용

1. 경제가 장기균형 상태에 있다고 가상하자.
   a. 경제 상태를 설명하는 도해를 그리시오. 총수요, 단기 총공급, 장기 총공급을 반드시 보여주시오.
   b. 이제는 주식시장 폭락으로 인해 총수요가 감소했다고 가상하자. 도해를 사용하여 생산량과 물가수준에 단기적으로 어떤 일이 발생하는지 보이시오. 실업률에는 어떤 일이 발생하는가?
   c. 총공급에 관한 비신축적 임금 이론을 사용하여 장기적으로 생산량과 물가수준에 어떤 일이 발생하는지 설명하시오.(정책의 변화는 없다고 가정하시오) 기대 물가수준은 이 조정과정에서 어떤 역할을 하는가? 여러분의 분석을 그래프로 설명하시오.
2. 다음의 각 상황이 장기 총공급을 증가시키는지, 감소시키는지 아니면 영향을 미치지 않는지 여부를 설명하시오.
   a. 미국으로 많은 이민이 이루어지고 있다.
   b. 미국 의회는 최저임금을 시간당 15달러로 인상했다.
   c. 인텔 사는 새롭고 더 강력한 컴퓨터 칩을 개발했다.
   d. 맹렬한 허리케인으로 동부 해안에 위치한 공장들이 피해를 입었다.
3. 경제가 장기균형 상태에 있다고 가상하자.
   a. 총수요 및 총공급 모형을 사용하여 최초의 균형(점 A라고 하자)을 설명하시오. 단기 총공급과 장기 총공급 둘 다를 포함시키시오.
   b. 중앙은행은 통화 공급을 5%만큼 증가시켰다. 도해를 사용하여, 경제가 최초 균형으로부터 새로운 단기균형(점 B라고 하자)으로 이동함에 따라 생산량과 물가수준에 어떤 영향을 미치는지 보이시오.
   c. 이제는 새로운 장기균형(점 C라고 하자)을 보이시오. 경제가 점 B에서 점 C로 이동하는 이유는 무엇인가?

d. 총공급에 관한 비신축적 임금 이론에 따르면, 점 A의 명목임금은 점 B의 명목임금과 어떻게 비교되는가? 점 A의 명목임금은 점 C의 명목임금과 어떻게 비교되는가?

e. 총공급에 관한 비신축적 임금 이론에 따르면, 점 A의 실질임금은 점 B의 실질임금과 어떻게 비교되는가? 점 A의 실질임금은 점 C의 실질임금과 어떻게 비교되는가?

f. 통화 공급이 명목임금이나 실질임금에 미치는 영향으로 미루어볼 때, 이 분석은 화폐가 단기적으로 실질효과를 갖지만 장기적으로는 중립적이라는 주장에 일치하는가?

4. 미국 경제가 대공황으로부터 아직 완전히 회복되지 않았던 1939년에 프랭클린 루스벨트 대통령은 추수감사절이 평소보다 일주일 일찍 시작되어 크리스마스 전 쇼핑기간이 더 길어진 것이라고 선언했다.(이 정책을 프랭크스기빙이라고 불렀다) 총수요 및 총공급 모형을 사용하여, 루스벨트 대통령이 무엇을 달성하려고 했는지 설명하시오.

5. 다음 진술이 옳지 않은 이유를 설명하시오.

a. "총수요곡선의 기울기는 하향하는데, 그 이유는 이 곡선이 개별 물품에 대한 수요곡선을 수평으로 합한 것이기 때문이다."

b. "장기 총공급곡선은 수직선인데, 그 이유는 경제적 요인들이 장기 총공급에 영향을 미치지 않기 때문이다."

c. "기업들이 매일마다 가격을 조정한다면 단기 총공급곡선은 수평선이 될 것이다."

d. "경제가 침체기로 진입했을 때는 언제나 장기 총공급곡선이 왼쪽으로 이동한다."

6. 단기 총공급곡선의 기울기가 상향한다는 세 가지 이론 각각에 대해 다음 사항을 주의 깊게 설명하시오.

a. 경제가 어떻게 정책 개입 없이 경기 침체에서 회복되어 장기균형으로 돌아가는가?

b. 무엇이 회복 속도를 결정하는가?

7. 경제는 장기균형에서 시작된다. 그러고 나서 어느 날 대통령이 신임 연방준비제도 이사회 의장을 임명했는데, 이 신임 의장은 인플레이션이 경제의 주요 문제가 아니라는 견해를 갖고 있는 것으로 잘 알려져 있다.

a. 이 뉴스는 사람들이 기대하는 물가수준에 어떤 영향을 미치는가?

b. 이런 기대 물가수준의 변화는 노동자와 기업이 새로운 노동계약에서 합의한 명목임금에 어떤 영향을 미치는가?

c. 이런 명목임금의 변화는 모든 물가수준에서 재화 및 용역을 생산하는 데 따른 수익성에 어떤 영향을 미치는가?

d. 이런 수익성의 변화는 단기 총공급곡선에 어떤 영향을 미치는가?

e. 총수요가 일정하게 유지된다면, 이런 총공급곡선의 변화는 물가수준과 생산량에 어떤 영향을 미치는가?

f. 이 신임 연방준비제도 이사회 의장을 임명한 것은 좋은 결정이었다고 생각하는가?

8. 다음과 같은 각 경우에 단기 총공급곡선이 이동하는지, 총수요곡선이 이동하는지 아니면 두 곡선이 모두 이동하는지, 이동하지 않는지 여부를 설명하시오. 각 경우에 대해 도해를 그려, 명백히 미치는 영향을 설명하시오.

a. 가계들이 자신들의 소득 중 더 많은 부분을 저축하기로 했다.

b. 플로리다 오렌지 과수농장들이 장기간 지속된 영하의 기온으로 어려움을 겪고 있다.

c. 해외에서 취업할 수 있는 기회가 증대되어 많은 사람들이 국가를 떠났다.

9. 다음의 각 경우에 생산량과 물가수준에 미치는 단기적 영향과 장기적 영향을 설명하시오. 정책 입안자들이 어떤 조치도 취하지 않는다고 가정한다.

a. 주식시장이 급락해서 소비자의 부가 감소한다.

b. 연방정부는 국가방위에 대한 지출을 증대시킨다.

c. 기술 향상으로 인해 생산성이 증대된다.

d. 해외에서의 경기 침체로 외국인들이 미국 물품을 더 적게 구매한다.

10. 기업들이 장래 기업상황에 대해 낙관적인 견해를 가지고 새로운 자본설비에 대규모 투자를 한다고 가상하자.

a. 총수요/총공급 도해를 그려서 이런 낙관주의가 경제에 미치는 단기적인 효과를 설명하시오. 새로운 물가수준과 실질 생산량을 표기하시오. 총공급량이 변화하는 이유를 말로 설명하시오.

b. 이제 (a)의 도해를 사용하여 이 경제의 새로운 장기균형을 설명하시오.(당분간 장기 총공급곡선에 변화가 없다고 가정하시오) 단기와 장기 사이에서 총수요량이 변화하는 이유를 말로 설명하시오.

c. 투자 활황이 장기 총공급곡선에 어떤 영향을 미칠 수 있는가? 설명하시오.

Quiz 해답

1. c 2. d 3. c 4. a 5. b 6. b 7. d 8. d 9. d 10. c 11. a 12. c

찾아보기

주제 찾아보기(한글)

ㅈ

ㅊ

ㅌ

ㅍ

ㅎ

주제 찾아보기(영문)

M

N

O

P

Q

R

S

T

U

V

W

인명 찾아보기(한글)

인명 찾아보기(영문)

T

Z